JN186083

日本経済史

近世から現代まで

沢井 実・谷本雅之 —— 著

有斐閣

まえがき

「失われた10年」,「失われた20年」といわれるような長期的な経済停滞,800兆円を超えた国債発行残高,少子高齢化の急速な進行,さらに東日本大震災からの復興,原子力発電所事故への終わりのない対応といったように,日本経済は数多くの困難な問題に直面している。のちに「バブル経済」と称される1980年代後半に誰が日本経済のこうした現状を予想しただろうか。

このような困難な時期に,過ぎ去った時の流れの自らにとっての意味を探ることにどのような意義があるのだろうか。歴史を学ぶことの大きな効用のひとつは,「現代」を超長期的な時間軸,本書の場合は約400年の中に位置づけることによって,現代を相対化する視点が鍛えられることにある。現代に押しつぶされそうになったとき,綱渡りのような選択の果てにいまがあるという自覚は,いまは変えることができる,未来は与えられるものではなく作り上げていくものであるという意志を喚起してくれるはずである。過去は変えられないが,何度でも学ぶことができる。過去からの選択の連鎖としていまがある限り,未来も選ぶことは可能である。こうして過去を振り返る作業が未来を選択する作業の前提となることを私たちは信じている。

国立社会保障・人口問題研究所の予測(2012年)では2008年の1億2808万人をピークに減少を開始した日本の人口は2060年には8674万人になるという。一方,本書では約400年の日本経済の歩みが取り上げられる。17世紀から記述を始めるのは基層としての「小農社会」の形成と定着を決定的に重視するためである。1600年に約1200万人から1700万人とされていた日本の人口は1721年に3100万人に激増し,18世紀の停滞を経て1873年に3300万人,1975年に1億1194万人と推移した。長期の人口停滞を経験した日本社会も長期的人口減少は知らず,人口動態に関してこれから起こるプロセスが未知の領域であることは明らかである。未知の領域において未来を選ぶためには,「既知」の内実を疑い,私たちそれぞれの作法と言葉で過去を何度も学び直す必要がある。

この400年の間に日本経済史は大小さまざまな「断絶」を経験してきた。幕末開港・明治維新,第2次世界大戦の一角である日中戦争・アジア太平洋戦争の敗戦,占領はその中でもとりわけ大きな断絶であった。しかし一方で本書では明治維新の変革,敗戦と戦後改革という断絶を架橋する「連続」面にも注目する。大小の「連続と断絶」を内包しつつ,約400年にわたる類型的特質を色濃く有した日本経済が約四半世紀の過渡期を経ていま新たな領域に入りつつあるのではない

かというのが私たちの実感である。家族，地域，農業，自営業，産業集積など約400年近くにわたって日本経済の類型的特質の内実を構成してきた諸契機がいま正に大きく変容しつつあることを，私たちは日々感じている。その先にどのような未来を展望するのか，私たち一人ひとりに主体的な判断，選択が求められているいま，豊かな過去から学ぶことは重要な実践のひとつであるだろう。

　幕末の開国に際して，開くべき「国」の内実と押し寄せる西洋諸国の彼我の格差に驚いた私たちの父祖は，その後キャッチアップのための猛烈な努力を続けることになる。しかし同時に忘れてはならないのは，その努力は近世社会のあり方に大きく規定されていたことである。制度としての「家」と「村」に支えられた小農社会が定着し，諸都市が成熟し，幕藩財政の運営能力が蓄積され，そして豪農，名望家が台頭する。それらが総体としてキャッチアップのための原資となった。彼我との比較の中で自らを強く意識しつつ，「近代日本」は近世社会からの蓄積をもって新たな環境にこぎ出し，この過程で自らを変えると同時に東アジアの政治経済環境をも変容させていった。

　「戦前の終わり」，「戦後の始まり」でもあった日中戦争・アジア太平洋戦争の敗戦からの復興も，戦前日本の到達点からの再出発であった。明治期日本では「移植産業」と「在来産業」が相互に影響し合い，相互に変質することによって「複層的発展」のプロセスが定置された。その延長線上に大企業だけでなく，都市においても自営業を核とする中小零細企業が集積するようになり，それらを総動員することによって戦争遂行能力が形成された。戦時期の「遺産」が「遺産」として継承されるためには戦後改革という「断絶」が大きな意味をもち，さらに高度経済成長へと繋がっていった。高度成長期において大きな社会・経済的変化に直面しつつも，「家」，「村」，「地域」は固有の意義を維持し，都市の自営業，中小零細企業の展開が高度成長を支えた。

　一方，幕末開港以来のキャッチアップの努力は経済領域にとどまらず，島国である日本を遅れてやって来た「帝国」へと導いた。日本帝国の維持・拡大のための経済的・軍事的営為が最終的に総力戦を結果することになり，日中戦争・アジア太平洋戦争の敗戦によって地理的にはほぼ明治維新期に回帰した日本は，戦後中国抜きの「入亜」を果たし，高度成長末期に中国との国交を回復する。

　本論部分を構成する6つの章では以上のプロセスが詳述されている。読者諸賢のそれぞれの過去に学ぶ作業に本書が何かしらの材料を提供することができるなら，筆者としてこれに勝る喜びはない。

　私たちは約10年前からほぼ毎年2回の会合をもって本書の骨格を議論してきた。議論を踏まえて原稿を書き進み，その原稿を持ち寄ってふたたび検討すると

いうことを繰り返した。有斐閣書籍編集第2部の藤田裕子さんと得地道代さんはこの間のすべての会合に出席して下さり，しばしば脱線，混線する私たちの議論につきあって下さった。おふたりの励ましがなければここまでたどり着けなかったに違いない。おふたりと一緒に仕事ができたことに衷心より感謝しつつ，両氏のご尽力に厚くお礼申し上げたい。

　最後に，執筆分担であるが，「プロローグ」，第1〜3章を谷本が，第4〜6章，「エピローグ」を沢井が担当した。

　　　2016年10月

　　　　　　　　　　　　　　　　　　　　　　　　沢井実・谷本雅之

目　次

プロローグ　日本の経済発展とその歴史的前提　　1

1　経済発展とその類型的特質　1
2　近世経済の歴史的前提　4
統一政権の誕生（4）　東アジアの国際環境と対外経済関係（5）　開放的対外経済関係の遺産（7）

参考文献　9

第1章　「近世経済」の成立と展開　　11
1600〜1800年

第1節　小農社会の成立　……………………………………………　12

1　近世社会の制度的基盤　12
石高制（12）　兵農分離（13）　農村在住者にとっての検地（15）

2　小農経営の形成と定着　16
耕地拡大（16）　人口の動態（18）　家族形態（19）　小農経営の生産力（22）

3　制度としての「家」と「村」　24
村の成立と「村請制」（24）　「家」と「村」の定着（26）

第2節　幕府と大名——領主の経済　……………………………　28

1　「投資」から消費へ——領主需要の構造変化　28
軍役負担と都市建設（28）　領主需要と初期豪商（30）　軍役から城下町での消費へ（32）　貿易統制と市場インフラの整備（34）

2　幕藩財政の構造と貨幣制度　36
幕藩財政の支出構造（36）　歳入の構造（38）　貨幣高権の確立と貨幣制度（40）　貨幣改鋳と藩札発行（41）

第3節 都市経済と民間社会 …… 44

年貢賦課率と農業生産（44） 都市の成熟――民間都市消費の時代へ（47） 都市の商業機能の発展（48） 大坂の物資集散機能（50） 消費パターンの拡散（52） 生産地の拡散と技術普及（53）

第4節 幕府・諸大名の対応 …… 56

幕府の年貢増徴策（56） 構造的低米価問題（57） 「倹約」と外部資金の導入（59）

第5節 18世紀の農村経済 …… 63

成長の限界？（63） 金肥と農業発展（64） 人口停滞の要因と論理（65）

参考文献　69

第2章　移行期の日本経済
1800〜1885年　75

第1節　農村市場の拡大と生産地間の競争 …… 76

1 市場拡大と産業展開　76
市場の拡大――都市から農村へ（76） 産業展開の深化（78） 農業発展（81）

2 流通機構の多様化　83
新たな流通主体の登場（83） 仲間組織（85）

3 「複層的」経済発展の源流　87
小農経営と産業（87） 幕府財政の対応（90） 大名財政と「専売制」（91）

第2節　開港の経済的インパクト …… 93

1 「自由貿易」体制下の商業活動　93
開港と国際関係秩序の改編（93） 居留地貿易の特質（95） 日本側商人の対応――売込商と引取商（97）

2 貿易と産業　98
貿易の効果（98） 繊維品の輸入と在来綿業（101） 輸出産業――生糸の場合（103）

第3節 維新政府の制度改革と経済政策 …… 105

1. 開港後のマクロ経済変動　105
   開港の貨幣的インパクト（105）　維新期の財政政策（108）

2. 維新政府の制度改革　110
   廃藩置県と秩禄処分（110）　地租改正（111）

3. 殖産興業政策の展開と帰結　115
   官営事業と産業移植（115）　民間事業への関与（117）　特質と帰結（119）　政策の効果（120）

4. 財政金融とマクロ経済変動　121
   大隈財政とインフレーション（121）　松方デフレーションへ（125）

第4節 移行期における地域社会の形成 …… 127

1. 近世後期における「地域社会」の形成　127
   豪農の成長と特質（127）　領主財政と豪農（130）　村の連合と地域社会の形成（130）

2. 制度改革と地域社会　131
   土地制度の改革と村（131）　地方自治制度の成立（133）　名望家と有産者秩序の形成（135）

参考文献　136

第3章 「産業革命」と「在来的経済発展」　143
1885〜1914年

第1節 経済成長と複層的発展 …… 144

1. 経済成長と産業　144
2. 二重構造と複層的発展　148

第2節 生産組織の選択と技術 …… 149

1. 欧米型生産モデルの移植　150
   機械制紡績業の場合（150）　製鉄と造船（152）

2. 適正技術と生産組織　155
   製糸業と鉱山業（155）　規模拡大の論理（156）

3 分散型生産組織と産地・集積　158
分散型生産組織の展開（158）　産地形成と集積（161）

4 生産組織としての地主制　162
農業発展と技術（162）　地主制の形成（164）　小作契約と農業生産（166）

第3節　資本と労働——その存在形態と動員 …… 168

1 資本の源泉と動員　168
大規模経営の資金調達とその源泉（168）　投資家の類型（171）　投資動機とリスク負担（172）　金融機構の機能（173）　投資家社会の成立と機能（176）

2 労働——その存在形態と供給構造　179
農家世帯と労働力（179）　女性労働の供給（182）　男性労働の就業構造（185）　非農業就業世帯の再生産（189）　消費構造の経路依存性（190）

第4節　産業発展とインフラストラクチャー …… 191

1 輸送手段の発展　192
鉄道網の延伸（192）　海運業における内航と外航（193）

2 通信と流通　195
情報通信網の整備（195）　流通機構（197）　貿易商の成長（198）

第5節　政府とマクロ経済運営 …… 200

1 経済成長の段階的変化　201

2 財政政策と戦後経営　204
民力休養期（204）　日清戦後経営（207）　日露戦後期（210）

第6節　国際経済関係 …… 212

1 明治維新後の国際関係と貿易　213

2 産業化の中での国際経済関係　215
対アジア貿易の伸長（215）　植民地・勢力圏の形成（220）　資本の輸出入と移民（223）

第7節　場としての地域社会 …… 225

1 地方自治体の成立と財政運営　225
経済発展の地理的分布（225）　地方自治体の制度的基盤（226）　地方財

　　　　　政の位置 (227)

　2　地域社会と資産家・名望家　230
　　　　　主体としての「地域」(230)　　投資行動と地域 (231)　　担い手としての
　　　　　資産家・名望家 (233)　　日露戦後の変容──地方改良運動と都市化 (235)

参考文献　238

第4章　戦間期の日本経済　247
1914〜1936年

第1節　国際経済関係とマクロ経済 …………………………… 250

　1　第1次世界大戦期　250
　　　　　大戦ブーム (250)　　バブル経済から1920年恐慌へ (251)

　2　1920年代　253
　　　　　長期の景気低迷 (253)　　在外正貨の枯渇と金融恐慌 (254)

　3　1930年代　254
　　　　　昭和恐慌 (254)　　高橋財政の展開 (255)

第2節　経済政策の展開 …………………………………………… 256

　1　政策決定の特質　256
　　　　　政治家の魂をもった官僚 (256)　　調査会・審議会システムの登場 (256)

　2　積極的大陸政策と経済総動員の衝撃　257
　　　　　中国大陸への積極的進出と西原借款 (257)　　総動員体制構築への準備
　　　　　(258)

　3　社会・経済政策の展開　258
　　　　　工場法の制定 (258)　　労働争議調停法と小作調停法 (259)　　重化学工業
　　　　　の保護育成 (260)

　4　産業合理化政策の登場　260
　　　　　臨時産業合理局の設置と重要産業統制法 (260)　　日本製鉄の誕生 (260)

第3節　産業発展の諸条件 ………………………………………… 261

　1　技術導入と研究開発　261
　　　　　技術移転 (261)　　研究開発体制の整備 (261)

　2　経営管理・生産管理の進展　263

科学的管理法の導入（263）　繊維産業の生産・工場管理（264）

3　専門経営者と企業者の役割　265
企業統治の諸類型（265）　専門経営者の進出（265）

4　産業集積の諸類型　266
産業集積を支える商業集積（266）　都市「小経営」と分散型生産組織（267）　地方工業都市の成長と産地の盛衰（267）

5　対外投資の展開　268

第4節　労働市場の構造と教育体系の整備　268

1　労働市場の構造　268
男子労働市場の三層構成（268）　企業規模と熟練形成（269）

2　労働移動と独立開業　269
労働需給の動向（269）　「下層社会」からの離脱と旺盛な独立開業（270）　松下幸之助の事例（271）

3　工業教育の体系と企業組織の学歴主義的構造　271
高等工業教育機関の整備（271）　工業学校の増加と夜間の工業教育機関（273）　企業組織の学歴主義的構造（274）　技術者を支える現場組織（275）

4　労働運動の展開と労使関係理念の変遷　276
日本労働総同盟の成長と労働戦線の分裂（276）　社会大衆党の躍進（277）　労資協調主義と工場委員会（277）

第5節　金融構造の変化と企業金融　278

1　金融構造の変化　278
「重層的金融構造」と銀行破綻（278）　金融恐慌の勃発（280）　安定した金融システムの確立に向けた取り組み（281）

2　直接金融と間接金融　282
企業金融の動向と株主の法人化（282）　社債発行（283）

第6節　変貌する都市と農村　283

1　「大大阪」・「大東京」の成立とマスメディアの発達　283
巨大都市の成立と核家族の形成（283）　新聞・ラジオの普及（284）　早すぎる「大衆社会」状況の出現（285）

2　工場街・郊外住宅地の形成と都市間電車の発達　286
工場街の形成と公設市場の開設（286）　都市交通ネットワークの発達

　　　　　(287)
　　3　商品作物の生産と農家・農村の姿　287
　　　　　商業的農業の展開(287)　　金肥使用の増加と土地利回りの低下(289)
　　　　　小作争議の展開と日本農業の強靱性(289)
　　4　農業恐慌の政治経済史　290
　　　　　米価政策と農業恐慌対策(290)　　農村不況と政治的危機(291)　　「名望家」秩序の揺らぎ(291)　　満洲農業移民(292)
　　5　農村工業の諸相　292
　　　　　大河内正敏と農村工業(292)　　海軍工廠と商工省の地方工業振興策(293)
　　6　行政サービスをめぐる地方政府間競争　293
　　　　　財政における地方と中央(293)　　大都市の行政サービス(294)

第7節　植民地経済の変化 …………………………………………… 295
　　1　概　　観　295
　　2　日本帝国の貿易構造　297
　　3　台湾・朝鮮・樺太　298
　　4　関東州・満洲と南洋群島　299

　　参考文献　301

第5章　日本経済の連続と断絶　307
1937～1954年

第1節　統制経済・「計画経済」から市場経済への復帰 …………… 308
　　1　経済総動員体制の構築と弛緩　308
　　　　　経済総動員体制の構築(308)　　新体制運動の展開と統制会，軍工業会(309)
　　2　戦後経済改革と市場経済への復帰　310
　　　　　戦後経済改革(310)　　戦後インフレーションと「傾斜生産」(311)　　ドッジ・ライン(313)　　市場経済への復帰と所得分配の平等化(313)
　　3　朝鮮戦争ブーム　315
　　　　　朝鮮戦争の勃発(315)　　朝鮮戦争ブームの到来(315)
　　4　日本経済の自立と産業合理化政策の展開　316

第2節　産業構造・財閥・企業組織の変遷 …………………………… 319

1　戦時「機械工業化」の進展と軍需産業の解体　319
産業構造の機械工業化（319）　軍需から民需に基盤を置いた産業構造への転換（320）

2　財閥の拡大・再編・解体と独占禁止法の制定　321
財閥の拡大・再編（321）　財閥解体（323）　独禁法と集排法の制定（324）

3　企業集団の形成と企業統治の安定　325
課題としての安定株主の確保（325）　企業集団の形成（325）　専門経営者の地位強化（326）

4　戦時下における企業グループの拡大と下請生産の進展　326
企業グループの拡大・再編（326）　下請生産の拡大（327）

5　企業組織の弛緩と再構築　328
企業組織の再構築（328）　工場診断の普及（329）

第3節　労使関係の変化と「日本型雇用システム」の成立 …… 330

1　労働統制の深化と労使関係　330
労働統制の拡大深化（330）　「勤労者」概念の登場と工職間格差の縮小（331）　社会保障制度の整備と国民徴用（332）

2　労働改革と戦後労働運動の高揚　333
労働改革（333）　労働組合の結成と労働運動の展開（334）

3　「日本型雇用システム」の成立と限界　335
労働争議の敗北と「企業別組合」の定着（335）　「日本型雇用システム」の限界（336）

第4節　財政・金融システム ……………………………………………… 337

1　財政の膨張と税制改革　337
戦時財政の膨張（337）　租税増徴と税制改革（338）

2　シャウプ税制とその修正　339
シャウプ税制の狙い（339）　シャウプ税制の修正と財政支出の動向（340）

3　間接金融の優位　341

4　戦後復興期の企業金融　342

第5節　科学技術と教育システムの変化 ………………………………… 344

1 科学技術の戦時動員と軍民転換　344
      科学技術の動員（344）　共同研究の盛行（345）　科学技術の「復員」プロセス（346）　「生産の中に科学」を（346）
   2 技術導入と自主開発　347
   3 「大日本帝国」の教育システム　347
      高等工業教育機関の拡充（347）　「外地」の高等工業教育機関（348）
   4 新制工業教育の発足　350
      新制大学のスタート（350）　工学教育に対する産業界の要望（350）

第6節 戦中・戦後の都市と農村……………………………………………351
   1 食糧政策の変遷と農地改革　351
      戦中・戦後の食糧政策（351）　戦時農地政策と農地改革（352）
   2 国民生活の窮乏　353
   3 戦中・戦後の都市と農村　354

第7節 「大東亜共栄圏」の経済的帰結とアジアからの強制的「離脱」……………………………………………355
   1 「大東亜共栄圏」の経済実態　355
   2 「大東亜共栄圏」の経済的帰結　357
      「大東亜共栄圏」の通貨システム（357）　「大東亜共栄圏」の経済的帰結（358）
   3 対アジア経済関係の推移　359
      対外的経済関係の変遷（359）　国際社会への復帰（359）

   参考文献　362

第6章　高度経済成長　367
1955〜1972年

第1節 高度成長を可能にした国際的条件 ……………………………368
   1 高度成長──概観　368
   2 貿易為替・外資の自由化とアメリカ　371
      IMF・GATT加盟（371）　貿易為替・外資の自由化（371）

- **3 戦後賠償の実施とアジア市場への復帰** 373

  戦後賠償の道のり（373）　東アジア諸国との国交回復（374）

- **4 エネルギー革命の進展** 375

  エネルギー政策の転換（375）　原油輸入の著増（376）

第2節　マクロ経済運営と分野別経済政策　377

- **1 マクロ経済運営の諸原則** 377

  「国際収支の天井」の制約（377）　均衡財政原則と人為的低金利政策（378）

- **2 経済計画の立案** 379

  長期経済計画の設定と「所得倍増計画」（379）　特振法の挫折（382）

- **3 個別産業政策の展開** 383

  産業政策とは何か（383）　機械工業振興臨時措置法の政策効果（383）

第3節　産業発展と技術革新　385

- **1 産業構造の「機械工業化」と「高度化」** 385

  産業構造の「機械工業化」の再進展（385）　産業構造の高度化と軽機械工業の意義（386）

- **2 技術導入と国内の研究開発体制** 386

  技術導入と行政指導（386）　ナショナル・イノベーション・システムの整備（389）

- **3 労働者・技術者の供給と養成** 392

  労働者の供給構造（392）　新規中高卒者の需給調整（394）　技術者の供給（395）　企業内養成制度とOJT（395）

- **4 経済成長と「日本型雇用制度」の相補性** 396

  「日本型雇用制度」の特徴（396）　職務給導入の試み（397）

第4節　変貌する中小企業　397

- **1 中小企業政策の展開** 397

  中小企業政策のツール（397）　中小企業基本法の政策理念（398）

- **2 サプライヤ・システムの進化** 399

  下請関係の長期継続化（399）　電子・電気機械産業のサプライヤ・システム（400）

- **3 増大する独立開業と産業集積** 400

　　　　　旺盛な独立開業と小零細企業の経営構造（400）　　拡大するさまざまな産業集積（402）

第5節　財政・金融システム　……………………………………… 404

1　財政と財政投融資　404
　　　　　公債依存度の抑制と財政支出（404）　　社会資本の充実，所得再分配および国防支出（405）　　特別会計と財政投融資（406）

2　規制された金融システム　407
　　　　　資金運用の実態（407）　　資金調達・金融機関への規制（408）

3　メインバンク・システムと企業集団　409
　　　　　メインバンク・システムの拡大（409）　　企業集団の役割（410）

第6節　農業と家族の変貌　……………………………………… 412

1　農業の技術進歩と機械化　412
　　　　　農業の技術進歩（412）　　農業の機械化（412）

2　農業基本法下の農業と農村　414
　　　　　農業基本法の狙い（414）　　専業農家の減少と第2種兼業農家の増加（415）
　　　　　庄内地方における農家経営の事例（416）　　農村社会の変貌（417）

3　社会保障と企業内福利厚生　418
　　　　　社会保障制度（418）　　年金と退職金（419）　　企業内福利厚生（420）

4　核家族の急増と住宅問題　421
　　　　　核家族の急増と耐久消費財需要の高まり（421）　　住宅問題（423）

5　非農林業部門自営業の強靱性　424

第7節　高度成長のバランスシート　……………………………… 425

1　所得分配と教育水準の向上　425
　　　　　所得分配の平等化（425）　　高校・大学進学率の上昇（425）

2　零細小売業の強靱性と流通構造の変容　427
　　　　　零細小売業の強靱性とスーパーの台頭（427）　　流通構造の変容（427）
　　　　　流通手段の変化（428）

3　過疎過密と「公害列島」　429
　　　　　過疎過密の進展（429）　　公害問題の深刻化（430）

　　参考文献　432

エピローグ　日本経済の課題　　437

1　石油危機以後の日本経済の歩み　437

安定成長の持続とバブル経済（437）　1990年代の景気低迷と金融危機（437）　21世紀に入ってからの経済動向と原発事故（438）　長期的経済低迷の諸要因（439）　非正規雇用の増加（439）

2　農業・中小企業の変貌と家族の姿　440

農業就業者の劇的な減少（440）　新潟県松之山町の事例（442）　非農林業部門における自営業の地滑り的後退（442）　縮小する産業集積（443）　家族の変貌——「単独世帯」・高齢者世帯の増加（443）

3　国家の役割と市民社会　444

社会保障制度の設計と実態（444）　ナショナル・イノベーション・システムの強化と国家の役割（445）　「市民社会」のいま（446）

4　アジアの中の日本経済，世界の中の日本経済　447

対外的経済関係の変化（447）　工作機械工業の事例（448）　金融機関の役割（449）　「創造的な仕事」の諸条件（449）　資産としての歴史的経験と主体的選択（451）

参考文献　451

索　引　——　453

本書のコピー，スキャン，デジタル化等の無断複製は著作権法上での例外を除き禁じられています。本書を代行業者等の第三者に依頼してスキャンやデジタル化することは，たとえ個人や家庭内での利用でも著作権法違反です。

プロローグ

日本の経済発展とその歴史的前提

1 経済発展とその類型的特質

　本書は，日本経済の歴史的な展開過程を，近年の研究成果を踏まえつつ，要約・叙述することを目的としている。本論部分を構成する6つの章では，近世経済から第2次世界大戦後の高度成長までを扱い，プロローグでは，近世経済の歴史的前提を，そしてエピローグでは，高度成長終了から現在までの展望を述べることとする。

　『日本経済史』と題する書物の課題を，一般に「日本社会の経済的な側面に関する歴史」の叙述と定めるとすれば，対象時期をこのように設定することに積極的な理由は見当たらない。この時期設定は，本書の中心的な関心が，歴史の経済的な側面の中でも，とくに「経済発展」に向けられていることに基づいている。19世紀後半から20世紀は，日本の経済発展において大きな画期であった。図序-1のフローニンゲン大学（オランダ）を中心としたマディソン・プロジェクトの推計によれば，1885年に「西欧列強」の3分の1から4分の1の水準にあった日本の実質1人当たりGDPは，1970年前後にはヨーロッパ諸国と肩を並べている。GDP総額でも，アメリカに次ぐ水準に達した。「経済発展」に関心を寄せる限り，『日本経済史』の叙述が19世紀後半以降をひとつの柱とすることに，異論は少ないと思われる。1880年代の「第1次企業勃興期」以降を扱う第3章から第6章は，この本書の関心のあり様を直接に反映している。

　それでは，「経済成長率」などの指標において明確な段差が否定しがたい19世紀半ばまでの時期は，どのように位置づけられるだろうか。第1, 2章の叙述の

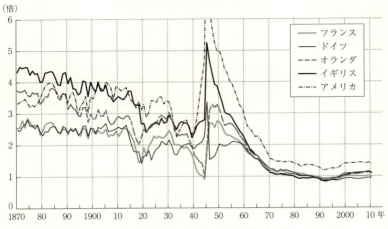

図序–1　1人当たり GDP の対日比較（日本に対する倍率）

（出所）Maddison Project Database, http://www.ggdc.net/maddison/maddison-project/data.htm

主題が，来るべき経済発展の萌芽や，それを可能とした前提条件の検出にあるならば，それは「前史」ということになるだろう。たしかに本書でも，そうした視点は近世日本の市場経済や産業展開を論ずる叙述の中に含まれている。しかしながら本書は，経済史の文脈の中で経済発展を論ずることの固有の意義を，経済成長を導く「普遍的な論理」の剔出とともに，地域，時代に応じた経済発展の類型的特質を把握することにあると考えている。この後者の課題への接近において，第1，2章は，固有の役割を担っている。

　たとえば図序–2をみてみよう。同図は横軸に自営業就業率（「業主＋家族従業者」／就業者），縦軸には1人当たり GDP をとり，この2つの指標からみた各国の座標上の位置を示している。図中の線分は，ほぼ1930～70年間にあり，かつデータの得られた年次の座標点を，時系列にそって各国別に結んだものである。この線分が，ほぼすべて左肩上がりとなっていることは，どの国でもこの間の1人当たり GDP と自営業就業率が逆相関の関係にあることを示している。1人当たり GDP の増加を経済成長の指標とみなすとすれば，経済成長は雇用労働者の相対的増大（自営業就業者の相対的減少）を伴っていた。しかし同時に注目したいのは，図の横軸で計られる自営業就業率の分布に大きな幅があることである。このことは，1人当たり GDP が同じ水準にあっても，自営業就業率の絶対値は各国によってかなりの差異があったことを意味している。同図で常に20％を下回る自営業就業率のイギリスがひとつの極に位置し，アメリカ，スウェーデン，ドイツ（第2次世界大戦後は西ドイツ）は，その次のレヴェルにくる。フランスとイ

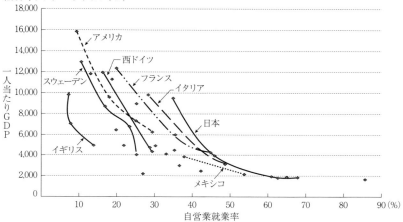

図序-2 自営業就業率と1人当たりGDPの相関（1930〜1970年代初頭）

（注）線分で結ばれていない点は、ベルギー、チェコスロバキア、ハンガリー、ポルトガル、スペイン、スイス、ポーランド、オーストラリア、タイ、韓国。
（出所）マディソン［2000］, International Labour Organization ed. *Year Book of Labour Statistics*（各年版）

タリアはそれよりも自営業就業率は高いが、しかし日本の水準には達していない。すなわち、この間日本は明確にイギリスの対極に位置し、その絶対値は常にイギリスの4倍近く、アメリカなど第2グループと比べても2倍の水準を維持していたのである。自営業就業率の水準は経済発展の程度を反映するだけではなく、各国の就業形態の特徴を映し出す鏡でもあった。日本経済における自営業・中小経営の比較史的にみた相対的な位置の大きさが、想定されるのである。

このように経済発展の過程には、経済社会を同一方向へ向かわせるベクトルとともに、個々の経済社会に構造的な類型差を生み出す作用が働いていた。行論で示されるように、本書では基層としての「小農社会」の持続的な展開を、日本の経済発展の類型的な特質を規定するひとつの要因として重視するが、図序-2に現れる自営業就業率の高さは、家族経営を本質的な特徴とする「小農経営」との関連性を、目にみえる形で問いかける事実であった。小農社会の成立と定着を主題とする第1章は、この論点に密接に関わっている。また第2章で叙述される、「西欧列強」による強いられた開放体系への移行は、「西欧列強」への「キャッチアップ」という、特有の志向性を刻印することとなった。近世に成立した小農社会と、開国・開港によるキャッチアップ志向の形成、そのそれぞれが、第3章以降で叙述される経済発展の特質を規定する要因となるとすれば、第1, 2章の意

義は,「前史」の紹介にはとどまらないのである。

　他方,本書は1980年代以降の過程を本論には組み入れず,エピローグの中に位置づけた。それは19世紀後半から連続する経済発展の構造的な要因が,この時期以降,変質したことを想定しているからである。先述のように1970年代の日本の1人当たりGDPは,「西欧列強」の水準に到達していた。「キャッチアップ」の達成は,「キャッチアップ」型発展の終焉を意味することになる。その後の経済発展の特質を全面的に論ずるには,本書とは別個の作業が必要となるのである。

　以上に示されているように,本書は,近世社会の成立から戦後高度成長までを,固有の論理を孕んだ経済発展の一ケースとして理解し,それを日本と世界の歴史の中に位置づける試みである。以下ではそのプロローグとして,近世経済の歴史的前提を,同時代の東アジア世界の変動を踏まえつつ概観する。

2　近世経済の歴史的前提

▶ 統一政権の誕生

　15世紀後半以降,統一権力としての室町幕府は弱体化し,軍事力を有する諸勢力が実力によって割拠するいわゆる「戦国時代」が幕を開けた。下剋上の繰り返しの中で勝ち残った者は,まとまった地理的範囲を領国として統治下に収める「戦国大名」に成長していく。この戦国大名間の争乱の中から,16世紀後半,日本列島を政治的に統一する動きが生じた。永禄11 (1568) 年,足利義昭 (15代将軍) を奉じて京都へ入り,室町幕府の再興を大義名分とする中で実権を握った織田信長は,元亀4 (天正元,1573) 年に義昭を追放し,自らの直接支配地を超えた,日本列島全域に及ぶ統治者としての地位の確立を図った。天正10 (1582) 年「本能寺の変」による信長の没後,羽柴 (豊臣) 秀吉が後継として台頭し,天正13 (1585) 年に関白の地位を得て,全国の諸大名を服属させていく。その最終段階が,秀吉による九州・島津氏 (1587年) および関東・北条氏 (1590年) の軍事的な制圧であった。「討伐」に及んだ直接の理由は,島津氏は大友氏,北条氏は真田氏との間の抗争に際し,秀吉が下した裁定に従わなかったことにある。秀吉は,その圧倒的な軍事力と経済力を背景に,戦国大名同士の実力による領土争奪を「私戦」として非合法化し,領土裁定者としての立場を確立した。また秀吉は,天正15 (1587) 年に人身売買を禁ずる命令を下しているが,これは,占領地での家財等の物的財産および生身の人間の「生け捕り」の略奪を伴う戦国期の戦のあり方の否定であった。占領地は,略奪の対象ではなく永続する領地へと,その意味を転換しつつあったのである (藤井 [2015])。天正16 (1588) 年の刀狩令によ

って，秀吉は農民等から自立的武装権を剥奪することに成功するが，それが可能となったのも，戦国期の「濫妨・狼藉」状況からの脱却が伴っていたためと考えられる。このように，織田から豊臣へと引き継がれた統一政権は，大名以下すべての社会階層の自力救済権——武力による自己利害の貫徹——を凍結することで，「惣無事」とも称される「平和」を実現し，統一政権としての国内的な基盤を確立した（藤木［1985］，中野［2014］）。兵農分離と石高制を制度的基盤とする近世社会の社会経済的な枠組みの前提が，ここに準備されたのである。

▶ 東アジアの国際環境と対外経済関係

対外経済関係の上でも，16世紀は大きな変動期であった。明の「海禁」政策は，民間の自由な交易を認めず，朝廷への朝貢のみが合法的な貿易関係の構築となる。室町幕府は3代足利義満以来，遣明船を派遣し貿易の利益の獲得を図っていた（勘合貿易）。しかし室町幕府の弱体化の中，16世紀には勘合貿易の主体が幕府以外の諸勢力にも拡散していく。それは諸主体間の対立による混乱（1523年の中国・寧波における大内・細川両氏間の騒乱事件など）を招くこととなった。中国（明）側の財政難を背景とする朝貢の抑制政策（朝貢の頻度や規模の縮小）もあって，16世紀の勘合貿易は概して低調であり，16世紀半ばの大内氏の滅亡によって完全に途絶える。その一方で隆盛を迎えたのが，「倭寇」勢力による，時に海賊行為を伴う非合法の貿易（密貿易）である。この時期の倭寇[1]は，中国人貿易商を核とし，日本，朝鮮，東南アジアの沿海勢力にヨーロッパ勢力も加わった多民族集団であった。「倭」の名が付されていたのは，国家的統制のもっとも弱体な日本の西辺を根拠地としたゆえである。実際，九州を中心とする西日本の沿海各地において，貿易利益の配分を求める大名が，交易拠点の設置に好意的であったとされる。王直が拠点をおいた松浦氏の城下町・平戸はその代表的な事例であった（荒野・石井・村井編［2013］）。

「大航海時代」を迎えたヨーロッパ勢力が，日本列島に現れたのもこの16世紀である。イエズス会の宣教師フランシスコ・ザビエルの来日を機に，ポルトガル商人が対日交易に本格的に乗りだしたのは1550年代のことであった。そこで扱われた主な商品は生糸をはじめとする中国の産品であり，ヨーロッパ商人によるアジア内交易の展開が日本列島にも及んだことがわかる。ポルトガルはマカオでの倭寇掃討への協力の見返りに，1554年に明政府によって広州での通商が認められ，さらに1557年にマカオへの居住が許可されていた。1567年，明政府はさらに海禁政策を緩和し，台湾，ルソン，安南，シャムといった東南アジア諸地域

---

1 14世紀に隆盛を迎えた日本人を主体とした倭寇との対比で，後期倭寇とも呼ばれる。

への中国船の渡航を許可した。倭寇の拠点とみなされた日本への渡航は禁じられたままであったが、日本船は東アジアから東南アジア海域の港市で中国船との出会い貿易が可能となり、民間の貿易活動はさらに活発化した。日本から東南アジア港市への移住者も少なくなかったのである（中田 [1984]）。

　統一政権は、この東アジアにおける貿易関係の深化の中で、対外関係構築の新たな主体として現れた。織田信長は、ポルトガルの宣教師と接触し、国際環境に関する知識を得るとともにキリスト教の布教を容認した。一方豊臣秀吉は、九州を中心に大名などの支配層にもキリスト教が広がっていることを危惧し、天正15（1587）年の伴天連（宣教師）追放令の発布を機に、布教を禁止する。また翌1588年には海賊停止令を出し、各大名に海賊行為の取り締まりを強制することで、海域における「惣無事」の実現を図った。これ以降倭寇は、東アジア海域における貿易主体としての地位を失っていく。秀吉はさらに日本列島の統治主体として、独自の構想の下に東アジアの国際関係の中に乗り出した。文禄元（1592）年の出兵以来、7年に及んだ朝鮮への軍事的侵略はその発露であった。しかし、非現実的な「唐入り」＝明王朝の征服を目的としたこの軍事力の発動は、成果を得ぬまま朝鮮半島からの全面的な撤退に帰結する。この不名誉な撤退を武威の面目を保ちうる形で処理することが、秀吉死後の徳川政権に外交上の大きな懸案として遺された。徳川幕府は対馬の宗氏の斡旋により、朝鮮国王使が慶長12（1607）年に来日したのを機に、これを朝鮮側の意図とは異なるにもかかわらず「入貢」と捉え、加えて、幕府の許可を得た島津氏に軍事的に制圧された琉球王朝が、慶長15（1610）年に使節を江戸に送ったことを、琉球の幕府への服属とみなすことで自らを、明からは独立した、華夷秩序のひとつの中心である「小中華」とする自己認識を獲得した。これに、蠣崎氏（松前氏）を仲介とする北方のアイヌ民族、長崎を介したヨーロッパ勢力との関係を加え、4つの口（長崎、薩摩口──琉球、対馬口──朝鮮、松前口──蝦夷地）を通じて海外との人・モノ・情報の流通を管理統制することが、徳川幕府の外交方針となっていくのである（荒野・石井・村井編 [2013]）。

　この対外関係の構築へ向かう中で、統一政権は貿易を自らの管理下へ置く方向へと移っていく。慶長6（1601）年に徳川家康は、安南（ベトナム）国王の呼びかけに応え、朱印船制度を設定した。これは日本から渡航する船の安全の保障を得るために設定されたもので、幕府発行の朱印状を有する船のみが、日本から外交関係のある東南アジア諸国へ渡航することのできる制度であった。それゆえ、朱印状の発行対象は、日本船に限られていたわけではない。しかし1602年に東インド会社（VOC）を設立したオランダも、この時期にはスペイン・ポルトガルに

対する独立戦争の戦略拠点として平戸を位置づけており，貿易には関心が向いていなかった。日本から出立する中国船も少ないため，朱印船の中心は，博多や堺の商人の出資する大量の銀を積んで東南アジアへ向かう日本船であった。一方，長崎に来航するポルトガル船との取引では，幕府は貿易利益の獲得策として，慶長9（1604）年に糸割符制度を構築した。ポルトガル船がもたらす中国産生糸（白糸）を独占的に買い付ける糸割符仲間が，その一部を将軍，幕府の有力者に原価で販売し，残りを国内の貿易業者や織物業者に分配するシステムである（中田［1984］）。これらの事実からみて，17世紀初頭の東・東南アジア貿易においては，日本側のイニシャティブは強かったといえる。しかしその後，幕府の貿易政策はこの貿易利益とキリスト教禁令の兼ね合いの中で，後者に重点を置く方向へと変容を遂げていく。島原の乱に対するキリスト教の影響力を重くみた家光政権の下，幕府は日本人の渡航禁止からポルトガル人の来航禁止，オランダ人の長崎出島への隔離へと対外経済交流の縮小政策を実施した。その背後には，東南アジアを舞台に頻発する国際紛争の影響を遮断する幕府の意図もあったとされる（山本［1989］）。ここに16世紀以来の，日本列島とアジア諸地域の諸勢力との間に展開した，広域的かつ開放的な経済交流の時代は，最終的に幕を下ろしたといえる。しかしこの間の対外経済関係の展開は，近世における経済社会の基盤形成に，大きく関わっていた。

▶ **開放的対外経済関係の遺産**

16世紀の日本と東アジアの経済関係は，互いに影響を与え合う双方向性のものであった点に特徴があった。16世紀前半の石見銀山（島根県）の開鉱は，その顕著な事例である。天文2（1533）年に朝鮮から密ルートで新しい銀製錬の方法――灰吹法――が伝えられたことで，博多商人の神谷寿禎と銅山主の三島清右衛門によって大永6（1526）年に発見されていた石見の鉱脈が，爆発的な銀増産の場となった。産出された銀の多くは，中国および朝鮮からの物産輸入に対する支払い手段に充てられた。一方，対価として銀を受容する中国社会の側にも，日本産の銀を歓迎する素地があった。15世紀半ば以降，明政府の財政需要の拡大の中で，中国社会の貨幣体系は，銭＝銅銭中心から銀中心への移行が進んだ。16世紀後半の財政改革――各種の租税を一括銀納化する一条鞭法の全国拡大――は，その帰結であったともいえる。租税支払いを中心に発生するこの大量の銀需要は，1571年のスペインによるアカプルコとマニラを結ぶ太平洋定期航路（ガレオン貿易）の開設によって，世界最大の銀産地である中南米と結び付くこととなる。しかしそれまでの主要な銀供給源は，石見を筆頭とする日本列島での銀鉱山であり，17世紀前半に至っても日本からの銀輸出は中国の銀輸入の50％を占めていたと

いわれている（井澤［2008］）。倭寇の隆盛も，この銀と中国物産との取引の拡大を基盤としていたのである。銀鉱山の開発は，絹織物，生糸，陶磁器，木綿といった高品質の輸入物産の需要を日本列島内に広く喚起し，かつ，中国における貨幣・財政制度の転換を促進する要因でもあった。

そしてこの銀流通は，日本列島で展開してきた貨幣経済のあり方にも変更を迫ることとなる。日本列島で流通する銭貨の供給源は，中世以来，もっぱら中国政府の発行する銅銭の輸入であった。15世紀後半以降，中国における貨幣の銀化が，政府発行の銭貨（明銭）の減少とその評価の下落を招き，追加供給のない宋銭を精銭（質の良い銭）とせざるをえない，精銭不足の状況が現れてくる。そこに中国および日本で発行された私鋳銭（悪銭）が加わることで，日本列島での銭貨の流通秩序の混乱が進行した。それは，渡来（輸入）銭を基軸とした貨幣経済の崩壊であった。室町幕府から戦国大名に至る，頻繁な撰銭令の発令[2]がそれを例証している。しかしその事態が，新たな貨幣の登場を促すことになる。そのひとつが鉱山開発によって供給量の増大した金・銀である。貿易支払い以外では，おもに贈答用として用いられていた金，銀が，1570年代以降，取引の際の支払い手段として新たに流通界に現れてきた。その一方で，質のよい精銭は取引の場から姿を消し，ビタ（悪）銭が通用銭として日常の少額取引に用いられることとなる（千枝［2014］）。また同じく1570年代前後から，土地取引などの支払い手段として，米が用いられる事例が広がった（浦長瀬［2001］）。銭貨供給の不安定化は，それに代替する金銀および米の貨幣機能化をもたらした。それが交換経済の縮小を回避するとともに，近世の経済社会の基盤となる諸制度――「石高制」や「三貨制度」――の歴史的前提となったのである。

実体経済の面では，日本列島外からの技術移転が重要である。先にも触れたように，石見鉱山の開発は朝鮮からの技術導入を起点としていたが，そこで培われた技術は但馬の生野，佐渡，出羽の院内等へ伝播し，16～17世紀の日本列島を，世界的な鉱物生産地に押し上げる要因となった。1540年代初にポルトガルから伝来した鉄砲とその製造技術は，時をおかずに堺，根来等に伝播し，国産の鉄砲を大量に生み出すことで，戦国大名間の争乱の帰趨にも大きな影響を与えた。陶磁器業では，秀吉の朝鮮出兵に参加した諸大名が，多くの陶工を「朝鮮被虜人」として連れ帰り，領内での陶器生産の発展を図ったことが注目される。九州・鍋島藩では，17世紀初に陶石（カオリン）が発見され，朝鮮人の李参平の下で，日本列島で初めての磁器生産に成功している。後に東南アジアやヨーロッパへも輸

---

2 その内容は，室町幕府の，納税に当たって品質の良い精銭使用を強制するものから，織田信長の，京都での悪銭忌避の禁止＝使用強制まで，多様であった。

出される伊万里焼の起点はここにあった。高級磁器生産の発展には，中国からの染付技術の導入の意味も大きかった（西田［2013］）。主要な輸入品の高級絹織物については，新たな織機や織技法がもたらされ，古代以来の技術的蓄積をもつ京都西陣の織工によって消化されたことが重要である。前者には紋織りを可能にする空引機や平織の生産性を向上させる高機があり，後者では天正年間の縮緬技法の伝播などが特筆される。17世紀にかけて中国産の高級生糸（白糸）が輸入品の大宗をなしたのは，白糸を原料に用いれば，西陣でも輸入品に匹敵する高級絹織物生産が可能となったからであった（佐々木［1983］）。衣料消費の面では，16世紀を通じて綿花栽培が各地に広まり，朝鮮・中国からの輸入品に限られていた綿織物の消費が大きく拡大したことも画期的な意義を有していた。その起点となったのも海外からの綿種の移植であった。

　このように，16世紀の開放的な対外経済関係は，制度変化および技術基盤形成の，スプリング・ボードであったといえる。それを歴史的前提として，いかにして近世の経済社会は形成されていくのか。以下，章を改めて近世社会の内部の構造とその動態を，みていくことにしよう。

プロローグ　参考文献

荒野泰典・石井正敏・村井章介編［2013］『日本の対外関係5　地球的世界の成立』吉川弘文館。
井澤英二［2008］「中世末から近世初頭における世界の銀生産」『日本鉱業史研究』第55号。
浦長瀬隆［2001］『中近世日本貨幣流通史——取引手段の変化と要因』勁草書房。
佐々木銀弥［1983］「中世衣料の生産と流通」永原慶二・山口啓二編『講座・日本技術の社会史第3巻　紡織』日本評論社。
千枝大志［2014］「中世後期の貨幣と流通」大津透・桜井英治・藤井讓治ほか編『岩波講座・日本歴史第8巻　中世3』岩波書店。
中田易直［1984］『近世対外関係史の研究』吉川弘文館。
中野等［2014］「豊臣政権論」大津透・桜井英治・藤井讓治ほか編『岩波講座・日本歴史第10巻　近世1』岩波書店。
西田宏子［2013］「朝鮮被虜人と磁器生産の勃興」荒野泰典・石井正敏・村井章介編『日本の対外関係5　地球的世界の成立』吉川弘文館。
藤井讓治［2015］『戦国乱世から太平の世へ』岩波書店。
藤木久志［1985］『豊臣平和令と戦国社会』東京大学出版会。
マディソン，アンガス（金森久雄監訳）［2000］『世界経済の成長史1820〜1992年——199ヵ国を対象とする分析と推計』東洋経済新報社。（原著はAngus Maddison［1995］, *Monitoring the World Economy 1820–1992*, OECD.）
山本博文［1989］『寛永時代』吉川弘文館。

第1章

「近世経済」の成立と展開

1600〜1800年

はじめに

　統一政権が誕生し，軍事力の発動を伴う領主・領国間の紛争が社会を大きく左右する時代が終焉することで，人々の経済生活は，そこで営まれる産業の成果と，その分配のあり様によって直接に規定されることとなった。そこで基幹的となった産業分野が農業である。もちろん日本列島において古代・中世から農業は食料生産の基本であり，人々の生存の基盤であった。しかし社会の編成原理に対する規制力は，単に経済活動に占める当該産業の量的比重だけではなく，集団や階層の社会的・政治的影響力の大きさにも依存する。また16世紀の開放的な対外関係と軍事的な需要の発生は，商業や貿易，鉱山業などの活性化をもたらし，人々の所得源泉を多様化する面があった。経済社会の編成がどのような産業分野での営みを起点としているかは，農耕を生存の基本とする日本列島においても，地域や時代によって一律ではなかった。本章では，近世社会の成立の過程においては農業生産への新たな注力があり，それが近世経済の基層を形成したと考える。「小農社会の成立」を本章の冒頭に置き紙幅を割くのは，このような発想に基づいている。次いで第2節ではその対となる領主層の行動と経済動態との関わりを，対外経済関係の問題や都市建設投資の動向などの側面にも着目しつつ論ずる。そして第3節において，近世経済を構成する第3の要素としての都市経済の形成を，商人の機能とその変遷を軸にみていく。この三者の相互関係を軸に，第4, 5節では外延的拡大終焉後の18世紀の位置づけを考える。

第1節　小農社会の成立

1　近世社会の制度的基盤

▶石　高　制

　豊臣，徳川と続く統一政権の全国支配の基軸的制度は，石高制であった。土地面積を基準として石高（米の容積単位で表現）が設定され，これが年貢賦課の基準となることで，武士─農民間および武士相互間の関係が編成されることとなったのである。

　16世紀に至るまで，荘園等における年貢は，銭を単位とする「貫高」によって測られていた。それが米単位の「石高」へと変化する事態は，一見すると貨幣経済から自給的な現物経済への「後退」のようにもみえる。しかし，プロローグでも述べたように，16世紀に入って土地売買などでも，銭貨に代わって米が支払い手段や価値表示の尺度となる事例がみられた。それは輸入銭の供給不足の中で，米が貨幣機能を代替する現象であり，その背景には日本における鉱山開発をひとつの条件とした，東アジアにおける銀流通の拡大があったと考えられる。銭から米への移行は，市場を媒介とする交換経済の進展の中で，中国からの輸入銭の不安定さによって引き起こされた現象であり，石高制への移行も，そのひとつの現れであったといえる。そうであれば，ことさらそれを，貨幣経済や市場経済と対比させて理解する必要はない。

　ただし，米の貨幣機能の発揮が16世紀後半の過渡的な現象であったのに対して，石高制が近世社会を通じて一貫して機能し続けたことは重要である。現物の米による年貢納入制は，たとえば年貢負担者への貨幣取得を強制しない，年貢米の価格変動による利益ないしは損失は，年貢を受け取る側に帰属する，などの特徴がある。米を生産する地域（稲作地）としない地域（畑作地）で，年貢負担者の対応に相違を生み出す可能性もある。このように，制度として定着した石高制は，年貢の負担者および受領者それぞれの行動に，「貫高制」とは異なる影響を与えた。その意味で，石高制は近世社会の制度的基盤であり，近世経済の動向を規定する要因であった。

　石高設定のために実施されたのが，豊臣秀吉による「太閤検地」である。土地面積の把握を目的として，各地の荘園領主や戦国大名が検注・検地と呼ばれる調査事業を行うことは，それまでもみられた。「太閤検地」を特徴づけるのは，土地面積単位（律令制以来の条里制の1反＝360歩を廃し1反＝300歩とする）や容積単

位（京枡の通用強制）を統一の上，土地の丈量（測量）と，上・中・下といった田畑等級別の基準斗代（反当たりの年貢高＝石盛）の設定を行ったことである[1]。この「太閤検地」方式は，本能寺の変後に領有した山城国で行った天正 10（1582）年山城検地で実行されたことが確認されており，その後，島津，佐竹，上杉などの大名領でも同様の検地方針・検地掟に基づき，秀吉の奉行が検地を行う事例が現れた。毛利，前田，伊達などは独自に検地を行っているが，それも秀吉の命を受けたものであり，天正 19（1591）年に全国の「御前帳」を徴収することで，少なくとも形式上は，統一政権が全国の土地を石高によって把握することとなった。徳川政権の基盤も，その継承の上に，再検地や新たに開発された新田の検地を加えて確立したものであった（池上［2004］）。

　統一政権による石高把握が意味していたのは，領主権の集中であった。近世大名は，大閤・将軍から石高で表現された領地を知行され，領域内での支配権を認められるが，本源的な領主権は大閤・将軍に属するものと考えられていた。大名の改易（取り潰し）や減封，また加増や転封（領地替）が稀ではなかったことが，それを物語っている。実際，豊臣政権から徳川政権初期にかけて，旧来の領地が安堵された（領主権を確認された）のは伊達，南部，津軽，前田，毛利，島津などのほか，比較的少数の大名でしかない。諸大名および幕府家臣の旗本（知行地あり）・御家人（俸禄を支給）の領主権は，将軍家によって給付されるものとされており，形式とはいえ将軍の代替わりに際しては，朱印状の交付によって知行の確認がなされている。領地の売買・譲渡・質入も許されていない（古島［1956］165頁）。各大名は，徴収した年貢を専一的に収取する点で，財政的に自立した存在であるが，知行の大きさに対応した軍役や参勤交代（17世紀半ばより）の義務を負うほか，土木工事に際して御手伝普請への参画などが要請された。有力大名家であった藤堂家の残した「殿様は当分之御国主，田畑は公儀の田畑」[2] という文言は，領主権の集中を象徴する言葉として，しばしば引用されている。

▶ **兵農分離**

　このような領主権の集中は，「兵農分離」と呼ばれる，領主の武士身分と年貢

1　石高は，生産高を表すものとされてきたが（安良城［1959］），近年の研究によれば，畿内近国で太閤検地が設定した石高は，現実の斗代をもとに検地役人と村人との交渉を経て設定されたものであり，本年貢・加地子（小作料）の合計年貢高を意味するものであったという（池上［2004］）。その場合，実際に納入される年貢高は石高を下回るのが通例で，石高からの免除を認めるという形で「免」が差し引かれた。徳川時代に年貢率を意味する「免」は，これが意味を転換したものであった。それは，石高を生産高とみなす見方が生まれたのが，太閤検地よりも後のことであったことを意味しているといえる。

2　津藩が明暦3（1657）年に領内に触れた三か条の冒頭，第一条「田畑之事」にある文言である（深谷［2002］103頁）。

第 1 節　小農社会の成立

負担者の百姓身分の分離・確定を基盤としていた。太閤検地は戦国大名の下で進行しつつあったこの動きを，大名家臣団への編入が成らなかった在地の土豪・地侍の領主権＝年貢収取権を剥奪し，年貢負担者である百姓身分へ編入することで確定することとなった。たとえば，信州坂部村の郷主・熊谷家は，定住・開発以来，七代にわたって保持してきた「分内四十五貫目」（銭貨表示の年貢高）を，当地で天正19（1591）年に実施された太閤検地に際して「召上」られた。熊谷家は検地帳に登録され，以後年貢納入が義務づけられたのである（吉田［2004］）。熊谷家はこの措置を，当地以外にも適用される「上意国法」として受け入れている。しかし同様の事態が騒動に発展する場合もあり，肥後地方（天正15年）や大崎・葛西（天正19年）では，検地実施に際して在地領主（国人層）を中核とした反対の一揆が起きていた（安良城［1959］192-193頁）。領主権剥奪は在地社会に大きな影響を与えるものであり，それゆえ，推進者の秀吉をして，反対する城主・百姓を「なでぎり」にしてでも検地の実行を強行する旨の決意表明に至らせるのである（古島［1956］155頁）。プロローグで触れた，秀吉によって天正16（1588）年に出された刀狩の掟（刀狩令）は，このような百姓化した土豪層，さらには百姓自体の武装解除を行うことで「一揆」による抵抗を予防し，兵農分離を進めるための政策的措置であったといえる。上層農民の武士化・領主化の道は，ここに実質的にも絶たれた。それはまた，武力保有を前提とした，中世以来の自力救済，自検断権からの「解放」をも意味した。「戦国大名」間のみならず，いずれの階層においても，以後武力紛争による解決は，「私戦」「私闘」とみなされ処罰の対象となる。紛争解決は上位権力――大名，統一政権――の裁断に委ねられることになったのである。

　一方，大名家臣となって武士身分を確保した者は，大名所在地＝城下町へ移り住むことになった。当初は給付される石高に応じて，領内の特定の地域を知行されることも少なくなかったが（地方知行制），17世紀半ばには，伊達，島津など少数の大藩での例を除いて，藩当局が領内の年貢を集約し，家臣団はそこから石高相当の俸禄（現物の米ないし貨幣）の支給を受ける体制（俸禄制）へ移行した。その背後には，地方知行を受けた家臣（給人）の恣意的な年貢収取に対する百姓側の反発があったことも指摘されている。このように，農村は原則として農耕専念義務を課せられた百姓のみが居住する空間となり，その百姓の負担する年貢は，幕府ないしは領主権を認められた諸大名の下に集中することとなった。慶長3（1598）年の大名の転封に際して，豊臣政権が百姓を新領地へ連れていくことを禁じていたことは，意図された兵と農の分離の方向がどのようなものであったかを物語っている（牧原［2014］160頁）。領主階級である武士層は地域との直接的

な繋がり＝在地性を喪失したのである。

▶ **農村在住者にとっての検地**

では兵農分離の下，百姓身分に固定された農民階層にとって，太閤検地はどのような意味をもっていたのであろうか。太閤検地の「革新性」を重視し，その後の研究史の起点となった安良城盛昭の論稿は，太閤検地の政策基調となる「小農自立策」が，農業経営の変革に及ぼした決定的な意義を強調した。「おとな百姓として下作ニ申付，作あいを取候儀無用ニ候，今迄作仕候百姓直納ニ可仕事」（天正15〔1587〕年，浅野長政）に示されるように，農村内に重層的に存在した土地所有権を整理し（「作あいの否定」），直接耕作者へ耕作権（作職）を保障し本百姓とすること，その本百姓からの年貢収取を，社会体制の基盤とすることが定められたとされる。その結果生じたのは，前代を特徴づける家父長制的大経営から，小農経営への移行であり，家父長制的大経営は分解を余儀なくされ，家族労働力に依拠する小農経営が近世農村の生産力を支える存在となったとされるのである（安良城［1959］）。

太閤検地が，百姓身分の農民が土地に対して有する権利の強化を意図していたことはたしかである。太閤検地も終盤の文禄5（1596）年の検地奉行石田三成の検地掟には，土地所持の権利である「作職は，検地のときに帳面にのせられたものに属し，人にとられることも，昔自分のものだったからといって人のものをとることも禁ずる」を大意とする一条がある（古島［1956］155頁）。ここでは検地帳への記載・登録を通じて，農民の土地に対する排他的な耕作権を保障する意図が明瞭に示されている。しかしその意図が実際にどの程度貫徹されたかは吟味を要する問題である。たとえば，当時の村では一般に実際の年貢納入の責任者を示す名寄帳（検地帳が土地1筆毎に名請人を記している土地台帳であるのに対して，人を単位に当該者が年貢を納入すべき対象となる土地の石高をまとめて記載）が作られているが，検地帳と名寄帳とでは大幅な人数の相違がみられることが稀ではなかった。その場合，検地帳登録人（名請人）のほうが多かったから，村レヴェルでは，検地帳の登録者であっても直接の年貢納入者（本百姓）とみなされていないケースが少なくなかったことになる（宮川［1999］）。近年では，17世紀の農業発展の現実の中で，実際に社会的に自立し百姓存在が認定されるようになった者が，改めて所有の源泉として検地帳を用いるようになったことが，土地所有台帳としての検地帳認識を推し進めたとする見解も有力である（渡辺［2004］）。

農業経営の変革，すなわち，従属民（名子，下人，所従）と傍系親族を労働力として使役する家父長制的大経営から，単婚小家族の労働力にのみ依拠する小経営への移行をもたらしたとされる点にも，実証的な疑問は少なくない。家父長制的

大経営なる概念は，家族形態における複合大家族論と農業経営における夫役経営（労働力使役型経営）の，本来独立の2つの要素の結合といえるが，この双方について研究史上も多様な見解が提起されている。太閤検地の実施が，直接，「小経営の年貢納入者としての本百姓」の広範な創出をもたらしたとみることには，無理があるのである。太閤検地は，たしかに農民経営の「独立性」を担保する制度的な起点であったが，それが小農社会の成立に繋がったのは，17世紀を通じた経済・社会の具体的な展開を介してのことであった。次節ではその過程をみていくことにしよう。

2　小農経営の形成と定着

▶ 耕地拡大

　17世紀は耕地拡大の時代であった。全国をカヴァーする耕地面積データで最も早い時期のものは，享保・延享期（18世紀前半）の297万町余であるが，これを18世紀初・元禄年間の総石高2578万石余とつき合わせ，そこで得た1石当たりの耕地面積によって大閤検地後（1598年）の総石高1850万石を除すと，16・17世紀転換期の耕地面積は206万町余となる（速水・宮本 [1988]）。この推計に従うならば，17世紀の100年弱で耕地は最大90万町余増加し，総耕地は1.5倍となったのである。17世紀初の206万町は過小の可能性も指摘されるが[3]，それでも明治初年，地租改正時の耕地面積は322万町余で，18世紀初頭以降の150年間余の耕地の増加分は二十数万町にとどまっていたから，17世紀の耕地拡大のスピードは特筆すべきものであった。土木工事件数の推移も，この推計に適合的である。表1-1にみるように，河川工事は17世紀前半に最も多く，溜池・用水路の工事数は17世紀後半にひとつのピークがあった。19世紀前半から半ばにかけて，工事数のもうひとつのピークがみられるが，この時期の工事には小規模なものが多かったという。治水・利水のための大規模な土木工事を伴っていたことに，17世紀の耕地拡大の特徴をみることができる。

　耕地面積の拡大は，稲作立地の変化を伴っていた。近世より以前の稲作の中心は，河川上流部の谷あいに分布する谷津田であった。水量は乏しくとも氾濫はしない谷川沿いは，小渓流の利用や溜池の設置による農業用水統御が容易であり，当時の技術水準の下では，水田耕作に最適の地とされていた。他方で排水および

---

3 後述するように，この時期には土地生産性が一定程度高まっていたとみられるので，17世紀初の1石当たり耕地面積は18世紀初よりも大きい可能性がある。また，前述のように，太閤検地時の石高を生産高とする見方には異論もある。いずれの指摘も，それを考慮すれば推定耕地面積は206万町よりも大きくなる。

表 1-1　農地拡大に関係する土木工事件数

	溜池	用水路	新田開発	河川工事	内，航路開鑿・改修
1551〜1600	3	11	14	16	1
1601〜1650	66	55	122	31	3
1651〜1700	93	121	220	13	
1701〜1750	27	52	103	11	1
1751〜1800	23	31	88	12	2
1801〜1868	99	139	450	14	2

（出所）　速水・宮本［1988］表 1-2, 45 頁，および土木学会編［1936］年表, 183-186 頁より作成。

利水の便に乏しい沖積平野の湿田は，収穫の不安定さを免れなかったのである。インディカ系の赤米の導入は，これらの湿田でも比較的安定した収量が見込めるため，おもに西日本の沖積平野における新田開発にパイオニア的役割を果たしたといわれる（嵐［1974］）。より本格的な新田開発は，用水路や溜池の造成を伴って洪積台地の開発で始まり，17世紀後半以降には，本格的な治水と河川灌漑工事を基盤とした沖積平野の開発へと進んだ。大河川下流域に水田地帯が広がるのは，これ以降のことであった（古島［1956］，斎藤［1988a］）。水の統御が可能であれば，洪積台地・沖積平野は，地味においても，また水温や日当たりの面でも，谷津田に対して稲作生産の上で大きな利点を有していたのである。

　近世初期に開発が進む背景として，第 1 に戦国期を通じた土木技術の発展があげられる。武田信玄の信玄堤，佐々成政による常願寺川の佐々堤など，河川の大土木工事の技術の多くは，戦国武将の事績として伝えられることが多い。16 世紀における金属鉱山開発の進展も，農業土木に応用可能な技術知識の蓄積に繋がった。第 2 にあげられるのは，労働力の動員可能性である。統一政権の成立，さらに徳川政権下での武力紛争の減少・停止がその背景をなしている。武士および農民の軍事動員からの事実上の解放が，夫役（労働力の徴発）による労働力の調達の道を大きく開いたといえる。

　このように，17 世紀の新田開発は，幕府・大名の主導によるものが多かったが，17 世紀後半になると，町人身分の者たち，とくに商人が新田開発を請け負い，多くの資金を投入して耕地の開発に携わる事例も増えてくる。領主層の新田開発促進策によって，新田には一定年期＝鍬下年季の年貢免除特権が付与されるので，商人にとっては有利な投資対象の面があった。とくに図 1-1 にみられるように米価の持続的上昇がみられた 17 世紀は，新田開発の商業的なインセンティブが強くはたらく素地があったといえる。洪積台地と沖積平野の農業的フロンテ

第 1 節　小農社会の成立

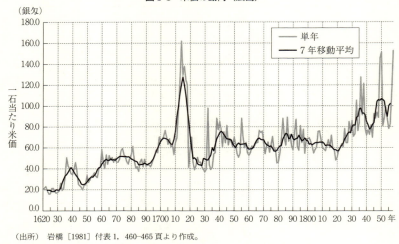

図 1-1　米価の動向（広島）

(出所)　岩橋 [1981] 付表 1, 460-465 頁より作成。

ィアの存在を前提に，技術・資金および労働力の結び付きが生み出したのが，17世紀の「大開墾」時代であった。

▶ 人口の動態

　17世紀はまた，人口増加の時代であった。全国人口をカヴァーする数値は1721年の幕府による調査が初出となる。そこで得られる2607万人には武士とその家族等が除外されているため，20％増とすると3128万人となる。他方，17世紀初の人口については，かつて1石＝1人当たり消費量を仮定し，太閤検地が定めた1850万石をもとに1800万人とする説が唱えられていたが，速水融は17世紀前半の小倉藩の人口／石高比率（1よりも小さい）による再計算と，諏訪地方の17世紀後半の人口動態ロジスティック曲線を外挿することによって，17世紀初の人口を1000万人弱から1200万人強の範囲とした（速水［1973］，［1975］）。2時点を比較すると，100年間あまりで3倍近い人口増があったことになる。もっともこの速水の推計に対して，近年は1700万人前後とする見解も出されているため（斎藤［2014］），現段階では速水推計から計算される17世紀の人口成長率をそのまま受け取ることは問題を含んでいるといえよう。それでも後述のように，幕府調査の人口記録によって18世紀以降の人口の停滞的推移は明らかであったから，この17世紀の人口増加が，近世日本全体を通じて特徴的な現象であったことは否定されるものではない。1645年から1697年にかけ，全国の村数が7535増加（増加割合としては14％）したことも知られている（菊地［1958］）。人口増加と耕地拡大の併進は，新田村の形成による村数の増大にも支えられていた。

人口動態としては，その移動性向の変化も注目される。畑作や谷津田による米作りに依存するそれまでの農業民は，農業生産の不安定性によって，容易に浮浪化する傾向にあったといわれる。耕作放棄による「かたあらし」（不耕作田）の発生も稀ではなかった。このような農業民の流動性・非定着性は，「走り」と呼ばれ，17世紀に入ってもみられることであった。領主による過大な年貢・夫役の賦課が，百姓の村からの「逃散」を招いたことが指摘され，実際，地方知行制の下での「給人」（大名家臣）の苛斂誅求を，領国の大名が戒める触れが出されている（古島［1956］，宮崎［1995］）。ただし，この時期の「走り」は単なる浮浪ではなく，縁者・知り合いから得た情報をもとに，落ち着き先の目途を立てての移住行為として捉えられるべきケースも少なくなかった（渡辺［2004］）。年貢負担者たる百姓の確保は領主にとっても重要であり，大名が耕地，荒地の開発のために，流入者への優遇策を示すケースも記録されている。

　17世紀はまた，都市建設の時代でもあった。前述のように，統一政権による兵農分離の推進は，領主層の在地から城下町への転出・集住をもたらした。領主層の財・サービス需要を満たす商人・職人層も都市に集住し，職種ごとの「町」を形成することとなる。また領主および非領主人口の集住は，膨大な土木・建設労働への需要を生み出した。非農業地域での就業機会は，戦国以来，貨幣素材を求めて開発が進んだ金属鉱山にもみることができる。たとえば1601年の佐渡相川金山の発見は，慶長期で3万〜4万人，ピーク時には8万人の集住地を生み出していた（江藤［2009］）。

　このように耕地拡大と都市建設，それを背景とした人口増と流動性は，17世紀を特徴づける現象であった。その中から，どのように定着性の高い小農社会が形成されていくのか。以上の量的・外延的拡大の事実を踏まえ，改めて17世紀における農業社会の変容を，「小農」をキーワードとして検討していこう。

▶ **家族形態**

　先に指摘したように，「小農経営」には家族形態と農業経営の2つの要素が含まれている。はじめに，家族形態についてやや立ち入ってみていこう。

　秀吉が尾張に対して発した法令に含まれる以下の文言「百姓親子並親類，家一に二世帯不可住，別々に家を作可有之事」（文禄2〔1593〕年）が，当時の家族が傍系親族を含む複合大家族の特徴を有していたことを示唆する文書としてしばしば取り上げられてきた。これを文面通りに受け取れば，「別々に家を作」ることを強制した太閤検地からの一連の施策は，そうした家族形態を変革する契機となったことになる。また17世紀前半の人別改帳にしばしばみられる，1世帯内における非血縁家族員（名子，下人，所従）の書き上げは，複合大家族が傍系親族と

表 1-2　村在住の「世帯」の構成（肥後国合志郡 10 組，寛永 10〔1633〕年）

組名 地域的特性	全体（10 組）	竹迫 畑作中心	大津 宿町を含む	弘生 稲作中心
対象世帯数	1,329	119	194	125
1 世帯当たり平均構成員数（人）				
平均世帯規模（血縁＋非血縁）	6.65	10.27	4.70	6.26
血縁家族・計	4.22	4.45	3.79	3.97
戸主と妻	1.90	1.93	1.98	1.92
親	0.80	0.81	0.71	0.69
子供	1.35	1.54	1.04	1.18
傍系親族	0.17	0.17	0.06	0.18
非血縁家族・計	2.43	5.82	0.92	2.30
名子	1.74	4.08	0.63	1.50
下人他	0.69	1.74	0.29	0.80
対象世帯数 血縁家族員の構成からみた世帯の割合（％）		128	211	127
当主夫婦と未婚の子供		31.3	35.1	49.6
上記＋親		42.1	31.3	35.4
当主夫婦＋1 組の子供夫婦		14.0	2.8	5.5
その他		12.6	30.8	9.5

（出所）　鬼頭［1976］第 3 表，53 頁，および吉田［鈴木］［1994］表 13，91 頁より作成．

ともに従属民をも包含していたことを示すものとされ，太閤検地を契機とする家族形態変革の中での「残存」とみなされることになる（表 1-2）。実際，17 世紀後半になれば，人別改帳上で従属民を包含する世帯の出現は稀となった。

　しかし，この「複合大家族」を「同一居住空間で生活をともにする家族集団」とみる見方は修正が必要となっている。第 1 に，傍系成員が含まれる場合，多いのは独身女性および未成年・独身者であり，婚姻後の傍系家族の存在が中心的な位置を占めているわけではなかった。第 2 に，「従属民」も婚姻し，子供を有しているケースが少なくない。そして第 3 として，傍系親族・「従属民」の中で婚姻している者たちは，大抵，狭小とはいえ本棟とは別の別棟に居住していたことが，明らかになっている。このような集団を，ひとつの家族・世帯と捉えることは，必ずしも適切ではないであろう。近年はこれを「屋敷地共住集団」とする見方も有力となっている（鷲見［1958］，斎藤［1988a］など）[4]。

　では，「複合大家族」が虚像であったとするならば，16 世紀後半から 17 世紀

---

[4] 先の法令の条項も，世帯別の役儀（夫役など）賦課を命ずる中での文言であった。負担軽減のために百姓側が世帯数を過小申告する傾向にあったとすれば，この文言は必ずしも傍系親族の同一家屋での共住が一般的であったことを証明するものとはいえない。

にかけ，家族形態の上では本質的な変化はなかったのだろうか。この点の考察には，家族のライフサイクルに着目した研究が有用となる。たとえば，ある訴訟記録から，17世紀中葉の摂津国武庫郡下瓦林村（兵庫県）の家持下人のライフサイクルを再現した研究によれば，この譜代下人は主家の下で労働力として使役されていたが，妻帯は許され，子供ももうけていたことがわかる。その後新田村落に出て，主家の有した土地の耕作者となった。検地帳の名請人は主家であるが，役儀（夫役）は下人が務めていた。一方子供は労働力として主家にとどまったが，親が老齢化し役儀を務められなくなったため，主家に命じられ新田村落の土地の耕作を引き継いだ（沼田［2001］）。

　この過程の中でこの下人は，新田村落に出て耕作を行う時点では妻帯者かつ独立の家屋に居住する家持ちであり，独立の単婚小家族とみなしうる形態をとっている。しかし，ライフサイクルを追った場合，この家持下人が家族としての十全な自立性を備えていたとは評価しにくい。第1に，この世帯の子供は，下人家族の意向とは関わりなく主家の労働力に充てられている。この点は，17世紀前半の，肥後国の人別改帳の一種である「人畜改帳」から浮かび上がる観察事実，すなわち婚姻関係のある名子世帯に含まれる子供数が明らかに過小（子供無しか，せいぜい1人程度）であるとする事実発見とも整合的である（吉田〔鈴木〕［1994］）。従属民は，たとえ世帯を形成していても，その子供の処遇に関しては，主家の強い規制の下にあった。多くの場合，子供は若年時から主家の労働力となっていたのである。第2は，相続に関する自立性である。従属民は，その世代で主家から農業経営を任されていたとしても，それを自動的に子供世代に引き継げたわけではなかった。経営の委任は一代限りであり，その後の処置は，主家の側の判断に委ねられていたのである。この主家を中心とした関係は，研究史上，「族縁的共同体」と呼ばれている。

　このように，婚姻家族の独立世帯での共住が実現していたとしても，それが一概に自立性をもった家族として捉えられるわけではなかった。別言するならば，この自立性獲得の進展いかんが，当該期における家族形態の変化を論じる際に，指標とすべきものといえよう。その点でも，上記の事例は示唆的であった。そこでの訴訟は，下人側が耕作する新田村落における土地を，主家が取り上げようとしたことに対する下人側からの訴えであった。17世紀半ばにおける，家持下人の主家からの独立志向がうかがえるのである。それは翻って，従属民を抱え込んだ主家層においても，その構成員が直系血縁家族に限定される家族形態への移行をもたらした。百姓身分においては，家族形態の平準化の進展があったといえよう。このような名子，傍系親族，および下人の農業経営としての自立過程こそ，

「小農自立」論の骨子であったが，それは小農経営としての独立というよりは，家族が子供の処遇や相続に関する自己決定権（オートノミー）を確立していく，家族形態上の変化として捉えるべきものであった。この動きは，地域差を伴いつつ，17世紀中には全国的に進展した。その意味で，近世初期はやはり，家族形態における変革期であったのである。

▶ **小農経営の生産力**

では，家族が自立しうる経済的な基盤はどこにあったのか。前述のように17世紀は人口増加と耕地拡大の世紀であったが，耕地拡大よりも人口増加率のほうが高く，1人当たり耕地面積は減少傾向にあった。それが人口増大と両立しえるには，反収＝土地生産性の上昇が必要となる。その一因として，先にも触れた稲作環境の変化，すなわち地味豊かな沖積平野への立地移動があげられるが，持続的な農業発展の背後には，こうした外的な耕作環境の変化のみならず，農業経営上の内的な変化――農法上の発展――があった（葉山 [1983]）。

輪作を可能にし，かつ収量増大をもたらした最大の要因は，肥料投入の増加である。17世紀の肥料投入の中心は，山野の草木葉を田畑に敷きこむ刈敷，および草と牛馬の排泄物によって作り上げる厩肥である。草肥の重要性は，草山の維持のために，人為的な自然改造がなされていたことからもうかがわれる。正保年間（1644～48年）の伊勢国では，村に属する山の60％弱，享保期の飛驒国では，山野の57％が草山であった。気候・風土から当時の山野は放置すれば容易に森林化する。したがって草山の存続は，草肥・飼料のために人為的に森林への遷移が抑制されていたことを意味していた（磯田 [1996]，水本 [2005]）。

労働手段の面では，備中鍬の開発と普及が重要である。中世までの耕作では，牛馬に牽かれた長床犂が，耕起作業の水準を示していた。これに対して，相対的低価格で鉄製の鍬が入手可能となったことは，人力による耕起作業の能率向上に大きな意義を有した。加えて備中鍬による耕起作業は，長床犂に比して深耕が容易となる利点があったといわれる。深耕は肥効を高める機能があり，肥料の多投には適合的であった。

農業経営については，畜力利用が減少傾向にあったことも指摘されている。速水融は濃尾地方における1670年代と1820年代の調査から，牛馬数の激減を指摘し，それを肥料多投のために，深耕の可能な鍬による人力耕起が選択された結果であったとした。速水はこれを畜力から人力＝労働力多投への転換とみなし，「勤勉革命（Industrious Revolution）」と名付けたが（速水 [1979]），役畜の減少とその理由をめぐっては，見解が分かれている面もある。西日本については，必ずしも牛数の顕著な減少があったわけではないとされているし，牛数の減少をもた

らした主因を牛疫（ウイルス性の家畜病）に求める見解も有力である（磯田［1996］，斎藤［2004］，江藤［2009］）。加賀地方では，17世紀後半の馬数の減少が明らかにされているが，ここでも鍬と深耕の関係には否定的で，役畜の保有に耐ええない小経営の増大が馬数減少の理由とされている（高沢［1967］）。これらの諸見解をみる限り，農業経営側の意図的な選択として，畜力から人力への移行を捉えることは難しいだろう。

しかしここで注目したいのは，17世紀の農業発展の方向が，畜力利用と結び付くものではなかった事実である。肥料多投および鍬での耕起を基本線とする農業発展は，資本（役畜）投下ではなく，労働集約性にその特徴があった。鍬を用いた耕起労働はもちろんであるが，自給肥料の増投に関しても，採草および運搬に多くの労働投入が必要とされた。耕地拡大が草地の減少を招き，より遠隔の村付き草山での採草となれば，確実に運搬労働負担は増大する。畜力の減少は，この運搬面での人力化に帰結した面がある。また多肥化は雑草を繁茂させ，除草作業の増加をもたらした（高沢［1967］）。土地生産性の上昇は，こうした労働多投型の農法によってもたらされたのである。

そして，この農法の特徴は，直系家族の労働に依拠する小農経営にとって適合的であった。それは，資本と土地が潤沢ではない経営にも適応可能であっただけではない。より重要なのは，家族労働が高密度の労働投入に対してより適応性の高い労働力であったということである。農業労働には，成果と努力水準との関係が収穫後までわからない，労働の成果を個人に分離することが難しい，などの労働の監視——モニタリング——に関わる固有の困難があった。他律的に労働力支出を制御できない中で，高密度の労働投入を要求するには，労働側の自発的なコミットメントが必要となる。その点で，家族労働に基づく小経営＝小農が農業経営の主体となり，それに経営成果に対する請求権が保障されることは，強度の高い労働投入のインセンティブとして機能しえた。検地帳に記載され，年貢負担者となった「高持」の本百姓の場合，それは，領主に対する経営成果の配分問題であり，前述の譜代下人のような，大高持の百姓の下にある「非高持」百姓の場合，それは請作地をめぐる主家の恣意に対する自立性の確立の問題であった。前者は土地の所持権の付与や年貢賦課への恣意性の排除，後者は主家に対する請作地の耕作権の確立などがポイントとなるが，前述のように，いずれもその方向への進化がみられたのである。小農経営としての自立が農業経営成果の増大に繋がり，それが自立化傾向自体を促進した。さらに小農経営の内部においても，直系家族員には経営成果に対する潜在的な請求権が存在した。成果配分としての当面の生活水準もそのひとつであるが，直系家族員にとって，将来の相続財産や望ましい

婚姻機会もまた，農業経営の良好な成果と関係していた。自己の長期的な利益と現在の経営成果との一致を意識しうる，その見通しの存在こそが，家族労働による自発的な高密度の労働投入を担保していたと考えられるのである。

それは同時代人の指摘するところでもあった。18世紀前半の享保期に書かれた農書『民間省要』には，「夫婦男女の子供ひたすら精出すを以て，結句少々田地所持の百姓にまさりて，見事に過ぐるもあり」（上編巻之二・第十六小作人の弁の事，『日本経済叢書 巻一』282頁）とある。直系家族の労働力を駆使する小農経営の労働集約的な性格がよく表現されている。その生産力的な優位性は，使役労働を用いる経営との対比の中で，以下のように明瞭に指摘されていた。「田畑多く持つ百姓，年々人を抱えて手作し，又小作に預て取る所の作法に較べ見て，手作の方遥かにおとりて損成あり，世上皆小作に預る多し」（上編巻之五・第三十三百姓四季の産，同上，372頁。安良城［1959］216頁も参照）。直系家族と小経営の固有の結合体である近世小農経営が，農業生産における生産力的な基盤として定着する過程が，17世紀の農村社会だったのである。

3　制度としての「家」と「村」

▶ 村の成立と「村請制」

しかし，近世小農経営は，それ自体として単独で経済生活が完結しえたわけではなかった。小農経営は，固有の関係性と共同性に制約され，またそれに依存することによって再生産がなされる存在であった。

前述の「族縁的共同体」内の関係はそのひとつである。傍系親族や名子・下人の世帯は，主家からの種籾や肥料の貸与，凶作時の食料援助等，主家・本家に対しての，さまざまな形での依存関係が見出される。それは主家に対する，人格的従属や労働供給と裏腹の関係にあったが，いまだ安定性を欠いた農業経営にとって，このような現物給付は，その存続・再生産に欠かせない要素ともなった。人格的従属を基本とするこれらの関係のほかにも，本家と分家，あるいは「マキ」とも称される同族団の存在など，親族関係を媒介する百姓相互の固有の関係は，さまざまな形で存在した。それは小農経営の再生産の条件であるとともに，その行動を外枠から規制するものでもあった（中村編［1965］，山内［2009］など）。

ただし，これら従属民や親族との必ずしも水平的ではない関係は，近世以前から存在している。近世の特徴はむしろ，先に述べた従属民や傍系親族の自立化の動きにみられるごとく，「族縁的共同体」の規制力が弱まる方向にあったことであった。これに対して，近世農村において小農経営の再生産に深く関与することになるのが，地縁を媒介とする共同性に，統治側からの制度化が結び付いた，固

有の組織としての「村」である。

　領主層にとって，村はなによりも貢租納入のための組織であった。たしかに太閤検地は，年貢の納入責任者として検地帳記載の本百姓を指定している。しかし実際の年貢の賦課高は，個々の土地に即してではなく，百姓が名請した土地の石高を村単位で合計した「村高」（実際には検見による免除分を控除した毛付高）に「免」（一定割合のこと）を掛けて算出され，領主の代官から，村民からなる「村役人」に通知された。領主への年貢納入の完了後は村へ御皆済状が交付され，ここに当該年の年貢納入が終了するのである。賦課された年貢は，村役人（庄屋——東日本，名主——西日本）が，原則として村民各自の検地帳記載石高に応じて割り掛けたから，年貢が個々の百姓に課せられていることには変わりはない。問題は，年貢の未進（滞納）が生じ，村で集めた年貢の合計が年貢賦課高を下回る場合である。この年貢高を皆済（完済）する最終的な責任を，組織体としての村に負わせたのが，近世の村を特徴づける「村請制」と呼ばれる制度であった。もっとも 17 世紀前半には，弁済責任は当人およびその同族が負うとされるケースがみられたし，不耕作地・荒地の村全体の負担での年貢納入も，「走り」が頻発する流動的な村民構成の下では，安定していなかった（宮崎［1995］）。その点で，村が実際に年貢未進分の弁済責任を負う村請制の全国的な確立は，17 世紀後半のことというべきであろう。その段階になると，未進年貢の弁済負担は，村全体に，しかし実際は庄屋・名主といった村役人層の肩にかかってくることが一般的となった。そのため，自らの土地を質入して年貢弁済に充て，最後には手放さざるをえなくなった庄屋・名主が現れてくる。資金力のある村役人層の中には，肩代わりした年貢の対価として年貢滞納者の土地を集積し，急速に大高持となる者も存在したが，その分，年貢負担が増えるため，土地集積はやむをえない結果として捉えられているケースも多かった。後年の地主的土地集積とは性格を異にする面が強かったのである。

　しかしその一方で，村政を独占する村役人層への批判も高まっている。年貢割り掛けを恣意的に行い自らの負担の軽減を図る，村入用を私的に流用する，といった村役人の「不正」を追及する村方騒動が頻発するのも，17 世紀の村落の特徴であった（水本［1987］）。それに呼応する形で，幕府は寛永末年（1640 年代半ば）に年貢・村入用の惣百姓への公開を促進する触れを発布している。領主側の任命が慣行となっていた庄屋・名主を，村民の入札（公選）で決定する村も現れた。また，庄屋・名主，組頭の村方二役に加え，平百姓の代表としての百姓代を加えた村方三役制に村役人の構成が変わっていくのもこの頃のことであった。

　このように，年貢請負の主体としての村は，未進年貢の処理，小百姓の村政参

加などを契機としつつ,小農経営の地縁を基盤とする組織体としての機能を強めていった。それは中世から存在した「惣村」と呼ばれる村落共同体などを原型とし,そこでもみられた領主への年貢請負機能を継承する面を含みつつも,近世村として新たに構築された要素が強かった[5]。小農経営の自立の背後には,このような地縁組織としての村の成長があったのである。

▶「家」と「村」の定着

このような小農経営の創生と地縁関係の組織化の背景には,前述の耕地面積増大に象徴される経済・社会の外延的拡大の基調があった。しかしそれは地域差を含みつつ,18世紀への転換期頃,一定の上限に突き当たる。この外延的拡大の終息が,それ以降,長く日本の農村を特徴づけることになる2つの構成要素——「家」と「村」——を定着させることとなった。

小農経営に現れた大きな変化は,分割相続から単独相続への相続慣行の転換である。それは,たとえば隠居分家の消滅の形で出現した。検地帳の名請人にも現れる隠居分家は,長子への戸主権の委譲に際して土地財産の一定部分を留保し,次男以下の子供を伴って別家屋に移り住む。この隠居の家産を相続することで,事実上の分割相続,すなわち次男以下も家産の配分を受けたことになっていた(古島［1956］326頁)。しかし17世紀末に隠居分家は姿を消し,老齢者も長男の家に残る,三世代同居の家族形態が一般化していく。耕地面積一定の中,分割相続による農家経営の脆弱化を回避するための小農経営側の対応が,このような相続慣行の改変をもたらしたのである。耕地分割に対する年貢収取側からの懸念は,すでに寛文13(1673)年の幕府による分地制限令の発令にも表明されていた。

そして単独相続と三世代同居の慣行は,小農世帯における,直系家族の固定化を進めることとなる。土地を相続できない次三男が農村から排出されていく一方で,農村にとどまる小農世帯は家産としての土地を世代間で継承していく主体となる。それは必然的に,小農家族にそれぞれの土地への定着性を高めることとなった。この世代継承の実践に,祖先崇拝の観念が随伴することで,土地所持と農業経営,それに祖先祭祀権を一体として一子へ相続させる「家」システムが完成した。それは武士層の主君への忠勤の基盤としての「家」意識,あるいは本家・分家関係を軸とする同族団的観念とは区別すべき,小農の「家」の成立であった(大藤［1996］,［2005］)。

このように,土地資産の所持が小農にとって決定的な要素となる中で,「村」は検地帳名請と「家」(百姓株式)の維持・存続を根拠に,小農の土地所持権を保

---

[5] 近世の村が既存の地縁組織と一致しない場合があったことは,「村切り」と呼ばれる人為的な領域設定作業に現れている。

障する主体として機能するようになった。田畑の永代売買を禁止する法令の存在にもかかわらず[6]，さまざまな形で百姓間の土地移動が行われていたことは，近年の研究から明らかである。村役人はそこで，売買・質入の証文加判，帳簿作成を行い，事実上，契約の有効性を保証する公証機能を果たしている。それを基盤として，村はしばしば年季が明け流地となった質地についても，金銭の支払い（借入額または現在価格）を行えば，質入した家が質地を請け戻すことができるという慣行（無年季質地請戻慣行）の履行強制にコミットした。これは厳密には幕府の御法違反であったが，村法・郷例には定められていることがあり，現場ではそれが優先されることが多かった（白川部［1994］，［2012］）。ここに土地移動を抑制し，村内の小農経営の存立維持を志向する，村の意思を確認することができる。それは，年貢納入に村全体が責任を負うことになる村請制の論理からも要請されることであった。

　小農経営の再生産に関わる村の関与は，農業経営の存立に不可欠な，農業用水および肥料・燃料源となる林野の利用に対しても広がった。もともとこれらの領域は，地理的広がりにおいて，必ずしも村の領域に収まるものではなかった。たとえば水利組織は，水系に沿った広域的な共同関係を基盤に，利用秩序の維持や施設の整備・管理を遂行するのが目的となる。同一村民が所有田畑や居住地の関係から，それぞれ別の共同体組織に入ることも十分にありえることであった（中村［1956］）。しかしこの水利組織の運営も，村連合体の様相を呈するようになったのがこの時期の事態であった。水利施設の管理に関する持分の費用負担も，各村の分担とされることが多くなる。山野については，「村付き山」の表現に現れているように，そもそも個々の村が固有の領域の山野（村と地続きとは限らない）に排他的利用権を確保する場合が少なくなかった。この山野を村の「総有」とし，下層を含めた村民に一定の利用権（持分）を認めるのが「村中入会」で，それは村内有力百姓に偏在した利用権の，村民の要求による開放の結果でもあった。個々の農家は，それを個人財産として処分はできないものの，一定の範囲での利用権が確保された。しかし同時に，村は村民の利用権を統制する権原を有しており，村による制約は，肥料源となる草地の不足によって，より強まった。また数カ村が共同で利用する入会地もあり，平坦地から山間奥地に向かって複雑な「村々入会」の形も形成されてくる。そこで村々の間に紛争＝「山論」が頻発すると，個々の村は求心力を高めるとともに，村民に対しても利用期間の制限，採取用具・方法の制限（鎌・山刀のみ），刈置の禁止（刈っただけその都度運搬），他人

---

[6] 幕府法では，寛永20（1643）年のものが最も早い時期のものといわれる。

の馬での運搬禁止などの利用規制の強化を行うことで，資源の永続的な利用可能性を追求した（古島 [1956]）。利用規定を遵守しない者は，村八分などの制裁を受けることになるが，地域固着的な小農経営に対して，それは大きな効果を有した。この村による山野の利用統制については，近年，共有地利用と資源管理を両立させるひとつの成功例——「コモンズ」の悲劇の回避——とする見方も出されている（Ostrom [1990]）。それは一方で，近世村の小農経営への規制力の強さをも意味していたのである。

歴史人口学の成果によれば，近世農村の下層農は出生力が低いために，しばしば世代間の継承に失敗し絶家となる。それを上層農が分家や養子の供給によって埋め合わせることで，18世紀の濃尾地方の農家数は維持されていた（速水 [1992]）。この事例に示されているように，個々の小農経営は，それ自体，必ずしも強靱な存在ではなかった。その小農経営存続の場であり，その支援と規制の主体でもあったのが，近世の村であった。小農の「家」と場としての「村」の存在。日本型小農社会を長く特徴づけるこの2つの要素は，徳川政権下における外延的拡大とその終焉によって生み出され，そして，日本社会に深く根付いたのである。

第2節　幕府と大名——領主の経済

1　「投資」から消費へ——領主需要の構造変化

▶軍役負担と都市建設

以上のように，17世紀を通じて農村では，固有の小農社会の成立をみた。一方，農村から切り離された武士層は，家臣団として領主の居住する城下町へと集住し，年貢（現物貢租）と夫役（労働力）を収取した。農業を基幹的な産業とする当時において，それは「百姓」再生産への「必要量」を超える「余剰」な生産物と資源（労働力）の処理の大きな部分が，武士層に委ねられていたことを意味している。武士層はそれをどのように扱い，その結果，何が生みだされたのであろうか。

武士政権である幕府・諸大名にとって，軍事・軍役は統治の正当性に関わる重要な任務として位置づけられている。実際17世紀前半においては，大坂の陣（慶長19，20年〔1614，15年〕）をはじめ，大名改易に際しての動員，農民一揆の鎮圧等，実際に出兵がなされることも稀ではなかった。軍事動員には，家臣団・足軽はもちろんのこと，百姓身分の者も夫役として動員される。鉄砲をはじめとし

表 1-3 御手伝普請の件数

		1601〜50年	1651〜1700年	1701〜50年	1751〜1800年	1801〜50年	1851年〜	計
件数	築城	2						2
	城修復	46	13	10	4	4	1	78
	都市建設	11	8	5	1			25
	社寺	13	55	35	24	18	4	149
	御所	2	3	2	2	1	1	11
	川普請			14	24	21	1	60
	計	74	79	66	55	44	7	325
一件当たり大名数	築城	13.0*						
	城修復	9.4**	4.2	5.1	3.0	5.0*		
	都市建設	9.5*	1.1	1.8	1.0			
	社寺	3.9	1.3	1.3	1.8	3.4	3.5	
	御所	250.0	8.5**	7.5	4.0	3.0	13.0	
	川普請			3.9	4.0	5.0	7.0	

(注) 1 件当たり大名数は,325 件中大名数の得られた 311 件について時期別,内容別に平均した値。
 * は,参加大名数に関する情報が過少であるケースが含まれるため,判明する限りでの下限の値。
 ** は,参加大名数不明のために計算から除外した中に,「西国大名」「諸大名」「万石以下」「5 万石以上の大名」など,参加大名数が多数に上ることが確実な工事が含まれるため,下限の値。
(出所) 善積[1968]の「手伝普請一覧表」から作成。

たさまざまな武器・武具の調達も欠かせなかった。

　幕府・諸大名が家臣団を動員する機会は,これらの直接の軍事行動だけではない。平時の動員ともいうべきものに,将軍の京都(朝廷)訪問を意味する「上洛」や徳川家康を祀る日光東照宮への社参がある。幕府は自ら多大な費用を投下するとともに,諸大名に対して,幕府に対する「軍役」としての随行(供奉)を求めた。諸大名の江戸への参勤も,また,平時の軍事動員の一環であった。初期の自発的な江戸参勤は寛永 12(1635)年には法制化され,藩主は 1 年毎に江戸へ滞在することが義務づけられた。参勤には石高に応じた一定数の保有兵力を引き連れてくることが定められており,参勤交代に際してみられる長大な「大名行列」は,本来,随行兵員の行軍を意味していたのである(渡辺[1997])。

　幕府・諸大名が盛んに取り組んだ城郭の建設,修復も,当然,軍事的な意味合いを含んでいた。幕府は,慶長 11(1606)年に江戸城の大拡張に着手し,工事は寛永 13(1636)年の一応の完成まで,30 年にわたって続いている。上方では将軍居城であった伏見城の修復があり,また大坂夏の陣の後の元和 6(1620)年から寛永 6,7(1629,30)年にかけて,大坂城の再築工事が大規模に行われた。また幕府は防衛の観点から親藩や譜代大名の築城・修復も主宰している。他方,城郭の修築は,軍事施設整備の意味合いを超え,都市空間としての城下町建設の不可欠な構成要素の面もあった。慶長 8(1603)年から始まる大規模な土木建設工

事では，神田山を掘り崩し日比谷入江や豊島洲崎を埋め立てて造成した土地に，市街地の整備を進めている。江戸が全国からの武士の集住地としての輪郭を整えていくのは，これ以降のことであった。諸大名も，それぞれ自領での城下町建設を遂行し，家臣団の集住を促している。兵農分離政策の現実化を目的とするこの都市整備事業は，幕藩制社会の体制としての成立を図る上での，基礎的な作業であった（横田［2002］）。

諸大名は，自己の居城や城下市街地の建設に加えて，「御手伝普請」として，幕府主宰の城普請の助役を命ぜられ，人員の動員，建設資材の調達に関与した（表1-3）。特定の大名（単独ないしは複数）がその任に当たることが通例であったが，先述の慶長8（1603）年の江戸市街建設工事に際しては，全国に石高に応じた人夫（千石に1人の割合）の供出が求められている。そのほか，日光東照宮やその他の幕府関連の社寺の建設も「御手伝普請」の対象となっており，1635～39年の江戸城普請には，当時196名存在した大名のうち，151名（77％）が「御手伝普請」として動員されていた（藤井［1982］）。その負担はとくに外様大名に重かったといわれるが，たとえば譜代大名・小浜藩の場合でも，承応元（1652）年の日光普請に際しては10カ月の工事期間中に計1700人の動員，金2万両，銀100貫目および米825俵の支出が見積もられている。これは銀1372貫余に相当するから，当時の小浜藩の平均年間歳入銀2200貫目に対して，実に62％を占めていたことになる[7]（藤井［1973］）。17世紀前半の幕府・諸大名にとって，これらの御手伝普請も財政上の大きな負担であり，かつ，領内労働力の流出でもあった。

▶ **領主需要と初期豪商**

このように17世紀，とくにその前半を特徴づけたのは，これらの軍役負担と都市建設への領主層の関与が，固有の財・サービスへの需要を形成したことである。直接軍事に関係する武器・兵器から始まり日光社参等の供奉で必要な装備品，また支配階層としての体面を保つための高級呉服（おもに絹織物）の調達も，武士階層にとっては一種の「必需品」であったといえる。実際幕府は「呉服師」を任命し，各大名も「呉服所」を設定していた。

これらの財の特徴は，原材料と製造技術の希少性を背景に，その供給源が限られていたことであった。16世紀半ば以降欠くことのできない軍備となった鉄砲は，輸入品を起点としているし，絹織物も，中国からの輸入品が高級品の位置を占めていた。貿易は，武士層の需要を充たす上で不可欠だったのである。事実

---

[7] 銀63匁＝1両，1俵＝0.5石として，米価1石＝30匁で換算した。米の現物での歳入も銀換算してある。金銀および米価の換算レートは藤井［1973］表XIによる。

1630年代に至り，幕府がポルトガル人来航を禁ずる際にも，幕閣では輸入貿易品の不足を懸念し，ポルトガル人に代わる輸入貿易の可能性が論議されていたのである（山本［1989］）。一方，城郭修築や都市建設に伴う土木・建築工事に必要とされるのは，資材，および技術者，熟練職人を含む労働力である。当初は木材・石材を自領内から貢租の一部として調達し，武士層と「夫役」として徴発された「百姓」を労働力とするなど，大名の領内調達によって賄われていた面があった。しかし，土木・建築需要の量的な大きさは，領主による非市場的な資源動員による対応の範囲を超えていく。たとえば寛永13（1636）年の江戸城普請の場合，細川家だけで延べ23万人（日数×人数）以上の日用（日傭(ひよう)）が雇われていたことが推定されている（脇田［1994］237頁）。200日程度の稼働日数を考慮すれば，1日当たりの人数は1000人を超える規模であり，それだけの人数の百姓（青壮年男性）の長期の動員は，国元の農業生産への悪影響を考慮せざるをえないだろう。百姓には「夫役」の代わりに「夫銭」を課し，それを財源のひとつとすることで，日雇労働力の雇用が一般化していくのである。自領内での調達により限界のある熟練職人や，材木等の諸資材の調達では，さらに早くから市場的な取引に依存していた可能性は高い。大規模な都市・城郭建設事業の遂行が，農業と建設・土木業との社会的分業を形成したのである。

　この領主需要を起点とする市場取引のおもな担い手となっていたのが，「初期豪商」と呼ばれる有力商人の一群であった。戦国期から続く「座」商人や，16世紀後半に成功を収めた貿易商などを系譜とする，他と隔絶した経営規模をもったこれらの商人は，資本調達力と情報収集力を備え，輸送手段（船，伝馬）と保管手段（蔵）をも所有しうる流通主体であり，16世紀から17世紀前半の，軍事的緊張を伴う流動的な社会・経済環境の中で，市場取引の推進の主体として活躍した。とくに16世紀末葉から17世紀初頭にかけて広範に展開する貿易活動は，資本力を有する商人層にとって，大きな商業利潤獲得の機会であった。この頃の輸入貿易の規模を年平均銀輸出額（4万～5万貫，純銀ベースで131～165トン）で近似するならば，米価換算で200万石前後に上り，当時の実収石高の10％に相当したという（新保・長谷川［1988］234頁）。幕府から朱印状を得た有力商人は，同族などとも協力して船を艤装し，資金と商品を積み込んで取引の場であった東南アジアへと向かった。慶長9～寛永12（1604～1635）年の32年間で，朱印状を得て貿易を行った朱印船貿易家は105名，うち日本人は82名で大名・武士を除く商人の貿易家は，長崎，平戸，博多，京都，堺，大坂などに少なくとも68名（家）を数えた。派遣船数では角倉父子（了以，与一，厳昭）の16回が最多で，末吉孫左衛門の12回，茶屋四郎次郎（3世代を含む），船本弥七郎の各11回が続い

ている（岩生［1958］表7）。プロローグで触れたポルトガル船から中国産生糸（白糸）を独占的に買い付ける「糸割符仲間」を構成したのも，堺・京都・長崎の有力商人・町人とその一族であった（のちに江戸，大坂が加わる）。

　幕府の御用を務めた商人には，これら最有力な朱印船貿易商が名を連ねている。京都の茶屋四郎次郎は幕府指定の呉服師6軒の一角を占め（中田［1961］），角倉父子（了以・与一）は，材木調達商として幕府への材木納入に関与した。角倉家は河川土木事業への関与でも著名で，京都周辺や駿河・甲斐，木曽地方で河川の開疏（水路の整備）や運河の開鑿（京都と伏見を結ぶ高瀬川）を行っている。木曽川の開疏は，奥地での山林伐採を可能とし，大量に伐採された材木が，角倉家を介して日光東照宮や江戸城造営の資材となったのである（林屋［1944］，宮本［1977］）。秋田藩では，堺の鉄砲屋鶴屋権右衛門，奈良の具足屋半田与三・与兵衛に軍装備品の調達を委託し，呉服所には京都在住の山下惣左衛門を指定していた（杉森［1999］）。

　初期豪商は，領主米の換金業務でも各大名の御用を担っていた。越前の敦賀・小浜に拠点を置く商人——高嶋屋，組屋など——は，船舶と保管倉庫，伝馬を所有し，加賀藩領の年貢米を日本海ルートで若狭湾内に運び，陸送と琵琶湖水運を介して大津・京都・大坂へと運搬・販売した。加賀藩からは手数料と相当に高額な運賃が支払われ，また商人側が売買差益を得ることもあった。高嶋屋は加賀藩の物資調達にも関与している（小野［1960］，山口［1991］）。このように大藩の加賀藩においても，17世紀前半の市場取引は調達・販売の両面で，初期豪商へ深く依存していたのである。

▶ 軍役から城下町での消費へ

　しかし，これら初期豪商が市場取引活動に占める位置は，17世紀中葉には大きく後退した。その一因は，有力な蓄積基盤であった対外貿易活動面での変化である。海外への船舶の派遣は，日本人の海外渡航を禁じた寛永12（1635）年の奉書によって強制的に断ち切られた。長崎貿易においても，買手側を少数の仲間内商人に限っていた糸割符制度が明暦元（1655）年に廃止されたため，新たな日本人商人がオランダ，中国の商人との「相対」取引に参入した。朱印船貿易家の時代は過去のものとなったのである。

　領主需要の内容が変化したことも大きな意味をもった。3代家光の治世を経て幕藩体制の政治的安定が実現する中で，戦闘行為の停止のみならず，幕府が諸大名を動員して行う日光社参などの政治的な示威行動が大幅に減少した。また寛永期（1630～40年代）を境として，城郭の築造や市街地の造成・整備が一段落し，都市建設に関わる大規模な土木・建築工事もみられなくなる。その背景には，島

原の乱（寛永14〜15〔1637〜38〕年）による農民の反抗，および寛永期の飢饉による農村の疲弊を受け，小農経営の維持・育成を意識した幕府による政策転換——「軍役」の凍結——もあった。農民反乱や飢餓の発生の要因として，軍役負担にあえぐ大名による百姓動員や年貢増徴が，農業経営へ負の影響を与えていることが，統治の安定の視角から幕府によって問題視されたのである（横田［2002］）。

これを受けて，江戸や大坂をはじめとする都市＝城下町の人口動態は多様化した。大坂城築城工事の終焉に伴う土木建設関係の労働需要の急減により，17世紀後半の大坂では人口減少が想定されている（脇田［1994］）。一方江戸の場合，17世紀中葉以降も人口は増大し，元禄期に町方人口で50万人，武家も50万人の，当時としては世界最大ともいわれる人口規模に達した。明暦の大火（明暦3〔1657〕年）からの復興需要など，特殊な要因の影響も指摘できるが，強調すべき点は武士とその関連人口の増大である。寛永以降，諸大名の妻子の江戸定府が一般化し，中屋敷，下屋敷が増設されるなど，江戸の大名屋敷は質・量ともに拡充されている。そして，幕府と諸大名の集住する江戸は，儀礼と交際の場としての意味を高めていくことになった。実際，諸大名にとって，江戸における政治的な情報の獲得は，自藩の存続・繁栄の鍵になると考えられていた（山本［1991］，笠谷［2000］）。このことは，江戸藩邸での大名家計としての支出，そして交際・儀礼に関わる経費の増大に繋がっていく。

それは，領主財政に占める江戸藩邸での支出の比重の大きさに反映されている。佐賀藩の明暦年間（1650年代）の見積書によれば，米換算で総支出9万8975石のうち，約50％に当たる4万9184石分の銀高が，直接藩庫から江戸を中心とする領外で支出されていた[8]。江戸での支出としては，これに江戸藩邸の活動を支える家臣団家計からの支出も加わる。土佐藩の例では，貞享4（1687）年に合わせて3195人の家臣団と足軽以下の奉公人が江戸在住となっているから，その消費需要は相当に大きなものであった（横田［2002］252-3頁）[9]。軍事的な緊張の解消と都市建設の一応の完了によって，軍装品や土木建設用資材，および土木建設労働者の食料需要から，贈答用にも充てられる高級品を含む広範な消費財へ，その需要構成の中心が移動したのである。その消費の場として確立したのが近世城下町であった。江戸はその最大規模の都市として，17世紀の後半以降，近世の経済社会における消費財需要の，一大発生源として位置づけられることとなった。

---

[8] 長野［1980］203-205頁より算出。銀100匁＝米3石3斗で換算してある。
[9] 仮に家臣団の家計支出の源泉に彼らの俸禄が含まれているとすれば，さらにその一部が江戸藩邸の支出額に加わることになる。

▶ 貿易統制と市場インフラの整備

　市場取引の主体の変容には、幕府・諸大名による市場への関与の影響も指摘されねばならない。貴金属の枯渇を背景とした幕府の貿易管理体制の強化はそのひとつである。前述のように、輸入品の対価となるのは貴金属（おもに銀）であったが、貨幣材料枯渇を危惧した幕府が寛文8（1668）年に銀輸出の禁止を試みたのは、戦国期以来発展をみせていた鉱山業が、この時期衰退を迎えたことを背景としている。もっとも金での支払い（金輸出解禁は寛文4〔1664〕年）が受け入れられなかったため、中国商人に対する銀輸出は再開される。そこで幕府は寛文12（1672）年に商人毎に取引限度額を定める「市法貨物商法」を施行し、さらに貞享2（1685）年に貿易の年間限度額（当初は中国船6000貫、オランダ船3000貫）を定める御定高仕法へと移行した。その上で幕府は元禄10（1697）年（一説には1698年）に長崎会所を設置して、長崎貿易を事実上幕府直轄の事業とし、貿易利益は運上として幕府財政に組み入れることとした。輸入貿易に制限を設けることで、銀流出に歯止めをかけることが目指されたのである（中村［1988］、田代［1988］）。もっとも長崎での輸入縮小に対して、対馬藩を介する朝鮮貿易が、白糸や朝鮮人参の輸入を増加させており、日本全体での貿易量は、18世紀初まで維持されていたことには留意する必要がある（田代［1981］）。また17世紀後半における四国の別子・立川銅山の発展は、中国での貨幣用銅の需要とも相まって、長崎での対価支払いを銀から銅輸出に転換することを可能ともした。しかし、領主の貿易品需要と鉱産物生産が対になり、そこに「初期豪商」が大きな商業機会を見出す17世紀前半の構造は、17世紀後半には存続しえなかったのである。

　市場取引を容易化するインフラストラクチャーの整備が進んでいたことも、初期豪商のプレゼンスを減退させる要因であった。そもそも幕府は、織田信長以来の楽市・楽座政策[10]を受け継いでおり、商人が座的な結合を行うことを禁じる触れを出している。仲間組織そのものの形成を禁じていたかどうかは諸説があるが、江戸で出された明暦3（1657）年の触書にあるように、仲間加入時の多額の礼金、仲間外商人への営業の妨害などを禁じていることはたしかであった（林［1967］）。前述の「糸割符仲間」の廃止にも、同様の政策意図を読み取ることができよう。大名は、しばしば他領商人の自領内での自由な商業活動に制約を加えているが、それは、城下町商人を通じた取引を強制することで、城下町への商業活動の集中を意図していたためであった。17世紀前半に信州上田藩や尾張藩内

---

[10] 天正5（1577）年に織田信長は安土城下に、楽市楽座（商行為の自由）、普請役・伝馬役・家並などの諸役負担の免除、徳政の免除（債権保護）などからなる13カ条の定を公布し、城下への商人の集積を促していた（藤井［2015］）。

で，農村地域の取引の結節点となっていた六斎市が衰退傾向をみせていたことが明らかにされているが（大石［1975］，塩澤・川浦［1957］），これも，城下町商人による商業機能の吸収の一局面として理解することができる。江戸，大坂をはじめ多くの都市では，商業者を引き付けるために地子（土地税）免除が実施されていた。都市内，または都市間の商業活動について，幕府や大名はむしろその参入を保障する機能を担っており，それが，経済環境の変化に応じた流通主体の出現を可能としていたのである。

　幕府はまた，広域の商業活動の前提条件も整えている。大名妻子の出入りを監視するために必要な江戸周辺を除けば，全国の自由通行が原則であり，関所は撤廃される方向にあった。商品規格や度量衡の統一にも乗り出しており，寛永期に定めた織物の尺幅は，諸藩にも一定程度，強制力として働いたといわれる。重量を測るのに欠かせない秤では，承応2（1653）年に守随家を江戸秤座，神家を京秤座とし，両者の秤の規格を統一した上で，東西への商圏の分割を定めた。容積の計量については，当初は京都・江戸に枡座を置き，東西の33国ずつにそれぞれの公定枡の専売を認めていたが　新京枡（3.7％容積大）が江戸製の京枡（江戸枡）を圧倒したため，寛文9（1669）年に幕府令によって規格を新京枡に統一した（竹内［1969］，岩橋［1988］）。

　幕府の強いイニシャティブは，陸上輸送に関してもみられる。五街道をはじめとする主要街道に宿駅村が設定され，伝馬役の賦課によって確保された人馬を用いて，駅間の輸送（継立て）を行う体制が確立した。通行の増加によって常備された人馬では不足するようになると，宿駅周辺の農村に対して，補助的に人馬を提供することを求める「助郷制」も普及した。幕府の公用や，参勤交代に際しての輸送需要が優先されたが，宿駅は駄賃稼ぎによる収入に支えられる面があり，事実上，民間の輸送需要を担う機関としても機能したのである。高価で軽量な呉服物などは，水損の危険がない陸送が望まれ，飛脚問屋を通じて，宿駅の継立てで荷物が送られた（渡辺［1975］）。

　一方，幕府・大名の水運への関わりは，領主米輸送の効率化を焦点としていた。17世紀半ばにかけ，各大名は年貢米販売の利益を確保するため，直営による廻米業務の確立を図っている。船舶や海運労働の領内賦存状況を調査して傭船の確保を図り，また大名自らが船舶を新造し廻船に充てるようになった。築港や港の改修，運送路の開鑿などの取り組みも各地でなされている。津軽藩は寛永元（1624）年に青森港を開き，仙台藩は北上川の本流河口を石巻に付け替える一大河川改修工事を寛永3（1626）年に完成させた。すでに港として利用されている浦でも，藩費によって繋船護岸や築堤が行われている事例が少なくない（渡辺

[1970]）。1670年代の河村瑞賢による東廻り航路（奥羽地方から太平洋岸を航行し房総半島を廻って江戸へ），および西廻り航路（出羽国から日本海，瀬戸内海を経て大坂，さらに太平洋を廻って江戸へ）の「開拓」と称される事業は，そのひとつの完成形を示している。これらのルートを通じた輸送自体は，それ以前からもなされていた。河村瑞賢の事業の画期性は，幕府が傭船によって廻送事業を直営化したこと，そして寄港地や要所に倉庫や番所，水先案内人を設置し，年貢米を安価・円滑かつ安全に江戸まで輸送する体制を整えたことにあった（渡辺［1975］）。領主米の輸送形態が，海運業における商業者と輸送業者の分離を定着させ，運賃支払いによって商品の地域間移動を容易に実現しうることが，広域での市場取引を推進する基盤となった。

2　幕藩財政の構造と貨幣制度

▶ 幕藩財政の支出構造

以上の，幕府・大名の行動を総括的に示すひとつの指標として，財政支出の構造がある。以下では，残存史料の都合から，17世紀後半～18世紀前半の財政支出データを中心に，幕府・大名の財政支出構造の全体像を推し量ってみよう。幕府財政を包括的に捉えることのできる最も早い年次の史料は享保15（1730）年のもので，表1-4はその集計値を掲げている。現物の米の支出（米方の歳出）では，販売用の「払米」を除く総計39万石弱のうち，家臣団への扶持米（三季切米役料，扶持・合力米）がその約80％，貨幣支出（貨幣方の歳出）でも，総支出額73万両余の約40％が家臣団への給付によって占められている。貨幣方では，徳川家家政関係の支出が21％余りで次に大きく，行政費に近似できる役所費・修繕費は，それぞれ9％，8％，下げ金・貸付金の形での民間への資金の供給は6％程度であった。貞享3（1686）年の幕府金蔵の貨幣支出についても，家臣団への俸禄である切米金41.5％，将軍家政関係費目18.8％，普請作事経費31.9％と算定されている（大野［1996］198-199頁）。大名財政では，先に触れた佐賀藩の明暦年間（1650年代）の財政見積書が，米総支出3万7625石のうち，3万4104石が国元で支出され，そのうちの2万1987石（64％）が家臣団への給付である切米となることを想定していた（長野［1980］）。銀収支を含めた支出全体の約50％が，江戸を中心とする領外支出とされていたことは前述の通りであり，その少なからぬ割合が江戸藩邸における大名家関連の支出に充てられていたことが想定される。

もっとも，これらの事例はあくまでそれぞれの史料の対象とする単独年次に限った支出を示したものであるから，一定期間の平均を考えるには，河川工事や新田開発などの土木事業，さらに先に触れた「御手伝普請」など，特定の年次に集

表 1-4　幕府の歳入と歳出（米方・貨幣方別，享保 15〔1730〕年）

	米　方	石	％		貨幣方	千両	％
歳入	総　計	854,240	100.0	歳入	総　計	798.8	100.0
	（年貢）	500,019	58.5		（年貢・賦課金）	591.8	74.1
	年貢・出目米	500,019	58.5		年　貢	509.0	63.7
	（その他）	72,895	8.5		長崎奉行納	55.0	6.9
	江戸大坂上げ米	72,661	8.5		小普請金	23.9	3.0
	諸向納	234	0.0		川船運上	3.9	0.5
					（貨幣改鋳等）	20.2	2.5
					貨幣改鋳納	10.4	1.3
					その他収入	9.8	1.2
					（外部資金）	53.0	6.6
					上げ米納	29.0	3.6
					国役金納（川普請）	21.0	2.6
					納戸納献上金	3.0	0.4
	（買米政策関係）	281,326	32.9		（貸付・買米政策関係）	133.8	16.7
	江戸大坂買上米	281,326	32.9		諸貸付返納	20.8	2.6
					米・材木売払代	112.9	14.1
歳出	総　計	592,998	100.0	歳出	総　計	731.2	100.0
	（家臣団への支給）	312,341	52.7		（家臣団への支給）	297.3	40.7
	三季切米役料	151,264	25.5		三季切米役料	246.9	33.8
	扶持・合力米	161,077	27.2		役料・合力金他	50.4	6.9
	（徳川家家政関係）	11,277	1.9		（徳川家家政関係）	155.0	21.2
	奥方合米	11,277	1.9		奥向き経費	60.4	8.3
					奥向役所費	84.0	11.5
					城・寺社・役所修繕	10.7	1.5
	（行政費）	21,289	3.6		（行政費）	123.3	16.9
	役所渡	12,933	2.2		役所費	65.5	9.0
	代官入用	8,356	1.4		修繕（川・橋）	57.8	7.9
	（現物給付）	10,457	1.8		（資金供給）	46.9	6.4
	下げ米	6,829	1.2		貸付金・下げ金	46.9	6.4
	救　米	3,628	0.6				
	払　米	203,323	34.3		米材木買上代・運賃	103.5	14.2
	その他	34,311	5.8		その他	5.2	0.7

（注）　割合（％）は四捨五入のため，表示の数値の合計値が内訳の合計と一致しない場合がある。
（出所）　大口［1969］第 I, II, III 表，20-22 頁，および大口［1989］表 3-1, 3-2, 131 頁より作成。

中的に支出される分を加える必要がある。前節でも触れたように，17 世紀は農業発展の基盤整備が進んだ時期であった。表 1-5 にみられるように，それらの農業土木工事の多くは領主層による直接的な財政資金の投入がなされていた。領主側が主導し，直営事業の形が取られることが多かったが，1650 年前後の尾張地方では，新田開発の進展が農民からの新たな治水工事の要求を招き，領主側がそれに応えている事例もある（西田［1984］）。それを主宰するのは，土木技術者の

表 1-5 土地改良工事の施工者

	施工者	領主	商人	村	小計
全国 (九州を除く)	1601〜1700年	136	10	41	187
	1701〜1800	42	19	19	80
	1801〜	62	6	52	120
九州地方	1601〜1700年	55		10	65
	1701〜1800	30	2	8	40
	1801〜	59	6	39	104

(注) 土木学会編［1936］第2編に紹介されている諸事例のうち，工事施工者が明瞭に記されているものを集計した。
　　全国（九州を除く）は農業発達史調査会編［1953］表2に依拠し，件数が多いためか，そこで扱われていない九州は筆者の判断による。
　　「領主」は幕府・大名かそれに直接繋がる人々，「商人」は豪商・町人等，「村」は村役人や豪農層などが含まれる。
(出所) 農業発達史調査会編［1953］第1巻，表2および土木学会編［1936］より作成。

性格を備えた代官層であったから（塚本［1984］），ここでは家臣団への給付が治水・利水事業への支出の意味ももっていたといえる。また寛永19（1642）年の大飢饉に際しては，幕府は各大名や旗本・代官に飢饉対応として夫食米の支給，種米貸などの救済策を命じるとともに，江戸への流入者に対して施行を行っていた。その数量的な規模は必ずしも明らかではないが，農村の再生産の危機への対応も，幕藩当局が担うべき責務として明確に意識されるようになった（山本［1989］，横田［2002］など）。

　このように幕藩財政は，家計と公的財政の複合体的性格を有するものであったといえる。軍事的な緊張の緩む中で，家臣団の常備軍としての意味合いは弱まり，江戸参勤を含む大名家家族，家臣団への支出は，社交を含む武士家計への給付の意味合いを強めていく。一方で，支出の公的側面は，軍事から民政面へ傾斜した。先の表1-3にあるように，元禄期以降，城郭に代わって河川の制御に関する工事が「御手伝普請」の主たる対象となっていることにも，その方向が示されている。この両者はしかし，17世紀末には財政収支の悪化の中でせめぎ合うこともなった。幕藩財政が対応を迫られるその局面には，次の歳入面での構造変化も関わっていた。

▶ 歳入の構造

　幕府の直轄地（御料）は，17世紀初期には230万〜240万石の水準にあったが，大名の改易や減知（大名知行地の全部または一部の没収），新田開発の進展により，17世紀末（元禄頃）には400万石のレヴェルに達した（全国は約2500万石余）[11]。

---

[11] 幕領としては，これに有力な家臣である上・中級の旗本に宛てがわれた200万石余の知行地が加わるが，旗本知行地の年貢は直接，各旗本家に入るので，幕府財政には組み入れられていない。

直轄地の所在は全国に広がっていたが，その中心は関東および畿内近国で，勘定奉行管轄下の郡代・代官・遠国奉行によって分割支配がなされ，その一部は最寄り大名に預地として管理が委託された。18世紀前半の幕府財政の歳入において，この直轄地からの年貢が米方収支，貨幣方収支双方の中心的な部分を占めていたことが先の表1-4によって確認できる。諸大名の領国でも地方知行制を縮小して大名家直轄の蔵入地に繰り入れる動きが17世紀半ばに進行し，多くの大名所領において，年貢の集中的な収取と，そこからの家臣団への俸禄支給が定着した。

　他方で17世紀前半の幕府の財政基盤には，年貢以外の収入も重要な位置を占めていたことが指摘されねばならない。幕府は主要鉱山を直轄地に組み入れており，慶長18（1613）～元和9（1623）年の佐渡金山の幕府上納額は年平均・金換算で8万3000両，佐渡以外を含めた金銀山からの年間収益は16万両余りと推定されている（大野［1996］32-33頁）。当時の年間推定年貢収入約100万石（米4石＝1両として25万両）を想起するならば，金銀鉱山の幕府財政における位置づけの大きさが浮かび上がってくる。また，白糸・絹織物などの有利な輸入荷物の買い入れと販売や，日本船への投資からの収益などを通じて，外国貿易も重要な財源であった。表1-4に示された幕府歳入の特徴は，金銀鉱山の枯渇，「鎖国」による外国貿易の縮小といった17世紀後半における変化の帰結であったともいえる。

　実際，17世紀後半には，財政収支の悪化が始まっていた。延宝4（1676）年の収支不足は20万両に上り，この頃から幕府は非常用の金銀分銅に手をつけ始めたとされる（大野［1996］220頁）。元禄7（1694）年の一史料によれば，同年の幕府収支は10万両余の赤字が見込まれているが，それをもたらしたのは，貞享期（1680年代）に比して1.44倍に増加した歳出にあった。増加率の大きいのは，順に作事（6.12倍），細工方入用（4.69倍），畳方入用（2.6倍），納戸入用（2.6倍），合力金（2.12倍）で，その内容は，造寺・造仏などの作事普請経費と，将軍家の家政費に要約できる（大野［1996］199-202頁）。すなわち歳入の停滞の中で，公共的支出以外の歳出額の増大が，財政収支の悪化をもたらしていたのである。

　では，幕府はこれにどのように対応したのだろうか。17世紀後半，「参勤交代」や「御手伝普請」の費用捻出に苦しむ諸大名では，商人層からの借入金導入がみられるようになっていた（土屋［1927］，藤井［1982］）。これに対して17世紀末の幕府財政の特徴は，貨幣改鋳による財源創出が図られた点にある。それは貨幣高権を有する幕府にのみ可能な施策であり，同時に，マクロ経済に対する幕府の直接的な影響力を物語るものでもあった。

▶ 貨幣高権の確立と貨幣制度

　貨幣高権とは，政府がその支配領域内での貨幣の鋳造・発行権限を掌握し，貨幣発行による利益（造幣益）を独占することを意味している。徳川家康は慶長6（1601）年に金貨，銀貨の鋳造を開始し，さらに慶長11（1606）年に銅銭の慶長通宝を発行した。ここに幕府発行の金・銀・銭貨による，統一的な貨幣制度樹立への胎動がみられる。銭については，寛永13（1636）年に寛永通宝の大量発行を行うとともに銭の私鋳を禁止し，独占的な発行権を確立した。中世以来，日本の貨幣流通を特徴づけた皇朝銭（奈良～平安時代初期の律令政府による鋳造貨幣），輸入銭（唐・宋・元・明）およびその模造銭の混合流通は，寛永通宝との交換を通じて幕府銭貨の単一流通へと整理されたのである。他方，金銀貨については，院内鉱山を有する秋田藩をはじめ，鉱山資源の利用可能な大名が貨幣鋳造を行っており，17世紀中葉においても東北，北陸，山陰などでは各領国内で通用する灰吹銀や極印銀[12]を用いる地域が少なくなかった。しかしこれら鉱山の資源が枯渇したり，また幕府の直轄下に組み入れられたりしたために，17世紀後半には領国貨幣の供給は減少していく。幕府は領国貨幣を購入し，それを慶長金・銀に鋳造し直すことで代替を進め，17世紀末葉には，ほぼ金銀貨の発行を独占するに至った。幕府の貨幣高権は確立したといえよう。

　金貨・銀貨は，品位（金，銀の含有率）が定められた，素材価値の一定した貨幣で，幕府直轄の金座・銀座で鋳造された。ただし，金貨が量目（重量）を一定とし，それに単位をつける計数貨幣であるのに対して，銀貨の場合，貨幣の量目は一定せず，その都度，量目を計量することで貨幣価値が決まる秤量貨幣の性格を有する点に違いがある。前者では，1両＝4分＝16朱の単位設定の下，慶長期に発行が始まった小判（1両）と，その4分の1の量目をもつ一分判が，17世紀末の元禄貨幣改鋳まで，おもに東日本において流通した。一方後者の銀貨は，重量単位である「匁」がそのまま貨幣単位となっている。数十匁の量目のある丁銀とともに，数匁相当の豆板銀が発行され，おもに西日本において流通した。金貨圏と銀貨圏の2つ貨幣流通圏に大別されるのは，経済水準の高い西日本において以前から銀が普及していたことを背景としている。佐渡金山など東日本の有力鉱山の金産出を背景に金貨鋳造を増大させた幕府をもってしても，金貨による単一の貨幣流通圏構築は困難であった。幕府は，1両＝50匁の公定相場を慶長14（1609）年に定めているが，実際の取引では，金銀の交換に打歩がつくことが多く，変動相場制の様相も呈していた。元禄13（1700）年には，後述の貨幣改鋳に

---

[12] 灰吹銀は灰吹法によって製造した銀塊で，それに極印を押して秤量貨幣化したのが極印銀である。後者でも産地によって品位はまちまちであった。

合わせて公定レートが金高の1両＝60匁へ改定された。

　一方，銭（寛永通宝）は銅（のちに鉄，真鍮も用いられた）を素材とし，幕府が一定期間，民間の請負人に鋳造権を与えた「銭座」で鋳造される貨幣であり，1枚＝1文（1000枚＝1貫文）を単位とし全国で流通した。金貨・銀貨の出現により，銭が用いられるのは少額の取引が主となり，またその価値は金貨・銀貨のように素材価値（金・銀の含有量）に直結していない。その点で近世の銭貨は，それまでとは異なり，貨幣流通の主軸の地位を失っている。しかし一方で，米1石が1620年代で20匁，17世紀後半でも50匁前後の相場であったことを考えれば，金・銀貨は日常的な消費生活レヴェルでの取引には大きすぎる金額であった。元禄期の2朱金の発行まで1分金がもっとも小額の金貨であったが，1両＝4000文（4貫文）の公定相場を想起するならば，その価値の大きさがわかる。豆板銀1匁ですら，銭80文（銅貨80枚）前後の価値があった。日常的な消費生活の場における交換手段として，幕府発行の金貨・銀貨では対応しきれないのである。寛永通宝の大量発行は，この少額の取引に際しての貨幣需要に応えるものであった。その直接の契機が，参勤交代の制度化によって宿駅での旅費支払いの機会が増加したことに起因する銭貨の不足にあったことは，銭の小額貨幣化を雄弁に物語っている。実際，寛永通宝発行までの幕府の度重なる撰銭令による銭貨通用の強制は，陸運を円滑化する目的をもった交通政策の面が強かった（安国［1999］，藤井［2014］）。

　この幕府発行の金貨・銀貨・銭貨によって成り立つ貨幣制度は，通常「三貨」制度と呼ばれている。それは素材の異なる3種の貨幣が並存していたことに由来するが，それだけではない。それぞれの貨幣は，同一の場で相互代替的に用いられたのではなく，貨幣流通には地域性（金貨と銀貨）と階層性（金・銀貨と銭貨）が含まれていた。実際，前述の金・銀相場だけではなく，補助的位置づけにある銭に関しても，対金貨・銀貨の換算レートが銭相場として立てられている。徳川時代の貨幣制度が「三貨」制度と称されるのには，実体的な意味があったのである。

▶ 貨幣改鋳と藩札発行

　この貨幣システムの下，貨幣改鋳が幕府の財政支出を賄う上での重要な政策手段となった。そもそも幕府の貨幣発行の主たる目的は，発行益（金銀の採掘・鋳造費用と貨幣発行額の差）の独占的な取得であり，事実，前述のように17世紀前半には御金蔵の金銀が重要な財政支出源となっている。しかし17世紀後半に入ると，当時の技術水準に見合った鉱山資源は枯渇し，金・銀の追加的な供給は滞ることとなった。一方，幕府の財政支出は膨張傾向をみせ，年貢等の貢租収入だけ

では財政支出を賄うことができない。そこで浮上したのが、貨幣改鋳であった。金銀の含有量を減らした金・銀貨を発行し、それが現行の金・銀貨と等価（ないしは低いプレミアム付加）で交換されるならば、幕府は素材含有量の差を改鋳益として収取することができる。この改鋳益を原資として新たに貨幣を発行することで、追加的な財政支出が可能となるのである。それは、幕府が素材価値と貨幣単位との関係を人為的に変更することであり、素材価値が貨幣単位を決めるのではなく、幕府の定める貨幣単位（両、匁）が、貨幣価値を定めることを意味していた。もっとも民間での貴金属の鋳造や、海外との貴金属の流出入がなされていれば、幕府による人為的な変更は市中で受け入れられない可能性がある。したがって幕府による貨幣発行の独占と管理貿易のシステムの成立が、改鋳を可能とする前提条件であり、その条件は17世紀末葉には満たされていた。

　5代綱吉政権の勘定奉行・荻原重秀が、慶長期以来一定していた金貨、銀貨の品位を前者は84％余から57％余へ、後者は80％から64％へ切り下げたのは、元禄8（1695）年のことであった。宝永3（1706）年の銀貨悪鋳（品位は50％へ）を加え、貨幣供給高は85％増加した。一方、慶長金銀と新貨幣の交換比率は、旧貨に金貨20％、銀貨25％の打歩（プレミアム）が付いただけなので、貨幣供給額増加分のうちの55〜60ポイントは、幕府の貨幣発行高の増加であったことになる。別言するならば、それだけの金額の財政支出の増分が、貨幣改鋳によって賄われていたのである。この直接の財政補填を意図する貨幣改鋳は、宝永7、8（1710、11）年にも行われ、1714年までに23％の貨幣残高の増加をみている（速水・宮本［1988］）。

　一方貨幣高権を有さない諸大名は、貨幣改鋳益を財源とすることはできない。そこで浮上するのが藩札の発行であった。17世紀末には、40余の大名領国で藩札発行が確認されている。寛文元（1661）年の越前福井藩による銀匁表示の札発行が、その始まりといわれているが、1630年の備後福山藩で、すでに藩札発行がなされていたとする説も有力視されている（岩橋［2002］）。17世紀初頭（慶長期）の伊勢地域などでは、民間主体が銀との引き換えを約した小額額面の紙幣を発行し、それが地域内で流通していた事例があったから（山田羽書など）、紙幣流通の素地は備わっていた。藩札の特質は、領主権力による領国内での紙幣通用の強制が伴っていた点にある。実際、藩札発行は、領内での金銀の使用禁止と結び付いている場合が多かった。藩当局にとってコストの低い紙幣発行は領内への藩札での支払いを通じた発行益の獲得とともに、領内に存在する幕府正貨を交換によって吸収し、領外への支払い原資を調達する手段ともなりうるものであった。

　藩札発行は、宝永4（1707）年の幕府の札遣い停止令によって中断を余儀なく

されるが，享保15（1730）年に再度発行が許されると，さらに多くの大名領国で藩札が出されるようになる。そこでは，有力商人が札元となり藩札発行を請け負うケースや，次章でも触れる藩専売制と結び付いた藩札発行方式――産物会所による買い付けや資金貸与の際に藩札を用いる――などが増えていた。それは，藩札の貨幣価値の維持のために，資力と信用力のある商人の介在や，専売制による特産物販売を介した幕府正貨の獲得が要請されたためであった。このことは，財政補塡を至上目的とする財政当局が，領内の貨幣需要を超え，また引換準備となる幕府正貨の賦存量とも見合わない量の藩札発行に手を染める危険を孕んでいたことと裏腹の関係にあった。実際，藩札価値の下落とその反映である急速な物価上昇が，藩経済の混乱を招く事態は稀ではなかったのである。

　この貨幣発行量とマクロ経済との関係は，幕府貨幣についても重要であった。先にみたように，元禄8年と宝永3年の貨幣改鋳では，合計で85％の貨幣供給残高の増大があった。図1-1にみられるように，それは物価上昇をもたらしたが，上昇率は貨幣供給の増加率を大きく下回る15％増（図示した広島のデータに大坂・名古屋・江戸の米価データを加えて算出した単純平均値）であったことが注目される。貨幣の流通速度を一定と仮定すれば，貨幣供給の増加率と物価上昇率の差は，取引需要の増加によって吸収されたことになる。別言するならば，この貨幣供給増は，貨幣不足によって抑制されていた経済活動を活性化させる意義を有していた。ところが，宝永7，8（1710，11）年の改鋳では，1714年までの貨幣残高の増加23％に対して，米価は81％の上昇であった。貨幣改鋳は，インフレーションを引き起こしただけで，経済活動をむしろ沈滞化させた可能性が強いのである（速水・宮本 [1988]）。ここに，荻原重秀の解任とその改鋳政策の否定，すなわち新井白石の提起した貨幣の良鋳政策が，財政的には損失を伴うにもかかわらず採用された根拠があったといえる。正徳4（1714）年の改鋳で，幕府は金貨銀貨の品位・量目を，荻原重秀の改鋳以前，すなわち慶長金・銀の水準に戻したのである。

　この貨幣数量の縮小は物価の急落を招き，インフレーションを終息させた。しかしそれが必ずしも期待された幕府財政の安定化には繋がっていなかったことは，新井白石失脚の後，8代将軍徳川吉宗の主導するいわゆる「享保の改革」が登場したことによってもうかがうことができる。貨幣良鋳による幕府財政の歳入減（損失）が一因であったことはたしかであるが，その背後には，市場取引によって媒介され，かつ年貢の収取関係を含まない経済活動の領域の拡大があった。それは，「百姓」再生産への「必要量」を超える「余剰」な生産物と資源（労働力）の処理が基本的に領主・武士階層に委ねられた17世紀の経済構造からの変容を意味していた。以下，節を改めて近世経済の新たな展開過程をみていこう。

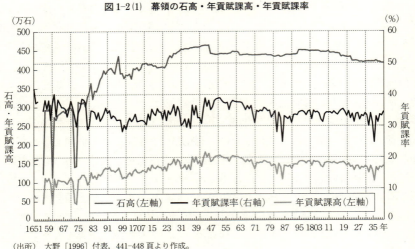

図1-2(1) 幕領の石高・年貢賦課高・年貢賦課率

(出所) 大野［1996］付表，441-448 頁より作成。

第3節　都市経済と民間社会

▶ 年貢賦課率と農業生産

　領主への「余剰」の分配を測る上で有力な指標となるのは，年貢の石高に対する割合を意味する年貢賦課率（年貢賦課高／石高）である。図1-2(1)にみられるように幕領の平均年貢賦課率（年貢賦課総高／幕領総石高）は，17世紀から18世紀にかけて低下し，一旦持ち直すものの18世紀中葉のピークを経て，再び低下傾向をみせていた。図1-2(2)の熊本藩でも，概して17世紀の方が年貢賦課率は高い。個々の村レベルの検討でも，年貢賦課率（年貢賦課高／村高）の停滞が，多くの研究で指摘されている（山崎［1963］，スミス［1965］）。たとえば，1640年代から1850年代までの200年超の長期にわたって把握できる山城国（京都府下）瑞龍寺領の下狛僧坊村の場合，17世紀半ばには70％に届いていた年貢賦課率は，18世紀初めに上限が60％弱となり，さらに18世紀後半以降，50％前後となった（図1-2(3)）。この事例では，村高が一貫して258.04石で一定とされていることも特徴的である。これは，この200年超の間，村内の農業生産力についての公式の評価が不変であったことを意味しているが，これに類する事例の報告も少なくなかった（スミス［1965］）。

　では実際，農業生産力はどのように推移し，年貢賦課率の変化はどのような意味をもったのだろうか。一般に徳川時代を通じて，農業生産力に関する整合的な

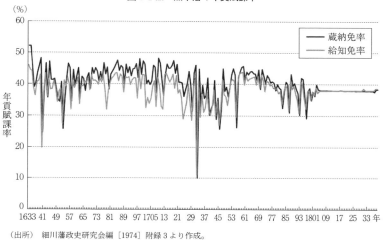

図1-2(2) 熊本藩の年貢賦課率

（出所）細川藩政史研究会編［1974］附録3より作成。

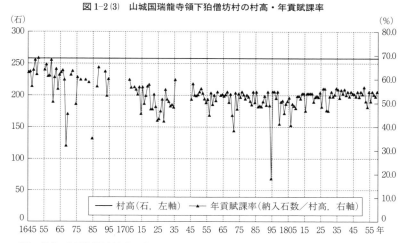

図1-2(3) 山城国瑞龍寺領下狛僧坊村の村高・年貢賦課率

（注）精華町史編纂委員会編［1996］図107, 108に1640～1820年代についてグラフ化されている。
（出所）原史料より筆者作成。

情報を長期間にわたって得ることは難しく，この下狛僧坊村についても，そのようなデータは得られていない。ここでは，土地生産性に関して関連するデータを表1-6としてあげておく。

同表の最左列には，全国実収石高と耕地面積の推計から算出された数値を，全国平均の土地生産性の指標として掲げた。ここにみられるように，1反当たりの

第3節 都市経済と民間社会 45

表 1-6 米の収量の変動

(石／反)

	全国平均	野添村* (播磨国加古郡)	上瓦林村・岡本家 (摂津国武庫郡)
1600 年	0.96		
1650 年	0.98		
1700 年	1.08		
1730 年	1.10	1.88	1.39 (1717～35 年)
1750 年	1.14	1.72	1.52 (1753～55 年)
1800 年	1.24	2.14	2.17 (1800～06 年)
1850 年	1.30	2.41	2.23 (1824～30 年)
1872 年	1.45		

(注) ＊5 年移動平均。
(出所) 谷本［2015］表 1, 111 頁より引用。原データは，全国：速水・宮本［1988］表 1-1, 44 頁。野添村：草野［1996］附表 3-2, 318-321 頁。岡本家：今井・八木［1955］26 表, 105 頁。

　石高は，17 世紀前半はわずかな上昇，17 世紀後半以降は，50 年単位で 5～9% 程度の上昇である。一方，その他の列には，村方の文書をもとに，比較的長期の土地生産性の推移がうかがわれる事例が掲げてある。播磨国加古郡野添村のデータは，同村の米の平均反収が，18 世紀半ば以降，顕著に上昇していたことを示している。摂津国武庫郡上瓦林村の岡本家の場合は，同家の農業経営の範囲に限定されるものであるが，これも近世後期における反収の上昇傾向は明らかであった。一方に年貢賦課率の停滞傾向があり，他方で土地生産性の一定の上昇がある。土地生産性の上昇を反映する石高の改定がなければ，経済全体における年貢の割合は低下することになる。そして実際，先の下狛僧坊村の事例では，近世を通じて石高の改定が行われていないのである。

　もっとも，年貢賦課率の低下自体は，当該地域の農業生産力の停滞・低下を反映するものであった可能性にも留意する必要がある。しかし農業生産の減少は農民再生産の必要分を上回る余剰の縮小を意味しているから，年貢賦課率の低下が分配面において大名側に不利に働くことに変わりはないであろう。まして農業生産力（土地生産性）の上昇が想定される地域（表 1-6 の近畿農村など）であれば，年貢賦課率が上がらないことは，経済的な余剰が領主財政ではなく，民間部門に分配されたことを強く示唆することになる。たとえば熊本藩では，17 世紀以来一貫して，公式石高（軍役高・郷高）54 万石，藩内通用の石高（現高）75 万石が設定されており，後者の 75 万石が年貢賦課の基準となっていた。1842 年に行った領内の産物調査に基づく推計によれば，その年貢高は，熊本藩の同年の総生産高 198 万石の 23% 程度にとどまるものであったという（吉村［2013］196-200 頁）。

18世紀以降，経済的な「余剰」に対する領主部門の比重の低下傾向があったことはたしかであった。それは，まずは都市経済の変容という形で現れてくる。

▶ 都市の成熟──民間都市消費の時代へ

　前節で述べたように，軍事的な緊張の解消と都市建設の一応の完了によって消費の場として確立したのが近世城下町であり，江戸はその最大規模の都市として，17世紀の後半，近世の経済社会における消費財需要の，一大発生源として位置づけられることとなった。そしてその需要を充たす町人層（商人，職人）の集住が，それ自体としてさらに追加的な需要を生み出すとともに，領主需要を起点とする都市における消費のあり方に変容をもたらすことにもなっていく。

　すでに1680年代から江戸町奉行の一部では，領主需要の増大に対応して発展した「真中なる町」（＝本町界隈）と，それと異なる「端々」（＝日本橋界隈の通り，河岸，堀の沿岸や，郊外の芝，麻布，深川，本所など）を比較し，前者の停滞と後者の発展を指摘する意見が表明されていたが，享保18（1733）年に初めて江戸で生じた「打ちこわし」は，江戸の経済構造の変容と，政策サイドの認識のズレを直接示す出来事であった（岩田［2004］232-233頁）。当時の江戸町奉行の認識は，「米価が高ければ武家方が潤い，それにともない武家方の購買力があがれば町方の商業はふるい，町人の暮らしも良くなるはずである」というものであり，そこでは「高米価の実現→士農の利益→士の購買力の増加→工商の利益」という経路による「四民の経済振興」が構想されている。この発想に基づき米価高値誘導を意図したのが幕府の買米政策であり，その担い手こそが，打ちこわしの対象となった江戸米問屋高間伝兵衛であった（同，228-229頁）。米の販売側（武家）ではなく，高米価を阻害要因と捉える購入側の階層が，江戸市中での消費財需要者として影響力を強めていたのである。実際，後述する享保の低米価期には呉服屋の集まる本町で明店，空地が増加し不況色が強まる一方で，市中の煮売屋などは増加しており，「下々は殊の外くつろぎ」といった状況であったともいわれる（同，254-255頁）。以下の呉服関連の商家経営の推移も，このような江戸における消費財需要の基盤の変化を反映するものであった。

　領主による呉服（絹織物）の購入は，17世紀後半にはその主たる調達源を輸入絹織物から京都西陣産の高級呉服へと移したが，その調達は，京都の呉服所を経由する購買から，江戸における呉服師・呉服所の設定へと切り替わっていく。江戸でのこの調達先に指定される商人には，茶屋四郎次郎家のような貿易商を系譜にもつ商人に加え，「江戸店持京商人」と呼ばれる呉服商が加わっており，これらの商人が江戸の本町一，二丁目に集積した。そこでは，大名の買物役による購入は価格条件次第で流動的となっていたから，呉服師・呉服所の指定も，独占に

基づく有利な販売条件を確保しうる立場ではなくなっている（吉田 [2002]）。ここに，領主需要の充足をめぐる市場的関係の深化がうかがわれるが，他方で呉服商の販売先も多様化し，もはや領主層は，最良な販路ではなくなった。このような環境変化を商機とし，急速な発展をみせたのが三井越後屋である。延宝元（1673）年，江戸本町一丁目に呉服店を開業した三井高利は，同年，京都に呉服物仕入店を開店し，西陣や長崎経由の中国産の織物を扱った。「江戸店持京商人」に連なる仕入れ方式であるが，同家の特徴は，江戸での販売において，「現金安売無掛値（かけねなし）」と称する，店先での現金販売に比重を置いたことにある。これは越後屋が，注文販売と代金後払いを慣行とする大名・旗本とは異なる購買層への訴求を営業の中心に置いたことを意味していた。この商法の成功は，三井家の営業規模拡大の起爆剤となり，江戸本店の住み込みの奉公人数は，延宝元（1673）年の10人余が駿河町に移転後の元禄11（1698）年に81人，宝永7（1710）年には164人へと急増した（西坂 [2006]）。ほかにも白木屋（大村家），大丸屋（下村家）などが，この時期に大規模呉服商として成長をみせており，領主層にとどまらない都市の呉服需要の拡大が，新たな商人層の台頭を生み出していた。

　以上が呉服商売におけるビジネスモデルの転換であったとすれば，呉服商売そのものからの転換によって経営発展を示すケースもあった。1710年代に津軽藩主など領主層への「呉服御用達」として江戸で呉服業を始めた國分勘兵衛家は，一方で常州土浦城下（茨城県土浦市域）に土浦店を設けて「蔵方」での醬油醸造および「見世方」での物品販売を始め，土浦店の醬油を基盤に，江戸市場での醬油販売に着手した。1730年代半ばの江戸店では，早くも醬油が呉服の販売額を上回るようになり，18世紀末には1万両の水準にまで達した（日本経営史研究所編 [2015]）。領主需要にとどまらない消費財需要への対応が，17世紀末から18世紀における，江戸での商家経営成長の起動力となっていたのである。

▶ **都市の商業機能の発展**

　領主の消費需要を起点とし，そこに民間消費が積み重なることで成長を遂げた城下町（その代表としての江戸）に対して，商業集積地として都市成長を遂げた代表例が大坂である。17世紀後半の人口減少からの反転の背後には，年貢米集散地としての地位の確立があった。

　前節でも指摘したように，各大名は幕府発行の正貨を得る必要があった。その手段となる年貢米販売の場としてクローズアップされたのが大坂である。17世紀半ば，西国の諸大名の年貢米が恒常的に大坂で販売されるようになり，さらに17世紀後半には，高田，村上，弘前など，越後地方以北の北国諸大名の大坂廻米も本格化した。元禄10（1697）年の大坂への領主米（蔵米）入津高は，118万

〜141万石に達している（本城［2002］）。その過程で，領主米の領外販売における直轄化が進んだ。その指標が，蔵屋敷の設置とその商業機能の強化である。大坂を直轄した幕府は当地に大名屋敷をもつことを禁じていたので，各大名は町人を名義人として蔵屋敷を設置し，その上で，特定の商人（複数の場合も多い）を蔵元，掛屋に指定した。年貢米を直接取り扱うのは蔵元で，掛屋は代金の受領，保管，送金を任務としている。ただし両者を同一の商人が兼ねることも少なくなかった。ここで蔵元の裁量の範囲が広ければ販売請負に近いものとなり，前述の「初期豪商」の活動との親近性が強い。しかし，寛文から17世紀末の元禄期に至ると，蔵元の機能は自己の責任と計算による販売活動から，蔵米の管理・保管・入札業務を中心とするものへと変化した。藩当局は，自らの手船ないしは傭船した船舶によって，自領の年貢米を大坂まで廻送する。蔵屋敷は保管した年貢米を入札にかけ，売却先・価格・数量を決定した。買手として応札するのは，蔵屋敷が指定した大坂の米仲買人である。これら一連の業務の遂行を任務とする蔵元の収入源は，自己計算による売買利益ではなく蔵屋敷から支給される手数料ないしは扶持米が一般的となり，商人の顔触れも，17世紀後半に現れた新興の商人層を中心とするものに代わっていく。自領から大坂までの廻送を含め，領主米の売却に対する幕府・大名の主導性の確立に，17世紀後半の領主米市場の特徴をみることができる。

　ただし，上記は大坂における第1次的な米取引の特徴であることに留意しなくてはならない。大坂への米販売の集中は，第2次の取引市場，すなわち蔵屋敷から購入した米を転売する市場の形成と活性化を生み出した。逆にいえば，このような転売市場が存在することが，蔵屋敷からの米買い付けを容易にし，多くの買手の参入をもたらすことになった。それが売却の場としての大坂市場の便宜性を生み出し，累積的な廻米の集中に帰結したのである。このような米取引は，すでに17世紀中葉に北浜の淀屋辰五郎の店先でなされていたことが確認でき，それが大坂における米取引所の原型とされている。そこでは，現物の米とともに蔵屋敷発行の米切手が売買されていた。米切手は，蔵屋敷に保管されている米の払い出しの権利を明記したものであるが，これによって，2次市場における米の売買は物理的にも容易になった。この自生的な取引所は，1730年初に幕府が米切手取引に関する出訴を認めたため，公的な保障が与えられる幕府公認の堂島会所となった。そこでは帳合米取引（先物取引）も盛んになっていく。先物取引によるリスク・ヘッジ機会の提供は，米売買への参入を容易にすることで，大坂へのさらなる米取引の集中を促す要因ともなった。大坂米価には西日本を中心とした広域的な米の需給が反映されるようになり，各地の米価にも影響を与える基準価格

となったのである（宮本［1988］，高槻［2012］）。

　これら年貢米をめぐる一連の取引関係において，2次市場での売買は蔵屋敷の手を離れている。その意味で領主米取引の発展は，幕府・大名の主導性とともに，民間米関係商人側の取引活動の自立性を基盤としていた。事実，蔵元・掛屋といった民間米関係商人は，大坂の鴻池家に代表されるように，近世「豪商」のもうひとつの有力な給源となった。年貢米廻着を見越した短期の融通から始まった大名金融へのこれらの商人の関与は，貨幣間の両替から始まり，為替による各地間の決済や商業金融の機能を発展させた両替商の集積とも相まって，大坂に金融センターとしての役割を付与することとなるのである（森［1970］，高槻［2012］）。

▶ 大坂の物資集散機能

　正徳4（1714）年の年間移出入商品調査は，大坂が上記の年貢米市場にとどまらず，広範な物資の集散地としての機能を備えていたことをよく伝えている（表1-7）。蔵米112万石の他は，いずれも商人の取り扱った物産（納屋物）であった。日常的な消費財が大きな位置を占め，とくに衣料用として綿関係品――木わた（原料綿花），繰綿，綿布（白毛綿，嶋毛綿），綿糸（毛綿綛）――が主要商品となっていることが注目される。そもそも日本列島で綿製品が流布しはじめたのは15世紀のことと考えられているが，その時点で製品はすべて朝鮮および中国からの輸入品であり，需要も公家や上級武士など上層階層向けの衣料用か，軍衣や軍旗といった特殊な用途に限られていた。それが17世紀には広く大衆的な衣料となっていたことは，幕府や大名の衣料統制令が，百姓等への絹布着用を禁じ，麻布と並んで綿布の着用を命じている点に端的に現れている。その経済的な基盤は，16世紀から17世紀初期の日本列島の各地で盛んとなった綿の栽培にあった。とくに畿内とその周辺地域で綿作が発展し，17世紀後半から18世紀初頭には田方を含め，耕地の過半を綿作に充てる村も現れた（安岡［1959］，脇田［1963］，林［1967］）。収穫された綿は，実を取り除いた繰綿の形で広域的に流通し，加えて表示のように，綿布に織り上げられた製品も流通している。大坂には畿内綿作を供給源とする，綿関係品を専門に扱う綿問屋・木綿問屋が現れた。ちなみに木綿（綿布）に関しては，江戸は消費地だけではなく，東日本への流通拠点の性格をあわせもつようになっていく。伊勢商人の長谷川家，京都に本店を置く柏原家などの江戸店が，木綿取引に重点を置き，自己勘定での仕入れと販売を行う繊維問屋として台頭した。これらの木綿関係問屋は，前述の三井，白木屋，大丸などの絹織物を主として扱う呉服屋と並んで，18世紀を通じて新たな「豪商」の地位を築き上げていくことになる（林［1967］）。

　表1-7では他の農産加工品として酒・醬油の加工食品も一定の位置を占めてい

表 1-7 正徳 4（1714）年大坂における主要移出入品

品目	（数量単位）	移入 数量	移入 価額（貫匁）	移入 単価（匁）	移出 数量	移出 価額（貫匁）	移出 単価（匁）
米	石	282,792	40,814	144.3			
大豆	石	49,930	5,320	106.5			
塩	石	358,436	5,230	14.6			
小麦	石	39,977	4,586	114.7			
砂糖	斤	1,992,197	5,614	2.8			
たばこ		3,631,562	6,496	1.8			
酒	石				5,909	1,200	203.1
醬油	石				32,206	3,898	121.0
塩魚			4,156				
生魚			3,475				
菜種	石	151,225	28,049	185.5			
菜種油	石				33,232	26,005	782.5
綿実	貫	2,187,483	3,920	1.8			
綿実油	石				7,900	6,116	774.2
胡麻	石	17,142	4,129	240.9			
胡麻油	石				2,055	2,089	1,016.5
木わた	斤	1,722,781	6,704	3.9	192,580	503	2.6
繰綿	貫				108,640	4,299	39.6
毛綿綛	貫	116,647	3,430	29.4			
白毛綿	端	2,061,473	15,750	7.6	739,938	6,265	8.5
嶋毛綿	端	236,923	2,832	12.0	698,747	7,066	10.1
苧	貫	145,874	2,815	19.3			
布	端	310,558	3,401	11.0			
古手		135,744	1,717	12.7	409,838	6,045	14.7
絹	疋	35,573	3,013	84.7			
焼物			2,876			1,574	
畳表	枚	1,102,907	2,866	2.6			
紙	丸	148,464	14,465	97.4			
万塗物道具						2,840	
小間物						2,838	
唐薬種			2,788				
万鉄道具						3,750	
銅	斤	5,429,220	7,171	1.3	5,000,000	6,588	1.3
鉄	貫	1,878,168	11,804	6.3			
材木			25,751				
掛木	貫	31,092,394	9,125	0.3			
炭	俵	767,814	2,504	3.3			
干鰯			17,760				
油粕	貫	311,191	527	1.7	1,596,560	3,267	2.0
小計			249,088			84,343	
総計（表示以外の品目を含む）			286,561			95,800	

（注） 1200貫匁以上の移出額，ないしは 2500貫匁以上の移入額のある品目を掲げてある。貫未満は四捨五入。
（出所） 大石 [1975] 第 10, 11 表（143-167 頁）および本城 [2002]，表 2, 5（253, 259 頁），より作成。

るが，おもに照明に用いられる各種の油（菜種油・綿実油・胡麻油）の流通量の大きさが注目される。囲炉裏の火が煮炊きと照明を兼ねていた農家に対して，都市部の住居では行灯用の油が不可欠となっていた。菜種油（水油）が灯油の中心的な位置を占めており，その流通は，都市生活者の増大を反映していた。最終消費財以外では，金属製品（移入の鉄・銅の金属，それを加工した移出の「万鉄道具」）と，肥料（移入では干鰯，移出では油粕）が上位に位置していた。とくに後者は購入肥料の普及を示すものであり，本章第5節で改めて触れる。肥料では，水産加工業および農産加工業（油粕は絞油業の副産物）と農業生産の，生産活動面での社会的分業の進展もうかがわれる。

このように18世紀初頭には，狭義の領主需要への対応を超えて，諸商品の流通が展開していた。大坂はその結節点であり，また，菜種・綿実の移入と菜種油・綿実油の移出が対応するように，加工業による生産機能をも備える都市であった。その担い手として台頭したのが，17世紀後半に簇生する商人層であり，これらの商人層によって構築されたのが，大坂・江戸を二大拠点とする商業機構であった。とくに，集散と生産の場である大坂から，消費都市江戸へもたらされる商品の流れが，この時期の納屋物の遠隔地流通の中核的な部分を占めている。この両地を結ぶ輸送業者として発展したのがすでに寛永4（1627）年に大坂で廻船問屋が成立していた菱垣廻船で，幕府の年貢米や一般商品を運賃積で運んだ。ここに後に樽廻船と呼ばれることになる伝法船が酒荷輸送を中心として加わった。元禄7（1694）年に10業種の問屋が連合して江戸十組問屋（米，畳表，紙，塗物，酒，綿，薬種，小間物諸色〔通町組・内店組〕，釘の10問屋）を結成しているが，それは自己勘定での仕入れを行い，海上輸送に伴う危険を負担することとなる江戸問屋が，海難による損失処理に際して集団で廻船問屋側の「恣意」へ対抗するための施策であった。なお大坂でも江戸積問屋（のちの二十四組問屋）が結成されている。享保15（1730）年には酒問屋が十組問屋から脱退し，樽廻船が菱垣廻船から離れて独占的に酒輸送を行うことで，菱垣・樽の両廻船による競争も生じた（渡辺［1975］，林［1967］）。この一連の動きの中には，商業活動への活発な参入を背景とした商取引と輸送の分業化，それに伴って発生する業者間利害対立を調整する機構の形成を看取することができる。小農と領主を基軸とする幕藩社会は，17世紀を通じて，広域的な市場取引機構をその内部に組み込むこととなったのであり，それが都市成長の原動力となっていた。

▶ 消費パターンの拡散

この都市成長が，都市固有の消費パターンの形成に結び付くならば，それは消費需要を喚起する起動力ともなる。実際，米食率ひとつとっても，領主米の流入

する江戸あるいはその他の都市部と，年貢米を生産・納入するものの，米そのものを自らの食料需要に充てられるとは限らない農村部では，大きな差があった。都市部における低所得者の存在に鑑みれば，それは必ずしも所得水準の差だけでは説明されない。やや単純化していえば，江戸や大坂において消費需要が固有の消費パターンとして形成されること，そしてそれが地方都市さらには農村部へも広がることが，非農業生産の勃興を促しかつその発展を支える，より広範な消費需要の喚起に繋がるのである。

　たとえば，参勤交代制度によって多くの武士層が江戸での生活を経験し，そこでなじんだ消費財や消費パターンを地元の城下にも持ち込んだことが，江戸で形成される消費パターンの地方伝播に繋がったとする議論がある（ハンレー［1990］，Francks［2009］）。もっとも，情報伝達の経路が領主階層にとどまるとすれば，需要形成に対する影響力には限界があろう。絹物の着用を武士階層に限定する服装規制にみられるように，領主階層は消費スタイルの身分を超えた普及には抑制的である。しかしたとえば，都市で消費された財が一般の商業活動を介して地方へもたらされれば，消費スタイルの伝播・拡散の媒介として機能する。都市部を供給源とする古着の流通は，その一例である。

　先の大坂の正徳4（1714）年の衣料関係品の移出において，「古手」は繰綿を上回り，綿織物（白毛綿・嶋毛綿）に対しても半分弱の金額を示していた（表1-7）。注目されるのは移出額が移入額の3.5倍を超えていたことで，これは「古手」の多くが大坂内部で調達され，それらが他地域へ供給されていたことを意味している。大坂での古着の調達先としては，古着専門の商人「古着買」と並んで質屋の存在が大きく，古着には質流れ品が高い比重を占めていた。実際，先の表でも移出された古手の平均単価は白毛綿の1.7倍，嶋毛綿と比較しても1.4倍であったから，18世紀前半の大坂から供給される古手は，絹物を含む比較的高価な衣料の再利用という面が強かったのである。江戸においても，すでに18世紀の前半（享保期）に販売を担う古着屋1200～1500人に対して，1400～2000人の古着買が対応していたし，18世紀後半（安永期）の記録からは，2000軒の質屋の存在が確認できる。江戸の古着取引のひとつの中心であった富沢町では，三井越後屋など有力呉服商から在庫処分品として持ち込まれる「新裁の物」も取り扱われていた（杉森［2006］）。古着流通の存在は，大都市で早期に形成された消費パターンの，身分階層や地域を越えた拡散の意味が含まれていたのである（谷本［2015］）。

▶ **生産地の拡散と技術普及**

　非農業部門における産業発展は，この消費需要形成への供給側の対応として捉えることができる。織物業に即してみれば，それは生産地域が日本列島内で地理

表 1-8 技術知識の受容と供給

	移転(件数)	技術受容(地域数)	技術供給(地域数)	おもな技術供給地からの移転(件数)				
絹織物				西陣・京都	桐生	結城	丹後	
文禄～貞享 (1592～1687)	12	12	8	5				
元禄～天明 (1688～1788)	24	21	6	18	2		1	
寛政～幕末 (1789～1860年代)	51	44	19	21	14	1	4	
綿織物				西陣・京都	松山	結城	足利	尾濃
文禄～貞享 (1592～1687)								
元禄～天明 (1688～1788)	7	6	7	2		1		4
寛政～幕末 (1789～1860年代)	26	26	19	3	4	3	3	4

(出所) 谷本［2015］表5(1)，126頁より引用。原データは，貫［1994］第2章の表2, 3, 5, 6, 7 (95-102, 111-113, 120, 122頁)。

的拡散を伴いつつ増加したことに負っていた。質的にも，単純な平織の製品（平絹や白木綿）だけではなく，より複雑な構造や色合い・風合いを有する織物を生産する地域が増加した。それを可能としたのは，「先進」地域からの技術知識の拡散・普及である。

表 1-8 にみられるように，絹織物の分野ではすでに 17 世紀から技術知識の導入事例が確認され，綿織物でも 18 世紀に 7 つの事例が確認されている。絶対値でいえば，絹織物の方に技術導入事例が早くから現れ，また事例数も一貫して多く，呉服の素材となる絹布製造に要求される技術水準の高さがうかがえる。ただし綿織物でも，寛政以降 26 の地域が技術知識を受容していた。技術知識の供給源としては，藩主の転封に伴う移動事例 8 例を除けば，17 世紀の技術移転の元は京都西陣に絞られていた。

プロローグでも触れたように，京都西陣では 17 世紀初までに中国の先進的な織物技術の導入・定着があり，とくに貿易が縮小に向かう 17 世紀後半，高級絹織物の独占的な供給地として繁栄の時期を迎えていた（佐々木［1983］）。しかし織物需要の拡大は，供給側にとっても刺激となって作用し，18 世紀にかけ，技術の獲得を目指す動きが現れてくる。その著名な事例のひとつが，西陣へ原料となる生糸や半製品の平絹を供給していた北関東に位置する桐生である（群馬県）。元文 3（1738）年，西陣の機工師から高機の製法を学び，平織の白生地から紋柄のある白生地（飛紗綾など）への製品転換が始まった。1780 年代には先染紋織の製織技術が，西陣の紋工によって伝えられた。これら一連の技術導入によって桐

生では，18世紀末には西陣産の多様な織物のかなりの部分を生産することが可能となった（工藤・川村［1983］）。近世に人気を博した縮緬の製造技術（撚糸生産の技術を含む）も西陣から流出した。丹後（京都府北部）に伝えられたのが享保4（1719）年，岐阜へは1730年代に，そして桐生への伝播は1743年のことといわれる。丹後と岐阜はほどなく，高品質の縮緬生産地として全国に名が知られていく。さらに長浜（滋賀県）と富山でも18世紀後半に縮緬生産が始まったが，これらの生産地での技術知識の導入は，桐生・丹後を通じての2次的伝播であった。19世紀前半までに縮緬生産はさらに10の地域に伝わったが，いずれも西陣から直接伝えられたものではなく，長浜から米沢（山形県）への伝播のように，3次的伝播の事例も現れていた。

　綿織物における伝播は，さらに多層的な様相を呈している。18世紀後半以降，より洗練された細縞の桟留縞や絣，綿縮緬などの各種の木綿が商品として綿織物市場に流通するようになった。これらの織物の製織を可能とする高機は，1760～70年代に西陣から濃尾地方（岐阜県／愛知県）にもたらされたが，この高機と縞木綿生産に関連する技術知識が松山へと伝わり，この松山がさらに他の地域への伝播の拠点となった。絹織物生産地であった結城や桐生，八王子も，綿織物生産地への，縞や高機に関する技術知識の供給元として機能した（貫［1994］）。

　これらの技術知識の移転には，技能者・技術者が招聘あるいは何らかの契機によって受容地を訪れているケースが多く，それに次ぐのが生産地側から伝習を受けに供給地へ赴く場合である。技術移転には技術者・技能者との人的な接触が必要であった。もっとも，寛保4（1744）年に西陣が幕府に対して，桐生における「紋紗綾」の生産禁止を願い出ているように（幕府は却下），技術知識の独占を利益とする供給地側にとっては，知識・技能の外部への流出は抑制すべきものであり，事実，西陣の仲間組織は熟練職工の移動の抑制を制度化している（本庄［1930］）。したがって，受容地の関係者が技術者・技能者を招聘するにしても，それは正式なルートではなく，すでに西陣を離れた職工に接触・招聘するケースが含まれていた。「秘伝」的な知識にいかにして接触するかが，技術導入を図る際の課題とされている事例も少なくない。しかし一方で，独立開業の見通しが立たない場合，西陣の熟練職工にも，西陣外に活動の場を求めるインセンティブは存在した。技術独占の試みは，成功しなかったというべきであろう。

　このような，地域間の技術知識の伝播と，それを契機とする生産の地理的な拡散は，醸造業についてもみることができる。先に伊勢商人の國分勘兵衛家が，関東の常州土浦で醬油醸造を開始した事例に触れたが，ほかにも近江地方の日野に本拠を有する商人が，18世紀中に東日本各地に出店を置き，酒造蔵，醬油醸造

蔵の経営を始めていることが明らかにされている（上村［2014］）。19世紀に最有力の醬油醸造家の集積地となる銚子地方（千葉県）でも，その中核に居たのは，紀州の有力醬油生産地・湯浅（和歌山県）近辺の「広村」に本家を置き，屋号を「広屋」とする一群の醸造家であった。18世紀前半，その4分の3を関西からの下り物に占められていた江戸の醬油市場は，文政4（1821）年，関東産が125万樽の入荷中，123万樽を占めるまでに変貌を遂げている（林［1986］）。これら，関東地方における繊維や醸造製品の生産の18～19世紀における発展は，研究史上，「関東地廻り経済圏」の形成とも表現され，その内実が論議されている（白川部［2001］，井奥［2006］など）。18世紀の産業発展の起動力は，日本列島内での技術伝播と生産地の拡散にあったのである。

第4節　幕府・諸大名の対応

▶ 幕府の年貢増徴策

では，民間経済の拡大の中で，領主側はどのような対応をみせていたのだろうか。幕府が自らの財政状況に触れ，支出抑制の必要性に言及した触書を出したのは宝永元（1704）年のことであった。そこでは，従来の「仕来り」であっても可能な場合は停止や延期を試みること，さもなければこの間の出費の増大によって，家臣団への禄米支給にも差し支える事態となりかねないことが述べられている。前述のように新井白石が主導する諸施策（「正徳の治」）も，貨幣良鋳を中心とする幣制整理により物価の引き下げこそ実現したものの，抜本的な財政収支の改善には繋がらなかった。享保7（1722）年の「上げ米」の布告は，こうした幕府財政の危機を象徴するものであった。参勤交代の短縮と引き換えに諸大名に示された「上げ米」制では，高1万石につき米100石を幕府に上納することが命じられており，幕府の歳入不足を直接補塡することを意図したものであった（古島［1965］）。享保15（1730）年の財政史料は，支給された切米役料および扶持・合力米（俸禄，役職手当）のうち，上げ米が米方（現物年貢勘定）で23.3％，金方（貨幣年貢勘定）で9.8％を占めていたことを明らかにしている（表1-4より算出）。

享保期に本格化する幕府の財政改革は，財政収支の改善に向けて歳入面での対応を柱とするものであった。まず年貢米の増加が図られ，大別して2つの方策が試みられている。ひとつは，年貢賦課地の拡大を図った新田開発政策である。この施策は，本田の維持・涵養の観点から新田開発に消極的であったそれまでの方針からの転換であり，潜在的可耕地の積極的な開墾を奨励するものであった。とくに，開発資金を町人の出資に仰ぐ，いわゆる町人請負新田の奨励が新機軸とな

っている。出資した町人・商人は地主となって，耕作農民から小作米を収取することになるが，一定期間の免租（鍬下年季）後には年貢納入の義務を負う。それが幕府にとって，新規の年貢収入となるのである。

　もうひとつは，既存の田畑からの年貢納入を増加させることである。それまでの年貢納入高の算定は，畝引検見法が一般的であった。これは検地によって確定された石高に，毎年実施する坪刈（単位面積当たりの収量調査）で認定した豊凶度を勘案し，各年の賦課対象となる石高を決めるものであり，これに年貢賦課率（5公5民など）を掛ければ，村落単位での年貢高が確定する。これに対して，18世紀前半に各地で採用された有毛検見法は，実際の収穫（有毛）を調査し，それに租率をかけて年貢高を計算するものであり，より実態に近い生産の把握が可能となるものである。一方，幕領では享保期に始まった定免法は，年期（3，5，10年など）を区切って，その間の年貢賦課量を一定とするものであった。これは検見に関するさまざまなコスト[13]を廃することができること，また，定額となる年貢高が，農民に増産のインセンティブを与えることが，利点として指摘されている。もっともそれだけでは，年貢増を保証するものではないが，定免法は比較的収穫の安定していた地域で適用され，固定される年貢率を高く設定することで，年貢増収に寄与していた（大石［1961］）。実際長期的には年貢賦課率が停滞・低下することが判明する先の図1-2(1)においても，享保17（1732）年に底を打った幕領の年貢賦課率（年貢賦課高／石高）が以後上昇をみせ，1750年代には38％台で安定している点は特徴的である。新田開発の成果も相まって，1720年代に130万石台にまで低下していた年貢高は，160万石の水準に達した。「胡麻の油と百姓は，絞れば絞るほど出るもの」の言で著名な神尾春央が勘定奉行として手腕を発揮していたのは，まさにこの1730〜40年代のことであった（大口［1989］）。

▶ **構造的低米価問題**

　しかしながら，このような年貢米収納の量的増加が，歳入不足の解消に必ずしも直結しない点に，この時期の幕藩財政のもうひとつの特質がある。現物の年貢米を貨幣支出の原資とするには，年貢米の換金が必要となる。その換金率を決めるのは，米市場における年貢米の販売価格（米価）であったから，幕府の歳入規模は，米価の動向に大きく影響された[14]。同様に，俸禄米を受け取る家臣団の家

---

[13] 農繁期に行われる検見が，農作業の遂行の障碍となることが指摘されるほか，検見担当の役人（代官）の接待費用の問題，さらには役人の不正や賄賂の横行も問題視されている。

[14] 年貢米をあらかじめ換金してから納入する「石代納」においても，まず現物の年貢米の納入石数が設定され，それを幕府の定める「張紙値段」によって貨幣換算した金額が納入額となった。「張紙値段」を市場米価とまったく無関係に設定することは非現実的であったため，この場合でも，米価動向は収納される貨幣量に影響を与えている。

図 1-3 相対米価の動向

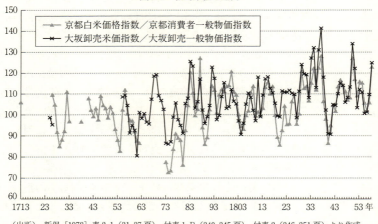

(出所) 新保 [1978] 表 2-1 (31-37 頁)，付表 1-B (340-345 頁)，付表 2 (346-351 頁) より作成。

計も米価変動の影響にさらされている。

　享保期，幕府は米価の相対的低落に悩まされた。図 1-3 にあるように，相対米価は凶作による一時の高騰をはさんで，1730 年代後半まで低下傾向が続いている。新井白石の貨幣良鋳政策が生み出した物価の急激な下落とそれに続く 1720～30 年代のデフレ状況での所得水準の低迷が，所得弾力性の高い米需要の停滞をもたらしたことが一因として指摘されている (宮本 [1989])。穀物消費において，米は奢侈財の性格を有していたのである。それゆえ，吉宗の治世の最終局面に行われた元文元 (1736) 年の貨幣改鋳は，デフレ状況を解消することによって，1740 年代の米相対価格の上昇をもたらした[15]。ここに，年貢増徴が歳入増加を現実のものとし，幕府財政の収支改善に寄与する条件が与えられたといえよう。

　ただし，その後もたとえば 1750 年代 (宝暦期) に相対米価は顕著な低落をみせているように，凶作時を除きその低迷は必ずしも払拭されてはいない (図 1-3)。前節でみたように，大都市部では領主層以外においても消費需要が拡大し，都市型の消費パターンが形成される中で米以外の諸商品に対する需要が高まっていた。それに対応するのが，技術知識の拡散を基盤とする生産地域の拡散であったが，需要に対する供給力の形成 (生産地域の成長) には時間的なラグがあり，それが供

---

[15] この時の改鋳では，貨幣の悪鋳率にほぼ見合う形での増歩交換を行ったため (旧両 100＝新両 160，旧銀 10 貫目＝新銀 15 貫目)，市中の貨幣量はすみやかに金貨 60％，銀貨 50％ の増大をみている。この改鋳益の獲得を目的としない貨幣の悪鋳は幕府の貨幣改鋳史の中では例外的であるが，他の事例としては内外の金銀比価の差異の調整を目的とした幕末開港時の改鋳 (後述) があげられる。

給の相対的な不足状況を生み出していた。「米価安の諸色高」は，兵農分離の下で年貢米納入を基軸とした財政システムが生み出した，とくに18世紀に固有の構造的な問題であったといえる。そのため幕府は，しばしば米の流通市場への大規模な介入を余儀なくされた。買米（＝人為的な需要創出）はその代表例で，幕府自ら，しばしば米の買手となって米市場に現れた。先の表1-4によれば，享保15（1730）年の買入石数は，現物（米方収支）での年貢米収納50万石に対して28万石に上っていた。18世紀後半以降，しばしば商人層などに「御用金」の賦課がなされるが，その主要な目的のひとつは，米価浮揚を目的とした買米政策の原資調達であった（賀川［2002］）。供給制限による米価浮揚策として，諸大名に対して大坂や江戸への廻米制限も発令されている。ただしこの政策は，歳入確保のために年貢販売量の確保・増加を図る必要のある大名財政にとって，少なくとも短期的には財政収支を悪化させることになる。幕府による大名への公金貸付（拝借金）は，それに対するミクロ・レヴェルでの対応策でもあったのである。

▶「倹約」と外部資金の導入

18世紀半ばにかけての幕府財政の好転については，支出面の変化も注目される。17世紀において，幕府の河川普請工事は自身の資金による「御普請」が中心であった。先の表1-3にあるように，これに大名の「御手伝普請」による工事が加わったのが元禄16（1703）年のことである（善積［1967］）。さらに1720年代以降，従来幕府御普請の地域とされた関東一円や畿内を含む全国に対して，当該河川の流域の「国（旧国）」に属する村々に，所領の枠を超えて石高に応じた「国役金」を課し，それを工事の原資とする「国役普請」制度が適用された（1732～58年間は一時中断）。そこでは幕府の経費負担は工事費全体の10分の1に抑えられている。また，幕領農村の農民「救済」に関わる夫食拝借——公金貸付——が，享保19（1734）年に「格別の損耗」以外については抑制する旨の布令が出され，安永4（1775）年には原則中止となった。財政改革における経費節減が，民政方面への政策的な支出の削減を伴っていたのである（笠谷［1976］，大口［1989］）。それが，明和7（1770）年に300万両を超えた幕府の余剰金（奥金蔵金銀）蓄積のもうひとつの背景であった（大野［1996］47頁）。

しかし，天明8（1788）年に，幕府余剰金は81万両にまで減少する。文化14（1817）年に作成された一史料[16]はその直接の原因を臨時的な支出の増大に求めているが，その支出項目は，当時の幕府財政の特徴を表していた。1つは日光社参，将軍代替わり，そして徳川親族の葬儀関係の費用からなる，政治的なプロパ

---

[16] 『誠斎雑記 癸卯雑記』（江戸叢書刊行会編纂『江戸叢書』巻の九，1917年）。

ガンダを含めた徳川家の家計的な支出といいうる費目である。2つめのカテゴリーは，大火や水害時の救済および復興費用であり，そして第3に印旛沼掘削御普請などの「御普請」費用があげられていた（古島［1965］）。

印旛沼の掘割御普請は，当時政権の中枢にあった田沼意次が主導する事業であった[17]。意次は，銅座の設置や朝鮮人参などの専売，長崎からの俵物輸出の促進など，一種の積極政策を推進しており，印旛沼の干拓もそのひとつであった。さらに蝦夷地開発やロシアとの交易計画も立てられている。幕府自身による諸事業への関与を通じて財政収入の増大を図る，「御益（国益）[18]」追求ともいわれるこれらの政策展開が，財政支出の増大の一端を担っていたのである。一方で意次は，商人の同業者組織の結成を奨励し，営業独占権の付与を伴う株仲間の公認と引き換えに，運上・冥加金の徴収を図った。新貨幣である南鐐二朱銀の発行（明和9〔1772〕年）も，一定程度の改鋳益をもたらしている。もっとも金貨の改鋳を伴っていないこともあって，改鋳益収入はそれほど大きくはない。南鐐二朱銀の歴史的な意義は，西日本の基軸通貨となっていた秤量銀貨の素材——銀——を用いた新貨幣が，計数貨幣である金両体系に二朱の価値をもつものとして位置づけられたことにある[19]。また商工業関係の賦課額も，年貢収入に比してみれば，限界的なものにとどまった。その点で，意次の政策展開自体が，幕府の財政収支に与えた影響は限定的である。むしろ，依然として徳川家関係が大きな支出項目となっていること，および災害・凶作に伴う費用が財政にとって大きな負担であったことが確認される（中井［1971］，大石［1991］，藤田［2007］）。

天明6（1876）年の田沼意次失脚後，松平定信が主導した寛政改革が再度倹約を強調したのは，この財政に占める徳川家家政の大きさを反映するものであったといえる。また「旧里帰農奨励令」によって農業人口の確保と荒地起返しを図った背後には，凶作や災害による農村経済の荒廃が財政危機の一因であるとの認識があった。ただし財政面での対応として，年貢以外の外部資金への依存が志向されている点は，先に述べた18世紀幕府財政の方向性の延長線上にあることも指摘されねばならない。臨時支出とその原資に関する情報（御用金を原資とする分を

---

17 田沼意次の老中任命は安永元（1772）年のことである。

18 ここでいうところの「国益」は国民国家のそれではなく，幕府・大名領国を単位とする「利益」である。なお徳川時代における「国益」概念については，それを「領国経済」の自立化や国民国家形成との関連で位置づける議論もなされている。詳しくは藤田［1998］，［2011］を参照。

19 二朱銀に含まれる銀量2.64匁弱は，それと交換されるべき秤量銀貨（当時の金銀相場に近い1両＝60匁とすれば2朱＝銀貨7.5匁）含有の銀量3.45匁を下回っている。すなわち，銀の素材価値ではなく，計数貨幣としての価値が交換を規定しているのである。これにより，秤量貨幣としての銀が，計数貨幣たる金両体制に組み込まれる方向が明確となった。

表1-9 寛政元(1789)～文化12(1815)年の幕府の経常費と臨時費(御用金関係の収支を除く)

	収納(歳入)(千両)	入用(歳出)(千両)
1789～1815年合計		
合計	32,948	33,134
経常	30,199	29,601
臨時	2,749	3,533
1年平均		
合計	1,220.3	1,227.2
経常	1,118.5	1,096.3
臨時	101.8	130.9

〔1789～1815年合計臨時費の内訳〕

収納(歳入)	(千両)	(％)	入用(歳出)	(千両)	(％)
大名出金	1,427	51.9	普請関係	1,984	56.2
払米代金	511	18.6	河川	1,337	37.9
国役金	358	13.0	幕府の建築物*	345	9.8
唐金吹立	143	5.2	禁裏・御所	145	4.1
松前より上納金	120	4.4	材木代	157	4.4
取替米代	70	2.5	買上米代金	433	12.3
上納金	70	2.5	蝦夷地入用	333	9.4
その他	50	1.8	朝鮮使節来聘入用	191	5.4
			大名拝借金	189	5.4
			日光法会道中費用	163	4.6
			荒地起返貸付金	121	3.4
			奥向入用	84	2.4
			聖堂用地買上代	34	1.0

(注) *日光諸堂社,紅葉山御宮,上野御坊,江戸城西丸など.
(出所) 大口[1984]第7表,226頁,および向山誠斎『誠斎雑記 癸卯雑記』(江戸叢書刊行会編纂『江戸叢書』巻の九,1917年)より作成.

除く)を1789～1815年間についてまとめた表1-9によれば,この間,353万両余の臨時入用(歳出)があり,うち133万両余は河川工事に,43万両余は買上げ米の代金に充てられていた.一方,御用金を除く275万両の臨時収納(歳入)の中では,142万両余の大名出金(御手伝金.治水工事向けと寺社などの修復向けが半々)が最大の項目となっていた.また国役金が35.8万両あげられており,そのうち4.8万両が治水事業へ,31万両は朝鮮通信使に関わる負担金とされている.農民や町人の「救済」についても,年貢の直接の再配分ではなく,公金貸付の利金を原資とする仕法が18世紀半ばに始まっていた.寛政改革期に導入された「荒地起返並小児養育手当御貸付金」は,公金を富裕農民に貸し付け,その利子を原資として困窮農民への救済手当の支給を行うというもので,18世紀末の貸付残高

は約 15 万両に上っている（竹内［2009］23 頁）。このように，幕府の支出，とくに土木事業や外交費用などの「公儀」としての支出は，諸大名，および町人・農民など「民間」からの資金導入に支えられている面が強まったといえよう。

　領主・武家財政の収支悪化に対する幕府の救済策の面でも，同様の変化が読み取れる。たとえば宝暦 11（1761）年の空米切手禁止令（米在庫の裏付けのない米切手発行の禁止）は，各大名の大坂蔵屋敷による米切手の過剰発行を抑制し，あわせて米切手の信用力を確保することで，大名の米切手を担保とした金融業者からの借入を容易化する施策であったとの評価がなされている（高槻［2012］）。それはこの時期，幕府財政資金を原資とする諸大名への「拝借金」（低利貸付金）が減少していることと裏腹の関係にあった可能性がある（中井［1971］第 1 章）。天明期以降，しばしば実施された幕府の商人等への「御用金」賦課も，大名への貸し付け，あるいは相対米価上昇を狙った買米政策の原資調達を目的とするものであった。寛政改革による棄捐令[20]で打撃を受けた札差の対武家への融資を促すため，幕府が猿屋町会所を設置し，自らは 2 万両の出資にとどめつつ，江戸の富裕町人からなる 10 名の「勘定所御用達」を主たる出資者として札差への金融支援を行い，事実上，札差の武家への貸付を仲介・保証したことも（竹内［2009］），同様の文脈から解釈できる。すなわち領主や家臣団の実質収入を増加させるための施策は，いずれもその原資を民間資金の導入に求めていたのである。

　いずれにせよ，18 世紀には幕府の政策的な経費支出は，貢租賦課以外の幕府外部からの資金の導入に支えられる局面が増加した。「御手伝普請」の場合，資金の出し手は同じく領主階層であったが，大名財政を支えたのが札差・掛屋といった金融業者からの借入であったとすれば，間接的な民間資金の導入ともいうるものであった。一方で，領主階層の家計に関わる支出が維持・拡大されていたことは，改革のたびに倹約が叫ばれることからもうかがわれる。身分制社会における支配階層にとって，消費水準を維持することは政治的要請でもあったろう。それを支えたのが年貢収入であったとすれば，そこに領主財政の家計化とでもいうべき傾向が看取される。逆にいえば，領主の公的財政の部分は，年貢を基礎とする経済構造の外側に押し出されつつあったのである。

　その背景として，改めて歳入面における年貢収入の停滞が注目される。先の図 1-2(1)にあるように，18 世紀前半に回復をみせた幕領の年貢賦課率は，1760 年代以降，35％ 台を割り込む時期が増えてきた。定免制においても，年期切り替え時に年貢率を引き上げる事例は減少していたし，当初は大幅な収穫減の年次に限

---

20 札差に対して，旗本への天明 4（1784）年以前からの債権の放棄などを迫った法令（寛政元〔1789〕年）で，棄捐された金額は 118 万両に上るともいわれる。

っていた破免（定額であるべき年貢を減免すること）が，すでに1730年代には30%減程度の損毛水準で認められるようになっている。有毛検見制の村々でも，定免を上回るような年貢賦課率の設定は難しくなった。実際，1770年代以降の年貢賦課率の停滞は明らかであった。ではそれは，年貢納入を担う小農社会の揺らぎを意味していたのであろうか。

第5節　18世紀の農村経済

▶ 成長の限界？

　日本列島を巨視的にみるならば，18世紀は人口停滞の世紀であった。幕府による1721年の全国人口調査（武家人口を除く）の総人口は2600万人余で，その後18世紀末（寛政10〔1798〕年）まで14回の調査がなされる中，人口総数は横ばいか減少であった。本章第1節でみたように，17世紀における小農社会の形成は人口増を伴うものであったから，これとの対比から18世紀の人口停滞を，小農社会の変容の反映とする見方が浮上してくる。実際，17世紀の農業発展を支えた耕地面積の増大は，享保期の新田開発を最後にほぼ止まった。成長の限界は，山野資源利用の面からも観察される。城下町建設の中で拡大した木材生産は，17世紀後半には山林資源枯渇の危機に直面し，伐採規制を始める地域が続出した。尾張藩が有する木曽地方などの山林では，村々の利用を排除しつつ，厳格な資源管理が始まっている。それは農山村における所得機会の減少要因となりうるものであった。寛文6（1666）年，幕府が発令した「諸国山川掟」と呼ばれる法令は（対象は畿内近国といわれる），草木採取の増大や新規の田畑の耕起が土砂流出を起こし，また水行の妨げとなることを指摘し，草利用の制限や植林などの対応策の実施を命じていた。とくに土砂災害が深刻な淀川・大和川流域については，貞享元（1684）年の通達によって，山城，大和，摂津，河内，近江の各国に関して，幕領・大名領を問わず，土砂留担当大名が割り当てられ，監視と対策が義務づけられた（水本［1987］，［2005］）。

　このように外延的拡大に資源賦存の面で限界が画される中，先にみたように幕領では年貢増徴が企図された。それが，地主的土地所有の「公認」[21]に促迫された農民層分解の進行と相まって小農経営の疲弊と人口の停滞をもたらしたとする

---

[21] 幕府が享保6（1721）年に発した「質流地禁止令」を債権の否定と解した債務者側の農民が，質地の取戻しを求めておこした訴えを契機に，「質地騒動」と呼ばれる紛争が生じた。幕府は享保8（1723）年に同法令を撤回したため，事実上，債務不履行による流地が認められることとなり，これが地主的な土地所有を促進するひとつの契機となったとされている（大石［1958］）。

見方は，18世紀の農村に関するひとつの伝統的な解釈となってきた。それに対して，先の表1-6の推計値などから農業生産の持続的発展（平均反収の増大）を推測し，人口停滞は小農世帯が人口抑制による1人当たり所得増大を選択したことの帰結であるとする解釈が1980年代以降現れた（速水・宮本［1988］）。そこでは人口停滞下での内包的な発展がイメージされることになる。

▶ 金肥と農業発展

　この2つの解釈の当否を論ずる上での直接的な手掛かりは，農業生産量に関する情報であるが，全国を対象とする包括的なデータは官庁統計が整備される19世紀後半まで得られない。以下，2つの対象領域から，迂回的にこの問題にアプローチしてみよう。

　第1は農業発展に不可欠な投入財として浮上した，金肥の生産・流通のあり様である。外延的拡大が止まり土地の希少化した近世農村にとって，土地生産性の上昇が農業発展の方向であり，その方策が肥料の多投であった。しかし，採草に基礎を置く刈敷の生産は，耕地との競合から草地の維持・拡大に限界が画されるため，増産の余地に乏しい。農産加工肥料（油粕，酒粕，醬油粕など）はひとつの解であったが，それも農産物を原料としている限り，同じ問題を抱えている。その点で，水産資源に依拠する魚肥は，土地の制約から自由であった点が重要であり，その投入量の動向は，農業発展の有力な指標となる。

　18世紀は魚肥の生産・流通の発展期であった。先行したのは鰯漁を基盤とする干鰯の生産と流通である。17世紀後半から肥料多消費型の商品作物生産——綿作等——の発展を背景に，畿内等に根拠地をもつ西国の漁民が，鰯の有力な漁場である関東沖に進出した。地元との交渉によって根拠地を作り，連年，特定の同じ地域への出稼ぎを行っている。たとえば房総の銚子外川浦では，享保15（1730）年当時，163人の出稼人のうち159人が広村や湯浅村などの紀州出身者によって占められていた（荒居［1963］473頁）。享保以降，干鰯生産の担い手は出稼漁民によって刺激された沿海の地元漁民の手へと移り，房州（千葉県）九十九里浜が，大規模な地引網漁とともに干鰯生産の中心地として台頭した。流通上の拠点も，関東から関西への海上輸送上の要路であった東浦賀から，全国的な流通拠点となる江戸，大坂へ移り，干鰯商（問屋・仲買）が全国の干鰯需要向けの流通体制の中心に位置づいていく（原［1996］）。

　18世紀後半以降には，近江商人をはじめとする本州からの資本投下と，蝦夷地（北海道）在住のアイヌの低賃金労働力——時に異民族支配による非市場的強制が伴う——が結び付いて，蝦夷地での鯡漁の活性化とそれを基盤とする鯡粕生産が発展した。この魚肥流通のメインルートが日本海沿岸から瀬戸内海を経て大

坂に至る西廻り航路であり，そこでの北前船の盛行は，鯡粕を中心とする蝦夷地との交易量の大きさを推測させるものであった（中西［1998］，Howell［2007］，田島［2014］）。19世紀前半，日本海沿岸地域が相対的に高い人口成長をみせたことが知られているが（斎藤［1988b］），それもこの鯡粕を起点とする交易の拡大の反映であったとも考えられる。実際，1874年の統計データ（『明治7年・府県物産表』および『開拓使事業報告』）では，魚肥の生産高は213万円余で，油粕の88万円を大きく上回っていたし，魚肥のうちでも北海道の鯡粕は150万円余を占め，九十九里浜を含む新治県（茨城県）や千葉県など主要生産県6県の干鰯・鰯粕合計48万円余を大きく引き離していた（山口［1956/1980］24-25頁）。干鰯から鯡粕へと展開する魚肥の生産・流通の動態は，近世日本における肥料集約型の農業発展の特徴（「陸」から「海」へ）を明瞭に示しているといえる。

屎尿の肥料としての商品化についても指摘しておこう。重量物である屎尿には集荷・運搬にコストがかかるが，供給者となる人口の都市集住は，それを軽減する機能を果たした。蔬菜栽培を中心とした都市近郊の農業生産の展開は，都市の消費需要への近接性とともに，肥料供給面での利点を生かした農業生産のひとつのあり方であったといえる（荒武［2015］）。都市化は，農業面での土地の集約的な利用を現実化する要因でもあったのである。

▶ **人口停滞の要因と論理**

第2に，18世紀の人口停滞の要因について，近年の歴史人口学の成果をみてみよう。徳川幕府はキリスト教の禁令を徹底する目的で，全国の村々に村民が特定の寺の檀家であること——すなわちキリスト教徒ではないこと——を証明する「宗門改帳」を毎年作成し提出することを命じた。そこには原則として当該年の村民すべての年齢，家族構成，続柄の記載があるため，個人レベルでの出生，婚姻，死亡の情報に基づいた人口の増減を決定する人口学的な指標を一村単位で算出することが可能となっている。

その手法によって，たとえば信濃・湯舟村住民の平均余命が17世紀後半から18世紀半ばの65年間（1675～1740年間）に比べて，18世紀半ばから18世紀末の期間（1741～1796年）に上昇していること，すなわち18世紀後半には死亡率（人口当たり死亡者数）の低下があったことが明らかにされた。とくに乳幼児死亡率が低下していたことは，同村の生活水準の長期的な上昇を意味している可能性が強い（鬼頭［2000］）。また美濃・西条村の合計結婚出生率（結婚したカップルが最終的に生む子供の数）は8人強であったのに対して，東北の南部に属する二本松藩の仁井田村・下守屋村では，4人位と相当に低かったことも指摘されている。通常，出生率に影響を与えると考えられている初婚年齢はむしろ西条村の方が高かった

から，仁井田村・下守屋村の出生率の低さの一因として，出産はあってもそれが出生に結び付かない状況，すなわち「間引き」の存在が示唆されることになった（浜野［2011］）[22]。それは，東北農村の生活水準の低さの反映かもしれないが，「家」の生活水準を維持するための人為的な出生コントロールとして位置づけられる可能性もある。実際，「間引き」がなされるのが貧困世帯に限られるものではなかったことが，人口減少に直面した仙台藩などの対応策――「赤子養育仕法」――の検討の中で指摘されている（沢山［1998］，Drixler［2013］）。また比較史の観点からは，近世日本における婚姻（結婚）出生率の水準の低さを女性の自然出産力の低位に求める見解が提起され，その要因として女性の農業労働への関与の強さが仮説的に主張されている（斎藤［1991］，［2015］）。

このように歴史人口学の成果は，18世紀の人口停滞を1人当たり所得の減少・停滞が死亡率を上昇させ人口の減少・停滞に繋がったとするマルサス的な説明――外延的拡大の停止と年貢増徴をあげる先の第1の解釈はこれに近い――によって理解することの妥当性に疑問を投げかける結果となった。もっとも個々の事例で明示された人口動態のミクロなメカニズムを，18世紀の人口停滞全体の中に位置づける作業は，今後の研究に待つところが大きい。次にはマクロの視点からの，人口動態の地域差を手掛かりとしよう。

表1-10に示されているように，人口動向は干ばつや冷害などの影響が想定される「災害年」と「平常年」では大きな差異があり，後者については北関東をのぞいて人口は増加していたから，18世紀の人口停滞には「災害」の影響を考慮に入れることが必要となる。事実，享保，宝暦，天明期には，近世を通じて影響の大きな飢饉の発生が知られている。またこの3つの飢饉では，享保飢饉が干ばつと蝗害を特徴とするのに対して，18世紀半ばの宝暦期の凶作以降，広範囲での農業生産の減少はもっぱら冷害によって引き起こされていたことも特徴的であった。表1-10で，全期間を通じた人口増加率が15％以上のマイナスとなっているのが北関東から東北にかけての相対的に冷涼な地域であったことは，その影響の大きさを示すものといえよう。

ただし農業生産の低下の度合いが，自動的に飢饉＝食料不足の程度を決定するわけではない。年貢収取量の程度や幕府・大名による施米などの対応行動も，飢饉の深度に大きく影響する。その点で，18世紀後半の東北の諸大名において，

---

[22] 宗門改帳による大量観察データに基づく子供の性別分析等によって，近世農村で人為的な出生数のコントロールがなされていたとする説は，速水［1973］，Smith［1977］，以来，研究蓄積を重ねつつ有力となっている。ただし，そこでの分析手法や結果の解釈に関して異論も出されている。詳しくは斎藤［2015］を参照。

表 1-10　人口変動の地域性（1721〜1846 年）

	人口変化率(1721 年人口に対して)			都市人口比率
	全期間 （％）	災害年 （％）	平常年 （％）	（％）
東奥羽（陸奥）	−18.1	−27.4	9.4	9.0
西奥羽（出羽）	4.0	−19.0	22.9	14.5
北関東	−27.9	−23.9	−4.0	6.1
南関東	−5.2	−10.9	5.7	27.9
北陸	17.6	−10.0	27.5	15.9
東山	13.2	−12.1	25.4	5.2
東海	10.5	−6.3	16.9	10.8
畿内	−11.2	−18.6	7.4	32.7
畿内周辺	−5.1	−14.3	9.1	10.4
山陰	23.6	−1.7	25.3	9.7
山陽	20.2	−1.0	21.2	8.8
四国	26.8	4.4	22.5	8.6
北九州	6.8	−2.0	8.8	9.2
南九州	23.6	12.2	11.5	8.2
合計	3.0	−10.3	13.3	13.3

（注）　災害年は凶作を念頭に，1721〜50 年，1756〜92 年，1828〜40 年に設定されている。
　　　都市人口比率は 1875（明治 8）年 5000 人以上の人口輻輳地の同年の地域人口に対する割合。
（出所）　鬼頭［2000］表 4，99 頁を一部省略して引用。

　財政上の問題から凶作時にも大坂への廻米を優先する，あるいは農民救済用の食料調達を十分になしえないなど，飢饉への対応力が弱まっていたとする指摘は，飢饉の「人災」的な側面を示すものであった（菊池［2003］など）。一方，人口減少・農業衰退が人々の経済状況の悪化の直接の反映であったかどうかは，論争的な面がある。たしかに凶作後の北関東農村において，人口減少が労働面から農業生産の制約となり，領主層も年貢賦課率の大幅な低下や，「手余り地」の増大を背景に公式の年貢基準である「村高」自体の削減を容認せざるをえなかった事実は知られている（長野［1987］）。しかしそこには，相対的に有利な就業機会を農村外に求める，社会移動による人口流出の側面もあった（平野［2004］，［2015］）。たとえば南東北の二本松藩下の在郷町であった郡山の人口は，自然増加率が周辺農村と差がない中で近世を通じて一貫して増加傾向にあった。その要因は社会増加（人口流入）にあったとされている（高橋［2005］）。非農業就業機会を求めて，農村部から都市部への人口移動がみられたことはたしかであろう。

　もっとも，地域内での農村—都市間の人口移動だけでは，表示の東北や北関東の単位では減少と増加が相殺されるだけのことになってしまう。社会移動から人

口の減少を論じるには，表示の地域単位を越えた移動や，移動先の人口再生産力を問う必要がある。その点で，前述のように幕府の寛政改革に，農村振興策の一環として，江戸在住者の帰村を促す「旧里帰農奨励令」が含まれていたことは，農村人口の流出先として江戸などの大都市部も少なからぬ位置を占めていたことをうかがわせる事実であった。それに全期間を通じて人口がマイナスとなっていたのが，東北・北関東のほかでは江戸，大坂，京都を含む南関東と畿内・畿内周辺であった事実を加えるならば，農村からの大都市への人口流出自体が，地域全体の人口の再生産力を弱めていたとする仮説が浮かび上がってくる。

　都市の再生産力の弱さは，近世ヨーロッパを対象とした歴史人口学的研究では，通説的な理解となっている（リグリィ [1982 (1969)]）。人口の過密が衛生環境の悪化や伝染性の疾病の蔓延を通じて死亡率を高めたこと，性比のアンバランスが出生率を抑制したことなどがその原因として指摘され，再生産力の弱い都市が人口流入によって人口規模を維持する様子は，都市を「蟻地獄」になぞらえる議論を生み出した。もっとも日本の場合，資料的な問題から江戸，大坂といった大都市部について農村部と同レベルの人口学的指標は得られていない。唯一京都について，農村に比べてやや死亡率が高いことが明らかにされているが，しかし出生率は農村とあまり変わらないとの結果になっており，ヨーロッパ近世都市のように「蟻地獄」説が妥当するかどうかは，明快な結論が出ていないのが現状といえよう（浜野 [2007]）。たしかにヨーロッパの城壁に囲まれた過密高層都市と，低層の木造建築が立ち並び，農村部との境があいまいな日本の都市とでは，環境要因が大きく異なっていた可能性がある。屎尿の肥料としての商品化が，近世都市の衛生問題の深刻化を防ぐ効果があった可能性も指摘される（ハンレー [1990]，荒武 [2015]）。結論は今後の成果に負うところが大きいが，いずれにせよ 18 世紀の人口停滞には，非農村地帯における人口動態のメカニズムが影響していたことはたしかであろう。それは 18 世紀の人口停滞から，農村経済の疲弊やそこでの生活水準の低下を一般的に論じることの必然性には乏しいことを示唆しているといえる。17 世紀の人口増大と外延的拡大の中で形成され，その終焉とともに「家」制度の下に定着した小農経営は，18 世紀の人口停滞下においても，農業生産の発展を担い，かつ自らの経済水準の向上にむけた取り組みを望みうる経済主体としての位置づけを失っていなかった。貢租賦課率の停滞も，小農社会一般の「ゆらぎ」を意味するものではなかったのである。

おわりに

　以上みてきたように，近世経済は小農社会を基層とし，そこで生産される余剰

の処理が，政治的な支配層である幕府・大名に委ねられた体制として成立し展開した。農村への貢租賦課はその体制の根幹をなすものである。それゆえそこでの賦課率の停滞は，小農社会と領主階層の関係の変化を反映しているとみるべきであろう。その論理を仮説的に述べれば，次のようになる。

　軍事的な緊張の緩和が，領主層の支出を消費に傾斜させたことは先に述べたが，それは年貢納入者にとっても，安全保障のために要請される負担の軽減として意識される可能性がある。一方で外延的拡大終焉後の幕藩制社会は，小農社会と領主階層の二項関係に，都市の成熟が加わることで一定の深化を遂げた。それは武士階層に，政治的な威信維持のためにも消費支出の拡大を促す面があったが，安全保障の要請とは異なって，小農社会の側はその負担に応じる直接的なインセンティブを欠いている。歳入上の制約に直面した領主階層では，大名家計，家臣団への給付，そして公的支出との間に相剋が生じる。「倹約」令はその対応策のひとつであり，家臣団への給付削減はその具体的な現れであった。しかしそれが十全に機能しなければ，他の方策を模索するしかない。それが公的支出の抑制と幕府財政への外部資金の導入であり，領主階層全体でいえば，「公」的分野での政策への「民間資金」の導入であった。このことは，非市場的な方法による資源の配分が中心となる領域においても，領主以外の諸主体の活動領域の拡大を促すことになる。領主，小農，そして都市の相互のバランスに本格的な変容をきたすのが，次章で扱う19世紀の事態なのである。

第1章　参考文献

荒居英次［1963］『近世日本漁村史の研究』新生社。
安良城盛昭［1959］『幕藩体制社会の成立と構造』御茶の水書房。
嵐嘉一［1974］『日本赤米考』雄山閣出版。
荒武賢一朗［2015］『屎尿をめぐる近世社会――大坂地域の農村と都市』清文堂出版。
井奥成彦［2006］『19世紀日本の商品生産と流通――農業・農産加工業の発展と地域市場』日本経済評論社。
池上裕子［2004］「検地と石高制」歴史学研究会・日本史研究会編『日本史講座第5巻　近世の形成』東京大学出版会。
磯田道史［1996］「17世紀の農業発展をめぐって――草と牛の利用から」『日本史研究』第402号。
今井林太郎・八木哲浩［1955］『封建社会の農村構造』有斐閣。
岩生成一［1958］『朱印船貿易史の研究』弘文堂。
岩田浩太郎［2004］『近世都市騒擾の研究――民衆運動史における構造と主体』吉川弘文館。
岩橋勝［1981］『近世日本米価史の研究――近世米価の構造と変動』大原新生社。
岩橋勝［1988］「徳川時代の制度的枠組」速水融・宮本又郎編『日本経済史1　経済社会の成立17-18世紀』岩波書店。
岩橋勝［2002］「近世の貨幣・信用」桜井英治・中西聡編『新体系日本史12　流通経済史』山川出版社。
上村雅洋［2014］『近江日野商人の経営史――近江から関東へ』清文堂出版。

江藤彰彦［2009］「江戸時代前期における経済発展と資源制約への対応──17世紀像再構成のための試論」大島真理夫編著『土地希少化と勤勉革命の比較史──経済史上の近世』ミネルヴァ書房。
大石慎三郎［1958］『封建的土地所有の解体過程』御茶の水書房。
大石慎三郎［1961］『享保改革の経済政策』御茶の水書房。
大石慎三郎［1975］『日本近世社会の市場構造』岩波書店。
大石慎三郎［1991］『田沼意次の時代』岩波書店。
大口勇次郎［1969］「天保期の幕府財政」『お茶の水女子大学人文科学紀要』第22巻第2号。
大口勇次郎［1984］「寛政─文化期の幕府財政──松平信明政権の性格」尾藤正英先生還暦記念会編『日本近世史論集　下巻』吉川弘文館。
大口勇次郎［1989］「幕府の財政」新保博・斎藤修編『日本経済史 2　近代成長の胎動』岩波書店。
大藤修［1996］『近世農民と家・村・国家──生活史・社会史の視座から』吉川弘文館。
大藤修［2005］「小経営・家・共同体」歴史学研究会・日本史研究会編『日本史講座第6巻　近世社会論』東京大学出版会。
大野瑞男［1996］『江戸幕府財政史論』吉川弘文館。
小野正雄［1960］「寛文期における中継商業都市の構造──越前敦賀港に関する一考察」『歴史学研究』第248号。
賀川隆行［2002］『江戸幕府御用金の研究』法政大学出版局。
笠谷和比古［1976］「近世国役普請の政治史的位置」『史林』（京都大学史学研究会）第59巻第4号。
笠谷和比古［2000］『江戸御留守居役──近世の外交官』吉川弘文館。
菊池勇夫［2003］『飢饉から読む近世社会』校倉書房。
菊地利夫［1958］『新田開発』古今書院。
鬼頭宏［1976］「徳川時代初頭の農民の世帯と住居──肥後藩人畜改帳の統計的研究」梅村又次・新保博・西川俊作・速水融編『日本経済の発展──近世から近代へ』日本経済新聞社。
鬼頭宏［2000］『人口から読む日本の歴史』講談社。
草野正裕［1996］『近世の市場経済と地域差──物価史からの接近』京都大学学術出版会。
工藤恭吉・川村晃正［1983］「近世絹織物業の展開」永原慶二・山口啓二編『講座・日本技術の社会史第3巻　紡織』日本評論社。
斎藤修［1988a］「大開墾・人口・小農経済」速水融・宮本又郎編『日本経済史1　経済社会の成立17-18世紀』岩波書店。
斎藤修［1988b］「人口変動における西と東──幕末から明治へ」尾高煌之助・山本有造編『幕末・明治の日本経済』日本経済新聞社。
斎藤修［1991］「農業発展と女性労働──日本の歴史的経験」『経済研究』（一橋大学）第42巻第1号。
斎藤修［2004］「勤勉革命論の実証的再検討」『三田学会雑誌』第97巻第1号。
斎藤修［2014］『環境の経済史──森林・市場・国家』岩波書店。
斎藤修［2015］『新版　比較史の遠近法』書籍工房早川。
佐々木銀弥［1983］「中世衣料の生産と流通」永原慶二・山口啓二編『講座・日本技術の社会史第3巻　紡織』日本評論社。
沢山美果子［1998］『出産と身体の近世』勁草書房。
塩澤君夫・川浦康次［1957］『寄生地主制論──ブルジュア的発展との関連』御茶の水書房。
白川部達夫［1994］『日本近世の村と百姓的世界』校倉書房。
白川部達夫［2001］『江戸地廻り経済と地域市場』吉川弘文館。
白川部達夫［2012］『近世質地請戻し慣行の研究──日本近世の百姓的所持と東アジア小農社会』塙書房。
新保博［1978］『近世の物価と経済発展──前工業化社会への数量的接近』東洋経済新報社。
新保博・長谷川彰［1988］「商品生産・流通のダイナミックス」速水融・宮本又郎編『日本経済史1　経済社会の成立17-18世紀』岩波書店。
杉森哲也［1999］「呉服所と京都──秋田藩を事例として」都市史研究会編『年報　都市史研究7

――首都性』山川出版社．
杉森玲子［2006］『近世日本の商人と都市社会』東京大学出版会．
鷲見等曜［1958］「徳川初期畿内村落構造の一考察――太閤検地＝封建革命説・相對的革新説への實證的疑問」『社會經濟史學』第23巻第5・6号．
スミス，トマス・C．（大内力訳）［1965］『徳川時代の年貢』東京大学経済学会・東京大学出版会．
精華町史編纂委員会編［1996］『精華町史　本文篇　近世編』精華町．
高沢裕一［1967］「多肥集約化と小農民経営の自立　上・下」『史林』（京都大学史学研究会）第50巻第1・2号．
高槻泰郎［2012］『近世米市場の形成と展開――幕府司法と堂島米会所の発展』名古屋大学出版会．
高橋美由紀［2005］『在郷町の歴史人口学――近世における地域と地方都市の発展』ミネルヴァ書房．
竹内誠［1969］「近世前期の商業」豊田武・児玉幸多編『体系日本史叢書13　流通史I』山川出版社．
竹内誠［2009］『寛政改革の研究』吉川弘文館．
田島佳也［2014］『近世北海道漁業と海産物流通』清文堂出版．
田代和生［1981］『近世日朝通交貿易史の研究』創文社．
田代和生［1988］「徳川時代の貿易」速水融・宮本又郎編『日本経済史1　経済社会の成立17-18世紀』岩波書店．
谷本雅之［2015］「在来経済・産業の発展」大津透・桜井英治・藤井譲治ほか編『岩波講座・日本歴史第14巻　近世5』岩波書店．
塚本学［1984］「用水普請」永原慶二・山口啓二編『講座・日本技術の社会史第6巻　土木』日本評論社．
土屋喬雄［1927］『封建社会崩壊過程の研究――江戸時代における諸侯の財政』弘文堂書房．
貫秀高［1994］『日本近世染織業発達史の研究』思文閣．
土木学会編［1936］『明治以前日本土木史』岩波書店．
中井信彦［1971］『転換期幕藩制の研究――宝暦・天明期の経済政策と商品流通』塙書房．
中田易直［1961］「江戸時代の呉服師」歴史教育研究会『歴史教育』第9巻第10号．
中西聡［1998］『近世・近代日本の市場構造――「松前鯡」肥料取引の研究』東京大学出版会．
長野暹［1980］『幕藩制社会の財政構造』大原新生社．
長野ひろ子［1987］『幕藩制国家の経済構造』吉川弘文館．
中村吉治［1956］『村落構造の史的分析――岩手県煙山村』日本評論新社．
中村吉治編［1965］『体系日本史叢書9　社会史II』山川出版社．
中村質［1988］『近世長崎貿易史の研究』吉川弘文館．
西坂靖［2006］『三井越後屋奉公人の研究』東京大学出版会．
西田真樹［1984］「川除と国役普請」永原慶二・山口啓二編『講座・日本技術の社会史第6巻　土木』日本評論社．
日本経営史研究所編［2015］『国分三百年史』国分株式会社．
沼田誠［2001］『家と村の歴史的位相』日本経済評論社．
農業発達史調査会編［1953］『日本農業発達史――明治以降における　第1巻』中央公論社．
浜野潔［2007］『近世京都の歴史人口学的研究――都市町人の社会構造を読む』慶應義塾大学出版会．
浜野潔［2011］『歴史人口学で読む江戸日本』吉川弘文館．
林玲子［1967］『江戸問屋仲間の研究――幕藩体制下の都市商業資本』御茶の水書房．
林玲子［1986］「銚子醬油醸造業の市場構造」山口和雄・石井寛治編『近代日本の商品流通』東京大学出版会．
林屋辰三郎［1944］『角倉了以とその子』星野書店．
葉山禎作［1983］「小農農法の成立と小農技術の展開」佐々木潤之介編『技術の社会史2　在来技術の発展と近世社会』有斐閣．
速水融［1973］『近世農村の歴史人口学的研究――信州諏訪地方の宗門改帳分析』東洋経済新報社．
速水融［1975］「人口と経済」新保博・速水融・西川俊作『数量経済史入門――日本の前工業化社会』

日本評論社。
速水融［1979］「近世日本の経済発展と Industrious Revolution」新保博・安場保吉編『近代移行期の日本経済——幕末から明治へ』日本経済新聞社。
速水融［1992］『近世濃尾地方の人口・経済・社会』創文社。
速水融・宮本又郎［1988］「概説 17-18 世紀」速水融・宮本次郎編『日本経済史 1 経済社会の成立 17-18 世紀』岩波書店。
原直史［1996］『日本近世の地域と流通』山川出版社。
ハンレー，スーザン・B.（指昭博訳）［1990］『江戸時代の遺産——庶民の生活文化』中央公論社。
平野哲也［2004］『江戸時代村社会の存立構造』御茶の水書房。
平野哲也［2015］「江戸時代における百姓生業の多様性・柔軟性と村社会」荒武賢一朗・大田光俊・木下光生編『日本史学のフロンティア 2 列島の社会を問い直す』法政大学出版局。
深谷克己［2002］『津藩』（日本歴史学会編集日本歴史叢書）吉川弘文館。
藤井讓治［1973］「幕藩体制初期の藩財政——譜代大名酒井小浜藩」『史林』（京都大学史学研究会）第 56 巻第 1 号。
藤井讓治［1982］「幕藩制下の領主経済」『日本経済史を学ぶ 下 近世』有斐閣。
藤井讓治［2014］「近世貨幣論」大津透・桜井英治・藤井讓治ほか編『岩波講座・日本歴史第 11 巻 近世 2』岩波書店。
藤井讓治［2015］『戦国乱世から太平の世へ』岩波書店。
藤田覚［2007］『田沼意次——御不審を蒙ること，身に覚えなし』ミネルヴァ書房。
藤田貞一郎［1998］『国益思想の系譜と展開——徳川期から明治期への歩み』清文堂出版。
藤田貞一郎［2011］『「領政改革」概念の提唱——訓詁学再考』清文堂出版。
古島敏雄［1956］『日本農業史』岩波書店。
古島敏雄［1965］「幕府財政収入の動向と農民収奪の画期」古島敏雄編『日本経済史大系 4 近世 下』東京大学出版会。
細川藩政史研究会編［1974］『熊本藩年表稿』細川藩政史研究会。
本庄栄治郎［1930］『西陣研究 増訂改版』改造社。
本城正徳［2002］「近世の商品市場」桜井英治・中西聡編『新体系日本史 12 流通経済史』山川出版社。
牧原成征［2014］「兵農分離と石高制」大津透・桜井英治・藤井讓治ほか編『岩波講座・日本歴史第 10 巻 近世 1』岩波書店。
水本邦彦［1987］『近世の村社会と国家』東京大学出版会。
水本邦彦［2005］「近世の自然と社会」歴史学研究会・日本史研究会編『日本史講座第 6 巻 近世社会論』東京大学出版会。
宮川満［1999］『増補改訂 太閤検地論第 II 部』第一書房。
宮崎克則［1995］『大名権力と走り者の研究』校倉書房。
宮本又郎［1988］『近世日本の市場経済——大坂米市場分析』有斐閣。
宮本又郎［1989］「物価とマクロ経済の変動」新保博・斎藤修編『日本経済史 2 近代成長の胎動』岩波書店。
宮本又次［1977］『宮本又次著作集第 8 巻 大阪町人論』講談社。
森泰博［1970］『大名金融史論』大原新生社。
安岡重明［1959］『日本封建経済政策史論』有斐閣（増補版 1985 年，晃洋書房）。
安国良一［1999］「近世初期の撰銭令をめぐって」歴史学研究会『越境する貨幣』青木書店。
山内太［2009］「近世村落社会における共同性の諸相——信州上田藩上塩尻村を事例として」日本村落研究学会編『年報 村落社会研究 44 集』農山漁村文化協会。
山口和雄［1956/1980］『（増補）明治前期経済の分析』東京大学出版会。
山口徹［1991］『日本近世商業史の研究』東京大学出版会。
山崎隆三［1963］「江戸後期における農村経済の発展と農民層分解」家永三郎ほか編『岩波講座・日

本歴史第 12 巻　近世 4』岩波書店。
山本博文［1989］『寛永時代』吉川弘文館。
山本博文［1991］『江戸お留守居役の日記──寛永期の萩藩邸』読売新聞社。
横田冬彦［2002］『日本の歴史 16　天下泰平』講談社。
善積美惠子［1967］「手伝普請について」『学習大学文学部研究年報』第 14 号。
善積美惠子［1968］「手伝普請一覧表」『学習院大学文学部研究年報』第 15 号。
吉田伸之［2002］『日本の歴史 17　成熟する江戸』講談社。
吉田〔鈴木〕ゆり子［1994］「百姓の家と家族」朝尾直弘・網野善彦・石井進ほか編『岩波講座・日本通史第 12 巻　近世 2』岩波書店。
吉田ゆり子［2004］「兵農分離と身分」歴史学研究会・日本史研究会編『日本史講座第 5 巻　近世の形成』東京大学出版会。
吉村豊雄［2013］『日本近世の行政と地域社会』校倉書房。
リグリィ，E. A.（速水融訳）［1982］『人口と歴史』筑摩書房（原著は E. A. Wrigley［1969］*Population and History*, Weidenfeld and Nicolson Ltd.）。
脇田修［1963］『近世封建社会の経済構造』御茶の水書房。
脇田修［1994］『日本近世都市史の研究』東京大学出版会。
渡辺尚志［2004］「村の世界」歴史学研究会・日本史研究会編『日本史講座第 5 巻　近世の形成』東京大学出版会。
渡辺信夫［1970］「近世の水上交通」豊田武・児玉幸多編『体系日本史叢書 24　交通史』山川出版社。
渡辺信夫［1975］「街道と水運」『岩波講座・日本歴史第 10 巻　近世 2』岩波書店。
渡辺浩［1997］『東アジアの王権と思想』東京大学出版会。
Drixler, Fabian［2013］*Mabiki: Infanticide and Population Growth in Eastern Japan 1660–1950*, University of California Press.
Francks, Penelope［2009］*The Japanese Consumer: An Alternative Economic History of Modern Japan*, Cambridge University Press.
Howell, David L.（河西英通・河西富美子訳）［2007］『ニシンの近代史──北海道漁業と日本資本主義』岩田書院。
Ostrom, Elinor［1990］*Governing the Commons: The Evolution of Institutions for Collective Action*, Cambridge University Press.
Smith, Thomas C.［1977］*Nakahara: Family Farming and Population in a Japanese Village, 1717–1830*, Stanford University Press.

第2章

移行期の日本経済

1800～1885年

はじめに

　本章は，19世紀への世紀転換期から1880年代後半までを「移行期」と捉え，ひとつのまとまった時期として叙述の対象とする。前章でみたように小農社会を基層とし，そこからの年貢の収取の上に成り立つ近世経済と幕藩体制は，1600年前後から200年余りの間，比較的安定してその体制を持続させてきた。一方，第3章で述べるように，1880年代後半以降日本経済は，明治政府と大日本帝国憲法を基盤とする政治体制の下で，「日本産業革命」とも称される新たな成長の軌道に乗ることになる。本章が章題に「移行」の語を置くのも，この2つの対照を念頭に，前者から後者への転換の過程を叙述することを主題とするからにほかならない。問題は，それを1世紀に近い比較的長期の過程として捉えることの有効性である。

　周知のように日本の経済社会は，この間，1850年代の開国・開港と1860年代末の明治維新という，明確な制度変革を経験した。その衝撃の大きさを念頭に，経済社会の「移行」の起点を開国・開港，あるいは明治維新に置く考え方は，これまでの研究史でもひとつの底流をなしている。一方，近世経済の中に商品経済化や（農村）工業化の諸相を見出し，それを「移行」の起動力とする見方は，必然的に「移行」の起点を明確な制度変革以前の，近世後期のいずれかの時期に置くこととなった。幕藩制下における「自生的」な経済発展の進展を「マニュファクチュア」の存在によって検証しようと試みた，1930年代の服部之総の「幕末＝厳密な意味でのマニュファクチュア時代（幕末厳マニュ段階）説」の提唱は，それを自覚的に主張した議論として最も早い時期のもののひとつであり，当時主

流であった，日本の資本主義化は外圧への対抗を目指した明治政府の，政策的な措置（強力）によって育成されたとする見解——それは制度改革を起点とする移行論のひとつといえる——に対置した[1]。この構図は，幕末開港の経済的な影響をめぐる 1980 年代の論争——欧米先進国からの輸入工業品は日本の自生的な産業発展を「破壊」したか——でも，「破壊」による産業発展の不連続を重視する見解と，産業発展の連続（ないしは「再編成」による継続）を見出す議論との対立関係の中にも伏在している（芝原［1981］，石井・関口編［1982］など）。

上記の整理を踏まえるならば，19 世紀への転換期から叙述を始める本章が，「移行」の契機として近世経済に内在する変化に着目する潮流に親和的であることは明らかであろう。しかし同時に本章では，開港・開国と明治維新の制度変化が，明確に「移行」の起点となった局面にも注意を払いたい。研究史の現段階で求められているのは，内在的な展開と外在性の高いショックの意義を対置することではなく，それらがどのように組み合わさって経済社会の「移行」に繋がっていくのか，その過程を描くことであると考えるからである。以下，第 1 節で近世経済の内的な変化をみた上で，第 2 節では開港，第 3 節では明治維新の制度変革が，どのように日本の経済社会に変革を促したのかを論ずる。その上で第 4 節では，基層としての「小農社会」の動態を，「地域社会」の形成の視角から整理し，日本経済の「移行」過程の特徴を考察したい。

第1節　農村市場の拡大と生産地間の競争

1　市場拡大と産業展開

▶市場の拡大——都市から農村へ

18 世紀末から 19 世紀前半にかけて，日本列島における経済活動は新たな局面を迎えることとなった。そのマクロ的な表現として，図 2-1 を参照しよう。同図には 1720〜1860 年間の実質貨幣残高（名目貨幣残高を物価指数で除して求めた値）の推移が示されている。$M=kPy$（M：貨幣残高，P：物価水準，k：マーシャルの k，y：生産水準）の方程式に拠るならば，貨幣数量を物価水準で除した実質貨幣残高

---

[1] 服部之総の「幕末厳マニュ」説の初出が，『日本資本主義発達史講座』（1932・33 年，岩波書店）所収の論考であったことに示されているように，服部はいわゆる「日本資本主義論争」において，自他ともに認める「講座派」の立場に立った論客であった。しかしこの見解は明らかに，資本主義化の起点を明治政府の成立に置く山田盛太郎らの主張に対する批判を含んでいた。のちに服部自身それを，「講座派主流」に対する内部批判（「講座派他流」）を意図するものであったと回想している（服部［1973, 1975］）。マニュファクチュア論争については，とりあえず谷本［2000］を参照。

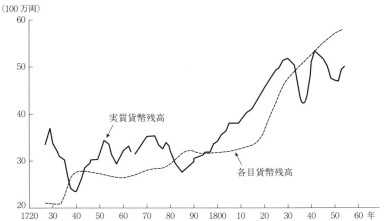

図 2-1 名目および実質貨幣残高の推移（5 カ年移動平均）

(注) 名目貨幣残高は明石［1989］の推定値，実質貨幣残高は，それを宮本［1989］の京坂地方物価指数で除した値。
(出所) 宮本［1989］図 2-4，76 頁より引用。

(M/P) は，貨幣の流通速度の逆数である k と，生産水準を示す y の積に比例することになる。すなわち，実質貨幣残高の持続的な増加がみられる 1790 年代以降，経済全体では k や y の増加があったことになる。人々が市場で貨幣を媒介とした取引を増大する中で貨幣保有を増やすとすれば，流通速度は低下し k は増加する。すなわち k の増加には市場経済化の進展が反映されている可能性がある。一方，y は生産水準の増加であり，経済成長の直接の指標であった。したがって図 2-1 の実質貨幣残高の動向は，18 世紀後半から 19 世紀前半に，マクロ的にみて市場経済化や生産増加が生じていたことを示唆するマクロ的な指標となりうるものであった（宮本［1989］）。以下，まずこのマクロレベルでの量的変化の基盤となった構造変化の様相をみていくこととしよう。

研究史を想起するならば，1930 年代を起点とするマニュファクチュア論争が農村工業への着目に端を発し，また 1980 年代以降の数量経済史の潮流がマクロ的なアプローチから「地方の時代」を標榜したように，近世後期の経済発展の基盤は，主として農村・地方経済の活力に置かれてきた。たしかに 18 世紀後半から 19 世紀前半にかけての都市人口の減少傾向は，都市経済の相対的な位置づけの低下を暗示している。幕府の人口調査を基とした一推計によれば，1750 年から 1850 年の間，とくに江戸・大坂・京都の三大都市の人口が 200 万人から 177 万人に減少し，検討された 64 の都市人口総計（おもに城下町）が総人口に占める割合も 58% から 54% へと低下した（斎藤［1984］）。18 世紀から 19 世紀前半にか

表 2-1 地方・農村の衣料消費（前山代宰判と秋田地方）

(1) 前山代宰判（山口県）の衣料消費（1840年代）

	数量（反）	価額（匁）		数量（枚）	価額（匁）
綿　布	3,109	41,205	古　着	7,435	75,857
（消費階層）		単価（匁）	（消費階層）		単価（匁）
上　層	1,692	27.2	上　層		
中　層	1,417	12.8	中　層	1,417	9.4
下　層			下　層	6,018	8.0

(2) 秋田地方の衣料移入（1808～1810年）

	数量（反）	単価（匁）		数量（枚）	単価（匁）
木綿（反）	174,397		古着（枚）	117,101	
（内訳）			（内訳）		
下等染木綿	大部分	8.5	古単物（ひとえ）	主	4.0
下等白木綿	少　数	4.0	古袷（あわせ）	主	10.0
上等白木綿	少　数	12.0	古綿入	主	13.0
上等染・縞木綿	少　数	12.0	古帷子	若　干	8.0

（出所）谷本［2015］表3より作成。
原史料は，秋田県編『秋田県史』第3巻，1965年，323-324頁，および山口県文書館編修『防長風土注進案』第4巻，1961年。

けて，多くの城下町が人口減少を経験していることも明らかにされている（スミス［1995］）。幕府調査の人口総数では，1721～1792年の停滞の後は漸増へと転じているから，ここでの人口分布の変化は，拡大基調の中で生じた事態であった（速水・鬼頭［1989］，斎藤［2002］）。

　この都市人口の相対的な地位の低下は，大都市の消費パターンの波及に産業発展のひとつの起動力を見出した前章の議論とは，需要サイドの条件が異なってきていたことを示唆している。先に着目した古着の流通・消費では，表2-1にみられるように19世紀に入ると農村の衣料消費でも古着が相当の比重を占めていた。またそこで流通する古着の価格も木綿と同等かそれ以下となっており，絹物を含む正徳期の大坂移出品とはその中身が大きく異なってきていたことがわかる。低価格品を中心とした，農村部における衣料品市場の展開が推測できるのである（谷本［2015］）。それは，後述する小林吟右衛門家（丁吟（ちょうぎん））などの「新興集散地問屋」が，地方市場での販路開拓によって成長を遂げた事実とも整合的であった。

▶ 産業展開の深化

　この需要面での動向に呼応して，生産サイドにおいても比較的低価格の織物生産への志向が現れていた。たとえば桐生近隣の足利地方は，新興の絹織物（および絹綿交織物）生産地として，比較的低価格品の地方・農村市場への販売を拡大した。このような動きは，綿織物生産地にも広がっており，たとえば尾西地方

(愛知県西部)では，明和年間(1764～1771年)に桟留縞(さんとめじま)の製織技術が西陣から伝えられ，糸の段階で染色を施す先染の縞木綿として当地に定着した。19世紀の天保期には，下総結城（茨城県）から結城縞の製織技術が伝わるが，元来は絹を用いた結城縞が，当地では縞木綿となり主力の商品として位置づけられている。これらの製品は，素材を生糸よりも安価な木綿に求めつつ，絹織物の代替品として外出着等に用いられたのである（塩澤・川浦 [1958]，市川 [1996]）。さらに日用的な衣料品としては，絣(かすり)木綿の開発・普及がある。久留米絣が井上伝によって考案されたのが1800年代のことであり，伊予絣も鍵谷カナによってほぼ同時期に考案・開発された。この2つは，在地の女性が開発者であった点でも共通している。それは19世紀における，日用品需要に対応した多元的な技術開発のひとつの現れであった。

平織・無染色のシンプルな織物であった白木綿生産の発展も，西陣技術の伝播・普及と生産地の拡散の道筋とは，また異なった経路の上に位置づけられる。そこでは，「いざり機」によって綿布の自家生産を行う綿作農家が，自家の消費を上回る綿布を織り出し，販売に供することが市場向け木綿生産の契機となった。畿内綿作地である摂津・河内や和泉，最初の綿作移植地ともいわれる三河地方での木綿生産の発生は，このパターンの代表例といえよう。近世後期には，これらの早くからの生産地に加えて，綿作地域としての地位を高めた知多（愛知，以下県を省略する場合がある），安芸（広島），伯耆（鳥取），因幡（鳥取），真岡（栃木）などにおいて，全国市場に知られる白木綿の生産が行われるようになった。幕末には，新川地方（富山）のように，まったく綿作を行っていない地域においても，西廻り航路を通じた畿内・瀬戸内産繰綿の広域流通を基盤として，市場向けの白木綿生産が広がっていたのである（谷本 [1998]）。量的な生産の拡大は，また製品の質的な多様化も伴っており，河内や三河産の木綿が，厚手で労働着などに用いられることが多いのに対して，真岡や因幡の木綿は，当時としては最も薄手であり，裏地や中形（浴衣）地に用いられる製品として需要された（大蔵 [1844]）。これらの薄地木綿は，もはや農家の自家用品とは相当に異なった製品であり，都市の中・上層や農村上層が主たるターゲットとなっていた。白木綿生産の市場も多様化していたのである。

この生産地・製造業者の簇生とそこでの市場競争の展開は，醸造業でもみられることであった。近世酒造業の展開は，まずは近世前期の都市（町方）酒造業から近世後期の農村（在方）酒造業への変貌として捉えることができ（柚木 [1987]），後者の中から18世紀後半以降，灘（兵庫），知多（愛知）に代表される江戸積酒造地が形成されてくる。そこでは年産1万石を超える専業的な大酒造経営も現れ

ていた。他方で，地元の需要を背景とした小規模な酒造家群も，たとえば地主が小作米を利用する形で各地に輩出している。醬油の商品化も近世前期に始まっており，京都などでの都市醬油醸造業の展開があったが，18 世紀に入って京都市場へ備前や播州龍野産の在方醬油の流入が始まり，その後，播州・龍野が有力醸造地域としての発展を示した（長谷川 [1993]）。他方 18 世紀には関東地方でも醬油の生産と江戸への出荷が始まっていた。前述のように，伊勢地方に本家を置く國分勘兵衛家などがその先鞭をつけていたが，19 世紀に入ってこの國分家の常州土浦での生産が伸び悩んだ点も興味深い（日本経営史研究所 [2015]）。その原因は，同じ関東でも銚子や野田（ともに千葉）の醸造家の製品が 19 世紀前半の江戸市場でのプレゼンスを高めたことにあった。一方で，國分土浦店は江戸から近隣の地方市場へと販路の重点を移し，生産規模を維持していく。銚子の浜口儀兵衛家にも，文政から天保期にかけて，販路の重点を江戸から地方市場へとシフトしていた時期がある（林編 [1990]）。江戸と地方・農村双方を共通の場とし，簇生する醸造家間の参入と競争が本格化するのが，19 世紀関東の醬油醸造にみられる産業展開の方向であった。

　表 2-2 にみられるように，全国をカヴァーする最初の生産調査である内務省勧業寮による『明治 7 年・府県物産表』では，生産額ベースで 30％ を占める工産品のうち，加工食品（醸造），衣料（織物，生糸）が二大分野であったから，上記で取り上げた織物業および醸造業が，近世後期の産業発展を代表する分野であったことは間違いない。また 1840 年代に萩（長州）藩が実施した総合的な藩内経済調査である『防長風土注進案』からの集計値では，防州・長州一円の非農業部分は総生産の 47.5％，総付加価値の 38.9％ を占めていたとの推計がある（西川 [2012] 表 12.1 より算出）。比較的経済発展の進んでいた瀬戸内地域において，非農業生産の比重はこの水準まで高まっていた。

　非農業製造業の経済全体における位置を推し量るには，製品価格データも手がかりとなる。農産物と工産物の相対価格に関する推計作業は，19 世紀前半に，工産物価格の相対的な下落があったことを明らかにした（宮本 [1989]）。その背後にある経済事情は，論理的には二様の可能性がある。ひとつは，農産物価格上昇→農産物購入層の実質所得減→工産物需要減→工産物価格低下といった因果関係で，この連鎖は非農業（工産物）生産の停滞を意味することとなる。しかし江戸時代は農業を基幹とする経済社会であり，人口の多くの部分は農業者であった。農産物販売者＝小農経営にとって，農産物価格の上昇はむしろ所得増加要因である。一般的には人口急増による食料価格の上昇も考えられないことはないが，19 世紀前半は人口微増の時期であることに鑑みれば，説得的ではない。したがって，

表 2-2　1874（明治 7）年の工業生産

(単位：1,000 円・%)

産業分類	生産額	総計比	産業分類	生産額	総計比
第一類・計	30,994	27.7	第五類・計	8,522	7.7
織物類	17,159		陶磁器類	2,092	
生糸類	6,165		金属細工類	1,537	
染物類	3,033		雑貨玩具類	1,485	
履物類	1,816		桶樽類	981	
裁縫類	1,367		漆器類	920	
木綿糸類	1,234		篠竹葭器類	758	
第二類・計	46,945	41.9	指物類	594	
酒類	18,605		第六類・計	5,738	5.2
醬油	6,338		紙類	5,167	
味噌	6,137		文具類	392	
製茶	3,951		第七類・計	6,703	5.9
塩	2,394		諸機械類	3,061	
砂糖	1,380		肥料類	3,057	
第三類・計	1,913	1.7	網類	448	
莚席類	1,432		第八類・計	4,060	3.6
戸障子類	481		化粧具類	855	
第四類・計	7,018	6.3	製薬類	367	
油類	5,443		薬種類	317	
蠟類	1,575				

（注）　生産額 30 万円以上の業種をあげてある。
（出所）　山口［1956/1980］第 1 章，第 28 表，14 頁より作成。
　　　　原史料は内務省勧業寮編『明治 7 年・府県物産表』。

もうひとつの解釈，すなわち工産物生産者増大→工産物供給増大→工産物市場の競争激化→工産物価格低下が現実的であろう。それは工産物生産の発展を示唆しているのである。

▶ 農業発展

　このような非農業製造業部門の広範な展開の背後に，農業面での発展があったことも忘れてはならない。「先進地」畿内農村の動向は，長く幕末経済史研究の焦点であり，農家経営文書の分析に基づく実証的な事例研究が積み重ねられてきた。代表例として，摂津国西昆陽村氏田家の事例をみてみよう（山崎［1961］）。表 2-3 は寛政 4（1792）年頃の氏田家の 1 年当たり売上高をまとめたものである。米・綿・小豆・いもが作付面積 2 町 9 反余りの表作で，菜種，麦，そら豆は 2 町 7 反弱の裏作であった。売上額が最も多いのは米であるが，綿，菜種も 1000 匁（銀）を超えている。商品化率（販売／生産）は米，麦で 45% 余，綿，菜種では

表 2-3 氏田家（摂津国武庫郡西昆陽村）の農産物売上（寛政 4〔1792〕年）

	数量	価額（匁）
米	20 石 65	1,834.4
綿	16 本 20 斤	1,365.55
菜種	11 石 4	1,081.75
麦	4 石 8	259.1
そら豆	1 石 6	72.0
小豆	0.3 石	22.5
いも		242.0
木綿	13 束	460.0
売上高合計		5,337.3

(出所) 山崎［1961］第 68 表，150 頁より引用。

90% を上回っていた。農業生産が商品市場との関わりを深めていること，それを牽引したのが農産加工原料（綿，菜種）の生産であったことがわかる。農産加工原料の作付けは西昆陽村内に広く普及しており，文化・文政期のデータによれば，表作では耕地面積の 40% 余が綿作，裏作では 50% 以上が菜種作であった。

　もっとも，近畿農村における綿作，菜種作については，しばしば幕末における発展の「挫折」が指摘されてきた。天保期になると農家経営の収益性が低下するケースがみられるからである（古島・永原［1954］など）。その直接の原因は製品価格の停滞（綿，菜種価格の伸び悩み）と，生産投入要素価格（肥料代・労賃）の上昇であった。近世農業の発展方向をいわゆる手作経営（自作地経営）の発展に求めるとすれば，この事実は農業発展の「挫折」として捉えられることになる。実際，「地主制」と「農民層分解」をめぐる論争では，「ブルジュア的分解」（小農経営が小作人と地主ではなく農場経営者と農業労働者へ分化すること）の挫折の事例として位置づけられることが多かった。しかし，「挫折」をもたらした諸要因からは，むしろこの時期，全国各地で農業生産の発展があった事実が浮かび上がってくる。

　1830 年代以降，大坂市場での綿や菜種の販売価格が一般物価に対して相対的に低下傾向にあったことは，物価史研究の成果からも明らかである（宮本［1989］115-116 頁）。その背景には，農産加工原料生産自体の全国的な普及があった。『明治 7 年・府県物産表』では，東海，瀬戸内をはじめ，山陰や関東地方の諸県も綿作県に名を連ねており，摂津・河内・和泉をカバーする大阪・堺両県の綿生産額を合計しても，全国生産額の 14% 余にとどまっていた。また 1877 年の内務省勧農局編『明治 10 年・全国農産表』によれば，伯耆の会見，備中の浅口，安芸の沼田・安芸の各郡は，1 村当たりの推定生産量が畿内の綿作中心地に匹敵しており，綿作の特産地としての地位がうかがえる。菜種でも，1874 年の大阪・堺県の生産額は，全国の 5% 程度にとどまっていた（山口［1956/1980］10 頁，古島［1963］50-52 頁）。収益性の高さに対応し，商品作物の導入を行う農家が各地に現れたことが，全国市場における「先進地」畿内の地位を揺るがしていたのである。

　投入要素の価格問題も，この時期の農業発展の方向を反映していた。19 世紀

表 2-4　大坂入津量の変化（19 世紀前半）

品目		単位	文化・文政期 1804-29 年	天保期 1830-43 年
米	蔵米	万石	150	108.5
	納屋米	同	n.a.	24-25
実綿		万斤	682	444
繰綿		万貫	200	134.3
白木綿		万反	800	300
蠟	蔵物	万貫	224-320	n.a.
	納屋物	同	56-80	67.2-96
紙	蔵紙	万丸	13	8.3
	脇紙	同	17-18	15.5
藍		万貫	90.4	97.8
菜種		万石	8.5	n.a.
砂糖		万斤	n.a.	346

（出所）　山崎［1963］第 8・6 表，347 頁より作成。

前半の氏田家の農業経営において，肥料代は農業経費（年貢を含め，自家労賃を除く）の過半を占める最大の支出項目であった（山崎［1961］207-216 頁）。肥料の内訳として，文政期には油粕と干鰯，天保期には数の子粕の投入が記録されている。前章でみた魚肥の導入，さらに干鰯から鯡粕への変化が個別経営の事例からも確かめられるわけであるが，この肥料代の相対的な上昇は，19 世紀前半の畿内農村において広く指摘されていた。農村における合法的な訴願運動として知られる「国訴」[2]では，要求項目として後述の都市商人による綿や菜種などの集荷独占への反対とともに，肥料価格の引き下げが掲げられている（藪田［1992］，谷山［1994］）。この背後には，綿作の普及なども一因とする全国的な肥料需要の高まりがあり，それは，農業発展の別の指標ともいうべきものであった。

2　流通機構の多様化

▶ 新たな流通主体の登場

このような，生産の現場における市場化を伴う新たな生産拡大の動きは，17 世紀後半から 18 世紀初頭にかけて整備された，年貢米の換金を基軸とし，大名領では城下町，全国的には三都への物資供給を主目的とした流通のシステムに，変容を迫ることになった。大坂の集散機能の低下は，その現れのひとつである。表 2-4 によれば，天保期には押しなべて，大坂への物資の入津量が減少していた。蔵米については，天保期が飢饉・不況の時期であったことが影響している可能性

---

[2] 旧国を単位とした村々が，共通の要求項目を掲げて幕府の奉行所へ訴え出るため，「国訴」と呼ばれている。

があるが，加賀藩などはすでに18世紀後半から蔵米の販売先の比重を大坂から在地へと移していたとされ，天保期以降の大坂米市場の退潮は明らかであった（加藤［2001］）。成長商品たる木綿等，前項で農村経済の発展要因として取り上げた商品群の落ち込みは，さらに大きかった。

　その背後には，流通機構の多様化があった。たとえば繊維品流通の中心のひとつである呉服・太物（織物）の場合，都市の既成の有力商人が19世紀に入って経営的に不振に陥っていたことは，早くから指摘されてきた。寛政期（18世紀末）に最盛期を迎えた木綿呉服商・柏原孫左衛門家の営業活動は，江戸店の資産額でも，また織物仕入額（買高）でみても文政以降幕末にかけて明らかな減少へと転じている（林［1967］）。かの三井家（越後屋）の場合，天保期以降の呉服・木綿の総売上高（金額）が停滞基調で推移したことが明確で，開港後の価格高騰の影響による急増も，結局は明治初年の急落に帰結したことが明らかにされている。この間，利益率は一貫して低下傾向を示していた（賀川［1985］）。両替業の不振もあり，明治初年の三井家は，営業に関わる純資産をほとんど喪失していたのである（粕谷［2002］）。

　これに対して，19世紀に入ると，新たに勃興した商人層が織物の全国流通の担い手として現れてくる。近江出身の商人丁吟（小林吟右衛門家）はその代表的な事例であった。19世紀初頭，近江産の麻布の持ち下り（行商）から商業活動を始めた丁吟は，行商の過程で仕入れと販売を並行して行う「のこぎり商い」で蓄積を行い，天保2（1831）年になって江戸に店舗を設けた。そして販路を脇街道沿いの，従来の江戸呉服問屋の流通網の枠外へ拡大し，関東・東北方面へ市場圏を広げていくのである。一方，安政5（1858）年に持ち下りを始め，明治5（1872）年に大阪に店舗を構えた伊藤忠兵衛商店（屋号「紅忠」・近江出身）は，中国地方西部から北・中九州地方を主要販売先としていた。こうした販売活動に対応して，新興問屋は各地で積極的な織物仕入を試みている。一例をあげれば，天保後期の尾西地方（愛知県）で，在地の商人が従来の名古屋商人の織物集荷を回避して直接近江商人と取引を行う事例が増加していたし，武州八王子の織物商人の場合，幕末の主要販路は江戸の問屋から近江商人へと転換していた（林［1984］，川浦［1970］，谷本［1998］）。

　集散地問屋ではない主体が遠隔地間の流通を主導するケースも指摘されなければならない。先に述べた丁吟の初期の活動——のこぎり商い——はその一例であるが，仕入地と消費地の間を，スポット的な取引によって結ぶこのような取引は，廻船業者の活躍の場でもあった。たとえば日本海航路（西廻り航路）では，前章でも触れたように18世紀後半以降，蝦夷地と瀬戸内・大坂を結ぶ廻船業が活性

化したが，その過程で，廻船業者＝北前船は運送業者としてのみならず，自己勘定での取引を志向する「買積」船の性格を強めた。繊維製品でいえば，あらかじめ大坂（中央集散地）あるいは瀬戸内沿岸（生産地）から綿や古着，織物類を買い付け，より有利な販売価格を求めて北陸や東北地方の諸港に寄港する「買積」船の活躍がみられるのである（牧野［1989］，中西［1998］など）。場合によっては，北前船主の被雇用者である船頭自身が資金調達や危険負担を担い，自らの裁量で仕入れと販売を調整するケースも現れていた。こうした廻船業者による商業取引の活性化は，内海船，尾州廻船，石巻廻船，紀州廻船など，各地で報告されている（斎藤［1994］，上村［1994］など）。穀物や肥料など，比較的均一で取引単位が大きい商品では，集散地において「問屋」と「仲買」の区分を明確にし，問屋の業務を「仲介（荷受け）」機能に限定する流通機構が構築されることが多かったが（塚田［1994］，原［1996］），そのような区分も，荷受問屋自体が自己勘定取引に進出する中で，変容を遂げている（谷本［2006］）。

　新規参入者の経営手法の中には，持続性のある経営発展には帰結しないビジネスモデルが含まれており，その点で，上記の流通機構の多様化を，新旧勢力の交代の視点のみから総括することは一面的である。たとえば輸送手段と結合したスポット取引を中心とする取引活動は，市場の変動期において最もその利点が発揮されるが，しかし情報流通の円滑化や取引に際してのリスクの低減は，それらの利益機会を縮小する効果をもつ。汽船の導入や鉄道敷設といった輸送手段や輸送路の変更も，買積船型の活動領域を狭めることになるだろう。実際，繊維品流通に関してみれば，明治前期には秋田など日本海沿岸地域へ新興問屋の販売網が伸張しており，「買積」型の取引は過渡的な存在であったといえる。経営体の継続性では，近世前期の都市商人の系譜を引く問屋層が，明治維新後にも一定の存在感を示している面も指摘できる（宮本［1999］）。しかしこれらの「老舗」も従来の経営手法をそのまま踏襲していただけではない。経営が存続しえたのは，たとえば仕入れに際して新たに買役の派遣を行い，また仕入先に出店を設置するなど，経営環境の変化への対応が功を奏した商人であった。先の「荷受問屋」の自己変革の事例もその一例である。流通機構の多様化の意義は，新興問屋のような，自ら新たなビジネスモデルを実践する主体を生み出すとともに，既存の商人層にも新たな対応を迫った点にあった。それが総体としての流通機構の変革に繋がったのである（谷本［2009］）。

▶ **仲間組織**

　同業者組織との関わり方も，新興問屋と既存の都市商人層を区分するひとつの指標であった。たとえば18世紀以来，江戸の有力な呉服・木綿問屋が大伝馬町

組・白子組といった株仲間組織の中核に位置していたのに対して，丁吟等の新興問屋が集散地の仲間組織に加入するのは，天保改革の一環として株仲間の解散が命じられ，その後，嘉永の仲間再興令（1851年）で再び同業の仲間組織の結成が認められて以降のことであった。天保以前の株仲間加入は株を保有する商人に限られ，新規参入者には株の取得（購入）が必要条件となっていたのに対して，再興後の仲間組織には，株数の限定に基づく加入者数の制限は認められていない。このことは，一見してこれまで排除されていた新興問屋の，仲間組織への加入が実現したかのようにもみえる。しかし丁吟の仲間加入に際しての印象が「面白からず」というものであったことは [3]，新興問屋は仲間組織の存在を営業活動への制約と捉えていたことを示唆している。実際，元治元（1864）年に新興問屋のひとり松居久左衛門（近江出身）は，「国々出買」や買次以外からの「直取引」を行った廉で，江戸の木綿問屋仲間によって咎められていた（上村[2000] 428-430頁）。松居久左衛門自身は，この時点では仲間組織に属していたのであり，新興問屋にとって仲間組織による規制は，必ずしも自らの利害と一致するものではなかったことがうかがわれる。

　このことは，市場経済の発展過程において，仲間組織の有した機能についての考察を促している。18世紀後半以降，幕府の公認を得た株仲間については，その独占・権益擁護機能が指摘されることが多かった。実際株仲間は，同業への新規参入に対してしばしば阻止的な対応をとっており，仲間外の商人による取引を摘発し，幕府に訴え出るケースも珍しくない。こうした独占的な市場行動に対する為政者側の批判が，天保期の株仲間解散令や，明治維新に際して株仲間の解放，廃止が命じられる要因であったことはたしかであろう。しかし一方で，株仲間解散による商業取引の「混乱」も同時代的に指摘されていた。株仲間による調整・信用保持機能が失われたことで，取引の不履行や，情報の非対称性を利用した「不正」行為などが頻発し，取引の縮小を招いたとされる。この観点からは，嘉永の仲間再興は，同業者の再組織化による商業活動の基盤整備ということになる。この後者の指摘は，市場取引の円滑な遂行を支える制度的な枠組み（取引統治）を，国家・政府だけではなく，同業者の仲間組織の機能に求める近年の議論とも親和性があった（グライフ[2009]，岡崎[1999]）。

　もっとも，上述の新興問屋の活動は，18世紀後半以来の株仲間を組み込んだ流通システムからの自生的な離脱・逸脱のプロセスといえるものであった。それが市場の混乱に乗じた一時的な現象ではなく，新たな流通機構の形成に繋がるも

---

3 丁吟は万延元（1860）年に，「仮組」から本組の「白子組」へ移動したが，その際，「仮組ならば気楽であった」とし，「面白からず」と不満を述べていた（林[1984] 111-112頁）。

のであったことは，旧来の株仲間組織の存在が，必ずしも商業機構の展開に不可欠なわけではなかった可能性も示唆している。では株仲間の他にはどのような制度的な条件が，取引の円滑な遂行を支えていたのか。幕府や大名，あるいは「村」の機能なども視野に入れるべき要素となってくる。今後の研究課題のひとつといえよう。

3 「複層的」経済発展の源流

▶ 小農経営と産業

　以上，本節で述べてきた19世紀における生産・流通の活性化の論理を，織物業を事例に，生産形態と労働力の観点からまとめてみよう。

　京都・西陣の織物業を担っていたのは，男性織工が生産を担当する専業経営であった。織工は厳格な徒弟制の下で技術伝習を受け，獲得した技能を基盤に可能であれば独立した織屋となった。仲間組織は徒弟を経ない入職を規制し，技術・技能の独占を図っていたのである。しかしすでに述べたように，西陣の製織技術はさまざまなルートで西陣外にも伝播する。その過程で，「男性織工」の専業経営という生産形態上の特徴は失われた。桐生の場合，町場でこそ男性織工・専業経営の存在は否定されないが，周辺農村部の織屋では製織作業はもっぱら女性が担当しているし，農家内で製織作業が営まれることも多い（市川［1996］）。尾西地方ではそうした農村的特徴が，ほぼすべての製織現場に当てはまった。これらの女性織工たちは，数人〜十数人単位で，1つの集中作業場で作業をすることもあった。研究史において「マニュファクチュア」経営とされるのは，こうした集中作業場のことである（塩澤・川浦［1958］）。しかし，そこで製織作業に従事しているのは，おもに年季契約（数年の労働期間と，その間の賃金〔給金〕額を定めた労働契約）の下にある10歳代の若年女性であった。10歳代後半以降も作業場に残り，「反織工」として反当たり工賃（出来高給）を給されることはあるが，こうした支払い形態は農家内で原料糸の供給を受けつつ作業を行う「賃織」と変わりはない。これらを考慮すれば，この集中作業場は，若年女性に製織技術を伝習する機関としての性格が強かったといえる。希釈化された技能は，親方─徒弟制によらずとも集中作業場での作業の中で身についたのであり，一定の技能を形成した女性織工の作業の場は，多くの場合，世帯内にあった。さらに製織技術が単純な白木綿の場合，技能の伝習の場自体が世帯の中（母親から娘へ）となる。一部の織物生産地を除いて，製織工程は女性が自宅において，世帯の副業として従事する作業として位置づけられていたのである。それは，非農業就業機会が，農家経営の一部として取り込まれることを意味していた。

表 2-5　泉州農村（天保14〔1843〕年，宇多大津村）における農家労働力の就業状況：世帯内労働力と経営面積による階層化

家族（雇用奉公人を含む）1人当たり耕作面積	戸数	小作地率	15-60歳家族員の1戸当たり平均人数	15-60歳家族員が1人の戸数	奉公人放出 男	奉公人放出 女	余業 糸稼ぎ	織物関係 木綿織職	織物関係 木綿稼ぎ	織物関係 賃織稼ぎ	織物関係 賃織に出す	諸営業	賃稼ぎ
	(戸)	(%)	(人)	(戸)	(%)	(%)	(%)	(%)	(%)	(%)	(%)	(%)	(%)
4反以上	2	14.7	1.50	1					50.0				
4反未満	3	44.6	2.67									33.3	
3反未満	21	63.2	2.71	2			33.3						4.8
2反未満	72	59.5	2.93	8	4.2	4.2	73.6	5.6			15.3	15.3	34.7
1反未満	91	89.6	2.90	6	24.2	7.7	61.5	6.6	7.7	3.3	15.4	18.7	35.2
無耕作	90		2.00	35	38.9	18.9	58.9	2.2	5.6	2.2	20.0	12.2	8.9
合計	279	64.5	2.59	52	21.5	9.7	60.6	4.3	4.7	1.8	15.4	14.3	23.7

（注）　各世帯が複数の余業を行っている場合，それぞれの項目に計上してある。
（出所）　谷本［2015］表7，134頁に小作地率を加えて作成。
　　　　原史料は天保14年「村方作付反別諸業取調帳」泉大津市史編さん委員会編『泉大津市史』第3巻，史料編II，1986年所収。

　表2-5は有力白木綿生産地域である和泉地方・宇多大津村（大阪府泉大津市域）に関する世帯別就業調査に基づいている。この村は全体の3分の1に当たる90戸が無耕作の非農家世帯であり，その中には糸稼ぎで生計を立てるものも含まれていたため，幕末先進地における「賃労働者」析出の事例とされることが多かった（津田［1960］，中村［1959, 1960］）。しかし無耕作層は他の階層と比べ平均家族人数が小さく，15〜60歳の構成員が1人の，すなわち夫婦が揃わない家族の比率が際立って高い。その多くは寡婦世帯であった。したがってこの無耕作層と1人当たり耕作面積1反未満の階層以上とは，世帯のあり方としては断絶する面が強く，無耕作であるのは，専業的諸営業（織物職など）を営む一部の世帯（十数世帯）を除けば，家族内労働力の賦存状況によって耕作放棄を余儀なくされた面が強かったのである。一方，「余業」を営む世帯の輩出率は，むしろ無耕作層の方が低めであり，紡糸工程，製織工程に関する「余業」でも，無耕作層の輩出率が突出しているわけではなかった。幕末期の最もプロレタリア化（無産化）しているとされた村落においても，非農業就業は農家経営と強く結び付いていたのである。
　一方で，白木綿生産地域・和泉地方では農家副業間の分業関係は深化している。綿作，紡糸，織布のいわゆる綿業における三分化工程が工程ごとに分化し，実綿

流通―綿打ち―紡糸―紡糸流通―製織―木綿流通の各局面に対応した「余業」担当者が存在していた（津田［1956］）。農村内から発生した流通担当者は、それらの分業を結び付け、かつ村外の市場との結合を図る上で、重要な役割を果たしていた。たとえば木綿仲買は、木綿の集荷と販売をめぐって、寛政3（1791）年、文化7（1810）年、文久元～3（1861～1863）年の3度にわたり、堺木綿問屋の集荷独占の試みに対して争論を展開し、実質的に従来通りの流通を認めさせている（岡田［1993］）。この農村の流通主体――在地商人――が、前述の多様な流通機構と結び付き、都市・農村市場を場とした生産地間の競争が生み出されていたのである。

　農業社会の中から産業発展を展望する際に、資本と脱農化した労働力の蓄積の度合いに着目することは、マルクス理論に基づいて「ブルジュア的発展」の有無を議論してきた日本資本主義論争以来の研究史のみならず、人口学的な要因による労働力の析出を論ずるプロト工業化論でも同様であり、産業化一般の通説的な見方となっている。しかし、上記の織物業では、小農経営内の労働と都市・農村の潜在的な需要が、技術知識の伝播と流通機構の整備によって結び付けられたことが、産業発展の起動力となっていた。たしかに、もうひとつの代表的な産業である醸造業では、数十人規模の男性労働力が、技術者兼労務管理者である「杜氏」の下で作業に当たっており、脱農化したフルタイムの男性労働力の存在に支えられていた有力経営も存在している。しかし一定規模の敷地と建物（蔵）、桶や圧搾器の設備を要し、酒でも数カ月、醬油では熟成期間を含め1年に及ぶ生産日数を必要とする醸造業は、資本集約度が高い産業であった。その分、労働使用の割合は相対的に小さく、とくに冬季に生産が集中する酒造業は農閑期の出稼ぎ労働が主たる労働供給源であった。年間操業の有力醬油業経営でも、小農経営から排出された非継承者の一部を供給源とすることで充足可能な範囲にあった。産業化による労働需要の大きな部分は労働使用的な織物等の繊維産業にあり、そこでは農工兼業の就業形態が中心を占めていたのである。他方、都市に目を転ずれば、三井越後屋のような商家大経営には、10歳代前半の丁稚から始まり、番頭・支配人に至る階層的な雇用システムが早くから存在している。しかし被雇用者として生涯を通じて商家経営にとどまる者は少数であった。商家奉公人にとっての現実的な目標は独立開業（ないしは経営の継承）による小経営の再生産に置かれていたというべきであろう。実際経営側には、「有能」な奉公人を自経営にとどめるための施策が必要とされていたのである（西坂［2006］）。

　それは、幕末の畿内農村に広範に観察される無高層（土地の無所有者）の評価とも共通する面がある。土地市場の展開のもと、質入・流質などを通じた土地所有

権の事実上の移転は，幕末農村の「農民層分解」として研究史においても多くの注目が集まった。しかしそれは所有の分解ではあっても，無産化がただちに脱農化を意味するとは限らない。実際，多くは小作経営を行っていたし，無耕作で無産労働者と確認される世帯であっても，それは一時点のことで，農耕（小作地耕作）へと還流する傾向が広範にみられた（小松［2008］）。「無高」の世帯がその収入を米作を含む農産物生産に依拠していた事例も，村内各戸の総収入・総支出が判明する 19 世紀前半の大和国の一村落の史料から確認されている（木下［2015］）。いわゆる富農経営の観点からみれば，これは手作り経営の縮小（自作地の縮小と貸付地の増大による地主経営への傾斜）として現れる現象であった。それは土地集積者の経営上の選択ではあるが，それを条件づけたのは，農民側の小作経営への志向性であったといえる [4]。同時代的にも指摘される農業奉公人の払底は，その反映というべき現象であり，それは，小農経営を基盤とする農業発展の延長線上に位置づけられる事態であった。19 世紀における諸産業（農業を含む）の展開は，「小農経済の成熟」と「市場経済化」を基盤とする産業発展のパターンともいいうるものであった。この産業発展パターンの持続的な展開こそが，次章で検討する近代日本の「複層的」経済発展の，一方の源流となるのである。

▶ **幕府財政の対応**

この新たな経済動態に対する幕府・大名の対応には，対照的な面があった。前章でみたように，幕府では 18 世紀後半の田沼意次による政策が商工業への一定の関与を試みているが，幕府財政に占める位置はそれほど大きなものではなかった。年貢収入が停滞する中で，年貢外の資金導入に依存を深めた財政運営は，19 世紀に入ると大規模な貨幣改鋳の実施によって，歳入の構造を大きく変えることとなった。含有金属量を減らした貨幣の発行とその新旧貨幣の額面での引き換え（等価交換方式）の組み合わせは，18 世紀初の宝永の改鋳以来のもので，文政期以降の度重なる改鋳によって幕府の名目歳入額は大きく増大した。史料の得られる天保 14（1843）年，弘化元（1844）年の幕府「貨幣方」歳入に，貨幣改鋳益金はそれぞれ 25.6%，33.3% を占めていたのである。他方支出面では，11 代徳川家斉の子供たちの婚礼用の出費など，徳川家に関する家計的性格の強い支出が大きい。貨幣方の支出の中では，天保 14 年の日光参詣費用（7%），弘化元年は火災

---

[4] これは経営側にとってみれば，小作料を取るほうが，雇用労働を用いた経営によって利益を上げるよりも有利ということであり，一方労働側からみれば，小作経営の収入が奉公人労賃を上回るということである。この 2 つが整合的であるには，小作経営が地主手作りよりも収益性が高いことが必要である。1950〜60 年代に幕末経済史研究の隆盛の中で議論されていた地主手作り経営の限界経営規模などは，このような文脈で再論の余地がある。ここでは，前章でみた小農経営の効率性の議論を前提としている。

後の江戸城本丸の修復費用（39.3％）が目に付くが，そこにも徳川家のための私的支出の性格が含まれている。一方で幾度かの財政緊縮を経ながらも，家臣団への給付は一貫してほとんど削減対象となっていない。「公儀」としての支出の基盤を「民間資金」と大名財政に委ねつつ，徳川家・家臣団家計としての性格を維持し続けていたのが，近世後期の幕府財政であり，19世紀においてそれを支えていたのが，改鋳益金の存在だった（大口［1989］）。

　しかし度重なる貨幣改鋳は，江戸，大坂など主要都市における物価問題を惹起する一因となり，社会的な不安定性を増大させることになる。天保期の米価高騰の中で勃発した幕臣・大塩平八郎の乱は，そのひとつの現れであった。ここに，経済，社会の変容に対する幕府財政の受動性を見て取ることができよう。たしかに，18世紀末のロシアやイギリスの日本列島への接近・接触以来，外交政策を中心に幕府の中央政府としての機能は強化された面がある（藤田［1995］）。また，改鋳貨幣の供給増が市場経済進展下での貨幣需要を満たし，さらに持続的な物価上昇が農村経済の活性化を促した可能性も指摘されている（新保［1978］）。しかし財政規模の拡大の中で，中央政府としての幕府財政の自律性は，むしろ掘り崩されていた。それはまた，「民政」の主体として社会的再生産を担保する諸機能を，幕府が失っていく過程であったともいえる。倹約・緊縮を強行する天保改革が，江戸・大坂周辺領地の幕領化を狙った上知令への反発を契機として，短期間で挫折したのもその反映のひとつであった。

▶ **大名財政と「専売制」**

　年貢米を中心とする現物貢租を財政基盤とする大名財政の基本的な構図は，幕府財政と共通している。さらに諸藩の場合，参勤交代制度によって領外での一定の支出を強いられること，また幕命による大名御手伝金等の臨時支出が強制される点で，幕府よりもさらに厳しい財政悪化圧力にさらされていた。実際，すでに18世紀前半の時点で，歳出を年貢収入で賄うことができずに財政赤字に陥る諸藩が稀ではなく，18世紀半ば以降，熊本藩など多くの藩で藩政改革への取り組みがみられる（小野［1985］，吉村［2013］）。幕府ではほとんどなされていない家臣団への給付の削減（俸禄の減知・半知）が，多くの藩で断行されていることからも，大名財政の相対的脆弱さが浮かび上がってくる。領外支払いに幕府貨幣の入手を要請される大名財政において，歳入不足の補塡には外部からの債務の導入が必要であった。18世紀後半ともなれば，大坂や江戸の金融市場からの資金調達（大名貸し）に全面的に依存する藩も現れてくるのである。

　しかし一方で，全国市場に販路を有する特産物を領内にもつ諸藩では，その成果を財政に組み入れることで，財政危機の克服を図る動きが活発化した。いわゆ

表 2-6　複数の藩が統制対象とした産物と関与した藩の数

品　目	藩数	品　目	藩数
紙	31	煙草	5
櫨蠟	18	青筵・畳表	4
繰綿・綛糸・実綿・篠巻・木綿	16	茶	4
塩	16	薪炭	4
蚕種・絹	14	縮緬	4
焼物	10	唐物	4
鉄	9	材木	3
藍	9	麻苧	3
漆蠟	8	寒天	3
砂糖	7	油	2
薬種類	6	玉子	2
石炭	5		

(注)　吉永 [1973]「産物会所仕法一覧表」のうち，集計値を記している231–233頁に依拠している。ただし「焼物」は一覧表より筆者が集計。このほか，蒟蒻，醬油など23品目について少なくとも1つの藩が統制対象としている。なお，本表のデータには，吉永 [1973] 以降に明らかとなった事例は含まれていない点に留意されたい。
(出所)　吉永 [1973]「産物会所仕法一覧表」より作成。

る「藩専売制」の実施がそれである。年貢米廻送機構に見られるように，藩が特定の生産物の流通へ関与するのは必ずしも新規なことではない。「藩専売制」の特徴は，表2-6に示されるように扱う生産物の対象が多種にわたり，かつ貢租として収取された一部の産物（薩摩の黒糖など）や，藩直営の製造所（製陶業における藩窯など）の産品を除けば，大部分の製品が，民間の経営主体によって商品として生産されていたことである。藩当局は，特産物の領外市場での販売から利益を得るため，生産活動の奨励とともに，領内の生産者から領外の需要者に至る流通過程の掌握を図った。これらに何らかの形で関与したことが判明する藩の数は，1601〜87年，1688〜1735年のそれぞれ26, 28から，1736〜88年には39，そして1789〜1829年，1830〜59年の80, 98と，18世紀後半から19世紀前半に至って大きくその数を増やしていた（西川・天野 [1989]，原データは吉永 [1973]）。

　最も介入の度合いが強いのは，領国の内外に「国産会所」を設け，領国内での集荷と，大坂，江戸などの集散地での販売の双方を藩当局が独占的に担当する方法であったが，持続的にこのような体制が維持されることは少なかった。自領外集散地での販売に際しては，会所の実際の業務を指定した集散地問屋に任せる場合が多かったし，領内での集荷活動も，しばしば有力商人が担っている。藩当局の直接の関与が，荷為替金の供給など，金融的な面に限定されたケースも少なくなかった。ただいずれの場合においても，特産物流通の主導権を領外遠隔地商人の手から引き戻し，領内に商業利潤を確保することが意図されている点は共通し

ている。加賀藩や姫路藩の江戸会所設置と江戸直積の試みは，最大の消費地江戸市場への大坂商人を介さない流通ルート開設を意味していたし，阿波藩による「藍方買為替仕法」では，領内藍問屋の大坂商人の金融支配からの脱却が図られていた（岡［1963］，高瀬［1979］，田中［1986］，天野［1986］，西向［1995］など）。藩当局はその成果の一定部分を吸収することで，財政収支の改善を図ったのである。商人や生産者への金融を藩札で行い，その元利払いを介して幕府正貨の獲得を図る手法もしばしば用いられたが，これは，藩札の発行益の獲得というものであり，また，正貨の吸収による兌換準備の蓄積は，藩札流通の円滑化を保障する手段ともなった。

　この大名財政の多様性は，近世後期における幕藩経済と「民間経済」との余剰配分の変化を象徴するものであった。専売制の主たる対象は，綿，藍，木綿，砂糖，紙，生糸などであり，農産加工原料および農産加工品が多い。従来の体制では吸収しえない分野の発展の成果に，曲がりなりにも連携したのが専売制であり，その成否が大名財政の帰趨を分けたといえる。それは，19世紀の幕府財政の辿った方向性とも異なっていた。もっとも産業発展の観点からは，「藩専売制」の位置は両義的で，全国市場において三都商人に対抗し，新たな流通ルートを切り開く存在であった反面，領内での購買独占の試みが，農村を中心とする生産現場から発生する商人層の活躍の場を狭め，その活力を削いでいた可能性もある。実際，先に触れた姫路木綿を含め，専売制下にあった木綿生産地は，必ずしも明治以降に発展をみせていなかった（谷本［1998］）。しかし少なくとも，19世紀の大名財政へ貢献する事例があったことはたしかであり，幕末政治史において，諸大名による幕府への対抗的な行動を可能とした経済的な基盤のひとつを，ここに見出すことができる。その一方で，近世後期の年貢収取の停滞は，大名財政においても基本的に共通する現象であった。それは大名財政と農村との関わり方にも大きな変化を生じさせることになる。幕藩財政の民政面における位置づけの変化については，その対となる地域社会の形成を論じる本章第4節で改めて触れることとしたい。

第2節　開港の経済的インパクト

1　「自由貿易」体制下の商業活動

▶ 開港と国際関係秩序の改編

　18世紀末以来，イギリス，アメリカ，フランスなどが毛皮貿易をめぐって東

アジアへの進出を始めた。シベリアをへてカムチャッカ半島から千島（クリル）列島を南下したロシアも参入し，イギリス，アメリカとの競争の中で物資確保の観点から日本との通商関係を望むようになった。寛政4（1792）年のロシア使節ラクスマンの根室への渡来はその現れである。この頃から，オランダ以外の欧米諸国でも日本への関心が強まり，寄港地や通商を求めて，異国船が日本列島にたびたび接近するようになった。ヨーロッパ諸国の東アジア進出は，すでに対中国貿易の面で深まっており，中国からの茶輸入の対価としてインド産アヘンの対中国輸出を推し進めたイギリスは，清政府のアヘン禁輸策に対して1840（天保11）年にアヘン戦争を引き起こすまでに至っている。そこでの清の敗北と南京条約の締結は，徳川幕府にも大きな衝撃を与えた。一方，日本列島への接近の直接の目的としては，北太平洋で活発化した捕鯨船の活動が挙げられる。灯油やロウソクの原料としての鯨油需要を背景に，アメリカやイギリスの捕鯨船は19世紀には日本の太平洋岸に漁場を広げていた。日本の港への寄港が求められていたのである（藤田［2015］）。

　嘉永6（1853）年，マシュー・ペリーの率いるアメリカ・東インド艦隊の「黒船」4隻が浦賀に来航し，翌安政元（1854）年に日米和親条約が結ばれた。ここに日本の対外関係は開放の方向へ大きく動き出すことになる。そして安政5（1858）年6月，日本はアメリカと日米修好通商条約および貿易章程を締結し，同年中にオランダ・ロシア・イギリス・フランスと相次いで同様の条約を締結した。翌安政6（1859）年から開港場（当初は長崎，神奈川＝横浜，箱館の3港，のち1868年に兵庫，大坂，1869年に新潟，東京が開港ないし開市）で，外国人・日本人ともに貿易業務への自由な参入と営業が保障された「自由貿易」が始まる。「鎖国」下での長崎におけるオランダおよび中国商人との貿易は，取引に関与しうる主体，およびその取引が幕府の厳格な管理の下にあったから，この「参入・営業の自由」こそが，開港の前後を分ける原則的な相違であった。実際開港後，外国公使は自国民のみならず日本人の商業活動への規制に対しても幕府へ抗議を行っていたが，その論拠はこの「参入・営業の自由」の原則にあった[5]。それはまた，対外的な関係を政府間の公式的な関係に一元化し，その政府間関係を華夷秩序（中心―周辺，文明―野蛮）の中に位置づける，東アジアにおける伝統的な国際関係の原理からの逸脱であり，国際秩序の変革を意味していたのである。

　通商条約はまた，協定税率および片務的な領事裁判権の条項を含んでいた。協

---

[5] 幕府は，万延元（1860）年に五品江戸廻送令（五品とは雑穀，呉服，生糸，水油，蠟を指す）を発し，江戸問屋を介した貿易統制によって諸商人が横浜貿易に直接乗り出すことを抑制しようとしたが，外国の圧力もあって不成功に終わっている。

定税率の取り決めは，日本政府の関税率の設定に条約相手国の同意が必要であることを定めたもので，慶応2（1866）年の「改税約書」によって，関税率はほぼ従価5％水準に帰結している。これによって政府は有力な財政収入源を失ったが，より重要なのは，政府による保護関税政策実施の余地が奪われたことであった。その結果日本の貿易は，関税自主権を回復する20世紀初頭まで，「保護貿易」の対義語としての意味においても「自由貿易」の下に置かれることとなった。また，領事裁判権の容認は，開港場で条約相手国人の活動へ，日本側が法的制限を加えられないことを意味した。貿易に即していえば，外国人間の争いだけではなく，日本人と外国人の間で発生するトラブルについても，日本人が外国人を訴える先は，居留地内に設置された外国人判事の下にある領事裁判所であった。

その一方，商業活動の場には制約が課されていたことにも留意が必要である。原則として外国人の居住が許されているのは開港場に設定された居留地だけであり，商業活動が認められたのもこの居留地の中であった。この時の通商条約が外国人の「内地通商権」を否定したとされるのは，このような事態を指している。外国人の居住地制限が撤廃されいわゆる「内地雑居」が実現する1899（明治32）年まで，この「居留地貿易」が貿易活動の制度的前提となった。

▶ 居留地貿易の特質

では「居留地貿易」はどのように行われていたのだろうか。通商条約の不平等性を背景に，資金調達力と情報力にものをいわせる欧米商人（外商）が，自身にとってきわめて有利な貿易活動を展開したとする認識が，同時代の日本側の文献にしばしば表現されており，その後の幕末貿易史研究もその認識を踏襲した面があった。しかし，1980年代以降のイギリス商人の経営史料を駆使した研究は，より具体的な居留地貿易の実態を明らかにしつつ，このような認識の妥当性も問い直している。

開港後の貿易では，南北戦争の勃発によってアメリカ人貿易商の対日貿易が阻害されたこともあり，イギリス商人が中心を占めていた。かつて対アジア貿易の唯一の担い手として，本国からイギリス東インド会社に与えられていた貿易独占権は19世紀前半までに廃止されており，その後アジア貿易で急速に蓄積を遂げつつあった商人群が，対日貿易の主軸を占めることとなる。これらの商人は，活動場所であるアジア地域の主要貿易港に拠点を置き，本国イギリスと個々のアジア地域を放射状に結ぶだけではなく，アジア諸地域間の取引も主たる活動の場としていた。アジア内に張り巡らされる取引ネットワークの一部として，対日貿易が組み込まれていたといえる（浜下・川勝編［1991］）。

香港に本店を置くジャーディン・マセソン商会（以下JM商会と略記する）は，

このような巨大商社の代表的な存在であり，早くも開港直後の安政6 (1859) 年中に，横浜を中心に取引をはじめた（石井 [1984a]，以下本項はおもに同書による）。JM 商会の取引の基本は，自らの判断によって売買を行いその差益の獲得（＝譲渡利潤）を目的とする，自己勘定取引である。香港・上海から自己所有の船舶ないしはチャーター船によって現金（メキシコ・ドル）を運び，ヨーロッパ市場での相場変動をにらみつつ日本商人から生糸・茶を買い付けた後，再び上海・香港宛てに商品を積み出すのが，開設まもない JM 商会横浜店の業務内容であった。当初の輸出貿易は，とくに横浜での生糸相場がヨーロッパ市場のそれに比して大幅に安価であったため，大きな利益を JM 商会にもたらした。巨大商社がその資金力を背景に，日欧の価格差から巨額の利益を抽出している様子がうかがえる。

しかし，このような高利益率は長くは続かなかった。慶応2 (1866) 年の恐慌がヨーロッパでの商品価格の下落を招いたこともその一因であるが，構造的な要因として，開港場（横浜）の取引状況が JM 商会にとって不利化し，開港当初のような有利な取引が成立しにくくなったことがあげられる。事実，1860～61年にリヨンの平均78.3％であった横浜の生糸価格は次第にその差を縮め，1869～70年には平均86.1％に上昇していた（杉山 [1979]）。その変化をもたらした流通過程上の要因は，外国商人，日本商人双方の側に求められる。

1860年代半ば以降，多数の欧米系中小商社が，日本での取引へ参入するようになった。巨大商社とは異なり，中小商社は欧米の荷主，あるいは注文主から販売ないしは購買の委託を受けて取引を行い，手数料収入を主たる利益源泉とした。このような委託取引は，資金力に乏しい商人でも参入可能な取引方法である。さらに以下の3つの条件が，この時期の中小商社の参入を可能にしたことが指摘されている。第1は，日本の居留地における外国銀行の業務展開である。文久3 (1863) 年のセントラル銀行の横浜支店設立を嚆矢とし，同年にマーカンタイル銀行，文久4 (1864) 年には当時アジア最大のオリエンタル銀行，そして慶応2 (1866) 年の香港上海銀行，慶応3 (1867) 年のパリ割引銀行と，西欧諸国の資本が植民地に設立・展開した有力銀行の横浜への支店・出張所開設が続いている。これらの銀行による貿易金融は，中小商社の運転資金調達の可能性を広げた。

第2に，汽船会社の活動も重要である。横浜と中国を結ぶ定期航路が，P＆O汽船 (Peninsular and Oriental Steam Navigation Co., イギリス，1864年，上海―横浜)，帝国郵船（フランス，1865年，同左），太平洋郵船（アメリカ，1867年，サンフランシスコ―横浜―香港）と相次いで開設され，自己所有船ないしはチャーター船に依存しない商品の輸送が可能となった。以上の金融，輸送機関の整備に加えて，通信機関――電信――の発達が第3の要因としてあげられる。明治4 (1871) 年に海

底電線が長崎まで届き，ヨーロッパから東アジアまで延びていた電信網がついに日本にも繋がった。電信網の整備によって，ヨーロッパとの即日の交信が可能となるが，このことは巨大商社の情報の占有化を打ち破るとともに在庫保有の必要性を減少させ，資金面でも取引への参入障壁を低める効果をもったと考えられる。総じて取引環境の整備が，中小商社の日本貿易への進出を可能にし，外国商社間の競争を生み出していたのである。薩摩・長州との武器取引で幕末政治史に名を残すグラバー商会も，このような新規参入者の性格が強い商人であった（杉山[1981]，[1982]）。

▶ 日本側商人の対応——売込商と引取商

　これと対照的なのが，生糸輸出に関わる日本側の流通機構の変容である。開港直後の横浜には，生糸売り込みを図る商人が多数集まるが，その多くは農民の出を含む小商人で，生糸生産地あるいはその周辺を出身とする人々であった。これらの商人は，生糸産地と横浜との大きな価格差をいち早く認識し，その差益を狙って投機的な売買を行う「冒険商人」的な存在であった。1860年代に，これらの商人は浮沈を繰り返しながら，原善三郎，茂木惣兵衛といったひと握りの有力な商人を輩出することとなる。前述の五品江戸廻送令では，生糸も流通統制の対象となっていたが，ほとんど効果を発揮していない。横浜での生糸取引では，「売込問屋」と称されるこの商人群が，生糸産地から直接生糸を買い付けるとともに，地方荷主から広範に生糸の販売委託契約を取り付け，横浜への生糸流通を自らの下に組織化することで，外国商人との取引機会を独占するようになった。外国商人も日本商人への前貸しを通じて有利な産地買い付けを試みるが，横浜売込問屋の成長とともにその試みは挫折していき，生糸の買い付けはもっぱら横浜での売込問屋との取引に依存するようになる。この売込問屋の集荷力の背景には，地方荷主への資金供給があったが，その資金調達を支え，金融面での外国商人および外国銀行への依存からの最終的な脱却を可能にしたのは，後述の明治政府の殖産興業政策，具体的には半官半民の横浜正金銀行の設立であった。このような売込問屋を頂点とした流通網の組織化は，一面で国内の生糸生産者を横浜売込問屋へ従属させる機能をもっていた。しかし，対外的にみれば売込問屋の成長は，外国商人への日本産生糸販売に際して日本商人側の交渉力を高め，外国商人の国内流通過程への進出を阻止するものであったと評価することができよう。

　輸入貿易の局面では，「引取商」と呼ばれる商人群が外国商社の取引を担っていた。引取商は，外商から代金引き換えの現金決済によって輸入品を買い入れ，それを国内市場へと持ち込む。したがって輸入取引への参入には，現金決済を可能とする資金調達力を備えていること，そして，国内への輸入品の販売ルートを

確保していることが必要となっていた。この条件は，集散地の既成の有力商人も備えていたはずである。しかし実際に新たな商品取り扱いに積極的に進出したのは，前述の「新興問屋」層であった。横浜における幕末期の輸入繊維品引取額を商人別に集計した結果によれば，18世紀来の集散地問屋等，既成の有力商人群はほとんど上位にあがっていない（井川［1989］）。それに対して，たとえば毛織物や綿糸・綿布の引取額で5指に入る杉村甚兵衛，薩摩治兵衛は，ともに前述の丁吟で奉公人を経験し，独立開業によって横浜に進出した新興の商人であったし，洋反物（輸入織物）商として急成長した堀越角次郎も，元来，上州吉野を本拠とする絹織物商人で幕末に江戸進出を果たした堀越文右衛門の分家であった。「新興問屋」は，開港以前に形成した取引網にオーバーラップさせる形で，新たな事業機会として現れた輸入貿易に積極的に乗り出していったのである。そこでは為替業者としての丁吟の「金方」が，引取商が輸入品の販売先に宛てて振り出す代金取立手形を買い取り，引取商の資金調達を担う役目を果たしていた（石井［1984b］）。

開港は，新しい形でのアジア商人，アジア地域との経済関係の開始でもあった。箱館（北海道南端）への中国商人の進出は，それまで長崎で行われていた北海道産海産物取引の，地の利を得た新たな拡大をもたらしている。慶応3年12月7日（1868年1月1日）の兵庫（神戸）開港と大坂開市の意義も大きい。欧米商人が貿易の大半を占めた横浜に対して，兵庫・大坂では中国商人も主要な位置を占めていた。寒天など，対中国輸出の新たな展開が始まるのみならず，イギリス製の綿織物（金巾）輸入さえも，兵庫の場合，中国商人の手による上海再輸出品が一時期輸入量の大半を占めていたのである（古田［2000］）。それは巨視的にみれば，横浜での欧米商人による綿布売り込みに対する競争者の位置を占めていたといえる。

JM商会が高島炭鉱への出資を進める背景には，このような「居留地貿易」体制の成立があった。居留地での取引活動が利益率を低下させる中，資本力のある有力商社は，それを超えたところに利益機会を見出そうとする。実際，幕末・明治初年には，前橋藩の製糸事業をはじめ，外国人による出資（直接投資）の事例は少なくなかった。これが，後述の明治政府による外国資本排除政策の背景となるのである。

2 貿易と産業

▶ 貿易の効果

表2-7によって開港後の貿易を概観してみよう。輸出では過半を絹関係（生糸

表 2-7　幕末期の輸出入品

輸入	1865 年 (1,000ドル)	1867 年 (1,000ドル)	1867 年 (%)	輸出	1865 年 (1,000ドル)	1867 年 (1,000ドル)	1867 年 (%)
綿織物	4,308	4,398	27.6	生　糸	14,843	5,599	46.2
毛織物	6,701	3,184	20.0	蚕卵紙	727	2,303	19.0
砂　糖	208	1,661	10.4	茶	1,935	2,006	16.5
武　器	1,067	1,619	10.1	乾　魚	95	300	2.5
綿　糸	875	1,351	8.5	石　炭	13	263	2.2
米		788	4.9	木　蠟	51	123	1.0
綿　花	1	757	4.7	樟　脳	33	97	0.8
金　属	527	209	1.3	銅		62	0.5
その他	389	1,986	12.4	その他	794	1,371	11.3
計	14,077	15,952	100.0	計	18,491	12,124	100.0

（注）　1867 年の金額が多い順に並べてある。
（出所）　杉山［1989］表 4-2, 195 頁より作成。

と蚕種）が占め，それに茶が続いている。維新前後に輸出品はやや多様化し，銅・石炭の鉱産品や海産物が比重を高めている。輸入は，綿製品と毛織物を中心としていたが，砂糖および武器も一定の位置を占めていた。これらの貿易財のうち，比重の大きい生糸・綿製品・砂糖は徳川時代を通じて日本国内で輸入代替を果たした物産であったことは興味深い。欧米およびその植民地圏で産出されない茶は，輸出品となった[6]。また鉱産物では銅輸出が江戸時代から連続しており（島田［2010］），新しい財である毛織物も，伝統的な和装品の一部として需要されていた（田村［2004］）。たしかに，この時期の主要な輸入財を工業製品，輸出品を農産加工品および鉱産物と概括することができるから，開港後の貿易を，先進工業国との垂直的な貿易関係（工業品輸入と農産品・鉱産品輸出）の形成とみることは間違ってはいない。しかしそこに，欧米列強による関係の創出という面のみを見出すことは一面的であろう。貿易収支が 1860 年代前半まで黒字基調であったことをみても，貿易は欧米諸国のアジア物産の買い付けから始まっていたとの解釈も有力である（浜下［1990］，杉原［1996］）。開港後の日本貿易は，徳川時代を通じて形成された消費構造，産業構造を前提とし，その拡大再生産とみられる面が存在するのである。世界の需要に日本の産業が対応し，かつ，世界の商品を日本の消費構造が吸収したともいえる。その背景には，近世期を通じて形成された，欧米との物産レヴェルでの同一性があった（川勝［1991］）。

　では貿易の開始は，日本経済にどのようなインパクトを与えたのであろうか。図 2-2 にみられるように，開港後，おおむね輸出品となった財の価格は上昇し，

---

6 イギリスの植民地であったインド・セイロンで茶生産が発展するのは，19 世紀半ば以降のことである。

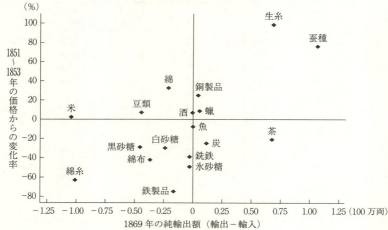

図2-2 開港による貿易財の価格変化（1851～53年→1869年）

(注) 1) 価格変化については，非貿易財物価指数によってインフレーションの影響を除去してある。
    2) 純輸出額は，純輸出量に1851～53年時の価格を乗じて算出されている。
(出所) Bernhofen and Brown [2004] Fig.4, p.63 より作成。

輸入品となった財の価格は低下した。このことは，交易条件（輸出物価指数／輸入物価指数）が改善されたことを意味しているから，マクロ的には国内の購買力の上昇が示されたことになる。安場保吉は開港直前の1857年から75年までに，交易条件は393％の改善があったとし，平均輸出依存度（輸出額／GNP）を2.5％と仮定して，この間の実質国民購買力の増加はGNPの9.8％（393×0.025）に相当するものと推定した（安場［1996］）。またD. BernhofenとJ. Brownは，開港前（1851～53年）の価格体系の下で開港後の輸出入を伴う中で実現した消費量を実践するとすればどれだけの消費額となるかを計算し，それを開港前の実際の消費額と比べた差額を貿易利益とみなした。その金額は当時のGDPの8～9％に値すると推測されている（Bernhofen and Brown［2005］[7]）。マクロ的にみれば，貿易開始が日本経済の経済厚生水準を押し上げる効果をもったことは否定されないだろう。

しかし，貿易の利益がどのように分配されるかは，別に吟味を要する問題である。たとえば上述の推計は，国内経済が完全雇用の状況にあり，かつ生産要素の自由な移動を前提とした，静態的な比較優位論の枠内での議論であった。しかし

---

7 1850年代のGDPは，西川俊作による防長地方に関する推計値，および1880年代以降の大川一司らの全国推計値を組み合わせて求めている。1850年代の実際の消費額にはこのGDP推計値を用い，仮想的な消費量は，GDPと開港後の輸出入量を組み合わせて算出している。

たとえば，輸出産地の中で生産増大のための要素投入が遊休の生産要素によって賄われたとすれば，輸入品との競合財の生産地は所得の減少をきたすかもしれない。また開港後の新製品の出現や技術導入，あるいは工業化への志向性など，開港に伴う動態的な過程は視野の外にある。以下ではミクロレヴェルでの貿易の影響を，代表的な貿易財である繊維製品の生産地域に即してみていこう。

▶ **繊維品の輸入と在来綿業**

1860〜70年代の日本の輸入品の過半は繊維製品であった。最終製品であった綿織物と毛織物が中心をなし，唐糸と称されるイギリスまたはインド産の綿紡績糸がそれに加わっている。徳川時代に発展した日本の綿業にとって，それは「産業革命」を経たイギリス（および植民地インド）綿工業との対峙であった。生産性の高い機械制工場で作られたこれらの輸入品は，高品質と相対的低価格を武器に日本市場を席巻し，日本の消費者に利益を与える一方で，手工業段階の日本の繊維産業，とくに繊維素材を同じくする綿業には大きな打撃を与えたとするのが，経済史の伝統的な解釈である。事実，手紡糸生産は1870年代以降，明らかに衰退傾向を示した。それに伴って原料供給を担った綿作は減少し，1890年代には綿畑はほとんど姿を消すこととなったのである。江戸時代後半の農村における商品経済化に，綿作がその重要な一角を占めていたことを想起すれば，繊維品輸入の伸張が農村経済へ負の影響を及ぼした可能性は否定できないだろう。

しかし，綿織物業に関しては事態は単純ではない。中村哲の推計によれば，1874（明治7）年時点で国内綿布需要に占める輸入綿布の割合は約40％に達していたが，しかしその占有率は，その後この水準を上回ることはなかった（中村[1968]）。一方，図2-3（半対数グラフ）によれば綿布国内需要は，1875〜80年の間に急激な増加をみせ，1880年代前半のデフレ期に一時急減した後，再び増大傾向に転じて，1895年には1875年の3倍を上回る水準に達していた。

では，輸入織物が増大する国内市場で占有率を高めなかったのはなぜであろうか（以下，本項の記述は主として谷本[1998]に拠っている）。輸入綿布の7〜8割を占めていた製品は，無地・広幅の生金巾（grey shirting）であった。他方，当時の日本の服飾文化においては，中下層の仕事着に至るまで，表地にはなんらかの意匠が施された布を用いるのが通例となっている。着物地として用いられていた綿織物は，染色を施した糸を組み合わせて意匠を表現する，各種の先染木綿（絣，縞など）であり，実際，これらの製品の生産地域には，幕末・維新期に発展の画期を経験し，生産が活性化する事例が少なくなかった。人々が伝統的な和装を維持する限り，先染綿布への需要は底固いものがあったといえる。無地の白木綿に関しても，細糸を用いたイギリス製の金巾は総じて薄地であり，手紡糸を用いた

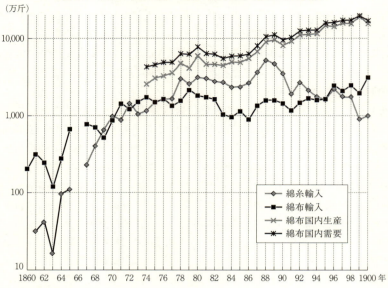

図2-3 綿布・綿糸の輸入・生産・国内需要（縦軸は対数表示）

(注) 繰綿に換算した推定値。
(出所) 中村［1968］付表3より作成。

厚地の国産白木綿とは品質に大きな差異があった。労働着などにはむしろ丈夫な国産厚地布が好まれたとするならば，白木綿市場においても，内外綿布のすべてが競合関係にあったわけではなかった可能性がある（川勝［1991］）。これらは，イギリス産綿布への転換を押しとどめる需要構造からの説明要因といえよう。

しかし，こうした服飾文化の差異を，ただちに生産動向の規定要因とすることは，在来綿織物業のダイナミズムを見失わせることになる。たとえば，輸入毛織物の中心はモスリンなど薄地のもので，和装品（着物地や裏地）として取り入れられており，化学染料を用いた鮮やかな色合いは，日本の消費者を十分に魅了したという（田村［2004］）。その色合いを用い，西欧の繊維業界で発展した捺染（プリント）技術を用いて意匠を表現するならば，輸入綿布が表地に用いられる途はありえたかもしれない。事実，ヨーロッパにおける捺染業の発展は，インド産捺染キャリコの輸入代替の中で起こった事態であった。日本でも，輸入金巾に日本の伝統的な捺染（型付け）を施した綿布が，浴衣地として広く販売されている。
厚地―薄地の木綿区分論自体の説明力も，実は必ずしも大きくなかった。日本の在来白木綿にも多様な品質と用途があり，イギリス綿布と競合する分野も存在したし，むしろ相対的には薄地の白木綿生産地（和泉地方など）が，明治期には白

木綿生産の担い手となっていくのである。伝統的な需要構造の存在は，必ずしも従来の供給者の存続・発展を保証するものではない。問われるべきは，開港後の環境変化への在来綿織物業の対応力いかんである。

鍵となったのは，新たな中間財たる輸入綿糸であった。この時期に生産を伸ばした綿織物生産地では，衰退型の地域に比べて，綿布生産量に対する輸入綿糸の流通量が明らかに多かった。綿糸輸入は開港後まもなく始まり，1870年代半ばに，繰綿に換算した数量で綿製品輸入の主力製品の座を占めていた。輸入綿糸の有利性は，広い意味でのコスト面での効果にある。原料コストという意味での低価格性は，明治期に入って増加するインド機械制紡績工場産の比較的太い綿糸（20番手）については，明らかであった。事実，1880年前後の大阪市場で輸入糸を用いた半唐木綿（経糸に輸入糸），丸唐木綿（経糸・緯糸双方に輸入糸）の価格が，在来の白木綿価格を下回っていたことが確認されている。他方，幕末期のイギリス製細糸については，必ずしも手紡糸よりも安価であったとはいえない面があったが，手紡糸とは品質の異なる素材が潤沢かつ手紡糸と同水準の価格で供給され，それが新たな品質の綿布の開発・生産を促した点で，広い意味での製造コスト面でのメリットが指摘できよう。実際，埼玉県西南の入間地方などの先染木綿生産地，あるいは絹綿交織物を産する栃木県下の足利地方は，輸入綿糸の導入が開港後まもない1860年代前半から進み，そこで新たに開発された二子縞などの先染の織物は，新製品たる輸入毛織物に対する代替品としての性格も備えていたのである。また機械制工場産の輸入綿糸の特徴に斉一性があるが，この斉一な糸で整経された経糸は，いざり機とはちがって張力を加減できない高機においても糸切れを起こしにくく，織手は高機の性能をフルに発揮することができた（中岡[2006]）。高機が綿織物生産地へ広範に普及するのがこの時期のことであり，それが輸入綿糸と結び付くことで，生産性の一定程度の上昇をもたらしたのである。

▶ **輸出産業――生糸の場合**

生糸輸出は開港直後から始まり，幕末には全輸出額の5～6割を，明治前期にも4割余を占めていた。輸出先の大半は，当時最大の生糸消費国フランスであり，リヨン絹織物業の原料糸として用いられた。フランス・イタリアでも生糸生産は盛んであったが，開港場の外商によって，日本産生糸の相対的低価格がいち早く見出されたのである。綿業とは異なり，ヨーロッパにおける生糸生産との生産性格差が小さいことがその背景となっていたが，1850～60年代に固有の事情として，ヨーロッパで蚕の幼虫を死滅させる微粒子病が流行し，生糸生産が原料繭の欠乏のために半分以下に激減していたことも重要である。1850年代からの清国産生糸輸出の成長に付加される形で，1860年代の日本からの生糸輸出の伸張が

あったのである。日本からの蚕種輸出の並行的増大は，微粒子病の深刻さを物語っている。

この突然の市場拡大に反応して，国内生糸生産は急増した。同時代の見積もりによれば，開港後3年足らずの1863年において，すでに生産量は開港前の2倍に上っていたという。この開港後の生産増大を支えた技術的な基盤は，すでに19世紀前半から開発と実用化が進んでいた「座繰法」であった。座繰法はそれ以前の手挽法に比べ，労働生産性が1.5倍から2倍の水準にあったといわれる。しかし開港以前は，絹織物生産者から品質面での難点が指摘されており，その普及は限定的であった（根岸［1987］）。ところが開港によって出現した輸出市場は，この座繰糸を大量に受容することとなる。東日本，とくに甲斐（山梨県），信濃（長野県），上野（群馬県），武蔵（埼玉県），岩代（福島県），陸奥（宮城県），出羽（山形県）といった，開港前には西陣・桐生・八王子等の国内絹織物生産地への原料供給を担っていた地域が，その販路を急速に横浜へシフトさせていったのである。市場情報を媒介し，横浜への販路を形成したのが，生糸生産地ないしはそれに近い在地商人層であったことは前述した。とくに，関東地域から，後に横浜生糸売込商として生糸貿易の要となる商人層が，多く現れている（石井［1972］）。横浜と生産地双方の情報へのアクセスが，収益機会の発見に不可欠であったことがうかがわれる。

一方，生産を担ったのは，養蚕・製糸を一貫して行う農家，あるいは賃挽経営主（＝問屋制経営主）から繭の配布を受け繰糸作業を行う農家である。座繰技術は農家レベルで消化可能なものであり，生産の増大は生産の集積というよりは，新規参入による生産者の増大に拠るところが大きかった。生糸生産の増大は，また，農家の「副業」としての養蚕業の拡大に支えられていた。ここでも商人と小生産者の結び付きが，生産増大の原動力であったといえる。

この貿易の利益は，まずは前述の開港場の日本の生糸売込商，そしてそこでの荷主となる在方の生糸買集商人にもたらされる。しかし，たとえば賃挽業者として横浜に対して荷主となっていた甲州の篠原家が繭や蚕種を買い入れた取引先には，有力農民階層の農民と並んで，土地保有が数反という農民も含まれていた。群馬県山田郡桐原村の1877年の事例では，全戸数90戸の中の67戸の麦作農家のうち，49戸が養蚕，50戸が製糸に従事していたことがわかっている。この中には，保有地5反未満の農家が少なくとも14戸含まれていた。貿易の利益はこれら直接生産者にも及び，製糸・養蚕業への従業によって，中小農民も一定程度の利益を獲得していたと考えられる（古島［1963］，斎藤・谷本［1989］）。

しかし座繰技術を基盤とする，外延的拡大ともいうべき生産のあり方は，1860

年代後半以降の生糸輸出の停滞の中で、新たな対応を迫られることになった。輸出停滞の原因として指摘される「粗製乱造」は、微粒子病の沈静化に伴うフランス・イタリア生糸業の回復によって、輸出市場の品質への要求水準が高まったことに起因している。1873（明治6）年に明治政府が生糸改会社を設立したのも、流通統制の試みであるとともに、品質管理の必要性に促迫された対応策の試みでもあった。後述のように殖産興業政策の一環としてヨーロッパ型の器械製糸工場（官営富岡製糸場）が設立されたのも、在来技術と商人―小生産者関係を基盤とする生糸生産体制への危機感と不信感を背景とするものであった。開港後の急速な市場環境の変化に、在来的な技術と生産形態によって対応した製糸業が、次の環境変化への新たな対応として導入したのが、器械製糸であった。明治期の製糸業は、座繰と器械が並進する形で展開することになるのである。

第3節　維新政府の制度改革と経済政策

1　開港後のマクロ経済変動

　前節では幕末開港による経済変動の基層を、貿易と民間経済との関わりの中にみてきた。他方、開港以降の20年間は、体制変革と新たな政策主体の登場の時期でもある。本節では維新政府の政策展開をおもに経済史の視点から概観するとともに、開港から明治10年代に至る経済変動の過程をマクロ的な視点から検討し、明治維新変革の経済史的な意義についてみていこう。

▶ 開港の貨幣的インパクト

　図2-4に示されるように、開港から明治維新に至る1860年代は、急激な物価上昇によって特徴づけられる。この物価変動は、おもに貨幣的な要因によってもたらされた。その起点は、日米修好通商条約にある、内外の金貨・銀貨はそれぞれ同重量で交換するとした規定（同種同量交換の原則）である。当時の東アジアでは、ヨーロッパ勢力が銀産地の中南米から持ち込んだ銀貨メキシコ・ドルが国際通貨として通用していた。このメキシコ・ドルの銀含有量は27グラム、一方、当時日本国内で流通していた一分銀の銀量は8.6グラムだったので、同種同量交換に基づく交換ということになれば、1ドル＝一分銀3枚が交換比率ということになる。しかしこの交換比率の下で、日本国内で一分銀3枚で得られる金貨（1両小判4分の3両分）の金含有量は、上海、香港などの日本以外の東アジア地域でメキシコ・ドル銀貨1枚で得られる金の重量の3倍に上った。外商はメキシコ・ドルとの交換で手に入れた一分銀によって幕府発行の金貨を手にし、それを国外

図 2-4　東京（江戸）の卸売物価指数（縦軸は対数表示）

（出所）　中村・有田［1992］より作成。

に持ち出して銀貨にもどすことで，理屈の上では3倍のメキシコ・ドルを手に入れることができるのである。事実，開港まもない横浜運上所ではメキシコ・ドルから一分銀への交換要求が殺到し，一分銀によって交換された一両小判が大量に国外へ流出することになった。

　この事態を招いたのは，地金レヴェルでの金銀の交換比率が当時の国際相場1：15に対して，国際相場から切り離されていた日本では1：10と銀高であったこと，それに加えて前章の南鐐二朱銀の発行に関して触れたように，銀製・金貨単位の計数貨幣である一分銀は，もはや同種同量交換原則の想定する秤量貨幣としての銀貨ではなかったため，1両＝一分銀4枚の交換に際して，地金レヴェルでの交換比率に匹敵する銀量が一分銀には含まれていなかったことがあげられる。結局，そこで交換されることとなった銀量と金量の比率（重量比）は，1対5にまで銀高になっていた。

　もっとも一分銀による金貨交換の急増は，市場での「金貨」価格の額面を超えた上昇（100両が140～150両へ）を招いたから，この取引による利益率は短期間のうちに低下傾向をみせ，流出額も従来考えられていたより少なかったといわれる[8]。しかしこうした裁定取引の根を絶ち，通貨制度の安定を図るには，国内の貨幣体系における金銀比価値を，国際標準に合わせることが必要であった。幕府も当初からその必要性を認識しており，開港前日に2枚でメキシコ・ドルと同じ

---

[8]　かつての100万両流出説に対して近年は10万両台とする議論が有力である（石井［1984a］）。

銀量となる新二朱銀を発行し（二朱銀2枚＝1分＝4分の1両），これをメキシコ・ドルとの交換に供することで，内外の金銀比価の一致を図っていた。しかしこの新二朱銀は，外国からの抗議を受け開港直後に廃止を余儀なくされた。1ドル＝3分が1ドル＝1分となり，新貨幣発行前に想定されていたメキシコ・ドルの日本での購買力を3分の1に落とすものであったからである。もっとも幕府にしても，大幅な良鋳を意味する新二朱銀を，一分銀に取って代わるだけの量まで発行しうる見込みはなかったと考えられる。

　残る対応策は，金貨の金含有量の引き下げである。安政7（1860）年2月からの天保小判の歩増通用（1両を3両1分2朱とみなすこと）を布告したこと，そして同年（万延元年）4月に金量を3分の1に減らした万延小判（および一分判。合計62万両ほど）の発行を開始したことがそれに当たる。この施策により，金銀比価の内外差は消滅し裁定取引は姿を消した。しかしこの大幅な金貨の悪鋳が，物価上昇の直接の引き金となったのである。万延小判の引き換えは厳格な増歩方式（天保小判1枚を万延小判3枚強と交換）で行われたから，小判所有者の購買力は一気に3倍強となり，これが民間部門における超過需要発生の要因となった。さらに幕府は，1860年代前半の貿易出超によって開港場で過剰となった洋銀を安価で買い上げ，それを素材に用いた量目3グラム，金の品位約22％の「金貨」万延二分判の大量発行（明治2〔1869〕年までに計5000万両余）を行った。ここでの金含有率は，万延小判・一分判に比しても70％程度にとどまっており，さらなる「金貨」の悪鋳である。旧貨幣との等価交換方式を採ったこの改鋳で，幕府は膨大な改鋳益を得たのである。物価の持続的な上昇には，改鋳益を財源とした幕府の支出増加も一因となっていた。

　この近世・近代日本における最大級のインフレーションは，急激な所得の再分配をもたらした。万延改鋳以前の旧小判所有者の購買力上昇の一方で，金銀相場は金銀比価の改変によって銀安の方向に大きく変化し，銀資産保有者の購買力は相対的に低下した。経済都市としての大坂の地位の低下は，金貨圏と銀貨圏間の所得再配分の反映ともいえる。また農産物の価格上昇は，その供給者である豪農・地主さらに小農にもインフレによる利得獲得の可能性を与える一方，農産物購入層には，実質所得の低下となって現れる。実際，労賃上昇が物価上昇に追いつかず，所得源泉の一部あるいは全部を賃金収入に依拠する飯米購入層の生活水準は低下せざるをえなかった。都市部での「打ちこわし」の頻発は，インフレが飯米購入者の実質所得を大幅に減少させたことを雄弁に物語っている。養蚕・製糸地帯での大規模な「世直し一揆」（慶応2〔1866〕年の信州一揆，武州一揆など）も，1860年代半ばの生糸輸出停滞による名目所得の落ち込みに，インフレによる食

料品価格の上昇が加わって生じた，実質所得の急激な低下に起因する面が強かった。幕末インフレーションは，社会階層間に強制的な所得の再配分をもたらしたのである。それは，「打ちこわし」「世直し一揆」による社会不安を醸成し，明治維新による体制変革の背景となった（以上，石井［1989］，山本［1989］を参照）。

▶ 維新期の財政政策

　以上のように，幕末のハイパー・インフレーションを引き起こした貨幣悪鋳は，内外金銀比価の調整策であるとともに，幕府の財政政策の一環でもあった。そして財政上の理由による貨幣の増発によってインフレーションが高進する事態は，明治元（1868）年の維新政府の設立以降も引き続いて発生した。

　確たる財政基盤をもたなかった設立当初の維新政府は，徴士参与であった福井藩士・三岡八郎（由利公正）の建議を受け，会計基立金300万両の募債とともに太政官による金札発行を行った。会計基立金は戊辰戦争の戦費調達を目的とし，三都商人等を対象に応募を呼びかけており，基本的には幕府の御用金賦課に類似する性格のものであった。しかし維新政府の権力基盤の脆弱さもあって月利1分の利子支払いと償還期限の設定がなされており，より「国債」に近いものとなっている。

　金札発行は由利公正の目論見としては殖産のための資本の供給であった。貸し付けられた金札による事業展開が正貨での返済に結び付き，産業振興と大名財政の立て直しを可能とした福井藩での経験が，その背後にあったといわれる。実際金札の撒布は，各藩に産業資金（1万石につき1万両）の貸し付けを行い，3割増・13年賦での政府への返済を予定する「石高貸」や，有力商人を組織した商法司および商法会所（明治2〔1869〕年3月の商法司廃止後は通商司および為替会社）を通じた「勧業貸」の形で行われている。しかし明治元（1868）年5月から翌2年5月までの間に発行された合計4800万両の金札（太政官札）のうち，この2つの貸付合計は1800万両を下回り，残りの3000万両強は軍事費をはじめとした政府支出に充填された。勧業貸，石高貸であっても，御用金上納への見返りや藩財政の補填に用いられた場合も少なくなかったのである（澤田［1934］，山本［1989］）。

　権力基盤の脆弱な政府による不換紙幣の大量発行は，紙幣価値の下落を招かざるをえない。政府は金札の額面での強制通用を図ったが，外国からの抗議もあり，明治元（1868）年12月に太政官札の時相場通用を認可し，公課公納には正貨100両＝120両金札のレートを公定した。明治2（1869）年中には実勢で正貨100両＝太政官札185両まで金札価格が減価した例がある。この紙幣価値の下落と，貨幣数量自体の増加（この頃の金銀銭の流通額は1億6000万円）が，再び金札インフレーションと呼ばれる物価騰貴を引き起こしたのである。藩財政補填のための

藩札発行が増大したことも通貨膨張に拍車をかけていた。

　明治2（1869）年，由利公正辞職を受けて財政責任者となった大隈重信の課題は，金札の信頼回復を図ることであった[9]。金札発行の上限の設定や，明治5（1872）年を目処とした兌換紙幣との交換などの金札整理方針が打ち出され，改めて時価通用が禁止されることで，明治3（1870）年には金札価格は額面の水準にまで回復した。さらに，明治4（1871）年の一連の貨幣改革は，幕末から続く錯雑とした貨幣流通の統一過程において，ひとつの画期となった。

　明治4（1871）年5月に制定された新貨条例は，通貨単位を「円」（その100分の1を銭）に統一することを定め，本位貨幣として金含有量1.5グラムの1円金貨の発行を定めた。この含有金量は，幕末の大量発行以来，事実上基準正貨となっていた万延二分金（維新政府発行のものは明治二分判）と近いことから，1両＝1円の交換レートとされた。対外的には同種同量交換の下で1円＝1ドル金貨となり，開港場での貿易用に鋳造される貿易銀（1円＝洋銀1ドル）とは，100（銀）対101（金）の交換レートが定められた。そこでの金銀比価は1：16.01であり，当時のロンドン国際比価よりも若干金が高めに設定されている（山本［1994］）。すでに明治元（1868）年の銀目廃止によって，秤量銀貨（豆板銀，丁銀）の流通は禁止されていたが[10]，この新貨条例によって，それ以外の計数貨幣としての旧金貨・銀貨の円貨への交換が義務づけられた。紙幣も円貨の政府新紙幣への統一が図られている。明治4（1871）年12月に円単位の新紙幣が発行され，太政官札・民部省札などの官省金札および藩札との交換が始まった。ただし，新紙幣は新貨幣（金貨・銀貨）との兌換を認められておらず，明治2（1969）年の金札整理方針での約束は，事実上反故にされたことになる。

　明治4（1871）年はまた，遣外使節の出発後留守政府の財政責任者となっていた井上馨によって，通貨収縮が図られた年であった。井上は新紙幣の発行自体に慎重であり，財政運営は緊縮方針を強めた。政策経費の削減には司法省などから反対の声があがり，江藤新平，板垣退助らの政府首脳の一部が下野する一因ともなった。しかしこれらの施策によって，明治4（1871）年以降，物価水準は低落し，また新貨幣に対する紙幣相場も安定をみた。ここに，開港後の貨幣悪鋳から

---

[9] ただし近年の研究では，藩札の乱発や万延二分判の私鋳（贋金）などによる通貨の信用不安の中で，金札＝太政官は地域間決済通貨として一定の役割を果たしたことも指摘されている（小林［2015］）。

[10] 銀目廃止は，大坂の両替商の経営に大きな負の影響を与えたとされてきたが，その程度に関しては，過大評価であったとする説もある（石井［2007］）。大名貸等の債権については，銀建ての債務を金建てに換算することを強制し，その換算比率が維新期の銀安レート（1両＝220匁まで）で行われたため，貸し手に大きな打撃を与えたとされている（山本［1994］）。

不換紙幣発行へと続く,一連の通貨膨張による物価騰貴は,一応の終息をみた。さらにその背後では,財政基盤の確立に向けた,維新政府の抜本的な制度改革が進行していた。

2 維新政府の制度改革

▶ 廃藩置県と秩禄処分

15代将軍徳川慶喜による大政奉還（慶応3〔1867〕年10月），そして同年12月の王政復古クーデターを経て発足した維新政府は，鳥羽・伏見の戦いの直後，幕府領を接収し府県（直轄府県）を置いた。明治2（1869）年6月，すべての藩の版籍が奉還され，国制としての幕藩体制は否定される。藩は府県と同じ組織として位置づけられ，旧来の藩主は，非世襲の知藩事として府県行政を司ることとなった。旧支配層は華族，士族および卒の3つの級に整理された。知藩事の家禄は旧藩歳入の1割とされた上で，藩庁経費から分離された。そして中央政府の主導の下，藩債と藩札処理への取り組みが強行された。多くの藩が年間収入の100％以上の藩債を抱えていたといわれ，藩札発行も天保頃より増加をみている。そこでの藩債償還・藩札回収を藩財政余剰によって行うとすれば，特別な歳入増加が見込まれない限り，歳出の中心である家臣団への家禄支給削減が必然化せざるをえない。この難事に対して，知藩事として自らの収入が確保されている大名の中には，自発的に藩を廃し政府の直轄県への編入を望む者も現れてきた。明治4（1871）年7月，全国一斉の廃藩置県が断行されるが，その準備はすでに整っていたのである（中村［1985］）。

廃藩置県によって，維新政府は全国の司法，行政権を完全に掌握し，中央集権国家としての形態が整えられた。直轄府県に限られていた貢租徴収も，全国の府県が対象となった。しかし，新たな政策展開を図る維新政府の財政基盤の確立には，さらなる改革が必要となる。まず旧藩の債務の引継ぎが問題となった。当初認定された債務は7800万円余に上っている。維新政府は，ほぼ満額で償還する外国債400万円以外については，全体の半分に当たる3900万円余を切り捨てた。残りの公債で支払われた分も，公債の額面に比して時価は相当に低かったから，全体として実質80％の切捨てに相当したといわれる。また藩札の新政府紙幣への交換に際しても，73％の切捨て率が推定されている（中村［1983］）。前者は貸し手であった商人層の，後者ではより幅広い層に及ぶ藩札所有者の資産の没収を意味していた。

歳出面での最大の改革は，旧大名および旧家臣団の家禄の廃止である。版籍奉還後の藩政改革による削減で，すでに幕末の6割程度の水準（492万石）に減少

していたとはいえ、家禄支払いは当初政府歳出の3分の1前後を占めていた。四民平等を掲げ、それに準拠した諸施策——学制（1872年）、徴兵令（1873年）——を打ち出しつつあった維新政府にとって、旧武士層への家禄支払いを継続する理由も、またその余裕もなくなっていたのである。1874（明治7）年、政府は陸海軍費に充てることを名目に家禄税を賦課し、支給額の実質的な削減を図るとともに、家禄を奉還する者には家禄・賞典禄（戊辰内乱、維新の功労者に与えられる禄）の4～6年分（永世禄6年分、終身禄4年分）を、半分は現金、半分は公債で交付することとした。現金給付の財源は外債1000万円余の発行によって賄っている。これには家禄受給者の3分の1に当たる約9万5000人の応募があり、家禄税と合わせて、家禄支給額の35％が削減された（千田［1979］、中村［1985］）。

さらに1876（明治9）年、金禄公債証書発行条例が公布され、残りの全華士族に、家禄5～14年分の公債を交付し、以後の家禄の支給はすべて打ち切られることとなった。公債の償還は初めの5年間は据え置きで、償還期間は30年以内とされたから、維新政府にとって直近の歳出削減効果は明らかである。実際、償還が始まったのは1882年で、1906年まで24年かけて全額償還されている。支給人数は、5分利付き公債が519人、以下、6分利付き1万5377人、7分利付き26万2317人、1割利付き3万5304人で、永世禄（代々の武士・公家層対象）の場合、最も高禄の7万円以上の者には家禄の換算年5年の5分利付き、微禄の25円未満の金禄元高には、換算年14年で7分利付き公債が渡された。このように、支給条件は上に薄く下に厚く定められていたが、そもそもの家禄の相違が大きいため、5分利付き公債受給者である大名、家老、公卿は、0.2％の人数ながら全支給額の18％を占めていた。このクラスの利子収入の1人平均は金禄高7万円クラスでも年1000円を超え、金利生活を営むのには十分の金額となっている。これに対して、7分利付き公債受給者の平均公債価額は415円、年間利子額は29.05円であった。稼働日を340日として日割りにすれば8.5銭余に過ぎず、1877年の東京「土方人夫」の日給24銭を大きく下回っている（丹羽［1962］、石井［1991］）。維新政府が秩禄処分の実施に並行して、士族授産に腐心せざるをえない事情が読み取れる。その一方、華族となった旧大名層には、公債運用による資産蓄積の道が拓かれていた。この一連の処理の過程とその結果の中に、近世の大名財政が有していた年貢負担者から領主・武士階層への所得移転機能の大きさ、およびその内部での大名家家計と家臣団家計との配分のあり様が総括的に示されている。

▶ 地租改正

廃藩置県まもない明治4（1871）年9～11月に大蔵省によって示された税法改

革の構想では，維新政府の歳入の基礎は内国税・海関税の二本柱からなり，もっぱら農民の納める現物貢租に依存した幕藩制の租税体系からの変革が志向されている。しかし条約改正交渉が挫折し，保護関税の設定が現実的ではなくなる中で，内国税，とくに土地に課される地租が，歳入の根幹とならざるをえないことが明らかになった。一方，全国の貢租徴収権を手にしたとはいえ，貢租の水準は旧藩の租法の不統一を反映してまちまちであり，歳入自体も豊凶や米価の変動に左右される不安定さを免れなかった。統一的かつ安定的な地租収入の確保が，維新政府にとって急務の課題となっていたのである。その実現を目指した一大土地改革が「地租改正」であった（以下，地租改正の経緯については主として丹羽［1962］，有元［1975］，中村［1985］，川口［1998］，奥田［2002］に拠る）。

　地租改正事業は，1873（明治6）年7月，地方官会同で可決された地租改正法（上諭，地租改正法，地租改正条例，地租改正施行規則および地方官心得書のセット）の公布によって始まる。地価の記された地券を土地所有者に交付し，算定地価の3%を地租として金納させる，というのがその骨子であった。金納・定額であり，納入額が豊凶や価格変動の影響をうけないこと，そして実際の課税の単位も「村」ではなく地券所有者の個人となっていることは，幕藩制下の年貢納入との明確な相違であった。その前提となるのは，地券の交付である。地券のアイディアは，神田孝平が明治3（1870）年に集議院へ提出した「田租改革建議」にすでに現れている。幕藩制下の江戸等の都市では，土地に対する権利を公証する「沽券」が存在していたが，神田はこの沽券を農地にも適応し，沽券の売買によって実現した土地価格を基礎とした，金納での租税徴収を構想した。明治5（1872）年2月の太政官達「土地売買譲渡ニ付地券渡方規則」によって，土地所有権の移動に際して申し立てられた面積・地価を記載した地券が，土地取得者に渡されることになった。このときの地券が「壬申地券」（「壬申」の年であった明治5年にちなむ）と称されるものであり，4カ月後の改正以降は，売買譲渡地のみならず百姓所持地すべてについて地券が発行されることになった。

　もっとも，この壬申地券の地価は，各地で不統一の貢租水準を反映するものとなっており，この地価をもとに統一的な租率を課すことは，不公平であるとする批判が噴出してくる。一方政府内でも陸奥宗光が，明治5（1872）年5月の「田租改正建議」で，売買地価ではなく土地生産力に基づく客観的地価決定を説いていた。地租改正法で示される収益還元方式による地価決定は，この陸奥の建策の線上に位置づけられるものであった。1873（明治6）年からの地租改正事業とは，壬申地券を，新たに設定された「改正地券」に替えていく作業であったともいえる。

では収益地価は，実際，どのように決まっていたのであろうか。まず土地調査によって，土地一筆ごとに地番が打たれ，面積が測定される。そして地目・地位等級・収穫高・小作料額等が調べられ，そこで得られた数値を算式に代入することで，それぞれの土地の収益に立脚した地価が算定される。「地方官心得書」には，自作地用の検査例第一則と小作地用の第二則の，2つの算式が示されており，最終的な地価算定に際しては，収入（生産量×価格）から費用（種・肥料代と公課〔地価3％の地租＋地価1％の村入費〕）を差し引いて算出した収益を利子率で資本還元する，第一則の方式が用いられた。その限りでは，統一的な収益地価算定の原理が適用されたといってよい。

　問題は，収量，米価，費用の算定に，実態からの帰納だけではなく，恣意の入り込む余地があったことである。「地方官心得書」では，必要経費（種・肥料）が一律で収穫額の15％，適用する利子率も6％とされていた。これは，実際よりも低い経費率，利子率とみなされる場合が多く，地価を高く算定するための人為的な数値設定との評価は否定できない。またこの2つが固定値のため，土地面積確定を前提とすれば，個々の土地の価格を決めるのは「反収＝面積当たり収量」の見積値ということになる。研究史上，この時の地価決定を収益還元方式と等値することに批判的な議論がなされてきたが，それはこの反収が，必ずしも農業経営の実態に即した形で算定されていなかった点にある。

　そもそも政府は，「旧来ノ歳入ヲ減ゼザル」ことを目的とし，地価の推計値から地租率を3％に設定していた。しかし，実際の地価算定の状況から，このままでは減租となる可能性に気づいた政府は，1875（明治8）年に地租改正条例細目を定め，各府県に「目的額」として担当平均収量を内示した。府県は郡―町村へとその目的額（反収）を割り当てていくことになる。そして，この時点で未だ村請制の機能を継承する町村が，最終的に目的額として提示された反収平均の受諾を迫られた。受諾しない町村に対しては，より農民にとって不利な「検見法実施の上での5公5民の割合での地租の賦課」を強制するなどの措置もとられている。歳入確保を最優先とする政府の意向に，収益地価方式の貫徹を阻害する傾きがあったことは否定できないのである。地租改正終了直後から，各地で地価修正運動が起こってくる理由も，この点に求められる。

　地租改正への抵抗は，1876（明治9）年，鎮圧に際して政府が軍隊の動員を余儀なくされた真壁一揆（茨城県），伊勢暴動（三重・愛知・岐阜・堺〔奈良〕の諸県）にひとつのピークをみることができる。事態を憂慮した政府は，1877（明治10）年，地租率の2.5％への引き下げを断行した。これが米価上昇とも相まって財政赤字の深刻化をもたらす一因となったことは，後述するとおりである。この後も

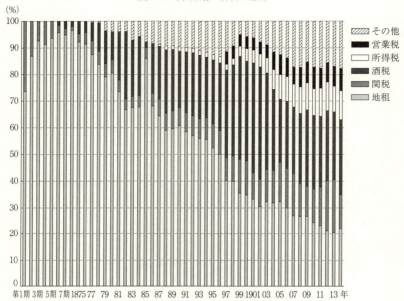

図 2-5 中央政府の税収の構成

(注) 第1〜8期は、慶応3 (1867) 年12月より1875年6月までを8期に分けてある。1875〜1884年は当年7月〜翌年6月、1885年は当年7月〜翌年3月、それ以降は当年4月〜翌年3月。
(出所) 東洋経済新報社編 [1926] 378-393頁より作成。

地租改正事業の進行の中で、町村を単位とした反対運動は根強く続いていたが、事業自体は1881（明治14）年にほぼ終了し、同年6月には地租改正事務局が閉鎖された。

地租改正の進行とともに地租収入は安定し、国税中の圧倒的部分を占めた（図2-5）。改正前の3カ年平均の旧地租と比べると、地租改正後の地租額は米価水準を一定[11]として比較すれば、旧貢租水準よりも若干の増租（1.1%）となっており（有元［1975］185頁）、秩禄処分による歳出面での改革と相まって、維新政府はようやく、独自の政策展開のための財政基盤を確立しつつあったといえよう。もっとも、国税収入中に占める地租の割合は、1880年代以降、低下傾向をみせた。政府財政の地租への強い依存は、明治初年代の固有の特質であり、そこには前述の政府紙幣発行による補塡策とともに、幕藩財政の枠組みとの連続性も見て取れ

---

11 実勢米価に基づき、地租相当の石高を比較すると若干の減租であった（6.1%）。このように定額金納として定められた地租は、物価変動によってその実質負担が変動することになる。それが明治維新期の経済動態に及ぼす影響については後述。

る。維新政府のいわゆる「殖産興業」政策は，このような財政基盤の上に展開されていくのである。

3　殖産興業政策の展開と帰結

▶ 官営事業と産業移植

「万国対峙」の危機意識を起動力とする維新政府にとって，「富国強兵」は政権のアイデンティティにも関わる枢要な政策目標であった。維新政府はこの目標に向け，広義の産業育成に関わる諸施策を打ち出しており，それは明治初年代から10年代（1860年代末～1880年代初）に至る時期の，政府の政策展開を特徴づけるものであった。「殖産興業」は，これら一連の政策を示す用語として，研究史上定着してきている。

しかしそのことは，維新政府の「殖産興業」政策が，統一的な政策体系の下で遂行されたことを意味しているわけではない。実際，諸政策を包含する意味で「殖産興業」の語が広く用いられたのは，1880年代以降のことであった（小岩［1971］）。個々の政策は，その目標，手法，担い手が時期により，また，対象分野によって多様であり，試行錯誤の過程を含むものであった。政府内での対立がみられることも稀ではなかったのである。以下，まず殖産興業政策の具体的な内容を概観した上で，以上の諸点に留意して政策の特徴を整理しよう（以下，本項の殖産興業政策に関する叙述は主として石塚［1973］，小林［1977］，永井［1990］，鈴木編［2002］による）。

維新政府の産業との関わりは，徳川幕府（および一部の大名）が手がけた軍事工業，および鉱山経営の継承から始まっている。幕府の大砲製作を担った関口大砲製作所，フランス人技師の指導の下，船渠の建設を進めていた横須賀製鉄所は，いずれも兵部省を経て明治5（1872）年，それぞれ新設の陸軍省・海軍省の管轄下に入った。以後，陸軍東京砲兵工廠（改称は1879〔明治12〕年），横須賀海軍工廠として，日本の兵器・機械生産の中核に位置していく。造船や鉄加工を行う長崎製鉄所（後に長崎造船所），石川島造船所，横浜製鉄所，貨幣材料の金・銀・銅を産する生野・佐渡・小坂の金属鉱山も，明治元～2（1868～69）年に幕府（小坂鉱山は南部藩）から引き継がれた。

これに対して，新たな官営事業として手がけられたのが，鉄道と電信であった。いずれも，敷設権をめぐる対外関係が絡んでいた点に特徴がある。鉄道では，幕府老中がアメリカ公使館員ポートマンに付与した江戸―横浜間の鉄道敷設権の回収が契機となっている。政府は独自に鉄道敷設を計画し，明治2（1869）年11月にイギリス人ネルソン・レーと資金・資材・人材調達についての契約を

締結した。しかしイギリスでの公債発行条件や鉄道建設の主導権の問題から契約を破棄し，改めて横浜にも支店のあった英国東洋銀行（オリエンタル・バンク）を通じて，明治3（1870）年6月に英貨100万ポンドの外債を募集し，資材・機関車等の輸入代金に充てた。電信は，政府によって明治2（1869）年12月に東京―横浜間，明治3（1870）年8月に大阪―神戸間が開通したが，同月にデンマークの大北電信会社が長崎―上海，長崎―ウラジオストック間の海底ケーブルを完成させており，長崎でのケーブルの陸揚と，長崎―横浜間の電信線敷設権を求めてきた。政府は，海底線の敷設権のみを与え，同社は明治4（1871）年に上海―長崎間の通信を開始した。陸上線については政府自身が架設に着手し，1873（明治6）年4月に完成している。これで横浜から長崎・上海を通じてヨーロッパまで電信網が繋がった。

明治3（1870）年閏10月，「百工褒勧」の省として設立された工部省は，民部省等からこれら官営事業（軍工廠を除く）を引き継ぐとともに，事業の規模と範囲を拡大した。鉄道では，明治3（1870）年3月着工（5年9月開通）の東京―横浜間に，神戸―大阪間（着工3年7月，完成7年5月），大阪―京都間（着工4年12月，完成10年2月）の敷設が続く。旧藩営の優良鉱山の官収も進んだ。阿仁，院内・大葛の非鉄金属鉱山のほか，鉄鉱石の釜石，石炭の三池，高島が明治6, 7（1873, 74）年に相次いで工部省の管轄下に入っている（大葛は明治4〔1871〕年）。

このうち高島炭鉱は，当初はグラバー商会，この頃にはJM商会およびオランダ貿易会社から資本が入っており，旧佐賀藩主が共同で経営を行う形をとっていた。政府は明治5（1872）年3月に鉱山心得書を公布し，埋蔵鉱産物を政府の所有として私的土地所有権から切り離す鉱業権主義と，その鉱業権請負の認可対象を日本人に限定する本国人主義を規定しているが，その契機となったのが，この高島炭鉱における外国人利権の回収問題であった[12]。翌1873（明治6）年7月制定の「日本坑法」では，さらに詳細な規定が定められている。ここでも，外国資本を排除する政策志向は明確である。

1873（明治6）年に官収された釜石鉄山では，鉱石の採掘に加え，1875（明治8）年から洋式技術による製鉄事業（木炭高炉による銑鉄生産）への取り組みが始まった。製鉄事業は，1873（明治6）年新設の赤羽工作分局，1878（明治11）年官収の

---

[12] 政府は鉱山心得書に則って外資との共同経営を拒否し，40万ドルを支払うことで利権を回収した。そして同年，炭鉱は後藤象二郎に払い下げられている。しかし後藤が，再度JM商会から資金借り入れを行ったため，1881（明治14）年に三菱が後藤の借金を肩代わりし，高島炭鉱を傘下に収めた。高島炭鉱から最終的に外資が排除されたのは，この三菱による借入金の返済による（石井［1984a］）。

中小坂鉱山（鉄山）でも試みられている。洋式技術による製鉄計画は，それが兵器生産と密接に関連することから繰り返し提起されており，工部省の重点領域となっていた（鈴木編［2002］）。そのほか，旧加賀藩建設の兵庫製作（造船）所が明治4（1871）年に接収され，造船事業が拡大している。また新規の産業として，セメント生産が深川工作分局で，ガラス製造は品川工作分局で始まった。

官営の事業は，内務省（1873〔明治6〕年設立）勧業寮の下でさらに対象分野が広がり，紡績工場（新町〔屑糸〕・堺・愛知・広島紡績所），毛織物工場（千住製絨所）およびフランス式製糸工場（富岡製糸場）が継承ないしは新設されている。これら繊維工場は，資本財や兵器生産へ傾斜していた工部省下の官営事業に対して，民需品ないしは消費財生産に近い点が特徴である[13]。そうした志向性は，農業部門への関心の高さにも表れていた。内務省は内藤新宿試験場，三田育種場，駒場農学校等の勧農関係施設の設立によって，西欧の品種，農法の移転を図るとともに，下総牧羊場等の牧畜部門によって，毛織物原料の生産にも乗り出しているのである。なお，明治2（1869）年に設立され，北海道開拓を任務とした開拓使も，小樽—札幌—幌内間の鉄道や，ビール，製糖などの食品加工工場，各種の鉱山など多様な官営事業を営み，また札幌農学校（1876年）などの設立を通じて，洋式農法・技術の導入を図っていた。

▶ 民間事業への関与

これら官営事業の展開の一方で，政府は1875（明治8）年頃から，民間の経済活動へ補助金・貸付金等の交付の形で積極的な関与を始めた。海運業者・三菱会社への補助金交付はその代表的な事例である。汽船による海運業は，外国航路（上海・香港）はもとより，開港場間（横浜，長崎，函館の3港に兵庫港，開市に伴う大阪川口港〔1868年〕，新潟港〔1869年〕が加わる）をめぐる沿海航路においても，担い手は太平洋郵船（アメリカ）などの外国籍汽船会社であった。政府は，1874（明治7）年の日本の台湾出兵を機に，本格的な海運育成策の策定に着手する。官営事業案も出される中で，1875（明治8）年9月，政府（大蔵省）は前年台湾への軍事輸送を委託した岩崎弥太郎（三菱会社）に対して第一命令書を交付し，官有船13隻の無償下付と運航補助金年25万円の15年間給付を約した。さらに，解散した政府系の郵便蒸気船会社の旧所有船17隻も無償で下付している。これを基盤に三菱会社は沿岸および上海航路への本格的な参入を行い，競争の結果，太平洋郵船，P&O汽船（イギリス）をこれらの航路網から駆逐した（山口［1989］，小風［1995］）。

---

13 もっとも毛織物の用途としては軍需＝軍服の比重が高い。

そのほかにも、個人や企業へ勧業資金が貸与された事例は少なくない。これらの融資は、おもに「準備金」と呼ばれる「特別会計」が資金源泉となっていた。明治2（1869）年に政府紙幣償却のための「積立金」として始まった「準備金」制度は、1877（明治10）年頃には、正貨蓄積および産業奨励のための財政投融資の資金源泉としての性格を強めている。貸付先としては、五代友厚や渋沢栄一といった有力な企業家のほか、岩倉具視などの政府要人の名も挙がっている。初めての民間鉄道会社である日本鉄道（1881年11月政府が特許条約書下付）に、利子・配当保証（開業まで8%の利子補給、開業後10～15年は8%配当保証のための利益補填）を行っているのも、同様の文脈である。1877年から始まった海外荷為替制度は、広業商会、三井物産、三菱会社、起立工商会社、日本商会、貿易商会などの貿易商へ荷為替資金の貸与を行い、日本人の手による輸出業務の掌握（直輸出）を狙うとともに、上毛繭糸改良会社のような、生糸などの主要輸出品の生産に携わる生産者も対象とした、輸出産業振興策であった。貸し付けられた政府紙幣が、正貨で回収されることになる点では、正貨吸収政策の一環としても位置づけられる。1880（明治13）年2月、準備金から資本金（300万円）の3分の1を出資して設立された貿易金融を専門とする横浜正金銀行には、別に海外直輸出荷為替資金として300万円が預け入れられ、直輸出の奨励とそれを介した正貨の蓄積が図られた（高橋［1964］）。

　内務省の活動自体の中にも、民業奨励への傾斜が見て取れる（安藤［1999］）。とくに奨励の対象として、在来の農業・農産加工業がクローズアップされている点は、官営事業との対比において注目されるところであった。たとえば、1877年1月に府県を通じて「所業熟練ノ者取調」が行われているが、これは在来農法に習熟するいわゆる「老農」を、勧農政策の担い手として位置づけたものであり、在来農法の達成を評価し、そのノウハウの普及に農業発展の方向を見出している。三田育種場との連携の下、各地で農産品市・種苗交換が行われているのは、その具体的な現れのひとつであった。「府県勧業課」は1876（明治9）年まで大部分の府県で設置されており、有力農民などが勧業課附属の委嘱を受けていた。産業情報の交流の場として、第1回内国勧業博覧会が東京上野で開催されたのは1877（明治10）年のことである。出品点数8万4352、縦覧人員45万4168人を集めたこの博覧会には、後述の国産水車紡績機（ガラ紡）も出品され、1881（明治14）年開催の第2回では、出品点数は4倍弱、縦覧人員も倍増に近い（清川［1995］）。個々の物品の明確な審査を行う共進会も、産業知識の交流・向上に重要であり、「生糸繭茶共進会」（1879年）、「綿糖共進会」（1880年）が全国の関連業者を集めて開催された。

▶ 特質と帰結

　このように，政府が政策的に関与する産業分野は，当初の軍事工業から明治10年前後には在来農業まで広がり，それを管掌する部局は，工部省，内務省，大蔵省と複数にわたった。政策手法も，官営事業の経営から補助金・貸付金の供給，産業・技術情報の紹介・普及など，多様である。これらの諸施策の背後には，明治政府内での政策目的，政策構想の変遷や対立，それに政策対象との関わりの中での現実認識の深化があった。

　殖産興業の基本的な目標は，万国対峙の中，対外自立のための富国強兵を図ることであった。軍工廠へと繋がる「近代的官営兵器工場」の設立・育成は，こうした政策目標をストレートに示している。政府が自立的な兵器生産能力を獲得（対外自立と強兵）するには，官営工場の育成は有力な手段であり，その兵器の性能が，欧米に太刀打ちできるものであるためには，欧米からの技術移転，すなわち産業の「近代化」が不可欠である（富国）。たしかにここでは，「強兵」および「富国」が政策目標としてセットになっていた。

　しかし，このような政策目標間の調和的な関係が常に成り立つわけではない。富国（経済建設）と強兵（戦争準備）との矛盾は，たとえば1873（明治6）年の「征韓」論争や台湾出兵問題（1874年）における，内治優先論（富国）と外征論（強兵）の対立から読み取ることができる（坂野［1983］）。岩倉具視を特命全権大使とする遣外使節団が日本を出立したのが明治4（1871）年11月，帰国は1873（明治6）年9月（大久保利通は5月）であった。征韓論争における征韓派の敗北は，欧米列強の経済実態を直接見聞した大久保利通らが，富国を優先させたことにその一因があった。

　もっともここでの富国は，対外自立と強兵を可能とするための手段としての意味合いを強く帯びている。その意味で，経済成長（ないしは1人当たりGDPの増大）を第一義的な目的とする，現代的な意味での「富国」論と同一視することはできない（斎藤［1992］）。しかし，富国への傾斜は，政策対象分野の拡大に繋がった。農業や繊維産業に着目し，担い手としての民間主体へも期待を寄せる内務省の諸施策は，官営方式での軍事工業および鉱山・鉄道の育成を主眼とした工部省の路線からは逸脱している。この民間を巻き込んだ輸出奨励・輸入代替政策の背後には，富国を貿易黒字の蓄積にみる，「重商主義的」発想が存在していたといえよう[14]。近代的軍事力の育成を超え，より広範な産業育成策へと展開した点

---

[14] これらの諸施策を，民業への「干渉保護」であるとして批判を加えた田口卯吉が，「重商主義」的政策に対抗的なマンチェスター学派の議論に立脚していたことは，この時の政府の民業奨励の特質の一端を示しているといえる（大石［1989］）。

に，維新政府の殖産興業政策の進化の跡をみることができる。

しかし1880～81（明治13～14）年にかけ，殖産興業政策は転機を迎えた。1880年12月の「工場払下概則」が，官営工場の民間への払い下げを打ち出し，1884（明治17）年7月からは官営鉱山も払い下げの対象に入った。そして工部省が1885（明治18）年に廃止となる。財政上の理由から始まった官営工場の売却方針は，三池炭鉱など収益力のある鉱山事業の払い下げにまで広がっており，ここに官営による産業育成路線の終焉が看取される（小林［1977］）。一方，1881年4月の農商務省の設立は，内務省主導の殖産興業政策の終焉を意味していた。民間主体への貸付金・補助金の直接撒布は激減し，「準備金」の運用は，横浜正金銀行に対する外国為替資金貸付へ集中していく。外国商社への貸与も含むその資金運用は，正貨吸収を主目的とするものであり，「直輸出」振興の意味は薄れた。農商務省の予算規模は小さく，主たる施策は，内務省の民業奨励策を引き継いだ農談会，共進会などによる情報交流や，同業組合準則の制定（1884年）による商人・小生産者の組織化などに限定されていく。これらの施策が，在来的な産業の発展を促進する機能を有していたことは指摘されており，この時期の農商務省における産業育成策にも一定の評価は必要である（上山［1975］）。しかし，「近代産業」育成への政府の包括的な取り組みは，ここでひとつの区切りを迎えたことはたしかであろう。

▶ 政策の効果

ではこのような殖産興業政策は，日本の経済発展にとってどのような意味をもっていたのだろうか。維新政府が新しく導入・定着を図った諸産業（鉄道，造船，近代製鉄，紡績，器械製糸など）は，銅・石炭の鉱山とともに，その後の日本経済の発展に重要な役割を果たしている。しかし一方で，1880年代後半以降本格化する日本の産業発展を担ったのはおもに民間企業であった事実も指摘されねばならない。鉄道では1880年代以降，新たな民間鉄道企業が勃興し官営鉄道の延伸距離を上回っていくし，紡績業や器械製糸においても，産業発展を主導したのは官営を起点とする諸工場ではない。官営工場の系譜を引く造船所，製鉄所や官営の諸鉱山においても，前述のように，官業払い下げによって担い手が民間企業に替わっていた。日本の産業発展と殖産興業政策との関係の評価には，吟味が必要である。

実際，政府によって移植が試みられた技術・産業と，当時の日本経済の現実との整合性には，問題がある場合も多かった。たとえば鉄道は，近代技術の粋であり，文明開化の象徴であったことはたしかである。しかし開港場と主要都市を結んだ短距離の3路線が，不利な条件の下で導入された多額の外資に見合った経済

効果を有していたとは思われない（永井［1990］、中岡［2006］）。事実、1870 年代中葉に、政府は鉄道への資金投下を縮小している。大農法や牧畜を中心とする西欧の農業技術が、稲作農業を中心とする日本の小農経営に不適合なことは、政府部内においても比較的早い時期に認識されるようになっていた。官営工場が押しなべて赤字を計上していたことも、新産業が採算のとれる安定した事業として定着しえなかったことを示している。直輸入型の技術導入の試みは、必ずしも当時の実体経済のパフォーマンスの向上に結び付いていたとはいえないのである。

しかしながら新規の技術や工場制度が持ち込まれ、実際に運営されたことは、その後の展開の起点となった点において、たしかに意味があった。たとえば官営鉄道では、外国人技術者・技能者の下で敷設・運営を経験した日本人スタッフが、技術・経験を蓄積し、民間の日本鉄道発足に際しても、敷設・運営を請け負っている。技術移転の受け皿となる高級技術者の基礎的な教育は、工部省所管の工部大学校が担当していた（中村［1998］）。このように、官営事業が技術移転の場として機能していたことは、造船や鉱山、製鉄業などでもみられることであった。実際、1870 年代に最大 500 人を上回った政府の「お雇い外国人」が、1880 年代には 150 人前後に減少している（梅渓［1965］）。産業発展に不可欠な人的資本の養成において、官営事業は一定の機能を果たしていた。

旧官営事業が、その後も主要な事業所として産業発展の主軸となるケース（造船等）では、政府による初期投資の負担を指摘できる。前述のように、これら官営工場では採算がとれていなかった。「官営」による不効率をその一因として指摘しうるが、同時にそれは、重工業分野におけるキャッチアップの困難さを示すものともいえる。官業払い下げは、採算性を要求される民間企業に、当該産業分野への参入を可能とした。たとえば長崎造船所の払い下げ価格は、政府の投資額に比して大幅に低い（小林［1977］）。この造船所の買収が、三菱側の積極的な意図の下に行われたかどうかには、諸説がある。しかしそれが買収側の初期投資額を節約し、経営上の不採算リスクを引き下げる効果を有したことはたしかであろう。政府による初期リスクの負担が、民間主導の産業発展の前提条件となっていたのである。

4 財政金融とマクロ経済変動

▶ 大隈財政とインフレーション

ではこの殖産興業政策は、どのように通貨、財政、金融面での諸政策と関連していたのだろうか。新貨条例制定により、通貨単位と金属量の関係を固定化した後の政府の課題は、政府紙幣の価値の安定であった（以下のマクロ経済変動に関す

る叙述は，おもに梅村・中村編［1983］の諸章によっている)。政府による兌換紙幣化の試みは，すでに1872（明治5）年11月の国立銀行条例の制定に現れている。同条例はアメリカのNational Bank Act（国法銀行条例と訳される）に範をとり，民間資本によって設立された「国立銀行（National Bank)」に兌換紙幣を発行させ，民間への資本供給を図るとともに政府紙幣との交換によって不換紙幣の償却を進めることを意図して施行された。具体的には，資本金の60%に当たる政府紙幣を政府へ納入し，それと引き換えに同額の6分利付金札引換公債証書の交付を受ける。これを抵当として政府に預託し，同額の発行権を得て発行する銀行券によって貸し付けを行うこととなっていた。しかし実際に設立されたのは1875（明治8）年まで4行のみである。銀行は，資本金の40%を兌換準備として正貨（金属貨幣）で払い込み，銀行券に対する兌換請求に応じることが義務づけられていた。主たる取引手段として流通する政府紙幣に対して，正貨にプレミアムが付いている状況の下では，銀行券はすぐに兌換請求をうけ市中に流通することがなかった。銀行設立のインセンティブとなる，銀行券発行による貸し付けが実現できなかったのである。

　一方，新貨条例後の金属貨幣に関しても，金貨の退蔵と銀貨の基準貨幣化が進行した。その原因は1874（明治7）年以降顕著となる，国際金銀比価からの乖離である。世界的な金本位制への移行の中で，国際金銀比価は銀安傾向を示したため，新貨条例の定める金銀比価は，再び国際価格よりも銀高となった。このため，開港時と同様な金貨の国外流出が生じる中で金円の円銀に対する価値上昇の期待が醸成され，金貨の退蔵が起こった。事実上基準通貨が，本来は外国人との決済用の補助通貨として発行されていた銀貨（貿易銀）となったのである。一方で，国内の実際の取引手段として利用されるのはもっぱら政府紙幣であったから，政府紙幣と円銀（＝洋銀）の交換比率は，国内における紙幣価格であるとともに，貿易決済に際して機能する外国為替相場の性格をもつようになった。新貨条例によって設立された金本位制はここに空洞化し，不換紙幣と銀貨[15]の並存状況が，この時期の通貨制度の特質となったのである。

　たしかに，地租改正と秩禄処分は，歳入の安定と歳出の自由度の増大をもたらし，殖産興業政策の基盤となった。政府紙幣の価値も1873（明治6）年以降，比較的安定している。1873年に井上馨の後を襲い大蔵卿となった大隈重信は，拡張的な財政運営を図り，大久保利通の主導する内務省の政策展開を支えるとともに，1878（明治11）年の大久保暗殺以後も，民間への融資を含む積極政策を進め

---

[15] 1878年には法的にも国内での無制限通用が定められた。

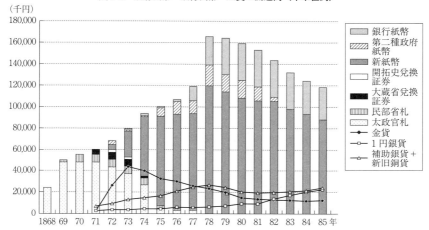

図 2-6　政府紙幣・銀行紙幣・正貨の流通高（年末在高）

（出所）　山本［1989］表 3-11，156 頁，および「明治三十年幣制改革始末概要」（大内兵衛・土屋喬雄編『明治前期財政経済史料集成』第 11 巻ノ 2，明治文献資料刊行会，1964 年）第 21 号表より作成。

た。しかし大隈財政下の拡張政策は，このような通貨制度上の不安定要因を孕んでいた。それが政府紙幣価値の低下（銀紙格差）の形で露呈したのが，大隈財政末期の 1880〜81 年のことであった。そこに至る過程には，明治維新における社会変革の諸要素が反映されている。

図 2-6 にみられるように，1877（明治 10）年頃から通貨の膨張傾向が現れている。国立銀行券の増加がその一因であるが，その契機となったのは 1876（明治 9）年 8 月の国立銀行条例の改正であった。この改正によって国立銀行は，公債証書の出資によって資本金の払い込みに充当し，その公債証書を大蔵省に供託することによって，資本金額の 8 割まで預託額と同額の銀行券を発行することができるようになった。そしてこの銀行券発行額の引き換え準備が，資本金額の 20％ で，かつ正貨（銀貨）ではなく政府紙幣でも可とされたのである。これによって国立銀行券は兌換請求をうけることなく，政府紙幣同様の通貨として流通することとなった。これは公債証書所有者にとって，公債利子以上の収益を得られる有利な資産運用機会であり，実際，1879（明治 12）年に 153 行で認可が打ち切られるまで，各地で国立銀行の設立が相次いでいる。この公債証書の多くの部分が，金禄公債等の，秩禄処分に伴って華族・士族に交付された公債類であった。国立銀行は，民間事業活動への広範な資金供給機関として機能するとともに，士族に対する授産事業の性格をも色濃く帯びていたのである。

その一方，1877（明治 10）年に勃発する西南戦争によって，政府は平常年の年

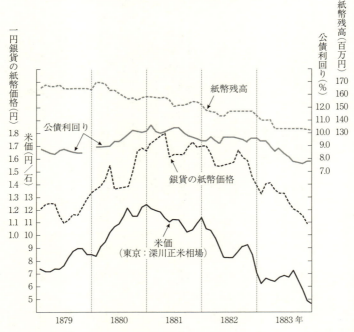

図 2-7　西南戦争インフレから松方デフレへ

（出所）　寺西［1983］図 6-2，175 頁を引用。

間歳出規模に匹敵する総計 4157 万円の戦費支出を余儀なくされた。戦費調達には，華族の出資によって設立された第十五国立銀行からの 1500 万円の借り入れと，2700 万円の政府予備紙幣の増発が充てられている。ここでも，反乱の鎮圧という形での士族対策が，通貨膨張の直接の原因となっていた。潜在的なインフレ圧力の形成が，「幕藩体制の解体」と密接に結び付いていたのである。

　このインフレ圧力が，次の図 2-7 にみられる物価騰貴（西南戦争インフレ）となって発現するには，もうひとつの社会階層である地主・農民層の動向が重要となる。前述のように，政府は 1877（明治 10）年 1 月，地租改正に対する農民からの反発を押さえるために地租を地価の 3% から 2.5% へと引き下げた。この引き下げは地主・農民への分配率の上昇をもたらし，加えて，備給費，運送費，旅費等で 8 割を占めた西南戦争の戦費支出が，おもに西日本地方において，政府軍へのサービス供給者の所得を増加させた。これらを背景とする民間需要の増大により，米価を先行とする物価上昇が始まったが，この米価の上昇自体が，販売者である地主・農民・商人の利得となっていく。さらに米価・農産物価格の上昇が，定額

地租の負担を実質的に低下させるために,農村部を中心に広範な購買力の増大が生じた。一方政府は,西南戦争の鎮圧によって士族対策に一応の決着をつけた後,積極的な殖産興業政策を再開した。1878（明治11）年の起業公債の発行はその現れであり,1000万円の公債収入が,官業鉄道の延伸,各種貸付金・助成金,土木事業による社会資本整備等に投下された。財政支出の面からも,経済の拡大基調は続いていたのである。これらの国内需要の拡大は,農業・非農業生産双方の活性化に結び付いた。たとえば先述の在来織物業の再編成は,この国内需要の拡大を市場的基盤としていた面がある。酒需要の増大は,農村各地に酒造業者を簇生させた（斎藤・谷本 [1989]）。生産,消費両面において,この時期農村経済は活況を呈していたのである。

しかし,引き続く物価上昇は,政府の財政収支を悪化させていく。1880（明治13）年の米価は1877（明治10）年の2倍を超え,定額地租に依存する政府にとっては,大幅な実質歳入減となった。それは政府の政策展開にとって,大きな阻害要因とならざるをえない。また増大した国内購買力は,繊維品を中心とする輸入品にも向かい,輸入増を原因とする貿易赤字の拡大をもたらした。正貨の流出は,銀貨兌換に基盤を置く安定的な通貨制度の確立の途を閉ざすことになる。さらに持続的な物価騰貴が,転売による利ざや獲得を狙う投機的な行動を誘発し,さらなる物価上昇を招くとともに,名目利子率の上昇を通じて生産活動への阻害要因となる局面も現れてきた。一方で,定額の公債利子は実質的に減価し,士族層の所得を減少させる。財政運営の上でも,またマクロ経済の安定化のためにも,インフレーションへの政策的な対応が不可避となったのである。

▶ 松方デフレーションへ

対応策としてまずあげられるのが,政府紙幣の償却による通貨膨張の抑制である。大隈は1878（明治11）年から一定量の紙幣償却を進めているが,しかし拡大した経済規模の縮小は意図していなかった。1880（明治13）年5月,5000万円の外債発行によって正貨輸入を実現し,それを政府紙幣の兌換準備とすることで,一挙に政府紙幣の兌換紙幣への変更と銀紙格差の解消を狙った「正金通用方案」が提案される。また,政府内には,金納定額の地租を一部米納に変更し,米価上昇の果実を政府が入手することによって歳入の減少を予防する,地租米納論も浮上した。拡張的な財政政策を維持しつつ,兌換制度の確立による通貨制度の安定化と,輸出産業振興による貿易赤字の解消が志向されていたのである。しかし外債案は外資排除の政策志向との齟齬から,また地租米納論も地租改正の成果を否定するものとして,いずれも採用には至らなかった。大隈が憲法制定と国会開設をめぐる政治的対立によって政府から追放された明治14年政変後,新たに大蔵

卿に就任した松方正義がとった施策が，緊縮と増税による紙幣整理の徹底であった。すなわち通貨収縮を優先させた，拡大均衡路線からの転換である（大石［1989］，梅村・中村編［1983］など）。

　松方は，一種の特別会計として民間への資金撒布の窓口となっていた「準備金」と，経費節減と酒税増徴等の増税によって得た財政余剰をもとに，政府紙幣の償却を急速に進めた。とくに，歳入と歳出の時期的なズレを埋めるための予備紙幣が，財政制度の不備もあって1881年10月には発行残高1450万円に達していたものを，1年余の間にすべて償却している。一般政府紙幣を合わせ，2年弱の間に2200万円の政府紙幣が流通界から引き上げられたのである（室山［1984］）。この政府紙幣の縮小により，図2-7にみられるように銀貨の紙幣に対する価格は急速に低下（紙幣の銀貨に対する価格は急速に上昇）していった。一方政府は，1882（明治15）年6月に日本銀行条例を公布し，同年10月に日本銀行を資本金1000万円（払込500万円）で発足させた（資本金の2分の1は「準備金」による政府出資）。1884（明治17）年には兌換銀行券条例を定め，日銀に銀行券の独占的発行権を付与するとともに，銀行券の銀兌換を定めた。銀紙格差の解消が，兌換券発行を現実のものとし，1885（明治18）年5月，銀貨兌換の日本銀行券の発行が開始された。政府紙幣は，漸次，日銀券に置き換えられていく。ここに，維新期以来の不換政府紙幣の発行と流通は終焉を迎え，銀本位制の通貨体制が確立した。通貨制度の安定と，財政と金融の分離が実現したのである。

　一方，紙幣整理と通貨収縮は，物価の急速な下落をもたらした。とくに米価の下落は大きく，インフレ期とは逆に，農村購買力は大幅に減少していく。農産物販売による利益は減少し，実質的な地租負担は重くなる。それがさらなる農村購買力の低下となり，米価下落を招く。この松方財政期のデフレ・スパイラルは，政府財政の観点からみれば定額地租額の実質的増加となり，緊縮財政の中でも，財政支出の実質的な回復を意味する面があった。加えて，1882（明治15）年の壬午事件をめぐる朝鮮半島での政治的・軍事的緊張は，陸海軍の軍備拡張要求の容認に結び付き，酒造税を中心にさらなる税率の上昇が図られた。松方財政を緊縮財政とのみ性格づけられないのは，このような財政支出拡大の局面が含まれていたからである。また，農村購買力の低下によって輸入は減少し，明治初年代以来の大幅な貿易収支の赤字が1881年以降黒字へと転換した。正貨流出問題は一旦解消し，流入する正貨が，前述の「準備金」を利用した海外荷為替制度等を通じて，日本銀行の兌換券発行の基礎となった。マクロ経済の不安定要因となる財政赤字と貿易赤字が，ここで一応の解決をみているのである。松方財政は，たしかに幕末・維新期の制度変化と経済変動のひとつの帰結であり，それが来るべき企

業勃興を準備したといいうる面をもっていた（寺西［1983］，室山［2004］）。

しかしその反面で，デフレ・スパイラルは，農村経済の沈滞をもたらした。それは，インフレ期待の下で，投機を含む積極的な行動に出ていた諸主体に重く響くとともに，増税および定額地租の実質増による公課負担の増大と生産要素——肥料——価格の相対的上昇にみまわれた農民層にも，負債の返済難として現れた。その帰結は，大幅な土地所有権の移動である。抵当に入っていた土地が債権者の下に集積される一方，多くの小農経営が自作地を失った。1873（明治6）年の推定小作地率27.4％は，1883，84（明治16，17）年には35.9％に上昇している（古島編［1958］332頁）。

マクロ的にみるならば，この一連の経済変動は，地主・農民層と政府との所得分配の変転を反映するものであった（室山［2004］）。明治維新の体制変革は，旧支配層たる武士階層を消滅させた。その一方で政府の「富国強兵」と「殖産興業」の政策構想は，租税負担者たる地主・農民層との，協調と対抗の中で展開していたといえる。1890（明治23）年に始まる帝国議会では，地主・農民層に支えられた「民党」が，改めて政府の政策構想に「民力休養」を主張して対抗することになる。では，これら農村を基盤とする地主・農民層はどのような存在であったのか。前章では，幕藩制社会の基盤を，小農の「家」と場としての「村」を基軸とする小農社会と特徴づけた。次節では，小農社会の幕末・維新期における連続と変容を，おもに「地域社会」の形成という視角から整理しよう。

第4節　移行期における地域社会の形成

1　近世後期における「地域社会」の形成

▶豪農の成長と特質

本章第1節で述べたように，近世後期における農村経済の発展を主導したのは，農業および産業部門の，市場経済化を背景とする展開であった。この市場拡大の中から，生産・商業活動を活性化し，富を蓄積する百姓身分の農村在住者が現れてくる。表2-8は幕末・明治初年の畿内および関東農村における土地所有の規模別分布を示してある（山崎［1963］）。村内上層に土地所持規模を拡大した経営が現れる一方で，とくに畿内では無高層が大きな部分を占めるようになっており，いわゆる「両極分解」の様相を示していることが読み取れる。もっともこの「分解」は土地所有に関するものであり，土地喪失が農業経営からの離脱を意味するものではないことは本章第1節で述べた通りである。しかし，一方に土地資産を

表 2-8 村内の土地所有規模別の戸数分布

国 郡	摂津 武庫・川辺	摂津 豊嶋	河内 丹南・丹北・ 若江・渋川	和泉 大鳥	武蔵 都筑	甲斐 巨摩
対象村数	30	11	11	8	37	8
年次	1877年前後	1848-74年	1866-73年	1843-1874年	1870-72年	1870年
高持・計（戸）	1,275	519	383	444	2,436	755
土地規模別の戸数分布（％）						
50石以上	2.4	2.0	3.7	2.3	0.4	2.0
50～20石	11.4	10.0	11.4	8.3	2.8	3.4
20～5石	34.7	35.2	30.3	26.6	29.3	10.5
5石以下	51.5	52.8	54.6	62.8	67.6	84.1
無高戸数／高持戸数	48.5	25.4	161.1	166.5	3.2	2.4

（出所）山崎［1963］第8・9表，第8・10表，366，372頁から作成。

蓄積する有力農民の層が形成されていたことはたしかであった。近世後期には，土地の永代売買もなされるようになっており，幕末には土地価格の一般的形成も見て取れる。畿内などでは村内のすべての耕宅地について，その面積と石盛から計算される「石高」とは別に，「宛米」と称される土地の評価（米の容積表示）が成立している事例が知られている。それを広義の基準小作料とみなし，そこから経費（年貢，諸掛など）を差し引いた「純益」を標準利子率によって資本還元した値が，土地の売買や担保評価に用いる土地価格とされていたのである（竹安［1966］，植村［1986］など）。質入とその流地の形態をとる場合でも，土地取引は事実上の市場関係の下に営まれていた。このように土地市場の発達した畿内地方において土地所有の分解の度合いが強いことは，農村における市場経済化が階層分化を促したとする見方に整合的であろう。

　これらの有力農民は，研究史上，「豪農」と呼ばれることが多い。有力農民は近世前期においても存在するが，それらは近世以前からの土豪や小領主の系譜を引き，従属的な村民を基盤とする性格が強かった。これに対して「豪農」は，自立した小農経営からなる村において，新たな基盤の下で有力農民としての地位を得た存在であり，近世後期に特有の存在として概念化されている（久留島［1995］，渡辺［1998］）。それは市場化の中での経済活動を基盤にしつつ，しかし，近世農村を特徴づける「家」と「村」との固有の関係の下にある存在であった。

　このような「豪農」の活動の多面性を腑分けし，幕末の地域社会に位置づける上で，「豪農」の類型化はひとつの有力な方法であろう。渡辺尚志は幕末の「豪農」を，村にとどまる在村型と，地域にとらわれず政治的な活動に邁進する草莽の志士型に分けた上で，在村型Ⅰと在村型Ⅱの2類型を設定し，自己の経営の利

害を追求する在村型Ⅱに対して村内の貧農を維持し村落秩序の確保を志向する在村型Ⅰの存在を見出している（渡辺［1998］）。もっとも在村型Ⅱが市場経済化を担う経済主体としての機能の表現であるとすれば，その機能は「豪農」のみが担っていたわけではない。たとえば畿内や関東の農村織物業の展開は，農村内において別個に存在しうる生産の主体（農家世帯），流通の主体（在地商人），金融を担う主体（地主・資産家）それぞれの市場対応行動を基盤に，生産・流通・金融の諸機能の相互の結び付きによって推進されていた。産業の推進力は，むしろ資産規模は中程度の在地商人が担っていた面が強く，「豪農」のイメージに近い金融業者も，経済機能の一端を担う一プレーヤーであった（谷本［2005］）。村内有力農民たる「豪農」の特質は，むしろ経済活動の成果に基盤を置きつつも，それに固有の社会的活動を加える在村型Ⅰに体現されていたと考えられる。

村内困窮者に対する救済は，そうした領域のひとつであった。近世社会の領主—百姓関係において，年貢負担者である百姓の困窮に対して「御救」（扶助）を行うことは，領主の義務と観念されていたといわれる。実際，幕府は享保期の飢饉に際し救恤政策の一環として夫食貸付を行い，貯麦・置籾仕法を定めていた（深谷［1986］，［1993］）。しかし18世紀半ば以降の幕府・大名は，財政難を背景に押しなべて「御救」政策を後退させた。それに代わって打ち出されたのが郷村貯穀政策で，宝暦・天明以降の18世紀後半，農民負担によって設けられた郷倉・社倉は，領主的権力によって確認された半官半民の公共的な貯穀として機能するようになる。村内富裕者はその管理運営に当たるとともに，天保飢饉などの凶作時には，自らの資産による直接救済も実施した（菊池［2003］，松沢［2009］，長谷部・高橋・山内編［2010］など）。ちなみに寛政期に導入された江戸の備荒貯穀も，町会所に貯穀する米穀の購入資金（七分積金）を直接の受益者ではない地主が負担する形になっている（安藤［2000］）。水利施設の建設・維持管理についても，近世前期に盛んな幕府や大名が主導する御普請や国役普請から，農民負担の自普請への移行が指摘されている（福山［2003］）。

村内での金融業務や地主経営などの経済活動についても，その動因には個別的な経済利害だけではなく，村内の小農経営維持への志向性を含んでいた。前章でも触れたように，質入地の流地について無年季での土地請戻し慣行が存在していたが，その履行を支持する村役人層が「豪農」にオーバーラップしていることが少なくない。そもそも村内での資金融通自体，返済条件に鑑みて小農経営の維持策と評価すべきケースもみられた（大塚［1996］）。地主による小作地の供給が，賦存家族労働力の変動に応じた，小農経営の生存戦略の中に位置づけられている面も観察されている（友部［2007］，斎藤［2009］）。

▶ 領主財政と豪農

　豪農の領主財政との関わりも多様化した。近年の藩政史に関する諸研究は，近世後期の大名財政には「一般会計」に当たる部分のほかに，「御余慶方」（松代藩），「修補・仕組銀」（萩藩）などの「特別会計」とも呼ぶべき資金プールが存在し，それが独自の資金運用を行い，場合によっては「一般会計」の借入先ともなっていたことを明らかにしている（田中［2013］，伊藤［2014］）。そこでは「一般会計」における赤字や藩債の蓄積が，直ちに大名財政の「窮乏」を意味するわけではないことが指摘されるとともに，これらの「特別会計」の運用や使途をめぐる藩内での相剋が注目されている。「特別会計」が，藩主家の独自な資産運用を可能とし，それが使途を含めて家計的な性格を強化する面もある。他方で，熊本藩では「手永」と呼ばれる行政区域に，雑税や運上などの積み立てを民間からの「寄付」等によって増強した「会所官銭」と呼ばれる資金プールが設定され，夫食貸しなどの生活資金や，土木事業費としての貸し付けに用いられていた。石橋建設などで知られる19世紀肥後地方の土木建設事業の盛行は，大名財政からの支出に加えて，これらの基金からの出資や民間の資産家からの「寄付」によって賄われていたのである（吉村［2013］，今村［2011］）。旗本領でも，有力農民が財政運営に直接介入し，「別廉積置金」を設定して旗本の家計消費を抑え，年貢の地域資金への還流を図る事例も報告されている（酒井［2014］）。ここでは「特別会計」は，むしろ公的財政としての大名財政の分権化に繋がる面があり，大名財政の分解の中で民政への豪農の関与を強める場ともなっていた。豪農層は，時に「特別会計」からの融資を得て事業経営の資金調達源とし，利益の中から利息を納めて資金プールの充実に寄与し，また自己資産からの「寄付」や管理運営の請負の形でそれに参画する存在であった。小農経営の再生産保障に繋がる，経済的な危機への対応やインフラストラクチャーの維持・管理が，公的な領主財政からの支出以外の，多様な財源と人的基盤に依拠するようになっていたのであり，豪農はそれらの領域へ自らの関与の度合いを強めたのである。

▶ 村の連合と地域社会の形成

　それは，領主による「領民支配」の場としての位置づけを超えた，「自律的」な地域社会形成に繋がっていく。18世紀後半から畿内で展開する訴願闘争は，そのひとつの現れであった。文政6（1823）年，綿関係品の自由売買を求めて摂津・河内の畿内2国，合計1007カ村が，大坂町奉行所に対して綿延売買会所停止を訴願した。これは綿国訴と呼ばれ，大坂問屋の集荷独占を阻む成果を得た経済闘争として，よく知られている（津田［1961］，八木［1962］）。「国単位」で広域的に取り組まれたこうした運動は，前述のように18世紀後半から，綿・菜種な

どの高価格での販売や，高騰した肥料価格の引き下げを求めて，しばしば展開されていた。ここで注目されるのは，運動の組織性である。村役人が「郡」を単位に郡中寄合を開き，議定を定め，郡の代表として「郡中惣代」を選出している。郡中の村々の参会は，訴願に結び付く直接の経済問題のみならず，飢饉・凶作に際しての倹約取り締まり，村々を廻る座頭・勧化対策などが契機となって執り行われることも少なくない。郡中議定には，村レヴェルでは対処の難しい地域の諸問題への，広範な取り組みが見て取れるのである（藪田［1992］）。こうした郡中議定の存在は，出羽地方や関東地方など，複数の領主支配が入り組むいわゆる非領国地帯や，各地の幕領で多数見出されている。「郡中」は独自の財源である「郡中入用」を有し，それは村割・高割として，村々が「村入用」の中から負担した。これらの「入用」は，18世紀後半の村方騒動を経て透明性が高まり，「行政」に対する負担として位置づけられるようになった。村の範囲を越える地域的入用の存在は，加賀藩，阿波藩などでも確認されている（久留島［1995］）。熊本藩での地域単位として機能する前述の手永も，地理的には類似の範囲であった（吉村・三澤・稲葉編［2009］）。村を越える領域的な空間が，共通の利害を背景に，領主の支配機構から相対的に自立した管理・運営の単位（地域社会）として立ち現れていたといえる。それが村の連合体としての性格を色濃く備えていたところに，近世社会の達成としての「地域社会」の特質があった。では，明治維新の制度改革は，この地域社会にどのような変革をもたらしたのであろうか。以下，土地制度と地方行政組織の改革に着目して，連続と変革の過程をみていこう。

2 制度改革と地域社会

▶ 土地制度の改革と村

明治維新の土地制度改革は，土地の利用・処分に対する制約の除去から始まる。明治4（1971）年9月の大蔵省達によって，作付けに対する規制が撤廃され（田畑勝手作の許可），明治5（1872）年2月太政官布告で田畑永代売買が解禁された。前節で述べたように，明治5（1872）年には土地一筆に対して地価を記した「地券」（壬申地券）の発行が始まり，その後の地租改正事業を通じて，全国の耕宅地に対し，地価と所持者の確定がなされていく。1873（明治6）年に制定された「地所質入書入規則」（翌年の改正を含む）および「動産不動産書入金穀貸借規則」は，質入[16]の年季を3年に短縮し金銭の返済滞りの際には，流地（のち競売）とすること，書入[17]については，抵当の競売による処分に加え，それが債務に見

---

16 土地の占有は質取主が行い，貢租も収める。土地からの収益は質取主がとり，それが事実上の利息となる。

合わない場合の「身代限り」（所有財産の範囲）での返済を定め，質入に比して弱かった債権保護が強化されている。また1886（明治19）年公布の登記法によって，公証機能は「村」を基盤とする戸長役場から司法省（治安裁判所）に吸収された。

地券所持者が地租納入に対する唯一の責任者となったことは，年貢納入の責任主体を「村」とする「村請制」の撤廃を意味していた。公証機能が最終的に戸長役場から離れたことも相まって，原則として村が納税への対応を軸に村内の土地利用や移動に介入する動機・手段は失われた。また地券が「一地一主」の原則に基づき，1筆の耕地につき1人にのみ与えられたことは，事実上存在した土地への重層的な権利関係の整理に繋がった。質入地の場合，質入者の所有権が認定されたが，期限内での返済が滞れば所有権は質取主に移り，年季明け後の土地請戻しの慣行は否定されている。地主・小作双方が関わる小作地についても，基本的には地主へ地券が公布され，少なくとも法的には所有権は単一化された[18]。小作料に対する藩や村の規制も解体に向かい，小作料水準は，地主と小作人の私的な契約によって決定されることになった。これに前述の土地抵当金融に関する債権者保護の強化が加わり，土地所有権の移動に地理的な制約は薄れていった（川口[1998]）。

このような個人の私的所有を強調する方向性は，近世社会に存在した「総有」的な土地への関与のあり方にも変革を迫った。一部の地域に存在した「割地慣行」――耕作条件の相違を背景に，村が個々の耕作者の耕作地を定期的に割り替える慣行――の禁止令（明治5〔1872〕年8月大蔵省達）もその端的な事例であったが，とくに影響が広範な地域に及んだのは「入会地」の問題である。まず幕府や大名が所有していた林野は政府の所有する「官林」となった。村の持山（村請惣持ノ地）は「公有地」とされ，後者の公有地券が村の戸長に預けられた（明治5〔1872〕年10月達）。そしてこれらの林野が，いずれも民間への払い下げの対象となったのである。

しかし耕地と異なって，「入会地」は私的土地所有には容易に解消されなかった。翌1873（明治6）年，早くも乱伐等の問題を背景に官林の無制限払い下げは停止され，「村受公有地」の措置を受けた山林も，払い下げができなくなる。ついで1874（明治7）年の「地所名称区別」改正で林野は官有地と民有地に区分され，大量の林野が官有化したことで，個人所有化の動きに歯止めがかかった。そ

---

17 土地を抵当とするが，借主がそのまま占有し，借入金に対して利息を支払う。借用金銭を返済できない場合には，貸主に抵当を差し出す。

18 「永小作地」については，地主と小作人の一方が他方から権利を買い取り，権利の単一化がなされた。

して「共同所有」の林野に対する用益権の行使という「入会慣行」の維持が，改めて問われる状況となる。1880，81（明治13，14）年の群馬県群馬郡榛名山麓での入会騒擾（官有林となった旧村82ヵ村共同入会地の入会拝借をめぐる紛擾）など，訴訟，騒擾による入会権確保への運動が各地でみられた。官有林の下でも，草木の払い下げ，官有地拝借などの形をとって，入会利用の多くは継続することになったのである（川口［1998］）。

　耕地に対する私的所有権の強化に対しても，その負の影響に直面する諸階層からの批判が相次ぐことになる。秩父事件（1884〔明治17〕年）に代表される，松方デフレ下に多発した「負債騒擾」はその現れであった。先に述べた土地に関する諸法令に基づく債務処理では，伝統的な債務の清算方式（流地）に代わって，債権者保護を目的に治安裁判所の介入による抵当物件の公売がなされ，そこに地価下落が加わって，身代限処分へと進む事例が頻発した。旧神奈川県域（神奈川県と南・北・西多摩郡）の武相地域で運動を繰り広げた武相困民党の要求（長期年賦支払，制限利息，質地返還）は，このように債務不履行がストレートに土地・財産の喪失へ繋がることへの強い抵抗を示していた。物理的な実力行使によって秩父事件の当事者となる秩父困民党も，同様の要求を掲げている。抵抗を正当化する論理が根ざしていたのが，近世村が私的所有権に対して課した，小農保護を目的とした制約だったのである（稲田［1990］，鶴巻［1992］）。

　秩父事件そのものは軍隊の動員によって鎮圧された。土地を基盤とした「村」の公的な規制力は，明治維新の制度改革の中で否定され，摩擦を生じつつも，そのものとして蘇ることはなかった。しかし，私的な土地所有権の「自由」な行使に対抗する論理は，たとえば私的契約として設定される，地主─小作関係における所有権と耕作権の対抗として，農村社会に内在していくことになる。小農経営の生存に密接に関わる入会慣行も，容易に否定はされていないし，温泉のような近世村による利用規制が強かった資源では，地租改正後の私的土地所有に基づく権利の行使が進む一方で，村や町を単位とする共同利用方式への志向性も根強く，その調整のされ方は地域によってさまざまであった（高柳［2006］など）。「村」を越える「地域社会」の論理が形成されつつあった幕末期において，構成単位としての「村」の弱化は，むしろ新たな地域構成単位とそこでの社会編成原理の出現の機会となる。明治前期における地方自治制度構築への試行錯誤は，その過程を体現するものであった。

▶ 地方自治制度の成立

　廃藩置県後の明治5（1872）年から翌年にかけて，維新政府は庄屋，名主，年寄，大庄屋の呼称を廃止し，数町村規模に小区，郡規模で大区を設置する，大

区・小区制と呼ばれる新たな制度を各地で設定していく。一見して近世来の村と村役人が否定されたかにみえるが，実際の機能では，近世後期に展開する中間機構としての組合村・郡中との継承性は強かった（奥村［1986］）。財政的にも，近世期の郡中入用・組合村入用と，明治初年代の府県管内費，大区費・小区費は，多くの項目において一致・類似がみられる（久留島［1993］）。納税を請け負う村の機能は継続しており，区長・戸長に旧村役人層が就くことも多かった（大石［1990］）。

　制度変化のひとつの画期は，1878（明治11）年に制定されたいわゆる地方三新法（郡区町村編制法，地方税規則，府県会規則）である。郡区町村編制法は，大区・小区制を廃止し府県・郡を「行政ノ区画」として位置づけるとともに，旧来の町村を「自然ノ一部落」として行政区画と区別した。府県知事，郡長が官選で官吏なのに対して，町村に置かれた戸長は民選で，当初は「一般人民」（非官吏）との位置づけとなっている。地方税規則が，それぞれの財政的な基盤を定めた。それまで各レヴェルの地方団体の費用の総称であった「民費」の中から，地方公費にふさわしい費目が法定され，一括して府県レヴェルでの負担となった。その財源は「地方税」（営業税，雑種税，地租割，戸数割）によるものとされ，徴収には公法的な保護（強制徴収権）が与えられている。府県会規則は，この歳入・歳出を協議する場として，公選府県議会（選挙権・被選挙権は納入地租額・年齢がそれぞれ5円，10円以上，20歳，25歳以上の男性）の設置を制度化した。府県は中央政府に対し独自の財源を有し，必要に応じて政府への補助を要請する「主体」の地位を確立したのである（渡邉［1996］）。これに対して町村は，人民の協議によりそれぞれが費目を定め，町村協議費によって支弁することとされた。協議費は租税ではなく，したがって未納に対する公法的な保護規定はない。府県を地域の公共的性格の中心的な担い手とし，町村を法的規制の枠外の，「私」的な団体と位置づける点に，この改革の特徴があったといえる。

　続く1884（明治17）年の一連の地方制度改革は，町村の位置づけの修正が主眼となっていた。先の郡区町村編制法の下でも，町村は戸籍，徴兵，収税，土地の公証などの行政事務を委任され，また協議費の中から学校費・衛生費などが支出されている。それは地域的公共性の形成であり，それに対応して私的存在としての町村を「官」の下に編成しようとする動きが，この改正の主眼であった。区町村費の徴収に公法的な強制権（滞納者に対する公売処分の実施）が与えられるとともに，区町村費からの支弁を公共的な費目に限定し，町村会での審議が制度化された。また戸長役場の所轄区域が，ほぼ町村5カ村規模の500戸を基準とする領域に拡大され（連合戸長役場制），戸長は官選（県令が選挙された5名の中から選抜）

となった（大石［1990］，［2007］）。

　近代日本の地方自治制の基本的枠組みとなった1889（明治22）年施行の市制・町村制は，旧町村の合併による市町村規模の拡大を前提とし，市町村に行政区域の位置づけを与える点で，1884年の改革をさらに推し進めた結果ということができる。その一方で，市町村が明確に公法人格を有する「自治団体」として設定され，かつ「名誉職自治制」を採用している点で，「官」の下での編成を志向した1884年改革とは，明らかに段差があった（奥村［1987］）。その差異をもたらした直接の要因は，御雇外国人のモッセらと山県有朋の連携によるプロイセンの地方自治理念の導入であったことは，よく知られている。しかし直輸入的・模倣的な制度移植の性格を帯びていたにもかかわらず，それが地方自治制の基本的枠組みとして，一定の制度的安定をみることになったのは，制度変化を受け止める実態が，明治10年代を通じて地域社会に形成されていたためであった。

▶ 名望家と有産者秩序の形成

　「町村制」は，町村長が無給の名誉職でその担い手は公民[19]に限られること，また市町村議員の選挙は，納税額により1票の価値に差を設けた等級選挙制に則って執り行われることを定めていた。地方自治を，資産と教養を有する「名望家」に委ねることを想定する「名誉職自治制」の制度的表現がここになされている。無給の代償として手当てが支給されるなど，この名誉職制が，必ずしも理念通りには運用されていなかったことは，しばしば指摘される事実である（石川［1987］）。しかし，相対的に富裕な階層が市町村行政の長として，あるいは府県会議員として，公共的な領域での活動の担い手として立ち現れていたことはたしかであった。その系譜は，近世後期の「豪農」，とくにその在村型Ⅰに求めることができる。

　村請制の下，村の小農維持を目的とする豪農の活動は，組合村，郡中とその地理的範囲を拡大しつつあったが，維新期の制度改革は，その活動領域の量的・質的拡大をもたらした。明治10年代における豪農層の自由民権運動への関与は，政治活動面でのその端的な現れであったといえるが（豪農民権），地域内での公共的な活動領域（教育・衛生・勧業・社会資本整備〔道路・治水〕など）の拡大がみられたのも明治初年代から10年代の特徴であった。自由民権運動における地方自治の要求は，活動領域における相対的自律性の確保を志向する運動であったとみることもできる。それは，地方制度の変革の過程で，府県政の主体化，町村の公共団体化として一定程度，実現していく。その一方で，市場経済化の下での階層

---

[19] 男子25歳以上の公権をもち1戸をかまえる男子で2年以上その市町村に居住した者。それに加え地租または直接国税2円以上を納付していることが要件であった。

分化は，たとえば戸数割への等級制度の導入（等級により負担金額に差異）や，学校建設等への寄付行為を通して，地域社会運営に際しての，富裕者の負担増の可能性をもたらした。その負担に耐える見返りとして，固有の地位（名望）が与えられるとすれば，それは持続可能な地域社会の運営システムとなりうる（奥村[1987]）。「有産者秩序」とも呼びうるこの社会編成の原理が，明治20年代初頭に定着する近代日本の地域社会の特質であった。それは近世後期以来進行する，固有の意味での「地域社会」形成のひとつの達成であった。次章で扱う近代日本の経済発展は，この地域社会との協調と対抗の中で展開していくことになるのである。

おわりに

19世紀における諸産業（農業を含む）の展開は，「小農経済の成熟」と「市場経済化」を基盤とする産業発展であった。それは，領主，小農，そして都市の相互のバランスに変容をもたらし，18世紀までの経済社会の「安定性」を掘り崩す作用をもつ。その点で，近世経済の内在的な変化が「移行」の推進力のひとつであることはたしかであった。しかしそれが基層としての「小農社会」の持続的展開の上に成り立っていたことは，近世経済の「解体」から直接的に「資本主義」経済の成立を展望する段階論的な把握が，「移行期」の日本経済を理解する上で必ずしも適当ではないことを示している。飛躍を伴う経済動態の推進力は，開港と明治維新の，制度変化に負うところが大きかった。その意味で，「移行」に対する外在的な要因の意義は強調されるべきであろう。しかしそれは，基層としての小農社会を外から規定しえたわけではなかった。小農社会は，市場経済をその内部に包含しつつ，地域社会の形成を通じて，その自律性を市場経済の外側においても確保している。漸進的な基層社会の変容と，外在性の強い制度変革による新たな発展への志向性，この両者が一方による一方の否定ではなく，それぞれの局面において自律的に展開し，それが積み重なって全体像を構成するところに，日本の「移行期」の特徴があった。次章の主題となる経済発展の加速とその複層性の原型は，この移行過程の中に胚芽していたのである。

第2章　参考文献

明石茂生［1989］「近世後期経済における貨幣，物価，成長──1725-1856」『経済研究』（一橋大学）第40巻第1号。
天野雅敏［1986］『阿波藍経済史研究──近代移行期の産業と経済発展』吉川弘文館。
有元正雄［1975］「地租改正と地方政治」『岩波講座・日本歴史第14巻　近代1』岩波書店。
安藤哲［1999］『大久保利通と民業奨励』御茶の水書房。

安藤優一郎［2000］『寛政改革の都市政策——江戸の米価安定と飯米確保』校倉書房。
井川克彦［1989］「明治初期の横浜貿易市場における有力商人とその取引」横浜近代史研究会編『横浜近代経済史研究』横浜開港資料館。
石井寛治［1972］『日本蚕糸業史分析——日本産業革命研究序論』東京大学出版会。
石井寛治［1984a］『近代日本とイギリス資本——ジャーディン＝マセソン商会を中心に』東京大学出版会。
石井寛治［1984b］「横浜貿易との関係」丁吟史研究会編『変革期の商人資本——近江商人丁吟の研究』吉川弘文館。
石井寛治［1989］『開国と維新』小学館。
石井寛治［1991］『日本経済史（第2版）』東京大学出版会。
石井寛治［2007］『経済発展と両替商金融』有斐閣。
石井寛治・関口尚志編［1982］『世界市場と幕末開港』東京大学出版会。
石川一三夫［1987］『近代日本の名望家と自治——名誉職制度の法社会史的研究』木鐸社。
石塚裕道［1973］『日本資本主義成立史研究——明治国家と殖産興業政策』吉川弘文館。
市川孝正［1996］『日本農村工業史研究——桐生・足利織物業の分析』文眞堂。
伊藤昭弘［2014］『藩財政再考——藩財政・領外銀主・地域経済』清文堂出版。
稲田雅洋［1990］『日本近代社会成立期の民衆運動——困民党研究序説』筑摩書房。
今村直樹［2011］「近世後期藩領国の行財政システムと地域社会の『成立』——熊本藩を事例に」『歴史学研究』第885号。
植村正治［1986］『近世農村における市場経済の展開』同文舘出版。
上村雅洋［1994］『近世日本海運史の研究』吉川弘文館。
上村雅洋［2000］『近江商人の経営史』清文堂出版。
上山和雄［1975］「農商務省の成立とその政策展開」『社会経済史学』第41巻第3号。
梅渓昇［1965］『お雇い外国人——明治日本の脇役たち』日本経済新聞社。
梅村又次・中村隆英編［1983］『松方財政と殖産興業政策』国際連合大学・東京大学出版会。
大石嘉一郎［1989］『自由民権と大隈・松方財政』東京大学出版会。
大石嘉一郎［1990］『近代日本の地方自治』東京大学出版会。
大石嘉一郎［2007］『近代日本地方自治の歩み』大月書店。
大口勇次郎［1989］「幕府の財政」新保博・斎藤修『日本経済史2　近代成長の胎動』岩波書店。
大蔵永常［1844］『広益国産考』五之巻（天保15年稿，土屋喬雄校訂，〔1995年〕岩波書店）。
大塚英二［1996］『日本近世農村金融史の研究——村融通制の分析』校倉書房。
岡光夫［1963］「播州加古郡における綿織について(1)(2)——加古川流域農村史研究1・2」同志社大学『経済学論叢』第12巻第6号，第13巻第1号。
岡崎哲二［1999］『江戸の市場経済——歴史制度分析からみた株仲間』講談社。
岡田光代［1993］『和泉における綿業と堺商人』大阪府立大学経済研究叢書第78冊。
奥田晴樹［2002］「近代的土地所有の成立」渡辺尚志・五味文彦編『新体系日本史3　土地所有史』山川出版社。
奥村弘［1986］「三新法体制の歴史的位置——国家の地域編成をめぐって」『日本史研究』第290号。
奥村弘［1987］「近代日本形成期の地域構造——地域社会の変容と地方制度改正をめぐって」『日本史研究』第295号。
小野正雄［1985］「幕藩制政治改革論」歴史学研究会・日本史研究会編『講座日本歴史6　近世2』東京大学出版会。
賀川隆行［1985］『近世三井家経営史の研究』吉川弘文館。
籠谷直人［2000］『アジア国際通商秩序と近代日本』名古屋大学出版会。
粕谷誠［2002］『豪商の明治——三井家の家業再編過程の分析』名古屋大学出版会。
加藤慶一郎［2001］『近世後期経済発展の構造——米穀・金融市場の展開』清文堂出版。
川浦康次［1970］「天保後期における尾西綿織物業と他領商人」『徳川林政史研究所研究紀要』昭和

44 年度。

川勝平太［1991］『日本文明と近代西洋――「鎖国」再考』日本放送出版協会。

川口由彦［1998］『日本近代法制史』新世社。

菊池勇夫［2003］『飢饉から読む近世社会』校倉書房。

木下光生［2015］「『貧しさ』への接近――19 世紀初頭，大和国田原村の家計から」平川新編『通説を見直す――16〜19 世紀の日本』清文堂出版。

清川雪彦［1995］『日本の経済発展と技術普及』東洋経済新報社。

グライフ，アブナー（岡崎哲二・神取道宏監訳）［2009］『比較歴史制度分析』NTT 出版。（原著は Avner Greif [2006] *Institutions and the Path to the Modern Economy: Lessons from Medieval Trade*, Cambridge University Press.）

久留島浩［1993］「『地方税』の歴史的前提――郡中入用・組合村入用から民費，地方税へ」『歴史学研究』第 652 号。

久留島浩［1995］「百姓と村の変質」朝尾直弘・網野善彦・石井進ほか編『岩波講座・日本通史第 15 巻　近世 5』岩波書店。

小岩信竹［1971］「政策用語としての『殖産興業』について――『殖産興業』研究史への一視角」『社会経済史学』第 37 巻第 2 号。

小風秀雅［1995］『帝国主義下の日本海運――国際競争と対外自立』山川出版社。

小林延人［2015］『明治維新期の貨幣経済』東京大学出版会。

小林正彬［1977］『日本の工業化と官業払下げ――政府と企業』東洋経済新報社。

小松賢司［2008］「幕末期岡田家の地主小作関係と村落」渡辺尚志編『畿内の豪農経営と地域社会』思文閣出版。

斎藤修［1992］「幕末・維新の政治算術」近代日本研究会編『年報　近代日本研究 14　明治維新の革新と連続――政治・思想状況と社会経済』山川出版社。

斎藤修［2002］『江戸と大阪――近代日本の都市起源』NTT 出版。

斎藤修［2009］「友部謙一著『前工業化期日本の農家経済――主体均衡と市場経済』――土地貸借市場としての地主小作関係：友部仮説の検討」『経済史研究』第 12 号。

斎藤修・谷本雅之［1989］「在来産業の再編成」梅村又次・山本有造編『日本経済史 3　開港と維新』岩波書店。

斎藤誠治［1984］「江戸時代の都市人口」『地域開発』第 240 号。

斎藤善之［1994］『内海船と幕藩制市場の解体』柏書房。

酒井一輔［2014］「幕末期旗本財政の変容と地域経営」『社会経済史学』第 80 巻第 2 号。

澤田章［1934］『明治財政の基礎的研究――維新当初の財政』宝文館。

塩津君夫・川浦康次［1958］『寄生地主制論――ブルジュア的発展との関連』御茶の水書房。

芝原拓自［1981］『日本近代化の世界史的位置――その方法論的研究』岩波書店。

島田竜登［2010］「世界のなかの日本銅」荒野泰典・石井正敏・村井章介編『日本の対外関係 6　近世的世界の成熟』吉川弘文館。

新保博［1978］『近世の物価と経済発展――前工業化社会への数量的接近』東洋経済新報社。

杉原薫［1996］『アジア間貿易の形成と構造』ミネルヴァ書房。

杉山伸也［1979］「幕末，明治初期における生糸輸出の数量的再検討――ロンドン・リヨン市場の動向と外商」『社会経済史学』第 45 巻第 3 号。

杉山伸也［1981］「グラバー商会――幕末・維新期の長崎貿易と外商」近代日本研究会編『年報　近代日本研究 3　幕末・維新の日本』山川出版社。

杉山伸也［1982］「グラバー商会(2)――明治初期における外商の活動」近代日本研究会編『年報　近代日本研究 4　太平洋戦争』山川出版社。

杉山伸也［1989］「国際環境と外国貿易」梅村又次・山本有造編『日本経済史 3　開港と維新』岩波書店。

鈴木淳編［2002］『工部省とその時代』山川出版社。

スミス,トマス・C.（大島真理夫訳）［1995］『日本社会史における伝統と創造——工業化の内在的諸要因 1750-1920 年』ミネルヴァ書房。（原著は Thomas C. Smith ［1988］ *Native Sources of Japanese Industrialization, 1750–1920*, The University of California Press.）

千田稔［1979］『維新政権の秩禄処分——天皇制と廃藩置県』開明書院。

高瀬保［1979］『加賀藩海運史の研究』雄山閣出版。

高橋誠［1964］『明治財政史研究』青木書店。

高柳友彦［2006］「温泉地における源泉利用——戦前期熱海温泉を事例に」『歴史と経済』第 48 巻第 3 号。

竹安繁治［1966］『近世封建制の土地構造』御茶の水書房。

田中誠二［2013］『萩藩財政史の研究』塙書房。

田中喜男［1986］『近世産物政策史の研究』文献出版。

谷本雅之［1998］『日本における在来的経済発展と織物業——市場形成と家族経済』名古屋大学出版会。

谷本雅之［2000］「厳マニュ論争とプロト工業論」石井寛治・原朗・武田晴人編『日本経済史 1 幕末維新期』東京大学出版会。

谷本雅之［2005］「産業の伝統と革新」歴史学研究会・日本史研究会編『日本史講座第 7 巻 近世の解体』東京大学出版会。

谷本雅之［2006］「廻船問屋廣海家の商業業務」石井寛治・中西聡編『産業化と商家経営——米穀肥料商廣海家の近世・近代』名古屋大学出版会。

谷本雅之［2009］「経営主体の連続と非連続」宮本又郎・粕谷誠編『講座・日本経営史 1 経営史・江戸の経験 1600–1882』ミネルヴァ書房。

谷本雅之［2015］「在来経済・産業の発展」大津透・桜井英治・藤井譲治ほか編『岩波講座・日本歴史第 14 巻 近世 5』岩波書店。

谷山正道［1994］『近世民衆運動の展開』高科書店。

田村均［2004］『ファッションの社会経済史——在来織物業の技術革新と流行市場』日本経済評論社。

塚田孝［1994］「身分制の構造」朝尾直弘・網野善彦・石井進ほか編『岩波講座・日本通史第 12 巻 近世 2』岩波書店。

津田秀夫［1956］「幕末期大阪週辺における農民闘争」『社会経済史学』第 21 巻第 4 号。

津田秀夫［1960］「幕末期の雇用労働について」『土地制度史学』第 8 号。

津田秀夫［1961］『封建経済政策の展開と市場構造』御茶の水書房。

鶴巻孝雄［1992］『近代化と伝統的民衆世界——転換期の民衆運動とその思想』東京大学出版会。

寺西重郎［1983］「松方デフレのマクロ経済学的分析（改訂版）」梅村又次・中村隆英編『松方財政と殖産興業政策』国際連合大学・東京大学出版会。

東洋経済新報社編［1926］『明治大正財政詳覧』東洋経済新報社（復刻版 1975 年）。

友部謙一［2007］『前工業化期日本の農家経済——主体均衡と市場経済』有斐閣。

永井秀夫［1990］『明治国家形成期の内政と外交』北海道大学図書刊行会。

中岡哲郎［2006］『日本近代技術の形成——「伝統」と「近代」のダイナミクス』朝日新聞社。

中西聡［1998］『近世・近代日本の市場構造——「松前鯡」肥料取引の研究』東京大学出版会。

中村哲［1959, 1960］「幕末泉州における農民層の分解 (1) (2)」『歴史学研究』第 236, 237 号。

中村哲［1968］『明治維新の基礎構造——日本資本主義形成の起点』未來社。

中村哲［1985］「領主制の解体と土地改革」歴史学研究会・日本史研究会編『講座日本歴史 7 近代 1』東京大学出版会。

中村隆英［1983］「明治維新期財政金融政策展望——松方デフレーション前史」梅村又次・中村隆英編『松方財政と殖産興業政策』国際連合大学・東京大学出版会。

中村隆英・有地富美子［1992］「東京における卸売物価指数の一推計——1830〜1936 年」東洋英和女学院大学『人文・社会科学論集』第 5 号。

中村尚史［1998］『日本鉄道業の形成——1869〜1894 年』日本経済評論社。

西川俊作［2012］『長州の経済構造──1840年代の見取り図』東洋経済新報社.
西川俊作・天野雅敏［1989］「諸藩の産業と経済政策」新保博・斎藤修編『日本経済史2　近代成長の胎動』岩波書店.
西坂靖［2006］『三井越後屋奉公人の研究』東京大学出版会.
西向宏介［1995］「幕末期藩専売制の変容過程と市場的条件──姫路藩木綿専売制の考察をもとに」『日本史研究』第397号.
日本経営史研究所編［2015］『国分三百年史』国分株式会社.
丹羽邦男［1962］『明治維新の土地変革──領主的土地所有の解体をめぐって』御茶の水書房.
丹羽邦男［1989］『土地問題の起源──村と自然と明治維新』平凡社.
根岸秀行［1987］「幕末開港期における生糸繰糸技術転換の意義について」『社会経済史学』第53巻第1号.
長谷川彰［1993］『近世特産物流通史論──龍野醤油と幕藩制市場』柏書房.
長谷部弘・高橋基泰・山内太編［2010］『飢饉・市場経済・村落社会──天保の凶作からみた上塩尻村』刀水書房.
服部之総［1973, 1975］『服部之総全集』第3, 4, 6, 21巻, 福村出版.
浜下武志［1990］『近代中国の国際的契機──朝貢貿易システムと近代アジア』東京大学出版会.
浜下武志・川勝平太編［1991］『アジア交易圏と日本工業化──1500-1900』リブロポート（新版, 藤原書店, 2001年）.
林玲子［1967］『江戸問屋仲間の研究──幕藩体制下の都市商業資本』御茶の水書房.
林玲子［1984］「呉服方の動向」丁吟史研究会編『変革期の商人資本──近江商人丁吟の研究』吉川弘文館.
林玲子編［1990］『醬油醸造業史の研究』吉川弘文館.
速水融・鬼頭宏［1989］「庶民の歴史民勢学」新保博・斎藤修編『日本経済史2　近代成長の胎動』岩波書店.
原直史［1996］「市場と問屋・仲間」斎藤善之編『新しい近世史3　市場と民間社会』新人物往来社.
坂野潤治［1983］「『富国』論の政治史的考察──1874～81（明治7～14）年」梅村又次・中村隆英編『松方財政と殖産興業政策』国際連合大学・東京大学出版会.
深谷克己［1986］『増補改訂版　百姓一揆の歴史的構造』校倉書房.
深谷克己［1993］『百姓成立』塙書房.
福山昭［2003］『近世日本の水利と地域──淀川地域を中心に』雄山閣出版.
藤田覚［1995］「一九世紀前半の日本──国民国家形成の前提」『岩波講座・日本通史第15巻　近世5』岩波書店.
藤田覚［2015］『幕末から維新へ』岩波書店.
古島敏雄［1963］『資本制生産の発展と地主制』御茶の水書房.
古島敏雄編［1958］『日本地主制史研究』岩波書店.
古島敏雄・永原慶二［1954］『商品生産と寄生地主制』東京大学出版会.
古田和子［2000］『上海ネットワークと近代東アジア』東京大学出版会.
牧野隆信［1989］『北前船の研究』法政大学出版局.
松沢裕作［2009］『明治地方自治体制の起源──近世社会の危機と制度変容』東京大学出版会.
宮本又郎［1989］「物価とマクロ経済の変動」新保博・斎藤修編『日本経済史2　近代成長の胎動』岩波書店.
宮本又郎［1999］「近代移行期における商家・企業家の盛衰」『同志社商学』第50巻第5・6号合併号.
室山義正［1984］『近代日本の軍事と財政──海軍拡張をめぐる政策形成過程』東京大学出版会.
室山義正［2004］『松方財政研究──不退転の政策行動と経済危機克服の実相』ミネルヴァ書房.
八木哲浩［1962］『近世の商品流通』塙書房.
安場保吉［1996］「資源」西川俊作・尾高煌之助・斎藤修編『日本経済の200年』日本評論社.
藪田貫［1992］『国訴と百姓一揆の研究』校倉書房.

山崎隆三［1961］『地主制成立期の農業構造』青木書店。
山崎隆三［1963］「江戸後期における農村経済の発展と農民層分解」家永三郎ほか編『岩波講座・日本歴史第 12 巻　近世 4』岩波書店。
山口和雄［1956/1980］『(増補) 明治前期経済の研究』東京大学出版会。
山口和雄［1989］『流通の経営史——貨幣・金融と運輸・貿易』日本経営史研究所。
山本有造［1989］「明治維新期の財政と通貨」梅村又次・山本有造編『日本経済史 3　開港と維新』岩波書店。
山本有造［1994］『両から円へ——幕末・明治前期貨幣問題研究』ミネルヴァ書房。
柚木学［1987］『酒造りの歴史』雄山閣出版。
吉永昭［1973］『近世の専売制度』吉川弘文館。
吉村豊雄［2013］『日本近世の行政と地域社会』校倉書房。
吉村豊雄・三澤純・稲葉継陽編［2009］『熊本藩の地域社会と行政——近代社会形成の起点』思文閣出版。
渡辺尚志［1998］『近世村落の特質と展開』校倉書房。
渡邉直子［1996］「『地方税』の創出——三新法体制下の土木費負担」高村直助編『道と川の近代』山川出版社。
Bernhofen, Daniel M. and John C. Brown［2004］"A direct test of the theory of comparative advantage: the case of Japan," *Journal of Political Economy*, 112（1）.
Bernhofen, Daniel M. and John C. Brown［2005］"An empirical assessment of the comparative advantage gains from trade: evidence from Japan," *American Economic Review*, 95（1）.

第3章

「産業革命」と「在来的経済発展」

1885〜1914年

はじめに

　前章で述べたように，1881年の松方正義による政策転換は，急激な米価下落をもたらすことで農村購買力を縮小させ，深刻な不況を招くことになった。しかし1883年頃を底として米価は下落から回復へと転じ，それに伴って景況の好転が指摘されるようになる（大川ほか［1967］）。いわゆる松方デフレが終息し，経済規模は縮小から拡大へ転じた。そしてこの経済拡大のトレンドは，それまでとは次元の異なる持続的な経済成長へと連なっていく。

　いくつか数量的な指標をあげてみよう。まず日本本土の人口は，1885年の3800万人が1914年には5200万人となった（梅村ほか［1988］）。年平均で1.1％の増加率である。1721〜1846年の人口増加率が年平均0.02％，1846〜81年でも0.4％前後であったと見積もられているから（斎藤［1988］），1885〜1914年間に人口動態が大きく上昇トレンドに転じたことが読み取れる。当年価格による名目GNPは1885年の8億円余から第1次世界大戦の始まる1914年の47億円余まで増大し，1934〜36年価格で実質化したGNPでも，この間，2.1倍の増加をみた。そして人口増加とGNPの増大が並行し，かつ後者が前者を上回ることで，1人当たり実質GNPも1.5倍となった（大川ほか［1974］）。1880年代後半以降，明らかに日本経済は新たな成長軌道に乗っていたといえる。

　この1880年代後半からの経済発展を牽引した大きな動力は，鉱工業の発展であった。国内純生産（当年価格）の産業別構成によれば，1885年に16％であった第2次産業（鉱工業＋建設業＋運輸・通信・公益事業）の比率が，1914年には33％にまで上昇した。鉱工業に限っても11％から22％へと構成比は倍増している。

これに対して農林水産業は 43% から 31%，商業サービス部門も 36% から 32% へ構成比率を落としていた（大川ほか [1974]）。この間の経済成長に「産業革命」の語が当てられるのは，経済成長率の高さだけではなく，この産業構成の大きな変化を背景としている。

　周知のように，日本の「産業革命」は欧米先進資本主義国に対する後発国のキャッチアップとして始まった。後発国には，先進国で開発された技術や制度の導入という，いわゆる「後進性の優位」を享受しうる可能性が開かれている（ガーシェンクロン [2005 (1962/1968)]）。しかし一方で，後発国はすでに稼働している先進国の産業との不断の競争圧力にさらされていた。開港後の日本が，かなり徹底した「自由貿易」体制の下に置かれていたことは前章で述べた通りである。いかにして「後進性の優位」を活かし，先進的な技術・制度の導入と定着を成し遂げることができたのか。それはまた，明治の経済発展のあり様に，どのような特徴を刻印することになるのか。本章では，このような視角を念頭に，「産業革命」の過程を整理することが課題となる。

　これに加え，本章では「在来的経済発展」をもうひとつの視角として導入する。「在来的経済発展」とは，前章までに述べてきた，小農経済を基層として徳川時代に萌芽した経済発展のあり様を指す語である。本章でそれを分析視角として取り上げる背景には，「在来的経済発展」は来るべき「産業革命」を準備しただけではなく，「産業革命」の過程にも並行的に展開し，日本の経済発展の類型的な特質を規定した面があったとの見通しがある。以下，本章の前半部分に当たる第1～4節では，この「産業革命」の過程を，概観を踏まえつつ，技術と生産組織，生産要素としての資本と労働，そして産業インフラ形成の，それぞれの局面に即してみていこう。

第1節　経済成長と複層的発展

1　経済成長と産業

　はじめに鉱工業の構成とその変化をみてみよう。図3-1には，1885～1914年間の産業分野毎の生産額（当年価格）の変化を示してある。縦軸は対数をとってあるので，折れ線の傾きは成長率を表している。図にみられるように，絶対額では食品加工業と繊維産業が一貫して最大の生産額を誇る2つの産業分野であった。とくに1890年代末までは，繊維産業の成長率が高く，1885年の28% 余から99年の42% 余へと製造業総額に占めるシェアを大きく伸ばし，製造額でも食品加

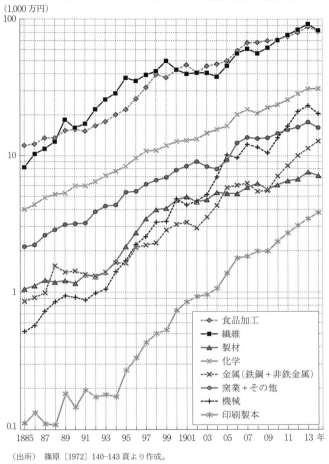

図3-1 各種製造業の生産額の推移（当年価格，縦軸は対数表示）

（出所）篠原［1972］140-143頁より作成。

工を上回った。もっとも成長率の点では，機械工業が一貫して高い値を示し，20世紀に入ってからは金属や印刷製本も遜色がない。しかしこれらの産業の絶対額は，機械工業が1914年にようやく製造業の中で8％弱のシェアを得るにとどまっている。その一方で，化学（肥料，和紙・洋紙，植物油脂，マッチなど），「その他」の雑工業が1885年の絶対額が相対的に大きく，生産を漸進的に伸ばして1900年代でも機械工業に匹敵する絶対額を保っていた。

　これらの観察事実から，まず，絶対額と成長率がともに大きな値を示していた繊維産業が，この時期の工業発展を主導する産業分野であった事実が浮かび上が

ってくる。同時に，この時期の工業発展の特徴を捉えるには，性格の異なる2つの産業群が並存していた事実にも留意する必要がある。1914年時点で大きなシェアを有するが成長率は相対的に低い産業と，急成長をみせるが，生産額が小さい産業分野である。同様の対比は，生産額を急増させた鉱山業と，成長率は低いが絶対額では1914年でも全製造業を上回っている農業についても当てはまる。高成長産業が「産業革命」の起動力である一方で，人々の所得源泉に占める比重が高いのは，付加価値総額（その指標としての生産額）が大きい産業分野である。相対的に成長性が低いとしても，食品，化学，雑工業および農業の，所得源泉としての意義は大きかった。

　では，産業発展の実際の担い手はどのような存在か。1885年以降の景気回復期は，研究史上，「企業勃興」期と呼び習わされている。経済活動の活性化が新規事業者の参入＝勃興を伴うことは通例であるから，この語の含意は，勃興する事業主体として「会社企業」を強調する点にあった。『日本帝国統計年鑑』によれば，1883年に存在する会社数は1772，公称資本金は3045万円余で，それが6年後の1889年には前者が4067，後者は1億8362万円余まで増加している。商法施行以前の法人会社の定義の曖昧さを考慮した修正推定値をとっても，この間，1793社から2389社への増加であった（宮本［1990］）。すでに松方デフレ期までに，国立銀行以外にも先駆的な会社企業として日本鉄道会社，大阪紡績会社が成立・定着をみていた。企業勃興期にはそれに匹敵する，資本金100万円を超え，出資者（株主）数百人から1000人を超える会社企業が，各分野で簇生した。1890年恐慌によって，旺盛な企業設立運動は一旦終息するが，続く1894～95年の日清戦争の前後，そして1904～05年日露戦争後の経済拡大期にも，第2次，第3次の「企業勃興」が生じた。資本を糾合し，法人格を備えた会社企業が，新しい産業発展の担い手として立ち現れていたのである。

　他方で上記の有力株式会社のほかにも，産業経営の担い手となる事業体が広範に存在していた事実も見逃すことはできない。『農商務統計表』の規模別会社統計によれば，日清戦後の1896年でも，会社企業のうち公称資本金が10万円以上のものは2割に過ぎず，1万円未満が3割強で，会社企業の65％は資本金5万円未満であった。会社設立数でみれば，明治日本の企業勃興は，明らかに広範な中小会社の設立運動を含むものであったとみることができる。さらに事業の担い手は，会社形態の採用を伴うものばかりではない。たとえば最有力の製糸企業となる片倉組でも，製糸事業が会社形態をとるのは1920年に至ってからのことであった（松村［1992］）。非会社形態での企業活動の全貌を統計的に示すことは難しいが，たとえば株式会社の全会社企業に占める割合（会社数ベース）が1896年

表 3-1　鉱工業有業者と工場労働者（1909 年）

（単位：人，％）

		工業						鉱業	
			非工場	民間工場			官営工場				主要鉱山
	計	計	計	5〜9 人	1,000 人以上	計	1,000 人以上	計	1,000 人以上
男	2,030,600	1,630,586	307,139	66,275	30,537	92,875	81,466	199,200	114,168
女	1,306,500	788,618	493,498	42,141	80,742	24,384	23,528	57,000	31,119
計	3,337,100	2,419,204	800,637	108,416	111,279	117,259	104,994	256,200	145,287
女性比率	39.2	32.6	61.6	38.9	72.6	20.8	22.4	22.2	21.4
男	100.0	80.3	15.1	3.3	1.5	4.6	4.0	100.0	57.3
女	100.0	60.4	37.8	3.2	6.2	1.9	1.8	100.0	54.6
計	100.0	72.5	24.0	3.2	3.3	3.5	3.1	100.0	56.7

（出所）　民間工場は農商務大臣官房統計課編纂『明治 42 年 工場統計総表』，官営工場は農商務大臣官房統計課編纂『第 26 次 農商務統計表』，主要鉱山は農商務省鉱山局編『明治 42 年 本邦鉱業一班』による。
　　　　鉱工業有業者は梅村ほか［1988］205 頁。

の 56％ から 1910 年には 40％ にまで低下した事実は，1899 年の税制改革による法人税制の導入が，個人事業者による事業の法人化を促し，それによって合名会社の増加率が相対的に高まったことを意味していた[1]。このことは，「法人なり」の前提として，それ以前に個人企業が存在していたこと，その比重は決して無視しうるほど小さいものではなかったことを示唆するものといえよう（宮本［1990］）。多くの出資者の資本を糾合した有力株式会社が存在する一方で，個人事業主体の広範な存在が指摘されるのである。

　事業主体の経営規模の多様性は，また生産現場の多様性をうかがわせるものである。表 3-1 に掲げたように，1909 年の工業（＝製造業）有業者数は 333.7 万人であった。それに対して，官営工場および就業者 5 人以上の民間工場の従業数は 92 万人弱であるから，大雑把にいって工業有業者の 70％ は，工場とはみなされないような，小規模な作業場を生産労働の現場としていたことになる。その対極にある 1000 人以上を雇用する大工場の従業者数は，民間・官営合わせて 21.6 万人，工業有業者の 6.5％ 弱であった。鉱業では 1000 人以上の労働者の集積する鉱山の従業者が 14.5 万人を数え全体の約 60％ を占めているので，鉱工業としてみるならば，1000 人以上の労働者が集積する大規模事業所の就業者は，全体の 1 割強であった。

---

　[1]　法人税の税率は法人所得の 2.5％ であったから，事業者は法人企業へ転換することで，5.5％ を最高税率とする累進性の個人所得税よりも，課税額を減少しうる可能性があった。

2　二重構造と複層的発展

　このような産業における成長性の差異や，経営規模の大きく異なる経営体の同時存在は，日本の工業化過程を特徴づけるものとして，研究史上，幾多の議論がなされてきた。その背後には，後進・後発国が「近代化」過程において直面する，「伝統社会」と「近代社会」によって形成される「二重構造」への関心がある。もっとも開発経済学をベースとする狭義の「二重経済」モデルでは，伝統部門が農業部門と等値されて農工間関係として議論がなされることが通例である。近代日本経済史の理解においても，農工間関係は枢要な論点のひとつであり，これら二重経済モデルの適用は論議の的となってきたが（南 [1970]，安場 [1980]，中林 [2006]），そこでは工業部門における経営主体の規模別格差は，明示的な論点にはなっていなかった。では，「中小経営」の存在はどのように位置づけられることになるだろうか。

　資本と労働の集積した大工場を，工業発展の推進力として重視する立場（以下これを第1の見解とする）からは，考察すべき問題は大経営の発展，ないしはそこに至る道筋であり，「中小経営」の存在は，駆逐されるべき「後進」的な生産者の過渡的な残存と捉えられる（大内 [1962] など）。しかし，歴史的な事実として，それらの経営が工業化の進展の中で必ずしも速やかに減少していかないことは，上記に示した通りである。このことは「中小経営」の存在を，低生産性の単なる旧生産様式の「残存」とする見方が不十分であることを示しているのではないか。このような発想から生み出された有力な見解のひとつは，「中小経営」は大経営の下に「編成替」ないしは再編成されているとする議論であった（山田 [1934]，大石 [1965]）。これを第2の見解とするならば，そこでの「中小経営」の位置づけは，大経営の発展のために利用される存在となる。そのため後者の発展が直ちに前者の減少に繋がらないのである。その一方で，多様な規模の経営体を含む傾斜構造を有する日本経済の成長動態を理解するには，「在来的要素」に関する考察を必要とするとの発想が日本経済の現状分析の中で提起されてくる（大川 [1962]）。近代日本経済を対象としてそれを具体化した代表的な議論が，第1次世界大戦期までの日本の工業化過程の特徴は「在来産業」と「近代産業」の均衡的な成長にあり，それが戦間期には不均衡成長に転換するとした中村隆英の見解であった（中村 [1971]，[1985]）。これを本章では第3の見解と呼ぶことにしよう。

　本章では，近代日本の経済発展の特徴は，近世小農社会に萌芽し，かつその構造的な特質を継承する経済発展（「在来的経済発展」）の過程に，19世紀後半以降の，欧米先進資本主義国からの技術導入を起動力とする「近代的経済発展」が積

み重なった点にあると考えている。それは，それぞれ固有の論理を有する2つの経済発展の相互作用の過程であり，本章ではそれを「複層的経済発展」と呼ぶ。近代日本における多様な規模の事業体と生産現場は，この経済発展の複層性を反映する事象であり，中小経営は「在来的」，大経営は「近代的」な経済発展の論理をそれぞれ象徴する経営体といえる。この本章の立場に立脚するならば，中小経営に対する積極的な関心が含まれない上記の第1の見解とともに，工業発展の推進力を近代的な大経営に帰し，中小経営側の論理を問う視点が弱い第2の見解にも，難があるといわざるをえない。もっとも，この間の産業の成長率は必ずしも等し並みではないから，第3の議論が標榜する「均衡成長」との表現を字義通り受け取ることも適当ではないだろう[2]。また「在来産業」の語を用いることには，この概念が産業の系譜や需要のあり方を本質的な規定要因とする傾きを有している点で，留保が必要になる。しかし，「均衡成長」論の主旨を「成長率」の経営規模間の比較に収斂させず，その本来の意義を「近代産業」に包含されない産業経営にも固有の発展の論理を認め，かつそれが就業機会の供給などの局面で，マクロの経済動態にも規定的な要因として機能することを主張する点にあったと理解するならば，本章は，たしかにそこでの関心のあり様を継承している。プロローグで述べたように，経済史の文脈において経済発展を扱うことの固有の意義が，その類型的な特質の把握にあるとすれば，その課題への接近には，現実に存在した多様な産業経営へ着目し，そこに内在する論理を探ることが，有力な方法となる。次の第2節では，1880年代から第1次世界大戦までの具体的な産業展開に即して，議論を進めていこう。

第2節　生産組織の選択と技術

　産業経営の固有なあり様は，それが一定期間持続的なものであれば，生産組織の選択として捉えることができる。製品市場および生産要素市場の条件が，どのような生産技術との結び付きを生み，生産組織の選択に繋がっていたのか。本節ではこの観点から産業の動向を整理し，複層的発展が内包する産業発展の論理を示したい。

2　武田［2005a］，［2005b］がこの点を強調している。

1 欧米型生産モデルの移植

▶ 機械制紡績業の場合

　欧米からの輸入代替を課題とする後発国日本の工業化において，その欧米で工業生産の有力な担い手となっていた大規模機械制工場は，生産組織上の有力なモデルであった。資本財に体現された製造技術と動力源，そしてそれらを備えた集中作業場としての工場が，一定の規模の下でセットとなったこのモデルは，資本集約的な性格を備えている。それゆえ，相対的に労働が豊富で資本の蓄積が不足している日本では，このモデルの直接的な導入は，必ずしも資源賦存に適合的なものではなかった。本章が生産組織の多様性を強調する根拠のひとつも，この点にある。しかしながら，競争上求められる生産性と製品の質を他では実現できない場合，同業への参入にはこの欧米型生産モデルの移植が不可避となった。機械制紡績や汽船製造（造船業），近代製鉄業など，「近代産業」「移植産業」と呼ばれる諸産業の導入と定着の過程がそれである。

　機械制綿糸紡績業の場合をみてみよう（以下，主として高村［1971］および中岡［2006］による）。前章でみたように，開港後の在来綿織物業はイギリスおよびインドから輸入された機械制紡績糸を用いて生産を伸ばしたので，1870年代には綿織物産地を需要者とする広範な国内綿糸市場が形成された。この綿糸市場の存在を前提に，日本国内からも機械制紡績企業設立の動きが，1870年代後半から80年代にかけて盛んとなる。当初簇生したのは，イギリス製の紡績機械1台（2000錘）を備え付けた作業場で，官営の広島，三重の2紡績所に加えて，個人出資ないしは数人から多人数の共同出資を基盤に，全国各地に合計17ヵ所（官営の2工場を含む）のこのタイプの紡績所（二千錘紡）が設立されている。しかしこれらの工場は，輸入紡績機械代金支払いに関する政府助成を受けていたにもかかわらず，経営的には成功しなかった。その原因として，規模の過小性，水車利用の不安定性，紡績技術者の不在，イギリス紡績機械と短繊維である国産綿花との不適合などの諸点が指摘されている。それはすなわち，機械制紡績業の定着には，単に機械を導入するだけではなく，世界レヴェルで標準的な生産方式がセットとして移植される必要があったということである。同時期に操業を開始し，その経営的成功から明治の紡績業史を主導するビジネスモデルを示すことになる大阪紡績会社（1882年会社創立，1883年操業開始）は，1万500錘による設立に加え，速やかな増錘によって，開業数年で数万錘の生産規模を実現した。動力源として蒸気機関を設置し，一定の知識・経験をもった日本人技術者も備えている。使用する原料綿花も，日本綿から中国綿，さらにインド綿花へと，長繊維化の方向へ

進んだ。大阪紡は，日本で世界標準の要件を備えた初めての機械制紡績工場であり，それに追随する紡績企業の勃興を経て，1890年代半ばには，国産綿糸による国内市場の輸入代替が達成されたのである。

このビジネスモデルの問題は，立ち上がりの時期から多額の設備投資資金が必要となることであった。その解決策として導入されたのが株式会社制度である。大阪紡績の1883年6月末時点の創設資金28万円は，100人弱の株式購入者から集められている。好調な営業成績が増資を容易としたため，資本金は86年60万円，89年120万円と急増し，株主数も89年には400人弱となった。この大阪紡に追随する形で株式会社形態での紡績会社設立が続き，89年末には三重紡績，鐘淵紡績，摂津紡績，尼崎紡績など1万錘規模の紡績会社が，開業予定を含め十数社を数えることとなった。株式会社制度は，同時代のヨーロッパにおいて広まり始めた会社制度であったから，生産組織の移植は，同時に西欧モデルの会社制度の移植を伴っていたともいえる。会社に対する統一的な法令の施行は，1893年の商法会社法部分の施行[3]を待たねばならなかったが，会社の認可権をもつ大阪府，東京府などの地方政府が発起人の財産調査や不備な定款への訂正指示を行うことで，発起人による確実な株式払込みと会社財産の確保を図っていた。それが株式会社への出資（一般株主）と債権（債権者）の保護に繋がり，株式会社の特徴をなす株主有限責任制の定着に寄与したのである（高村[1996]，北浦[2014]）。

次の問題は，資本コストの高い日本において，機械に体現された技術の経済性をいかにして発揮するかである。それは，相対的に安価な労働力をどのように生かしきるか，という問題でもあった。深夜業を行い，24時間操業による期間当たり生産量の増大を図る昼夜二交代制の採用は，その重要な手段であり，大阪紡では操業の年から導入されている。製品が順調に販売されるならば，投下された資本の回転率が高まり，投下資本に対する一定期間内での収益は増大する。固定設備への資本投下の大きい紡績業にとって，労務コストの上昇——深夜割増賃金の支給や労働能率の低下——を考慮しても，昼夜二交代制の経営的な意味は大きかったのである。1911年の工場法制定に際して，女性深夜業禁止に紡績業界が強硬に抵抗し，事実上20年間の適用延期（5年後の法律施行と15年間の深夜業禁止の猶予）を勝ち取るまでに至る背後には，この資本コストの問題が横たわっていた。

資本回転率を高めるには，機械の運転が円滑に行われ，工場の操業が安定する

---

[3] 1890年に公布された商法は，商法典論争の惹起によって施行が延期されたため，応急的に会社法，手形法，破産法の部分が1893年に施行された。その後，新たな体制の下で編纂が行われ，1898年に明治商法として公布・施行された。

ことも不可欠の条件である。その技術面での対処には，技術知識を備えた人材の確保がポイントとなった。大阪紡の場合は，ブラックバーン（イギリス・ランカシャー地方）の紡績工場に滞在経験のあった山辺丈夫の存在が指摘されている。1880年代後半には，工学の高等教育機関として発足した工部大学校を卒業した工学技術者に，イギリスで技術研修を施して技術者の長に据える事例が現れてきた。もっとも1887年に平野紡績に招かれた工部大学校卒の菊池恭三が89年に尼崎紡績，90年に摂津紡績の技術部門の長を兼任したことに象徴されるように，日本人の工学技術者は希少な存在であった。日本の高等教育機関で当初から工学系技術者教育が課題となったのは，技術移転に伴う技術者需要を背景としている。

　一般に豊富とされる労働力に関しても，その調達と動員の方法には進化がみられる。大阪市域に隣接する西成郡三軒家村に工場を設立した大阪紡績は，当初は都市下層に滞留する労働力の相対的低賃金を享受しえた。しかし1880年代後半以降の阪神地帯における機械制紡績工場の簇生は，都市下層の労働力の枯渇を招いた。そこで採られたのが，遠隔地の農村地帯からの労働力調達である。おもに農家下層の若年女性が募集人を介して集められ，工場に隣接する寄宿舎に起居することとなった。深夜業を伴う紡績労働の出勤管理には，このような形態が適合的であったともいえる。1890年代前半に急速に進んだミュール紡績機からリング紡績機への転換も，太糸を主たる製品とする日本紡績業の生産性向上に資する技術選択であるとともに，作業の熟練度を下げ，低賃金労働力の利用可能性を広げた点で，紡績企業の経営発展に寄与した（清川［1987］）。紡績工場の女工比率は，1889年の68%から98年には77%にまで上昇しているが，その労働力構成は，男性の「ミュール熟練工」が大きな位置を占めるイギリス紡績工場とは大きく異なるものになった（高村［1971］302頁）。紡績会社の労務管理は，以後押しなべて，若年女性労働力の重用，遠隔地募集と寄宿舎での労務・生活管理の方向に動いていく。その方式は，一面で労働募集費用の増大を招くものであったから，一貫して労働費用総額の節約に寄与したかどうかは，検討の余地が残っている（ハンター［2008（2003）］）。しかし欧米モデルの忠実な移植の範囲内で，労働コストの相対的低位に競争力の源泉を求める企業経営の志向性は，ここに明瞭に表されていた。

▶ 製鉄と造船

　1901年の官営八幡製鉄所の操業開始に至る近代製鉄業の歴史も，西欧モデルの移植プロセスとして理解することができる。しかしそれは，紆余曲折を経た困難な途であった。一推計によれば，1885〜1914年に日本が使用した鉄鋼財の自給率は，銑鉄換算で2割弱であった（鈴木［2000］）。重量品である鉄鋼を欧米か

ら運ぶのであるから，輸入鉄鋼品は相対的に高価な資材とならざるをえないが，しかしその価格水準であっても，国産の鉄鋼製品は，長らく品質および価格面で対抗することが難しかったのである。

日本の伝統的な鉄生産は，たたら炉で銑鉄・鋼鉄を得るいわゆる「たたら製鉄」で，砂鉄を原料とする中国山地と，砂鉄とともに岩鉄（鉄鉱石）も用いる東北地方東部が，近世期には2大生産地として知られている。その生産量は1890年代まで維持されていたのであるが，しかし炉床温度が低い中で生産されたたたら銑は硬く加工しにくい性質をもち，鍋釜や刃物用には適するが，切削加工が求められる機械用には不向きであった。品質面において工業化の中で高まる鉄需要を満たしうるものではなかったのである。

一方，鉄鉱石を高炉で処理する「近代製鉄」は，幕末の釜石鉱山（大橋，橋野，佐比内，栗林の総称，岩手県）で南部藩士大島高任の指導によって始められ，安政4（1857）年に大橋鉱山で銑鉄の生産に成功した。その後，高炉は橋野村等にも広がり10基を数えている。維新後の1873（明治6）年に，大橋鉱山での製鉄事業は工部省の官営事業となり，橋野村鉱山は1874年から盛岡商人の渋谷善兵衛の経営となる。その後，官営製鉄所は生産の不振から1883年に廃業となったが，それを東京の田中長兵衛が引き継ぎ再生させ，1894年には橋野村の鉱山も買収した（釜石鉱山田中製鉄所）。同製鉄所は低い労賃水準によって輸入品にも一定程度の競争力を有していたといわれる。しかし生産量には限界があり，より大規模な製銑・製鋼一貫生産が求められる中で，同製鉄所は資本の不足を露呈した。官営八幡製鉄所の稼働が鉄鋼自給率上昇の画期となったことは，保護関税が欠けている中での鉄鋼業における資本集約的な技術体系の導入が，1900年前後の民間資本には困難であったことを示している（岡崎［1993］）。

この八幡製鉄所の操業によって日本国内での鉄鋼生産は急速に増大し，1914年には鋼材の自給率は45％余に達した（岡崎［1997］53頁）。技術的には，ドイツ人技師に替わった野呂景義ら日本の技術陣の学理習得と経験が，出銑成功の鍵となっている（中岡［2006］）。しかし，製鉄所経営として採算が取れるようになったのは，ようやく1910年度のことであった。生産効率の面でのキャッチアップには時間がかかったのであり，その間を支えたのは，官営の名の下，政府からの事実上の補助金であった。

機械工業を代表する造船については，有力民間造船所の出発点が1880年代の官業払い下げによる安価な設備の入手であったことは前章でも触れた。日清戦争後では，1896年の造船奨励法の制定と99年の航海奨励法の改定（制定は96年）が大きな意味をもっている（造船奨励策については平本［1979］，井上［1990］などを

第2節　生産組織の選択と技術

参照)。前者は国内建造船に奨励金が支給される政府の補助金政策で、後者は政策的に海運企業の国内船購入を促すことで、国内造船所の受注を支えた。海運業への助成を目的とした1896年の航海奨励法が、奨励金支給の対象となる購入船舶の生産地を問わなかったのに対して、99年の改定は輸入船に対する奨励金支給を半額に切り下げたのである。推計によれば奨励金総額と同時期の造船企業の営業利益がほぼ等しかったから、造船業の経営の安定はこれらの助成金によって支えられていたといえる(岡崎［1997］)。また、修理と小型船の建造を主としていた海軍工廠でも、日露戦争後には主力艦の建造を任されていた。機械工業における官営兵器工場(軍工廠)の重要性がうかがえよう。

　ただし、1890年代以降の長崎および兵庫造船所の設備投資が、前者は岩崎家、後者は川崎・松方家の封鎖的な出資によって賄われていた点は注目される。これらの有力造船所が全面的に民間資本に依拠する点で、官営事業によって主導される製鉄業とは異なるとともに、株式を公開し多数の株主からの出資を募る先の紡績企業とも、その資金供給源には大きな相違があった。それは産業技術の定着のプロセスが、紡績や鉄道のように、固定設備の導入とその効率的な利用にほぼ等値されるケースとの相違を反映している面がある。海軍工廠や三菱長崎、川崎兵庫、大阪鉄工などの有力民間造船所は、1890年代にすでに雇用労働の集積と一定の機械設備を備え、鉄・鋼船の建造も行っていたが、事業のウェイトは船舶の修理に置かれていた。外洋船や軍事用艦艇建造をも含む大型船舶の輸入代替には、技術習得の機会と期間が必要であった。三菱長崎の場合、須磨丸(1500トン級、1895年進水)を石炭運搬用の自社船として日本人技術者を中心に建造したことが大型船建造技術を蓄積するステップとなり、1896年から建造に着手した当時最大級の外洋航海用・常陸丸(6000トン級)の建造が飛躍の画期となった。この常陸丸は日本郵船がヨーロッパ航路用としてイギリスへの発注を予定していた6隻のうち、1隻を長崎造船所への発注に切り替えたものである。造船所の経営規模の拡大は、この技術習得のプロセスと並行していたのである(中岡［2006］)。

　そしてこれらの生産技術の移植・定着が、作業現場の労働力の技能水準に依存していることが、技能形成(熟練)の問題を浮上させる要因となった。労働者は一貫してほぼ男性に限られていたが、それは重筋労働への適合性の問題とともに、当該職種への従業年数の多寡が技能レベルに大きく影響するためであったとみられる。そして高い技能を有する「親方」労働者を通じた労務管理が、機械工業職場を特徴づけるものとなった(以下、兵藤［1971］、西成田［1988］、中西［2003］など)。手工業的熟練の意義が大きく、経営側が技能の内容を十分把握できない場合には、この親方労働者が職長として、労働者の採用・配置・賃金決定にも大き

く関与した。親方請負制はその最も端的なケースであり，工場内で仕事を請け負った親方は，請負金額と労働者の日給総額の差額を利益として獲得した。これは親方に，自らの技能を動員し，かつ配下の労働者に効率的な労働投入を促すインセンティブを与えるものであるが，請負金額の妥当性に関する情報を経営側がもちえていなければ，利益は一方的に親方側に帰属する可能性を秘めるものとなる。「間接管理体制」と概念化されるこのような労務管理のあり方は，後述の鉱山経営とも通底するものであったが，工場側にとっては，親方の「恣意」を排する「直接管理体制」の実施が労務管理上の目標となった。なお，官営の軍工廠では，熟練労働者が現場の労務を管理する親方職長制は採られていたが，親方請負制はみられなかったといわれる。民間造船所においても，20世紀に入る頃には，請負金額の上限設定，請負利益の労働者への配分，個人単位の出来高制の導入など，直接管理体制への移行が進展した。機械・鉄鋼といった重工業大経営の発展は，労働者の経営内への包摂を強める方向にあったといえよう。

　しかし，経営内での自立性は失われつつあったとしても，経営間での労働者の移動は常態化していた。同時代の農商務省の調査である『職工事情』によれば，1900年頃の有力民間機械工場では，1年に半数の職工が入れ替わっていたとされる（農商務省商工局工務課工場調査掛編［1903］）。賃金率の差への敏感な対応とともに，経営間の移動が汎用性の高い技能形成に結び付くとされていたことが，移動率の高さをもたらす原因であった。そしてこの後者の点は，後述の機械工業における小規模作業場の簇生の基盤となるのである。

2　適正技術と生産組織

▶製糸業と鉱山業

　以上の諸産業が，初発から西欧型工場モデルの導入に特徴づけられていたのに対して，1900年代に大規模経営の重要な一角を占めた製糸業・鉱山業大経営は，やや異なるプロセスをたどっている。

　明治末の製糸大規模工場の担い手の中心は，片倉組をはじめとする長野県諏訪郡の製糸家群であったが，これらの経営の出発点は，1870年代後半の，多くても数十釜規模（労働者数は釜数に近似）の製糸場であった。明治 5（1872）年に竣工した官営模範工場・富岡製糸場（群馬県）は，フランス人ポール・ブリュナの指導の下，繰糸器械300台と煮繭釜300釜を据え付け，蒸気力で糸枠の回転と煮繭を行う，まさに西欧型生産形態モデルの移植であったが，その歴史的意義は，新たに勃興する製糸経営にとって，在来の座繰とは異なるヨーロッパの器械製糸技術の伝習の機会となったことにあった（上條［1986］，清川［1995］）。そこで注目す

べき点は，器械製糸経営の技術導入が，固定設備の直輸入ではなかったことである。小型蒸気釜，陶器製の繰糸釜，木製のケンネル器具などが考案され，設備投資額を極力抑えつつ，器械製糸による品質向上と生産性の上昇を図った点に諏訪の製糸経営の技術導入の要諦があった（竹内 [1983]）。地元の金属加工・機械製造業者が，製糸用に薄鉄板製ボイラーや多管半通式ボイラーといった，相対的に安価な機械を製作・供給したことも，設備投資資金の圧縮を可能とする一因であった（鈴木 [1996]）。資本コストを節約し，日本の資源賦存の下でも経済性を発揮しうる方向へ移植技術を「適正化」したことが，器械製糸経営の簇生を促したのである。

1890年代以降，日本最大の石炭生産地へと成長する九州・筑豊石炭業についても，類似の過程をみることができる。石炭業発展の画期となったのは，蒸気ポンプによる排水と，蒸気動力の巻揚機での土砂や石炭の搬出である（隅谷 [1968]）。この2つの技術は，明治初年にイギリス資本（JM商会）によって高島炭鉱に導入され，1880年代に工部省下の官営三池炭鉱で深化しているから，西欧からの直接の技術移転が起点であったことはたしかである。瀬戸内海沿岸に広がる塩田での海水煮沸用の燃料炭に，西欧列強の軍艦燃料需要が加わったことが，その背景となっていた。筑豊炭鉱の場合，それが簡易化されつつ適用されたことが重要である。たとえば，筑豊では構内設置型の直動式ポンプ（スペシャルポンプ）が普及するが，これは高島炭鉱のコルニッシュポンプに比して小型で安価であり，これらの機械の製作も，1880年代後半には筑豊地域内でなされるようになった（鈴木 [1996]）。1890年代には地主の麻生太吉，坑夫出身の貝島太助をはじめ，多くの地元鉱業家が炭鉱経営に乗り出し，産業発展の下で増大を始めた鉄道・工場等のエネルギー需要にも応えていくことになる（高村 [1992]）。その技術的な基盤には，資本コスト節約に資する，ヨーロッパ技術の「適正化」が含まれていた。

▶ 規模拡大の論理

技術導入が，必ずしも高い資本集約性に条件づけられていないこれらの産業では，大規模経営の形成の論理も，また異なるものとなる。器械製糸経営の大規模化は，大量・斉一の製品供給要請への対応であった。1880年代以降，フランスへの生糸輸出が停滞的に推移する一方で，アメリカ市場向けの輸出が持続的に増大した。1900年代にはアメリカ市場が輸出先の過半を占め，その後も比率を高めていく。その要因は，アメリカにおける力織機を用いた絹織物生産の急速な発展であった。そこで要請されたのが，機械的な操作によっても糸切れを起こしにくい，繊度（糸の太さ）の斉一な生糸の大量供給だったのである（井川 [1992]）。

諏訪の製糸家は，輸出港横浜への共同出荷や運転資金の調達のために1870年代から結社を結成していたが（石井［1972］），まずその結社の活動を通じて市場からの斉一・大量の要請に応えようとした。1884年に共同揚返場（共同再繰工場）を設置した開明社では，個々の製糸家が出荷した小枠の生糸を大枠に巻き直し，品位の統一化を図るとともに，出荷生糸の品質に応じて加盟製糸家への売上金分配と賞罰金の賦課を行い，品質改善を動機づけた。結社の統一商標をつけた生糸は，日本製生糸の中で相対的に高い評価を得ている。しかし，個々の製糸経営の生産条件が必ずしも均等ではなかったため，出荷量の増大に伴い，品質の向上と統一には限界が露呈してくる。1890年代後半，片倉組を代表とする諏訪系の有力製糸家が結社から独立した大規模工場を設立し，あるいは中小規模の加盟製糸家が糾合して合資岡谷製糸会社を立ち上げ，自らの商標の下での生糸販売を志向したのは，この点を背景としていた。選繭から煮繭・繰糸作業そして製品検査に至る工程を，統一的な生産管理の下に置きうる大規模自工場の形成を基盤に，一群の有力製糸家は，アメリカ市場での強固な地位を築いていく。製糸大経営は，アメリカ市場への適応の中で生み出されてきたのである（平本［1985a］，［1985b］，中林［2003］）。

　採取産業である炭鉱では，資源存在のあり方が関わっている。筑豊では1890年代を通じて採掘の進展が坑道の長大化を招き，排水や輸送にも自家発電による電力利用など，機械設備の高度化・大型化が要請されるようになった。それは規模の経済性を含むものであり，1900年頃から大規模鉱山の有利性が高まった。三井，三菱などの県外の大資本によって鉱区併合や大鉱区の取得が進んだのは，大規模な資本投下が必要とされたからであった。その意味で，大規模事業所の簇生は，経営の資本集約的な性格が強まったことを背景としている。しかしそれが，事業展開のプロセスの中で進展したことは，麻生，貝島など，筑豊地方から生み出された個人鉱業家の一部に，炭鉱大型化に耐えるだけの資本蓄積の機会を与えた（荻野［1993］）。

　以上の2つの事例は，大規模な経営体の成立が生産現場の機械化を必要条件としてはいなかったことを示唆している。そこで求められたのは，労働力の動員と管理である。製糸経営の場合，糸繰りを担当する個々の労働者の努力水準を維持，向上させることが，市場競争において規定的な意味をもっていた。1890年代に諏訪の製糸経営において考案・採用された相対功程制に基づく等級賃金制は，その目的にかなった制度であった。基幹工程である繰糸を担当する労働者は，生産した生糸の量と品質の厳格な検査によって，その労働の成果が評価された。この評価が賃金の等級を決めるのであるが，ポイントとなるのは，等級が労働者群の

成績の平均値からの偏差（相対功程）によって決められたことである。個々の労働者の賃金は，同時に作業をする他の労働者の成績によっても左右された。そして個々の労働者が，相対的な好成績を目指して競争的な行動をとるならば，経営側は賃金総額を増やさずに，全体の成績の向上を図ることが可能となるのである。賃金総額の抑制と生産性（労働生産性・原料生産性）の向上を両立させ，かつ，「有能」な労働力の経営内確保を導き出す製糸経営にとっての巧妙な制度として，この等級賃金制度は，製糸の斉一性を高めるための罰金制度とともに1900年代にかけて広く普及した（石井 [1972], 中林 [2003], 神林 [2001]）。

　鉱山でも，採掘現場の作業は鶴嘴を用いた手作業が中心で，個々の労働者の努力水準が生産性に大きく響いている点は製糸業と類似している。大きく異なるのは，地中にある生産現場を経営側が把握しきれないことであった。個々の労働者の技能および努力水準に加え，切羽（採掘現場）の状況も作業能率に大きく関わるために，経営側は労働成果と労働投入の関係を適切に関連づけることが難しい。このことが，飯場制度，納屋制度と呼ばれる鉱山労働に特有の労務管理システムの存在に繋がっていた。炭鉱の場合，坑夫中の親分的な存在が，会社からの委任によって，採炭の指揮監督を行う坑内頭領や，坑夫募集・生活管理を行う納屋頭（納屋は坑夫の生活の場）となっている。そこでは親分―子分の人格的関係が利用され，納屋頭が賃金の受け取りを代理し，手数料を控除することもみられた。経営側は，そこに情報の非対称性を背景とした中間利益の発生をみることで，労務管理の直轄化を進めようとするが，残柱式採炭方法の下，手作業に依拠した少人数のグループ採炭が行われている限りは，作業現場を熟知し，熟練の技能を有する頭領・納屋頭層を排することは難しかった。一方で納屋頭は坑夫の保証人になり，生活の面倒をみ，また困窮者を保護救済するなどの機能を果たしている面もあり，会社側との対立の際には，むしろ坑夫から支持を得る場合もみられる。「適正技術」の導入に，この間接管理システムが結び付いたところに，明治期の鉱山業発展の基盤があったといえよう（炭鉱については隅谷 [1968], 荻野 [1993], 市原 [1997], 森本 [2013], 金属鉱山については武田 [1987], 二村 [1988] などを参照）。

3　分散型生産組織と産地・集積

▶ 分散型生産組織の展開

　以上の諸産業の事例は，産業発展と大規模経営の形成には，多様な因果関係が存在していたことを示している。資本設備に体現される産業技術の移植はそのひとつであり，資源賦存や市場の特性への適応の必要性は，それとは独立の要因として，大規模経営の成立の条件を構成していた。そのことは，このような条件が

与えられない場合，産業の発展が大規模経営の形成を必然的に随伴するものではないことを示唆している。

新原料（機械制紡績糸・化学染料）の導入と，在来手織機の改良（飛杼装置を装着したバッタン織の導入など）を技術的な基盤とした在来（産地）織物業の展開は，このような想定に適合的な事例であった。最も生産量の多い綿織物では，1890年代以降，生産者は在来（産地）綿織物業と，綿糸紡績会社が綿布生産を手掛ける「兼営織布」に大別される。在来綿織物業は，1890年代には輸入綿糸から国産の機械制綿糸へ原料供給源を切り替え，拡大する国内市場を販路として生産を伸ばした（阿部［1990］）。とくに「先染め」と称される，染色した綿糸の組み合わせで意匠を施した縞，絣などの着尺用木綿の分野では，各地で多様な綿織物が開発され，生産された。染色を行わない白木綿も，浴衣などの後染め（布地に染色加工）綿布や，手拭，下着などの原料木綿として多くの需要があり，泉州（大阪府），知多（愛知県）など有力な生産地が形成されている。これに対して兼営織布で生産される綿布は，同じく白木綿ではあるが，広幅の「粗布（sheeting）」と呼ばれるやや厚地の木綿が多く，1900年代に朝鮮・中国への輸出がおもな販路となっている。この市場の棲み分けは，兼営織布側の国内市場向け販売の挫折の結果でもあった[4]。

このような製品と販路の多様性は，絹織物業についてもいえる。先染めの絹織物生産は，高級品の京都西陣を頂点として，桐生（群馬県），足利（栃木県）など，近世以来の有力生産地がその地位を維持した。その一方で，平織り・白地の羽二重が，アメリカを中心に急速に輸出を伸ばし，絹織物業の重要な一角を占めるようになった。その中心的な担い手は新興の石川県・福井県の羽二重生産地である（神立［1974］）。また，緯糸に綿糸を用いる絹綿交織物が，絹織物の足利や先染め木綿の生産地（尾西，入間など）で開発・生産がなされた。絹織物と綿織物の中間に位置するこれら交織物需要の増大は，1890年代以降の国内織物市場の高度化の様相を物語っている（田村［2004］）。

表3-2は『農商務統計表』による1905年の織物業生産者に関するデータである。生産の担い手の多くが「賃織」であり，それを編成し，織物を作り上げる織元の存在がある。このような，いわゆる問屋制（putting-out system）と呼ばれる生産のあり方は，近代工業の形成に先立つ工業，すなわちプロト工業の典型的な生産組織とされることが多かったが，在来綿織物業史の各地の事例に立脚するならば，その本格的な普及は1880年代以降のことであったと考えられる。たとえ

---

[4] たとえば，兼営織布と同じ技術基盤（輸入力織機）に依拠した小名木川綿布会社は，製品の白綿布の国内販売が不調で，1890年代に経営を悪化させている（末永［1997］）。

表 3-2 織物業の生産形態（1905 年）

	合計	生産形態別			賃織業
		独立営業			
		工場	家内工業	織元	
戸数（戸）	448,609	3,097	138,833	14,370	292,309
織工数（人）	767,423	91,279	229,446	58,591	388,107
女性比率（％）	95.3	88.5	95.7	89.4	97.6
1 戸当たり織工数（人）	1.7	29.5	1.7	4.1	1.3

(注) 各形態の定義は以下の通り（神立［1974］10-11 頁）。
　　　独立営業で織工数 10 人以上が工場、10 人未満が家内工業。
　　　織元：「原料ヲ仕入置キテ賃織者ヲ機織セシメルモノヲ云フ」。
　　　賃織：「他人ノ原料ヲ受ケテ機織スルモノヲ云フ」。
(出所) 農商務大臣官房統計課編纂『第 22 次 農商務統計表』196-197, 200 頁より作成。

ば入間地方（埼玉県）の綿織物業の場合、1870 年代までは農家副業によって生産された織物を農村在住の仲買商が買い集め、それを集散地の問屋商人に売りさばく形態——買入制——が広くみられた。1880 年代に入り、仲買商の中から織元への転換を図るものが現れ、農家が織り上げた織物を集荷するだけではなく、町場の綿糸商から紡績糸（当初は輸入綿糸、のちに国産機械制紡績糸）を買い入れ、染物屋で染色加工したのち経糸を整経し、染色済の緯糸とともに賃織を営む農家に渡す方式が採られていく。織布用原糸の供給は統一した原料糸の使用を通じて製品品質の向上を促す。さらに市場情報への接触がより密接な織元が、染色、整経済の原料糸供給を通じて売れ筋製品の企画・発注・集荷を行うことで、需要の高度化によって要請される風合いやデザインをめぐる競争に敏速に対処することを可能とした。作業現場の分散性は、賃織による原料糸着服問題や納期の遅延を引き起こす可能性を孕んでいたが、入間地方の織元は製品の重量の管理、頻度の高い賃織との接触、そして長期的・継続的な取引関係の構築によって、「問屋制の内部矛盾」とも呼ばれたこれらの管理問題を克服しえていた。問屋制の採用は、農家副業を基盤とする在来綿織物業の、市場対応の方策として位置づけることができるのである（谷本［1998a］）。

　非農業地域の典型である大都市でも、問屋制的な生産組織の展開が広範にみられた。大阪、東京に立地し、有力な輸出向け消費財として台頭するメリヤス産業は、初発の段階では輸入新鋭機械を設置した機械制工場を担い手としていた。産業の起点がヨーロッパからの技術移転にあったからである。しかしこれら初期の工場はまもなく経営的に行き詰まり、明治中・後期からのメリヤス生産の増大は、中小零細業者の簇生に担われることとなった。機械制大工場に代わって普及したのが「製造問屋型生産組織」である。綿メリヤス肌着を例にとれば、製造工程が

10 に細分化され，それぞれを独立の製造業者が担当するようになった。これらの業者の中から輩出した「製造問屋」が，原料供給および工程の組織・管理を担当し，仕上げた完成品を卸売問屋や輸出商に出荷した。このような業者間の工程の細分化とその組織化による生産方式は，ブラシやボタン生産などでも見出されている（竹内［1975］，［1975・1976］，［1979］）。

▶ 産地形成と集積

　以上の事例は，生産現場の零細性に立脚しつつ，新たに形成された分散型生産組織が，産業発展の担い手として機能していることを示すものであった。このタイプの産業展開では，生産現場と関係業者の比較的狭い地域への集中立地がみられたことも注目される。産地織物業における織元の経営は，地域の核となる町場に集積する原料・製品商人や染色業者，金融機関や同業組合，実業教育機関の活動によって支えられていた。入間地方においてそれは，たとえば，1890 年の準則組合の認可申請に始まり，1900 年代初頭の武蔵織物同業組合および所沢飛白同業組合の結成として定着する。所沢には買継商が中心となって銀行が設立され，原料糸商・織元・買継商間で流通する織物手形の割引等によって，必要な資金供給を行った。染色に関する講習所も設立されている。それは，生産の地理的な集中一般とは区別される，「産地」形成の過程であった（谷本［1998a］，橋野［2007］）。

　日露戦争後（1910 年前後）になると，和泉（大阪府），知多（愛知県），遠州（静岡県）などの一部の綿織物生産地で，力織機の導入を図る織元が簇生した（阿部［1989］）。この力織機化の動きは，綿織物の生産形態を問屋制家内工業から機械制工場へと変化させることになるが，そこで導入されたのは，価格が英米製力織機の数分の一の国産力織機であった。力織機の国産化は，おもに織物生産地の近傍で進み，木綿用の豊田式（豊田佐吉，1897 年完成）や輸出羽二重向けの津田式（津田米次郎，1900 年完成）をはじめ，多くの種類が開発されている。それらは，鉄の利用を節約した木製，半鉄半木製のものが多く，低価格を武器に織物生産地への普及を始めたのである（南・石井・牧野［1982］，鈴木［1996］）。安価な国産力織機を資本財とする機械制工場の設立は，参入も比較的容易であり，兼営織布に比するならば，織物産地の工場化の特徴は中小規模工場の簇生にあったといえる。「産地」を基盤とする産業発展の方向は，機械制工場化の後も維持されることになるのである。

　中小経営の存在は，このほか近世来の技術基盤の上に展開する陶磁器業などの諸産業の他，何らかの形で欧米からの技術移植が関与する機械製造や金属加工の分野などでも広範にみられた（明治以降の陶磁器業については宮地［2008］，大森［2015］などを参照）。用途と価格水準の面で，輸入機械が必ずしも適合的でないな

らば，そこに国内の機械製造者が販路を開拓する余地がある。1890年代以降，ボイラー，小幅力織機，排水用ポンプ，発動機，圧搾機，農業機械などは，まさにそのような機械であった。それらは用途に応じて製糸業，産地織物業，石炭業，内航海運業，醸造業などで需要される。製糸機械の諏訪，力織機の浜松，石油機械の長岡など，需要地に近接する地方都市部に，これら中小機械経営が立地することも少なくない。複層的な産業発展は，それに対応する多様な資本財生産者を生み出していたといえよう。そしてこれらの機械製造が，1880年代以降，持続的な機械生産増大の一翼を担っていたのである（鈴木［1996］，沢井［1990］）。

　他方，大阪，東京の大都市部には，中古や国産低級の工作機械を駆使して，規格の異なる製品を注文に応じて製作する，「諸」機械製造の中小工場が簇生した。東京市の場合，本所・深川を中心とする城東地域と，京橋・芝を核とする城南地域が，1900年代以降，2つのやや性格の異なる機械・金属工場集積地として立ち現れてきた（沢井［1990］）。前者には，江戸時代以来の金属加工，雑工業の前史があり，後者では，陸軍砲兵工廠，海軍造兵廠，芝浦製作所などの大規模機械工場の存在が，工場主の供給源となっていた。これらの工場間は緊密な取引関係で結ばれているわけではなく，また官民の大規模機械工場との下請関係も，この頃には未形成であったから，織物業などにみられる「産地」概念をそのまま当てはめることは適当ではないだろう。しかし一方で，多数の事業主体が地理的に近接して存在している場合に，補助的産業の発達，熟練労働市場の形成，情報の伝播・共有といった集積の外部効果が働くことが，アルフレッド・マーシャルの提起以来，多くの事例研究の中で指摘されている。実際，東京市の上記の2つの地域は，他地域に比して工場創業が活発であり，既存工場の存続率も高かった（今泉［2008］）。集積が産業経営にとって正の外部効果を及ぼしていたのである。これら東京の機械工業集積の技術水準の高さは，相対的に高度の製品製作を引き受ける形で，前述の地方機械工業の存立を補完する役割も果たしていた。大都市は，産業発展の複層性を強化する場として機能していたのである。

4 生産組織としての地主制

▶ 農業発展と技術

　最後に，第1次世界大戦期に至るまで一貫して，最大の生産額と就業者数を維持した農業についてみよう。開港後の農業生産は，加工原料用作物栽培の盛衰が顕著であった。1880年代を前後して，綿花，藍葉，菜種作が，90年代に入って甘蔗の栽培が明確に衰退した。藍葉は印度藍，菜種は灯油用の石油の輸入によって国内需要が奪われ，綿花と甘蔗の場合は，新たに勃興した機械制の綿工業と製

糖業による輸入原料の選択が衰退を決定づけた。その一方で，輸出品関連の農業生産には成長の機会が与えられる。製茶業の原料となる茶葉生産はそのひとつであるが，とくに影響の大きいのが，生糸原料となる繭生産＝養蚕業である。開港間もない時期には，一農家内で執り行われることも多かった養蚕・製糸は，製糸業の成長の中で分離が進行し，農家は繭生産に特化するようになる。蚕種を購入し，孵化した蚕に栽培した桑を給し，そして繭を収穫する養蚕業が，主穀生産など他の作物栽培と組み合わされる形で，重要な所得源となっていく。20世紀に入る頃には，春繭に加えて夏・秋繭の生産も広がり，繭供給力の増大とともに，農家内での季節的労働配分の平準化にも資するところがあった。養蚕の広がりはとくに東日本で顕著であったから，西日本に多かった綿作・菜種作の衰退との対比で，東日本農村の相対的な地位向上を想定する見方も，開港の経済的影響に関する議論の中でしばしば取り上げられている。

　もっとも，加工原料作物の代替作物が，必ずしも加工原料作物である必要はない。「田方綿作」の語が示すように，近世農村では米作と綿作の競合が指摘されている。主穀である米の生産は1880年代前半の3500万石前後から，80年代後半の増産を経て90年代には4000万石前後，1910年頃には5000万石水準へ達した（梅村ほか［1966］）。この間，耕地面積は持続的に増大し，全国平均の水稲反収も，西日本が先行し東日本が遅れるなどの地域差を含みつつ，1880年を100とするならば，1914年前後には138弱に上昇した（速水［1973］付録表C-1）。米作による農業発展の道筋がうかがわれる。

　その基盤となっていたのは，小農経営に適合的な農業技術の採用，普及である。図3-2にみられるように，第1次世界大戦までの日本の農業は，農業有業者数がほぼ一定で耕地面積が漸増する中，土地生産性（農業生産額〔1934-36年価格〕／耕地面積）が耕地面積を大きく上回って上昇した。その結果，1人当たりの生産量（労働生産性）も相応の伸びを示している。農業発展の方向が反収の増大にあったことは明らかである。その技術基盤は近世以来の在来農法であったが，その中で最も優れた技術――老農技術――の各地への普及が，全体の水準の向上に繋がった。その過程では，政府による集談会の実施や，農事試験場での老農技術の普遍化の努力なども資するところがあった。優良品種の普及や改良はその具体的な現れである。また多肥に耐える多収穫品種の開発は，肥料の増投を促す効果も有していた。1890年代以降の肥料投入の増大は著しく，図3-2にあるように1910年前後までには1880年代の4倍に達している。

　深耕の要請から，馬力を用いた持立犂による耕起作業の普及がみられたのもこの時期のことであった。馬力の利用には乾田化が必要であったから，この農法は

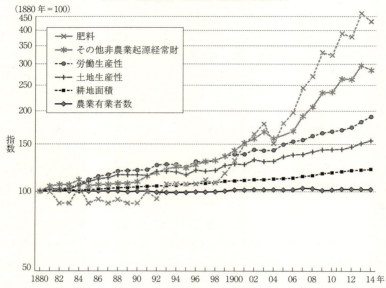

図 3-2 農業発展の諸指標（縦軸は対数表示）

(注) その他非農業起源経常財は農薬，諸材料，光熱・動力，飼料の合計額で，1934-36 年価格に換算してある。価額の換算は肥料も同様。
(出所) 速水［1973］付録表 C-1，C-4 より作成。

「乾田馬耕」の語で知られている。この起点にも，肥料増投による反収増大の目論見が存在していた。干鰯・鯡粕といった魚肥に加え，日清戦後には満洲（中国東北部）産の大豆粕の輸入が始まったこと，また 1900 年代に入ってからは，化学肥料の過リン酸石灰が国内で製造されたことが，需要増大に対応する供給側の条件となっていた。その一方で肥料購入費の増大は，肥料や農産物の価格変動が経営収支に与える影響を増幅した。この農業における経営リスクの増大は，自作農家の土地喪失に繋がることで，「地主制」の拡大再生産の要因ともなったのである（以上の農業発展については，八木［1990］，徳永［1997］，西村［1997］，勝部［2002］，稙本［2015］などを参照）。

▶ 地主制の形成

近代日本の農村経済を論ずる際，研究史上の大きな焦点となってきたのは，この「地主制」の問題であった。1880 年代前半の不況を契機として，土地資産を失う農家が続出したことは前章でも触れた。そのことは一方で，抵当の流れ込みなどを基盤に，土地所有規模を顕著に拡大する階層を生み出すことになる。地価 1 万円以上（西日本では 20〜30 町，東日本では 50〜80 町以上）の土地所有者数は，1880 年代後半から 90 年代を通じて増加しており，「地主」が階層として成立し

表 3-3　農家の経営規模別戸数の分布

	農家戸数（1,000 戸）				構成比（％）		
	0.8 町未満	0.8〜1.5 町	1.5 町以上	合計	0.8 町未満	0.8〜1.5 町	1.5 以上
1888 年 a	2,438	1,330	665	4,433	55.0	30.0	15.0
1888 年 b	2,330	1,210	580	4,119	56.6	29.4	14.1
1908 年	2,594	1,145	718	4,457	58.2	25.7	16.1

（注）　a は綿谷［1959］による 39 府県の推定値，b は農商務省農務局『農事調査表』巻ノ一の 36 府県を基にした推計値。
（出所）　三和・原編［2007］I-20（a）表，17 頁より引用。

つつあったことはたしかである。この大土地所有者の簇生が，「地主制の確立」のひとつのメルクマールとして強調されることも多い（中村［1979］）。

　しかし，「地主制」を農業の生産組織として捉える場合，その焦点は土地所有と農業経営との分離にある。この観点からみるならば，大土地所有者の出現そのものは，「地主制」の指標とはならない。地主が農場経営に乗り出せば，土地所有と農業経営は一致することになるからである。全耕作面積に対する，借り入れによって耕作している土地面積の割合（小作地率）が，1873 年の推定 27.4％ から，1908 年の 44.9％ へと大幅に上昇した事実こそが，生産組織としての地主制の展開を直接示している[5]。そしてこうした変化は，農家 1 戸当たり経営面積に大きな変化がみられない中で生じていた。表 3-3 にあるように，経営面積別の農家戸数分布の推計では，0.8 町未満が 50％ 台半ばで最も多く，次いで 0.8〜1.5 町の 25〜30％，1.5 町以上の 15％ 前後と続いている。両極分解の傾向が指摘されることもあるが，概してその比率は安定していたというべきであろう。土地所有構造の変化は，大土地所有者自身の農場経営だけではなく，借地を基盤とした大規模な農業経営の出現にも繋がらなかった。「地主制」の進展の下にあっても，農業経営の中心は，家族労働を基軸とする小農経営であった。

　地主の土地所有規模の分布も重要である。大規模土地所有者の出現は 1880 年代以降に特徴的な事態であったが，1920 年の 50 町歩以上所有地主の総所有耕地面積は，全耕地面積の 6.6％，全小作地面積に比しても 14.3％ にとどまっていた[6]。「地主制」の象徴である「千町歩地主」は，新潟県や宮城県など，北陸，東北地方の水田単作地帯に特有な存在であったともいえる。多様な規模の土地所

---

[5]　1873 年の小作地率は古島敏雄による推定値（古島編［1958］332 頁），1908 年は農商務省農務局［1913］による。
[6]　沖縄を除いた値。農業環境の大きく異なる北海道も除くとそれぞれ 4.8％，10.4％ になる。50 町歩以上所有地主の所有面積は農林省農務局編［1925］，耕地面積および小作地面積は加用監修［1958］，加用監修・農林統計研究会編［1983］による。

有者と中・零細経営規模の農家が，土地貸借をめぐって地主―小作関係を形成しているのが，近代日本の地主制であった。

▶ 小作契約と農業生産

では地主制は，農業生産の観点からみてどのように位置づけられるだろうか。一般に，小作地では労働や資本投入のインセンティブが低いために，潜在的に可能な土地生産性が引き出されないとする想定がある。小作農が土地への改良投資を行っても，地主に土地返還を求められれば無駄になってしまうし，生産物の増加分の多くを小作料として地主に収取されるのであれば，増産の意欲も削がれる。地主の側でも，小作料収取による蓄積を農業以外の分野に投資することは比較的容易であるから，土地改良などの固定的な農業投資が進まない可能性がある。すなわち小作地の増大は，農業生産にとって負の効果があることになるのである。

日本の農業史において，地主が農業外投資を増大させたことは事実であり，とくに日露戦後期の農外投資の拡大は，都市への移住傾向と合わせて，「寄生化」した地主の農業改良投資からの撤退と捉える議論が存在する（暉峻［1970］など）。小作料は地域差を含みつつも，収穫量に対して50％前後を示す事例が多く，高水準であったことは否定されないだろう。しかし小作地の経営の生産性の面での劣位が，十分な根拠をもって一般的に示されてきたわけではない。1930年代末のデータではあるが，小作地と自作地で土地生産性に有意な差が観察されないとする計測結果も現れている（川越［1993］）。むしろ上記の想定がそのまま成り立たないことの中に，近代日本の小農経営と地主制の特徴が表れていた。

労働のインセンティブについては，小作契約のあり方が手掛かりとなる。一般に小作料は，定額，定率の2つの形態に大別され，増産部分を小作側がすべて収取できる定額小作料の場合に比して，収穫に対して一定割合を小作料とする定率小作料の場合，増産努力の成果の一部が地主に収取されるために，労働投入のインセンティブを削ぐ面があることが想定されている。しかし一方で，天候不順などによる生産の減少に際して，小作料の支払額が減じる定率契約は，地主が生産変動のリスクを一部負担していることになり，それが小作経営を成り立たせる条件となっている面が指摘できる。世界的に定率の小作契約が結ばれることが多いのも，このリスク負担の問題に起因している。

近代日本においても，「刈分小作」の名で呼ばれる定率契約はたしかに存在していた。しかしそれは一部の地域に限られており，主流となっていたのは定額契約であった。これは，小作経営が土地生産性において明確な負の効果を示していなかったことと整合的である。では，小作農は減産のリスクをすべて担っていたのだろうか。そこで注目されるのが天候等の理由で不作となる場合の，小作料の

減免措置である。地主は定額小作料契約の下でも，事後的に小作料減免に応じることが多かった。地主側も減産のリスクを負担していたのであり，このことが，小作経営における労働のインセンティブの確保と生産変動に際してのリスク負担を両立させる仕組みとして機能していたと考えられる（有本・岡崎・中林［2006］）。

ただし，事後的な小作料減免には，減産が小作人による経営努力水準の低下によるものではないことを，小作・地主の双方が合意する必要があった。粗放的な小作経営が，土地生産性の低下をもたらすことも十分想定されるからである。しかし小作人の労働投下量を客観的に示すことには困難が伴う。したがって地主側が小作の減免要求を受け入れるあり方のひとつは，減免部分を地主の債権（小作人の負債）とし，翌年以降にその債権を回収する可能性を確保することであった。減免部分が債権として地主側の帳簿に記載され，その回収が地主経営にとっての課題となっていたことは，地主研究の中でしばしば指摘されている事実である（永原ほか［1972］など）。また，村などが主体となって毎年行う「坪刈」による反収（土地生産性）の客観化などの試みは，不作時の減免要求をめぐる地主―小作間の紛争を防ぐための方策として位置づけることができる（佐藤［1987］）。

しかし，長期間にわたって減免小作料分の債権を回収すること，あるいは毎年坪刈を続けることは，流動的な地主―小作関係の下では成り立ちにくい。これらの施策が一定の有効性を確保している基盤には，地主―小作関係の安定性があった。小作期間に関する1924年の調査（岡山県下の田畑区数3055区）では，4分の3以上が小作期間10年以上を経過しており，30年以上にわたっていた区画も35%あった（太田［1958］，坂根［1999］）。貸し手側の地主に在村の中小規模の地主が多かったことも考え合わせれば，地主と小作の関係には，土地取引を超えた密接な社会関係が随伴していたことが想定される。

小作地を借り受ける農家として，自作地も経営する「自小作」の戸数が純小作戸数を上回っていたことも注目される。1908年の場合，農家の構成は自作が33.3%，自小作39.1%，そして小作が27.6%であった（三和・原編［2007］）。岡山県の調査（1920年）によれば，自小作が7反～1.5町の経営面積の農家の比率が最も高く，49%を占めていたのに対して，小作・自作は5反未満がそれぞれ56，45%であった（玉［1994］）。自作地経営との組み合わせで小作地を借り受ける農家が，むしろ農家経営の中軸をなしていたのであり，そこでは，小作地は自作地を補完する機能を果たしていた面が指摘できる。部分的であれ自己所有の土地を耕作する農家は，地域への固着性も強いであろう。土地所有と農業経営との分離の進展が，ストレートに農家経営の浮動性に結び付かない特性を，近代日本の小農社会は備えていたのである。

小農経営にとって，重い小作料の負担は蓄積の阻害要因であり，そのことが自作農化の途を困難としていたことはたしかであろう。小作地の存在が農村における所得分配の不平等を固定化し，拡大する要因ともなっていたことも否定されない。しかし農業生産活動の面では，日本の地主制は，必ずしも生産に阻害的ではなかった。小農経営は，生産変動のリスクの一部を地主―小作関係の中で処理しつつ，農業生産の主体として再生産していたのである。

第3節 資本と労働――その存在形態と動員

　以上みてきたように，近代日本の産業発展は，多様な生産組織によって担われていた。西欧の紡績技術の移植が機械制大工場を生み出したように，生産組織の決定因のひとつは製造技術の特質に求められるが，一方で製造技術は選択や「適正化」の対象でもあったから，生産組織の多様性を生み出したのは技術そのものではなく，他の生産要素，すなわち資本と労働との組み合わせの結果であった。換言するならば，資本と労働のあり方が，生産組織の選択に大きく影響していたのである。本節では，生産要素の在存形態とその動員のあり方が，どのように産業経営における生産組織の選択に影響し，かつ産業発展を特徴づけていたのかをみていきたい。

1 資本の源泉と動員

▶ 大規模経営の資金調達とその源泉

　前述のように，直輸入型技術と大規模工場・作業場をセットとする西欧型生産形態の特徴は，固定的な設備投資の大きさであり，企業は初発の立ち上がりの時期から大きな長期資金の調達が必要となった。表3-4にみられるように，これら大規模企業の資金調達は，製紙会社の他はいずれもストックベース（期末残高）でみて，払込資本金が全体の70〜80％を占めていた。原料費支払いなど，期中に完了する短期の運転資金調達が加わるので，フローベース（使用資金総額）では他人資本（借入，支払手形など）の比重はこれよりも大きくなる（靎見［2012］）。しかしここで問題にしている長期資金に関しては，自己資本による調達が中心であり，「資本金」を供給する出資者が中心的な役割を担っていた。

　機械制紡績業が，その有力な調達方法として株式会社形態を採用していたことは，すでに触れている。では，株式購入の形で紡績会社へ出資したのはどのような人々であったのか。表3-5にみられるように，大阪紡の設立当初1883年6月の資本金28万円のうち，華族17人の購入株数が資本金全体の38％を占め，残

表 3-4　大規模企業の資金調達（1900 年下期末）

（ストック）	社数	1社平均総資産（1,000 円）	総資産に対する比率（平均1社当たり）			
			払込資本（%）	借入（%）	支払手形（%）	社債（%）
運輸	9	4,932	74.9	4.0	0.0	0.4
鉄道	21	3,211	86.8	6.1	1.7	0.8
製紙	5	1,709	54.2	15.1	19.5	0.0
船渠	4	1,501	75.0	5.1	8.7	0.0
紡績	12	1,388	74.3	5.9	13.6	2.3
電力・ガス・水道	14	525	85.1	14.8	0.8	0.0

（注）　関東に本社を置く主要企業，1900 年下期。平均総資産額の大きい順に上位6産業を表示してある。
（出所）　露見 [2010] 第4表，357 頁より作成。

表 3-5　創業期の大阪紡績の株主

	資本金（1,000 円）	株主数（人）					株式の分布（%）				総株数
		華族	大阪在住	東京在住	その他	計	華族	大阪在住	東京在住	その他	
1883 年 6 月末	280	17	56	17	5	95	38.0	30.9	28.6	2.4	2,800
内，繊維関係商人			18*	3	2	23					
1886 年 6 月末	600	16	113	43	30	202	27.6	33.2	30.7	8.5	6,000
1889 年 12 月末	1,200	14	236	34	100	384	11.3	61.7	10.0	17.0	12,000

（注）　＊大阪紡社員5名を含む。
（出所）　高村 [1971] 第1章表 2, 4, 5, 66-72 頁より作成。

りを大阪 56 人，東京 17 人，そして神奈川県の3人を含むその他地域の在住者5人が購入していた。その後，1889 年末までに華族の株式構成比は 11% まで下がり，大阪在住株主が増えるとともに大阪・東京以外の株主の株式所有割合も高まっている。この株主の構成は，当時の資本蓄積のあり様と，それがどのように株式投資に向かうのかを示すひとつの代表的な事例であった。

　近世大名家を主たる母体とし，秩禄処分に際して多額の金禄公債の交付を受けた華族は，明治前期における最有力資産家となった。突出した資本金規模を誇る第十五国立銀行（1877 年の設立時で 1782 万円）が，華族の金禄公債の出資によって設立されたことはよく知られている。華族はさらに，鉄道や紡績などの大規模・有力株式会社を中心に，株式を資産運用先として位置づけていく。徳川時代の年貢徴収権の一部が華族資産となり，それが産業化の資本源泉として現れていたのである。一方，大阪および東京・神奈川の株主の中心は，諸種の商人であった。米穀商・綿商など経営体および取扱商品の面で徳川時代からの連続性が確認できる商人層が含まれる一方で，松本重太郎（大阪・洋反物商），薩摩治兵衛（東

京・洋糸金巾問屋），原善三郎（神奈川・生糸売込問屋）など，新興の貿易関連の商人が有力株主となっていたことが注目される。貿易品を扱う一群の商人層は，たとえば1888年の有力資産家のリストでも，最上位層の一角を構成していた（阿部［1992］）。近世来の在来的な蓄積とともに，貿易利益が投資源泉として重要な位置を占めていたのである。

　これに対して，直輸入型技術と大規模工場を特徴としながら，造船業の大経営は資本出資者の範囲がきわめて狭い範囲に限定されていた。長崎および兵庫造船所において，前者が岩崎家，後者は川崎・松方家の封鎖的な出資によって資本金が賄われていたことは，先に触れた通りである。鉱山業でも，大規模な投資が進んだ1890年代以降の有力鉱山（銅，石炭）の経営体に，同様の特徴が見出せる。岩崎家は高島炭鉱，三井家は三池炭鉱を獲得し，ともに1890年代以降には，筑豊地方で大規模な石炭業経営へ乗り出していった。そのほか，輸出を基盤として大規模な生産を開始した別子銅山（愛媛県），足尾銅山（栃木県）に対して，それぞれ住友家，古河家が大規模な投資を行っている。

　これら資金投下の主体となった諸家に共通するのは，1870～80年代における政府との関わりである。土佐藩地下浪人（下級武士）で1860年代末に海運業を始めた岩崎弥太郎に事業上の飛躍を促したのは，1870年代半ば，大久保利通政権下での三菱会社への海運助成である。海運業からの撤退後も，そこでの蓄積は，1880年代後半の岩崎家の投資活動の重要な資金源となった。近世来の大商家である三井家でも，明治初年代に府県為替方に任じられたことによる官金預金の運用益や官営時代の三池炭鉱炭の一手輸出販売など，政府関係の取引（「御用商売」）の意義は決定的であった。川崎家（後に松方家が加わる）は兵庫造船所，古河家では足尾銅山の政府払い下げ，そして近世期にすでに有力商家であった住友家についても，幕府所有の要素も強かった別子銅山の稼行を引き続き維新政府から認められたことが，事業経営を決定づけている。政府との関わりの中で初期的な資本蓄積の機会ないしは事業開始の契機を与えられたことが，封鎖的な出資の範囲で大規模経営を営みうる一群の資産家・事業家の輩出を可能としたのである。ここで挙げられた諸家はしばしば「政商」と呼ばれるが，政府との特有な関係から利益を得る事業主体をそう命名するのであれば，明治初年代の諸家の蓄積を「政商」的蓄積と呼ぶことも可能であろう[7]（法政大学産業情報センター・橋本・武田編

---

[7]　ただし，三井を上回る数の府県為替方を任じられていた小野組・島田組が，1874年の官金抵当増額令によって没落した事例などからも知られるように，維新政府との関わりが，経営発展を保証する十分条件だったわけではない。財閥史の文脈では，1970年代以降，企業勃興期以降の企業成長には，「政商」的活動からの脱却が不可欠であったことが強調されている（森川［1978］）など）。

[1992], 粕谷 [2002] などを参照）。それが，欧米型モデルに基づく大規模経営においても，二様の企業形態——公開株式会社と家族企業（ファミリー・ビジネス）——の並立的な展開をもたらしていくことになった。

▶ 投資家の類型

では，資本蓄積を体現した主体（資産家）は，どのような動機に導かれて，新たな産業分野・企業へ自らの資産を振り向けていったのだろうか。

先に示した資本供給者のうち，華族以外の多くは，何らかの事業経営——家業——を営む経済主体であった。そこで蓄積された資産が，当該事業への再投資だけではなく，他の事業機会へ振り向けられることで，勃興する新たな産業への資本が供給されることになる。その際のひとつのパターンは，他の事業機会も家業として，自己の出資のみによって営むことであった。これは，近世の商家でもしばしば観察される投資行動であり[8]，三井家や岩崎家の直系の事業への封鎖的な出資は，この伝統的なパターンを踏襲しているといえる。ただその投資対象が，それまでの家業と関連の薄い産業分野へも広がっていたこと，かつ，個々の事業単位に大規模なものが含まれていたことが，新たな特徴となっていた。とくに後者の点が，明治以降も広範にみられる家業経営と三井等との分岐点となるが，それが「政商」的な蓄積を前提としていたことは先に触れた通りである。これらの同族経営は，「財閥」と呼ばれる企業集団に成長していくことになる。

他方，「政商」的蓄積機会に恵まれなかった資産家には，封鎖的な出資によって大規模な事業経営を営むことは難しかった。そこで浮上するのが株式会社の設立であり，共同出資に基づく新たな事業機会への進出であった。紡績会社の有力株主・創立委員には，綿や綿糸を扱う商人が多く含まれていたから，まずは家業との事業上の関連性が新分野への投資を促す有力な動機であった。しかし投資先がそれにとどまってはいないことは，紡績会社の有力株主に，多くの醸造業関係者が存在していたことからもわかる（谷本 [2000]）。先の大阪紡の株主をみても，繊維関係商人のほかに，米や砂糖，生糸といった取引上，直接の関係を見出しにくい業種が少なくなかった。家業経営を超えて，新たな分野へ資産を投ずる投資行動の出現が，時代を画することになったのである。それが事業経営拡大の手段として位置づけられていた面があったとすれば，有力株主の多くが当該企業の経営陣に参画していたことも理解できる。

たとえば紡績会社を中心とした 1890 年代の株式会社の株主構成の分析によれ

---

8 たとえば，三井は 18 世紀初以来，呉服商と両替商の 2 つの業種を家業としているし，商業・質業と醸造業を並行して営む商家（近江商人・中井家，伊勢商人・國分家）などの事例もある（江頭 [1965]，日本経営史研究所編 [2015]）。

ば，多くの会社で筆頭株主の持株比率が10％未満，10大株主では35％程度で，いわば有力投資家（異系資本家）による共同出資的な色彩が強かった（伊牟田［1976a］）。有力株主の多くは役員（重役）に就任し，直接的に事業経営に対する影響力を保持している。ここに株式会社への参画を加えることで，家業を含め事業拡大を図る，企業家的投資家ともいうべき株主像の一端をうかがうことができる。なお，封鎖的出資の下で事業展開を図る家族企業（ファミリー・ビジネス）も，投資家としてはこの類型と共通する性格を備えていた。

　これに対して，企業経営への関与の意図をもたず，あくまでも資産運用の一環として当該企業の株式取得を位置づけるのが，レントナー（利潤所得に依存する配当・利子生活者）的投資家であった。有力株主でありながら企業経営にほとんど参画しない華族層はその典型であり，時事新報社による1898年の全国103社の株主調査では，前田，毛利，島津，徳川など旧大名家の系譜を引く有力華族による鉄道，銀行，海運等の株式への投資残高が，それぞれ数百万円に上っている（石井［1999］）。逆に，役員として経営に参画しうる株数を保有しない群小の株式投資家も，レントナー的投資家のもうひとつの源泉である。比較的規模の大きい資産家であっても，リスク回避のために分散的な株式投資を行えば，企業側からみてそれは，群小株主であった。1890年代以降の地主や商人が，比較的多数の銘柄の株式を売買していたことは，幾多の事例研究によって明らかにされている（谷本・阿部［1995］の集計表などを参照）。

▶ **投資動機とリスク負担**

　上記の投資行動と企業参画に関する2つの行動パターンは，「企業家」と「レントナー」の相違として整理することができる。一般的な資産運用行動を体現しているレントナー的投資家は，もっぱら収益の獲得を目的としており，その観点からリスクとリターンの相対的な関係を評価している。これに対して企業家的投資家は，対象産業に関わる人的資本を価値として有しており，その人的資本（能力）の有効利用が可能な限りで，リスク・プレミアムに対する要求水準（一定のリスクに対するリターンの要求）が低くなる点に特徴があった。人的資本の有効利用が投資動機として追加されることで，レントナーとは異なるリスク・プレミアムの評価につながるのである（寺西［2011］）。

　これに加えて明治期の日本では，リスク・テイキングな出資のもうひとつの担い手として，「名望家」的投資家ともいうべき類型が存在していたことを指摘したい。そのみやすい事例は，第7節で改めて取り上げる特定地域の産業化への貢献を動機とする地方資産家の投資行動であるが，「名望家」的な投資動機を収益以外の社会的な動機に拡張して考えれば，その源泉は必ずしも特定の地域社会に

限定されるものではなかった。たとえば大阪紡の設立を主導した渋沢栄一は，自身，第一国立銀行で頭取を務める企業家であったことはたしかであり，「出資者経営者」として多くの企業経営に関与している（島田［2007］）。しかし大阪紡に対しては発起人であり，また最大の株主であるものの取締役には名を連ねておらず，リスク・テイキングな出資者ともいうべき存在であった。その渋沢の紡績企業設立の動機に，増大する綿糸輸入を背景とした輸入代替への強い意欲があったことが知られている。渋沢の広範な財界活動——企業設立への関与と出資——の動機のひとつには，この産業ナショナリズムの提唱と実践への取り組みがあった。社会的な動機が，企業家的な動機とは別な形で，リスク・プレミアムに対する要求を低くしていたと考えられる。

1880〜90年代に立ち現われた投資機会は，対象となる産業（紡績・鉄道など）も，また媒介となる制度（株式会社）も，投資家にとっては馴染みの薄い新規なものであった。それゆえ，株式は不確実性が高く見積もられがちな投資対象であり，そこではレントナーの要求リスク・プレミアムの絶対値も高くなる。それに見合う高リターンが期待できなければ，株式投資は行われないことになるのである。実際，大阪紡などの初期の株式会社では，増資に備えるためには高率の配当要求に応える必要があったし，鉄道会社の創業株主は，キャピタル・ロスの発生と収益性の低さから，良好な収益上の成果を得られていない（高村［1971］，片岡［2006］）。この不利な環境において，相対的に低い期待利益であっても投資を敢行しうる投資家の存在は，株式会社への出資を実現する上で，大きな意義を有していた。リスク・テイキングな企業家的投資家の出資が企業の設立計画を先導し，名望家的動機をもつ投資家がそれを支え，そこにレントナー的投資家が追随することで，資産家の蓄積資金の新規産業・企業への糾合が可能となったのである。

▶ **金融機構の機能**

一方，明治期には金融機関としての銀行の簇生がみられる。1882年の日本銀行設立に伴い銀行券の発券機能を失った国立銀行は普通銀行へ転換した。他方，私立銀行は1876年の三井組から三井銀行への改称を第1号として，1880年代前半にすでに国立銀行を上回る行数が存在していた。表3-6にみられるように，銀行数は1890年代後半から1900年代にかけて順調に増大し，1900年前後には普通銀行だけでも1800行を超えている。三井，第一，十五などの大銀行が東京などの大都市部に集中している一方で，町村レベルにも小規模ではあるが，銀行の要件を備えた金融機関が広く分布した[9]。

---

9 1893年の銀行条例の施行（制定・公布は1890年）は，公に店舗を開いて証券の割引，為替，預金および貸し付け業務を合わせて行う業者をすべて「銀行」とし，大蔵省の認可を得るべきことを

表 3-6 銀行数の変遷（特殊銀行を除く）

	銀行数（年末）				1行当たり資本金*（1,000円）
	国立	普通	貯蓄	合計	普通
1873年	2			2	
1876	5	1		6	2000
1880	151	38	3	192	184
1885	139	217	17	373	85
1890	134	272	15	421	94
1895	133	817	91	1041	64
1900		1854	435	2289	133
1905		1697	481	2178	152
1910		1618	474	2092	199

（注）＊1890年以前は「資本金」，1895年以降は「払込資本金」。
（出所）後藤［1970］表10, 17, 20, 25の2, 64より作成。

これらの普通銀行とともに，政府出資を中心とした政策金融機関としての性格が強い「特殊銀行」が，日清戦争後に相次いで設立された。植民地（内国を含む）開発機関の性格の強い台湾銀行（1899年）および北海道拓殖銀行（1900年）のほか，政府の銀行分業主義の理念に沿って，農業開発を主目的に不動産抵当金融を担う日本勧業銀行（1897年）と府県農工銀行（1898～1900年），有価証券担保金融を担当することを目的とした日本興業銀行（1902年）が開業した[10]。大中小のさまざまな規模の銀行が数多く設立されたことは，近代日本の金融機構の特徴といえる。

この銀行の広範な分布は，たとえば銀行相互のコレスポンデンス契約（コルレス契約）による為替ネットワーク構築の基盤となり，1880年代の早い時期から決済の円滑化・迅速化の面で，市場取引の拡大を支える機能を果たしていた。また，各地で展開するさまざまな規模の産業経営にとって，銀行の存在は資金供給源として重要な役割を果たしていた。産地形成において，地元銀行の設立がひとつの結節点となっていたことは先にも触れた。大規模企業への金融面でも，たとえば紡績会社が原綿代金に充てる支払手形（紡績手形）の割引は，阪神地方の有力銀行の商業金融活動の活発さを示す指標として，論議の対象となってきた（杉山・川上［1965］，石井［1999］，靍見［1991］）。

銀行の資金源泉については，図3-3をみよう。普通銀行の資金源泉は1890年代前半までは払込資本金および積立金が40～50％，政府資金（官公預金および日銀借入金）が30～40％を占めており，民間預金の割合はせいぜい1～2割であった。1890年代までの銀行は，まずは自己資金を資金源としていたのであり，その点で近代的預金銀行を特徴づける信用創造の機能は弱かった。ただ，ほとんどの銀行は株式会社形態をとっており，三井銀行など同族の封鎖的出資に特徴づけられる一部の銀行を除けば，共同出資事業として位置づけられる。資産家の余剰資金を糾合して運用している点は，近世来の貸金業者からの変化であった。

定めている。
10 ただし後者の2つは，必ずしも設立目的に即した金融業務を展開しえたわけではなかった。

図 3-3　銀行の資金源泉の推移

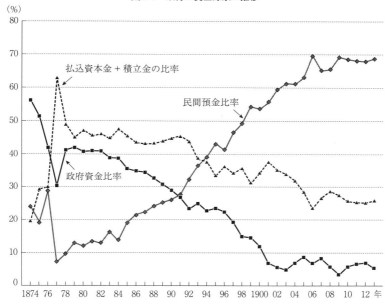

(注)　1887 年以前は国立銀行，88-92 年は国立，私立，横浜正金の各銀行，および銀行類似会社，93 年以降は普通，貯蓄，国立（98 年まで），特殊の各銀行および外国銀行支店を含む．政府資金は，国立銀行券，政府預金，日本銀行民間貸付金を含む．
(出所)　寺西［1982］付表 I-I，I-II，611-622 頁より作成．

　自己資金の資金的限界を補っていた政府資金は，当初は租税徴収と財政支出の時期的なズレから生み出される，官金預金の比重が大きかった．官金取扱いが日本銀行に移ってからは，日本銀行からの借入金が重要となる．定期貸・当座貸および内国手形割引による国内銀行に対する日銀の貸出残高は，1890 年代を通じて増大基調であり，99 年に 1 億 400 万円でピークを迎えている（石井［1999］）．その後，1900 年前後から民間預金が資金源泉の 50% を超え，日露戦後にその比率は 70% に達した．有力銀行を中心に日銀からの借り入れをやめる銀行が増加し，1900 年代の銀行は総体として，信用創造機能を備える「近代的」預金銀行の性格を強めたといえる（寺西［1982］）．銀行数は 1901 年の恐慌を契機に減少を始めるが，それでも 1910 年の普通銀行数は 1618 行を数え，規模と立地によって，都市部の大銀行，都市部の二，三流銀行，地方有力銀行，地方の群小銀行に機能が分化していく．これら階層性をもって並存する金融機関が，それぞれ規模・領域に応じた融資先をもち，重層的な金融市場を形成した（石井［1975］，伊牟田［1980］）[11]．銀行の簇生と階層化は，複層的な産業発展を，金融面で支える機能を

果たしていたのである。

▶ **投資家社会の成立と機能**

では会社企業への長期資金の供給において，銀行はどのような位置にあったのか。1890年代の国立銀行の貸付残高の構成においては，融資を行う対象は商人を中心とした「個人」であった。「会社」の割合は，たとえば当座貸越残高では10〜20%にとどまっている。一方，貸し付けの際にとる抵当品で最も多いのは株式で，全体の40%前後を占めていた。この2つの事実を繋ぎ合わせると，銀行の貸し付けの少なからぬ部分が，株式投資を実践していた個人向けのものであったことが判明する（伊牟田 [1976b]）。貸し付けられた資金が実際何に用いられたかは判別できないものの，株式投資の原資を銀行借り入れによって賄っている事例は少なくないから，銀行の株式担保貸付が，投資家の新たな株式投資をファイナンスしていた蓋然性は高い（野田 [1980]，谷本・阿部 [1995]，石井・中西編 [2006] など）。個人投資家への貸し付けを媒介に，銀行は会社企業への長期の資金供給源として機能していたのである。

図3-4は，以上の金融機構と企業金融の関係を見取り図として示したものである。原綿調達のために紡績会社が綿花商宛に振り出す紡績手形の割引や，製糸家への購繭資金の供給といった，短期の運転資金の供給源として，銀行は大きな役割を果たしていた。しかし一方で，株式会社の資本金のような長期資金の調達に際しては，個人の投資家の重要性が浮かび上がってくる。銀行は資金の出し手ではあったが，会社企業設立のリスクを取っていたのは個人の資産家であった。企業家的投資家あるいは名望家的投資家のリスク・テイキングな投資行動と，それに追随する大小のレントナー的投資家の行動が，大規模株式会社を典型とする共同出資を要する企業への資金集中を進める動力となった。とくにそれは，紡績や鉄道など，欧米型生産組織の移植に際して最も典型的な形で現れる投資家と銀行の関係であったといえる。個人資産家の投資行動がキーとなる点，そしてそこに，レントナーには解消されないプレーヤーが存在する点で，それは，固有の意味で「投資家社会」[12] と称されるべき特質を備えた金融・資本市場のあり様であった。これらの個人資産家・投資家として，貿易商（売込商や引取商）や旧大名層（華族）といった，開港と明治維新の直接の落とし子とともに，都市商人や地主，醸造家など，近世期に出自をもつ資産家層も少なくなかった。ただし，後者の資産

---

11 群小銀行の取引先にならない小規模事業者には，1900年に公布・施行された産業組合法に基づく信用事業（組合員の出資金による組合員に対する貸し付け）が，新たな資金調達先として制度化されていたことも指摘しておく。

12 この用語は，寺西 [2011] で用いられている。

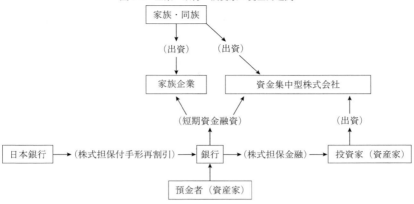

図3-4　企業・銀行・投資家の資金的連関

(出所)　筆者作成。

家層でも，たとえば都市商人には開港を契機とする制度変化の大波の以前から，新たな経営行動を志向していた新興商人（丁吟(ちょうぎん)など）が含まれているし，17世紀にその系譜を遡りうる商人群も，幕末・維新期を自己変革を遂げる中でくぐり抜けた存在であった（谷本［2009］）。地主・醸造家など，農村地域に基盤を置く資産家の背後には，前章で触れた近世後期における地域社会の形成がある。その点で，「投資家社会」を構成する資産家は，移行期の日本経済の特質に深く根ざしていたといえよう。

　この構図の中で，各プレーヤーはそれぞれの進化を遂げていく。封鎖的同族経営では，多角的な事業展開が進む中で，封鎖的所有と各事業経営との関係を整序する動きが現れてくる。三井家では，同族11家による総有制[13]を維持しつつ，銀行，鉱山，物産（海外貿易商社）の，それぞれ成長軌道に乗った大規模事業の制御を図るため，1890年代より組織形態の模索がなされた。法人を個人よりも軽課とする所得税制の改変にも後押しされ，同族会を法人化して三井合名会社とし，傘下に株式会社に改組した銀行，鉱山，物産の直系事業を配する組織形態が完成したのが1909年から1911年にかけてのことであった。三井同族は合名会社社員となり三井合名の資本金5000万円の全額出資者となる。合名は傘下3社の株式ほぼすべてを保有する持株会社となった。傘下会社の追加的な資金需要には，株式配当の形で三井合名にプールされた事業利益の中から，必要に応じて追加的な出資や融資の形で対応した。三井銀行による金融も，短期資金の調達では大き

13　営業財産に対する持ち分に応じて利益の配分に与るが，営業財産の分割請求権をもたない所有のあり方をいう。分割請求権を含む「共有」とは区別される（安岡［1970］）。

な意味をもっている。経営陣には高等教育機関を卒業した専門経営者の登用が進められた。同族の封鎖的出資と，傘下企業の成長を両立させる仕組みとして，この持株会社方式は，1910年代には他の大規模同族企業に広がっていった（三井文庫編［1980］，森川［1978］）。

　共同出資型の株式会社においては，その簇生に伴って，多角的な投資を行い，多くの企業で役員に就任している有力株主が目立つようになる。それは，資産家間の人的繋がりに依存して起業や株式の割り当てを行う，投資家社会の特徴を反映するものでもあったが[14]，取締役を重任する「兼任重役」の目的が，企業経営への人的資本の投入というよりも，当該企業の成長性・収益性に関する内部情報の確保にあったとする見方に適合的な事例も現れている。「財産乗換法」を提唱し，外貨，公債，地所，株式と投資先を変化させた雨宮敬次郎は，その典型的な事例といわれる（森川［1981］）。それは役員への就任が，企業家的投資家だけではなく，レントナー的投資家にも広がっていたことを意味していた。そこでは，高配当を要求する兼任重役が，内部留保を求める経営陣と利益処分政策をめぐって対立する構図も描かれている。その場合，企業の長期的な成長を目的とする専門経営者のトップマネジメントへの登用がひとつの鍵となるが，山辺丈夫や菊池恭三といった紡績経営の中核的な人材でも，大株主や取締役会には根強い反対勢力があり，取締役への就任は山辺で1895年（大阪紡），菊池では1893年（尼崎紡）および1997年（摂津紡）まで持ち越された（森川［1981］）。他方で，1900年代半ばになると，紡績株に投資するレントナー的投資家の中にも，高配当による短期的な収益獲得だけではなく，企業成長による長期の利益を見越した投資行動を行う投資家も増えていった[15]。有力株式会社の経営安定化を背景に，レントナー的投資家と専門経営者を含む経営陣とが，資本市場を介して向き合う構図が形成されはじめたといえよう。ただし，この資本市場に一般的とされる構図も，リスク・テイキングな投資行動を内包する「投資家社会」の存在を歴史的前提に，その構成要素の一角として形成されていたのである。

---

[14] 前述のように，投資家間に人的な繋がりが存在していたことは，早くは伊牟田敏充が指摘し，その「共同体的」な性格を論じた（伊牟田［1976a］）。鈴木・小早川・和田［2009］は，企業役員の兼任状況の網羅的な観察を行い，「ネットワーク」と称される多くの人的繋がりの連鎖を見出している。

[15] 結城［2012］は，1900年代の紡績会社の株主は，当該紡績会社の成長性に応じて，それぞれ高配当（成長性への期待が低い）と内部留保（成長性への期待が高い）の双方の利益処分政策を適合支持していたとしている。

2 労働──その存在形態と供給構造

▶ 農家世帯と労働力

　1880年代以降の工業化を起動力とする経済発展の下で、非農林業人口は1880年の716万人から1910年の1109万人へ1.55倍の増加をみた。有業人口比でも、非農林業は33％弱から44％弱まで構成比を増大している。しかしこの過程は、農林業部門の労働力の明瞭な縮小を伴ってはいなかった。農林業人口は1880年の1470万人から1910年の1417万人まで若干の減少にとどまっているし、農家戸数は1880年の550万戸が90年に545万戸で底を打った後、ほぼ一定数で1910年の552万戸へと推移していた（梅村ほか［1988］196-199, 216-221頁）。

　ではなぜ、工業化の進展の中でも、農家数の減少を伴うような、農業から非農業への労働力の移動がみられないのだろうか。いわゆる「二重構造モデル」では、農工間賃金格差（実際には農業と非農業の賃金）の相対的に小さかった第1次世界大戦前は、「近代部門」が労働力を生存水準の賃金で労働力を雇用しうる、無制限的労働供給の時代──「転換点」以前──とみなされている（南［1970］、安場［1980］）。生存賃金の水準を超えて賃金が上昇するほどには、高生産性の「近代部門」の労働需要が拡大していないことが、その要因であった。それは、資本集約的な西欧技術の移植が、その労働節約的性格から労働需要を限定するとする議論とも整合する説明である（大内［1962］）。そこで想定されている労働供給主体は、農業就業での限界生産性が「生存水準賃金」を下回る「過剰就業者」、あるいは資本の賦存状況に対する「相対的過剰人口」であった。

　これらの「過剰」な労働力が、個人を単位とする「潜在的失業者」であるならば、雇用主＝労働需要側の規定力は決定的であろう。しかし実際には、非農業部門へ移動する労働力のおもな給源となっていたのは農家世帯であり、その場合、非農業部門への移動予定者も、まずは農家世帯の構成員であった。そこでの意思決定が、必ずしも個人を単位としてなされていたとは限らなければ、非農業への移動の特質を理解する上で、改めて労働供給側の事情が問題として浮上してくる。実際、以下にみるように、近代日本の農家世帯は、労働力の配分と供給において、固有の行動パターンを示す存在であった。

　土地所持・農業経営それに祖先祭祀権を一体のものとして一子へ相続させる「家」システムが、18世紀の初頭の農村で一般的に成立・普及したことは第1章で述べた。そこで成立した単独相続の慣行は、鹿児島地方などの一部の分割相続が主流の地域を除いて、20世紀に入っても日本列島において基本的に堅持されている（坂根［2011］）。この制度の下では、理念的には既存農家を継承するのは

相続者1人とその配偶者の合計2人であり，それ以外の子供は既存農家の外部に流出することになる。そしてこの想定は，実際の労働移動のデータとも整合しうるものであった。20世紀初の合計結婚出生率（農民夫婦が生涯に産む子供）と死亡率は，生産年齢に達する子供の数が農家平均で4人であったことを示している。そこから跡継ぎ者（夫婦＝2人）を引いた2人が，30年ごとと仮定する世代交代の際に農家を離れるとすると，550万戸の農家から非跡継ぎ者で1年当たりに農村から排出される人数（550万戸×2×[1/30]）と，当時の農村の自然人口増加数（人口3000万人×自然増加率0.013）とがかなり近い数値となるとする試算結果がある（並木［1955］。斎藤［1992］も参照）。すなわち，世帯継承者の確保と，非継承者の農業部門からの排出を行動原理とする農家の主体的な適応行動を想定することは，マクロの人口動態とも矛盾しないのである。

　「家」が主体であり，単独相続は「家」の存続を目的とする「家産」の継承を意味しているとするならば，戸主といえども，その代で自由に土地を処分し脱農化する選択肢は与えられていない。前述のように日本の地主―小作関係が長期の安定した関係を特徴とするのであれば，それは土地に対する「耕作権」の継承として，小作農についても適用可能な論理であった。たしかに地券の交付は土地の所有名義人を明示することとなったし，民法典論争をへて1896（明治29）年の明治民法典に至る過程でも，私的所有権を確立しつつ，それと「家」制度とをいかにすり合わせるかが課題となっていたから，明治に入って法的には戸主の裁量の余地が広がったことはたしかであろう（福島［1967］，川口［1998］）。実際，戸主と家族構成員との間で，戸主の意向に基づく家産の処分をめぐって紛争が生じる事例も現れている（佐藤［1985］）。しかし総体として，近代日本の小農経営の背後に「家」制度が存在していたこと，それが個々の農家に対して農家経営の維持・存続を重くみる行動規範として内面化していたことは，銘記すべきことであった。農家の継承と存続の原理の上に，小農経営は労働力に関する「合理的」な選択を行っていく。それはまずは，農家世帯内の家族労働の配分戦略として現れていた。

　表3-7は1900年頃の大阪府南部（和泉地方）の農村で1町前後の経営面積を有する小自作（小作面積が自作面積より広い）農家および自作農家の家族労働力の配分を示したものである。みられるように，双方ともに戸主（「主人」）が農業経営の中心的な担い手であったが，それだけでは農業経営は成り立たなかった。小自作の場合には，農繁期（二季）の労働需要を賄うために「妻」と「老母」を動員している。2倍弱の経営面積をもつ自作農経営の場合には，「妻」（32歳）とともに，「弟」（24歳）の存在が重要であった。農繁期に臨時雇も用いられているが，家族に比してその位置づけは低い。経営主としての戸主の存在とともに，女性を

表 3-7　織物農家（大阪府和泉地方）の世帯内労働配分

15番　泉北（小自作・1901年）

耕作面積（反）	7.260			
自作地（反）	1.327			
小作地（反）	5.933			
畑地率（％）	14.3			
〈労働配分〉	農業	家事	機織	その他
老父（75）			△（糸巻）	
老母（59）	△（二季）	○（炊事・裁縫・洗濯）		
主人（38）	○			△
妻（35）	△（二季）	△（裁縫・洗濯）	○	
娘（14）		△（裁縫・洗濯）	○	
息子（11）		△（子守）		
息子（9）				
娘（5）				
娘（3）				
労働量	239.4人		540日	
生産木綿反数（反）			2160	
従事者（概算・除臨時）（人）	2	2.5	2+α	0.5
1人当たり労働	119.7人		270日	
木綿工賃収入（円）	58.3			
縄・俵・草履・筵代（円）	5.5			
木綿収入比率（％）	17.8			
余業収入比率（％）	21.8			
収支差引	－15円25銭			

16番　泉南（自作・1899年）

耕作面積（反）	12.91			
所有地（反）	14.91（内、山林2反）			
畑地率（％）	4.0			
〈労働配分〉	農業	家事	木綿	その他
老父（71）				
老母（58）		○（炊事・雑事全般）	△	
主人（38）	○			△
妻（32）	○	△（裁縫・洗濯）	△	
弟（24）				
息子（4）				
常雇（女13）		○（子守・家事手伝）		
臨時雇（男）	△（二季）			
労働量	411人		200日	
生産木綿反数（反）			800	
従事者（概算・除臨時）（人）	3.5	2.5	1	0.5
1人当たり労働	117.4人		100日	
木綿工賃収入（円）	24			
縄・俵・草履・筵代（円）	6			
木綿収入比率（％）	4.2			
余業収入比率（％）	8.6			
収支差引	＋47円27銭			

（注）　労働配分のカッコ内は年齢。○は主業として従事、△は原則として主業のかたわらに従事することを示している。
（出所）　谷本［1998a］表 4-9、223-224頁より引用。原史料は「農業経済調査書」和泉文化研究会編『和泉史料叢書・農業調査』1968年。

含む家族労働の動員可能性が，この両家の農業経営の要諦であったことがまず確認される。

　農業に専念する男性戸主や戸主の弟に対して，妻は農業とともに家内副業としての製織作業（賃織就業）に従事し，また家事労働も負担していた。農業以外の労働については，戸主を除く家族構成員間の分担関係も注目される。小自作の場合，「妻」は製織作業の担い手であったが，農繁期には製織労働への労働投入が減少した。しかし「老母」の存在によって農業労働を免除された「娘」は，家事労働以外の労働時間をすべて製織労働に費やすことができた。家事労働においても，比重の重い「炊事」を「老母」が担当することによって，「妻」「娘」の分担は軽減されている。さらに「老父」を糸巻労働に動員し，11歳の「息子」にも家事労働の一部（子守）が割り当てられている。このように，単独では労働力化が困難な老年ないしは幼年の労働力が，それに適合的な家事労働や補助的労働に動員されていたのであり，そこで生み出された余力が，この世帯の製織労働への労働投入を増加させたのである。一方，娘のいない自作農家では，「老母」も製織に携わるとともに，家事労働の担い手として若年女性（13歳）を雇い入れていた。それが妻をして，農業への労働投入を可能としていたといえる（谷本［1998a］）。

▶ **女性労働の供給**

　以上から，農家の労働力供給の論理を考えてみよう。農家の必要農業労働量と世帯構成員との不整合は，世帯内に燃焼度の低い労働力を発生させるが，その度合いは，必ずしも放出可能な1人分の労働力に一致するとは限らない。季節的な労働需要の変動も，恒常的な過剰労働力の発生には制約となる。また，家事労働にみられるような，非定型の世帯内労働需要の存在は，過剰労働力が世帯内に存在したとしても，それを定型的，定量的な労働需要に振り向けることを，ロスの大きいものにしていると考えられる。このような制約下にあって，世帯内での労働需要を調整しているのが，とくに女性による世帯内での"多就業"であった[16]。近代日本の小農世帯は，世帯内での家族労働の戦略的配分を基軸に，雇用労働を補完的に加えることで，農業経営と農家世帯の存続・再生産を図っていたのである。

---

[16] 家族労働力の賦存状況の変動を農業労働需要で埋める手段として土地の借り入れ（小作地）があり，実際，家族数と経営面積の変動に有意な関係があることも指摘されている（友部［2007］，斎藤［2009］）。ただし，3世代同居の期間を含んでいる直系家族のシステムの下では，農業労働に投入しうる家族賦存状況の変化の程度はそれほど大きくなく，農家の土地貸借行動の要因としては，その説明力は限られている（坂根［2011］）。

先の「賃織就業」の事例にみられるように，「農家副業」形態での非農業就業には，この農家の労働力配分の特徴がストレートに表れている。「賃織」就業は，渡された原料の加工（製織）のみに従事して工賃を得る形態であるため，「事実上の賃金労働者」と呼ばれることも少なくない。しかし就業形態の面からは，工場労働者とは明確に区別されるべき形態であった。労働過程が経営側の管理下にある工場とは異なり，労働力支出の空間的，時間的な拘束が弱く，就業者によってそれを自律的に管理しうる「賃織就業」は，"多就業"が必然化せざるをえない農家内の女性労働力に適合的な非農業就業の形態であった。それを組織する問屋制家内工業経営が，工業部門で広範に普及していたことは，分散型生産組織の選択において，農家の労働力配分戦略が規定的な意味をもっていたををを示している。

　以上の認識は，農家内からの労働力の排出を考える上でも有益である。農商務省『職工事情』は，(1)「賃織ヲ織ル方工女トナリ長キ羈束セラルヽヨリ利益アリ」，(2)「加之其土地ニ在リテ機織工女ト云ヘハ一般ニ卑下サルヽノ風アリ」（『職工事情・上』岩波書店（文庫版），178頁）と報告している。(1)のように拘束の少ない就業形態が選好されているのは，前述の理解と整合的であるが，さらにそれが(2)にあるように機織工女への「卑下」に結び付くのは，賃織就業を選好する実態的な基盤が，農家経営としての充実にあったことを反映している。先の表3-7にあるように，賃織には若干の貸付地を有し「女中」を雇用する自作農家も携わっていたのに対して，織物工場については「今日ニ於テハ土地ノ者ニテ工女トナルモノハ極貧者ノ子女ニ限レルモノヽ如シ」（同上）と評されていた。紡績，製糸工場の労働力が，所得水準の低い零細農家を給源としていたことは，豊富な事例とともに指摘される事実であった（石井［1972］，ハンター［2008（2003）］）。女性労働の非農林業への供給は，農家世帯への労働需要の取り込みが第一であり，それを成しえない農家世帯が，外部市場へと女性家族を排出していた。他世帯への「女中奉公」（家事使用人としての就業）は，その有力な就業先であったが（尾高［1995］，荻山［1999］），そこに新たに加わったのが工場労働だったのである。紡績，製糸経営が，少なからぬ募集費用を投じて遠隔地募集に依拠したのは，供給価格が低くかつ工場労働に応じうる労働力が属する零細農家の地理的分散（低賃金ポケット）に規定されていたためであった（斎藤［1998］）。

　これを雇用側の工場統計からみてみよう。表3-8には，1909年の5人以上を雇用する民間工場の労働力の属性（性別，年齢）が，工場規模別に示されている。80万人の工場労働者のうち，女性は過半数を大きく上回る50万人弱に達していた。またその半数は職工100人以上の相対的に規模の大きい工場に就業しており，

表 3-8　民間工場における規模別・属性別の労働者の分布（1909 年）

	職工数		男女別，合計の職工数に占める割合			
	女	男	女		男	
	合計 (人)	合計 (人)	20 歳以上 (%)	20 歳未満 (%)	20 歳以上 (%)	20 歳未満 (%)
5 人以上 10 人未満	42,141	66,275	3.8	4.7	**14.9**	6.7
10 人以上 30 人未満	87,727	82,548	7.5	**10.3**	**19.5**	7.4
30 人以上 50 人未満	49,203	26,891	4.0	5.9	6.6	2.2
50 人以上 100 人未満	68,558	29,399	5.6	8.3	7.2	2.4
100 人以上 500 人未満	124,743	56,056	**11.3**	**13.9**	**14.1**	4.2
500 人以上 1,000 人未満	40,384	15,433	3.6	4.6	3.7	1.3
1,000 人以上	80,742	30,537	6.2	**10.2**	7.8	2.1
計	493,498	307,139	42.1	57.9	73.7	26.3

（注）　太字は男女それぞれの総数の中で 10% 以上の割合を占める年齢・規模別カテゴリー。
（出所）　農商務大臣官房統計課編纂『明治 42 年　工場統計総表』43–70 頁より作成。

官営工場以外の 1000 人以上工場の 4 分の 3 弱の労働者は女性であった。「近代部門」における労働力の給源として，女性労働は非常に大きな位置を占めていたのである。また若年者の構成比の高さも女性労働者には特徴的であった。紡績，製糸工場の女性労働者の大半が，20 歳代前半までの年齢層に集中していることは『職工事情』の示すところであるが，この表 3-8 からも，全工場の女性労働者の 58% 弱が 20 歳未満であったことがわかる。そしてその特徴は，大規模工場でより顕著に表れていた。すなわち，工場就業は女性のライフコースを構成しうる一要素であるが，そこでの就業期間は数年にとどまっていたのであり，その先に，多就業によって小農経営を支える「妻」「嫁」の役割への回帰を予定することは，ライフコース上の現実的な見通しであった[17]。日露戦争後の紡績工場などで，労働者教育の柱として裁縫の教授が導入されたことにも，それはよく表れている（間 [1964]）。衣服を繕い，仕立てるための「繕う」技能は，世帯内の家事労働担当者に強く求められる重要な技能であった。製糸業の有力工場で農繁期の帰省や欠勤が頻出していたこと（松村 [1999]，成田 [2000]），また力織機化後の織物工場で，しばしば「家事都合」によって女性の出勤率が左右される事例からは，工場労働が農家の労働需要と切り離された形で捉えられていたわけではないことがうかがわれる（佐々木 [2006]）。女性労働の場合，工場就業も農家世帯の労働力配分戦略の一環に位置づいていたのである。

---

[17]　製糸女工に比して紡績女工の農村への帰還率は低かったが（東條 [1990]），工場労働後，都市部で簇生する非農業自営業世帯へ吸収されたとすれば，そこでの位置づけは小農世帯への回帰の場合と同様なものとなる。

▶ 男性労働の就業構造

　これに対して男性労働の場合，非農業への就業は出身農家からの離脱を基本としていた。しかしそこでも，農家経営の論理が効いている面を見落とすべきではない。先の表3-7では，自作農経営を支える労働力として「弟（24歳）」の存在がクローズアップされたが，山形県の庄内平野の事例でも，10代から20代の男性労働力が馬耕技術を獲得し，「若勢」として自家の家族労働力，ないしは他家の年雇労働力として耕起労働において基幹的な位置を占めていたことが知られている。農家の跡継ぎ（養子を含む）ではない限り，これらの青年男性労働力が農業従事者として生涯を送ることは難しい。しかし農業経営としては，10代後半から20代前半の労働力が農業経営にとって利用価値の高い労働力である。庄内平野の事例で，20歳前後の離村のパターンがみられるのは，農業経営の事情と，非跡継ぎ層の排出の，2つの要請に対する一定の回答を反映していると考えられる（豊原村研究会編［1977］）。

　この農家労働の排出の論理に，鉱山や土木建築，交通業といった，男性労働を中心とする業種の年齢構成は照応していた。1903年の有力な金属および石炭鉱山の男性鉱夫の場合，20歳代以上の占める割合は85％を超えており（大石［1975］），1908年の東京市の国勢調査に準じる調査データによれば，土木建築，交通業でもその構成比がそれぞれ82，89％（21歳以上）に上っている（東京市役所編［1909］）。重筋労働が要請されることが多いこれらの就業機会は，肉体的に未成熟な若年者の入職が難しい面があったから，20歳代での入職は労働需要側の事情にも合致していた。前節でも触れた鉱山の飯場・納屋を軸とした労務管理のあり方は，このような成人労働を主体とし，力役的な性格を有する集団労働を生活面から制御する仕組みともいえる。そこには，銅山の友子同盟で知られるように，労働者相互の互助的な要素も加わった（二村［1988］）。東條由紀彦によれば，最も流動的，非熟練的な職種であり，非組織的にみられがちな土木関係の従業者においても，同職者集団が成立していた（東條［1990］）。

　一方，非農林業部門の中で最大の需要先となっている工業部門の年齢構成は多様な面がある。先の表3-8では，男性工場労働者の20歳代以上構成比は全体で74％弱で，上記の鉱山などに比べれば相対的に低く，かつ業種による差異も大きかった。『職工事情』によれば，力役的で非熟練作業が中心を占めるセメント工場の労働者のほぼすべてが20歳代以上となっているのに対して，ガラス工場では20歳未満の若年者の比率が過半を占めていた。ガラス製造は熟練の「職人」的労働者を必要としており，10歳代は技能養成の期間でもあったこと，また熟練を獲得した労働者が独立開業によって，工場労働者から離脱する志向を強くも

表3-9 就業上の地位別有業者数に占める東京市出生者の割合（男性，1908年）

（単位：％）

	独立者	労役者	役員
総計	32.3	24.9	27.2
（大分類）			
鉱業・工業	41.1	27.5	29.8
商業・交通業	27.0	21.2	29.0
公務・自由業	31.2	18.2	16.1
（中分類・業種別の例示）			
皮革類護謨製造	53.3	37.4	33.9
金属類製造	50.1	36.8	34.0
木竹類製造	44.7	32.9	42.9
機械器具製造	42.1	31.9	27.1
被服身廻品製造	40.4	27.0	29.4
織物，編組製造・染物業	40.0	24.6	26.3
化学物品製造	34.1	19.8	21.7
綿・糸製造	28.5	20.5	21.0
飲食料品製造	25.4	16.8	23.5
土木建築業	36.6	29.6	27.5
物品販売	31.4	22.8	30.3
交通業	17.8	14.2	15.6
官公吏員	16.9	24.1	19.5
軍人及軍属	14.2	10.3	14.4
自由業	33.2	18.5	13.0

（出所）谷本［2002］表1-6, 27頁を東京市役所編［1909］で一部補足して作成。

っていたことは，『職工事情』の強調するところであった（「硝子職工事情」「セメント職工事情」）。表3-8のもととなる『工場統計表』でも，20歳代以上の構成比は「硝子製品・琺瑯」が最も低く42.4％，やはり作業の熟練が問われる「印刷」で57.5％であった。なお表3-8によれば，大規模工場で20歳代以上の割合が高く表れているが，造船など機械工業大経営の就業者には，工業部門を前職とする者も多かったから，これらの工場が農家離脱者の最初の入職場所であったとみることはできない（「鉄工職工事情」）。

これらの事実を踏まえるならば，農家男性の非農業部門への労働供給の特徴は，以下のようにまとめられよう。農家の非跡継ぎで，20歳代に離農する人々の移動先に適合的であったのは，徒弟的な技能形成を前提としない，鉱山，交通，土木建築などの職種であった。一方，10歳代での入職が望まれる技能形成が必要な業種は，労働移動のタイミングで齟齬が生じることになった。その場合，労働需要側に適合的なのは非農業部門内での労働力移動となる。その端的な表れが，都市内部からの工業労働力の供給であった。表3-9にみられるように，1908年の東京市の工業就業者のうち，職人的な性格をもつ業種で東京市出生者比率が高かったのは，このことの反映であり，「機械器具製造」もこのタイプに近い。農家男性労働力の就業先として，工業部門は必ずしも中核的な位置を占めてはいなかったのである。

そしてその外側に，学歴を介した社会移動の経路の形成があった（菊池［2003］）。高等教育・中等教育に関する制度が整う1890年代以降，公務や民間企業の職員層（官僚，技術者，事務員，教員），医師等への就業に，中等教育以上への進学が必須の条件となってくる。家業の継承者ではないが，教育への投資を行える上層の「家」に育った男性には，このルートが就業機会を確保する上で有力な

表 3-10　教育段階・機関別の児童・生徒・学生数（1910 年）

		児童・生徒・学生数（人）		
		男	女	計
初等教育	尋常小学校	3,326,074	3,009,187	6,335,261
中等教育 I	高等小学校	368,503	157,954	526,457
	実業学校・乙	16,327	7,793	24,120
	実業補習学校	220,370	42,608	262,978
	実業学校・甲	40,372	247	40,619
	師範学校	18,053	7,338	25,391
中等教育 II	中学校	122,345		122,345
	高等女学校		56,239	56,239
	高等学校	6,341		6,341
	専門学校	32,969		32,969
	高等師範	1,093	506	1,599
高等教育	帝国大学	7,239		7,239
その他	各種学校	62,970	82,191	145,161

（注）　師範学校は予科（男 887 人，女 408 人），講習科（男 2037 人，女 1004 人）を含む。専門学校は実業専門学校を含む。帝国大学は，大学院（511 人）と予科（295 人）を含む。
（出所）　文部省編［1972］218-247 頁より作成。

ものとなる。それは，地域社会からの離脱が前提となっていた。先の表 3-9 で，東京市在住の官公吏員や自由業の東京市出身比率が相対的に低いことは，そのことの証左ともいえる。「立身出世」として明治の社会移動を論ずる際にしばしば強調される現象は，このような社会移動のあり方を指している（キンモンス［1995 (1981)］，竹内［1997］）。

この学歴を介した「立身出世」の途は，客観的な就業機会の性格において，またそれを求める主体の主観的な認識においても，小農社会の論理からの脱却を明示的に含んでいる。ただしその量的比重は，中等教育への進学率，さらに高等教育機関への進学者数をみても，第 1 次世界大戦前には小さかった。表 3-10 にあるように，1910 年時点の尋常小学校（1907 年より 4 年制から 6 年制へ移行）の男子児童 332 万人に対して，高等教育への進学が可能な中学校（5 年制，男子のみ）の生徒数は 12 万人余りであった。学年数の差を考慮に入れてこの 2 つの人数を比較すれば，中学への進学者割合が，同年代のおおよそ 4〜5% 程度であったことが推測される [18]。もっとも進学の目的には，後述のように，地域エリート層の名

---

[18] 尋常小学校への就学率は，この時点の公式統計（文部省年報）では男女平均で 98% に達していた。ただし，出席数や卒業数を考慮すると，その割合には下方修正が必要であることも指摘されている（土方［1994］）。

図3-5　1908年の学校系統図

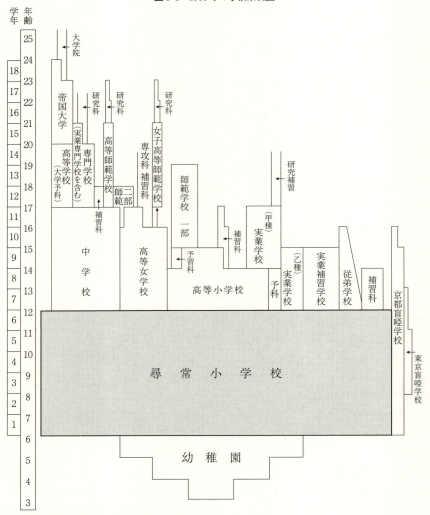

（出所）文部省編［1972］339頁より引用。

望獲得の要請と結び付いている面もあり，また，図3-5にあるように，中等教育のあり方自体が多系統であった。実業学校（商業・工業）への進学では，「立身出世」とは異なる，工業・商業自営への準備の意味も含まれている。その点において，「立身出世」論の当該時期の労働供給への実体的な影響力は，一部の階層——地主・上層農家の次三男および士族の子弟[19]——に限られていたというべき

であろう。

　農家労働力を焦点に据えた以上の検討は，労働供給の視点から改めて，複層的経済発展の特徴を浮かび上がらせている。農家からの非農業部門への労働供給は，小農経営の労働力配分戦略に基礎づけられていた。世帯内への労働需要の取り込みが志向され，それを果たせない下層農家の工場への労働供給も，世帯内多就業への回帰を見通したライフコースの中に位置づけられている。農家・農村を離脱する男性労働力の主たる就業先は，近代工場を工業化の中核とみるならば，それとの対比において周辺的な就業機会にとどまった。都市住民が工業労働力の重要な給源として浮かび上がるが，都市はまた，独立開業による中小経営の集積の場ともなっている。「近代工場」の発展は，小農経営の市場対応を基軸とする経済発展のあり方を改変しえてはおらず，むしろそこでの労働供給の論理を前提とした対応を示していたのである。

▶ 非農業就業世帯の再生産

　しかし一方で，近代日本の経済発展が急速な都市化を伴っていたことは間違いない。1893年から1918年の都市人口の5年増加率は，一貫して15％を超え，全国人口の増加率の3倍前後を記録していた。東京市の人口も，この間，13％弱〜17％強の5年増加率である（伊藤［1982］）。農村から離脱した男性労働の集積の中から，大都市を中心に，独自の社会変動の起動力が生まれつつあったことも事実である。東京砲兵工廠などの鉄工（鉄を加工する旋盤工，仕上工，製罐工など）1000人余が鉄工組合を結成し，共済活動を始めたのは1897年のことであった。熟練工を中心としたこのような職業別労働組合は，最大の鉄道会社であった日本鉄道の「機関方」（運転担当者）による矯正会（1898年結成）や，印刷工による活版工組合（1898年懇話会，1899年に改組）の結成へと続いた。これらの労働組合が雇用側の差別的な取り扱いの撤廃を求め，それを通じた「社会的地位」の上昇を大きな目標として掲げていたことは，当時の工場労働者の「周辺性」を反映している。

　この工場労働者による運動は，共済活動の経済的負担や1901年の治安警察法制定に象徴される社会主義思想への警戒を強めた政府の抑圧などによって，いったんは後退を余儀なくされた。しかし日露戦後になると，男性労働が大規模に集積した事業所で，相次いで大きな争議が発生した。重工業大経営では1906年に

19　士族の場合，「学校」で教育を受けることが，徳川時代の「藩校」以来制度化され，それが士族家族に内面化していたため，階層や所得水準の差異を超えて中等教育への進学志向が強かったとされる（天野編［1991］，園田・濱名・廣田［1995］）。それは，明治以降の官僚，民間の大企業経営者等に士族出身者が多い理由のひとつともなっていた。

東京石川島造船所，呉海軍工廠，大阪砲兵工廠，1907年には三菱長崎造船所，横須賀海軍工廠で賃上げや待遇改善をめぐって騒動が発生した。足尾銅山（古河），別子銅山（住友）で鉱夫による大規模な「暴動」が起こり，鎮圧のために軍隊・警察が出動したのも，同じく1907年のことである（隅谷［1966］）。これら労使関係の不安定性は，経営側に「主従の情誼」をベースとした労務管理の導入を意識させることになり，経営側の主導による共済などの労働者救済制度の設立が促された（間［1964］）。次章で詳述する1911年の工場法の制定・公布（施行は1916年）も，政府による労働問題への取り組みが本格化したことを示している。

東京で起こった1905年の日比谷焼打事件も注目される。日露戦争後の講和条約に反対する集会が暴徒化したこの暴動では，参加者の大半が男性の不熟練労働者等であった（宮地［1973］）。研究史上，「都市雑業層」（隅谷［1964］）などとも呼ばれるこれらの低所得層は，19世紀には家族形成もままならない単身者が多かったとされている。実際，明治中期の都市部の出生率は農村部を大きく下回り，死亡率の高さもあって人口の自然増減率がマイナスを記録する年次もみられた。しかし1900年代に入って「下層社会」においても世帯形成が進み，都市の人口自然増加率も恒常的にプラスとなった。同時代の社会調査のデータを分析した中川清によれば，家族を形成した世帯では「エンゲル法則」の逆転，すなわち所得の低い家計の方が食料費への支出比率が低くなる現象がみられたという（中川［1985］）。食料支出を切り詰めつつ，家族形成に必要なその他の出費を賄い，都市での再生産を希求する家族世帯が階層として出現していたのである[20]。日露戦後期の都市は，小農経営から排除された幅広い階層に，家族の形成・再生の機会を提供する場となっていた。そこには，重工業大経営を中心とする工場労働者世帯の「下層社会」からの脱却だけではなく（兵藤［1971］，中川［1985］），商工業分野での自営業就業世帯の創生も大きな位置を占めていた（谷本［2002］）。

▶ 消費構造の経路依存性

このような産業化の下で営まれる消費生活は，徳川時代に形成された在来的なパターンを踏襲するものであった。明治末の茨城県に関しては，同時期に各町村が作成した経済調査（『町是』『村是』）の集計結果に基づいて，70町村の食糧消費を分析した中西僚太郎の成果によれば，1人1日当たりの主食の平均消費量は4合，そのうち米が2.66合で66.5％を占め，それに大麦，イモ類，雑穀が続く。1883年の陸軍士官学校の1日1人当たり飯米支給量が4.5合程度であったから，

---

[20] 斎藤［2002］は，幕末の江戸では雑業化が性比のアンバランスを是正して，人口再生産力を高めたとしている。この幕末のトレンドと明治期の都市部との連続，非連続は，都市経済史における今後の研究課題のひとつであろう。

量的には遜色はないが、米食率は相対的には低い。しかし1886年の「人民常食調査」が茨城県全体で米の割合を53.8%としていたのに比してみれば、13ポイント弱の上昇であった。総カロリー（2300キロカロリー余）の60%、タンパク質の40%は米から摂られていた（中西［1988］）。食糧消費の成長は、米飯中心の消費構造における米食率の増大として現れていたといえる。一方、1880年代の調査によれば、東京、大阪などの大都市部において米食率は100%に近い。第1章でも触れたように、都市と農村の相違は、同じ「在来的」な消費パターンにおいても大きかった。もっとも同じ地域でも階層差は大きく、都市下層の高い米食率の背後には相対的に安価な輸入米の流入があったし、1890年代以降には、「焼き芋」の普及に象徴される甘藷消費の増加も、都市部でのカロリー摂取量の維持・拡大を支えていた（大豆生田［2007］）。

　衣料品では伝統的な和装の枠内で古着から織物購入への進化や、1人当たり織物消費の漸増がみられ（フランクス［2016（2012）］）、絹物などには耐久消費財としての位置づけが与えられていた（尾関［2015］）。外国産の金巾（白綿布）やモスリン（薄地の毛織物）も、浴衣地や裏地、帯などの和装用の素材として広く受け入れられている（田村［2004］）。清酒・醬油の消費量も着実に増加し、東京・大阪といった大都市部には、酒では灘（兵庫県）、醬油では龍野（兵庫県）や銚子・野田（千葉県）の有力メーカーの商標を付したブランド品が多く流入する一方、地方都市や農村でも、各地で勃興した醸造メーカーの製品が、需要開拓に努めていた（林編［1990］、大島［2007］、井奥［2013］）。消費の階層差は大きいが、資産家層でも少なくとも地方レベルにおいては、在来的な消費パターンの中での消費行動が持続していた（中西・二谷［2016（2012）］）。それは、調理や裁縫に家事時間の投入が要請される点で、世帯内の労働配分を規定する要素ともなっていた（谷本［2016（2012）］）。明治の産業発展は、この消費構造を前提とするものであり、消費水準の成長は、その量的・質的拡大を意味するものであった。複層的経済発展の基層に、この世帯における消費行動の経路依存性があったことにも注意を払っておきたい。

第4節　産業発展とインフラストラクチャー

　以上の産業発展の過程は、生産要素（資本・労働）の投入量増大に支えられるものであった。また、海外貿易の進展を伴う社会的分業の深化は、最終製品に加えて原材料や中間財の取引の量的増大と広域化をもたらした。すなわち産業化は、「人、物、金」の取引量を著しく増大させるとともに、需要者と供給者の間の空

間的，時間的な距離をも広げることとなったのである。この隔たりを埋めるのが，輸送・通信・流通の諸機能であった。その発展は，諸産業の担い手にとって，事業参入の障壁を低下させる可能性をもつ。その点において，輸送・通信・流通のインフラ整備は，複層的な経済発展を支える一要素であった。

1 輸送手段の発展

▶ 鉄道網の延伸

　明治の輸送手段の発展としては，まず鉄道網の顕著な延伸が挙げられる。1872年度末に29キロだった鉄道営業キロ数は，第1次企業勃興期の1892年度末に3010キロとなり，さらに1910（明治43）年度末には9978.6キロ（軌道を含む）に延びている。この鉄道の延伸の主たる担い手として，民間鉄道企業の勃興があったことが，明治初年代との大きな違いである。1881年に設立された日本鉄道会社は，1883年7月に上野（東京府）―熊谷（埼玉県）間での開業を皮切りに，東北方面に線路を延ばし，1891年9月には上野―青森間を全通させた。もっとも同社の場合，線路敷設のみならず管理運営も官設鉄道に委託し，かつ政府から開業まで8％の利子補給金が支払われ，開業後も最大15年間の8％配当保証（不足分を政府が保証）がなされていたため，「半官半民」的な性格が指摘されている。しかしその後の幹線を担うこととなる，山陽・九州・関西・北海道炭礦などの有力鉄道会社は，運営面，資金面において純民間株式会社の性格が強まった。官設鉄道も1889年7月に東海道線を全通させ，東京―神戸間を結んでいるが，1900年度末の営業キロ数の4分の3は，民営鉄道を担い手としていた（野田ほか編[1986]）。設備投資が巨大な鉄道業にとって，鍵となったのは株式会社方式に基づく民間資金の動員である。鉄道開設に経済的利害を有する企業家の投資に，沿線在住の資産家による名望家的投資が加わり，さらに地方官の勧奨による町村財政からの出資（事実上の割り当て）なども加味されて初期的なリスク負担が処理されたことが，その後のレントナー的投資を呼び込む条件となった（中村[1998]など）。有力な鉄道会社の株式は，1890年に日本銀行の手形割引の担保に指定されたこともあり，鉄道企業の収益性の安定化とも相まって，1890年代後半には価値の安定した「資産株」の性格を備えるようになった（片岡[2006]）。

　他方，政府内には，軍事的利用の観点から鉄道官設を主張する陸軍などのほかにも，重複線を排し効率的な敷設を行うために，鉄道は官設主義を採るべきであるとする潮流が，有力なものとして存在した。鉄道局長官井上勝による「鉄道政略ニ関スル議」（1891年）はそれを代表する意見書であり，鉄道敷設法の制定に繋がっていく。1892年の第三議会を通過し公布された同法は，効率的な鉄道路

線の展開を目的に，鉄道敷設予定線として今後敷設されるべき鉄道の路線図を決定した。この予定に沿って官設鉄道の敷設が図られていく。しかし現実には民間側が政府の承認を得て未成の部分の鉄道敷設を行い，民営鉄道として経営を行うことが多かった。また日本鉄道の海岸線（常磐炭鉱から東京へ）や，九州鉄道による筑豊地方からの運炭線の吸収合併のように，産業利害を基盤として予定線にない路線が敷設されることも稀ではない。その点で，政府主導による官設鉄道を主軸とする鉄道網整備が実践されたとはいいがたい面がある。ただ逆に，不況時の経営悪化などを契機として，民営鉄道の側から国有化＝政府による鉄道買収の要請がなされることもあった。結局 1906 年 3 月，鉄道国有法公布をもって幹線の主要私鉄 17 社が政府によって買収され，線路延長 4500 キロ余が国有化された。官設鉄道の 2000 キロ余を加え，当時の全線路の 90% 以上が国有鉄道の一元的な管理・運営の下に入ることとなったのである。その狙いは輸送能率の向上と施設の規格化によって「運輸ノ疎通」「運賃ノ低減」「設備ノ整斉」を図ることにあった。1908 年には後藤新平（逓信大臣兼務）を初代総裁とする，内閣総理大臣直属の鉄道院が設置され，国有鉄道の管理運営に当たるとともに，国有鉄道以外の鉄道の監督行政部門も逓信省鉄道局から移管された（1920 年に鉄道省へ改組）。以後，民有の鉄道は，軽便鉄道法（1910 年公布・施行）に基づく局地的鉄道の分野に限定されるのである（野田ほか編 [1986]）。

▶ **海運業における内航と外航**

以上の鉄道事業の展開により，鉄道輸送量は順調に増大した。輸送トン数（貨物発送トン数）では 1890（明治 23）年 143 万トンから 1900（明治 33）年には 10 倍の 1463 万トン，そして鉄道国有化後の 1913（大正 2）年には 4123 万トンへ達した。同年の内航海上貨物の輸送トン数（港湾統計の出入り貨物合計の 2 分の 1）は 3027 万トンだったから，明治末には鉄道輸送は内航貨物輸送量を上回ることになったと考えられる（運輸経済研究センター・近代日本輸送史研究会編 [1979]，石井 [1986]）。しかしそれは，産業発展が進んだ明治末においても，なお，内国貨物輸送において，海上交通が重要な位置を占めていたことを示唆する事実ともいえる。実際，産業発展の過程で増大する輸送需要にまず応えたのは，海運業であったといってよい。

蒸気船の導入は，スピードと定時性の点で，近世来の帆船を中心とする在来海運業を大きく上回る輸送能力を海上輸送に賦与するものであった。幕末開港後，開港場間の輸送に進出したアメリカの太平洋郵船，イギリスの P&O 汽船を，政府の助成を受けた三菱会社が 1870 年代中葉に沿岸航路および上海航路から撤退させたことは前章で述べた。しかしながら，三菱が沿岸航路での汽船輸送におい

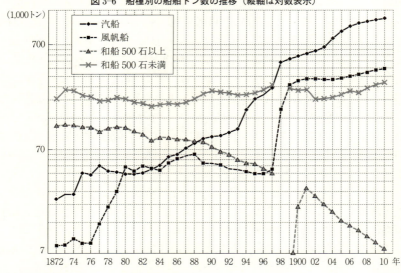

図 3-6　船種別の船舶トン数の推移（縦軸は対数表示）

（出所）　小風 [1995] 表 II-31, 198 頁より作成。

て独占状態となったことには政府部内でも批判があり，三菱を抑える方策として，1882 年に農商務大輔の品川弥二郎が，反三菱系の海運業者とともに半官半民の共同運輸会社を設立した（資本金 300 万円のうち政府出資 130 万円）。爾来，三菱会社との間に激しい競争が生じたが，政府勧告によって 1885 年に両社は合併し，日本郵船会社となった。一方，1884 年に大阪を中心とする中小船主が合同して大阪商船会社が設立された。以後この 2 社（のちには 1896 年に浅野総一郎が外国航路進出を図って浅野回漕店を母体に設立した東洋汽船を加えた 3 社）が，大手海運企業を意味する「社船」と呼ばれ，近世来の廻船集団の系譜を引く海運企業である「社外船」と対抗と共存の関係を形成していく。社外船は中距離輸送に存在感があり，1890 年代末まで，輸送能力の絶対値（汽船のトン数）では社船を凌駕していた。

　以上の汽船輸送とともに，蒸気機関を備えない帆船，和船も一定の役割を果たしている。図 3-6 にみられるように，西洋型帆船（風帆船）は 1877 年以降増加し，83 年までトン数で汽船を上回っていた。その後の減少傾向ののち，98 年に急増したのは，それまで和船に含まれていた「合ノ子船」と呼ばれる改良型の帆船が，1896 年の検査基準の変更によって統計上の区分を和船から帆船に変えたことが影響している。500 石以上の和船の急減にもそれは現れているが，その一方で 500 石未満の和船は 1902 年以降むしろ増加の傾向を示していた。港湾設備の点

で汽船の寄港地は自ずと主要港に限られる面があり，周辺の港・浜との間を結ぶ補完的な輸送市場に対応するものとして，帆船・和船は重要性を保っていた。重層的な海運市場の存在がうかがわれるのである。
　一方，性能の良い蒸気船での運航が鍵となる外航海運は，前述のように1870年代半ばに三菱が横浜―上海間の航路権を確保するものの，日清戦争前後の時期では日本船の船舶入港比率，貿易貨物積載率は低く，海運収支も大幅な支払い超過であった。その点で，1893年11月の日本郵船会社によるボンベイ航路参入の意義は大きかった。日本郵船は，綿糸紡績会社の同業者組織であった日本紡績連合会および日本の綿花輸入商社と契約を結び，紡績・商社側が一定のインド綿花の積み荷を保証する代わりに運賃の割り戻しを行う「印度綿花積取契約」と呼ばれる運賃同盟を結成し，同航路への参入を企てる。P&O汽船を中心とする海運同盟側は運賃値下げによって綿花取り扱いの維持を図るが，日本の紡績・商社は日本郵船への貨物の委託を維持したため，最終的には海運同盟に参画する形で，日本郵船はボンベイ定期航路への参入を果たした。以後，遠洋航路として1896年3月に欧州航路，8月に北米シアトル航路が日本郵船によって開設され，東洋汽船も96年10月にサンフランシスコ航路を開設している。
　これらの定期航路の開設・維持には，政府の助成策も大きな役割を果たしていた。1896年に航海奨励法を公布し，不定期船や近海航路を含む日本商船の海外進出を奨励するとともに，ボンベイ等の主要な遠洋航路に対しては，定期航海を義務づける見返りとして補助金を支給した。以後，航海奨励法の1899年の改正などを経る中で，政府の海運政策は特定航路助成へと傾斜し，政府の産業向け補助金としては，日清戦後期において最も大きな金額（2800万円，航海奨励と合わせて3900万円弱）が投じられた。1913年には日本船の船舶入港比率は，相互的な国際海運の世界において対外自立の目安となる50％に達したのである（以上，主として小風［1995］によるが，山本編［1986］および石井［1976］も参照）。

2　通信と流通

▶ 情報通信網の整備

　経済活動に必要な情報通信に関しても，制度・技術面で大きな進展があった。徳川時代に制度化された通信手段は「飛脚」の利用である。幕府・大名が公用通信のために，それぞれ「継飛脚」や「大名飛脚」の制度を整える一方で，民間の商業通信需要に対応する「飛脚問屋」が三都を中心に営業した。維新政府の前島密が構想し，明治4（1871）年から政府によって開始された新式の郵便制度も，書状を人力によって運搬するという通信技術の点では，「飛脚」制度との相違は

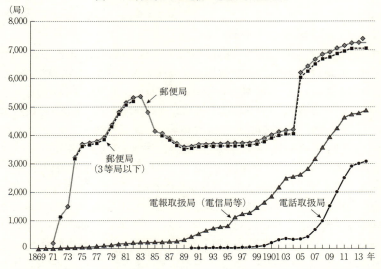

図 3-7 郵便局および電信・電話の取扱施設数

（出所）郵政省編［1971］郵第1表，13-14頁，および日本電信電話公社電信電話事業史編集委員会編［1960］437-438，457頁より作成。

なく，実際，1873（明治6）年に民間飛脚問屋による手紙の逓送が禁止されるまでは，郵便と飛脚は競争的な関係にあった。郵便制度の特徴は，73年以降官営の独占事業とした上で，全国一律料金制を採用したこと，そして全国各地に郵便取扱所を設置し，通信へのアクセスの便宜を大幅に改善したことである（杉山［1990］）。その数は，図3-7にみられるように1882（明治15）年ですでに5316局を数えていた。そのうち5201局が，地域住民の出資に依存した3等以下の郵便局であったことは，官業方式の下でも，実際の通信インフラ整備の負担が，中央政府の財政支出に限られなかったことを示している（藤井［2005］）。低料金の「葉書」制度を導入したことも，郵便利用の増加に寄与していた。さらに汽船による定期航路の形成，鉄道網の整備・拡大は，通信に要する時間を短縮していく（石井［1994］）。近代日本の情報通信の基礎は，この郵便制度によって築かれたといえる。

通信速度の迅速化の面で画期となったのは，電信・電話技術の導入である。1873年に東京—長崎間の陸上電信線を完成させた政府は，電信を官営事業と定め，以後電信網の拡張を図っていく。1874年には津軽海峡ケーブルで本州・北海道が結ばれ，80年代初までに九州，四国，山陰，北陸および裏東北線も完成した。1880年には電信取扱局数も146を数えている。しかしその数は，先の図3-

7の郵便局には遠く及ばず，電信通信可能な地域が，未だ限定的であったことを物語っている。それを受け，1870年代末から各地で，電信局の誘致運動が起きていた。郵便料金に比して高価であるにもかかわらず[21]，民間での電信による通信需要が大きかったことがわかる。それに対応したのが1881年に始まった献納置局制度で，政府は電信架設諸材料が献納される場合，要請に応じて電信局の設置を許可することとした。電信網の設備資金も，中央政府外からの出資に依存していた面が少なくなかったのである。重点分野として政府投資の拡大する日清戦後経営期を経て，1910年代前半には電信局数は4000を超え，電信へのアクセスに関する地域間の格差はかなりの程度解消された（杉山［1990］，藤井［1998］）。

　双方向通信に特色をもつ電話技術は，1876年のアレクサンダー・グラハム・ベルの試作成功からほどなくして，日本でも官庁間や鉱山の坑内電話として導入された。一般公衆の通話向けの電話は，政府部内での論議を経た上で1889年に官営事業として開始された。おもに都市内通信の手段として普及し，1899年に東京―大阪間の長距離電話通話サービスが開始されるまで，都市間サービスは東京―横浜間など一部の近距離都市間に限られていた。日清戦後に大規模な投資計画が立てられるが，需要が予想以上に増大したため，6大都市への投資が優先された。そのため普及率に大きな都市間格差が生じたが，1902年度から小都市に限り電話架設線の一部を加入者が負担する「特設電話制度」（市外線と局内装置以外についての負担）が導入され，1907年からは中都市でもこれが適用された。商工業者への電話普及率の一推計によれば，明治末の6大都市では名古屋を除いて50％以上の普及率で，東京では75％に達しており，地方商工業都市でも6大都市並の普及率があった（藤井［1998］76-83頁）。

▶ 流通機構

　海外貿易の開始が，売込商・引取商と呼ばれる貿易関係商人を生み出したことは，前章で触れた。これらの商人（卸売商・問屋）は，仕入れ過程では商品代金の前渡し，販売過程で代金支払い猶予（売掛）の形で資金融通を行う場合も多く，この金融機能と商業機能の結び付きが，個々の商人にとっての利益源泉となるとともに，資金調達能力に不足する事業主体の活動を支える役割を果たしていた。横浜の生糸売込問屋と製糸家との取引には，その様相が明瞭に見て取れる。生糸売込問屋は，製糸家から委託された生糸を横浜で貿易商に販売し，販売代金に対して定率で計算される手数料を得るのが取引の基本構造である。しかし売込商は，製糸家が生糸荷物の横浜への送付に際して銀行から荷為替取組の形で資金融通を

---

[21] 1885年時点で封書7.5グラムが2銭，葉書1銭に対して市外電報は1音信カタカナ10文字以内が15銭，市内発着でも1音信5銭がかかった（杉山［1990］）。

受けること，すなわち横浜での外国商人への生糸売込完了より前に代金を手に入れることを，荷為替金立替払いを銀行に確約することで可能にしていたし，明治中期以降は原料繭の買い入れ資金に対する融資（原資金前貸し）にも踏み込んだ。自らの信用力では購繭資金を調達しがたい製糸家にとって，生糸売込問屋による金融は，存立のために不可欠のものであった。売込問屋にとってもそれは，集荷競争の中で製糸家からの委託荷物を確保する方策の面があり，さらに前貸金に対する利子収入は重要な収益源となっていた（石井［1972］）。

一方，銀行にとっては，個々の製糸家への融資の適否を的確に判断しうる情報に欠けている場合，信用力のある売込問屋への融資が現実的に可能な選択であった。この銀行→売込問屋→製糸家の融資経路は「重複金融」と呼ばれ，銀行の審査能力の不備を，製糸業に精通する売込問屋が補完する形になっている（寺西［1982］）。仲介者の分だけ利子率は高くなり，その分，製糸家の経営圧迫の要因ともなるが，銀行と地方に分布する製糸家との間に情報の非対称性が大きい場合，このような仲介のシステムがなければ，季節的に集中する購繭資金の調達は困難であった。そしてこのような重複金融の事例は，ほかの産業分野にもみられることであった。とくに織物業など，分散型生産組織においては問屋が金融の中核を占める事例は多い（山口編［1974］）。その点で，生糸売込問屋は，明治の産業発展における流通担当者の機能のあり様のひとつをよく表現している [22]。

▶ 貿易商の成長

もっとも，ここで述べた商人層は，海外貿易そのものを担う存在にはならなかった。生糸貿易に即してみれば，売込問屋は開港場で外国商への販売活動に専念している。これに対して，たとえば群馬の生糸生産者・星野長太郎（上毛繭糸改良会社）は，1870年代後半から80年代にかけ，売込問屋→外国商のルートを介さず，自ら直接海外市場で販売を行う「直輸出」を試みている。大隈財政下の政府は商権回復の観点から，同社や北海道産の海産物輸出を手掛ける広業商会，陶磁器や雑貨輸出に進出した起立工商会社など，いくつかの「直輸出」の試みに補助金や融資を与えた。しかしこれらの試みは，経営的な成功を収めることができず，松方財政以降の補助金・貸付金削減によってほとんどのケースで失敗に終わっている（石井［1972］，籠谷［2000］，宮地［2008］）。日本の商人による海外貿易は，これらとは異なる系譜の中から，その成功例が現れてきた。総合商社の草分けとされる三井物産が，その代表である。

---

[22] 綿糸商も紡績会社に対しては現金払いの一方で，地方の織物産地の商人には支払いの一定期間の猶予（延払信用）を行っていたから，綿糸流通の円滑化を金融的に支えていたのは綿糸商であったといえる（高村［1971］）。

1876年に，井上馨および益田孝（旧幕臣）の率いる先収会社が三井組国産方を合併して成立した三井物産は，リスク負担を嫌う三井家の意向を背景に，三井大元方からは出資のない，事実上自己資本ゼロの状態からスタートした。政府関係の御用商売——政府米の輸出[23]，軍服用毛織物の輸入，官営三池炭鉱の石炭輸出——を手掛ける中で，上海やロンドン，パリ，ニューヨークに支店を設け，海外での貿易活動を実践した。ヨーロッパの支店では1880年代に不良債権が累積したが，事後的にみればそれは，後発の参入者の負担すべきコストというべきものであった。とくにロンドン支店は，海運取引所での傭船実務や損害保険業務への習熟，紡績機械の輸入業務への進出など，後の三井物産の広範囲にわたる活動を支える実務能力を養成する場になったといわれる。企業勃興期には鉱山業務や北海道漁業との関わりの中で不良債権が累積し，1892〜93年の処理の過程で創業以来積み立てていた自己資本を失うが，この時点で三井大元方から100万円の資本金の出資を受け，財務的に安定することができた。創業期の学習期間を，御用商売の存在と三井家の資金力で乗り切りえたことが，三井物産の飛躍の礎となったのである（三井文庫［1980］，粕谷［2002］）。

　アジア市場での三井物産の活動については，「見込み商売」の意義が指摘されている。前章でも触れたように，巨大商社の独占的な地位が失われた後の世界貿易の取引形態は，あらかじめ注文がなされている委託販売・委託購買が基本であり，収益源は手数料であった。しかしアジア市場での大豆，米，大豆粕，インド綿などの農産品の取引，あるいは中国市場への綿布販売などでは，売りと買いの数量あるいは価格がただちには出会わない場合が多く，そのため商機の確保には，自己勘定による自社の判断（見込み）での販売の先約（売り越し）や現物常備（買い越し）を行うことが求められた。この自己勘定による取引と，買い越し・売り越しの限度額設定によるリスク管理とを組み合わせることで，三井物産はアジア市場において大きな位置を占めることができたとされる（鈴木［1981］）。中国市場向けに語学等を訓練した人材を内部養成し，中国人コンプラドール（買弁）の利用を排して商業業務の直接管理を実現したことも，コンプラドールに依存する欧米商人に対する競争上の優位となった。これら貿易実務を担う人材としては，慶応義塾や東京高等商業学校など，高等教育レベルの商業教育機関も供給源となっている（若林［2007］）。

　三井物産は，農産物（米，大豆，綿花），鉱産物（石炭，銅），綿糸布・生糸の繊維品，それに紡績機械や金属といった多様な商品群を扱う「総合商社」であった。

---

[23] 政府は米価の調整や正貨獲得を目的に，国内で購入した「過剰米」の輸出を図っていた（大豆生田［1993］）。

貿易商社としては、そのほかにもアメリカ向け雑貨輸出の森村組（設立1876年）、綿花輸入の内外綿（同1887年）、日本綿花（同1892年）といった特定の商品に特化した「専門商社」が現れ、それぞれの機能を発揮するが、三井物産の日系貿易商に占める位置は突出していた（森村組については宮地［2005］、大森［2008］）。日本の貿易全体に占める日本人貿易商（商社）の扱い高は、1906年に輸出で36.5％、輸入では46.6％となる。そのうち三井物産1社で、日系商社輸出取り扱い高の46.3％、輸入の38.2％を占めた（山崎［1987］159頁）。「商権回復」を果たしつつあった日系貿易商の中心が「総合商社」であったことは、国際的にもユニークであったとされ、日本の貿易商の成長過程における特質を反映するものとして、研究史上、論議がなされている。

　1880年設立の横浜正金銀行による貿易金融活動も特筆される。邦人商の「直輸出」奨励から正貨蓄積にその目的を修正した正金銀行は、政府の為替資金供給に依拠しつつ外国人商人の為替取組を積極的に拡大し、1887年には輸出為替の40.0％を取り扱うようになった。政府の為替資金支給が終了した後の1889年には、日本銀行からの低利での借入契約（1000万円まで年利2％で外国為替手形を再割引）を成立させ、以後、日銀借入金と資本金・積立金を資金源に、為替業務に集中した営業活動を展開していく。1880年代の北米およびロンドン、リヨンでの出張所設置に加え、93年に上海、94年にはボンベイに出張所が設けられ、綿花輸入に乗り出した日系商社への為替資金供給を担った。1900年には輸入為替の取組みでも30％以上のシェアを得ている。財閥系銀行の参入がみられる戦間期に至るまで、日系銀行による貿易金融は、横浜正金銀行がほぼ独占していた（山口編［1970］、石井［1999］）。日系商社による商権回復は、この正金銀行の金融面でのバックアップにも与っていたのである。

第5節　政府とマクロ経済運営

　以上、松方デフレ終息から第1次世界大戦に至る新たな経済成長の様相を、その起動力となる複層的な産業発展の過程に即して、ひと括りの時代として概観した。しかしこの間の経済成長は、時期的な変動を伴うものであった。その要因のひとつが、産業発展自体が創り出す、自律的な景気循環であったことはたしかである。しかし同時に中央政府の財政政策も、経済変動を生み出す要因となる。また政府の政策は、対外的な経済関係を創り出すし、逆にそれに規定されもする。これらの点において、中央政府の財政政策と対外経済政策は、近代日本経済の新たな志向性を体現するものであった。それに対して、地方政府と地域社会は、在

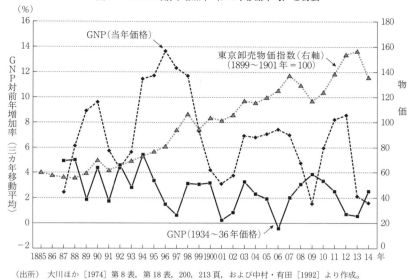

図3-8 GNP対前年増加率（3カ年移動平均）と物価

（出所）大川ほか［1974］第8表，第18表，200，213頁，および中村・有田［1992］より作成。

来的な経済社会のあり様を反映している。この対比は，複層的経済発展の展開を，産業経営の複層性とはまた別の形で表現していた。以下本節と次節で，おもに中央政府の財政政策と対外経済政策を，マクロ経済の動態と国際経済関係の推移との関連の下で概観する。最後に第7節で，地域社会を場として，在来経済の論理とその変容についてみよう。

1 経済成長の段階的変化

図3-8にみられるGNPの対前年名目成長率の変動は，1885年以降の経済成長が加速と減速を繰り返していたことを明瞭に示している。1880年代後半の高成長の後には，1890年恐慌と呼ばれる景気後退期が訪れた。1893年頃からの高成長は，1898年から1901年の谷の時期（第1次・第2次日清戦後恐慌）によって終止符が打たれている。1900年代に入っても，1907年の日露戦後恐慌の勃発は成長率の急落をもたらし，1912～13年には第1次世界大戦直前のリセッションとして知られる景気の急激な後退がみられた。

以上の過程に含まれるいくつかの明確な高成長の時期でも，その成長率の水準には差異があった。19世紀中の2つの山の方が，1902年以降の2つの山よりも成長率は高い。とくに1893～98年は，連年名目成長率が10％を上回っていた。この高成長率を評価すれば，明治20年代がしばしば日本の「産業革命」期とみ

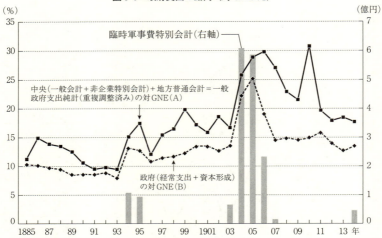

図 3-9 政府支出の動向（対 GNE 比）

(注) 一般政府支出純計は，中央政府（一般会計および非企業特別会計）と地方政府の一般会計の合計。重複は調整済み。(A) の 1910 年前後の変動は，国債整理基金特別会計の歳出変動によるところが大きい。
(出所) 一般政府支出統計・臨時軍事費特別会計は江見・塩野谷 [1966] 第 4, 6 表, 162, 168-169 頁。GNE および政府経常支出，資本形成は大川ほか [1974] 第 1 表，第 4 表, 178, 183-185 頁による。

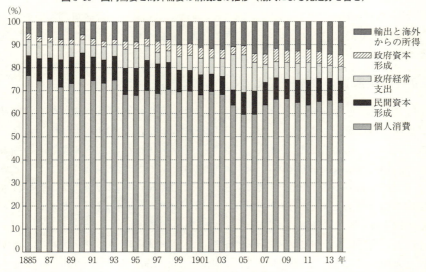

図 3-10 国内需要と海外需要の構成比の推移（輸入による充足分を含む）

(注) 総需要（＝GNE）に「輸出と海外からの所得」を加えた値を合計値とし，それに対する構成比を掲げてある。
(出所) 大川ほか [1974] 第 1 表，第 4 表, 178, 183-185 頁より作成。

図 3-11 GNE に対する輸出（輸入）と海外からの（海外への）所得および経常海外余剰の割合

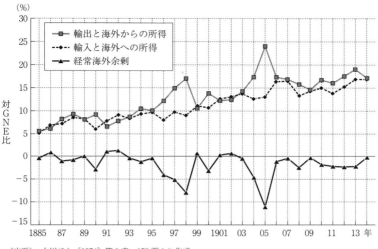

（出所）　大川ほか［1974］第1表，178頁より作成。

なされるのも，故ないことではない。ただしこの高い GNP の対前年成長率は，物価上昇率の高さに起因する部分も大きかったことには留意が必要である。松方デフレで底を打った物価は，恐慌時の一時的下落をはさみつつ，1914 年には 1880 年代後半の 2 倍を超える水準に達した。とくに 1890 年代の上昇率が高い。図 3-8 においてそれは，実質成長率と名目成長率の乖離として現れており，物価上昇の影響を除外した 1934〜36 年価格でのこの間の成長率の水準は，最大でも年率 6% 弱（ただし 3 カ年移動平均値）であった。実質 5% 前後の成長を実現する年次を含む相対的な高成長期は，むしろ 1894 年以前ということになる。

　政府部門のマクロ経済における位置も，この間，大きな変動をみせた。図 3-9 の政府の財政支出の推移によれば，日清戦争（1894〜95 年）と日露戦争（1904〜05 年）の遂行が政府財政支出の大幅な増大を招いていたことは明らかである。(A) の一般政府支出純計（中央・地方政府の，一般会計および煙草専売・軍工廠などを除いた非企業特別会計の合計値，重複は調整済み）は，臨時軍事費特別会計の膨張によって日露戦時の 1905 年には年間国民総生産の約 30% にも達した。この政府支出から恩給，年金等の振替支出や補助金，国債費（元利払い）を除いた，(B) の政府経常支出＋資本形成の合計額（＝政府の活動のための財貨・サービスの購入費）も日清戦時に 13% 前後，日露戦時には 25% に上っており，マクロ経済における政府活動の比重の増大が見て取れる。同時に注目されるのは，この財政規模の拡大が戦

第 5 節　政府とマクロ経済運営　203

争後も戦前水準には戻らなかったこと，すなわち財政規模が戦争を画期として段階的に増大していたことである。

経済成長過程が内包する時期的な変化は，国内と海外からの需要の合計値の内訳を示した図3-10からも読み取ることができる。この間，需要の最大の項目は個人消費支出であり，これに民間資本形成を加えた国内民間需要の伸びが，経済成長を支えていたことは一貫している。しかし，その構成比には段階的な変化があり，1880年代後半から90年代前半期に85%前後を占めた国内民間部門は，1890年代半ば以降その比率を70%台に落とし，逆に政府部門（経常支出＋資本形成）が10%を超えるのがほぼ通例となった。加えて20世紀に入ると，海外需要の構成比が10%を超えるようになる。一方で，輸入品の総需要に占める割合も高まっており，経常余剰のマイナスも恒常化していたから（図3-11），この間の日本経済は，国内での生産以上に消費・投資をしていたことになる。総じて政府の活動と国際経済関係のあり様が，日本経済に直接の影響を与える度合いが高まっていたのである。

以下本節では，マクロ経済の運行と政府の活動との関係を，おもに財政政策と国際経済関係に関わる制度設定に焦点を当てて概観する（以下，主として長岡 [1971]，石井 [1976]，室山 [1984]，中村 [1985]，神山 [1995]，[2000] による）。

2 財政政策と戦後経営

▶ 民力休養期

紙幣整理によってインフレーションを終息させ，銀兌換日本銀行券の発行によって銀本位制を確立した政府は，「富国強兵」に向けて殖産興業と軍備増強を企図した。ただし兌換制の維持を政策目標のひとつとした政府・大蔵省は，非募債，非増税を維持しつつ，歳入増加の範囲での政策展開を図る健全財政路線の下にあった。1870年代後半のように，財政赤字と輸入超過の双子の赤字となれば，銀の流出によって銀本位制の維持が困難となるからである。それに加え大日本帝国憲法の発布（1889年）と翌年の第1回衆議院議員選挙の実施は，政策決定において「帝国議会」という新たな主体を登場させることとなった。たしかに帝国憲法67条によれば，「憲法上ノ大権ニ基ツケル既定ノ歳出」は，政府の同意なくして議会はこれを削減できない。しかし議会の不同意でも執行できるのは「既定ノ歳出」であり，実際には前年度の予算案であった。政府は議会を無視して予算を増やすことはできなかったのである。そして1890年の第1議会から日清戦争までのいわゆる「初期議会」期には，衆議院は政府の「富国強兵」政策に異を唱え，「民力休養」を主張する民党系の議員によって過半数が押さえられていた。民党

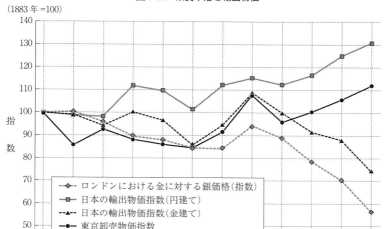

図3-12 銀貨下落と輸出物価

（出所）輸出物価指数は大川ほか［1967］第18表, 212頁, 金銀比価は『貨幣制度調査会報告』［1895］「英国ロンドン銀塊相場及金銀価格比較表」, 東京卸売物価は中村・有田［1992］により作成。

は地租軽減案によって減税を要求し，政府予算案を財政支出の削減を主張して否決した。しかし地租軽減案は貴族院[24]で否決される。立法は貴族院・衆議院の両方を通過する必要があったから，民党の減税要求も実現しない（坂野［1971］）。このような政治的な膠着状況の中で，財政規模は停滞的に推移したのである。

このいわゆる「民力休養期」が第1次世界大戦前としては最も実質成長率が高かったという事実は，経済成長の新たな始動の起動力が民間部門にあったとする見方を支持するものといえる。それを支えたマクロ的条件のひとつとして，銀本位制の効果が挙げられる。1870年代以降，世界的には金を本位貨幣とする国が，とくに欧米列強を中心に増加した。そのため世界市場における金銀比価は，金と銀それぞれに対する正反対の需要変動によって，銀貨下落の方向に変化した。それは，日本にとって対金本位制国[25]に対する持続的な為替相場の下落を意味するものであった。銀紙格差がほぼ解消し，金銀比価が円と金本位制国の通貨との為替レートにほぼパラレルとなる1883年を起点として作成した図3-12からは，

---

[24] 皇族および公・侯爵の世襲議員，伯爵・子爵・男爵，帝国学士院会員，多額直接国税納入者それぞれが互選で選出する議員，その他の勅任議員からなる。

[25] 主要輸出先のアメリカは金銀複本位制の性格を備えていたが，円とアメリカ・ドルの為替相場はほぼ金銀比価に並行していた（中村［1985］49頁）。

1885年以降，国内での輸出品価格が上昇し輸出ブームが始まっているにもかかわらず，金建ての輸出物価が銀価下落によって89年まで83年の水準を下回っていること，アメリカ政府による銀買入を定めたシャーマン条例制定の影響による一時的な銀価高騰（1989〜90年）を経て，90年代前半はさらに円建てと金建てとの価格の乖離が広がっていることが読み取れる。この間，輸出品の中心であった日本製生糸の相対価格がアメリカ市場などで下落していたわけではなかったから，銀貨下落による製品価格の低下が輸出拡大をもたらしたとする見方には留保が必要である。しかし図3–12にあるように輸出品の円価格は国内の一般物価を上回る速度で上昇していたから，輸出関連業者がインフレ利得を享受しえたことはたしかであった（中林［2003］）。対外的な価格競争力と国内での円貨の受取価額の増大を両立しうる状況が外生的に生み出されていたのである。それは国内需要の拡大＝好景気をもたらし，紡績業や鉄道業といった，この時期直接輸出に関わらない諸産業の勃興にも好条件を提供した。

　兌換制度の制約の下で，日本銀行が通貨供給の維持・拡大を図っていたことも重要である。日銀兌換券は，正貨準備に加えて公債，確実な商業手形などを抵当とする保証準備によって発行されたが，1888年の保証準備発行屈伸制限制度の導入は，後者による日銀券発行をさらに弾力的なものとした（伊牟田［1976b］）。また明治初年代以来発行されてきた公債を担保とする金融も積極的に行い，政府による資金の吸収が，民間活動の抑制となることを回避する機能を果している。1890年恐慌時には，株価下落と金融逼迫に対する対応策として，手形割引の担保品に鉄道株などの「信用ある会社株券の内数十種」をみとめる担保品付手形割引制度を導入した。以後，1897年に株式を「見返品」と呼ぶ「見返品制度」への微調整を経つつ，保証品付手形の割引は，日銀の手形割引総額の50％から60％前後を占め続けた。それは前述のように，普通銀行が株式を担保とする融資活動を盛んに行っていたことの反映でもあったが，これらの日銀の施策を，財政支出面で制約を受けた政府による，金融を通じた産業育成策の一環として位置づける見解も有力である（石井［1975］）。

　1880年代後半からの投資活動の過熱は，資金需要の急増による金融の逼迫をもたらし，それに不作による購買力減退と入超（アメリカ銀買入法の制定を見越した一時的な銀貨騰貴による輸出減退と輸入増加）が加わったことで，一気に冷やされた。いわゆる1890年恐慌の勃発であり，資金調達難による企業の倒産や新規事業の取りやめが相次いだ。しかしそれは一時的な落ち込みにとどまり，成長を支えたマクロ的条件（銀貨下落と日銀の金融活動）が整う中で，再び高まった企業勃興の機運は，日清戦争期の中断を経て，1890年代後半の第2次企業勃興期へと

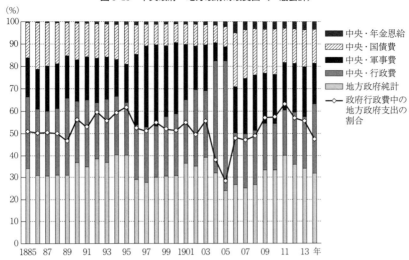

図3-13 中央政府・地方政府財政支出（一般会計）

（注） 地方政府内での重複は調整済み。地方－中央間の移転は調整されていない。皇室費は除外してある。
（出所） 江見・塩野谷［1966］第6, 14表, 168, 210頁より作成。

連なっていく。ただし，日清戦後期のマクロ経済をとりまく環境には，大きな変化があった。

▶ **日清戦後経営**

　日清戦争後の財政規模の拡大は，政府の新たな諸施策を反映したものであり，これら一連の政策は，研究史上，「日清戦後経営」と総称されている。1895年8月の意見書において松方正義大蔵大臣は，陸海軍の拡張，製鉄所創設，鉄道・電話の拡張，金融機関の整備を重点課題とし，軍備増強と殖産政策（重工業および交通・通信インフラの整備，それに松方の年来の構想であった分業的金融機関の整備〔興業銀行など〕）がセットとなった戦後経営構想を提示した。財政支出の構成を中央・地方政府の一般会計について示した図3-13からは，日清戦後期の特徴として，まず軍備増強に力がそそがれていたことが読み取れる。軍事費[26]の構成比が戦前期に比して倍増し，1890年代後半には一般行政費（中央政府）を上回る年次も現れている。しかし1900年前後からは，一般行政費の比重が高まり，産業およびインフラ関連の土木，鉄道，産業奨励費などへの支出増大がみられた。金額の大きいのは交通，通信関係のインフラストラクチャーへの支出であり，海外

---

26 陸軍省および海軍省の一般会計歳出からなり，臨時軍事費特別会計は含まない。

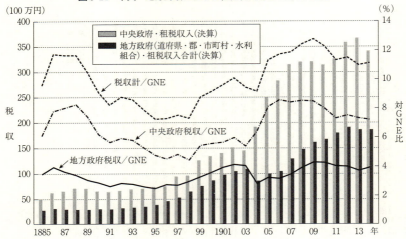

図 3-14　中央・地方財政における租税収入とその対 GNE 比

(注)　税収は各年度の決算の金額を用いた。
(出所)　税収は東洋経済新報社［1926］378-392, 520-521 頁，GNE は大川ほか［1974］第 1 表，178 頁より作成。

航路への助成，海運会社の船舶購入補助（航海奨励法），官設鉄道の改良・建設，そして電話網の拡張が図られている。1901 年に開業する官営八幡製鉄所の創設・拡張費の支出も，この時期，農商務省の最大の支出項目（40% 強）となっていた。また，河川法（1896 年）の制定によって中央政府による河川工事への国庫補助規定が法制化されるなど，土木事業への支出も内務省を中心に増大した。ただし土木費については，後述のように地方政府からの支出が金額的に 7〜8 割を占めており，同様の事態は教育費についてもみられた。一般行財政における地方財政の位置については，第 7 節で改めて取り上げる。

　では日清戦後経営の財源はどのように賄われていたか。松方構想では，戦後経営の主たる財源は清国賠償金と公債募集に置かれていた。実際，日清戦後期の財政支出の増大は，税収の伸びを大きく上回るものであり，1897 年度を例にとれば，中央政府の税収 9400 万円余に対して 4000 万円の賠償金繰り入れと 3600 万円の公債発行があった。このため，図 3-14 にみられるように，急速な財政拡大にもかかわらず，中央政府の租税収入の GNE（粗国民支出）に対する比率は 1898 年まで低下を続けている。財政支出拡大と租税負担率低下の両立は，総需要の拡大を促す。一方，賠償金の流入を政府預金として受け入れ，正貨準備を増大させた日本銀行は，民間銀行への貸し出しによってマネーサプライを増大させた。増発された国債も，日銀の公債担保金融によって民間部門の資金逼迫には繋がらな

い。潤沢な成長通貨の供給と総需要の拡大が結び付いたところに，持続的な物価上昇を伴った，第2次企業勃興の基盤となる景気の拡大があったのである。

しかし，1898年の第1次日清戦後恐慌は，この好循環に終止符を打った。政府のテコ入れで一時持ち直すものの，1900年に恐慌現象が再現し（第2次戦後恐慌），以後，日露戦争までGNPの成長率は停滞した。いずれの恐慌も，正貨流出による金融の引き締まりが引き金となっていたが，その背景には，増大する綿花輸入が，海外市場に起因する輸出不振を大幅な輸入超過に直結させてしまう，貿易構造上の特質があった。企業勃興の主役であった綿糸紡績業の発展そのものが恐慌の要因を形成していたのであり，1890年代の急速な経済成長が，その調整期に入っていたことがうかがわれる。一方，賠償金の枯渇の中で財政規模を維持するために，租税の増徴が不可避となった。すでに1896年に国税営業税，登録税が導入され，加えて葉煙草専売の実施と酒税増徴によって平年度2600万円の増収がなされていたが，99年度にはさらに地租増徴と酒税増税などによって，平年度総額4200万円の増徴が図られている。1898年を底として租税負担の対GNE比は低下から上昇へと反転しているのである。

これは，中央政府の担税者を多様化する過程でもあった。国税中の地租の比率は1893年の60％弱から99年の35％へと急落し，その構成比は地租増徴を経た1900年代にも回復していない（前章，図2-5）。度重なる増徴を経て，1890年代後半には酒税が最大の国税となり，さらに1901年の砂糖消費税の導入から日露戦時の織物消費税の新設へと，日用品に対する消費税賦課が加わった。これら間接税の増大は，事実上，農業関係者（農地所有者および小作料納入者）を中心的な担税者としていた租税構造からの変革である。また地租以外の「直接国税」（所得税および営業税）の構成比の増大は，農業関係者以外にも参政権を拡大する効果を有していた。

一方，国内金融市場の狭隘化は，政府の公債発行による歳入確保を困難なものとした。国債消化力の育成のため，政府は郵便貯金奨励による預金部資金の充実などを図ることになるが，それに加えて1897年の日銀による既発軍事公債4300万円（ポンド建て）のロンドンでの売り出しを皮切りに，99年には政府自身が1000万ポンド（9763万円）の新規国債を外国市場で発行した。前章で述べたように，維新政府は明治初年代以降，外国資本の導入に対して拒否的な態度をとってきた。財政規模の維持を目的とするこれらの外資導入の企ては，資本輸入に対する方針の転換であり，日露戦争時の外債の大量発行のさきがけをなすものであったといえる。

1897年の金本位制の採用は，これら外国資本の導入にとって促進要因であっ

たことはたしかであろう。投資家の為替リスク回避の観点から，英米通貨（ポンド・ドル）建てでの国債売り出しとならざるをえない当時のロンドン・ニューヨーク資本市場の実態を踏まえるならば，欧米諸国に倣った金本位制の採用は，日本政府に銀価低落による為替差損を伴わない形での外国資本導入の条件を与えたからである。しかし金本位制への移行は，対金本位制国輸出の促進要因——低為替——を失うことも意味しており，実際，貨幣制度調査会における議論でも，この貿易上の損失を主張する意見がむしろ有力であった。貨幣制度を金本位制という「確実鞏固ナル基礎ノ上」に置くことを目指し，半ば強引な政策決定を行った松方首相（兼蔵相）にしても，先の大隈5000万円外債案の否定にみられるように，もともとは外資導入に積極的な政策思想をもっていたわけではなかった[27]。政策決定の背景として，欧米諸国の金本位制への移行がほぼ完了し，1893年にはインドも金本位制の採用に踏みきる中で，国際関係上の動機が強く働いていたとする説明は，説得力をもっている（中村［1985］）。いずれにせよ，賠償金によって金正貨を確保しえた日本は，1897年制定の貨幣法で1円の金含有量を金0.75グラムと制定し，金の自由な輸出入を認めることで金本位制国の仲間入りを果たした。これは1871年の新貨条例が規定した1円＝金1.5グラムの半分であり，事実上の銀本位制となった1870年代後半以降の金銀比価下落の幅にほぼ見合ったものとなっている。以後日本の対外為替相場は，第1次世界大戦末の金輸出禁止まで，欧米諸国やインドなどの金本位国とは固定レート，中国とは金銀比価を基準とする変動レートの下に推移していくのである。

▶ 日露戦後期

　日露戦争の戦費は，臨時軍事費特別会計の15億円を中心に，戦後処理を含めて累計で19億円余に達した。当時のGNPは30億円余であったから，その金額の大きさがうかがわれよう。政府は非常特別税などの新設で1.2億円を増徴し，また4.8億円の内国債公募を行ったが，国内からの調達はそれが限界であり，ロンドン・ニューヨークでの外債発行による戦費調達に依存せざるをえなかった。そこでの10.4億円の戦時外債発行の成功は，戦争遂行を可能とするとともに，戦後のマクロ経済の枠組みをも画することになる。実際財政支出構成の中で国債費（国債の償還と利払い）の比率が急騰し，一方非常特別税の恒久化などによって，租税負担率も高まった。ここに戦争には「勝利」したものの賠償金は一切獲得できず，戦費負担に呻吟する日本経済の姿を読み取ることは誤りではない。しかし

---

[27] もっとも，この頃の松方は，経常収支の赤字が続く中，金本位制を正貨流出による通貨収縮を回避しながら外資導入を促進し，積極基調の政策を遂行する基盤として位置づけていたともいわれる（神山［1995］131頁）。

日露戦後の日本経済が縮小均衡に向かったわけではないことは強調される必要がある。日露戦争終結後の政府は，軍拡・植民地経営・産業育成へと，積極的な財政資金の投下を行っており，財政規模は拡大した。1906年の鉄道国有化も，おもな財源は国債発行によって調達されている。

 国債残高は1903年末の約5.4億円が05年末には20.8億円に跳ね上がり，さらに10年末の26億円余まで増加傾向が続いた以後は，約25億円前後で推移していた。このうち外国債残高は1903年末0.97億円が05年末に9.7億円となり，さらに第1次世界大戦前のピークである1913年末に15.3億円弱となった。これに地方政府発行の外債1.77億円が加わった外債残高は，同年のGNPの34%に相当している（東洋経済新報社編［1926］608-609頁，大川ほか［1974］）。それが日露戦後の財政規模の拡大を支え，通貨膨張を通じて日本経済の拡大再生産を可能とした条件であった。国債による歳入補填が，増税とともに財政支出の拡大を支え，旺盛な輸入がもたらす持続的な経常収支の赤字は，外債発行による外貨手取り金によって埋め合わされた。金本位制の下では，経常赤字による正貨流出は国内通貨の収縮をもたらし，物価下落と景気後退を招くはずである。しかし外債発行による資本輸入は，この金本位制のゲームのルールを無化し，経常赤字が続く中でも物価上昇と経済規模の維持・拡大は続いた。外債による経済成長が，日露戦後の日本経済を特徴づけているのである。しかしそれは，いつまで持続可能なのであろうか。

 緊縮財政の主張が台頭するのはこの問いを背景としていたといえる。日本銀行の山本達雄や大蔵省の若槻礼次郎らの緊縮政策派は，経常収支の赤字にかかわらず外債発行で正貨準備・兌換券発行高を増加させたため，物価上昇による入超が助長され，それが外債利払い増大と相まって正貨流出を招いていることを指摘し，外債発行は借り換えのみとし，金利引き上げ・緊縮財政によって物価を引き下げ，貿易収支改善を図ることを主張した。この主張は，財政政策上は「非募債主義」（新規財源の国債発行をしない）として現れることになる。これに対して高橋是清・井上準之助らの積極政策派は，外資導入による健全な産業発展が輸出競争力を構築し，それが収支均衡をもたらすとみていた。生産的資金のためには外資導入は必要であり，金利の引き上げも産業育成の立場からは認められないとした。

 たしかに日露戦時に7億円台に急増した輸入額は，1906年以降も5億円前後で高止まりし，11年以降には再び急増して8億円台に達している。これに外債の元利払いの7000万円前後の資本流出が加わり，経常収支の赤字幅は拡大した。政府・日銀所有の正貨在高は，1905年の4.8億円から14年には3.4億円まで減少しているのである。高橋らの主張するように，産業発展による輸出伸長が望め

るとしても，それが実現するまでに正貨枯渇による外貨支払い不能（デフォルト）が生じる危険はなかったのか。その判断には，日本国債の海外市場での評価がひとつの手がかりとなる。日本国債とイギリス国債（世界的に信用力の高い債券）のロンドン市場における利回り（利払金額／公債価格）を比較すると，日露戦争前には 2.5 ポイント（日本国債 5% とイギリス国債 2.5%）あった差が，1906 年には 1.75 ポイントに縮まっていたことが判明する。日本国債への信頼性が向上し，リスク・プレミアムが縮小したのであり，それが持続的な外債発行を可能とする客観的条件であった。しかし 1910 年に 1.1 ポイントまで縮小した利回りの差は，その後反転して 13 年には 1.5 ポイント差となった。絶対値でみれば，その差は日露戦前よりも明らかに小さい。しかし開差拡大が 11 年以降持続していることもたしかであった（岡崎［1997］57-59 頁）。それは，外債累積によるデフォルトへの途を歩み始めていたことになるのだろうか。

　現実に起こったのは，1915 年以降の未曾有の輸出拡大と正貨準備の蓄積であったから，その結果を歴史的に検証することはできない。しかし次章でみるように，これをもたらした第 1 次世界大戦の勃発を「天佑」と捉えた政治家が存在したことは，外債問題の帰趨が大きな懸念材料として認識されていたことを示唆するものである。日露戦後期は，一面では日清戦後期に並ぶ経済成長の時代であり，1907 年の日露戦後恐慌勃発までの時期や 1911～12 年の「中間景気」は明らかに好況と捉えるべき経済状態であった。しかしそれを支えていたのが外債導入であった事実は，政策当局にも，また個々人にも日本経済の先行きに対する「不安」感を刻印した。夏目漱石が東京・大阪朝日新聞に連載した小説『それから』の中で，主人公の代助に日本の置かれた状況を評して「牛と競争をする蛙と同じ事で，もう君，腹が裂けるよ」（新潮文庫，1985 年改版，87-88 頁）といわせているのは，1909 年のことである。日露戦後を「慢性不況」と捉えるのは，こうした側面を強調した見方であるといえる。それが政府の政策立案にも影を落としていたことは，地方改良運動の唱道にも現れているが，この点については第 7 節に譲ろう。

第6節　国際経済関係

　近代日本の国際経済関係は，伝統的には対欧米との垂直的な関係（先進国と後進国）を基軸として理解されてきた。そこでの日本の対アジア関係は，欧米関係の裏面として，すなわち欧米への従属的立場とアジアへの優越的地位構築の志向（帝国主義）のセットとして描かれることが多い。これに対して，「アジア」内での貿易関係の密接性を重視し，アジア諸地域を個別的に欧米諸国と関係させる従

来の見方への批判が 1980 年代に提出された。日本の対アジア関係の形成も，日本による一方的な進出としてではなく，現存するアジア交易圏への参入の過程として捉えられることとなる（浜下［1990］，杉原［1996］）。「アジア交易圏」論と呼ばれるこのような見方は，交易の担い手となる主体——中国系・インド系商人——の活動力への関心を喚起し，日本に関連する実証研究も生み出された（籠谷［2000］，谷ヶ城［2012］など）。他方，アジア交易圏論のもうひとつの柱である貿易関係の数量的把握については，近年，貿易データベースの構築による精査が進み，その中から，改めて日本による植民地・勢力圏の構築が，近代アジアの国際経済関係の特質形成に果たした意義を強調する議論も現れている（堀［2009］）。

　これらの議論のパースペクティブは，もとより戦前期日本の国際経済関係総体に及ぶものであり，本章で扱う時期に限定されるものではない。しかしそれぞれの見方を基礎づける史実は，開港から第 1 次世界大戦前までに，すでに明瞭に見出すことができる。実際，幕末の開港は欧米列強による「自由貿易の強制」であり，開港直後の貿易相手国は輸出・輸入ともに欧米諸国を中心として推移した。しかし，産業化の進展する 1880 年代後半以降，貿易相手では南・東南アジアを含むアジア諸地域の比重が顕著に上昇した。さらに 20 世紀に入ると，対アジア貿易の内部において，日本の植民地ないしは勢力圏となった台湾・朝鮮および満洲（中国東北部）との貿易が著しく増加していく。以下本節では，産業化の進展の中での国際経済関係を，欧米，アジアおよび日本勢力圏（植民地）の 3 つの地域区分を念頭に，日本の視点から概観する。その際，時系列的な変化に留意することで，上記諸見解が，この時期の国際経済関係を理解する上で，相互に補完的に働く側面があることにも目を向ける。

1 明治維新後の国際関係と貿易

　前章で述べたように，開港後の貿易を欧米列強による貿易関係の一方的な創出とのみ捉えることは適当ではない。しかし開港後しばらくの間，日本の対外経済関係の中心が，安政の修好通商条約を背景とした対欧米関係にあったことはたしかである。領事裁判権と関税自主権をめぐる条約改正問題は，1890 年代に至るまで，対外政策決定の重要なファクターであり続けた。これに対してアジアとの新たな国際関係は，1870 年前後に始まる，維新政府による清国・朝鮮への，新たな枠組み形成のための働きかけを契機としていた。

　維新政府は，1869 年に朝鮮国との国交開始を企図したが，朝鮮国の執政・大院君は鎖国主義を維持したため，不調に終わった。一方清国は，すでに 1842 年の南京条約締結を嚆矢として，欧米諸国と「自由貿易」を開始している。幕末開

港後の開港場居留地には，在留清国人の増加もみられた。維新政府はこれらの事情を考慮しつつ，清との外交通商関係構築を優先し，1871年に全権大臣の李鴻章との間に，日清修好条規を調印した。互いに最恵国待遇や内地通商権は認めず，開港場における商民の往来貿易と領事裁判権の行使などは相互平等とした。この条約に基づき，日本は横浜，函館，長崎など8港，清は上海，鎮江，寧波，漢口，天津，広州など15港を開港場と定めている。

　一方，朝鮮国が新たな外交通商関係樹立を拒絶したことは，維新政府内に征韓論を生み出すが，特使として西郷隆盛を朝鮮に派遣する案は，それが軍隊派遣に繋がることを懸念する，内治優先派の岩倉具視・大久保利通らの反対によって1873年10月の閣議で否決された。その結果，征韓派の西郷隆盛，江藤新平らが下野し，のちのいわゆる士族反乱（佐賀の乱，西南戦争）へ繋がっていくことはよく知られている。他方で朝鮮開国自体は懸案事項としていた維新政府は，1875年9月に沿岸測量のために朝鮮国領内の江華島水域へ軍艦を侵入させ，それに発砲した朝鮮砲台を破壊し，永宗島を占領した（江華島事件）。翌1876年2月，軍艦を引き連れて朝鮮を訪れた全権大臣の黒田清隆は日朝修好条規を調印し，ここに，日朝間の外交通商関係が定められることとなったのである。全12款からなる条約は，冒頭の第1款で，日本が朝鮮を独立国とし，清の宗主権を認めないことが謳われ，その上で朝鮮は，釜山ほか2港（1880年元山，83年仁川）を開港することとなった。もっとも日本側にのみ領事裁判権，関税免除の特権を与え，また附録で朝鮮開港場における日本貨幣の使用権を認めた日朝修好条規は，対等な2国間の条約とはいえないものであった。以後朝鮮は，1882年アメリカ，83年イギリス，ドイツ等，欧米列強と同様の不平等条約を結ぶとともに，82年には清国とも貿易章程を締結し，自由通商を開いている（堀［2009］2章）。

　このように上記の2つの条約は，日本と近隣の東アジア諸国との国際関係が，「海禁」政策を掲げ原則として民間の自由な通商関係を禁じた伝統的な国際秩序から，「万国公法」の下で「自由貿易」を原理とする国際経済関係へと移行したことを示している。安政の条約が欧米諸国に対する「自由貿易」の採用であったとすれば，1870年代は，日本が東アジアとの間で，「自由貿易」体制を構築するプロセスであったといえよう。

　しかしそれは，東アジアの国際関係に不安定性をもたらすものであった。不平等条約を背景とした日本の朝鮮国への介入は，政治的な反発を招くことになる。一方清国も，1882年の壬午事件（日本公使館焼き討ち）を契機に宗主国として朝鮮内政に介入し，1884年の金玉均ら親日開国派によるクーデターに際しては，清国軍を投入して鎮圧した（甲申政変）。これら一連の日清間の政治的緊張は，前

章でも触れたように，松方正義による緊縮財政下の明治政府に，軍備増強のための支出を促すことにもなった。

では，この間の日本の対アジア貿易はどのような内容のものだっただろうか。1870年代後半以降輸入の増大する綿糸は，機械制インド紡績業の製品であり，砂糖輸入も，イギリス資本（JM商会およびスワイア商会）によって設立された香港の近代的精糖工場産（車糖＝機械精糖）が中心となっている（杉山［1989］）。そこでは，日本は先行するアジア産工業製品の市場であった。輸出では，中国向け食料品・海産物品が目立っているが，これは近世以来の，中国商人による中国市場向け食材調達の一分枝に位置づけられる。朝鮮向けの輸出は，綿製品の比重が大きかったが，その中身は寒冷紗をはじめとするイギリス綿布が大半を占め，中国に集散する欧米製品の，長崎を経由する「中継」貿易の性格が強かった（古田［2000］）。なお1870年代には朝鮮半島へ渡航・移住する日本人も現れていたが，その多くは商業を中心とした生業的な事業者であった。山口県熊毛郡の馬島・別府の事例では，瀬戸内海交易を担う在来廻船業者が1870年代の朝鮮開港以降，主たる活動領域を対朝鮮交易に移動させており，1880年代には同地から朝鮮移住者も輩出している（木村［1989］）。在来的な海運業の再編の中で，新たな活動場所を求めた商人＝廻船業者が，朝鮮との交易にその活動の場を求めていたのである。

このような対アジア輸出・輸入の内容は，1870～80年代前半の日本が，「自由貿易体制」の下で活性化しつつあるアジア内貿易への，新たな参入者としての立場にあったことを示している。工業品を輸入し，食料品を輸出する構図は，同時期の対欧米貿易とも通じるものであり，少なくともこの時期，日本経済を能動的にアジア貿易を編成していく主体と位置づけることは難しい。その点に鑑みれば，1870～80年代の清国や朝鮮への働きかけは，西洋近代の国際関係と東アジア在来の秩序の並存の中で（岡本［2004］），優れて政治的な動機に基づいてなされていたというべきであろう。局面転換は，新たな産業発展の中から生み出されることになる。

2　産業化の中での国際経済関係

▶ 対アジア貿易の伸長

日本の貿易依存度（輸出入合計額／GNP）は，1880年代半ばの14％から90年代後半の21％，そして1905年前後の25％へと，段階的に上昇した（村上［2000］）。産業発展が，国際経済関係の深化を伴っていたことが改めて確認されるが，ここでは図3-15(1)(2)によって，1880年代後半以降の貿易相手の地域別分

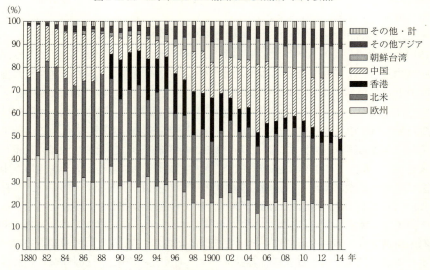

図 3-15(1)　日本本土からの輸出先の地域構成（当年価格）

（注）　香港の 1888 年以前，台湾の 1896 年以前は中国に含まれる。
（出所）　山澤・山本 [1979] 第 13 表，206-207 頁より作成。

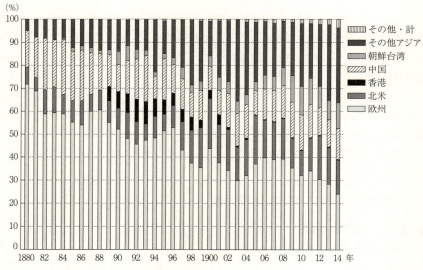

図 3-15(2)　日本本土の輸入先の地域構成（当年価格）

（注）　香港の 1888 年以前，台湾の 1896 年以前は中国に含まれる。
（出所）　山澤・山本 [1979] 第 14 表，210-211 頁より作成。

布をみよう。輸出では，北米の割合が30％台でほぼ一貫する一方で，ヨーロッパ向けは全体の20％弱に落ちた。これに対してアジア輸出は40％弱の水準に上昇している。輸入ではさらに変化が大きい。ヨーロッパからの輸入は70％から30～40％に低下する一方で，アジアからの輸入は20％前後から50％前後へと上昇した。北米からの輸入割合も増加の方向である。

貿易相手国と輸出入品をクロスした結果は，表3-11に要約的に示されている（太字は，輸出額，輸入額がそれぞれの地域で最も多い産業中分類の項目）。3地域（北米・欧州・アジア）それぞれの特徴は以下のようにまとめられる。北米は，茶輸出の減少によって1870年代に比べて比重を落とすものの，堅調な生糸に陶磁器・花筵などの雑貨（のちには電線〔銅線〕需要の増加を背景とした銅）が加わることで，最大の輸出先としての地位を保っている。輸入では，綿花・石油の原燃料と1900年代には資本財の機械が増加する。それでも貿易収支は，日本からみて大幅な出超であった。これに対してヨーロッパは，輸入ではイギリスからの綿製品輸入が停滞・減少し，機械・鉄の輸入が重要となった。ドイツからの輸入の増大も目立っている。輸出面では，金額的に大きいフランス向けの生糸，イギリス向けの絹織物が伸び悩んでおり，雑貨類は増加傾向にあったものの，貿易収支としては入超であった。総じて，輸出では1次産品割合の減少と生糸・絹織物・雑貨の軽工業品の比重の増大，輸入では最終財・中間財（綿糸）が減少し，資本財が増加した。工業製品の枠内で，最終財・中間財（生糸）輸出と資本財輸入の関係が明瞭に現れてきたといえる。

対アジア貿易については，まず急増したインド（その他アジア）からの綿花輸入が大きな位置を占めている。それに次ぐのが米穀や砂糖などの食料品で，東アジア・東南アジアが輸入先であった。1890年代前半まで輸出基調にあった米穀は，1890年代後半に入って，米価上昇の中で輸入が増大した。英領インド（ビルマ），フランス領インドシナ（ベトナム）およびタイの東南アジア諸地域が主たる供給源であり，輸入された長粒のインディカ米は都市下層を中心に需要された。在来の国産砂糖は，讃岐・阿波の白砂糖，薩摩の黒糖を中心に，開港後も生産量を維持していたとみられるが，輸入品の急速な流入により，1890年代後半の砂糖消費に占める割合は2割台に落ちている。輸入糖は赤砂糖（舎蜜糖）と白砂糖（精製糖）に大別されるが，後者は1895年の日本精製糖株式会社の設立以降，機械制精糖業が定着する中で減少し，その代わりにジャワ産の原料糖輸入が増加した（杉山［1989］，久保［1997］）。

輸出では，東アジア向けの綿製品が最大で，上海・香港・シンガポールなどを拠点とする欧米の軍艦用石炭輸出も引き続いて一定の比重を占めていたが，新た

表 3-11　1902年の貿易構造（地域別・品目別の輸出入）

(単位：1,000円)

名称	朝鮮・台湾	中国本土	その他のアジア	欧州	北米	その他	計
輸出・計	19,790	46,838	41,772	69,124	83,719	6,294	267,537
輸入・計	15,365	40,590	65,842	99,881	49,170	8,287	279,135
収支	4,425	6,248	−24,070	−30,757	34,549	−1,993	−11,598
（輸出・中分類）							
食料品等	3,994	4,583	5,222	4,618	11,387	**2,649**	32,455
原燃料	1,440	8,850	**12,213**	3,274	863	212	26,853
繊維品	**6,621**	21,481	7,515	51,179	64,840	1,754	153,389
非金属鉱物製品	664	853	767	610	1,045	163	4,101
その他の軽工業品	4,180	6,614	7,691	4,773	3,418	1,148	27,823
化学品	211	602	1,367	2,001	1,571	270	6,022
金属品	1,155	2,369	6,271	2,400	566	44	12,804
その他	1,525	1,486	726	269	29	54	4,091
（主要輸出品）							
茶	41	117	43	225	10,062	24	10,513
鉱物性燃料	194	7,202	9,491	369	192	6	17,453
生糸		10	67	34,220	48,061	216	82,573
綿糸	1,344	17,496	1,077	1			19,917
絹織物	212	125	3,921	14,884	8,095	710	27,946
綿織物	3,702	2,035	1,052	33	40	114	6,976
陶磁器	259	221	416	488	966	151	2,501
（輸入・中分類）							
食料品等	**9,487**	13,103	19,584	9,751	5,710	3,154	60,787
繊維原料	79	19,970	41,399	2,300	19,485	**3,346**	86,580
金属原料	5	567	1	74	26	50	724
その他の原料品	3,387	5,495	1,290	1,232	730	412	12,546
鉱物性燃料		2		3,938	13,191	2	17,134
化学品	1,848	249	2,254	11,995	631	254	17,232
機械機器			9	10,813	4,836	3	15,662
その他の工業製品	141	1,105	1,255	59,669	4,495	1,057	67,722
その他	418	99	50	109	66	9	752
（主要輸入品）							
穀類	5,824	1,548	13,452	370	3,300	12	24,505
糖類	3,174	844	6,061	4,607	61	3,035	17,782
綿花	68	17,081	40,816		19,476	2,414	79,855
植物性油脂原料	2,197	3,993	30	2		24	6,245
石油製品		1		2,917	12,815		15,733
繊維製品		688	164	31,107	196	3	32,157
鉄鋼		49		14,257	605	11	14,922
その他原料別製品		89	451	8,998	2,116	92	11,747

(注) 太字は本文参照。
(出所) 行沢・前田［1978］表 B-1X1902, 表 B-1M1902 より作成。

に加わったマッチ・メリヤス・石鹸・洋傘，ガラス製品，ブラシなどの各種雑貨（洋式雑貨）も重要である。これらの製品は，開港後の欧米からの輸入によって普及が始まったが，注目すべきことは，早い時期に模倣品の製造が始まり，かつ，輸出によって生産を伸ばす製品が少なくなかったことである。陶磁器や漆器，花筵や麦稈真田などの藺草・麦藁製品も加え，「輸出雑貨」と総称することも可能なこれらの消費財は，先の表3-11では「その他の軽工業品」の大半を占める「雑品」に加えて，金属製品や化学（マッチなど）製品の一部も構成しており，総体として明治後期には生糸・綿製品に次ぐ輸出額を記録した（角山［1990］，谷本［1995］）。洋式雑貨の多くは，欧米品の下級財的な位置づけの下で，アジア地域を主要な輸出先としていたから，日本は対アジア貿易において，1次産品輸入と最終財・中間財（綿糸）輸出の関係を形成していたといえる。なおアジア貿易の収支は，南アジア・東南アジアへの支払い超過を背景に入超で推移した。

　以上の3つの地域の貿易関係を，日本の視点から単純化しつつ整理してみよう。綿工業の発展によって消費財輸入の代替を果たした日本は，アジア諸地域から工業原料と食料を，ヨーロッパから資本財・中間投入財を輸入し，生産された製品（綿製品・雑貨）を東アジアへ輸出する一連の貿易構造を形成した。これらの取引には，アジア内での「伝統的な通商圏」の担い手であった中国系・インド系等のアジア商人が関与していたことは，近年の研究が強調している（籠谷［2000］）。そしてアジア交易全体の入超構造を補塡するのが北米への生糸および雑貨輸出であった。アジア交易圏論では，欧米向け輸出の展開が最終需要を生み出し，それを契機とする農工の分業を伴う産業発展が，アジア内交易を活性化したとされる（杉原［1996］）。旺盛な生糸需要を背景とする北米向け輸出の伸長と，原料・食料輸入と製品輸出からなる対アジア貿易拡大の並行的な展開は，この時期の日本の国際経済関係が，アジア間貿易論の提示する論理によって理解されうる面があることを示している。

　しかし一方で，この貿易の構造が，一貫して日本の貿易収支（そして経常収支）に入超をもたらしていたことが指摘されねばならない。日清戦後には賠償金，日露戦時以降は外債発行が，外貨不足の補塡として作用していたことは前節で述べた。輸出の量的増大ないしは質的改善（輸出品の国内付加価値率の上昇）は，入超構造からの脱却を図る上でのひとつの方向であり，実際，絹関係品のほかにも陶磁器・花筵等の雑貨輸出を加えた欧米輸出は，一定程度の増加をみてはいる。しかしリーディング産業としての綿工業には，この時期，欧米向け輸出を可能とする競争力は備わっていなかった。綿工業の収支（綿糸・綿布輸出超過額と綿花輸入超過額＋綿業機械輸入超過額の差額）は明らかにマイナスであり，この時点の綿工

業は，国内需要の充足は達成するものの，産業内部で原料輸入を手当てするだけの外貨を稼ぎ出すことはできていなかったことになる（牛島・阿部［1996］）。

　そこでクローズアップされるのが，東アジア地域との経済関係であった。日本の紡績会社は，1900年代にはインド綿業との競争を経て中国綿糸市場での市場占有率を高め，朝鮮・満洲に対しては，紡績・貿易商社の連携の下で，綿布輸出を増大させた。この東アジアにおける綿製品市場の確保は，日本の綿工業資本の利益であるとともに，貿易収支改善のための方策としても位置づけられることとなる。加えて日露戦後には，鉄・石炭の資源獲得問題が浮上するが，それは中間財・資本財の輸入代替に関連する問題であった。アジア諸地域からの食料輸入も，台湾・朝鮮との関係の中で対応が図られていく。

　このように，アジア交易圏への参入の形で始まった日本のアジアとの経済関係は，事実として，日本の勢力圏構築への志向性を内包することとなった。貿易収支の改善策としては，緊縮政策を含め多様な選択肢が存在するから，この方向が，必然的な解答であったわけではない。しかし入超問題の存在が，先に述べた政治的動機が先行する東アジアにおける国際関係構築の方向に，経済的動機を与える一因となったことは指摘できるだろう。では経済的勢力圏の構築は，実際どのように進み，それは日本経済にどのような意義を有することになったのだろうか。

▶ **植民地・勢力圏の形成**

　1894年，朝鮮国全羅道での農民反乱（甲午農民戦争）の勃発を契機に朝鮮国へ出兵した日清両国は，朝鮮国への影響力をめぐって開戦し（日清戦争），1995年4月に講和条約（下関条約）を結んだ。この条約によって，日本は清国から台湾，澎湖諸島および遼東半島の割譲を受けるとともに，軍事賠償金として2億両（3億1100万円）の支払いを得ることが決まった。その後，ロシア・ドイツ・フランスの三国干渉によって遼東半島は返還を余儀なくされたものの，報償金として3000万両（4500万円）が賠償金に上乗せされたから，政府が手にした正貨は合わせて3億5000万円余に上った。これが1897年に日本が金本位制採用に踏み切るひとつの動機となったことはしばしば指摘されるところである。

　清の影響力が減退した朝鮮では，日本の内政介入の度合いが強まる一方，ロシアも影響力を行使するようになり，ロシアとの利害対立は1904～05年の日露戦争，そして講和条約（ポーツマス条約・1905年）の締結へ繋がっていく。その結果，ロシアは朝鮮における日本の優先権を承認し，以後，日本政府による韓国の外交権，内政権の掌握が進展し，1910年の韓国併合に至った。また講和条約によってロシアから樺太の割譲を受け，さらに旅順・大連の租借権，東清鉄道の南半分（長春から旅順口まで）とその支線，および付属の撫順・煙台炭鉱などを獲得した

日本は，1905年の満洲に関する日清条約でその鉄道権益をさらに拡大し，鉄道および炭鉱の経営と鉄道付属地域の統治によって，満洲への影響力を強めた。以下本節では，日本の完全な統治下に入った台湾，朝鮮

表 3–12　台湾・朝鮮・満洲の輸移出・輸移入に占める日本の割合

(単位：％)

	台湾		朝鮮		満洲	
	輸移出	輸移入	輸移出	輸移入	輸移出	輸移入
1901年	47.1	40.7	87.3	61.6		
1905	56.2	55.2	70.9	72.9		
1911	79.6	63.3	70.7	63.0	31.9	34.8
1914	77.9	75.4	81.6	61.3	45.8	39.1

(出所)　石井［2012］119頁，表8より作成。

を「植民地」と呼び，満洲および領有・併合前の台湾・朝鮮（韓国）を含める際には「勢力圏」と表記する。

　日本の台湾・朝鮮との貿易は1890年代以降，急速に増大した。1890年頃は輸入で全体の5％前後，輸出ではそれを下回っていたが，1910年代初頭には輸入は倍増の10％前後，輸出では13～14％を占めるに至っている。日露戦後の対満洲輸出入も，絶対値で対朝鮮と同水準を保っていた。台湾・朝鮮の側からみれば，それは貿易相手が日本に集中していく過程であった。表3–12によれば，朝鮮はもともと対日貿易の割合が高かったが，台湾では1901年時点での対日輸出入は50％に満たない。それが1910年代前半には，両地域とも対日貿易が輸出で70～80％，輸入でも60～70％を占めることとなった。

　貿易の内容は，日本からの輸出は綿織物が中心で，輸入の主力は朝鮮・台湾からは米穀・砂糖の食料品，満洲からは大豆粕であった。農産物の生産者は当然のこと，大衆衣料として需要された綿布の購入者も，その所在は農村地帯を含む広範囲に分布している。農村地帯と貿易港を結び付ける流通ルートの整備が，貿易拡大の鍵を握ることとなるが，その点で，日本政府による交通・通信網の整備は大きな意味をもっていた。その代表は鉄道の建設である。台湾では台北―台中―台南を結ぶ台湾縦貫鉄道線が，1899年に着工，1908年に竣工した。台湾中・南部の砂糖・米の日本向け輸出の活性化には，鉄道によって貿易港である基隆ないし高雄への輸送が迅速かつ容易になったことが大きく寄与している。開港後，交通網の脆弱さが同時代的にも指摘されていた朝鮮では，日清戦後に獲得した敷設権に基づき，日本政府が主導して1900年に京城―仁川間の京仁鉄道，1905年には京城―釜山間を結ぶ京釜鉄道を完成させた。新義州に至る京義線の軍用鉄道としての開通（1906年）と合わせて，朝鮮半島南部を縦断する鉄道路線が整ったのである（高橋［1995］，石井［2012］）。1906年以降，韓国統監府・朝鮮総督府の投資による電信施設の大幅な増加が，全国に散在する米穀業者に貿易港の取引所利用の便宜を与え，米穀取引の円滑化に寄与したことも指摘されている（李

［2015］)。満洲については，1906年の南満洲鉄道株式会社の創立が特筆される。公称資本金の半額，1億円を日本政府が出資する同社は，首脳人事をはじめ各種の監督権限を政府が掌握した半官半民の国策会社として設立された。政府出資分は，ロシアから獲得した鉄道等の現物資産が充てられており，この施設をもとに，早くも翌1907年4月には営業が開始された。満鉄による貿易港大連と大豆生産農村の連結は，肥料用大豆粕の対日輸出を容易化しただけではなく，満洲を欧米の新興化学工業の一大原料（大豆油）供給源として，世界の油脂市場の中に位置づけることになる。日露戦後の満鉄の好調な営業成績は，多額の貨物運賃収入を生み出す大豆輸送需要の存在に支えられていた（金子［1991］)。

　では，勢力圏の形成は，本格的な産業化が進展するこの時期の日本本国の経済動態に，どのように関わっていただろうか。先に触れた入超問題に直接関わるのは，輸入貿易の伸長である。入超要因のひとつとして問題視されていたジャワ等からの砂糖輸入は，まず内地および台湾での機械制精糖業の勃興があり，さらにその原料として台湾でのサトウキビ生産を位置づけることで，輸入先を台湾へと転換した。ただし，台湾原料糖は必ずしもジャワ糖よりも安価なわけではなかったから，輸入代替には，輸入糖への関税設定が必要とされた。朝鮮からの米穀輸入の増大は，食味の点で日本市場への適合性が高いこともあって，英領インド（ラングーン米）やフランス領インドシナ（サイゴン米，トンキン米）からの米穀輸入を減少に導いた。食料品の輸入先を東南アジアから円通貨圏の植民地・勢力圏に転換することで，日本の外貨支払いは節約されることになったのである（能地［1980］)。これに対して，円通貨圏への綿製品輸出は外貨獲得に直接寄与するものではないため，入超問題に直接関わるのは，日露戦後の満洲への綿布輸出などに限定される面がある。しかし国内綿布市場で産地織物業との競争に直面する機械制紡績会社の兼営織布にとって，主要製品たる粗布・金巾類（平織りの白木綿）の販売市場を海外に確保することは，企業経営の採算面からは重要であった。

　鉱物資源の確保の面では，1897年の金本位制採用が金準備の充実を要請し，金産出量の増大が図られた際に，海外（内地以外）の鉱山資源の存在がクローズアップされている。台湾・朝鮮における金産出が増加し，大蔵省調査によれば，1901～02年に見込まれる1000万円弱の金の吸収量のうち，内地＋北海道の335万円に対して台湾155万円余，朝鮮437万円余と見積もられていた（村上［1975］)。官営八幡製鉄所が，東日本に立地する釜石鉱山（岩手県）や赤谷鉱山（新潟県）の鉄鉱石利用の予定を変更し，中国の大冶鉱山および朝鮮産鉄鉱石を用いることになったのは，八幡の地勢的な立地条件からみれば，鉱石輸送コストの面でありうるべき選択であったといえる。ただしこの中国・朝鮮における鉱山資

表 3-13　日本の資本輸出（1914 年）

	対民間		対政府		計	
	(100 万円)	(％)	(100 万円)	(％)	(100 万円)	(％)
中国関内	155	28.3	17	3.6	172	16.9
満洲	266	48.5	3	0.6	269	26.5
朝鮮	65	11.9	330	70.4	395	38.8
台湾	62	11.3	119	25.4	181	17.8
計	548	100.0	469	100.0	1,017	100.0
(資本輸入)	196	35.8	1,793	382.3	1,989	195.6

(注)　資本輸入の％は資本輸出額に対する値。
(出所)　村上［2000］表 1-21，50 頁より作成。

源の利用が，東アジアへの政治的な進出のひとつの動機を形成することとなった点で，この転換の意味は大きかった。実際，1910 年代に活性化する日本の中国への借款政策の重要な柱が，大冶鉱山の鉄鉱石の確保にあったのである。

▶ 資本の輸出入と移民

　第 1 次世界大戦前の資本輸出先は，植民地・勢力圏にほぼ限られている。表 3-13 にあるように，「対政府」を除く民間の諸事業・諸企業への投資でも，70％以上は植民地・勢力圏であった。大規模な資本投下では，純民間ベースの事業投資は台湾の機械制精糖企業や朝鮮の東山農事（地主経営）など一部の事例にとどまっており，政府の関わりが顕著であった。鉄道でいえば，台湾鉄道は総督府の出資であり，日本内地および朝鮮から 2500 万円の民間資金を調達した京釜鉄道株式会社にも，日本政府が補助金・無利子貸下金 378 万円を提供し，また 6％までの株式利子補給を行っている（村上［1975］）。半官半民の南満洲鉄道株式会社は，当初の株式発行に政府の配当保証があり，主たる資金調達源となっていた社債にも政府の元利保証がついていた。なお中国向けの資本輸出は，先に触れた大冶鉄鉱（漢冶萍公司）への横浜正金銀行による借款が，累積 1500 万ドル（1913 年末時点残高）で最も大きな位置を占めた。一方，満洲でも日露戦後には鉄鉱・石炭の賦存状況の調査が進み，地下資源確保の観点から注目が集まっている。そこでの開発主体も満鉄であった（金子［1991］，村上［2000］）。この時期の植民地・勢力圏は，政府主導による「経済開発」の局面にあり，資本移動を通じた経済関係展開の場としては，未だ位置づけは高くなかったといえる。

　直接投資による資本移動が少ないことは，日本内地の資本輸入の局面についてもいえる。外国人の「内地雑居」を容認した 1899 年の条約改正の実施は，外国人の全国での居住・経済活動を認め，合わせて日本企業の株式取得や日本での土地取得にも道を拓くものであった。この「内地雑居」に対しては，それが欧米お

よび中国資本の進出を招き，日本人の経済活動への打撃となるとして，同時代には否定的な主張も少なくなかった。しかし 1910 年代初においても，民間における外国からの直接投資は緩慢で，技術移転が焦点となる電気機械部門や特殊鋼生産の分野で，芝浦製作所や日本電気，日本製鋼所が英米の有力メーカーと提携を行い，資本金の 20% から 50% 前後（1913～14 年頃）を外国資本が占めているのが目立つ程度であった（村上 [2000]）。外国資本の直接投資への懸念は，この時期には現実的ではなかった。

　民間ベースでの資本移動が緩慢であったのに対して，人の移動のひとつの指標である「海外在留者」数は，1910 年代半ばで 90 万人を数えた。その 3 分の 2 は植民地・勢力圏で，とくに朝鮮は台湾のほぼ 2 倍の 30 万人を超える在留者数があり，植民地・勢力圏全体の 50% を占めていた。一方，勢力圏以外で突出しているのはハワイおよびアメリカ本土で，それぞれ 10 万人弱に上っている。この両地域には，明治初期からすでに農場や鉱山，鉄道建設の労働者として出稼ぎ移動が始まっており，明治政府も初期の抑制方針を改め，ハワイ政府からの要請に応える形で 1885 年から 10 年間，「官約移民」の送り出しに関わった。また移民会社が移動を仲介する形態も多くみられる。日露戦後のアメリカ政府の排日移民政策によって，1906 年をピークに移民数は停滞するが，家族呼び寄せなどによる渡航者は続いたため，在留者は増加した（木村 [1990]，[1993]）。

　一方，植民地・勢力圏の日本人在留者は，植民地政府役人や満鉄社員，三井物産社員などの官僚・ホワイトカラー層と，商工業や土木建築などの中小自営業者層およびそこでの従業者に大別される。人数的には後者が前者を大きく上回っている。前者は転勤を伴う職種であり，後者も経営の浮沈による内地―植民地間，あるいは植民地・勢力圏内の移動も多かったが，後者の中から現れる成功者は，居留地会や商業会議所などの日本人社会を支える組織の中で有力な位置を得，前者のエリート層とともに政治的影響力を形作っていった（柳沢 [1999]）。これら在留日本人の動向も，植民地・勢力圏との経済関係構築に際し，留意すべき構成要素のひとつとなった。

　これに対して，植民地出身で日本内地に在留している人数（「外地人」数）は，1920 年の最初の国勢調査によれば 4 万 2000 人ほどで，このうち在日朝鮮人は 4 万人余となっている。国勢調査前の在日朝鮮人数は，韓国併合により日本への渡航が自由化された 1910 年時点で 2600 人，それが 1915 年には 1 万 5106 人に急増した（西成田 [1997] 42 頁）。しかし朝鮮在留日本人の 30 万人には遠く及ばない。ちなみに，1920 年の在日外国人（外地人を除く）は 3 万 5000 人余であった。第 1 次世界大戦前の人の移動は，圧倒的に「出超」であり，日本内地で植民地からの

労働力吸収が本格的に進むのは，戦間期のことであった。

第7節　場としての地域社会

　以上，1880年代後半以降の経済発展の過程をみてきたが，経済活動の場としての地理的な空間は明示的には取り上げてこなかった。他方前章では，村と城下町によって編成された徳川期の経済空間の中から領域的な空間として「地域社会」が生成し，それが明治前期に「有産者秩序」を定着させる場となっていたことを指摘した。村，城下町，そして地域社会といった地理的空間が，経済活動の理解にとって実体的に意味をもっていたのである。では，明治の新たな経済発展に，地理的空間はどのような関わりを有していたのであろうか。本節では，近世の達成としての地域社会の経済活動との関わりを，地方財政および地方資産家の投資活動を中心にみていく。

1　地方自治体の成立と財政運営

▶経済発展の地理的分布

　はじめに明治の経済発展の地理的分布を，府県を単位として概観しておこう。戦前期の府県別県民所得の推定作業[28]によれば，表3-14にあるように，1890（明治23）年の粗付加価値の上位5府県の集中度は28.1％，それが1909（明治42）年には32.5％となった。47府県のバラつきの度合いを表す変動係数（標準偏差／平均値）は，1890年の0.693から1909年の0.873へ1.26倍の増加，製造業の粗付加価値に限れば1.172から1.484へ1.27倍の増加であった。明治の経済発展は，東京府，大阪府，兵庫県，愛知県，および福岡県（製造業では京都府）といった大都市を含む府県での経済活動の比重を高める方向にあったこと，また全国的にみても，経済活動の量的な拡大は地理的に不均等に進んでいたことが読み取れよう。しかし一方で，人口1人当たりの数値では，粗付加価値の変動係数は0.406から0.333へと低下し，製造業でも0.821から0.805へとわずかではあるが減少している。これは，経済活動の比重が高まる地域では，人口の伸び率も相対的に高かったことを意味している。事実，府県別人口の変動係数は上昇気味で，人口に関しても地域間の不均等な成長がみられたことがわかる。すなわち明治期においては，一定レヴェルでの地域特化とそれに応じた人口の移動と集積が生じる一方で，相対的に成長率の低い地域においても，人口に見合った地域経済の発展があった。

---

[28] 一橋大学経済研究所の戦前期日本県内総生産データベースによる。詳しくは袁・攝津・バッシーノ・深尾［2009］を参照。

表 3-14 府県別分布状況

	上位5府県集中度（%）		変動係数		
	1890年	1909年	1890年	1909年	1909/1890
（総数）					
府県別粗付加価値	28.1	32.5	0.693	0.873	1.26
府県別製造業粗付加価値	39.1	48.1	1.172	1.484	1.27
株式会社数	31.5*	32.7	0.800*	0.872	1.09
人口	17.8	18.5	0.366	0.431	1.18
（1人当たり）					
府県別粗付加価値			0.406	0.333	0.82
株式会社数			0.610*	0.520	0.85
府県別製造業粗付加価値			0.821	0.805	0.98
（上位5府県）	（年）	（1位）	（2位）	（3位）	（4位）	（5位）
府県別粗付加価値	1890	東京	大阪	兵庫	愛知	福岡
	1909	東京	大阪	兵庫	福岡	愛知
府県別製造業粗付加価値	1890	大阪	東京	愛知	京都	兵庫
	1909	東京	大阪	兵庫	愛知	京都

(注) *は1891年。株式会社のみ沖縄を除く46府県。
(出所) 一橋大学経済研究所『戦前期日本県内総生産データベース』より作成。
http://gcoe.ier.hit-u.ac.jp/research/database/data/industry_va.xls
株式会社は農商務大臣官房統計課編纂『農商務統計表』による。

1人当たり粗付加価値生産を県民所得と読み替えるならば，府県間の1人当たり所得は平準化の方向にあったのである．その背後には，地域社会の「自律性」があった．まずその制度的な基盤をみておこう．

▶ 地方自治体の制度的基盤

前章で述べたように，1888（明治21）年に制定・公布された市制・町村制（施行は1889年以降）は，旧町村の合併による財政規模の拡大を前提に，市町村を公法人格をもつ自治団体として公認するものであった．市町村の意思決定機関は議会（町村会，市会）であり，議会の議決を執行する機関が町村長ないしは市参事会（市長が議長で公選議員を含む）となる．議会構成員（議員）は一定の制限[29]の下，住民の公選によって選出され，議会が町村長ないしは市長候補[30]を決定した．ただし，町村会は2等級，市会は3等級に区分された等級選挙制がとられており，納税額の多い者の方が1票の価値が重かった[31]．府県・郡については，

---

[29] 25歳以上の男子で，当初は市町村が直接国税2円（ちなみに衆議院の場合は15円）を納める者に選挙権が与えられている．府県会は被選挙権が直接国税10円以上納入者，1899年の改正で直接選挙となった際の選挙権者は直接国税3円以上納入者であった．

[30] 市の場合，3名の市長候補が選出され，その中から内務大臣が任命した．なお，東京，大阪，京都は府の直轄下に置かれており，市制が適用されたのは1897年のことであった．

[31] たとえば2級選挙制では，選挙人全体の納税総額を2等分し，最高納税者から数えて納税額が

1890年の法制が府県会・郡会議員の複選制[32]を定めたが，1899年の改正で住民の直接選挙制に改められ，法人格も明確にされた。行政の執行はそれぞれ知事，郡長を議長とし公選議員等を構成員に加えた参事会が権限を握った。大日本帝国憲法の下で，中央政府は地方統治を自治体に委ねる姿勢を明確にしたといえる。

その一方で政府は，地方自治体の権限に大きな制約を課していた。そもそも府県・郡の首長は官選で，府県庁は府県会に対して，予算案不成立の際の原案執行権などの権限が認められていた。市町村でも，機関委任事務は，監督官庁の命令に従うことが義務づけられている。地方統治の官治的な性格が強調されることが多いのも，理由のないことではない（大島［1994］）。しかしここでは，地方制度の設計の中心にいた山県有朋が「一地方ノ公益」と「全国ノ公益」を区別し，「一村」「一郡」「一県」の「人民」がそれぞれの「公益ヲ進ムル事」を強調していたことを想起しよう。財政制度の側面から改めてこの点に注目した金澤史男は，機関委任事務にしろ，自治体独自の業務にしろ，ほとんど国からの財源付与が行われない明治の地方自治体は，財政的には中央政府から「遮断」されている点に特徴があるとした（金澤［2010］）。それは，負担の地方自治体への転嫁の側面を有すると同時に，地方財政の「自律性」の根拠ともなりうるものであった。支出と負担の関係が地方自治体内部で完結するならば，その財政運営は，住民の利害に直接関わる度合いが高くなることが想定されるからである。では地方財政は，「一地方」の「公益」および「全国ノ公益」とどのように関わっていたのだろうか。

▶ 地方財政の位置

公的支出における地方財政の量的比重の評価は，どこに基準を置くかで変わってくる。先の図3-13にみられるように，一般会計支出における中央政府と地方自治体（府県，郡，市町村，水利組合）の構成比は，1880年代半ば以降，ほぼ中央2に対して地方1で推移した。総額でみる限り，明治政府の中央集権的な財政構造の特質は明らかである。一方，中央政府内部では，日清戦後に軍事費割合の急増があり，最大で政府支出全体の35％超を占めるに至った。日露戦後になると，今度は国債費の割合が最大で政府一般会計支出全体の25％を占めることになる。軍事費と国債費を除いた政府行政費の中での地方政府の割合は，日清戦後期はほぼ50％で中央政府とほぼ同規模であり，1890年代前半や日露戦後期には，むしろ地方自治体の支出の方が多かった。地方政府の支出項目として大きいのは土木

総額の半分に達する者までを1級選挙人，その他を2級選挙人とし，それぞれに同数の議員定数を割り当てている。町村会では1921年まで，市会では1926年の普通選挙制導入まで等級制が続いた。

[32] 市会・町村会の構成員による選出と大地主（地価1万円以上）の互選による間接選挙。

図 3-16 土木費の財源

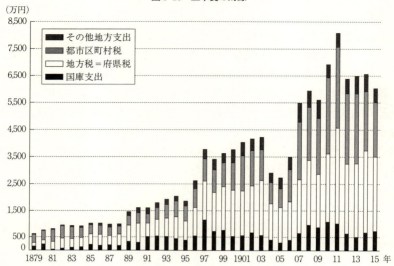

(注) 1885年は9カ月のデータ。「その他地方支出」には年次により協議費，篤志金，寄付金の区分がある。
(出所) 内閣統計局編纂『日本帝国統計年鑑』第7, 10, 16-21, 39回。

図 3-17 教育費の負担

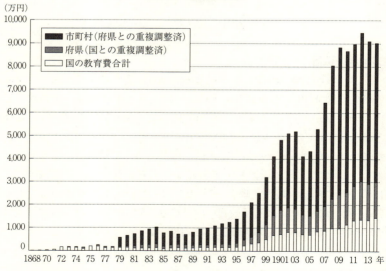

(注) 府県は「府県教育費」－「国と地方の重複」，市町村は「市町村教育費」－「府県との重複」として算出してあるため，府県と市町村の負担割合は，若干前者が過少，後者が過大となっている年次がある。
(出所) 江見・塩野谷［1966］第12表，196-201頁より作成。

228　第 3 章 「産業革命」と「在来的経済発展」

費と教育費で，両者合わせて地方の歳出のほぼ40〜50％を構成している。図3-16，図3-17にあるように，地方政府支出の合計額は，土木費では中央政府を含めた支出費全体の4分の3以上を占める年次も多く，教育費に関しては1880年代初頭以降，一貫してその8割以上を占めていた。1880年代半ば以降の日本のインフラ整備，教育拡充をおもに担ったのが，地方財政であったことは明確であった。

鳥瞰的な立場からはこれを，要請される公的支出の一定部分を，中央政府が地方財政に委ねた結果とする見方もありえよう。たとえば地方の教育費支出を，政府の教育政策の財政的肩代わりとする見方は，正鵠を射ている面がある。しかし，中央政府の意図がそこにあったとしても，財政面で中央政府から「遮断」されていた地方自治体は，なぜこれら財政支出を遂行・拡大し，その負担を容認したのであろうか。少なくとも府県会・市町村会には，それに抵抗する余地は与えられていた。実際，明治初年代から1890年代初頭の初期議会期まで，土木，教育，勧業費をめぐって府県知事と府県会はしばしば対立した。福島県会が，三島通庸知事の主導する三方道路開鑿事業に対する民党系議員の反対運動の場となったことは，自由民権運動史の文脈において著名な史実である。1880年代中葉のデフレも相まって，負担増大を嫌う地方住民，とくに担税者である地主層の反発により，府県会の焦点はもっぱら予算減額であった。

しかし，1880年代後半になると様相は変わり始める。たとえば先の福島県の道路開鑿が福島事件後まもなく，地元の要請で再開・完成されたように，道路整備の進展は各府県の土木費支出を増大させていく。府県が業務遂行の主体となり，独自財源の準備の上に，必要に応じて国庫補助金の導入を図ることが一般化した。工事案件の増大に伴い，土木費国庫補助金額も1890年代にかけ増加傾向にある（長妻［2001］）。山梨県では，災害復旧・河川改修案が県会で認められるようになり，さらに県道の改修，里道の県道編入，鉄道と村落を結ぶ「停車場道路」の県費支弁など，補助を求める声が県会にひしめくこととなった。府県立学校無用論に立脚した教育費支出への抵抗も1890年代には様変わりし，日清戦争後には府県立の中等学校新設の要求が一般化していく。土木費・教育費は，1890年代には削減対象から増額要求の対象へと変わっていたのである。府県会は事業実施の可否・規模をめぐり，府県当局と府県会議員，ないしは地域利害を背景とした府県会議員相互間の論戦の場となった（有泉［1980］）。

教育費支出については，地方財政からの支出総額の60〜70％を負担した市町村の財政行動をみよう。1890年の改正小学校令は，学校の設置・運営の主体を町村合併後の新町村に設定するとともに，学校教育の状況を視察・指導する「郡

視学」を各郡に1人置くこととし、小学校の施設・教員の水準向上を促した。1900年の改正では原則として授業料が廃止され、1907年改正は、義務教育年限を4年から6年に延長した（実施は1908年）。学事は地方自治体への機関委任事務とされているから、これらの改正が、町村財政への教育費増額強制として作用した面があったことは否定されない。しかしそれを受け止める町村側にも、教育費支出を容認する素地は芽生えていた。長野県五加村を対象とした実証研究によれば、学事は村の予算において、1890年代の早い時期から支出増大に対する賛成が得られた項目であった。その背景として、就学督促も相まって就学率が上昇し、就学を当然視する見方が村内で醸成されていたことがあげられている。

　教育に対する村内の期待は、1897年の高等科の設置や1902年の実業補習学校の小学校への併設にも現れていた。土方苑子は、初等教育後の村の教育欲求には、中等学校から高等教育への進学を展望するいわゆる「立身出世」のルートへの参加とともに、行政村の指導層に値する、実業の知識や見識の獲得があったことを指摘している。小学校高等科が教育期間として村内で高い権威を保っていたこと、実業補習学校など、上級学校とは繋がらない乙種の教育機関の設置にも行政村からの資金が投じられていたことは、それを裏づけている（土方 [1994]）。村内最上層以外は直接的には無縁であった「立身出世」とは別に、村内にとどまるより広い階層に教育の価値の内面化が進行していたことは、教育費支出増大の起動力となりうるものであった。教育費が町村財政支出に占める比率の全国平均は、1890年代の30％余から1900年代には40％へ、そして義務教育年限が6年に延長された1907年改正後には50％弱に上った。教育費支出の増大の基底には、機関委任事務の処理にとどまらない、町村行政の能動的な対応が含まれていたのである。

2　地域社会と資産家・名望家

▶ 主体としての「地域」

　このように、地方自治体の財政行動には、支出増大への志向性が1890年代初めから含まれていた。それは減税と緊縮財政による「民力休養」が叫ばれる帝国議会における民党の主張とは異なるものであるとともに、そこに自治体構成員の直接の利害が反映していると考えられる点で、明治政府の富国強兵路線ともその出自を異とするものであったと考えられる。同様の志向性は、交通インフラの整備においても現れている。

　第4節で述べたように、1892年の第3議会で鉄道敷設法が制定され、第1期の官設鉄道敷設計画9路線（中央、北陸、北越、奥羽、山陽、九州、舞鶴、和歌山、陰

陽連絡線）が決定された。これによって各地に官設鉄道の期待が高まるとともに，比較線における路線候補沿線や，第1期線に漏れた地域で，活発な鉄道招致運動が展開されることとなった。この鉄道招致活動は，日清戦後の好況期には私有鉄道の敷設出願へと転換し，戦後恐慌による私鉄計画挫折後には，再び官設鉄道の着工速成要求として展開する。1906年の国有化後もこの動きは，より政治的な要素を強めつつ引き継がれていった。

　このような政府への鉄道敷設の働きかけは，中央政界における政治過程とも関連することになり，地方自治体による土木費国庫補助金獲得運動などとともに，近代日本の中央―地方関係を特徴づけるいわゆる「地方利益誘導」の始動として理解されている（有泉［1980］，松下［2005］）。注目されるのは，そこから「利益噴出」の主体，あるいは中央政府の「利益誘導」の客体として，経済的な利害を共有する「地域」の実在が浮かび上がってくることである。土木補助金獲得の主体となる地方自治体や，利害を共有する経済主体が地理的に近接する産業集積地（産地など）は，その構成要素のひとつである。しかし，鉄道招致運動の地理的範囲の広がりによっても示されているように，「地域」はそれらの個々の構成要素に還元されるわけではない。選挙区のような政治的な単位も意味をもってくる。必ずしも地理的に同一ではないこれらの範囲を構成要素のひとつとして組み込みつつ，政治・経済的な利害を共有する空間として認識されることが，「地域」を主体として成り立たせることになった。前章で述べたように幕末・維新期には，近世村を越える領域的な空間が，共通の利害を背景に領主の支配機構から相対的に自立した管理・運営の単位――地域社会――として立ち現れ，明治の地方自治制の基盤ともなっていた。それが，複層的な経済発展の過程の中で，人々の経済行動に影響を与える「場」としても機能するようになったのである。この「地域」と経済との関わりは，以下でみるように投資活動の局面にも現れていた。

▶ 投資行動と地域

　松方デフレ後の1880年代後半から90年代が，いわゆる企業勃興期と称され，会社形態をとった企業の本格的な生成の時期であったことは，第1節でも触れた。ここで注目するのは，企業勃興の地理的分布である。1896年の会社企業数の府県別分布は，上位11府県をとっても52%程度の集中度で，会社企業の存在が一部の地域に限られたものではなかったことがわかる。資本金額では東京・大阪・兵庫の上位3府県の合計で全体の57%に達していたが，摂津・河内・和泉が，幕末・維新期には在方（あるいは農村）経済の研究対象地域であったことを想起すれば，大阪・兵庫の会社企業の勃興は，その少なからぬ部分が大都市部以外でのそれとして捉えられる側面を有していた。また，会社企業の資本金の

50% は資本金 50 万～60 万円以下の会社によって占められていたことも判明する。この 50 万円前後の会社は，紡績企業でいえば大阪紡のような中核的企業ではなく，たとえば岡山紡績，倉敷紡績，堺紡績等の，いわゆる地方中規模紡績のレヴェルであった（谷本・阿部 [1995]）。1891 年から 1909 年にかけて株式会社数が 2180 社から 4817 社に増加する中，先の表 3-14 にみたように，会社設立の地理的分布の偏りを表わす変動係数はわずかに上昇したのみであり，人口の集積を勘案した府県別 1 人当たり株式会社数では，変動係数が明確に低下している。日本の企業勃興は，大都市の一部における企業設立の試みではなく，地方における広範な企業設立現象でもあったのである。

　では企業勃興の広がりは，誰が担っていたものであったのか。1901 年に新潟新聞社によって刊行された『富之越後』は，1900 年の新潟県下の主要資産家 250 名余について，それぞれの株式所有内訳を掲載しており，個々人の株式投資のパターンを推測することができる。所有株式を分散させ，かつ投資の中心に中央大企業[33]の株式保有を置く投資家と，特定企業へ株式所有を集中させ，かつ，所有株式の当該企業総株式中のシェアが高い投資家の 2 つのパターンがまず目につくが，それは第 3 節で述べたように，前者がレントナー的，後者は企業家的な投資行動といってよいだろう。新潟企業への投資としては，まずはこの企業家的投資家の存在が重要となる。しかしそれに加えて，特定の新潟企業に対し投資を集中する傾向があるにもかかわらず，当該企業の実際の経営活動への関与の度合いは弱い，企業側からみれば，事業を資金的に支えてくれる「金主＝後援者」的な投資家が，企業の所在地と同じ郡ないしは隣接する郡に存在していたことが注目される。この類型の投資行動を行う資産家は，人数的には 6 割を占めて最も多く，金額ベースでも全体の 31% の比重をもっていた（谷本 [1998b]）。「地域」における利害共有をベースに，あえて相対的に高いリスク負担に臨む資産家層の投資行動によって，企業勃興の地域的な広がりは支えられる面があったのである。第 3 節の「投資家社会」をめぐる議論の中で指摘した「地方名望家」的投資行動は，このような投資パターンが念頭に置かれている。

　「地域」の資産家層の機能は，地方財政の面でも指摘できる。前述のように国家財政から「遮断」された地方財政が固有の財源とするのは地方税であったが，間接税である酒税・消費税の割合を急速に高めつつある中央財政とは対照的に，府県は一貫して地租付加税が 4～5 割で最も比重が重く，それに 2 割台の府県税戸数割が続いた。町村では戸数割（戸数割付加税ないしは戸別割）が租税収入の 6

33 ここでは日本，九州，山陽，関西，北海道炭礦の幹線鉄道や日本郵船の株式を指す。

～7割を占めている。戸数割は無産者にも賦課対象が拡大されるため，地租と比べてその大衆課税性や逆進性が指摘されることも多いが，地方自治体の裁量で賦課基準が決まるこの時期の戸数割は，資産を反映する「見立て」によって個々の世帯が等級化されることが通例であって，等級に応じた1戸当たりの賦課額は，それぞれの地方自治体内でも大きな格差があった。たとえば福島県川俣町の事例では，町内全戸平均で算出した1戸当たり戸数割負担額に対して，その5倍以上を支払う「上層」が全賦課額の約50％を負担し，中でも20倍以上を負担する「最上層」の支払い額が，1900年代を通じて戸数割総額の20％弱から25％程度へと上昇していた（山内［1995］）。土地所有規模に比例する地租付加税とともに，資産家層の納税額が地方税総額に対して高い割合を占めていたことは否定されないであろう。地方財政の基盤は，事実上，資産家の担税力に依拠する面が大きかったのである。

▶ **担い手としての資産家・名望家**

このように，新たな経済発展下の地域社会において担税者，投資家，そして地方利益の唱道者として枢要な位置を占めていたのが一定規模の財産を有する資産家であった。地域社会において影響力をもった資産家層の活動状況については，1980～90年代の自治体史編纂事業をひとつの画期として，本格的な史料調査をもとに比較的豊富な事例が提出されている。江戸崎町史編纂事業の過程で調査が進んだ関口八兵衛家も，その一例である。

関口家は，近世中期以降，醬油醸造業によって資産を蓄積し，明治初年頃には醸造高が2000石余に達する有力醸造家で茨城県では十指に数えられる資産家であった。その当主12代関口八兵衛は，1880年代に入ると家業の醬油醸造で外国輸出や内外の博覧会への積極的な出品活動（内国勧業博覧会やパリ万国博覧会への出品）を行うとともに，ビールやソース，煉瓦の製造を始め，霞ヶ浦水運を利用する為替回漕会社も設立した。株主・出資者として，利根運河会社などにも出資している。一方，社会的，政治的な領域における活動も活発で，前代の11代八兵衛が鳩崎学校世話役を任ぜられ，12代八兵衛は1881年に鳩崎・古渡・佐倉村の連合戸長に就任し，さらに学務委員も兼ねるようになった。1883年には鳩崎小学校建築に際して敷地1反余（10アール余）と500円を寄付した。さらに当主八兵衛は改進党に入党し，1889年に江戸崎を中心に創刊された改進党系の『常総雑誌』に対して，資金提供を行っていた。そして，1890年の第1回衆議院議員選挙に出馬し，茨城6区唯一の議員に選出されるのである（谷本［1996］）。

先ほどの1900年前後の新潟県株式投資家の中にも，そうした資産家像の具体的イメージを伝える人物には事欠かない。前述の「金主＝後援者」の類型に含ま

れた松田周平（新潟県古志郡）の場合，所有株では地元の宝田石油会社の株式が最も多く，総投資額の 42% を占めていた。松田はこの宝田石油の役員に就任するのであるが，事実上の創業者である山田又七によれば，松田の役員就任は，宝田石油側からのたっての依頼に基づくものであった。山田は，松田の「名望家」としての名声が，企業の社会的信用の獲得に繋がると判断していたからである。実際松田周平は，地域の振興を掲げて 1880 年に結成された誠之社の創立委員であり，社会的な活動と企業投資との関連性がうかがわれる。誠之社の中心メンバーの山口権三郎は，1885 年に殖産協会を起こし，さらに 1890 年代には北越鉄道設立運動に主宰者として関与し，改進党から衆議院議員選挙にも出馬した（谷本・阿部［1995］）。

　社会的活動を担うものが，経済的には資産家の地位を有することは通例であろう。「支配」の類型のひとつとして「名望家支配」を論じたマックス・ウェーバーは，「名望家」の要件として経済的地位を有し，かつ「余暇があること」を挙げ，「この余暇を最高度にもっているのは，あらゆる種類のレンテ生活者 Rentner」すなわち利子生活者とした（ウェーバー［1970（1956）］189 頁）。この場合，経済的活動は「名望家」的行動を可能とする基盤として位置づけられている。これに対して，上記の資産家は先述のようにレンテ生活者（レントナー）とは区別されうる投資行動を行う資産家類型であり，事業活動と政治的・社会的活動は，必ずしも峻別された 2 つの領域ではなかった点に特徴がある。「新しい知識・機会」で事業活動を行うのが企業家であり，また「地域社会」との関わりで社会的な活動を行うのが名望家とすれば，上記で例示した資産家には，企業家・名望家の双方の要素が含まれていた。その 2 つが分離する場合には，企業家的資産家，名望家的資産家の 2 類型が顕在化することになる。レントナーに比してリスク耐性の高いこれらの資産家類型の存在が，地域の企業勃興を担い，また，地方財政を支えていたのである。

　それは，「有産者秩序」とも呼びうる，近世後期以来の「地域社会」が達成した社会編成の原理が，新たな経済発展の始動に際して示した対応のあり方であった。幕末以来の地域社会の出現は，関口家や山口ら新潟の資産家の社会的な活動を促すものであった。明治政府による中央集権化政策は，そのような「地域社会」を相互に比較可能な，平準化された存在と位置づけることとなり，それが地域間の競争や，地域利害をあらわなものとして形成させる機能を果たした。そこに維新後の新たな経済機会の出現や経済変動が加わり，「地域社会」は「地域経済」を「地域社会」間の競争の主要な構成要素として意識に上らせるに至った。このように「地域経済」が地域社会の重要事項となったとき，地域経済への関与

が，それまでの利害調整や窮民救済といった機能のほかに，名望獲得の領域として出現する。それが地域在住の資産家に，地方財政を担い，企業設立リスクを負担し，地域振興を唱道する動機を与えていたと考えることができる[34]。いずれも官営であった郵便・電信・電話の通信事業が，三等郵便局制度，献納置局制度（電信），特設電話制度（電話）を導入し，全国へのサービスの普及を図っていたことは第4節で述べたが，そこでの設備資金の主たる提供者にも，地域の資産家は名を連ねていた。「地域社会」の論理を媒介することで，資産家は，1880年代後半以降の経済発展に能動的に関与することとなった。そこに，日本の経済発展のもつ，複層的な特質のひとつの局面が現れている。

▶ 日露戦後の変容──地方改良運動と都市化

日露戦後経営の中で，政府が「地方改良」を政策課題として強く意識する背景には，この「地域社会」の存在があった。1908年10月，政府は日露戦後の「国運発展」のために国民の一致協力を求め，天皇の名の下に「戊申詔書」を発布した。この「詔書」の精神を具体化する施策として，内務省・地方官は「地方改良事業」の推進を図っていくが，そこでの実質的な関心は地方財政問題であった。先にも述べたように，国債費を除く財政支出，とくに一般行政費における地方財政支出の比重の増大（1909～12年は中央を上回る）は顕著であったから，地方の財政基盤の強化が求められていたのである。その方策として，納税組合設置奨励といった徴税強化策や，勤倹貯蓄奨励による個々人の担税力の育成などが唱道された。より直接的な町村財政基盤の強化策としては，旧村（部落）の所有の下にある林野などの部落有財産を町村財政へ統合することが指示されている（宮地［1973］）。この施策は部落有林野統一問題として注目が集まったが，統一は必ずしも順調に進まず，統一されても町村財政への貢献は限定的であったから，増大する町村財政支出の主要な財源が地方税収入であったことは間違いない。事実，中央政府の税収が頭打ちとなっていたのとは対照的に，日露戦後の地方税収は一貫して増加傾向にあった。1908年の義務教育年限の6年への延長実施は，地方の担税者にとって重い負担となったのである。

日露戦後の地方財政では，都市財政の比重の増大にも触れておく必要がある。それは都市人口比率上昇の反映であるとともに，自治体としての都市が，都市化に伴うインフラストラクチャーの整備・運営に対して，財政支出を増大させていたことにもよっている。東京市，大阪市，京都市などでは水道に加えて電鉄，ガ

---

[34] 地域企業への投資については，このほかにも，多様な歴史的文脈と社会的背景がありうるだろう。三浦［2013］は，山口県宇部地域において，藩政時代から相互に繋がりのある資産家間の，宇部社会への貢献を掲げた「連帯的強制」による地域企業への投資行動を論じている。

ス，電気などの事業を市営事業として営み，使用料・手数料を財源とすることで財政規模を拡大した。また多くの市債発行がなされたことも特徴的である。日清戦後の外貨建て起債は1899年の神戸市（水道）および1902年の横浜（水道）と大阪（築港）に限られ，金額も邦貨で400万円余りであったが，日露戦後の1906年から1912年には，東京，横浜，大阪，名古屋，京都の各市が，水道，電気，ガス，軌道，港湾などの事業費の調達を理由に相次いで外国債発行に踏み切った。発行額は邦貨換算で1億7000万円を超えている（持田［1993］110頁）。外債手取金は，非募債主義に舵を切った中央政府にとって貴重な正貨獲得の手段として機能したから，政府は都市自治体の起債認可申請には好意的に応じた。都市自治体の財政拡大は，公営事業の拡大と，この新たな資金調達手段の出現の面で，租税負担増大の下にあった町村財政とは，異なる様相を呈し始めていた。

　これらの事実は，第1次世界大戦期を前にして，資産家層の「名望」と経済力を中核とした「地域社会」の存在，そしてそれが経済発展に関与する回路に変容が生じ始めていたことをうかがわせる。地方税負担の上昇は，資産家層の地域社会からの離脱の方向——たとえば旧来の地縁的関係の及ばない都市部への移動——を促す契機のひとつであった。地域に残る資産家も，国庫からの補助金要求を増大させる形で，それまでの遮断型の財政構造を掘り崩す動きを強めることとなった。1910年代末に始まる義務教育費国庫負担金増額運動はそのひとつの現れである（金澤［2010］）。それはまた，地方利益への対応によって勢力拡大を図る，政友会に代表される政党の政治行動が，本格的に中央—地方関係を媒介する時代の始まりでもあった。

　状況の変化は，資産家による地域に根差した事業活動の領域でも見て取れる。そもそも，「名望家」型資産家の関わった企業が企業成長を実現できずに，倒産あるいは被合併によって消滅しているケースは少なくない。しかし，地方紡績企業の被合併・吸収の多くが，工場レベルでは有力紡績会社傘下への移転を意味するように（阿部［1990］），そこに投じられた資金は，設備等のハードウェア，販売網等のソフトウェアに体現されて，企業発展の基盤として機能した。マクロ的には「金主＝後援者」は起業の初期リスクを担い，産業の定着に大きな役割を果たしたのである。しかし，「名望家」型資産家は必ずしも経営者として，あるいは企業の監視者としての人的資本を備えていたわけではなかった[35]。明治日本の金融機構を特徴づけた2000行を上回る群小の銀行の存在は，「名望家」型資産家も関与する地域密着型の金融機関の簇生を雄弁に表現していたが，しかし戦間期

---

35 持続的な企業成長に対する地方資産家の関与については，中村［2010］を参照。

には逆に，金融システム不安の元凶と目されるようになった[36]（高橋・森垣［1993/1968］，寺西［2003］）。その一方で，農村部には農事改良組織などを通じた耕作農民の社会的結合がみられるようになり，小作農も含めた新たな主体が，村政の担い手としても現れてくる（大門［1994］）。この「地域社会」を編成してきた有産者秩序の揺らぎは，第1次世界大戦期の好況と，そこでの都市―農村間の労働移動の活発化によって，さらに推し進められることとなった。それは，都市社会の成長とともに，複層的な経済発展の再編成を促すことになったのである。

おわりに

　日本経済は1880年代後半から新たな成長を開始した。開港および明治維新という大きな制度変革が，先進的な産業技術の導入可能性を生み出し，それを現実のものとする政府および民間諸主体の努力が，高い生産性を発揮する企業の勃興と成長を実現した。これを「産業革命」と呼ぶならば，日本の「産業革命」はたしかに徳川時代の経済発展のトレンド――在来的経済発展――からは大きく逸脱している。しかし明治の産業発展を支えたのは，これら移植産業だけではない。近世来の需要と技術基盤に立脚したいわゆる「在来産業」も，多くの場合，明治以降も着実に生産を増加させた。酒造や和装用の織物生産，陶磁器業などが，国内需要向けの消費財産業として大きな比重を占めていた。徳川期に奢侈品に近かった醬油が，造石高の伸長の中で都市，農村を通じて日常的に消費されるようになったのも明治以降のことであった。在来産業と移植産業の関係を，消費財生産（たとえば綿織物業）と中間財生産（たとえば綿糸紡績業）の分業・補完関係とするのも，このような事実に鑑みれば，ことの一端を捉えた見方といえよう（中村［1971］）。

　しかしここで注目したいのは，在来的経済発展が移植産業を含めた日本の経済発展総体に与えた影響である。本章ではそれを，とくに生産要素（労働と資本）の供給の局面において指摘した。農家から非農業部門への労働供給は，小農経営の労働力配分戦略に基礎づけられており，そこでは「近代工場」も，「周辺」的な雇用機会として位置づけられていた面が強い。それが「中核」の再生産の補完物として機能する限り，小農経営の論理を改変するものとはならなかった。また，在来的経済発展の中で資本を蓄積した各地の資産家が，企業家・名望家として起業リスクを負担し，資本糾合型の企業の勃興を支えた事実は，近世来の「自律

---

[36] 白鳥［2006］は，地域の自律性確保を主張する地方資産家・名望家が，戦間期の「地方金融の不安定性を一層助長した」とし，地方資産家・名望家の存在が，地方信用秩序の維持の点では「負の要素としての側面が強かった」（447頁）としている。

的」な地域社会が，資本供給の場ともなっていたことをうかがわせる。地域社会は，また，社会的なインフラ整備（土木・教育）の担い手でもあった。「近代工場」は必ずしも小農社会を編成する主体ではなかったし，資本市場のレントナーの論理だけでは，「産業革命」への資本供給には限界があった。在来的経済発展は，小農経営や地方資産家の再生産を支え，それらの経済行動を通じて産業革命のあり方にも影響を及ぼしたのである。近代日本経済の特質は，経済発展におけるこの「複層性」に起因していた。そこに揺らぎが生じるならば，それは人々の再生産のあり方に広範な影響を及ぼすことになる。次章では，経済成長の諸相とともに，複層的な経済発展の揺らぎとその影響，それに対する政府の対応についても目を配っていきたい。

第3章　参考文献

穐本洋哉［2015］『日本農業近代化の研究——近代稲作農業の発展論理』藤原書店．
阿部武司［1989］『日本における産地綿織物業の展開』東京大学出版会．
阿部武司［1990］「綿工業」西川俊作・阿部武司編『日本経済史4　産業化の時代（上）』岩波書店．
阿部武司［1992］「政商から財閥へ」法政大学産業情報センター・橋本寿朗・武田晴人編『日本経済の発展と企業集団』東京大学出版会．
天野郁夫編［1991］『学歴主義の社会史——丹波篠山にみる近代教育と生活世界』有信堂高文社．
有泉貞夫［1980］『明治政治史の基礎過程——地方政治状況史論』吉川弘文館．
有本寛・岡崎哲二・中林真幸［2006］「小作契約の選択と共同体」澤田康幸・園部哲史編『市場と経済発展——途上国における貧困削減に向けて』東洋経済新報社．
李昌玟［2015］『戦前期東アジアの情報化と経済発展——台湾と朝鮮における歴史的経験』東京大学出版会．
井奥成彦［2013］「萬三商店の醬油醸造経営と販売戦略」『社会経済史学』第79巻第1号．
井川克彦［1992］「製糸業とアメリカ市場」高村直助編著『企業勃興——日本資本主義の形成』ミネルヴァ書房．
石井寛治［1972］『日本蚕糸業史分析——日本産業革命研究序論』東京大学出版会．
石井寛治［1975］「金融構造」大石嘉一郎編『日本産業革命の研究——確立期日本資本主義の再生産構造　上』東京大学出版会。
石井寛治［1976］「日清戦後経営」朝尾直弘ほか編『岩波講座・日本歴史第16巻　近代3』岩波書店．
石井寛治［1986］「国内市場の形成と展開」山口和雄・石井寛治編『近代日本の商品流通』東京大学出版会．
石井寛治［1994］『情報・通信の社会史——近代日本の情報化と市場化』有斐閣．
石井寛治［1999］『近代日本金融史序説』東京大学出版会．
石井寛治［2012］『帝国主義日本の対外戦略』名古屋大学出版会．
石井寛治・中西聡編［2006］『産業化と商家経営——米穀肥料商廣海家の近世・近代』名古屋大学出版会．
市原博［1997］『炭鉱の労働社会史——日本の伝統的労働・社会秩序と管理』多賀出版．
伊藤繁［1982］「戦前期日本の都市成長　上」『日本労働協会雑誌』第24巻第7号．
井上洋一郎［1990］『日本近代造船業の展開』ミネルヴァ書房．
今泉飛鳥［2008］「産業集積の肯定的効果と集積内工場の特徴——明治後期の東京府における機械関連工業を対象に」『歴史と経済』第51巻第1号．
伊牟田敏充［1976a］『明治期株式会社分析序説——講義用テキスト』法政大学出版局．

伊牟田敏充［1976b］『明治期金融構造分析序説——講義用テキスト』法政大学出版局。
伊牟田敏充［1980］「日本金融構造の再編成と地方銀行」朝倉孝吉編『両大戦間期における金融構造——地方銀行を中心として』御茶の水書房。
ウェーバー，マックス（世良晃志郎訳）［1970］『支配の諸類型——経済と社会第1部第3章—第4章』創文社（原著は Max Weber［1956］ *Wirtschaft und Gesellschaft: Grundriss der verstehenden Soziologie, vierte, neu herausgegebene Auflage, besorgt von Johannes Winckelmann, erster Teil, Kapitel III, IV*〔s. 122–180〕．）
牛島利明・阿部武司［1996］「綿業」西川俊作・尾高煌之助・斎藤修編『日本経済の 200 年』日本評論社。
梅村又次ほか［1966］『長期経済統計 9　農林業』東洋経済新報社。
梅村又次ほか［1988］『長期経済統計 2　労働力』東洋経済新報社。
運輸経済研究センター・近代日本輸送史研究会編［1979］『近代日本輸送史——論考・年表・統計』成山堂書店。
江頭恒治［1965］『近江商人中井家の研究』雄山閣。
江見康一・塩野谷祐一［1966］『長期経済統計 7　財政支出』東洋経済新報社。
大石嘉一郎［1965］「日本における『産業資本確立期』について」『社会科学研究』（東京大学）第 16 巻第 4・5 号合併号。
大石嘉一郎［1975］「労働力群の構成」大石嘉一郎編『日本産業革命の研究——確立期日本資本主義の再生産構造　下』東京大学出版会。
大内力［1962］『日本経済論　上』東京大学出版会。
大門正克［1994］『近代日本と農村社会——農民世界の変容と国家』日本経済評論社。
大川一司［1962］『日本経済分析——成長と構造』春秋社。
大川一司ほか［1967］『長期経済統計 8　物価』東洋経済新報社。
大川一司ほか［1974］『長期経済統計 1　国民所得』東洋経済新報社。
大島朋剛［2007］「明治期における清酒流通の構造変化とその担い手」『歴史と経済』第 49 巻第 2 号。
大島美津子［1994］『明治国家と地域社会』岩波書店。
太田敏兄［1958］『農民経済の発展構造——最近 30 年間における農民経済構造の分析』明治大学出版部。
大豆生田稔［1993］『近代日本の食糧政策——対外依存米穀供給構造の変容』ミネルヴァ書房。
大豆生田稔［2007］『お米と食の近代史』吉川弘文館。
大森一宏［2008］『森村市左衛門——通商立国日本の担い手』日本経済評論社。
大森一宏［2015］『近現代日本の地場産業と組織化——輸出陶磁器業の事例を中心として』日本経済評論社。
岡崎哲二［1993］『日本の工業化と鉄鋼産業——経済発展の比較制度分析』東京大学出版会。
岡崎哲二［1997］『工業化の軌跡——経済大国前夜』読売新聞社。
岡本隆司［2004］『属国と自主のあいだ——近代清韓関係と東アジアの命運』名古屋大学出版会。
荻野喜弘［1993］『筑豊炭鉱労資関係史』九州大学出版会。
荻山正浩［1999］「産業化の開始と家事使用人——大阪府泉南地方の一商家の事例を中心として」『社会経済史学』第 64 巻第 5 号。
尾関学［2015］『戦前期農村の消費——概念と構造』御茶の水書房。
尾高煌之助［1995］「余剰の捌け口——戦前期女中の経済分析序章」『社会科学研究』（東京大学）第 47 巻第 1 号。
籠谷直人［2000］『アジア国際通商秩序と近代日本』名古屋大学出版会。
ガーシェンクロン，アレクサンダー（絵所秀紀・雨宮昭彦ほか訳）［2005］『後発工業国の経済史——キャッチアップ型工業化論』ミネルヴァ書房。（原著は Alexander Gerschenkron［1962, 1968］*Selection of Essays from Economic Backwardness In Historical Perspective and Continuity In History & Other Essays*, Belknap Press of Harvard University.）

粕谷誠［2002］『豪商の明治——三井家の家業再編過程の分析』名古屋大学出版会.
片岡豊［2006］『鉄道企業と証券市場』日本経済評論社.
勝部眞人［2002］『明治農政と技術革新』吉川弘文館.
金澤史男［2010］『自治と分権の歴史的文脈』青木書店.
金子文夫［1991］『近代日本における対満州投資の研究』近藤出版社.
上條宏之［1986］「ポール・ブリュナ——器械製糸技術の独創的移植者」永原慶二・山口啓二編『講座・日本技術の社会史別巻2　人物篇　近代』日本評論社.
神山恒雄［1995］『明治経済政策史の研究』塙書房.
神山恒雄［2000］「財政政策と金融構造」石井寛治・原朗・武田晴人編『日本経済史2　産業革命期』東京大学出版会.
加用信文監修［1958］『日本農業基礎統計』財団法人農林水産業生産性向上会議.
加用信文監修・農林統計研究会編［1983］『都道府県農業基礎統計』財団法人農林統計協会.
川口由彦［1998］『日本近代法制史』新世社.
川越俊彦［1993］「農地改革」香西泰・寺西重郎編『戦後日本の経済改革——市場と政府』東京大学出版会.
神立春樹［1974］『明治期農村織物業の展開』東京大学出版会.
神林龍［2001］「等級賃金制度と工女登録制度——製糸工女労働市場の成立」岡崎哲二編『取引制度の経済史』東京大学出版会.
菊池城司［2003］『近代日本の教育機会と社会階層』東京大学出版会.
北浦貴士［2014］『企業統治と会計行動——電力会社における利害調整メカニズムの歴史的展開』東京大学出版会.
木村健二［1989］『在朝日本人の社会史』未來社.
木村健二［1990］「近代日本の移民・植民活動と中間層」『歴史学研究』第613号.
木村健二［1993］「近代日本の移植民研究における諸論点」『歴史評論』第513号.
清川雪彦［1987］「綿紡績業における技術選択——ミュール紡機からリング紡機へ」南亮進・清川雪彦編『日本の工業化と技術発展』東洋経済新報社.
清川雪彦［1995］『日本の経済発展と技術普及』東洋経済新報社.
キンモンス, E. H.（広田照幸ほか訳）［1995］『立身出世の社会史——サムライからサラリーマンへ』玉川大学出版部.（原著は Earl H. Kinmonth [1981] *The Self-Made Man in Meiji Japanese Thought: From Samurai to Salary Man*, University of California Press.）
久保文克［1997］『植民地企業経営史論——「準国策会社」の実証的研究』日本経済評論社.
小風秀雅［1995］『帝国主義下の日本海運——国際競争と対外自立』山川出版社.
後藤新一［1970］『日本の金融統計』東洋経済新報社.
斎藤修［1988］「人口変動における西と東——幕末から明治へ」尾高煌之助・山本有造編『幕末・明治の日本経済』日本経済新聞社.
斎藤修［1992］「直系家族世帯と労働市場——日本の比較史的位置」『歴史学研究』第638号.
斎藤修［1998］『賃金と労働と生活水準——日本経済史における18-20世紀』岩波書店.
斎藤修［2002］『江戸と大阪——近代日本の都市起源』NTT出版.
斎藤修［2009］「友部謙一著『前工業化期日本の農家経済——主体均衡と市場経済』——土地貸借市場としての地主小作関係：友部仮説の検討」『経済史研究』第12号.
坂根嘉弘［1999］「日本における地主小作関係の特質」『農業史研究』第33号.
坂根嘉弘［2011］『日本伝統社会と経済発展——家と村』農山漁村文化協会.
佐々木淳［2006］『アジアの工業化と日本——機械織りの生産組織と労働』晃洋書房.
佐藤常雄［1987］『日本稲作の展開と構造——坪刈帳の史的分析』吉川弘文館.
佐藤正広［1985］「明治『近代』法制の導入と伝統的農村慣習法——家産所有と家長権の事例研究」『社会経済史学』第50巻第5号.
沢井実［1990］「機械工業」西川俊作・阿部武司編『日本経済史4　産業化の時代　上』岩波書店.

篠原三代平［1972］『長期経済統計10　鉱工業』東洋経済新報社。
島田昌和［2007］『渋沢栄一の企業者活動の研究――戦前期企業システムの創出と出資者経営者の役割』日本経済評論社。
白鳥圭志［2006］『両大戦間期における銀行合同政策の展開』八朔社。
末永國紀［1997］『近代近江商人経営史論』有斐閣。
杉原薫［1996］『アジア間貿易の形成と構造』ミネルヴァ書房。
杉山和雄・川上忠雄［1965］「近代的信用制度の発展」楫西光速編『日本経済史大系6　近代　下』東京大学出版会。
杉山伸也［1989］「19世紀後半期における東アジア精糖市場の構造――香港精糖業の発展と日本市場」速水融・斎藤修・杉山伸也編『徳川社会からの展望――発展・構造・国際関係』同文舘出版。
杉山伸也［1990］「情報革命」西川俊作・山本有造編『日本経済史5　産業化の時代　下』岩波書店。
鈴木邦夫［1981］「見込み商売についての覚書――1890年代から1910年代の三井物産」『三井文庫論叢』第15号。
鈴木淳［1996］『明治の機械工業――その生成と展開』ミネルヴァ書房。
鈴木淳［2000］「重工業・鉱山業の資本蓄積」石井寛治・原朗・武田晴人編『日本経済史2　産業革命期』東京大学出版会。
鈴木恒夫・小早川洋一・和田一夫［2009］『企業家ネットワークの形成と展開――データベースからみた近代日本の地域経済』名古屋大学出版会。
隅谷三喜男［1964］『日本の労働問題』東京大学出版会。
隅谷三喜男［1966］『日本の歴史22　大日本帝国の試練』中央公論社。
隅谷三喜男［1968］『日本石炭産業分析』岩波書店。
園田英弘・濱名篤・廣田照幸［1995］『士族の歴史社会学的研究――武士の近代』名古屋大学出版会。
高橋亀吉・森垣淑［1993/1968］『昭和金融恐慌史』講談社。
高橋泰隆［1995］『日本植民地鉄道史論――台湾・朝鮮・満州・華北・華中鉄道の経営史的研究』日本経済評論社。
高村直助［1971］『日本紡績業史序説　上』塙書房。
高村直助［1992］「筑豊炭鉱業の台頭」」高村直助編著『企業勃興――日本資本主義の形成』ミネルヴァ書房。
高村直助［1996］『会社の誕生』吉川弘文館。
竹内壮一［1983］「近代製糸業への移行」永原慶二・山口啓二編『講座・日本技術の社会史第3巻　紡織』日本評論社。
竹内常善［1975］「我国における問屋制解体の一断面」『商学論集』（福島大学）第43巻第4号。
竹内常善［1975・1976］「都市型中小工業の問屋制的再編についてⅠ・Ⅱ・Ⅲ」『政経論叢』（広島大学）第25巻第1号，第25巻第2号，第26巻第2号。
竹内常善［1979］「都市型中小工業の農村工業化事例――大阪府の貝釦生産を中心に」『経済論叢』（広島大学）第2巻第3・4号，第3巻第1号。
竹内　洋［1997］『立身出世主義――近代日本のロマンと欲望』日本放送出版協会。
武田晴人［1987］『日本産銅業史』東京大学出版会。
武田晴人［2005a］「産業構造と金融構造」歴史学研究会・日本史研究会編『日本史講座　第8巻　近代の成立』東京大学出版会。
武田晴人［2005b］「産業革命期の需要構造と産業構造――『日本史講座第8巻第6章〔産業構造と金融構造〕補論1』」『経済学論集』（東京大学）第71巻第3号。
谷本雅之［1995］「近代日本における"在来的"経済発展と"工業化"――商人・中小経営・名望家」『歴史評論』第539号。
谷本雅之［1996］「関口八兵衛・直太郎――醤油醸造と地方企業家・名望家」竹内常善・阿部武司・沢井実編『近代日本における企業家の諸系譜』大阪大学出版会。
谷本雅之［1998a］『日本における在来的経済発展と織物業――市場形成と家族経済』名古屋大学出

版会.

谷本雅之［1998b］「日本における"地域工業化"と投資活動——企業勃興期：地方資産家の行動をめぐって」『社会経済史学』第 64 巻第 1 号.

谷本雅之［2000］「在来産業の変容と展開」石井寛治・原朗・武田晴人編『日本経済史 1　幕末維新期』東京大学出版会.

谷本雅之［2002］「近代日本の都市『小経営』——『東京市市勢調査』を素材として」中村隆英・藤井信幸編『都市化と在来産業』日本経済評論社.

谷本雅之［2009］「経営主体の連続と非連続」宮本又郎・粕谷誠編『講座・日本経営史 1　経営史・江戸の経験 1600-1882』ミネルヴァ書房.

谷本雅之［2016］「日常生活における家事労働の役割——もう一つの消費史として」ペネロピ・フランクス，ジャネット・ハンター編（中村尚史・谷本雅之監訳）『歴史のなかの消費者——日本における消費と暮らし 1850-2000』法政大学出版局. （原著は Penelope Francks and Janet Hunter eds. ［2012］ *The Historical Consumer: Consumption and Everyday Life in Japan, 1850-2000*, Palgrave Macmillan.）

谷本雅之・阿部武司［1995］「企業勃興と近代経営・在来経営」宮本又郎・阿部武司編『日本経営史 2　経営革新と工業化』岩波書店.

玉真之介［1994］『農家と農地の経済学——産業化ビジョンを超えて』農山漁村文化協会.

田村均［2004］『ファッションの社会経済史——在来織物業の技術革新と流行市場』日本経済評論社.

角山栄［1990］「日本の工業化とアジア——川勝平太氏のテーゼをめぐって」『経済学論究』（関西学院大学）第 44 巻第 2 号.

靎見誠良［1991］『日本信用機構の確立——日本銀行と金融市場』有斐閣.

靎見誠良［2010］「明治中期＝市場勃興期における株式会社の資金調達(1)　ストック分析」『経済志林』第 77 巻第 4 号.

靎見誠良［2012］「明治中期＝市場勃興期における株式会社の資金調達(2)　フロー分析」『経済志林』第 79 巻第 3 号.

寺西重郎［1982］『日本の経済発展と金融』岩波書店.

寺西重郎［2003］『日本の経済システム』岩波書店.

寺西重郎［2011］『戦前期日本の金融システム』岩波書店.

暉峻衆三［1970］『日本農業問題の展開　上』東京大学出版会.

東京市役所編［1909］『東京市市勢調査原表　明治 41 年』.

東條由紀彦［1990］『製糸同盟の女工登録制度——日本近代の変容と女工の「人格」』東京大学出版会.

東洋経済新報社編［1926］『明治大正財政詳覧』東洋経済新報社.

徳永光俊［1997］『日本農法史研究——畑と田の再結合のために』農山漁村文化協会.

友部謙一［2007］『前工業化期日本の農家経済——主体均衡と市場経済』有斐閣.

豊岡村研究会編［1977］『善治日誌——山形県庄内平野における一農民の日誌　明治 26-昭和 9 年』東京大学出版会.

中岡哲郎［2006］『日本近代技術の形成——「伝統」と「近代」のダイナミクス』朝日新聞社.

長岡新吉［1971］『明治恐慌史序説』東京大学出版会.

中川清［1985］『日本の都市下層』勁草書房.

長妻廣至［2001］『補助金の社会史——近代日本における成立過程』人文書院.

中西聡・二谷智子［2016］「家計史料からみた消費生活の変容」ペネロピ・フランクス，ジャネット・ハンター編（中村尚史・谷本雅之監訳）『歴史のなかの消費者——日本における消費と暮らし 1850-2000』法政大学出版局（原著は Penelope Francks and Janet Hunter eds. ［2012］ *The Historical Consumer: Consumption and Everyday Life in Japan, 1850-2000*, Palgrave Macmillan）.

中西洋［2003］『日本近代化の基礎過程　下——長崎造船所とその労資関係：1855～1903 年』東京大学出版会.

中西僚太郎［1988］「明治末期の食料消費量——茨城県の場合」尾高煌之助・山本有造編『幕末・明治の日本経済』日本経済新聞社。
中林真幸［2003］『近代資本主義の組織——製糸業の発展における取引の統治と生産構造』東京大学出版会。
中林真幸［2006］「日本資本主義論争—制度と構造の発見」杉山伸也編『岩波講座・「帝国」日本の学知 第 2 巻『帝国』の経済学』岩波書店。
永原慶二・中村政則・西田美昭・松元宏［1972］『日本地主制の構成と段階』東京大学出版会。
中村隆英［1971］『戦前期日本経済成長の分析』岩波書店。
中村隆英［1985］『明治大正期の経済』東京大学出版会。
中村隆英・有田富美子［1992］「東京における卸売物価指数の一推計——1830〜1936 年」『人文・社会科学論集』（東洋英和女学院大学）第 5 号。
中村尚史［1998］『日本鉄道業の形成——1869〜1894 年』日本経済評論社。
中村尚史［2010］『地方からの産業革命——日本における企業勃興の原動力』名古屋大学出版会。
中村政則［1979］『近代日本地主制史研究——資本主義と地主制』東京大学出版会。
並木正吉［1955］「農家人口の戦後 10 年」『農業総合研究』第 9 巻第 4 号。
成田一江［2000］「寄宿舎制度と製糸工女——郡是の事例（1920-1921）」『比較社会文化研究』（九州大学）第 8 号。
西成田豊［1988］『近代日本労資関係史の研究』東京大学出版会。
西成田豊［1997］『在日朝鮮人の「世界」と「帝国」国家』東京大学出版会。
西村卓［1997］『「老農時代」の技術と思想——近代日本農事改良史研究』ミネルヴァ書房。
日本経営史研究所編［2015］『国分三百年史』国分株式会社。
日本電信電話公社電信電話事業史編集委員会編［1960］『電信電話事業史 別巻』電気通信協会。
二村一夫［1988］『足尾暴動の史的分析——鉱山労働者の社会史』東京大学出版会。
農商務省鉱山局編『本邦鉱業一斑』。
農商務省商工局工務課工場調査掛編［1903］『職工事情』（犬丸義一校訂『職工事情』上・中・下，岩波書店，1998 年）。
農商務省農務局［1913］『農事統計：農会調査』。
農商務省農務局編［1925］『五十町歩以上ノ耕地ヲ所有スル大地主ニ関スル調査』大日本農会。
野田正穂［1980］『日本証券市場成立史——明治期の鉄道と株式会社金融』有斐閣。
野田正穂・原田勝正・青木栄一・老川慶喜編［1986］『日本の鉄道——成立と展開』日本経済評論社。
能地清［1980］「日清・日露戦後経営と対外財政 1896〜1913——在外政府資金を中心に」『経済学研究』（東京大学）第 23 号。
間宏［1964］『日本労務管理史研究——経営家族主義の形成と展開』ダイヤモンド社。
橋野知子［2007］『経済発展と産地・市場・制度——明治期絹織物業の進化とダイナミズム』ミネルヴァ書房。
浜下武志［1990］『近代中国の国際的契機——朝貢貿易システムと近代アジア』東京大学出版会。
林玲子編［1990］『醬油醸造業史の研究』吉川弘文館。
速水佑次郎［1973］『日本農業の成長過程』創文社。
ハンター，ジャネット（阿部武司・谷本雅之監訳）［2008］『日本の工業化と女性労働——戦前期の繊維産業』有斐閣。（原著は Janet Hunter [2003] *Women and the Labour Market in Japan's Industrialising Economy: The Textile Industry before the Pacific War*, Routledge Curzon.）
坂野潤治［1971］『明治憲法体制の確立——富国強兵と民力休養』東京大学出版会。
土方苑子［1994］『近代日本の学校と地域社会——村の子供はどう生きたか』東京大学出版会。
兵藤釗［1971］『日本における労資関係の展開』東京大学出版会。
平本厚［1979］「航海・造船両奨励法と造船市場の形成——両奨励法の意義と限界」東北大学『研究年報・経済学』第 41 巻第 1 号。
平本厚［1985a］「合資岡谷製糸会社の成立——諏訪巨大製糸資本の形成(1)」『研究年報・経済学』

（東北大学）第 47 巻第 2 号.
平本厚［1985b］「合資岡谷製糸会社の資本蓄積――諏訪巨大製糸資本の形成(2)」『研究年報・経済学』（東北大学）第 47 巻第 3 号.
福島正夫［1967］『日本資本主義と「家」制度』東京大学出版会.
藤井信幸［1998］『テレコムの経済史――近代日本の電信電話』勁草書房.
藤井信幸［2005］『通信と地域社会』日本経済評論社.
フランクス，ペネロピ［2016］「着物ファッション――消費者と戦前期日本における繊維産業の成長」ペネロピ・フランクス，ジャネット・ハンター編（中村尚史・谷本雅之監訳）『歴史のなかの消費者――日本における消費と暮らし 1850-2000』法政大学出版局.（原著は Penelope Francks and Janet Hunter eds.［2012］*The Historical Consumer: Consumption and Everyday Life in Japan, 1850-2000*, Palgrave Macmillan.）
古島敏雄編［1958］『日本地主制史研究』岩波書店.
古田和子［2000］『上海ネットワークと近代東アジア』東京大学出版会.
法政大学産業情報センター・橋本寿朗・武田晴人編［1992］『日本経済の発展と企業集団』東京大学出版会.
堀和生［2009］『東アジア資本主義史論 1――形成・構造・展開』ミネルヴァ書房.
松下孝昭［2005］『鉄道建設と地方政治』日本経済評論社.
松村敏［1992］『戦間期日本蚕糸業史研究――片倉製糸を中心に』東京大学出版会.
松村敏［1999］「大正中期，諏訪製糸業における女工生活史の一断面」『商経論叢』（神奈川大学）第 35 巻第 2 号.
三浦壮［2013］「戦間期日本における鉱業資本家と地方工業化の展開――山口県宇部地域における株主の投資行動と所得構造を事例として」『社会経済史学』第 78 巻第 4 号.
三井文庫編［1980］『三井事業史 本篇第 3 巻 上』三井文庫.
南亮進［1970］『日本経済の転換点――労働の過剰から不足へ』創文社.
南亮進・石井正・牧野文夫［1982］「技術普及の諸条件――力織機の場合」『経済研究』（一橋大学）第 33 巻第 4 号.
宮地英敏［2005］「明治期日本における『専門商社』の活躍――森村組を事例として」『企業家研究』第 2 号.
宮地英敏［2008］『近代日本の陶磁器業――産業発展と生産組織の複層性』名古屋大学出版会.
宮地正人［1973］『日露戦後政治史の研究――帝国主義形成期の都市と農村』東京大学出版会.
宮本又郎［1990］「産業化と会社制度の発展」西川俊作・阿部武司編『日本経済史 4 産業化の時代 上』岩波書店.
三和良一・原朗編［2007］『近現代日本経済史要覧』東京大学出版会.
村上勝彦［1975］「植民地」大石嘉一郎編『日本産業革命の研究――確立期日本資本主義の再生産構造 下』東京大学出版会.
村上勝彦［2000］「貿易の拡大と資本の輸入」石井寛治・原朗・武田晴人編『日本経済史 2 産業革命期』東京大学出版会.
室山義正［1984］『近代日本の軍事と財政――海軍拡張をめぐる政策形成過程』東京大学出版会.
持田信樹［1993］『都市財政の研究』東京大学出版会.
森川英正［1978］『日本財閥史』教育社.
森川英正［1981］『日本経営史』日本経済新聞社.
森本真世［2013］「労働市場と労働組織――筑豊炭鉱業における直接雇用の確立」中林真幸編『日本経済の長い近代化――統治と市場，そして組織 1600〜1970』名古屋大学出版会.
文部省編［1972］『学制百年史 資料編』帝国地方行政学会.
谷ケ城秀吉［2012］『帝国日本の流通ネットワーク――流通機構の変容と市場の形成』日本経済評論社.
八木宏典［1990］「農業」西川俊作・阿部武司編『日本経済史 4 産業化の時代 上』岩波書店.

安岡重明［1970］『財閥形成史の研究』ミネルヴァ書房。
安場保吉［1980］『経済成長論』筑摩書房。
柳沢遊［1999］『日本人の植民地経験——大連日本人商工業者の歴史』青木書店。
山内太［1995］「日露戦後期における地域振興策とその性格——福島県伊達郡川俣町を事例として」『土地制度史学』第 37 巻第 3 号。
山口和雄編［1970］『日本産業金融史研究——紡績金融篇』東京大学出版会。
山口和雄編［1974］『日本産業金融史研究——織物金融篇』東京大学出版会。
山崎広明［1987］「日本商社史の論理」『社会科学研究』（東京大学）第 39 巻第 4 号。
山澤逸平・山本有造［1979］『長期経済統計 14　貿易と国際収支』東洋経済新報社。
山田盛太郎［1934］『日本資本主義分析——日本資本主義における再生産過程把握』岩波書店。
山本弘文編［1986］『交通・運輸の発達と技術革新——歴史的考察』国際連合大学・東京大学出版会。
袁堂軍・攝津斉彦・ジャン゠パスカル゠バッシーノ・深尾京司［2009］「戦前期日本の県内総生産と産業構造」『経済研究』（一橋大学）第 60 巻第 2 号。
結城武延［2012］「資本市場と企業統治——近代日本の綿紡績企業における成長戦略」『社会経済史学』第 78 巻第 3 号。
郵政省編［1971］『郵政百年史資料』第 30 巻，吉川弘文館。
行沢健三・前田昇三［1978］『日本貿易の長期統計——貿易構造史研究の基礎作業』同朋社。
若林幸男［2007］『三井物産人事政策史 1876〜1931 年——情報交通教育インフラと職員組織』ミネルヴァ書房。
綿谷赳夫［1959］「日本資本主義の発展と農民の階層分解」東畑精一・宇野弘蔵編『日本資本主義と農業』岩波書店。

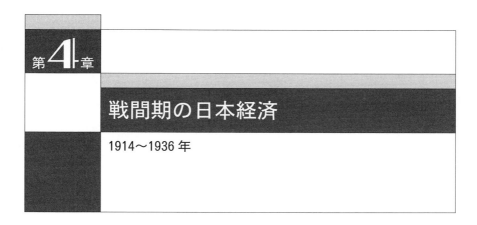

第4章 戦間期の日本経済

1914〜1936年

はじめに

　1912年に5000万人を突破した国内人口はその後も着実に増加を続け，20年に5596万人，30年に6445万人，36年に7011万人に達した。一方，朝鮮・台湾の人口も年々増加して，朝鮮は20年の1729万人（うち日本人35万人）から36年の2205万人（61万人），台湾は20年の376万人（17万人）から36年の545万人（28万人）に増加した（後掲表4-12（1）参照）。戦間期の日本帝国ではこれだけの人口増加を可能にする経済活動が営まれたのである。

　産業別有業者数をみた表4-1にあるように最大の就業部門である農林業のウェイトは男女ともに着実に低下し，男子の構成比は1910年の54％から35年の39％に低下した。一方，男子の第3次産業は24％から34％，第2次産業は19％から25％にそれぞれ上昇した。後に重化学工業化のプロセスや工業の先端部門での変化について検討するが，その前に戦間期の有業者構成において第1次産業が大きな割合を占めていたこと，農業の構成比低下は主として商業や接客業を中心とする第3次産業の拡大によってもたらされ，工業の割合は男子で1910年の13％から35年の18％，女子で13％から14％の上昇にとどまっていた点を確認しておきたい。戦間期の工業化が農村と農業のあり方を変化させる一方で，農村と農業の動向が工業化の担い手たちに大きな影響を与えていた点を念頭に置く必要がある。

　また民間工業部門の規模別従業者数をみた表4-2に示されているように，戦間期における工業化の到達点ともいうべき1935年に至っても，従業者数200人以上の大工場で働く人々は全体の27％にとどまり，29人以下の小零細工場に就業

表 4-1　産業別有業者数の推移

(単位：1,000人，％)

	実人員						構成比					
	1910	1915	1920	1925	1930	1935	1910	1915	1920	1925	1930	1935
総計	15,361	16,200	16,936	17,912	19,030	20,202	100.0	100.0	100.0	100.0	100.0	100.0
第1次産業計	8,784	8,723	8,300	8,059	8,269	8,341	57.2	53.8	49.0	45.0	43.5	41.3
農林業	8,228	8,191	7,783	7,566	7,735	7,809	53.6	50.6	46.0	42.2	40.6	38.7
漁業・製塩業	556	532	517	493	535	532	3.6	3.3	3.1	2.8	2.8	2.6
第2次産業計	2,904	3,476	4,123	4,496	4,650	5,068	18.9	21.5	24.3	25.1	24.4	25.1
鉱業	185	258	320	249	271	279	1.2	1.6	1.9	1.4	1.4	1.4
土木建築業	668	769	774	907	987	981	4.3	4.7	4.6	5.1	5.2	4.9
工業	2,012	2,396	2,944	3,203	3,275	3,688	13.1	14.8	17.4	17.9	17.2	18.3
窯業等	144	171	152	149	150	155	0.9	1.1	0.9	0.8	0.8	0.8
金属	273	347	442	400	374	374	1.8	2.1	2.6	2.2	2.0	1.9
機械器具	150	214	363	455	497	727	1.0	1.3	2.1	2.5	2.6	3.6
化学	65	79	124	135	147	210	0.4	0.5	0.7	0.8	0.8	1.0
紡織	265	291	415	466	492	510	1.7	1.8	2.5	2.6	2.6	2.5
被服身廻品	234	296	277	290	305	323	1.5	1.8	1.6	1.6	1.6	1.6
木竹類	424	459	537	576	584	630	2.8	2.8	3.2	3.2	3.1	3.1
飲食料品	309	343	392	484	434	412	2.0	2.1	2.3	2.7	2.3	2.0
その他工業	148	196	242	248	292	347	1.0	1.2	1.4	1.4	1.5	1.7
ガス・電気・水道	39	54	86	137	119	119	0.3	0.3	0.5	0.8	0.6	0.6
第3次産業計	3,673	4,001	4,513	5,358	6,111	6,793	23.9	24.7	26.6	29.9	32.1	33.6
商業	1,923	2,186	2,240	2,352	2,849	3,094	12.5	13.5	13.2	13.1	15.0	15.3
交通業	690	722	993	1,061	1,071	1,100	4.5	4.5	5.9	5.9	5.6	5.4
陸海軍	133	113	250	215	275	436	0.9	0.7	1.5	1.2	1.4	2.2
教育	188	188	191	237	269	290	1.2	1.2	1.1	1.3	1.4	1.4
その他公務・自由業	610	632	647	784	888	1,040	4.0	3.9	3.8	4.4	4.7	5.1
家事使用人	49	60	71	77	92	41	0.3	0.4	0.4	0.4	0.5	0.2
その他	80	99	121	632	667	792	0.5	0.6	0.7	3.5	3.5	3.9
接客業				371	438	533				2.1	2.3	2.6
総計	9,906	9,923	10,270	10,389	10,604	11,443	100.0	100.0	100.0	100.0	100.0	100.0
第1次産業計	6,524	6,389	6,424	6,322	6,453	6,658	65.9	64.4	62.6	60.9	60.9	58.2
農林業	6,449	6,332	6,381	6,274	6,396	6,594	65.1	63.8	62.1	60.4	60.4	57.6
漁業・製塩業	75	57	43	49	56	63	0.8	0.6	0.4	0.5	0.5	0.6
第2次産業計	1,358	1,369	1,735	1,609	1,516	1,627	13.7	13.8	16.9	15.5	14.3	14.2
鉱業	46	70	103	52	45	19	0.5	0.7	1.0	0.5	0.4	0.2
土木建築業	8	10	17	14	9	16	0.1	0.1	0.2	0.1	0.1	0.1
工業	1,303	1,287	1,611	1,538	1,459	1,591	13.2	13.0	15.7	14.8	13.8	13.9
窯業等	23	27	36	24	28	31	0.2	0.3	0.4	0.2	0.3	0.3
金属	16	16	22	19	17	14	0.2	0.2	0.2	0.2	0.2	0.1
機械器具	10	9	26	14	18	26	0.1	0.1	0.3	0.1	0.2	0.2
化学	17	25	38	26	34	38	0.2	0.3	0.4	0.3	0.3	0.3
紡織	758	723	951	934	934	1,031	7.7	7.3	9.3	9.0	8.8	9.0

被服身廻品	162	178	181	198	174	207	1.6	1.8	1.8	1.9	1.6	1.8
木竹類	123	113	131	101	69	69	1.2	1.1	1.3	1.0	0.7	0.6
飲食料品	150	148	162	170	137	121	1.5	1.5	1.6	1.6	1.3	1.1
その他工業	44	48	64	52	48	54	0.4	0.5	0.6	0.5	0.5	0.5
ガス・電気・水道	2	2	4	5	4	1	0.0	0.0	0.0	0.0	0.0	0.0
第3次産業計	2,024	2,165	2,111	2,457	2,635	3,159	20.4	21.8	20.6	23.7	24.9	27.6
商業	987	1,039	1,139	742	767	812	10.0	10.5	11.1	7.1	7.2	7.1
交通業	38	45	70	83	87	97	0.4	0.5	0.7	0.8	0.8	0.8
陸海軍					6	11					0.1	0.1
教育	83	86	105	121	120	110	0.8	0.9	1.0	1.2	1.1	1.0
その他公務・自由業	106	130	155	198	202	232	1.1	1.3	1.5	1.9	1.9	2.0
家事使用人	736	788	584	660	710	935	7.4	7.9	5.7	6.4	6.7	8.2
その他	74	77	58	653	743	962	0.7	0.8	0.6	6.3	7.0	8.4
接客業				601	704	936				5.8	6.6	8.2

(注) 1) 上段は男子，下段は女子。
    2) 1925年以降の「その他公務・自由業」は，官公吏＋サービス業（除く教育・家事使用人）。
    3) 1920年までは年央現在，25年以降は10月1日現在。
(出所) 梅村ほか［1988］204-215頁。

表4-2 規模別製造業従業者数（1935年）

(単位：人，％)

	1〜4人	5〜9人	10〜29人	30〜49人	50〜99人	100〜199人	200人以上	小計
金　属	66,427	34,329	61,761	28,168	32,532	24,422	127,875	375,514
機械器具	85,277	49,681	81,658	42,063	45,269	42,656	264,872	611,476
化　学	85,851	24,667	45,963	26,861	37,471	41,648	164,069	426,530
窯　業	59,394	24,697	26,141	17,043	21,910	21,054	36,169	206,408
紡　織	376,940	145,379	195,077	110,870	140,790	142,475	631,132	1,742,663
食料品	269,289	116,688	82,060	22,361	26,688	16,004	18,177	551,267
製材木製品	168,157	47,238	44,085	17,824	17,416	8,350	6,514	309,584
印刷製本	67,358	28,419	30,766	12,325	11,917	8,598	15,921	175,304
その他工業	158,973	27,147	28,541	12,775	11,809	8,844	13,249	261,338
計	1,337,666	498,245	596,052	290,290	345,802	314,051	1,277,978	4,660,084
金　属	17.7	9.1	16.4	7.5	8.7	6.5	34.1	100.0
機械器具	13.9	8.1	13.4	6.9	7.4	7.0	43.3	100.0
化　学	20.1	5.8	10.8	6.3	8.8	9.8	38.5	100.0
窯　業	28.8	12.0	12.7	8.3	10.6	10.2	17.5	100.0
紡　織	21.6	8.3	11.2	6.4	8.1	8.2	36.2	100.0
食料品	48.8	21.2	14.9	4.1	4.8	2.9	3.3	100.0
製材木製品	54.3	15.3	14.2	5.8	5.6	2.7	2.1	100.0
印刷製本	38.4	16.2	17.6	7.0	6.8	4.9	9.1	100.0
その他工業	60.8	10.4	10.9	4.9	4.5	3.4	5.1	100.0
計	28.7	10.7	12.8	6.2	7.4	6.7	27.4	100.0

(注) 1) 官公営事業は除く。また機械器具は航空機工業を含まない。
    2) 上段は実人数，下段は構成比。
(出所) 梅村ほか［1988］244-256頁。

する人の割合が52%に達した。もちろん規模別分布は産業によって様相を異にし，大工場のウエイトは機械器具工業では43%，化学工業では39%に達し，逆に食料品工業では小零細工場就業者の割合が85%にも及んだ。

以下では戦間期における日本経済のダイナミズムについて考えていくが，そうした動きが農業が大きな比重を占める社会で生起したこと，また有業者人口の2割に満たない工業諸部門では小零細工場で働く人々が全体の約半分を占めたことの重みを忘れないようにしたい。

第1節　国際経済関係とマクロ経済

1　第1次世界大戦期

▶大戦ブーム

1914年7月の第1次世界大戦勃発の報に接した井上馨は新たな事態の出現を「大正新時代ノ天佑」と称したが，たしかに経常収支の恒常的な赤字に苦しんでいた日本経済にとって第1次世界大戦は大きな転換点となった。表4-3にあるように1915年を境に経常収支は大幅黒字に転換し，その勢いは19年まで続いた。戦前の債務国は一転して純債権国となり，日本は国債購入という形でヨーロッパ各国に資本輸出を行う一方，中国に対しては寺内正毅内閣の下で西原借款が実施された（戦間期の対外金融については，伊藤［1989］参照）。また租税等によって市場から吸収された財政資金約19億円を使って政府による在外正貨の買い取りも実施されたが，買い取り分だけ通貨膨張が抑制されるという意味でこの正貨政策には物価抑制の意図も込められていた（武田［2002］）。

ヨーロッパ主要国が軍需生産に追われて，輸出余力を低下させた結果，アジア市場は激しい供給不足に陥り，日本はアジア市場への輸出を拡大した。日本はまたロシア，イギリスなどのヨーロッパの連合国に対して軍需品，食料品などを中心に輸出を伸張させ，さらに日本同様にヨーロッパに対する輸出によって大戦ブームを謳歌していたアメリカに対しても生糸を中心に輸出を増大させた。一方世界的な船舶不足が海運業に空前の活況をもたらし，それが造船業の発展を刺激し，リーディング・インダストリーとしての造船業の急成長が機械工業，鉄鋼業に対して大きな需要を喚起するという好循環が生まれた。

世界各地域に輸出を拡大させた日本であったが，他方でヨーロッパおよびアメリカからの輸入減少・途絶が日本経済に甚大な影響を与えた。輸入制約に直面した日本経済は「強制された輸入代替」を進めるしかなかったが，資本財の国内生

表 4-3　国際収支の推移

(単位：100 万円)

年次	貿易収支			貿易外収支	経常収支	資本収支	貨幣用金収支	金銀移動	在外正貨増減
	輸出	輸入	差引						
1907	452	512	−60	67	7	−57	−50	−10	−40
08	399	461	−62	−1	−63	7	−56	15	−71
09	437	431	6	−3	3	70	73	74	−1
1910	502	521	−19	−67	−86	88	2	−5	8
11	523	581	−58	−46	−104	−11	−115	−9	−106
12	618	684	−66	−42	−108	84	−24	−8	−17
13	717	795	−78	−17	−95	112	17	−15	32
14	671	671	0	−9	−9	−33	−42	−9	−34
1915	793	636	157	74	231	−71	160	−7	167
16	1,252	884	368	267	635	−438	197	90	108
17	1,793	1,201	592	385	977	−570	407	249	157
18	2,177	1,902	275	576	851	−349	502	10	492
19	2,444	2,501	−57	454	397	136	533	325	208
1920	2,267	2,682	−415	372	−43	186	143	424	−281
21	1,503	1,941	−438	206	−232	172	−60	147	−207
22	1,885	2,216	−331	171	−160	−77	−237	3	−240
23	1,699	2,394	−695	174	−521	351	−170	1	−171
24	2,121	2,972	−851	204	−647	536	−111	8	−119
1925	2,687	3,109	−422	178	−244	157	−87	−19	−68
26	2,432	2,923	−491	156	−335	281	−54	−27	−27
27	2,399	2,714	−315	189	−126	45	−81	−36	−44
28	2,425	2,747	−322	190	−132	62	−70	3	−72
29	2,621	2,766	−145	223	78	65	143	3	141
1930	1,888	2,006	−118	158	40	−436	−396	−274	−121
31	1,491	1,686	−195	114	−81	−335	−416	−371	−46
32	1,820	1,936	−116	158	42	−120	−78	−103	24
33	2,367	2,464	−97	147	50	−131	−81	−8	−74
34	2,813	2,970	−157	170	13	0	13	22	−9
1935	3,292	3,272	20	219	239	−259	−20	−19	−1
36	3,604	3,641	−37	273	236	−207	29	28	1
37	4,205	4,766	−561	12	−549	−319	−868	−867	−1

(出所)　山澤・山本［1979］222-226 頁。

産は容易でなく，機械類の入手難が設備投資を制約し，価格上昇を加速させた。その結果，表 4-4 に示されているように輸出主導の成長として開始された「大戦ブーム」は価格景気的様相を深めることになった（橋本［1984］第 1 章，［1996］）。

▶ バブル経済から 1920 年恐慌へ

　1917 年にはロシア革命が起こり，極東地域では連合国によるシベリア出兵が行われた。英米の要請を受けた日本政府は 18 年 8 月 2 日にシベリア出兵を宣言するが，これを一因として米騒動が全国に波及した。一方，設備投資に強い制約

表 4-4　経済成長率への寄与度

(単位：%)

年次	実質 GNP	個人消費支出	政府経常支出	固定資本形成		輸出と海外からの所得	輸入と海外への所得（控除）
				政府	民間		
1910	6.48	3.45	0.19	2.11	0.54	1.55	1.20	0.46
11	1.12	−1.04	1.08	3.09	0.97	2.14	0.29	2.30
12	0.06	2.15	−1.24	−1.42	−0.49	−0.95	1.16	0.59
13	0.93	2.54	−0.80	0.33	−0.13	0.47	1.09	2.24
14	0.75	−2.18	0.69	−0.31	0.06	−0.40	−0.19	−2.74
1915	5.78	4.66	0.52	−1.19	−0.72	−0.45	3.08	1.29
16	8.28	4.54	−0.45	0.89	−1.00	1.89	3.14	−0.15
17	8.97	3.55	0.21	3.75	−0.10	3.83	2.63	1.17
18	8.63	4.26	0.71	4.37	0.18	4.20	1.33	2.04
19	5.00	6.85	1.58	2.24	1.47	0.77	−3.10	2.58
1920	−0.46	−1.14	0.28	1.63	1.42	0.23	−1.61	−0.37
21	6.40	4.96	0.11	1.56	4.89	−3.32	−0.82	−0.60
22	−2.65	4.66	0.61	−2.21	−0.87	−1.34	0.55	6.26
23	−4.56	1.43	−0.14	−4.21	−1.53	−2.69	−1.26	0.38
24	3.23	1.82	0.14	1.50	−0.78	2.29	2.44	2.67
1925	5.79	1.70	−0.97	1.48	1.15	0.33	2.02	−1.55
26	0.75	1.19	0.64	0.92	0.38	0.56	0.88	2.89
27	3.37	2.42	1.80	0.46	0.23	0.24	1.59	2.90
28	6.46	2.43	2.26	−0.21	0.32	−0.51	0.96	−1.02
29	0.45	−0.54	−0.45	0.99	0.01	0.98	1.40	0.95
1930	1.07	0.36	−0.41	−0.54	−0.41	−0.10	0.19	−1.47
31	0.43	1.76	2.67	−1.70	0.18	−1.90	0.83	3.14
32	4.42	−1.16	1.00	0.75	1.76	−0.86	3.12	−0.71
33	10.08	5.20	1.33	1.81	0.14	1.67	1.07	−0.68
34	8.72	4.66	−0.71	2.43	−0.22	2.61	5.06	2.73
1935	5.42	−0.05	0.26	2.30	0.49	1.73	3.62	0.70
36	2.16	1.80	0.15	1.11	0.24	0.88	0.62	1.52
37	6.32	3.50	1.64	4.09	2.49	1.10	0.53	3.44

(出所)　大川ほか [1974] 213, 218-221 頁。

があったため投資資金は株式，商品などの投機的取引に集中し，大戦ブームは1918年11月の第1次世界大戦終結に伴う「休戦反動」をはさんで19年春以降になると「大正バブル」の発現へと続いた。しかし同年3月には朝鮮全土で3.1独立運動（万歳事件）が拡がり，5月には北京の学生を中心として5.4運動が展開された。1919年は大正バブルの年であると同時に東アジアの政治的枠組みが激しく揺さぶられた年でもあった。

　1917年9月に金輸出を禁止していたアメリカが19年7月に金本位制に復帰したため正貨流入の途が開かれ，日本銀行の正貨準備の急増，日銀券発行高の激増が投機を加熱させた。これに対して政府は10月と11月に公定歩合を引き上げ，

綿糸の輸出許可制などを実施したものの，1920年3月15日の東京株式市場の大暴落，4月7日の増田ビルブローカー銀行の破綻，銀行取り付けの続出と続いた。1920年恐慌の勃発である。こうした事態に対して政府は大規模な救済融資を実施し，恐慌の収束を図った。恐慌の影響は同年秋には一段落するが，低生産性企業，不良企業（「ゾンビ企業」）が温存されることとなり，1920年代の日本経済に大きな問題を残すことになった。

2　1920年代

▶ 長期の景気低迷

表4-4にあるように，第1次世界大戦期とは違って1920年代には経済成長が持続することはなく，基本的には長期の景気低迷が続くことになった。とくに輸出の寄与度の小ささが目立った。表4-3に明らかなように，1920年代には23年の関東大震災の影響を別としても大幅な入超が続いた。20年代に入ってヨーロッパの工業製品が日本を含むアジア市場に復帰し，とりわけベルサイユ講和条約によって巨額の賠償金を課されたドイツは外貨獲得のために輸出圧力を高めた。

最大の輸出品のひとつである生糸はアメリカの好況に牽引されて量的には拡大したものの，人絹（レーヨン）の登場によって価格面では低迷を余儀なくされ，綿製品もアジア市場では銀貨の傾向的低落による購買力低下に規定されて価格下落が続いた。海運不況，ワシントン軍縮条約，アメリカからの古船輸入などによって基軸産業である造船業が不振に陥り，それが鉄鋼，機械需要を制約するといった第1次世界大戦期とは逆の悪循環が日本経済を支配した（沢井［2013b］第2章）。

しかし一方で1920年代の後半になると都市化の進展に支えられて電力需要が順調に増加し，電気機械工業などの新産業の台頭を促した。また公共投資の増加が建設需要の増大，鉄鋼需要の増加をもたらし，電力，電動機の普及が中小企業の技術革新，たとえば力織機の導入を助長し，輸出競争力の強化に貢献するといった面もみられた。

1920年代の輸出不振の背景には大戦前と比較して3割程度の円高となった実質為替レートの動きがあった。実質為替レート高の根本要因は，第1次世界大戦期に蓄積された国内外の正貨であった。実質為替レート高は大幅な経常収支赤字を発生させた（表4-3）。本来ならばこうした事態は円為替レートの低下あるいは正貨流出による貨幣供給の減少および物価下落をもたらすはずであったが，経常収支赤字は現実には政府・日銀所有の在外正貨の払い下げによって決済されたため，大幅な経常収支赤字にもかかわらず，国内の貨幣供給の減少はみられず，国

内物価とくに非貿易財価格が割高に維持される結果となった（岡崎［1997］第2章）。ただし1925〜27年には農産物価格が急落し，その下げ幅は昭和恐慌期にも匹敵するほどであり，これが20年代半ばの景気下降を増幅した点にも留意する必要がある（原［1987］）。

全要素生産性指数をみると，明治末期まではほぼ並行していた農業と工業（含む公益事業）の動きが1920年代以降は工業の生産性が急激に上昇するのに対して農業の伸びはきわめて緩慢であった。農工間に生産性格差が生じると，他の事情が不変であれば，農産物の価格は上昇し，農工間の交易条件（農産物価格／工産物価格）は農業に有利化（上昇）するはずであった。しかし1920年代後半には農工間の交易条件は悪化した。農工間価格の「シェーレ」が指摘された所以である。農産物需要の低迷に規定された農産物価格の下落は農家所得の低迷をもたらし，それがまた内需の不振に繋がるという悪循環がみられたのである（尾高［1989］）。

▶ 在外正貨の枯渇と金融恐慌

第1次世界大戦期に蓄積された在外正貨の意義はこれだけにとどまらなかった。政府は通貨準備から除かれた保有在外正貨を為替銀行に払い下げることによって，日銀預金（円資金）の形で自由に引き出せる財源を確保し，積極財政運営の自由度を高めることができた。しかし入超が続く中で在外正貨は枯渇し，1924年からは在内正貨の現送が計画され，民間企業・自治体発行外債の手取り金買い上げによる正貨補充が実施された（武田［2002］）。

1927年春には金融恐慌が発生した。その結果，預金は大銀行と郵便貯金に逃避し，銀行業における5大銀行の地位が確立する。1920年代前半には高金利が続いたが，後半に入ると利子率は低下しはじめ，金融恐慌を画期に下げ幅を早めた。普通銀行数は1926年末の1420行から28年末の1031行，30年末の782行へと大きく減少した。金融恐慌によって不良債権が整理され，金利低下が投資環境を好転させ，長年の懸案であった金解禁政策実施の条件が整った。

3 1930年代

▶ 昭和恐慌

金解禁は1929年7月に成立した民政党の浜口雄幸内閣によって実施された。大蔵大臣に起用された井上準之助は前年度予算を1割削減した30年度予算案を編成し，1930年1月から金解禁を実施した。しかし1929年10月24日のニューヨーク株式市場での株価大暴落（暗黒の木曜日）に端を発する世界大恐慌（Great Depression）が始まっていた。表4-4にあるように，田中義一内閣の積極財政を反映した政府経常支出増加に支えられて1927, 28年に相対的な高成長を記録し

た後，29〜31年の3カ年は低成長が続いた。ただしGNPデフレータの動きをみると，26年以降マイナスを続け，30年は11.5%，31年は10.2%と2桁台のデフレが生じ，プラスに転じるのは33年以降であった。昭和恐慌期になって長年続いた経常収支赤字が解消し，一方で30年以降大幅な資本収支の赤字が生じるが（表4-3参照），これは金解禁による円高を期待して流入した外資の引き上げ，「ドル買い」行動を反映したものであった（岡崎［1997］第2章）。

▶ 高橋財政の展開

1931年9月18日には関東軍によって満洲事変が引き起こされ，21日にはイギリスが金本位制を離脱した。政府・日銀は公定歩合を段階的に引き上げ，資金コストを上昇させることでドル買い投機を失敗させようとした。この円をめぐる攻防戦は12月に閣内不一致で浜口内閣が倒れることで終結し，首相に就任した犬養毅は大蔵大臣に高橋是清を起用した。高橋蔵相はただちに金輸出の再禁止を断行し，以後「高橋財政」と呼ばれることになる為替レート・財政・金融に関するポリシー・ミックスを展開した（高橋財政の詳細については，三和［2003］第9章参照）。まず金本位制離脱後円為替レートの低下は放任され，実質為替レートの割高問題が一挙に解決した。1932年には個人消費が減少する中で輸出が貢献した結果，4.4%の経済成長が達成された（表4-4）。また同年には政府固定資本形成も久しぶりに大きく寄与しているが，これは満洲事変，上海事変による軍備拡張を反映したものであった。しかし軍事費の増加は1回限りの刺激策とみなすべきものであり，軍需主導の景気回復ではなかった。

高橋は財政支出を積極的に拡大した。時局匡救費という名称の景気対策費が支出され，主として公共事業に投じられた。財政赤字は大量の国債発行によって補塡され，国債は日銀が引き受けた。一方で1932年には3次にわたる公定歩合の引き下げが実施され，低金利政策が強力に展開された。高橋のこの巧みなポリシー・ミックスによって1933，34年には個人消費と民間設備投資の伸びに支えられて，日本経済は高成長を達成することができた。低為替の維持と32年の関税改正によって輸入品価格が上昇したため海外からの競争圧力が大きく低下し，景気拡大に伴って重工業を中心とした「内部循環的生産拡大」が実現された（橋本［1984］第5章）。

世界各国が世界大恐慌に苦しむ中で日本およびドイツの早期の景気回復は際立っていた。しかし高橋財政下の景気回復はいくつもの難問を抱えていた。工業諸部門と比較して農村の不況は長期化した（農村不況の実態については，猪俣［1982］参照）。

第2節　経済政策の展開

1 政策決定の特質

▶ 政治家の魂をもった官僚

　一般には，経済的基礎過程に大きく制約された経済的・経済外的諸利害および利害意識に規定されながら，議会において決定された政策は行政機関において執行され，その政策結果・効果が次の利害関係・意識のあり方に影響を与えるといった経済政策史的循環が想定される。しかし戦前期日本の立法と行政の関係については，「行政が法によって『羈束』されずに，行政権の発動を正当化するために立法（政策決定）が"隠れ蓑"になるという逆転した関係がしばしば存在した」（安藤・長岡［1976］387頁）といわれた。そうした立法と行政の特異な関係は「『開国』以降の諸外国の国家と市民社会との接触の中でそれに対抗しうるだけのものを国家が自己の外にしかも国の内側で見出しえないような状態にあった時期において国家行政の担い手たる官僚が，もともと政治的決定の主体であるべき市民社会の役割を実質的に肩代りせざるをえなかったという状況」の中で生まれ，「そのようにして形成された『官僚政治』が『近代』日本の政治支配の構造的特質として，いわば体制化されたのちに，そのような支配を維持しようとするそれに固有の利害関心から実質的に政治的決定を左右し，その決定権を独占するに至った」（水沼［1973］96頁）結果であった。

▶ 調査会・審議会システムの登場

　こうした政治家の魂をもった官僚はまず藩閥官僚として登場し，専門官僚（「大正官僚」）を経て昭和期の新官僚，革新官僚へと続くことになる（安藤・長岡［1976］）。第1次世界大戦期以降になると，化学工業調査会（1914年設置），米価調節調査会（15年），経済調査会（16年），製鉄業調査会（16年），臨時国民経済調査会（18年），臨時財政経済調査会（19年），帝国経済会議（24年），金融制度調査会（26年），商工審議会（27年），経済審議会（28年），米穀調査会・社会政策審議会・関税審議会・国際貸借審議会・産業合理化審議会（29年），臨時産業審議会（30年）といった内閣・農商務・商工・大蔵省関連の重要調査会・審議会が相次いで設置された。明治期のような政策決定過程における官僚の圧倒的主導性は後退し，財界人も参加した調査会・審議会が合意形成の場として重要な役割を果たすようになったのである（竹内［1977］）。財界人は個人の資格ではなく，財界団体，財閥，業界などの意思を代表する形で参加したため，調査会や審議会の決議

事項には一定の重みがあった（財界，財界人については，原［1977］，松浦［2002］，［2015］参照）。

　明治期には銀行集会所や東京商業会議所を筆頭とする各地の商業会議所が重要な経済団体であったが，本格的な財界団体として1917年に日本工業倶楽部（理事長は団琢磨，評議員議長は豊川良平），22年に日本経済連盟会（経連）が設立され，31年には労働組合法案に反対する立場から全国産業団体連合会（全産連）が設立された。また渋沢栄一らの次の世代である和田豊治，井上準之助，郷誠之助といった財界世話役によって構成される八日会のようなインフォーマルな組織が財界組織化の結集軸として重要な役割を果たした（松浦［2002］第3章）。

2　積極的大陸政策と経済総動員の衝撃

▶ 中国大陸への積極的進出と西原借款

　第1次世界大戦の勃発によってヨーロッパ諸国がアジアから後退する中で，1910年に朝鮮をすでに公式に植民地化していた日本は中国大陸への進出を積極化した（原［2014］第4章）。1915年1月に日本は中華民国大総統袁世凱に対し，対華21カ条要求を提示した。山東省ドイツ利権の確保，満蒙権益の99年延長，漢冶萍公司の日中合弁化など要求内容は広範囲に及んだが，とくに問題となったのが中国政府の日本人顧問招聘，中国地方警察の日本との共同運営，中国軍の日本製兵器の使用などを要求した第5号（7カ条）であった。アメリカなどの反対もあって第5号は撤回されたものの，日本は要求の大半を認めさせた（この時期の陸軍の動きについては，北岡［1978］，また戦間期の日本外交については，細谷［1988］参照）。日本からの最後通牒を受諾させられた5月9日を中国は「国恥記念日」とした。

　日本の積極的大陸政策を警戒したアメリカは1916年に対中国借款を次々に実現させ，その対応に苦慮した寺内正毅内閣（16年10月成立）は，寺内首相・勝田主計蔵相・西原亀三（首相の私設秘書）のいわゆる「朝鮮組」が中心となって，親日政権育成を目指し，17年から18年にかけて北京の段祺瑞政権に対していわゆる「西原借款」（8口，1億4500万円，日本興業銀行・朝鮮銀行・台湾銀行の特殊銀行3行が債権者）を供与した。名目は経済借款であったが，西原借款のほとんどは政治・軍事費に費消され，段政権が没落することによって，中国全域を日本の帝国的経済圏内に包摂するという当初の計画は画餅に帰した。西原借款のうち元利ともに返済されたのは第1次交通銀行借款のみで，残額1億4000万円は回収不能となり，日本政府は1926年に公債交付によって3銀行の債権を引き継ぎ，結局未回収債権の負担は国民に転嫁された（鈴木［1972］，国家資本輸出研究会編

［1986］)。

▶ 総動員体制構築への準備

第1次世界大戦が未曾有の総力戦（Total War）的様相を深めるにつれ，日本においても長期の総力戦を遂行できる経済体制をいかに準備するかが大きな課題となった。1918年4月には総動員体制構築のための法整備の一環として軍需工業動員法が公布されたが，同法は戦時における国家による民間軍需品工場の管理・使用・収用を認めた。ただし同法が現実に発動されるのは日中戦争勃発後であった。また1918年3月には戦時における徴発を見越して軍用自動車補助法が公布され，自動車の製造者や所有者に補助金が支給されるようになった（呂［2011］)。

1918年5月には軍需工業動員に関する調査などを行う軍需局が設置された。翌6月には陸軍省兵器局工政課が新設され，同課は年度ごとの陸軍軍需工業動員計画を策定した。1920年5月に内閣統計局と軍需局を統合して国勢院が設置されるが，22年10月に行政整理の一環として廃止された。しかし同院第一部は内閣統計局として復活し，軍需局を継承した同院第二部はいったん消滅するものの，27年5月に資源局が設立されてその業務を引き継ぐことになる。また35年5月に岡田内閣によって内閣調査局が設置され，37年5月林内閣の時に同局を廃止して新たに企画庁が設置され，同年10月に近衛内閣はこの企画庁と資源局を統合して企画院を設置した。以上のように第1次世界大戦の衝撃を受けて制定された軍需工業動員法およびその実施機関がそのままの形で拡大していったわけではないが，1920年代のワシントン軍縮・陸軍軍縮の時代にも陸海軍の軍備計画立案は継続され，それが30年代に入って再びより大きな姿を現すことになるのである（纐纈［1981］第3章)。

3 社会・経済政策の展開

▶ 工場法の制定

日清戦争直後から本格化した工場法制定の動きは紆余曲折を経て1911年にようやく成立にこぎ着けた。工場法は12歳未満の幼年労働者の就業禁止，女性・15歳未満の年少者の就業時間制限（12時間労働日），深夜業（午後10時〜午前4時）の禁止などを規定した。しかし深夜業禁止は施行から15年間延期されることになり，就業時間制限についても施行後15年間は2時間の延長が認められ，しかも施行自体が根強い反対によって16年まで遅れた。1923年3月に改正工場法が公布され，関東大震災によってその実施が見送られそうになったが，ILO総会での綿業国イギリスやインドの激しい反対もあって26年7月に施行された。改

正工場法によって法適用範囲の常時 15 人以上職工使用工場から 10 人以上使用工場への拡張，就業時間制限の原則 12 時間から 11 時間への短縮（ただし施行後 15 年間は 2 時間以内の延長を認める），深夜業禁止の猶予期間の施行後 3 年間への短縮などが新たに実現した。ただし工場監督官の絶対的不足は否めず，1928 年度の専任監督官 1 人当たりの受け持ち工場数は全国平均で 250 を超え，警視庁管内では 500〜800 工場にも及んだ（工場法については，風早［1937］，隅谷［1977］，土穴［1990］第 5 章参照）。

　工場法は職工保護の点で大きな限界があったとはいえ，深夜業廃止による賃金コストの上昇予想が紡績業者の中国への直接投資（在華紡）を加速させ，また深夜業廃止対策としての紡績業における増錘は大規模であり，設備増加は 1929 年上期の 6 万 2000 錘から同年下期には 30 万 8000 錘に激増した（橋本［1984］）。深夜業廃止に対応してハイドラフト機や自動織機などの新鋭設備を導入することで生産性の向上に努めた綿工業は 30 年代に入って低為替にも支えられて急成長を遂げる。さらに製糸業でも工場法・改正工場法施行を機に契約当事者主義，賃金支払規定の明示，違約金禁止，賃金月払などが進展し，労使関係が近代的な法形式を獲得する上で工場法は大きな役割を果たした。

▶ **労働争議調停法と小作調停法**

　後にみるような第 1 次世界大戦期以降の労働運動の台頭に対応して政府は社会政策を重視するようになり，1920 年 8 月に内務省地方局社会課が社会局に昇格し，22 年 11 月には農商務省の労働関係行政を統合して内務省の外局として改組された。社会局は労働組合法案や労働争議調停法案の実現に努力したが，前者は 3 度にわたる議会への上程にもかかわらず結局実現せず，後者が 1926 年の第 1 次若槻内閣の際に成立し，同時に労働組合の結成，同盟罷業を禁じた治安警察法第 17・30 条が撤廃された。労働争議調停法は労働組合を争議当事者として認め，労使と第三者の調停制度を規定した。各府県は警察部に調停課を置き，調停官を所属させたが，調停委員会による依法調停は労使双方から忌避され，現実には調停官・警察官による事実調停が中心であった。一方，小作争議に関しても議会に上程されたにもかかわらず，母法である小作法は成立せず，1924 年に小作調停法が制定された。小作争議の場合，昭和恐慌期までは地方有力者（郡・町村長，部落総代，議員，地方有志者，農会・産業組合役員）による法外調停が多く，それ以降は調停委員会による調停が主流となったが，小作調停委員の多くは地方有力者であり，地方の有力者による調停という構図に大きな変化はなかった（西田［1997］第 1 章）。

▶ **重化学工業の保護育成**

　第 1 次世界大戦期にようやく定着し，軍縮，再開された国際競争の中で苦況に陥った重化学工業をいかに保護育成するかが，1920 年代の産業・経済政策の大きな課題のひとつであった。たとえば鉄鋼関税は臨時財政経済調査会の答申（1921 年 2 月）に従って引き上げられたものの，その後の輸入価格の低落によってその防遏効果は限定的であった。こうした試行錯誤を経て 25 年に農商務省から分離した商工省が関税と補助金・奨励金を組み合わせた産業政策を実施するようになる。銑鉄，ソーダ灰，染料が補助金政策の対象となったが，英領インドの綿布輸入に対する差別的な高関税を誘発するとの反対から銑鉄輸入関税は奨励金に変更された。また従来のような応急的関税引き上げではなく，26 年には国内生産費と輸入価格の差額を関税で埋めるという重化学工業保護姿勢を明確にした関税改正が実施された（三和［2003］第 5 章，宮島［2004］第 1 章）。

4 産業合理化政策の登場

▶ **臨時産業合理局の設置と重要産業統制法**

　昭和恐慌の最中の 1930 年 6 月に商工省の外局として設置された臨時産業合理局は，30 年代の日本における産業合理化運動を主導した。第 1 次世界大戦期以降日本に紹介された科学的管理法は次第に普及し，工業学校や高等工業学校で工場管理を学んだ技術者が「能率技師」として活躍する機会も増大した（科学的管理法の普及については，佐々木［1998］，Tsutsui［1998］参照）。

　しかし昭和恐慌は企業内の能率増進，企業合理化だけで乗り切れるものではなかった。アウトサイダーにカルテル協定に従うことを命令できる強制カルテル規定と，カルテルが「公益」に反した場合，その変更・取り消しを命じることができる公益規定の両方を含む重要産業統制法が 1931 年 4 月に制定され，カルテルによる業界の自主統制が促進された。しかも重産法はカルテルに届出義務を課していたため，政府は初めてカルテルの実態を把握できるようになったのである（宮島［2004］第 1 章）。同月には中小零細企業に対する組織化政策として工業組合法も制定され，同法は適用対象を従来の重要輸出品工業組合法（25 年制定）のように輸出向けだけでなく，国内市場向け中小企業にまで拡大した（平沢［2001］）。

▶ **日本製鉄の誕生**

　産業合理化政策の当初の目的は，デフレーションの進行に耐えられるように企業内の合理化を推進し，大企業から中小企業までを組織化することによって恐慌を乗り切ることであった。続いて不況対策として 1932 年から老齢船 40 万総トンを解体し新鋭船 20 万総トンを新造するために 1100 万円の助成金を交付する船舶

改善助成施設（第1次）が開始され，35，36年になると商船隊の質的向上を目指して第2次・第3次の同施設が実施された。さらに34年には官営八幡製鉄所と民間鉄鋼会社5社の合同によって日本製鉄株式会社が誕生した。全国の製銑能力のほとんど，製鋼能力の約6割を占める半官半民の日鉄の成立によって，日本経済の組織力はいっそう高まることになった（製鉄合同については，醍醐［1990］第7章，岡崎［1993］第6章参照）。カルテルによる自主統制，工業組合による中小企業の組織化，政府と民間大経営との接近など恐慌対策として始まった産業合理化政策は，景気回復とともにその生産力拡充的側面を前面に押し出していったのである。

第3節 産業発展の諸条件

1 技術導入と研究開発

▶技術移転

欧米先進工業諸国から日本への技術移転には直接投資，合弁事業，特許実施権契約といった公式のものからリバース・エンジニアリングに至るまでさまざまな形態があった（内田［1990］）。アメリカのフォードは1925年に横浜に日本フォード社を設立し，ノックダウン方式による組立生産を開始した。これに刺激されたGMは27年に大阪に日本GM社を設立し，クライスラーについても輸入代理店4社が共同出資で共立自動車製作所を設立し，28年から組立生産を開始した。開業時の日本GMの規模は資本金800万円，従業者数900名と日本最大規模を誇り，外資系3社のマーケット・シェアは9割に達した（四宮［1998］第1章）。戦間期の重電機業界では重電4社の寡占体制が確立するが，芝浦製作所は1909年にGEと，三菱電機は23年にウェスティングハウスとそれぞれ提携し，富士電機は23年に古河電工とジーメンスの合弁会社として設立され，日立製作所に対する資本参加はなかったものの，同社も外国企業と技術契約を締結していた（戦間期の主要技術提携企業については，長谷川［1995］参照）。

▶研究開発体制の整備

一方，工業技術教育の整備とともに技術者の数は増加し，1910年時点の大学卒技術者は1921名，高等工業学校卒技術者は3123名であったが，20年には5025名と9137名，34年には1万103名と3万977名へと急増した（内田［1990］，［2001］）。こうした高等工業教育を修了した技術者の増加に支えられて，民間企業でも技術の自主開発の動きが活発化した。1935年における研究員30名以上を

表 4-5 民間企業の工業研究機関（1935 年）

（単位：人）

機関名	研究員数						
	機械	電気	化学	採鉱冶金	染色	その他	合計
朝鮮石炭工業㈱			42				42
南満洲鉄道㈱計画部中央試験所	39	35	76	19		53	222
南満洲鉄道㈱撫順炭礦研究所			35				35
満洲化学工業㈱研究所	6		41			15	62
沖電気㈱研究部	7	30	5				42
㈱津上製作所研究課	38					4	42
東京瓦斯電気工業㈱研究部							42
日本電気㈱	4	68	2	1		9	84
古河電気工業㈱理化試験所		11	15	6			32
㈱北辰電機製作所研究部		9	5	1		23	38
三井鉱山㈱目黒研究所			42	2			44
財団法人理化学研究所	44	17	179	15		82	337
六櫻社研究部			33				33
㈱芝浦製作所研究部	10	18	26	12		2	68
東京電気㈱研究所	18	100	29	8		22	177
古河電気工業㈱	4	20	21				45
保土谷曹達㈱研究部	2	1	30				33
㈱日立製作所日立工場研究所	3	14	9	1		6	33
住友金属工業㈱研究部	55		34	38			127
日本染料製造㈱研究所			40				40
㈱武田長兵衛商店研究部			32				32
㈱塩野義商店製薬部研究所	3	1	22			7	33
帝国人造絹糸㈱岩国工場研究課			24		4	8	36
三井鉱山㈱三池染料工業所			234				234
日本製鐵㈱八幡製鐵所研究部	3	1	9	12		7	32
合計	236	325	985	115	4	238	1,945

（注） 1）研究員 30 名以上の工業研究機関を表掲。
　　　2）東京瓦斯電気工業の専攻別内訳は不明。
（出所）資源局編［1936］497-525 頁。

擁する主要民間企業の工業研究機関を示した表4-5によると，17年設立の理化学研究所は別としても三井鉱山，南満洲鉄道，東京電気，住友金属工業，日本電気，芝浦製作所，満洲化学工業といった電機・金属・化学関連の主要企業が大規模な研究機関を有していたことがわかる。日本においても戦間期を通して，個人による発明行為は，多額の資金を投入した法人による組織的な研究開発活動へと発展していったのである。産業機械の分野では独立した研究所をもつことは少なかったが，それでも設計部門から研究開発業務が次第に分離していった。

また逓信省電気試験所（1934年の職員数は1090名），鉄道大臣官房研究所（271名），商工省東京工業試験所（90名），商工省絹業試験所（70名），内務省土木試験

所（100名），台湾総督府中央研究所（246名），朝鮮総督府中央試験所（57名）といった官立試験研究機関も重要な役割を果たし，とくに電気試験所はエレクトロニクス研究において突出した位置を占めた。帝国大学の中でも東京帝大・航空研究所，東北帝大・金属材料研究所，京都帝大・化学研究所といった帝国大学の附置研究所がそれぞれの分野における最先端研究を担った。陸海軍では陸軍造兵廠や海軍工廠などの工作庁でも試験研究活動が行われたが，1919年に陸軍科学研究所，23年に海軍技術研究所，25年に陸軍航空本部技術部，32年に海軍航空廠（39年に海軍航空技術廠と改称）が設立され，独自の軍事研究を実施した（沢井［2012b］）。

さらに各府県に置かれた公設試験研究機関が在来産業・地場産業の発展を支えた。明治中期から本格化する公設試設置の動きが戦間期に加速し，1930年代半ばにはほとんどの府県に工業試験研究機関が設置されていた。公設試は染織，陶磁器，木工，金物といった在来産業・地場産業の振興を目的とした多彩な活動を展開し，織物産地の新製品開発にも深く関わる場合もあった（阿部［1989］第5章，山崎・阿部［2012］）。公設試の場長・所長の大半は高等工業学校の卒業者であり，その中でも東京高等工業学校出身者が大きな割合を占めた。

こうした懸命の努力にもかかわらず，戦間期日本の産業技術が抱えた問題として，①外国依存体質，②機械製造における互換性生産の遅れ，③新産業領域における組織的研究開発能力の弱さがあった（中岡［2006］第8章）。しかし同時にこうした限界を認識しつつ，そこからの脱却の途を模索しつつあったこと，また公設試の活動のように在来産業の技術進歩に大きく貢献する試みが積み重ねられつつあった点にも留意する必要がある（沢井［2012b］）。

2 経営管理・生産管理の進展

▶ 科学的管理法の導入

技術進歩は機械設備体系の革新に限定されない。組織体としての企業・工場をいかに運営していくのかに関わる，経営管理や生産管理のあり方を追究する企業が増大していった。その際に大きな刺激となったのが科学的管理法の紹介・導入であり，経営者や技術者の間で工場組織，生産・工程管理，作業研究，検査などについて精力的な検討が続けられた。戦間期の機械工場では「工程係」，「工程計画係」，「作業係」，「進行企画係」，「効程係」といった名称の生産管理・工程管理の専任部署が置かれた。工程管理担当者はさらに材料計画，手順係，日程係，伝票係，進行係などに分かれたが，「工程係ノ重要ナル部門デアリ又工程管理ノ第一歩デアル」手順係の意義はとくに大きく，係員は「作業ノ経験ヲ有シ工作方法

ニ製品ニ精通スルコト」が求められ，新技術を十分理解するためには「現場技師組長時間研究係ト常ニ接触シテ工作ニ関スル資料ヲ集メテ置ク必要ガアル」とされた（海軍大学校編［1938］98-102頁）。

関西における著名な能率技師のひとりであった井上好一は，「工業学校卒業程度ノ卒業生ハ実地ノ体験ヲツムベキ相当期限ヲ経ザレバ技師トシテ立ツ能ハザルタメ自然ニ有為ナル技術者トナルコトガ出来ル。カヽル技術者ガ労資ノ中間ニ，工業管理者トナツテコソ，始メテ科学的管理ガ行ハレルノデアル。良キ管理者ハ労資間ノ蝶番デアル。工業管理者ハ両者ノ中間ニ立チテ協調ヲ司ル唯一ノ適任者デアルト期待サレル」（井上［1927］15頁）として，高等工業教育を受けた技師と職工・職長の間に立つ中間管理者，科学的管理法の担い手としての工業学校卒業生の独自の役割を強調した。1940年に行われた調査によると，回答のあった甲種工業学校106校のうち「工場要項」あるいは「工場管理」を教授している学校は81校，経営管理関連科目を1科目以上課す学校は91校に達した（桐淵［1940］）。職員である技術者と職工である現場労働者の間に立つ工業学校卒の「工業管理者」は，科学的管理における「労資間ノ蝶番」であると同時に「労資協調」の蝶番であることも期待されたのである。

▶ 繊維産業の生産・工場管理

繊維産業でも科学的管理法は大きな成果を上げた。鐘淵紡績にやや後れをとっていた東洋紡績（1914年の大阪紡績と三重紡績の合併により創立）でも17年から科学的管理法の研究を開始し，18年1月から紡績・織布工程の標準動作（最も効率的な動作）を各工場に導入した結果，生産性が大幅に向上した。さらに1920年には各種綿糸・綿布の諸経費を一定の製品種類別の加工費として表示できるような換算率が確定され，異なる製品を生産する工場間のコスト比較が可能になった。1930年に東洋紡績は31工場を有し，31年の大阪合同紡との合併によってその数は44工場に増加するが，工場間のコスト比較はこうした多工場を効率的に経営する上で不可欠の経営手法であった（東洋紡績株式会社社史編集室編［1986］）。

一方，日本最大の製糸会社である片倉製糸の場合，1930年代には朝鮮を含めて50を超える工場を有しており，経営陣は年中工場巡視に奔走していた。また片倉本社では各工場現業担当者会議が頻繁に開催され，1934年には効率的な高格糸生産のために各工場に対して繰糸約定違約賞罰金制度を設定し，生産生糸の検査結果によって毎月多額の賞罰金が課された。工女に対するかつての賞罰制度を想起させるこの制度の下で，各工場は高格糸生産に駆り立てられたのである（松村［1992］第2章）。

3 専門経営者と企業者の役割

▶ 企業統治の諸類型

経営者の意思決定と行動，企業統治のあり方も企業成長，産業発展に大きな影響を与えた。経営者は自らが創業し経営する所有経営者（一族も含む）と，会社に雇用され長い昇進の過程を経て経営を担当するようになる雇用経営者・専門経営者に分かれる。さらに財閥組織のように所有者家族が封鎖的な所有を維持しながら，持株会社を設置し，その傘下企業の経営は基本的に専門経営者に委ねる企業統治形態もあれば，トップマネジメントを専門経営者で固めた経営者企業もあった。したがって多様な企業・企業集団を企業統治の観点からみると，①所有と経営は基本的に分離し，両者の間に持株会社を置いた財閥型，②所有と経営は分離し，所有者＝株主は経営の実権を専門経営者に委ねた経営者企業，③所有経営者（一族）が経営の実権を握っている企業者型企業に区分することができる。

財閥組織は所有者（一族）と傘下の個別企業の経営者の間に持株会社を置くことで所有者（一族）の経営陣への恣意的な介入を排除しつつ（橘川［1996］），本社である持株会社は，本社への出資者（所有者），本社，傘下企業から構成される内部資本市場の要として機能し，さらに専門経営者の人事権を握ることで傘下企業の投資行動を有効に監視した。その結果，非財閥系企業と比較して財閥系企業は相対的高収益を実現することができた（岡崎［1999］）。内部資本市場に支えられながら，財閥傘下企業は経営者企業的側面を強めつつ，重化学工業分野への進出を果たしていった。

▶ 専門経営者の進出

高等教育機関の拡充とともに高等教育を修了した専門経営者の進出が著しかった。森川英正の調査によると，1913年には大企業115社のうち2名以上の専門経営者の存在を確認できる企業が29社であったのに対し，30年には158社中113社で2名以上の専門経営者がおり，しかも42社では取締役の過半数が専門経営者であった（森川［1991］）。また1907年には従業者数でみた上位200社の大企業のうち1事業所しか有さない企業が95社であったが，その数は19年に一挙に59社に減少し，37年には39社となった。アルフレッド・D．チャンドラーのいう現代企業化の波は日本でも確実に生じていたのである（阿部［2002］）。

一方，企業者型企業は，鈴木，古河，浅野といった3大財閥の次に位置するような大企業から創業間もない中小企業まで多様であった。大企業でも第1次世界大戦期のように所有経営者の積極果敢さが大きな果実を生む場合もあったが，守勢に回った場合に多角化した事業が個人の経営能力を超えて制御不能に陥ること

もあった（企業者型企業の特質については，宮島［2004］第4章参照）。

4 産業集積の諸類型

▶ 産業集積を支える商業集積

「はじめに」で概観したように戦間期の日本では中小企業が圧倒的割合を占めた。中小企業の大量創出・発展と産業集積は密接不可分の関係にあった。規模・地域性・業種別構成の基準からみた産業集積の類型として，①大都市型，②地方工業都市型，③産地（地場産業）型，④企業城下町型の4類型を想定することができる。東京・大阪のような大都市型産業集積の規模が最も大きく，多数の業種から構成されるのに対して，大都市型産業集積の小型版ともいうべき地方工業都市型（長岡，浜松など）の場合は規模・業種展開の両面で限定的であった。さらに織物，陶磁器などのさまざまな消費財生産に代表される，単一・少数業種に特化した産地型産業集積，ならびに造船，電機などに典型的な基本的に単一大企業が基軸となった企業城下町型産業集積がある（沢井［2013b］）。

東京では明治中期頃から芝，京橋と本所，深川の4区への機械器具工場の集中が目立ち，関東大震災を機に品川，大森，蒲田といった城南地域ならびに城東地域への工場地帯の拡張が進み，1937年の区別職工数は品川，蒲田，城東，本所，向島，芝の順であった（沼尻［2002］）。一方，大阪では明治後期に上町，川口，西九条，九條，難波，西野田などへの機械器具工場の集中が顕著となり，戦間期には内陸部の東成区，臨海部の此花・大正・港・西淀川区などで新たな工場集積が進み，さらに戦時期には大阪東部の布施市においても機械器具工場の急増がみられた（沢井［2013b］）。

工場街の形成・発展と機械商街や機械工具商街の成立は相互補完的であった。戦間期の東京では麻布古川橋一帯，大阪では谷町などが中古機械商街として有名であり，1930年頃大手・中堅の工作機械企業の新品の6フィート旋盤が380～1410円であった時，谷町に行けば同一サイズの中古旋盤が140～150円で入手できた。中古機械商や鉄商のような材料商は取り扱い商品の販売だけでなく，町工場に機械器具製品に関する客先・市場情報を提供することで工場と市場を繋ぐ上でも重要な存在であった。価格・品質両面からみて，工作機械市場は重層的に編成されていた。工作機械市場は，①輸入機械が独占する市場，②国産機械と外国製機械が競合する市場，③輸入機械との競争が無縁で安価な国産機械が独占する市場の3層から構成されており，さらに新品工作機械市場の底辺部は中古品市場によって囲繞されていた。広大な中古品市場の存在が中小零細企業の新規参入コストを低下させ，機械器具業者の増加，産業集積の拡大を支えた。また，大都市

における中古品市場を介した生産者と流通業者の集積は，生産者にとってリバース・エンジニアリングを基本としながら製品品質を向上させていく学習時間を確保できる非関税障壁としても機能したのである（沢井［2013a］第3章）。

▶ 都市「小経営」と分散型生産組織

前掲表4-2において従業者数でみた中小企業の重要性を指摘したが，東京府では「小経営」（職工5人未満作業場）で働く男子有業者（経営主＋家族従事者を含む小経営被雇用者）が男子工業就業者に占める割合は1920年で73％，30年で70％，40年で45％であった（谷本［2005a］）。戦時期になるまで東京の工業の中では小経営が決定的比重を占めていた。しかも将来独立開業を目指す小経営の徒弟の多くは農家での非相続人である次三男であり，農村における小農経営と都市の小経営は深く結び付きながら，戦間期日本における有業者人口の多数派を形成していたのである（谷本［2013］）。

こうした小経営では問屋，「製造問屋」（製造業者・小生産者を差配して完成品に仕上げる組織者），部分工程を担当する製造業者・小生産者，内職から構成される「製造問屋型生産機構」（竹内［1982］）あるいは「分散型生産組織」（谷本［2005b］）と呼ばれる，市場動向に機敏に対応できる柔軟な生産組織が支配的であった。そこでは工場の規模拡大に伴う資本集約的な技術向上よりも，小生産者相互の分業の深化，中間的小加工業者の増加による労働集約的な技術改良が志向され，この小経営の密集が大都市における産業集積の重要な構成要素であった。

▶ 地方工業都市の成長と産地の盛衰

戦間期から戦時期にかけて大都市圏だけではなく，浜松，長岡，函館といった地方工業都市では当初からの織機，石油鑿井機，造船を超えた機械器具工業の拡大がみられ，生糸の最大産地であった岡谷は戦時期には機械工場集積地へと変貌していった（藤井［2004］第2章）。特定企業の存在が地域経済・社会に大きな影響をもつ企業城下町型産業集積としては，日立（1931年の日立製作所・日立工場の職工数は1978名），長崎（三菱造船・長崎造船所は5040名），因島（大阪鉄工所・因島工場は794名）などが有名である（協調会［1932］）。

産地の盛衰は著しかった。1914年に100万円以上，または37年に500万円以上の生産額を記録した綿織物産地は全国で27産地を数えたが，力織機化の進展，生産組織・製品構成のあり方，輸出依存度などによって生産の伸びは大きく規定され，14年の上位4産地（泉南・遠州・知多・泉北の順）は37年になっても上位4位内（遠州・泉北・泉南・知多の順）に入っていたが，第5位の和歌山は20位，第7位の佐野は22位に後退していた（阿部［1989］）。

5　対外投資の展開

　1930年の対外投資残高の地域別構成比は「満洲」（以下，括弧省略）33％，朝鮮28％，中国本土27％，台湾13％であった。1920年代後半の対満洲投資は，南満洲鉄道が社債発行によって調達した資金を，社内事業，系列会社の設立，鉄道借款などに投下するというのが中心であった。対中国本土投資では各種借款を除けば商業と工業，工業では綿紡績業が圧倒的割合を占めた（金子［1987］）。

　基軸産業のひとつである綿紡績業は第1次世界大戦を経過することによって市場環境の大きな変化に直面することになった。戦時中の中国の民族紡績業の発展は著しく，機械製綿糸の輸入代替を実現し，同時に機械製綿布の国産化も進めた。こうした動きを背景に中国政府は民族紡績業保護のため，19年に綿製品の輸入税を3.5％から5％に引き上げた。

　一方，日本側の事情として，戦時中に急上昇した賃金は戦後になっても下落せず，先にみたように，1926年7月に施行された改正工場法によって3年間の猶予の後，29年7月から女子および年少者の深夜業が禁止され，さらに戦時中に発注し戦後の不況期に到着した輸入紡機をどう処理するかが課題となっていた。

　こうした内外の環境変化に対応して，東洋紡績（裕豊紡），鐘紡（公大紗廠），大日本紡績（大康紗廠）などの大紡績各社は従来の輸出戦略から直接投資戦略に転換し，上海を中心に現地工場（在華紡）を相次いで設立し，1924年までに14社が35工場を経営し，中国国内における綿糸生産の32％，綿布生産の30％を占めるまでに成長した。1930年の在華紡の総投資額は1億8000万円，中国本土に対する日本の直接投資の約3割に達した（高村［1982］，桑原［1990］）。

第4節　労働市場の構造と教育体系の整備

1　労働市場の構造

▶男子労働市場の三層構成

　中等教育以上の教育を受けた後就業することを基本としていた職員層（新中間層）労働市場を別にすれば，都市における男子労働市場は，①大企業労働市場，②中小企業労働市場，③都市雑業層の3層から構成されていた。後にみるように1920年代には大企業労働市場では企業内定着率の上昇がみられたのに対し，中小企業労働市場の労働移動率は相対的には依然として高かった。徐々に縮小の傾向をみせつつあったとはいえ大都市労働市場の底辺部はさまざまな都市雑業層に

よって占められ，都市雑業層と農村労働市場の底辺部を構成する農村雑業層は出稼ぎや挙家離村のパイプを通じて繋がっていた。ただし，①大都市内部での自立的な労働力再生産機構の拡大，②若年労働力の都市雑業を経過しない形での都市型工業への就職（先にみた小経営への徒弟としての入職など），③農村部における軍需関連機械工業の展開を反映した出稼ぎ型から通勤型への変化といった諸要因に規定されて，昭和恐慌後になると農村雑業層と都市雑業層の一元的なパイプが分解を開始した（労働市場モデルついては，隅谷［1964］，氏原［1966］，牛山［1975］参照）。

▶ 企業規模と熟練形成

1927年の金融恐慌の影響を受けて川崎造船所は大量の職工を解雇したが，その解雇職工の動向に関する神戸市調査によると，「専門化された技術，大工場の分業化された工程に於て養成された彼等の優秀なる技術は，小工場では不向であつた，役にさへ立たないと言はれた」，「大工場組織では分業による職務の分岐が行き届ひて居るために，多くの職工技術が専門化して居て，往々その工場のみでは珍重せらるゝが一般社会では少しも利用出来ない」と評された（神戸市社会課［1928］208，366頁）。企業規模が熟練形成のあり方に大きな影響を与える時代が到来していたのである。さらにわが国の大企業は短期間に外国の先進技術を矢継ぎ早に取り入れ，その導入テンポの速さ自体が，技術体系がその企業特有の技術であるかのような様相を呈する要因となる場合もあった（尾高［1984］）。企業規模，技術体系，導入テンポなどに規定されて，戦間期には労働市場の二重構造（正確には傾斜構造）が明確な姿を表していたのである。

女子労働市場についてみると，前掲表4-1に示されているように1935年においても農林業が女子労働者の58％を吸収した。工業の中では繊維産業が圧倒的割合を占めたが，第3次産業の雇用規模は第2次産業を大きく上回り，第3次産業の中では商業と家事使用人（「女中」）が大きなウエイトを占めた。

2　労働移動と独立開業

▶ 労働需給の動向

大戦ブームは労働力不足を激化させ，1919年の機械器具工業・特別工業（金属精錬・電気・ガス）では年間の退職者数が職工総数の75％に達した。また大戦勃発後新設された機械・金属工場の新規採用者の前職に関する農商務省の19年調査によると，機械工場では同種工業が49％，他種工業が9％，「その他」が42％（既設工場の新規採用者では同種工業31％，他種工業16％，「その他」54％），金属工場では同種工業が38％，他種工業が5％，「その他」が57％（既設工場では同種工業

23%，他種工業 11%，「その他」67%）であった。新設・既設工場とも熟練労働者は相対的高賃金をもって他経営から引き抜くしかなかったが，同時に農業部門から大量の不熟練労働者が機械金属部門に流入したのである（兵藤［1971］）。

　労働需給動向の転換点は1920年恐慌であった。1919年の三菱神戸造船所では離職率が50%を超えていたがその後ほぼ年々低下し，20年代後半には10%を割り込むまでになった。こうした傾向は呉海軍工廠でも同様であり，19年には30%台であった離職率が22年以降は10%前後にまで低下した（兵藤［1971］）。重工業大経営においても昭和恐慌期には大規模な解雇が実施された。その意味で大経営において「終身雇用」が確立したとはとてもいえない。しかし1930年代前半の景気回復期においても三菱電機神戸製作所，三菱神戸造船所の離職率はほぼ5～10%水準を推移しており，第1次世界大戦期のような労働市場の流動化が再現したわけではなかった。1920年代の軟化した労働需給，昭和恐慌期の大規模解雇を経て，大企業労働者の企業内定着志向は確実に上昇した。1930年代半ばの調査によると，勤続10年以上の者が労働者総数に占める割合は，八幡製鉄所で57%，金融恐慌期以降大規模な解雇を実施した川崎造船所で29%であったのに対し，東京市の機械・金属小工場（職工数10人未満）では3%弱（一方勤続年数3年未満が八幡で17%，川崎で41%，東京市で75%）と，大企業と小企業の間で鋭い対照を示していた（西成田［1988］）。

▶「下層社会」からの離脱と旺盛な独立開業

　職長に昇進せず並職工である限り昇給が途中で頭打ちになったり，全員一斉の昇給ではなく抜擢昇給制がみられるなど限界があったとはいえ，1920年代以降になると大経営では労働者の定期昇給制が普及していった。その結果，労働者家族の所得水準は向上し，かつての「下層社会」，都市雑業層の水準から離脱するようになり，家族構成員が全員で働いて家計を支えるというのではなく，世帯主(breadwinner) 1人の収入で家族全員が生活できるようになった（兵藤［1971］）。相対的高賃金に支えられて，大経営の労働者家族は，小零細工場労働者，不熟練労働者とは異なる生活水準を享受できた。昭和恐慌はこうした安定した生活を大きく脅かしたが，それを乗り越えることのできた長期勤続労働者の企業内定着志向はますます強化されたのである。

　たしかに中小企業労働者の移動率は大経営に勤務する労働者と比較して高く，1920年代以降になると賃金の規模別格差も確認でき，この賃金の規模別格差（傾斜構造）は不況期に開き，好況期に縮まるといった傾向があった（尾高［1984］）。しかし中小企業労働者には独立開業という途が開けていた。先にみたように大都市の「小経営」では，大都市出身者だけでなく，日本の「家」の基本

である長男単独相続制の下での非相続人である農家の次三男が徒弟として入職し，技術を身につけたのち独立開業し，世帯を形成することで配偶者の協力を得ながら小規模な独立経営を維持していった。徒弟時代の賃金は低かったが，経営主になれば大中規模工場の労働者の賃金を上回ることも可能であり，その期待収益の高さが相次ぐ独立創業を促進した（谷本［2005a］，［2013］）。その他にも独立創業を促す諸条件として，流動性の高い労働市場，開業を支援するさまざまな補助産業，関連産業，集積内での人的ネットワークの存在などがあった（今泉［2014］）。ただし業者数の増加に規定されて開業年齢は次第に上昇し，関西の機械工場の創業者型経営者に関する調査では，第1次大戦期に20歳代半ばであった平均開業年齢が1930年代前半には30歳代半ばに上昇していた（沢井［2000］）。

▶ 松下幸之助の事例

1894年生まれの松下幸之助は尋常小学校卒業前の9歳の秋に大阪に向かい，火鉢屋，自転車屋の丁稚，大阪電灯の内線工を経て1915年，20歳で結婚し，17年に大阪電灯の検査員をやめ，ソケット製造を目指して独立開業した。開業時の手元資金は退職慰労金33円20銭，会社の積立金42円，貯金20円余，合計100円に満たず，「会社をやめると同時に，家内の弟井植歳男（戦後に三洋電機を創業――引用者注）が郷里の高等小学校を卒業したのを幸いに，呼び寄せて仕事を手伝わせることにした」。翌1918年に家賃16円50銭の借家に移転するが，ここで最初に製作した電気器具は「アタッチメントプラグ」であり，「『アタチン』を作りかけてから，井植と家内と三人で日ごと，十二時ごろまで夜業をしてもなお注文に応じきれないというありさまで，初めて人を雇うことにして，四，五人の人を入れて盛んに製作をした」（松下［1986］67，78-79頁）といった状況であった。松下幸之助の場合は小経営からの独立ではなかったが，妻と義弟の3人で事業を開始したのである。こうした陸続たる独立開業の動きが都市の自営業，小経営，中小零細工場のすそ野を拡大し，諸産業の成長に大きく貢献した。

3 工業教育の体系と企業組織の学歴主義的構造

▶ 高等工業教育機関の整備

第1次世界大戦期の日本経済の急成長を背景にして，原敬内閣は高等教育機関の大増設に乗り出し，工業専門学校の分野では1920〜24年に横浜・広島・金沢・神戸・浜松・徳島・長岡・福井・山梨の9高等工業学校（高工）と東京高等工芸学校の新設があり，21年には私立明治専門学校の官立移管があった（以下，沢井［2012b］による）。

1918年の大学令によって公私立の総合大学，官公私立の単科大学が認められ

表 4-6 年度別・学校別・大学工学部・工業専門学校卒業生数

(単位:人)

大学別	1910	1915	1920	1925	1930	1935	1940
東京帝大工学部	209	191	220	267	306	334	338
京都帝大工学部	71	78	144	145	165	155	203
東北帝大工学部			29	55	59	70	87
九州帝大工学部		61	134	72	104	103	134
北海道帝大工学部					82	83	100
大阪帝大工学部						106	133
7帝大・小計	280	330	527	539	716	851	995
東京工業大学						163	178
早稲田大学理工学部				106	207	226	220
日本大学工学部						166	271
私立大学・小計				106	207	392	491
大学・合計	280	330	527	645	923	1,406	1,664
工業専門学校別	1910	1915	1920	1925	1930	1935	1940
東京高工	175	215	207	237	272		
大阪高工	157	168	182	159	199		
京都高等工芸	60	124	77	58	89	110	109
名古屋高工	96	87	102	139	131	181	175
熊本高工	88	143	141	137	128	132	214
仙台高工	121	119	103	98	110	164	201
米沢高工		35	59	93	105	94	193
秋田鉱山専門学校		32	61	50	53	94	184
桐生高工			33	69	91	125	243
横浜高工				101	136	159	242
広島高工				93	111	138	185
金沢高工				92	102	122	152
明治専門学校				81	82	88	160
東京高等工芸				83	112	118	160
神戸高工				119	100	130	182
浜松高工				120	107	117	173
徳島高工				77	109	113	187
長岡高工					107	107	140
福井高工					106	105	152
山梨高工					87	105	152
工業専門学校・合計	697	923	965	1,806	2,337	2,202	3,204

(注) 1) 卒業期改正のため2年度分の卒業生数が表掲されている場合がある。
2) 東京・大阪高等工業学校の1930年度は、東京・大阪工業大学附属工学専門部の数値。
3) 仙台高等工業学校の1915, 20年度は、東北帝大工学専門部の数値。
4) 京都高等工芸学校は第一部(中学校卒業者等)と第二部(工業学校卒業者)の合計値。
5) 夜間部は除く。
(出所) 文部省編[各年度版]。

たため，多数の専門学校が大学に昇格した。ただし高工の急増と比較して大学増設の動きは鈍く，官立では1924年度の北海道帝国大学工学部の新設，29年度の東京・大阪両高工の東京・大阪両工業大学への昇格にとどまった。なお大阪工業大学はその後31年度に新設された大阪帝国大学に編入されて同大学工学部となる。一方，私立では大学令制定を受けて，1920年に早稲田大学理工科が理工学部となり，28年度に日本大学に工学部が新設された。以上のような高等工業教育機関の拡大を受けて，表4-6に示されているように卒業者数も1910年には大学で280名，工業専門学校で697名であったのが，25年には645名と1806名，35年には1406名と2202名に増加した。

「外地」では1916年に京城工業専門学校（前身は1906年創立の工業伝習所）が設立され，22年に京城高工と改称した。台湾では31年度に台南高工が開校し，関東州では10年度に旅順工科学堂が開校した。同学堂は22年に旅順工科大学に昇格するが，これは日本内地よりも7年早い工業単科大学の成立であった。

▶ 工業学校の増加と夜間の工業教育機関

次に中等工業教育機関の動きをみると，1920年の実業学校令改正と翌21年の工業学校規程改正によって従来の徒弟学校と工業学校の区別がなくなり，前者から後者への移行・昇格が進んだため，全国の工業学校数は14年の33校から27年の112校に増加した。実業学校令改正によって工業学校を含む実業学校の甲種と乙種の区別も法文上はなくなったが，現実には尋常小学校卒業後5年と高等小学校卒業後3年の修業年限の学校は甲種，それよりも短いものは乙種に分類され，両者の区分がなくなるのは1943年の中等学校令によって中等学校の修業年限が4カ年になった際であった。

1920年代にその数を一挙に増加させた工業学校の教育内容および卒業生の能力と雇用者側の期待との不適合が，長引く不況の中で大きな問題となった。全国ベースでみた甲種工業学校卒業生に対する求人倍率は1919年には3.5倍であったのが，27年には1.1倍にまで低下した。そうした中で工業学校卒業生を将来の技術者と位置づけるのではなく，職長候補とみなす企業も増加した。しかしたとえば1920年代に全国唯一の修業年限6年制を採用した大阪市立都島工業学校は，昭和恐慌後になっても将来の技術者候補を輩出し続けた（沢井［2012a］）。1918～44年に住友本社は職員として都島工業卒業生を200名新規採用したが，彼らの多くは試験・研究・検査・設計部門で働く一方，工場・企画・工務・製造課などに所属しながら大学・高工卒の技術者と現場作業集団の長である職長との間に立って生産・工程管理を担当したのである（沢井・山本［2005］）。

こうした中で工業学校と特定の企業との関係が次第に深まっていった。学校教

員は熱心に新卒者の就職斡旋を行い，企業の側も学校推薦をかなりの程度尊重した。教員の教育的な配慮に支えられつつ，学校から職業への「間断のない移動」が制度化されていったのである（菅山［2011］）。

夜間教育を主体とした工業各種学校も技術者・職工の供給に大きな役割を果たした。1887 年に東京築地に設立された工手学校（工学院大学の前身）が代表的存在であり，開校以来 1913 年までの卒業生は 8000 名を超えたが，その数は当該期間における帝国大学工学部・高等工業学校卒業者総数の約 8 割に相当した。東京ではその他にも攻玉社（1872 年設立），岩倉鉄道学校（97 年），早稲田工手学校（1911 年）などの工業各種学校が有名であり，大阪では関西商工学校（1902 年），住友私立職工養成所（16 年，住友家の寄付金によって設立され，授業料は徴収せず，卒業後住友系企業に勤務する義務もなかった），大阪工業専修学校（16 年，経済団体である大阪工業会が設立）などの有力各種学校が存在し，たとえば関西商工学校の 32 年までの卒業者総数は 1 万 1000 名を突破した（沢井［2012a］）。

▶ 企業組織の学歴主義的構造

企業組織のハイアラーキーは工場においてもオフィスにおいても学歴格差に照応していた。工場では大学・高等工業学校卒業者はまず技手として就職し，技術者としての修練を積んだ後に技師に昇進したのに対して，尋常小学校・高等小学校卒の多くは職長止まりであった。こうした状況を踏まえて「職長は出世の行き止まり」と称される場合もあったが，これは明らかに言い過ぎであった（大内［1949］99-100 頁）。たとえば芝浦製作所では従業員は職工（工人），日給職員（準社員），月給職員（社員）に分かれたが，1921 年 12 月から 34 年 10 月までの月給職員の採用状況をみると，月給職員として直接採用された者が 264 名，日給職員から登用された者が 222 名，職工から登用された者が 41 名であった。また同期間における日給職員の採用状況をみると，直接雇い入れが 1513 名，職工からの登用が 221 名であった（市原［2014］）。全職工に占める登用者の割合は不明であるが，職工から日給職員，日給職員から月給職員への道はたしかに開けていたのである。この登用の道幅は企業によって異なったであろうが，「職長は出世の行き止まり」は明らかに極論であった。

高等工業教育を受けた技手，技師と尋常小学校，高等小学校卒の職工の間に位置したのが工業学校卒業者であり，先にもみたように彼らの進路は職長から技手・技師まで大きく分かれた。職員である技手・技師は月給制であり，労働者である職工・職長は日給制が基本であった。職員には賞与が支給され，職工は支給されないか，されても少額であった。戦間期の王子製紙では普通賞与と特別賞与を合わせた年間賞与は正社員が 8〜10 カ月分，雇員が 4〜6 カ月分であったが，

表 4-7　三井物産の出身学校別職員数（1926 年度）

出身校	人数	出身校	人数	出身校	人数
東京帝大	209	旅順工科	3	横浜商業	16
京都帝大	33	東京外語	57	名古屋商業	65
九州帝大	1	水産講習所	5	四日市商業	27
東北帝大	2	東京商船	9	京都第一商業	15
北海道帝大	7	各蚕糸専門	19	大阪商業	12
小計	252	慶応義塾大	147	神戸商業	48
東京商大	447	早稲田大	69	下関商業	27
神戸高商	103	中央大	18	長崎商業	16
小樽高商	39	日本大	15	各地甲種商業	403
山口高商	57	明治大	16	小計	629
長崎高商	57	同志社大	24	外国諸大学	14
大阪高商	21	拓殖大	27	中学及準之者	112
名古屋高商	5	東亜同文	37	その他の者	171
小計	729	その他専門学校	108	合計	2,548
東京高工	66	小計	554		
大阪高工	14				
その他高工	7				
小計	87				

（注）　1）　252 名の帝大卒業者の中で工学部卒業は 43 名。
　　　　2）　「その他の者」は子供から日給職員をへて月給職員に昇進した者。
（出所）　若林［2007］149-150 頁。

正社員間の開きが大きく，一般社員が 8〜10 カ月分であったのに対し，係長級で 10〜12 カ月，課長・工場長で 20〜24 カ月にも及んだ。三井物産の年間賞与は平社員で 7〜8 カ月分，主任級で 14〜18 カ月，支店長級で 44 カ月に達した。一方，王子製紙では 1916 年の工場法施行後の新職工規則によって職工にも期末賞与金が支給されるようになったが，工場間のばらつきが大きく，支給額の大きかった樺太の 8 工場平均では 1 カ月分，九州 3 工場平均では半月分であった（野村［2007］）。

池貝鉄工所では工員の最高位は「工師」と呼ばれ，職工とは別格の存在であったが，企業内の身分では係長の下に位置づけられていた。東京瓦斯電気工業でも「工場の技術屋さんたちは事務所にいて仕事をしている。そうすると，職人は現場で床の上で機械を扱っている。事務所と現場は，はっきり工場の中では分かれます。（中略）事務所から現場に行くのを『降りる』と言うんです」（山下［2002］148 頁）といった状況であった。

▶ 技術者を支える現場組織

しかし企業組織の学歴主義的構造が厳存していたとはいえ，現場では職長に率

いられた職工集団が生産の担い手であった。1931年から34年まで王子製紙苫小牧工場の工場長を務めた長谷川源六は，職工から叩き上げて工場長となった人物であり，紙漉技術に関しては王子製紙屈指の腕前をもつといわれた（小路 [2014] 640頁）。また1937年に東京帝国大学工学部応用化学科を卒業して朝鮮窒素肥料興南工場に勤務した技術者によると，「現場を叩き上げた人なんかが係員——現場の幹部になって，下を全部押さえてしまっていた。大学出，高等工業出が，軍隊の士官学校出みたいにしてその上に乗っかってたわけです。（中略）大学の応用化学出たって，化学機械のことなんて簡単にしか習ってませんよ。見たことのないものばっかりですよ。下が支えるから勤まっていく」（岡本・松崎 [1990] 130頁）といった状況であった。

また1926年度の三井物産の出身学校別職員構成をみた表4-7によると，学校別順位では東京商大447名，東京帝大209名，慶応義塾大147名，神戸高商103名の順であったが，大学・専門学校出身者と並んで各地の商業学校卒業者が重要な役割を果たしていることがわかる。日給見習（子供）——日給職員のルートを廃止して，三井物産は商業学校から若手従業員を調達していた（若林 [2007]）。さらに三井物産は帝大工学部，高等工業学校，旅順工科大学出身者合計で133名の技術者を雇用していた。機械部のビジネスを中心に技術者は依然として商社活動に不可欠な存在であったのである。

4 労働運動の展開と労使関係理念の変遷

▶ 日本労働総同盟の成長と労働戦線の分裂

1912年に鈴木文治を中心として労働者の修養・親睦団体である友愛会が結成され，第1次世界大戦期の労働需給の逼迫を背景に同会は労働組合としての性格を鮮明にしつつ勢力を急速に拡大し，1919年8月に大日本労働総同盟友愛会，21年10月に日本労働総同盟と改称した。17年のロシア革命，19年の国際労働機関（ILO）の設立にも力を得ながら，19年になると労働運動は要求項目に団体交渉権獲得，8時間労働制を掲げるようになる。1921年夏には神戸の三菱・川崎両造船所を舞台に参加人員約3万人に及ぶ空前の大争議が起こったが，労働者側の完敗に終わった（隅谷 [1966]）。

労働戦線の統一をめぐって1922年には中央集権的な方針をとる総同盟系と加盟組合の自主性を尊重するアナ系（アナルコ・サンジカリスム）組合の間で激しい論争（アナ・ボル論争）が展開されたが，理論的指導者であった大杉栄が関東大震災の混乱の中で憲兵隊に虐殺されると後者は急速に勢力を失った。関東大震災後になると，総同盟では路線をめぐる内部対立が激しくなり，1925年5月に分裂

し，左派は日本労働組合評議会を結成した。その後の分裂によって総同盟は右派組合が中心となり，満洲事変後の1932年9月には総同盟，日本海員組合，官業労働総同盟，全国労働組合同盟（全労）など右派，中間派11団体，22万人（組織労働者の約6割）を結集して，労働組合主義を標榜する全国組織である日本労働組合会議が結成された。続いて1933年6月に日本主義労働運動の中核組織である日本産業労働倶楽部が結成され，36年1月には総同盟と全労の合同によって全日本労働総同盟（全総）が成立した（戦間期の労働運動，労働運動指導者の特質については，松沢［1973］参照）。

▶ 社会大衆党の躍進

1936年の2.26事件後公布された戒厳令によってメーデーは禁止され，同年9月に陸軍省は大阪・名古屋・小倉陸軍工廠労働者を組合脱退誓約書に署名させ，この組合加入禁止が官業労働総同盟に壊滅的な打撃を与えた。しかし「軍隊と無産階級の合理的結合」，「広義国防」を掲げる社会大衆党は2.26事件直前の2月の総選挙で18名（うち9名は最高点当選），次の1937年4月の総選挙では37名（うち19名は最高点当選）を当選させた。労働運動の低迷と社会大衆党の躍進が著しい対照をなしていたのである（隅谷［1966］，升味［1980］）。普通選挙法によってその数を増した選挙民のその後の「政党政治」への失望は大きかったものの，1930年代半ばの現状をすべて肯定していたわけではなかった。社会大衆党という選択肢はそのことの表れであったといえよう。

▶ 労資協調主義と工場委員会

第1次世界大戦期から1920年代初頭の労働運動の高揚に対して，経営側は日露戦後以来の経営家族主義的あるいは「主従の情誼」的労使関係理念では対応しきれなくなった。第1次大戦中の米価高騰に対して一部の大企業では市中相場よりも安い価格で米を販売する廉売所を設けたが，この経営側の温情的な措置に対して，高い米を買えるだけの賃金を要求する労働者が登場する（中西［1977］）。こうした労働運動の急展開に規定されて，職工の人格承認，労資の対等性に重点を置いた労資協調主義が台頭した。

個別企業の枠を超えた労働者の横断的組織との交渉を回避したかった企業側が導入したのが，各職場から選出された労働側委員と企業側委員が職場環境の改善について懇談する工場委員会・労働委員会制度であった。この制度は1919年から軍工廠や民間大経営に導入されはじめ，21年の団体交渉権獲得運動を契機に急速に普及していった。しかし，従業員としての一体性を企業側からいくら強調されようとも，先にみたように現実には職員と職工の間には大きな溝が存在した。そうした中で現場における作業集団の長である職長の役割は大きかった。職長は

日給査定，昇給査定などの権限を有しただけでなく，改良主義的な企業別組合を主導したのも彼らであった。第一線監督者として現場組織を統轄するとともに，親方的意識の強い職長層は配下の労働者のために，企業に対して労資協調の内実の充実を要求する存在でもあったのである（安田［1994］）。

第5節　金融構造の変化と企業金融

1　金融構造の変化

▶「重層的金融構造」と銀行破綻

　第1次世界大戦期には規模と役割に応じた普通銀行間の階層区分が明確となり，①巨大都市銀行（財閥系銀行を中心とし，全国的金融市場で経営展開すると同時に海外支店も設置して国際金融市場にも進出），②二流都市銀行（東京，大阪，名古屋などの大都市に本店を置くシンジケート団銀行であり，全国的金融市場で二流財閥や紡績企業といった非財閥系大企業と取引関係をもつ），③三流都市銀行（営業範囲が限定的，三流財閥，中小企業上層部，都市地主などが顧客），④有力地方銀行（全県的に展開し，地方銀行の中核であり，東京，大阪などの金融市場とも関連をもつ。取引相手は地方財閥や巨大地主など），⑤群小地方銀行（全県的営業範囲をもたず，本店周辺の局地的市場の中小企業・中小地主を取引先とし，大都市の零細銀行も含む）の5グループから構成される「重層的金融構造」と呼ばれる特徴的な金融システムが定着し，各階層は相互に資金・役員・持株関係を通して繋がっていた。階層性を有する以上のような普通銀行群のさらに下には中小零細企業，小地主，自作，小作，労働者，雑業層を顧客とする下級金融機関（無尽，信用組合，貸金会社，質屋など）が拡がっていたのである。（伊牟田［2002］）。

　表4-8に示されているように1920年代末まではほぼ毎年2桁台の新規参入があったにもかかわらず，その件数を大きく上回る破綻や合同によって普通銀行数は漸減した。1922年に大幅な増加がみられるが，これは21年制定の貯蓄銀行法によって515行の貯蓄銀行が普通銀行に転換したためである。1920年代の金融市場は動揺を繰り返した。1920年恐慌の際には政府・日銀を合わせて4億円近くの緊急融資が実施され，金融危機は回避されたものの，不良企業・金融機関の整理・淘汰は先送りされることになった。1922年2月には株式・米・商品投機に失敗した仕手石井定七商店が破綻したが，石井の取引先は大阪だけでも30銀行以上に上り，機関銀行関係（特定大口貸出先への融資集中あるいは特定銀行への借入金集中といった特定銀行と特定企業の間の過度の相互依存関係）にあった高知商業銀

表 4-8　普通銀行の動向

(単位：行)

年次	新設	解散・破産・廃業	合同 合併	合同 買収	合同 小計	消滅合計	年末銀行数
1910	16	10	3			15	1,618
11	10	7	1			13	1,615
12	24	5	6			18	1,621
13	21	18	2			26	1,616
14	15	15	2			36	1,595
15	8	4	2			161	1,442
16	16	10	7			31	1,427
17	16	19	16			45	1,398
18	19	15	21			39	1,378
19	32	20	31			66	1,344
1920	42	11	32			60	1,326
21	53	15	31			48	1,331
22	527	17	42			59	1,799
23	3	16	85			101	1,701
24	9	32	49			81	1,629
25	14	37	69			106	1,537
26	16	46	56	31	87	133	1,420
27	11	58	63	27	90	148	1,283
28	29	59	164	58	222	281	1,031
29	14	54	75	35	110	164	881
1930	6	26	48	31	79	105	782
31	9	52	29	27	56	108	683
32	17	102	42	18	60	162	538
33	2	13	8	3	11	24	516
34	4	18	15	3	18	36	484
35	2	7	5	8	13	20	466
36	3	24	14	7	21	45	424
37	4	12	10	29	39	51	377
38	2	4	13	16	29	33	346
39	2	5	7	18	25	30	318
1940	4	1	21	14	35	36	286
41	11	3			108	111	186
42	1	2			37	39	148
43	7	2			52	54	101
44	2				18	18	85
45	5	5			24	29	61

(注)　1)　1910～24 年の「新設」は，「貯蓄銀行より普通銀行へ転換」を含む。
　　　2)　1910～21 年の「消滅合計」は，「貯蓄銀行へ転換」を含む。
(出所)　後藤 [1970] 58, 62-63 頁。

行（資本金400万円）は預金の大部分を石井に融資していた。高知商業銀行の破綻に端を発する高知県下の銀行動揺はいったん収まったものの、1922年10月の日本商工銀行（100万円）、11月の日本積善銀行（500万円）の支払い停止を機に関西・九州を中心に銀行取り付けが拡がり、年末までに12行が支払い停止を余儀なくされた（日本銀行調査局編［1958］）。

　銀行が破綻し、金融システムが動揺する度に日本銀行は救済融資を繰り返した。1923年9月1日の関東大震災後の救済措置として、同月27日に日銀震災手形割引損失補償令が公布されたが、震災手形の大口債務者は鈴木商店、久原商事、国際汽船、原合名、高田商会などの経営不振企業であり、大口債権者はこうした企業と関係の深かった台湾銀行、藤本ビルブローカー銀行、朝鮮銀行などであった。とりわけ台湾銀行と鈴木商店の関係は深く、台湾銀行総貸出に占める鈴木商店向け貸出の割合は1920年12月の17.7％が26年12月には57.6％にまで上昇し（伊藤［1989］）、一方、24年末現在で鈴木商店の借入金総額約4億円の62％が台湾銀行からの借り入れであった（日本銀行調査局編［1958］）。

▶ 金融恐慌の勃発

　不良債権を多く含んだ震災手形は金融システムの不安定性を象徴するものであり、若槻礼次郎内閣（片岡直温蔵相）は震災手形所持銀行に公債を交付することによって、不良債権の政府肩代わりを行う法案を1927年1月の議会に提出した。当時の政界再編もからんで国会審議は紛糾し、3月14日の片岡蔵相の議会での有名な失言を機に東京渡辺銀行および姉妹行のあかぢ貯蓄銀行が休業した。政府の懸命の説得工作によって法案は議会を通過し、金融市場の動揺はいったん沈静化したが、コール資金の大口出し手であった三井銀行が大量の資金を台湾銀行から回収したため台湾銀行は危機に陥り、3月末に鈴木商店との新規取引の停止を決定した。その結果4月5日に鈴木商店が破綻し、政府は発券銀行である台湾銀行を救済するために緊急勅令を枢密院に諮ったところ否決され、若槻内閣は辞職、台湾銀行は4月18日に休業を宣言した。同日、シンジケート団銀行のひとつである近江銀行、21日には宮内省本金庫の十五銀行が休業し、これを機に全国規模の金融恐慌が勃発した。21日だけで日銀貸出は6億182万円増加（前日比57％増）、兌換銀行券発行高は6億3902万円増加（前日比38％増）し、片面のみ印刷した二百円券まで発行されるという異例の措置がとられた（日本銀行編［1983］）。

　4月20日に発足した田中義一内閣の高橋是清蔵相は金融恐慌の沈静に努めた。4月22日には3週間のモラトリアム（金銭債務の支払延期）を断行し、5月9日には「日本銀行特別融通及損失補償法」と「台湾ノ金融機関ニ対スル資金融通ニ関スル法律」が公布され、ようやく台湾銀行と普通銀行が救済されたのである。金

融恐慌の結果，不安視された普通銀行の預金が大量に引き出され，安全性の高い5大銀行（三井・三菱・住友・安田・第一）や郵便貯金に預け換えられた。1926年末の5大銀行の預金シェアは24.3%であったが，27年末に一挙に31.2%に上昇し，以後も上昇を続けて34年末には53.8%に達した（後藤［1970］，日本銀行編［1983］）。

▶ 安定した金融システムの確立に向けた取り組み

　機関銀行関係，株式・不動産といった担保価格の下落による不良債権の累積などに起因する1920年代の金融機関の不安定性を克服するため，政府は26年9月に金融制度調査会を設けて金融システムの総合的な検討を行った。普通銀行については過多と過小が問題にされ，地方的合同や都市銀行との合同の必要性が指摘された。こうした同調査会の答申を受けて27年3月に銀行法（施行は28年1月）が制定された。銀行法は地区別に最低資本金額（東京市・大阪市は200万円）を法定し，最低でも100万円の株式会社（ただし既設銀行で人口1万人未満の地に本店を有する銀行の最低資本金は50万円）であることが求められた。この基準を適用すると銀行法施行時でも1283行中617行が無資格銀行（うち人口1万人未満の地に本店を有する銀行で資本金50万円未満のもの336行）であった（日本銀行編［1983］）。無資格銀行は5年以内に解散整理するか，増資（原則として単独増資は認められず）・合併して基準をみたす必要があった。表4-8にあるように金融恐慌，銀行法制定を経て普通銀行は大幅に減少し，5年が経過した33年以降は新設・解散ともに大きく減少していることがわかる。「大量参入・大量退出」を抱え込んでいた重層的金融構造は最も弱い環が整理・淘汰されることで大きく変貌し，その安定性を増した。準戦時期になると「1県1行主義」と呼ばれる銀行再編成構想が基本方針となり，ついに1945年末の普通銀行は61行（都銀8行・地銀53行）にまで減少した。

　この強力な銀行集中政策によって，銀行における所有と経営の分離が進み，銀行の経営者支配が前進することで機関銀行関係が大きく後退した。また銀行業が寡占化したため，競争減退による効率性低下の可能性があったものの，銀行経営は安定し，金融システムのリスクは大幅に低下した。しかし銀行法による中小銀行の減少はその顧客である中小企業，中小地主などに大きな影響を与えた。5大銀行を除く普通銀行の貸出・預金の変化をみると，金融恐慌の直接の影響がなくなった1928，29年の預金減が1億2800万円であるのに対し，貸出減は約8億円に及んだ。銀行整理は大規模な信用収縮（クレジット・クランチ）を伴い，中小商工業者の間に深刻な金融問題を惹起したのである（寺西［2003］）。

　また蛸足配当などの不健全経営を監視する銀行内部監査制度，大蔵省検査制度，

表 4-9　大企業の株式所有者構成
(単位：%, 株)

	1919 年	1936 年
個　　人	74.4	16.2
銀　　行	3.6	5.8
保険会社	0.9	10.2
信託会社	0.6	0.9
証券業者	0.9	1.9
法人会社	15.0	56.4
その他	4.5	8.7
合　計	100.0	100.0
平均持株数		
最大株主	4,644	17,434
その他株主	103	95
1社当たり平均株主数	2,040	3,589

(注)　1)　調査会社数：1919 年は 379 社, 1936 年は 477 社.
　　　2)　各社平均 12 位までの大株主の保有株数を所属別に分類.
(出所)　志村［1969］408-409, 430-431 頁.

日銀取引先検査制度の発足も銀行経営の安定性向上に貢献した。大蔵省の銀行検査はマニュアル化されておらず，銀行検査官も専門職として確立していたとはいいがたかった。しかし銀行法によって大蔵省に検査強制権が付与された点は大きな前進であった（白鳥［2006］）。

2　直接金融と間接金融

▶企業金融の動向と株主の法人化

　間接金融の水準を把握するために日本内地における会社払込資本金に対する銀行貸出金の比率をみると，1910～14 年平均で 121%，15～19 年平均で 133%，20～24 年平均で 102% であり，26 年末の 96%（銀行貸出金は 116 億円）から 36 年末の 55%（96 億円）まで連年その値を低下させ，以後上昇に転じて 40 年には 72% に回復した（鈴木［2007］）。戦時期における間接金融の重要性が指摘されるが，1910 年代から金融恐慌までは戦時期以上に間接金融の比重が高く，金融恐慌から戦争開始時までは大銀行の慎重な貸し付け行動もあって間接金融が大きく後退した時期であったのである。

　次に表 4-9 に示されているように大企業の大株主構成は戦間期に大きく変化した。株式ブームに沸いた 1919 年には大企業の大株主（上位 12 位まで）が保有する株式の 74.4% が個人保有であったのに対し，法人会社の割合は 15.0% にとどまった。36 年になると個人の比率は 16.2% に激減し，法人会社が 56.4%，保険会社が 10.2% に躍進している。戦間期の直接金融の領域では株主の法人化という大きな変化が生じていたのである。個人比率の減少が著しいのは電力・鉄道などの公益事業および重化学工業諸部門であり，軽工業部門や商業では低下するとはいえ個人が依然として重要な地位を保っていた（志村［1969］）。

　表 4-9 にあるように戦間期に 1 社当たりの平均株主数は大幅に増加し，最大株主の平均持株数が約 3.8 倍増加する一方，その他株主の保有数は若干減少している。大株主としての法人株主の躍進と小零細保有株主層の増加が並行して進んでいたのである。株主の法人化は，①保険・信託などの機関投資家の成長，②税制改正（相対的な法人優遇）に規定された持株会社の増加，③企業グループ化の進展に伴う事業会社の系列会社株式保有の増加，といった諸要因に支えられていた。

また3大財閥以外の持株会社の多くは保有株式を担保に銀行から多額の借り入れを行っていた。その意味で企業集団にとって持株会社は銀行融資の導入機関として機能しており，間接金融を「直接金融」に変換する役割を果たしていたといえる（武田［1995］）。

▶ **社債発行**

次に社債発行についてみると，1915〜18年に総額約2億円であった全社債発行高が19〜24年に15億円，25〜30年に38億円，31〜38年に7億733万円となり，1920年代前半に本格的な社債発行市場が成立したことがわかる。1920〜30年代には電力社債が全社債発行高の3〜4割台と圧倒的割合を占めた。民間粗固定資本形成に占める民間電力投資の比率は19〜24年に16％，25〜30年に24％に達し，20年代後半には社債発行に依存した電力投資が日本経済拡大の一因となった。1920年代は「電力外債」の時代でもあった。電力外債は23年6月の東京電灯の英貨債発行に始まり，31年7月の台湾電力の米貨債発行まで続くが，23〜31年の全電力社債発行高（16口：5億2273万円）に占める電力外債発行高の割合は25％に達した（橘川［1995］）。

第6節　変貌する都市と農村

1　「大大阪」・「大東京」の成立とマスメディアの発達

▶ **巨大都市の成立と核家族の形成**

1925年4月に大阪市は西成・東成両郡の全域を編入するという大規模な第2次市域拡張を行い，この時に成立した「大大阪」は32年10月に東京市が5郡（荏原・豊多摩・北豊島・南足立・南葛飾）隣接82町村を合併して世界第2位（第1位はニューヨーク）の大都市（「大東京」）になるまで全国第1位の人口を維持した。戦間期には21年の名古屋市を最初に大阪，横浜（27年），神戸（29年），京都（31年），東京と6大都市のすべてが市域拡張を実施した。表4–10にあるように関東大震災によって東京市と横浜市の人口はいったん減少するが，35年には名古屋，京都は100万人都市に成長していた。

1919年には都市計画法が制定され，同法の適用都市は20年代に急増し，30年には98都市に達した。都市整備手段のひとつである土地区画整理は耕地整理法を準用して進められたが，市部での耕地整理を禁止した耕地整理法改正（31年）以降には都市計画法に基づく区画整理が進展した。こうした土地区画整理事業の実施とともにスラム・クリアランスが進み，大都市は近代都市へと変貌していっ

表 4-10　6 大都市の人口推移

(単位：1,000 人)

年次	東京	大阪	名古屋	京都	神戸	横浜
1913	2,050	1,396	452	509	442	398
20	2,173	1,253	430	591	609	423
25	1,996	2,115	769	680	644	406
30	2,071	2,454	907	765	788	620
35	5,876	2,990	1,083	1,081	912	704

(注)　1913 年は年末，その他は 10 月 1 日現在。
(出所)　内閣統計局編［各年版］。

たのである（持田［1993］）。

　大都市人口の増加は農村部からの人口移動と大都市内部での自立的な人口の拡大再生産に支えられたが，後者の比重が次第に高まっていった。戦間期の東京府と大阪府の人口コーホートの推移をみると，15〜19 歳層で最大の流入がみられ，20〜24 歳層でも流入が続いていた。その結果，都市部では若年者の比重が高く，農村部では逆の事態となった（1930 年国勢調査によると，全人口に占める 15〜39 歳人口の割合は，市部で 49％，郡部で 36％）。1935 年の「大東京」では「来住者」が全常住男子に占める比率は 57％，15〜19 歳層では 68％，20〜69 歳の 5 歳ごとの各階層では 72〜79％ であった（加瀬［2002］）。

　都市流入者は単身生活から核家族の形成に向かった。1934 年の東京市の調査によると，世帯主が 40 歳未満の場合，直系親族が同居している者の割合が「資本家，大経営主，金利生活者」で 29％，「俸給生活者，自由業者」で 21％，「中小経営主」で 22％，「労務者」で 14％ であり，一方核家族の割合は，「資本家，大経営主，金利生活者」で 58％，「俸給生活者，自由業者」で 67％，「中小経営主」で 66％，「労務者」で 78％ であった。地方出身者が多い「労務者」の約 8 割は核家族形態をとり，都市出身者が多い富裕層では直系世帯も珍しくなく，「俸給生活者，自由業者」や「中小経営主」は両者の中間にいたのである（加瀬［2002］）。

▶ 新聞・ラジオの普及

　都市化の進展は大衆文化の興隆，文化産業の成立をもたらした（竹村［2004］）。大阪朝日新聞・東京朝日新聞・大阪毎日新聞・東京日日新聞の 4 大紙が発行部数を伸ばし，表 4-11 に示されているように大阪毎日の発行部数は 1924 年に 100 万部を突破し，他の 3 紙も 1930 年代に 100 万部を超えた。ただし最大発行部数を誇った大阪毎日の場合，30 年 10 月に月極定価を 1 円から 90 銭に値下げしたものの，年間購読料は 10 円を上回った。大阪毎日と大阪朝日は協定して 15 年 10

月，東京朝日は21年2月，東京日日は23年9月から夕刊を発行した。従来はその日の出来事をその日のうちに読者に報道するには号外の発行しかなかったが，夕刊発行によってこれが実現した（社史編纂委員会編 [1952]，大阪本社販売百年史編集委員会編 [1979]）。

世界初の定期的なラジオ放送は1920年にアメリカで始まったが，日本では24年の社団法人東京放送局，25年の社団法人名古屋放送局と社団法人大阪放送局の設立を経て26年に3放送局を合同して社団法人日本放送協会が設立され，27年から全国中継放送が開始される。ラジオ放送の開始とともにラジオ・ブームが起こった。ラジオ聴取契約者数は1925年度末の26万人が30年度末に78万人（普及率6.1%），35年度末に242万人（17.9%），40年度末に567万人（39.2%），44年度末に747万人（50.4%）と増加の一途を辿った。33年度末の聴取契約者171万人のうち関東・関西・東海の3支部で84%を占め，契約者の大部分が商業従事者，公務員，自由業者などであり，ラジオ聴取の都市部偏在が目立った。農山漁村での普及率の向上が日本放送協会の大きな課題であり，35年4月には聴取料金の月額75銭から50銭への値下げが実施されたものの，1カ年6円の聴取料は農家にとって大きな負担であった（日本放送協会編 [1965]）。

表4-11 四大紙の発行部数

（単位：1,000部）

年次	大阪毎日	大阪朝日	東京日日	東京朝日
1912	283	191	103	126
13	307	199	124	134
14	321	242	150	148
15	392	241	234	158
16	451	260	275	170
17	491	316	313	190
18	542	342	360	221
19	513	341	357	223
1920	602	376	369	250
21	687	445	376	292
22	825	563	347	275
23	921	585	374	289
24	1,111	690	709	410
25	1,221	754	720	423
26	1,231	783	781	432
27	1,304	866	814	574
28	1,370	923	858	553
29	1,504	966	941	587
1930	1,501	980	1,004	702
31	1,501	914	932	521
32	1,508	1,054	1,052	770
33	1,582	1,041	1,279	845
34	1,690	1,138	1,106	885
35	1,728	898	1,158	913
36	1,276	861	1,188	1,011
37	1,415	941	1,432	1,042
38	1,100	938	1,146	991
39	1,136	974	1,186	1,115

（注）大阪毎日の1936年の大幅減少は中部・西部での印刷開始，大阪朝日の35年の大幅減少は九州での印刷開始による。
（出所）社史編纂委員会編 [1952] 612-613頁，大阪本社販売百年史編集委員会編 [1979] 巻末付表。

▶ 早すぎる「大衆社会」状況の出現

以上のように消費面で農村部と都市部の大きな格差を生み出しながらも，マスメディアを通して大量の情報が生産され流通した。そうした中で単身者と核家族を中心とする大都市では第1次世界大戦以前には経験したことのない早すぎる

「大衆社会」状況が出現する。一方で職場においても地域においても現実の経済的格差は大きく，「天皇の赤子」として万人の平等を理念とする，あるいは「天皇の国民」ではなく「国民の天皇」の下で人間としての平等化を追求する運動がさまざまな形で展開された（橋川［1994］）。1921年夏の神戸の三菱・川崎両造船所争議において，在郷軍人の労働者3000人が浅黄の労働服を脱ぎ捨て軍服姿になったのも，それが争議団の正義を証するものにほかならなかったからである（竹村［2004］）。

2　工場街・郊外住宅地の形成と都市間電車の発達

▶ 工場街の形成と公設市場の開設

　東京や大阪のような大都市で工場街が形成されると，その周辺には労働者が多数集住する労働者街が拡大していった。1920年代に労働者が郊外から電車に乗って通勤することは少なく，基本的には徒歩あるいは市電を使って工場に通った。1928年の大阪の大規模工場の従業者に対する通勤調査では，調査対象761名のうち徒歩75％，市電11％，渡船10％，鉄道・郊外電鉄2％，自転車2％の割合であり，通勤時間50分以内が97％を占めていた（三木［2003］）。

　こうした状況が大きく変化するのは戦時期であった。1940年から操業を開始した日立精機川崎工場（最寄駅は南武線鹿島田駅）の44年調査によると，「最近ノ住居払底ニヨリ勤務場所附近ニ住居ヲ求メルコトハ全ク困難トナリ，従ツテ勤務場所ヲ中心トシテ外ニ向ツテ住居ヲ求メ必然的ニ遠距離トナラザルヲ得ナイ（中略）最近ノ交通機関ノ殺人的混雑ニヨッテ勤労力疲労ニ及ボス影響大ナルモノアリ」といった状況であり，寮からの通勤者を除くと，通勤方法は電車66％（省線27％，南武線26％，私鉄12％，市電1％），徒歩26％，自転車5％，その他3％の順であり，通勤の平均所要時間は45分であった（出川［1944］12頁）。

　第1次世界大戦期の物価高騰，米騒動を機に公設市場が普及していった。公設市場の発達が顕著であったのは6大都市の中でも名古屋より西であり，とくに大阪市の公設市場が質量ともに突出しており，市場数は1918年の4市場が25年には41市場，30年に52市場に増加した。公設市場は当初の細民救済的小売施設から一般市民のための小売市場へと性格を変えていき，公設市場の普及に刺激されて私設の小売市場もその数を増した。御用聞きや女中のいない労働者街ではこうした公私設小売市場の存在意義はとりわけ大きかったと思われる。御用聞き，掛け売りを排した現金・持ち帰り販売方式を採用した公私設小売市場の普及は，百貨店の隆盛とともに都市住民の消費生活における選択肢を拡げた。1935年の調査によると大阪市では小売市場の売上高が市内小売販売額に占める割合は，青

果で48%，魚類で75%に達した（廣田 [2007]）。

▶ **都市交通ネットワークの発達**

　戦間期の大都市の旧市内では路面電車だけでは不十分となり，東京では1925年に国鉄電車の環状線が完成し，27年に地下鉄が開業し，大阪でも30年代に地下鉄の建設が進められた。一方，国鉄近郊区間の電車化と民営郊外電鉄の普及は，住宅地である郊外都市を生み出していった。1920年代にバス・タクシーが実用化されるまで，路面電車が唯一の近代的な都市交通機関であった。大阪では1903年の開業当初から市営であったが，東京では11年に東京市電が成立し，20年前後に神戸，京都，横浜，名古屋の民営路面電車が市営化された。東京周辺では1930年前後に京浜線で7・8両編成電車が用いられ，中央線・山手線の電車も長編成化されていった。大阪周辺では1932年に初めて片町線が電化され，34年以降京阪神間が電化されて既設の民営都市間電車と競争するようになるが，市内交通に占める国鉄の比重は小さく，33年に電化された城東線が大阪と天王寺を結んだ。

　1905年に最初の都市間電車（interurban）である阪神電気鉄道が開業し，京浜電気鉄道が品川—神奈川間を全通して東海道本線に競争を挑んだ。阪神電鉄は1914年からPR誌『郊外生活』を発行して沿線住民に園芸趣味を鼓吹した（竹村 [2004]）。1907年には南海鉄道が蒸気鉄道を電化し，10年代前半には箕面有馬電気軌道（10年開業），京阪電気鉄道（10年），愛知電気鉄道（12年），京成電気軌道（12年），京王電気軌道（13年），大阪電気軌道（14年）などが登場する。1911年に南海鉄道が難波—和歌山市間を電化して延長60kmを超える都市間電車となっていたが，20年代後半になると東武鉄道が100kmを超える長距離電車を実現させ，さらに小田原急行鉄道（27年），参宮急行電鉄（29年），阪和電気鉄道（29年）なども開業した（和久田 [1984]，野田ほか [1986]）。

　1924年の定期券購入者の職業をみると，阪神・阪急・京阪・南海・大軌ともに銀行員，官公吏，商人などが大半であり，労働者や農民は少数であった。大阪では郊外地域から市内への通勤者は1920年代半ば以降増加し，大阪東部や阪急による住宅開発の早かった北部からの通勤が多く，片道20kmを超える通勤者も相当いた（三木 [2003]）。

3　商品作物の生産と農家・農村の姿

▶ **商業的農業の展開**

　図4-1に示されているように第1次世界大戦期，とくに後半期に農産物価格は急騰した。農家にとって米と繭が2大収入源であったが，好調なアメリカ向け生

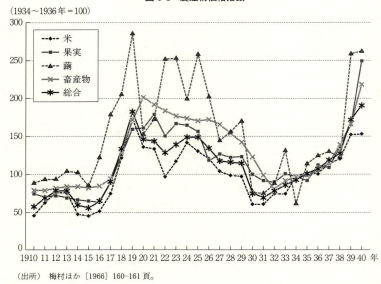

図 4-1　農産物価格指数

（出所）梅村ほか［1966］160–161 頁。

　糸輸出に牽引されて 1919 年の繭価は 15 年水準の 3.4 倍に達し，米価も同期間にそれを上回る伸びを記録した。「百姓成金」という言葉が登場したのもこの時期であり，大戦ブーム期には株に手を出す農民まで現れ評判となった。
　しかしその後の農産物価格指数（総合）の動きをみると，1920 年代前半には相対的に高水準を維持したものの，20 年代後半の傾向的低落を経て昭和恐慌期には惨落し，長い低迷状態を脱するのは 30 年代半ば，本格的回復は戦時期に入ってからであった。米価も同様の動きを示し，昭和恐慌以前の水準に戻るのは 34 年以降であった。
　米と繭が 2 大基軸商品であることに変わりはなかったが，都市人口の急増に対応して商業的農業が発展した。具体的には蔬菜，果実，畜産物などの生産が顕著に伸び，鉄道を中心とする運送手段の拡大が新たな産地形成を促した。たとえばトマトの収穫量は 1910 年の 19 万貫が 20 年に 84 万貫，30 年に 111 万貫，35 年に 370 万貫，キャベツは 1144 万貫から 2601 万貫，3955 万貫，5051 万貫，タマネギは 496 万貫から 1014 万貫，3598 万貫，5016 万貫へと増加した。こうした中で米の収穫量は 1910 年の 4658 万石（反収は 1.6 石）から 20 年の 6313 万石（2.0 石），30 年の 6682 万石（2.1 石），35 年の 5733 万石（1.8 石）の伸びにとどまったため増加する需要を満たすことはできず，1910 年度に 176 万石であった輸移入高が 25 年度に 1209 万石を記録し，31 年度以降も 1000 万石を上回る高水準が続

いた（加用監修［1977］）。農業生産力拡大の努力は米の増産よりも養蚕業をはじめとする畑作商品作物や畜産に向かったのである。

▶ **金肥使用の増加と土地利回りの低下**

商業的農業の展開に伴い自給肥料に代わって購入肥料（金肥）が増加し，その内容も魚肥や大豆粕などの有機肥料よりも過燐酸石灰，硫安など速効性の無機肥料の比重が高まった。農業機械は原動機（石油発動機・電動機）と作業機械（脱穀・籾摺・耕耘機など）に分かれるが，原動機の普及は灌漑排水作業の機械化を促進し，第1次世界大戦前後の全国的米穀市場の形成に伴って米穀検査制度が確立され，商品としての品質向上が要求されるようになると動力籾摺機が急速に普及した。しかし調整作業と比べて農業機械の農耕作業（耕耘，除草，収穫など）への導入には大きな限界があり，農耕作業の基本は畜力・人力であった。脱穀作業では1930年代に入ると動力脱穀機が普及し，37年の普及台数は約13万台に達した（岡部［2003］）。

1920年頃の55％前後から35年頃の47〜48％に低下するとはいえ高い小作料水準が続いたにもかかわらず（友部［1996］），20年恐慌によって米価が暴落し，その後も傾向的な低下を続け，一方で租税・公租負担が増加したため，1920年代になると土地の利回り（純利益／地価）が預金金利や有価証券利回りを下回るようになった。大地主の中には国内の小作地を売却し，朝鮮での土地所有を拡大する者もいたが，村の名望家層でもある大多数の在村地主にとって土地を売却することは考えられず，逆に一部の地主は貸し付け地を減らし自作地を増やして農業所得を維持しようとした。

▶ **小作争議の展開と日本農業の強靱性**

商業的農業が展開し，金肥を購入し，都市での賃金上昇が農業部門での雇用労賃を押し上げるようになると，小作農民の間でも自家労働に対する労賃部分も含めてコスト意識が醸成されるようになり，小作料率の高さが明確に意識されるようになった。労働運動の展開にも刺激されながら，戦間期には高率小作料の減額を要求する小作争議が頻発するようになった。商業的農業が早期に展開し，都市労働市場からの影響の強い近畿地方での小作争議が先行し，地主勢力の強い東北地方に争議の波が及ぶのは1920年代後半以降であった（林［1996］）。

しかしここで強調しておきたい点は，商業的農業の展開，小作争議の拡大によっても，日本の農家戸数約550万戸という数字は明治期から昭和の戦時期まで変化がなかったことである。日本では長男による単独相続が基本であったため分割相続による経営の零細化はなく，農業経営の連続性が保証された。また小作争議がみられたとはいえ，地主─小作関係は基本的にきわめて長期的，安定的であり，

親の代からの小作地を引き続き子が耕作することも珍しくなかった。次三男を他所に，都市に排出した小農経営は経営の連続性からみて強靭であり，近代日本の都市化，産業化はこうした強靭な小農経営，彼らが構成する村によって支えられていたのである（日本農業，農家，村の特質については，坂根［2011］，［2014］参照）。

4 農業恐慌の政治経済史

▶ 米価政策と農業恐慌対策

図 4-1 にあるように農産物価格指数（総合）は 1929 年から 31 年にかけて 4 割下落した。昭和農業恐慌は 1920 年代後半から下降気味であった農産物価格を惨落させたのである。また 1925〜27 年から 30〜32 年にかけて農産物価格が 44% の下落率を示したのに対して，農業経常財価格は 42%，農業日雇賃金は 40% の下落であり，一方で農村消費者物価は 26%，製造業総合賃金は 10% の低下にとどまった。農家経済は絶対的に縮小しただけでなく，工業との比較においても不利化を余儀なくされた（昭和農業恐慌の詳細については，暉峻［1984］，清水［1987］参照）。

1918 年の米騒動を機に 21 年に米穀法が制定され，政府は米価維持政策に乗り出したがその効果は小さかった。昭和恐慌期に米穀法が改正され，米買い入れ資金が増額されるとともに買い入れ・売り渡しの基準となる最低・最高価格が定められたものの，米価を回復させる力は弱かった。公定価格による無制限の買い入れ・売り渡しを定めた 1933 年制定の米穀統制法によって 33 年 11 月〜34 年 6 月に 1000 万石を超える内地・植民地米買い入れが行われ，さらに 34，35 年産米が不作であったことから米価は急速に回復した（大豆生田［1993］）。しかし，「売る米を沢山持ち，米の値上りを待つ余裕ある地主にとっては，米穀統制法はまことに有難い。地主たちに沢山貸しのある銀行にとっても有難い。（中略）二町歩作れば百四十俵のあがりになる，そのうち六十俵は小作料にとられ，三十俵は飯米に残し，五十俵を売る，しかしその半分の二十五俵の売上げは肥料代に当てねばならぬ，（中略）飯米を残してなお五十俵も売る米があるようなのは，全国でもごく僅かである。自作・小作を通じて，せいぜい農家総数の一割もあるかなしだろう」（猪俣［1982］136 頁）といった指摘にあるように，米価回復の恩恵に与れる農民は限られていた。

価格支持政策だけでなく，農業恐慌に対応して政府は救農土木事業，負債整理事業（高利の借金の借り換え資金として，低利の預金部資金を町村などを通じて農民に貸し付ける），経済更生運動を展開した。各町村において経済更生運動を展開する「中心人物」は町村長，農会長，産業組合長，小学校長であり，恐慌に直面した

農山漁村の危機を組織化によって乗り越えようとする狙いがあった。経済的組織化の内容は産業組合―農事実行組合による流通の組織化と農会による農業経営改善事業であり，更生運動を部落レヴェルで担ったのが農業経営の中堅的担い手である「中堅人物」であった。中堅人物は農業簿記や農業技術の講習を受け，「精農」としての役割を期待された。経済更生運動の展開過程では自小作・小作中農層が中堅人物に登用される場合もあり，1933年の町村会議員選挙で小作人議員が3分の1以上を占める町村会は全国町村会の14%に及んだ（大門［1994］）。

▶ 農村不況と政治的危機

　農村の長期不況は深刻な社会不安，政治的危機と連動していった。2.26事件関係者となるある「青年将校」は昭和恐慌時には満洲事変関係で渡満していたが，彼によると「ただでさえ貧困な農家出の兵士が多かった。そこで凶作と出征がかちあった。出征兵士の後顧の憂いは深かった。がこれに，はからずも氾濫する慰問袋が役立った。戦地での身の廻り品無駄遣いさえしなければ，官給品で一応間に合った。それで慰問袋からでてくる日用雑貨品や保存の利く食糧品は，各自にひとまとめにさして置いて，度々郷里に軍事郵便で送らせることにした。出征兵士への慰問品は，迂路をとおり，も一度海を渡って凶作地への慰問品にすり変わっていた。わずかな手当の金も節約して貯金し，郷里に送金する兵も多かった。若い将校のなかには，月給を割いて部下に与えるものもいた」のである。「戦死者がでると，改めて留守家族の事情をしらべる。大抵貧困だった。意地悪く，弾丸は貧困な家庭の兵から，選り好んであたるのではあるまいかとさえ，ふと思うことがあった。が考えてみれば，どの出征兵士の家庭も一様に貧困だったのである」（末松［1974］83-84頁）。こうした貧困へのまなざし，危機意識が「昭和維新」を背後から突き動かした原動力のひとつであった。もちろんその力がどの方向に向けられるかはその後の政治軍事状況に規定された。しかしその大波の中で浜口雄幸，犬養毅，井上準之助，高橋是清といった政治家はいずれもテロリズムの犠牲となったのである。

▶「名望家」秩序の揺らぎ

　第3章で検討したように，第1次世界大戦前には地域経済，地方経済のリーダーとして「名望家」層が大きな存在感を示した。しかし先にみたように金融恐慌以降の地方中小銀行の減少は，地域経済の担い手である在来商工業者に深刻なクレジット・クランチをもたらすことになった。さらに小作争議の頻発，農村不況の深刻化を通して地主・「名望家」秩序が大きく揺らいだ。

　こうした事態を，寺西重郎は「戦前期経済の限界は，在来産業が重化学工業に雇用と成長の主導権を譲り渡す前に，地域経済圏を支えるエトスと在来産業を支

える銀行セクターが力つきたことであった」(寺西 [2003] 185 頁) と要約した。強靭な小農経営に大きな変化はなかったものの，同時に彼らが組み込まれていた「名望家」的秩序は揺さぶられていた。教育費，土木費をはじめとするさまざまな域内の財政需要が高まる中で，後でみるように両税移譲の頓挫に代表されるように独自の財源確保ができず，中央政府からの補助金依存度を高めつつ，地域経済では従来の「名望家」層が公的領域にコミットできる実質的可能性が低下したのである。

▶ 満洲農業移民

国内の「過剰人口」・「土地飢餓」問題の解決策として満洲農業移民が提起され，「佳木斯(チャムス)移民実施要領案」(1932 年 9 月，関東軍特務部決定) にのっとって第 1 次試験移民が 1932 年 10 月に渡満した。36 年までの試験移民の後，関東軍司令部作成の「満洲農業移民百万戸移住計画案」(36 年 5 月) を受けて，同年 8 月に広田弘毅内閣は 7 大国策のひとつとして「満洲農業移民 20 カ年百万戸送出計画」を確定した。典型的な土地飢餓農民である所有面積 5 反以下農民 200 万戸の半分を移民させようとする本計画は移民農家 1 戸当たりの耕地所有面積を 10 町歩と想定し，確保すべき土地面積は 1000 万町歩とされた。本計画に基づいて 1937 年から大量の移民が送出されることになった。37 年 5 月には拓務省によって第 1 期 (37～41 年) 10 万戸送出計画案が作成され，38 年からは分村移民 (各町村別に「黒字農家」＝「適正規模農家」の平均耕地面積を基準に「適正規模農家」数を算出し，この戸数を超える「過剰農家」をすべて送出する計画) が本格化する。しかし戦時期になると国内での労働力不足が深刻化するようになり，移民熱は急速に沈静化し，最終的には約 10 万戸，22 万人の移民にとどまった (浅田 [1993])。

5 農村工業の諸相

▶ 大河内正敏と農村工業

1930 年代の農村における新たな動きとして，従来からの農産物加工，地場産業，伝統産業とは異なった機械金属工業に傾斜した農村工業の展開がみられた。その中でも理化学研究所の第 3 代所長大河内正敏が提唱した「農村工業化論」が注目を惹いた。理化学興業が新潟県柏崎に進出したのは 1929 年であったが，その後理研コンツェルンは 34 年の理研ピストンリングの設立をはじめとして，傘下企業を長岡・柏崎地区を中心とした農村部に展開していった。1932 年に柏崎にピストンリング工場を設置した際は工場長以下 20 名にすぎなかったのが，34 年には約 250 人，35 年には女工のみで 700 人，40 年には男女合計で 5000 人に達した。生産を多数の工程に分割し，単能機械を配置することによって農村労働力

を専門工化することができ,高能率・低コストを実現できるという軍需ブームを背景にした大河内の農村工業化論の意図は壮大であった。しかし戦時期に入って資材制約が深まると農村工業化の動きは停滞し,理研コンツェルンが再編されて41年7月に理研工業が設立された際の最初の仕事が農村工業の整理だった(牛山 [1975], 斎藤 [1987])。

▶ 海軍工廠と商工省の地方工業振興策

一方,呉海軍工廠では1934年度に初めて高知県鉄工組合に部品加工を発注し,37年度になるとその範囲は中四国・近畿13県に拡大した。海軍によるこうした地方統制工業の展開と並行して商工省でも地方経済振興策が検討され,1935年10月に地方工業化委員会の設置が省議決定された。農林省が農家副業の一環として奨励してきた共同作業所や納屋工場とは違って,商工省が提唱する「地方工業化」は都市工業の地方分散に力点を置いたものであった。地方工業化委員会第1小委員会は1936年12月に下請工業助成計画要綱を決定し,同年末で下請工業助成補助金の対象となる下請関係工業組合は13県51工業組合であったが,37年10月には32道県150組合に増加した(藤井・奥田 [2002], 植田 [2004])。

6 行政サービスをめぐる地方政府間競争

▶ 財政における地方と中央

戦間期には政友会の積極・膨張政策と憲政会=民政党の消極・緊縮政策という対照的な財政運営が行われた。ただし1924〜26年の憲政会政権(第1・2次加藤高明内閣,第1次若槻内閣)は関東大震災の復旧に伴う財政支出を余儀なくされ,27〜29年の政友会政権(田中内閣)は不況による財源難に規定されて意図していた膨張政策を十分に展開できなかった(原 [1981])。

一方,国税である地租と営業税を地方の独立税として移譲する問題が初めて議論されたのは,1920年に設置された臨時財政調査会においてであった。この両税移譲問題は中央・地方財政および地方政府間の財政力のあり方の根幹に関わる問題であったが,1929年の議会で衆議院は僅差で通過したものの,貴族院では審議未了廃案となった。困難化する地方財政に対する救済策として,独立税の地方移譲をとるか国庫負担金(国庫補助金)の増額を選択するかは大きな問題であり,結局前者の途が実現することはなかった。しかし1940年には地租と営業収益税は地方還付税となった(金澤 [2010] 第1章)。

図4-2に示されているように,財政支出(一般会計)における中央政府と地方政府の構成比は,明治期に中央2に対して地方1という割合だったのに対して1920年代になると大きく変化し,26年度以降は地方歳出と中央政府歳出が拮抗

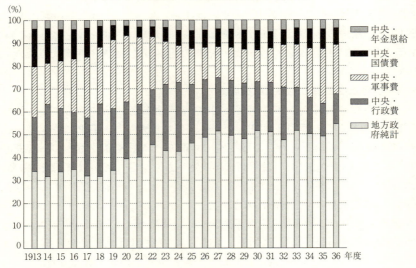

図4-2 中央政府・地方政府財政支出（一般会計）

(出所) 日本銀行統計局編 [1966] 133頁，および江見・塩野谷 [1966] 168, 170頁。

するようになった。地方歳出の膨張を牽引したのは，①市歳出における都市公営事業費および社会事業費，②道府県・市町村歳出を通じた教育費，③道府県および市歳出を中心とした道路，港湾，治水などの土木費，④それらの事業のために発行された地方債に伴う公債費などの増加であった（大石 [2007]）。政府支出全体に占める軍事費の割合は軍縮を反映して1923年度以降は2割を切っていたが，34年度以降再び2割台に上昇した。一方国債費の割合は1918年度から36年度まで一貫して1割を切る水準で推移した。

地方歳出の中でもとくに市歳出の拡大が著しく，中央と地方を合わせた全歳出に占める市歳出の割合は1921年度以降10％台となり，26～31年度には20％台に達した。1920年代後半には6大都市を中心に各中核都市において近代都市に脱皮するための公共投資が競って実施された。政府も外貨を補充するために電力会社や地方自治体の外債募集を奨励し，便宜を与えた。さらに金融恐慌後になると金利が低下したため，地方債の国内での募集も容易になった（中村 [1985]，持田 [1993]）。

▶ **大都市の行政サービス**

また拡大を続ける大都市はさまざまな行政サービスを必要とした。たとえば1930年度の大阪市の歳出総額は1億1856万円であったが，その構成比は普通経費27.8％（教育費12.0％，産業費3.7％，役所費3.0％，土木費2.9％，保健費2.5％，社会

事業費 1.9％，雑費 1.8％），特別経費（現業部門）72.2％（公債元利支払 26.7％，電気事業費 15.6％，電気軌道費 9.9％，都市計画事業費 7.9％，上水道費 3.0％，高速鉄道 2.8％，乗合自動車 2.7％，港湾費 2.0％，下水道費 1.7％）であった（阿部［2006］）。大阪市では市営交通として路面電車だけでなく，1927 年から市営バス（「銀バス」）事業が始まり，先に開業していた民営の「青バス（大阪乗合自動車）」と激しい競争を展開し，33 年には梅田—心斎橋間 3.1 キロで市営地下鉄が開業した。上水道の年間給水量は 1926 年から 38 年にかけて倍増し（給水戸数は 1.5 倍），道路の舗装率は 30 年の 19％ が 40 年には 45％ に上昇した（大阪市立大学経済研究所編［1989］）。

歳出総額に占める社会事業費の割合は小さいが（ただし 1925 年度は 7.9％），大阪市では 1920 年に社会部が発足し，簡易食堂，職業紹介所，共同宿泊所，市営住宅，託児所・乳児院，産院，児童相談所・少年職業紹介所，市民館，公設市場といった多彩な社会事業が展開された。1919～26 年の間に職業紹介所は市内 12 カ所に設けられ，28 年までに市民館も 5 カ所に増えた（玉井［1996］）。関一市長（14 年に大阪市高級助役，市長在任期間：23～35 年）に率いられた大阪市の実践が，東京市をはじめ他の諸都市の行政のあり方にも大きな刺激を与えた。

第 7 節　植民地経済の変化

1　概　　観

日本帝国は内地と「外地」から構成されたが，後者は植民地（台湾・朝鮮・南樺太），租借地（関東州・満鉄付属地），委任統治領（南洋群島）といった性格の異なる諸領域を包含した。満鉄付属地は「満洲国」建国後の 1937 年 12 月に同国に吸収される形で解消する。旧独領南洋群島は 1921 年に国際連盟からの委任統治領となり，第 1 次世界大戦中に日本が軍事占領し軍政を施行した青島を含む膠州湾の元ドイツ租借地は 22 年に中国に返還された（以下，山本［1992］による）。

通貨についてみると，南樺太では日本円が唯一の法貨であり，台湾と朝鮮では植民地中央銀行である台湾銀行と朝鮮銀行が発行する台湾銀行券および朝鮮銀行券が法貨であった。南洋群島に関しては 1915 年の南洋群島貨幣令によって日本円を法貨とした。関東州では朝鮮銀行券が法貨とされたが，満洲ないし関内で使用される中国側の通貨も並行して流通していた。「満洲国」では満洲中央銀行券が流通したが，1935 年の「円元パー」によって国幣と日本円の等価が実現する。

日本帝国の 1937 年の国内純生産推計によると，内地が 83％ を占め，続いて朝鮮 11％，台湾 3.7％，関東州 1.4％，南樺太 0.7％，南洋群島 0.2％ の順であり，

表 4-12 (1)　植民地・租借地・委任統治領の人口

(単位：1,000人，100万円)

年次	内地	朝鮮 総数	朝鮮 内地人	台湾 総数	台湾 内地人	樺太	南洋群島 総数	南洋群島 内地人	関東州・満鉄付属地 総数	関東州・満鉄付属地 内地人	小計
1920	55,963	17,289	348	3,758	167	91			845	135	21,983
21	56,666	17,453	368	3,836	175	104			841	142	22,234
22	57,390	17,627	386	3,905	178	120	51	3	873	148	22,576
23	58,119	17,885	403	3,976	182	140	54	5	944	162	22,999
24	58,876	18,068	412	4,042	183	153	55	5	978	168	23,296
25	59,737	19,016	425	4,147	190	189	56	7	1,032	174	24,440
26	60,741	19,104	442	4,242	196	204	57	8	1,059	179	24,666
27	61,659	19,138	455	4,337	203	221	59	10	1,109	185	24,864
28	62,595	19,190	469	4,438	211	241	61	12	1,159	193	25,089
29	63,461	19,331	488	4,549	221	251	65	16	1,226	203	25,422
1930	64,450	20,257	502	4,679	232	285	70	20	1,291	215	26,582
31	65,457	20,263	515	4,804	244	287	73	23	1,275	220	26,702
32	66,434	20,600	523	4,930	248	293	78	28	1,324	243	27,225
33	67,432	20,791	543	5,061	256	300	82	32	1,409	279	27,643
34	68,309	21,126	561	5,195	263	313	91	40	1,498	315	28,223
35	69,254	21,891	583	5,316	270	322	103	51	1,621	350	29,253
36	70,114	22,048	609	5,452	282	322	107	56	1,681	370	29,610
37	70,630	22,355	630	5,609	299	327	113	62	1,190	175	29,594
38	71,013	22,634	633	5,747	309	339	123	71	1,226	181	30,069
39	71,380	22,801	650	5,896	323	355	129	75	1,274	190	30,455
1940	71,933	23,709	690	6,077	347	399			1,393	203	
41	72,218	24,704	717	6,249	366	407			1,493	215	
42	72,880	26,361	753	6,428	385				1,584	223	

帝国に含まれない「満洲国」の国内純生産は朝鮮の約1.5倍であった。1人当たり国民生産をみると，内地を100として，台湾が55〜60，朝鮮が35〜40，「満洲国」が30〜35程度であった。

　表4-12(1)に示されているように1936年には内地人口7011万人に対して，「外地」人口は2961万人であり，そのうち朝鮮が2205万人，台湾が545万人，関東州・満鉄付属地が168万人であった。「外地」各地域の人口は例外なく年々増加し，「外地」に居住する日本人（樺太人口を内地人と仮定）も1920年の74万人から36年の164万人に増加した。次に表4-12(2)の会社払込資本金の動きをみると，「外地」全体では1926年に13億円程度であったのが30年で15億円，36年で27億円に増加した。1936年の内地が174億円であったから，「外地」はその16%に匹敵した。なお1933年の樺太の資本金・出資金の減少は同年5月に樺太工業が王子製紙に吸収合併されたためであった（鈴木［2007］）。

表 4-12（2） 植民地・租借地・委任統治領の会社数・払込資本金

(単位：社, 100万円)

年次	内地 社数	内地 払込金額	朝鮮 社数	朝鮮 払込金額	台湾 社数	台湾 払込金額	樺太 社数	樺太 公称・出資	南洋群島 社数	南洋群島 払込金額	満洲国 社数	満洲国 払込金額	関東州・満鉄付属地 社数	関東州・満鉄付属地 払込金額	小計 払込金額
1920	42,488	8,418	544	183	395	313							561	468	964
21	45,190	9,607	705	205	436	324							581	468	997
22	41,215	7,085	759	219	479	349			1	3			633	481	1,052
23	44,183	10,789	920	279	566	357			1	3			735	505	1,144
24	43,702	11,893	1,001	259	657	363			1	3			769	518	1,143
25	45,275	11,664	1,189	221	751	351			1	3			878	530	1,105
26	46,805	12,187	1,276	216	818	346	222	217	3	3			961	562	1,344
27	49,982	12,546	1,358	239	873	341	237	110	6	3			1,018	585	1,278
28	53,105	13,029	1,547	248	940	321	264	114	6	6			1,064	603	1,292
29	57,199	13,642	1,768	311	837	313	269	122	9	8			1,122	640	1,394
1930	63,553	13,763	1,911	317	865	297	329	120	12	11			1,271	714	1,459
31	71,965	13,966	2,035	359	912	295	355	123	15	11			1,351	707	1,495
32	77,729	14,075	2,158	375	911	293	364	130	26	12	2	19	1,495	719	1,548
33	83,128	14,389	2,280	393	989	311	398	71	24	17	16	67	1,667	925	1,784
34	88,523	15,576	2,302	432	1,062	316	394	61	28	17	64	203	1,902	969	1,998
35	94,592	16,392	2,359	591	1,086	331	387	87	30	16	325	316	2,055	978	2,319
36	96,250	17,387	2,721	723	1,232	387	363	87	34	35	456	485	2,380	1,020	2,737
37	92,255	19,374	3,217	935	1,354		368	95	44	44	2,292	1,325	1,090	857	(3,256)
38	87,844	21,659	3,382	1,028	1,512	400	368	97	47	67	3,092	1,774	1,131	905	4,271
39	88,835	23,989	3,581	1,412	1,617	432	366	104	49	73	3,718	2,578	1,168	973	5,572
1940	91,028	26,930	3,161	1,604	1,821	516	360	168			4,233	3,599	1,181	1,145	(7,032)
41	97,203	30,452	3,156	1,690	1,946	602	378	220			4,561	4,076	1,231	1,280	(7,868)
42	101,939	38,339			1,833	631					5,023	4,641	1,282	1,292	(6,564)

(注) 1) 小計は内地を除いた計数。
2) 樺太は公称資本金額と出資額の合計。
3) 1937 年 12 月 1 日に満鉄付属地の行政権が「満洲国」に委譲されたため、37 年以降の「関東州・満鉄付属地」の人口は関東州のみの計数。
また同日に「満洲国」で治外法権が撤廃されたため、満鉄付属地内に本社を有する日本法人は満洲国法人に切り替わった。

(出所) 人口，会社数・払込資本金（1920～29 年）：東洋経済新報社編［1980］上巻，23, 535 頁，下巻，541, 543, 548, 550, 553, 555-557, 559 頁。
会社数・払込資本金（1930-42 年）：鈴木［2007］92-93 頁。

2　日本帝国の貿易構造

　日本帝国の貿易構造の特徴はその自足性の高さにあった。以下では移出入を輸出入に含めて記述すると，1910 年代末の台湾では日本向け輸出が全体の 80％ を超え，朝鮮では 90％ 台に達し，植民地相互の貿易を含めた対日本帝国貿易では，朝鮮は 10 年代末から，台湾は 30 年代から 90％ を超える。満洲の対日輸出は 1920 年代は 30％ 前後であったが，「満洲国」建国後は急速に上昇し，日中戦争

期に入ると50％を超えた。一方，輸入では台湾・朝鮮ともに1910年代後半より日本からの輸入が全体の60％を超えていたが，台湾・朝鮮では30年代後半に，満洲では30年代末に90％に達した。1920年代には満洲の輸入に占める日本の割合は40％前後であったが，30年代半ばには70％を超え，日本本国への包摂が急速に進行した（堀 [2004]）。

次に戦間期における日本内地の地域別貿易収支（旧米ドルベース）の動きをみると，1915年から37年まで対台湾・朝鮮収支は一貫して赤字を記録したが，両地域への輸出増加に支えられて赤字幅は縮小傾向にあった。対満洲・関東州収支は20～31年の赤字と32年以降の黒字という軌跡を描くが，その背後には「満洲国」向け輸出の急拡大があった（堀 [2007]）。

3 台湾・朝鮮・樺太

台湾経済の2大基軸商品は砂糖と米であった。1920年代には「糖・米相剋」問題が現れるが，これに対して一部では集団耕作的な3年輪作方式（米作—蔗作—雑作）が導入された。台湾における蔗作の拡大は金肥需要を増大させ，これを，満洲からの大豆粕が満たすといった貿易関係もみられた（台湾経済の詳細については，矢内原 [1929]，涂 [1975] 参照）。

1918年の米騒動を契機に朝鮮・台湾で産米増殖計画が開始され，国内の米穀生産が停滞する中，朝鮮米については18年の188万石から20年代後半の500万石台へ，同じく台湾米は112万石から200万石台へと移入米の大幅な増加がみられた。1930年代に入ると朝鮮米の移入高は700万～800万石台に達し，38年には1000万石を突破する。移出高が朝鮮の生産高に占める割合は1924年以降30％台を超え，30年代に入ると40～50％台に及んだ。その結果，朝鮮における1人当たり米消費量は0.70石（1915～19年平均）から0.44石（1930～36年平均）に低下した（林 [1996]）。朝鮮米の対日移出増は満洲から朝鮮への粟や雑穀の輸出を促した。粟・雑穀輸出には鉄道輸送が威力を発揮し，経済貨物の不足に悩んでいた朝鮮鉄道にとっても大きな意義を有した。満洲農業の発展が米と砂糖を主とする帝国食糧自給圏を底辺から支えたのである（山本 [2003]）。

朝鮮では小作米は籾米のまま米穀商人が経営する籾摺・精白工場に送られ，そこで玄米・精米に加工され，日本に移出された。籾摺・精白工場は大規模なものが多く，1930年代前半までの朝鮮における全工場の中でも重要な存在であった。この大規模加工が銘柄としての朝鮮米の市場価値を高め，日本の米穀市場における朝鮮米のシェア上昇を促進した。1人当たり米消費量の低下を伴いながら，一方で移出米増大による地主所得の拡大が工産品市場の先行的拡大，資本転化とい

うルートを通して，朝鮮における工業化展開の内在的基盤にもなっていたのである（金［2002］）。

1931 年に朝鮮総督に就任した宇垣一成は「農工併進政策」を提唱し，32 年から精神主義的色彩の濃い「農村振興運動」と並んで「工業化政策」を打ち出した。一方で日本窒素肥料の朝鮮進出（1926 年の朝鮮水電［日窒全額出資，資本金 2000 万円］，27 年の朝鮮窒素肥料［日窒全額出資，資本金 2000 万円］の設立）に代表される民間資本の直接事業投資が 20 年代後半から開始されており，30 年代前半には低廉な電力を利用した化学工業の展開と軽工業の成長がみられ，さらに金輸出再禁止以後の産金奨励政策に支えられて鉱業会社の新設も相次いだ（金子［1987］）。

南樺太の主要産業はパルプ生産と製紙業であった。樺太の森林を最初に大規模に入手したのは三井物産であった。1907 年に森林払い下げを樺太庁に願い出た三井物産は総計 39 万町歩の森林を獲得し，10〜30 年度合計で 1015 万尺締（尺締は一尺角二間材の体積）を将来のパルプ事業用材と見込んだ。1914 年には樺太初のパルプ工場（同時に日本初の本格的な亜硫酸パルプ工場）である三井合名樺太紙料会社（大泊工場）が設立され，同社は翌年に王子製紙に売却された。1915 年に王子製紙は樺太庁と，20 年間で木材 910 万石，樺太工業（13 年設立）は同 720 万石，日本化学紙料（17 年操業，22 年に富士製紙と合併）は同 1000 万石の年期売り払い契約を締結した（平井［1997］，三木［2006］）。

樺太工業は 1915 年に泊居工場，18 年に真岡工場の建設に着手したが，後者は同社初の製紙工場であった。1917 年に王子製紙が建設した豊原工場に対抗する意図もあった真岡工場の設置によって，樺太工業は技術的自然的制約から樺太ではパルプ生産しかできないという常識を破ることができた（四宮［1997］）。1920 年代に樺太のパルプ生産は急伸し，27 年には北海道を抜き，28 年以降は日本帝国内生産の 4 割強を占めた。1930 年代にパルプ用材の需要を喚起したのは人絹パルプ生産であった。1931 年に泊居工場で開始された樺太での人絹パルプ生産は急速に拡大し，また 33 年に樺太工業を合併した王子製紙は同年に樺太で 8 工場を有した（平井［1997］）。

4　関東州・満洲と南洋群島

関東州・満洲における最大の事業体は巨大国策会社南満洲鉄道であり，その社内事業投資額は 1914 年の 2 億 3541 万円から 19 年の 3 億 6936 万円，30 年の 7 億 4207 万円と増加を続けた。しかし満洲事変とその後の「満洲国」建国によって状況は大きく変化した。満洲国国有鉄道の建設拡充が続き，関東軍主導の特殊会社・準特殊会社の設立が相次いだ。特殊会社・準特殊会社では電力，運輸通信，

金融，拓殖などインフラ部門に重点が置かれ，昭和製鋼所を除くと工業部門の大企業は少なかった。満洲国建国当初，関東軍は「財閥入るべからず」のスローガンを掲げたものの，後にその方針は撤回され，1930年代半ばになると財閥系企業の満洲進出が目立つようになった（金子［1987］，［1993］）。

1922年3月に南洋庁官制がしかれ，パラオ諸島コロール島に南洋庁，サイパン，パラオ，トラック，ポナペ，ヤルート，ヤップに支庁がおかれた。官業収入の大部分はパラオ諸島アンガウル島の燐鉱払い下げ代であり，南洋庁直営事業が36年末に南洋拓殖に移管されるまで96万トンの精鉱が日本に移出されて重要な肥料資源となった。1921年に東洋拓殖の出資で南洋興発株式会社（「南興」）が設立され，砂糖，酒精を生産した（平井［1997］）。1930年代のサイパンには実業学校，高等女学校が整備され，「ガラパン銀座」と呼ばれた北ガラパン2丁目通りは南洋群島最大の繁華街を形成していた（野村［2005］）。

おわりに

『東洋経済新報』の石橋湛山は1921年7，8月刊行の同誌に「大日本主義の幻想」と題する社説を掲載した。「朝鮮・台湾・樺太を領有し，関東州を租借し，支那・シベリヤに干渉することが，経済的自立に欠くべからざる要件だなどという説が，全く取るに足らざるは，以上に述べた如くである。我が国に対する，これらの土地の経済的関係は，量において，質において，むしろ米国や，英国に対する経済関係以下である。これらの土地を抑えて置くために，えらい利益を得ておる如く考うるは，事実を明白に見ぬために起った幻想に過ぎない」，「論者は，これらの土地を我が領土とし，もしくは我が勢力範囲として置くことが，国防上必要だというが，実はこれらの土地をかくして置き，もしくはかくせんとすればこそ，国防の必要が起るのである。それらは軍備を必要とする原因であって，軍備の必要から起った結果ではない」，「内地との貿易額は，なるほど比較的僅少であるかも知れぬが，そのほかに，なおそれらの地方に，内地人が移住して生活しておる者もおる（中略）先方（「外地」，露領アジア，中国——引用者注）に住まえる者は，八十万人だ，内地に住む者は六千万人だ。八十万人の者のために，六千万人の者の幸福を忘れないが肝要である」，「大日本主義は，いかに利益があるにしても，永く維持し得ぬのである。（中略）どうせ棄てねばならぬ運命にあるものならば，早くこれを棄てるが賢明である」（松尾編［1984］105-114頁）。満洲放棄を唱えた三浦銕太郎の流れをくむ，有名な「小日本主義」の提唱である。

しかし，この湛山の問題提起とは裏腹に1920年代を通して植民地と本国経済の結び付きはますます強固になり，帝国的経済循環のパイプは拡大していった。

こうした中で国民党の勢力拡大に代表される中国ナショナリズムの台頭に直面した日本の行動は，山東出兵，張作霖爆殺，満洲事変と湛山の期待から大きく逸脱していく。満洲事変直後の1931年9月26日，10月10日の「満蒙問題解決の根本方針如何」と題する社説で，湛山は「支那が無視するとて我が国などの憤慨する条約なるものは，支那から見れば一としてその主権を侵し，国家の統一を妨げるものでないのはない。(中略)これを要するに我が国民が満蒙問題を根本的に解決する第一の要件は，以上に述べたる支那の統一国家建設の要求を真っ直ぐに認識するということだ」(松尾編［1984］183頁)と述べた。

　1920年代後半以降の「外地」での「危機」は，昭和恐慌下の内地での，「天皇赤子論」を裏切るような都市と農村の格差拡大，寄る辺ない「大衆社会」状況，能率優先の組織の拡大に起因する閉塞感・寂寥感と連動し，そこからの突破口を「昭和維新」の断行に期待する流れを生み出していった。しかし湛山が政治的にはまったくの少数派であったことに表れているように，日本のブルジョアジーが「経済価値の主張を貫いて政治価値を相対化し批判すること」(石井［2012］311頁)には大きな限界があった。

　一方，有業者人口の中で比重を下げるとはいえ戦間期には圧倒的重みをもった農家世帯と，そこから輩出される次三男およびその次世代が世帯形成することで可能となった商工業における家族経営としての都市「小経営」，この両者が有業者の大多数を占めた。世帯・家族が同時に生産・販売の場と重なり，子供は親が働く姿をみながら，あるいは労働に参加しながら育った。戦間期における経済発展，昭和恐慌を通して現実の自然村の秩序は大きく揺らいでいた。しかしそれでも農家戸数550万戸は維持され，長期的な地主小作関係の下で強靭な小農経営が継続した。小農経営は勤労の倫理と才覚を育み，それらは都市「小経営」の担い手にも確実に継承されたのである。

　「満洲国」の誕生によって帝国的経済圏は一挙に拡大した。昭和恐慌に痛打された勤労大衆，農民，小経営者にとって，拡大する「外地」は日本経済の数少ない「希望」であった。帝国的経済圏の拡大が東アジアの各地に何をもたらしつつあるのか，欧米諸国がそれをどうみているのかについて，勤労者の多くは無自覚であり，その鈍感さをマスメディアが助長していたように思われる。

第4章　参考文献

浅田喬二［1993］「満州農業移民と農業・土地問題」大江志乃夫ほか編『岩波講座・近代日本と植民地第3巻　植民地化と産業化』岩波書店。
阿部武司［1989］『日本における産地綿織物業の展開』東京大学出版会。
阿部武司［2002］「産業構造の変化と独占」石井寛治・原朗・武田晴人編『日本経済史3　両大戦間

期』東京大学出版会.
阿部武司［2006］『近代大阪経済史』大阪大学出版会.
安藤良雄・長岡新吉［1976］「経済政策史の課題と方法——総括として」安藤良雄編『日本経済政策史論　下』東京大学出版会.
石井寛治［2012］『帝国主義日本の対外戦略』名古屋大学出版会.
市原博［2014］「戦前期日本電機企業の技術形成と人事労務管理」榎一江・小野塚知二編著『労務管理の生成と終焉』日本経済評論社.
伊藤正直［1989］『日本の対外金融と金融政策——1914〜1936』名古屋大学出版会.
井上好一［1927］『技術者ノタメノ科学的管理』大阪能率協会.
猪俣津南雄［1982］『調査報告　窮乏の農村』岩波書店.
今泉飛鳥［2014］「戦前期東京の機械工業集積に見る産業集積の歴史性——活発な創業に着目して」『企業家研究』第 11 号.
伊牟田敏充［2002］『昭和金融恐慌の構造』経済産業調査会.
植田浩史［2004］『戦時期日本の下請工業——中小企業と「下請＝協力工業政策」』ミネルヴァ書房.
氏原正治郎［1966］『日本労働問題研究』東京大学出版会.
牛山敬二［1975］『農民層分解の構造——戦前期：新潟県蒲原農村の分析』御茶の水書房.
内田星美［1990］「技術移転」西川俊作・阿部武司編『日本経済史 4　産業化の時代　上』岩波書店.
内田星美［2001］「昭和 9 年の技術者分布」『技術史図書館季報』第 16 号.
梅村又次ほか［1966］『長期経済統計 9　農林業』東洋経済新報社.
梅村又次ほか［1988］『長期経済統計 2　労働力』東洋経済新報社.
江見康一・塩野谷祐一［1966］『長期経済統計 7　財政支出』東洋経済新報社.
大石嘉一郎［2007］『近代日本地方自治の歩み』大月書店.
大内経雄［1949］『職長制度』河出書房.
大門正克［1994］『近代日本と農村社会——農民世界の変容と国家』日本経済評論社.
大川一司ほか［1974］『長期経済統計 1　国民所得』東洋経済新報社.
大阪市立大学経済研究所編［1989］『データでみる大阪経済 60 年』東京大学出版会.
大阪本社販売百年史編集委員会編［1979］『朝日新聞販売百年史（大阪編）』朝日新聞大阪本社.
大豆生田稔［1993］『近代日本の食糧政策——対外依存米穀供給構造の変容』ミネルヴァ書房.
岡崎哲二［1993］『日本の工業化と鉄鋼産業——経済発展の比較制度分析』東京大学出版会.
岡崎哲二［1997］『工業化の軌跡——経済大国前史』読売新聞社.
岡崎哲二［1999］『持株会社の歴史——財閥と企業統治』筑摩書房.
岡部桂史［2003］「戦間期日本農業機械工業の展開」『経営史学』第 38 巻第 1 号.
岡本達明・松崎次夫編［1990］『聞書　水俣民衆史　第 5 巻』草風館.
尾高煌之助［1984］『労働市場分析——二重構造の日本的展開』岩波書店.
尾高煌之助［1989］「二重構造」中村隆英・尾高煌之助編『日本経済史 6　二重構造』岩波書店.
海軍大学校編［1938］『工場管理法』第 1 巻.
風早八十二［1937］『日本社会政策史』日本評論社.
加瀬和俊［2002］「就業構造と農業」石井寛治・原朗・武田晴人編『日本経済史 3　両大戦間期』東京大学出版会.
金澤史男［2010］『近代日本地方財政史研究』日本経済評論社.
金子文夫［1987］「資本輸出と植民地」大石嘉一郎編『日本帝国主義史 2　世界大恐慌期』東京大学出版会.
金子文夫［1993］「植民地投資と工業化」大江志乃夫ほか編『岩波講座・近代日本と植民地　第 3 巻　植民地化と産業化』岩波書店.
加用信文監修［1977］『改訂　日本農業基礎統計』農林統計協会.
北岡伸一［1978］『日本陸軍と大陸政策——1906-1918 年』東京大学出版会.
橘川武郎［1995］『日本電力業の発展と松永安左ェ門』名古屋大学出版会.

橘川武郎［1996］『日本の企業集団——財閥との連続と断絶』有斐閣。
金洛年［2002］『日本帝国主義下の朝鮮経済』東京大学出版会。
協調会［1932］『全国工場鉱山名簿　昭和7年版』協調会。
桐淵勘蔵［1940］「工業学校における工場管理教育」『実業教育』第2巻第7号。
桑原哲也［1990］『企業国際化の史的分析——戦前期日本紡績企業の中国投資』森山書店。
纐纈厚［1981］『総力戦体制研究——日本陸軍の国家総動員構想』三一書房。
神戸市社会課［1928］『解雇から帰趨まで』。
国家資本輸出研究会編［1986］『日本の資本輸出——対中国借款の研究』多賀出版。
後藤新一［1970］『日本の金融統計』東洋経済新報社。
斎藤憲［1987］『新興コンツェルン理研の研究——大河内正敏と理研産業団』時潮社。
坂根嘉弘［2011］『〈家と村〉日本伝統社会と経済発展』農山漁村文化協会。
坂根嘉弘［2014］「地主制の成立と農村社会」大津透・桜井英治・藤井譲治編『岩波講座・日本歴史　第16巻　近現代2』岩波書店。
佐々木聡［1998］『科学的管理法の日本的展開』有斐閣。
沢井実［2000］「中小機械工業の展開と技術教育・公設試験研究機関・機械商・機械工具商街の役割——戦間期大阪の事例」『大阪大学経済学』第49巻第2号。
沢井実［2012a］『近代大阪の工業教育』大阪大学出版会。
沢井実［2012b］『近代日本の研究開発体制』名古屋大学出版会。
沢井実［2013a］『マザーマシンの夢——日本工作機械工業史』名古屋大学出版会。
沢井実［2013b］『近代大阪の産業発展——集積と多様性が育んだもの』有斐閣。
沢井実・山本一雄［2005］「住友本社における技術系職員の新規採用と都島卒業生のジョブ・キャリア」『大阪大学経済学』第55巻第3号。
資源局編［1936］『工業研究輯覧』第3号。
四宮俊之［1997］『近代日本製紙業の競争と協調——王子製紙，富士製紙，樺太工業の成長とカルテル活動の変遷』日本経済評論社。
四宮正親［1998］『日本の自動車産業——企業者活動と競争力　1918～1970』日本経済評論社。
清水洋二［1987］「農業と地主制」大石嘉一郎編『日本帝国主義史2　世界大恐慌期』東京大学出版会。
志村嘉一［1969］『日本資本市場分析』東京大学出版会。
社史編纂委員会編［1952］『毎日新聞七十年』毎日新聞社。
小路行彦［2014］『技手の時代』日本評論社。
白鳥圭志［2006］『両大戦間期における銀行合同政策の展開』八朔社。
末松太平［1974］『私の昭和史』みすず書房。
菅山真次［2011］『「就社」社会の誕生——ホワイトカラーからブルーカラーへ』名古屋大学出版会。
鈴木邦夫［2007］「戦時統制と企業」石井寛治・原朗・武田晴人編『日本経済史4　戦時・戦後期』東京大学出版会。
鈴木武雄監修［1972］『西原借款資料研究』東京大学出版会。
隅谷三喜男［1964］『日本の労働問題』東京大学出版会。
隅谷三喜男［1966］『日本労働運動史』有信堂。
隅谷三喜男［1977］「工場法体制と労使関係」隅谷三喜男編『日本労使関係史論』東京大学出版会。
醍醐聡［1990］『日本の企業会計』東京大学出版会。
高村直助［1982］『近代日本綿業と中国』東京大学出版会。
竹内壮一［1977］「独占ブルジョアジー」石井寛治・海野福寿・中村政則編『近代日本経済史を学ぶ　下　大正・昭和』有斐閣。
竹内常善［1982］「諸階層とその動向」社会経済史学会編『1930年代の日本経済——その史的分析』東京大学出版会。
武田晴人［1995］「大企業の構造と財閥」由井常彦・大東英祐編『日本経営史3　大企業時代の到来』

岩波書店.
武田晴人［2002］「景気循環と経済政策」石井寛治・原朗・武田晴人編『日本経済史3　両大戦間期』東京大学出版会.
竹村民郎［2004］『大正文化　帝国のユートピア——世界史の転換期と大衆消費社会の形成』三元社.
谷本雅之［2005a］「戦間期日本の都市小工業」中村哲編『東アジア近代経済の形成と発展——東アジア資本主義形成史Ⅰ』日本評論社.
谷本雅之［2005b］「分散型生産組織の『新展開』——戦間期日本の玩具工業」岡崎哲二編『生産組織の経済史』東京大学出版会.
谷本雅之［2013］「近代日本における生存・生活と『都市小経営』——戦間期東京市の中小商工業者を中心として」高嶋修一・名武なつ紀編『都市の公共と非公共——20世紀の日本と東アジア』日本経済評論社.
玉井金五［1996］「日本資本主義と〈都市〉社会事業」杉原薫・玉井金五編『大正・大阪・スラム——もうひとつの日本近代史』新評論.
土穴文人［1990］『社会政策制度史論——立法史的展開と政策体系の分析』啓文社.
出川金六［1944］「日立精機川崎工場勤労力構成ニ就テ」日立精機調査報告.
寺西重郎［2003］『日本の経済システム』岩波書店.
暉峻衆三［1984］『日本農業問題の展開　下』東京大学出版会.
涂照彦［1975］『日本帝国主義下の台湾』東京大学出版会.
東洋経済新報社編［1980］『昭和国勢総覧　上・下』東洋経済新報社.
東洋紡績株式会社社史編集室編［1986］『百年史　東洋紡　上』.
友部謙一［1996］「土地制度」西川俊作・尾高煌之助・斎藤修編『日本経済の200年』日本評論社.
内閣統計局編［各年版］『日本帝国統計年鑑』東京統計部会.
中岡哲郎［2006］『日本近代技術の形成——〈伝統〉と〈近代〉のダイナミクス』朝日新聞社.
中西洋［1977］「第一次大戦前後の労資関係——三菱神戸造船所の争議史を中心として」隅谷三喜男編『日本労使関係史論』東京大学出版会.
中村隆英［1985］『明治大正期の経済』東京大学出版会.
西田美昭［1997］『近代日本農民運動史研究』東京大学出版会.
西成田豊［1988］『近代日本労資関係史の研究』東京大学出版会.
日本銀行編［1983］『日本銀行百年史第3巻』日本銀行.
日本銀行調査局編［1958］『日本金融史資料第22巻　明治大正編』大蔵省印刷局.
日本銀行統計局編［1966］『明治以降本邦主要経済統計』日本銀行統計局.
日本放送協会編［1965］『日本放送史　上』日本放送出版協会.
沼尻晃伸［2002］『工場立地と都市計画——日本都市形成の特質　1905-1954』東京大学出版会.
野田正穂・原田勝正・青木栄一・老川慶喜［1986］『日本の鉄道——成立と展開』日本経済評論社.
野村進［2005］『日本領サイパン島の一万日』岩波書店.
野村正實［2007］『日本的雇用慣行——全体像構築の試み』ミネルヴァ書房.
橋川文三［1994］『昭和ナショナリズムの諸相』名古屋大学出版会.
橋本寿朗［1984］『大恐慌期の日本資本主義』東京大学出版会.
橋本寿朗［1996］「戦間期」伊藤元重ほか編『日本経済事典』日本経済新聞社.
長谷川信［1995］「技術導入から開発へ」由井常彦・大東英祐編『日本経営史3　大企業時代の到来』岩波書店.
林宥一［1996］「独占段階への移行——第一次世界大戦から世界恐慌まで」暉峻衆三編『日本農業100年のあゆみ——資本主義の展開と農業問題』有斐閣.
原朗［1977］「財界」中村隆英・伊藤隆編『近代日本研究入門』東京大学出版会.
原朗［1981］「1920年代の財政支出と積極・消極両政策路線」中村隆英編『戦間期の日本経済分析』山川出版社.
原朗［1987］「景気循環」大石嘉一郎編『日本帝国主義史2　世界大恐慌期』東京大学出版会.

原朗［2014］『日清・日露戦争をどう見るか――近代日本と朝鮮半島・中国』日本放送出版協会。
兵藤釗［1971］『日本における労資関係の展開』東京大学出版会。
平井廣一［1997］『日本植民地財政史研究』ミネルヴァ書房。
平沢照雄［2001］『大恐慌期日本の経済統制』日本経済評論社。
廣田誠［2007］『近代日本の日用品小売市場』清文堂出版。
藤井信幸［2004］『地域開発の来歴――太平洋岸ベルト地帯構想の成立』日本経済評論社。
藤井信幸・奥田都子［2002］「戦時期日本の地方工業化とその帰結」中村隆英・藤井信幸編『都市化と在来産業』日本経済評論社。
細谷千博［1988］『両大戦間の日本外交――1914-1945』岩波書店。
堀和生［2004］「日本帝国と植民地関係の歴史的意義」堀和生・中村哲編『日本資本主義と朝鮮・台湾――帝国主義下の経済変動』京都大学学術出版会。
堀和生［2007］「両大戦間期日本帝国の経済的変容――世界市場における位置」中村哲編『近代東アジア経済の史的構造――東アジア資本主義形成史Ⅲ』日本評論社。
升味準之輔［1980］『日本政党史論第 6 巻』東京大学出版会。
松浦正孝［2002］『財界の政治経済史――井上準之助・郷誠之助・池田成彬の時代』東京大学出版会。
松浦正孝［2015］「ビジネス・財界と政権のあいだ――第一次伊藤博文内閣から第三次安倍晋三内閣まで」『立教法学』第 92 号。
松尾尊兊編［1984］『石橋湛山評論集』岩波書店。
松沢弘陽［1973］『日本社会主義の思想』筑摩書房。
松下幸之助［1986］『私の行き方　考え方』PHP 研究所。
松村敏［1992］『戦間期日本蚕糸業史研究――片倉製糸を中心に』東京大学出版会。
三木理史［2003］『水の都と都市交通――大阪の 20 世紀』成山堂書店。
三木理史［2006］『国境の植民地・樺太』塙書房。
水沼知一［1973］「『日本資本主義論争』における『国民経済』問題――その把握方法を中心として」大塚久雄編『後進資本主義の展開過程』アジア経済研究所。
宮島英昭［2004］『産業政策と企業統治の経済史――日本経済発展のミクロ分析』有斐閣。
三和良一［2003］『戦間期日本の経済政策史的研究』東京大学出版会。
持田信樹［1993］『都市財政の研究』東京大学出版会。
森川英正［1991］「なぜ経営者企業が発展するのか？」森川英正編『経営者企業の時代』有斐閣。
文部省編［各年度版］『文部省年報』。
安田浩［1994］『大正デモクラシー史論――大衆民主主義体制への転形と限界』校倉書房。
矢内原忠雄［1929］『帝国主義下の台湾』岩波書店。
山崎広明・阿部武司［2012］『織物からアパレルへ――備後織物業と佐々木商店』大阪大学出版会。
山澤逸平・山本有造［1979］『長期経済統計 14　貿易と国際収支』東洋経済新報社。
山下充［2002］『工作機械産業の職場史――「職人わざ」に挑んだ技術者たち』早稲田大学出版部。
山本有造［1992］『日本植民地経済史研究』名古屋大学出版会。
山本有造［2003］『「満洲国」経済史研究』名古屋大学出版会。
呂寅満［2011］『日本自動車工業史――小型車と大衆車による二つの道程』東京大学出版会。
若林幸男［2007］『三井物産人事政策史　1876～1931 年――情報交通教育インフラと職員組織』ミネルヴァ書房。
和久田康雄［1984］『資料・日本の私鉄（4 訂版）』鉄道図書刊行会。
Tsutsui, William M.［1998］*Manufacturing Ideology: Scientific Management in Twentieth-Century Japan*, Princeton University Press.

第5章

日本経済の連続と断絶

1937〜1954年

はじめに

　戦時の経済動員と戦後経済改革および経済的復員の過程を通して，日本経済は大きく変容した。市場経済の観点からみれば，戦時の動員と戦後の復員の過程は市場経済の運行からは大きく逸脱した「異常」な時期であったが，この「異常」な時期を経験することで同じ市場経済といっても，戦前と戦後の市場経済の性格は大きく変化したのである（以下，原 [1976a]，[1995a]，[2002]，[2007]，沢井 [2002a]，武田編 [2007]，[2008] 参照）。

　本章では，戦前・戦中・戦後の「連続と断絶」の問題を念頭に，戦中・戦後の統制経済・「計画経済」および市場経済復帰後の日本経済の実態とその歴史的意義について考える。経済社会の表面的な移り変わりの基底にあって小農経営はその論理をどのように貫いたのか，戦時期に肥大化した軍需産業は「軍民転換」のプロセスを経て何を戦後に受け渡したのか，戦時期の「民軍転換」，戦後の「軍民転換」は企業のあり方に，人々の生活にいかなる影響を与えたのか。社会のさまざまなレヴェルにおける「連続と断絶」の問題を本章では取り上げる。

　「連続と断絶」の問題に関して，戦時期の経済統制・「計画化」に伴う日本経済の変化を重視する視点がある。一方でアメリカによる日本占領のプロセスで実施された戦後改革の歴史的意義を決定的に重視する立場もあり，さらにその戦後改革に連なる動きが戦時期からすでに始まっていたとする見解もある。本章では，戦前と戦後（1950年代半ば以降）の巨大な「断絶」を媒介する時期として，戦時動員・戦後復員・戦後復興の時代を理解し，その上で戦時の変化とともに戦後改革の意義を重視し，さらに戦前と戦後の巨大な断絶を受けとめることのできた農

村・農家経済の強靱性に注目したい。

　本章が考察する時期のほとんどは2つの軍部，日本帝国陸海軍と占領軍が君臨した時期であり，「政治」が経済のあり方を大きく規定した時代でもあった。さらに戦時期には「大東亜共栄圏」に象徴されるように日本のアジア諸地域への関わりは極限まで拡大・深化したが，敗戦後は一転して占領国アメリカとの関係が緊密化し，アジアとの関係はいったん強制的に希薄化させられた。戦時期のアジアへの拡大は軍事的同盟国を除く欧米諸国への「排外」的行動と裏腹であり，戦後における日本のアジアからの後退は欧米諸国とくにアメリカに対する「拝外」的態度と一体となった面があった（水沼［1974］）。

第1節　統制経済・「計画経済」から市場経済への復帰

1　経済総動員体制の構築と弛緩

▶経済総動員体制の構築

　軍拡に起因する1936年末以降の国際収支の危機を契機に為替管理が強化され，日中戦争勃発直後の37年9月に輸出入品等臨時措置法と臨時資金調整法が制定されると経済統制は一挙に本格化した。以後，統制が統制を呼ぶ中で，財・資本・労働の3市場に対する全面的な戦時経済統制が展開されることになる（詳細は，原［1976a］，中村［1977］岡崎［1994］，山崎［2011］，［2012］など参照）。

　企画庁と資源局を合併して1937年10月に設置された企画院は戦略物資を陸軍・海軍・民需別に配分する物資動員計画を立案し，翌年から同計画が実施された。しかし戦時下の輸出不振に規定されて当初予定していた輸入が実現できなくなると，軍需を確保するために民需を削減せざるをえず，それがまた経済統制の強化をもたらすことになった。

　基礎産業部門の国内生産を拡大するために生産力拡充計画が1939年1月に閣議決定され，たとえば工作機械部門では工作機械製造事業法が制定され，許可会社＝大企業に力点を置いた助成策が打ち出された（沢井［2013a］第6章）。1938年3月に国家総動員法，電力管理法，日本発送電株式会社法が成立した。1939年9月の第2次世界大戦の勃発はわが国の戦時体制のあり方に大きな影響を与えた。大戦勃発によって国際物価が高騰したため，日本の輸入はますます制約されるようになり，政府は価格等統制令を公布して物価全般を9月18日水準に固定した。1939年度から資金統制計画，労務動員計画，交通電力動員計画が策定され，経済総動員体制の基本骨格が形成された。

表 5-1　陸軍管理・監督工場の推移

(単位：100万円，人)

年度	区別	工場数	工場数	生産状況		労務関係		
				発注額	生産額	技術者	男工	女工
1938	管理	(59) 115						
	監督	188						
1939	管理	(103) 178						
	監督	213						
1940	管理	(116) 215	181	1,906	1,579	22,385	252,649	44,815
	監督	266	169	1,322	1,097	13,486	147,007	28,902
1941	管理	(122) 226	219	2,646	1,774	25,412	306,455	54,551
	監督	340	130	1,600	1,298	11,081	110,953	22,666
1942	管理	(121) 269	255	1,961	1,144	28,537	324,752	47,429
	監督	368	368	2,556	2,165	16,626	215,397	28,647

(注)　1)　管理工場数の（　）内は，陸海軍共管工場（内数）。
　　　2)　左から4列目の工場数は，生産状況・労務関係集計工場数。
(出所)　陸軍兵器行政本部編［1942］附表第23・24，同編［1944］第17・18表。

　一方，ミクロ・ベースの企業統制もより精緻なものになっていった。臨時資金調整法による設備資金貸し付けに関する要許可範囲が拡大され，1940年10月公布の銀行等資金運用令は運転資金をも規制対象とした。さらに同月公布の会社経理統制令は配当，積立金，給与，資金など企業経理全般を統制した。軍需工業動員法に基づく工場事業場管理令によって民間の主要軍需工場は陸海軍の管理下に入った。陸海軍管理・監督工場は年々増加していったが，表5-1に示されているように1942年度の陸軍管理工場は269工場（うち121工場は海軍と共管），陸軍監督工場は368工場を数え，同年度末に陸軍管理・監督工場で働く技術者は4万5163人，男子労働者は54万149人，女子労働者は7万6076人に達した。同年末現在の民間機械器具工業従業者数は246万人，航空機工業従業者数は75万人であり（梅村ほか［1988］246頁），陸軍管理・監督工場の存在の大きさがうかがわれる。

▶ 新体制運動の展開と統制会，軍工業会

　1940年7月に成立した第2次近衛文麿内閣は戦時体制の行き詰まり，すなわち開戦当初の予想とは大きく食い違った日中戦争の長期化・泥沼化ならびに戦時生産の停滞を打破するために新体制運動を展開し，勤労新体制確立要綱（40年11月閣議決定），経済新体制確立要綱（40年12月），科学技術新体制確立要綱（41年5月），財政金融基本方策要綱（41年7月）といった戦時経済の基本的枠組みに関する諸プランを生み出していった。中でも資本と経営の分離，公益優先を強調する企画院の経済新体制案は財界からの強い反発を呼び，この「財界攻勢」によって

閣議決定の内容は当初案からは後退したものの，結局重要産業団体令（1941年8月）を経て統制会が成立することになった（中村・原［1973］）。政府（商工省）―統制会―会員企業といった3層の統制組織による戦時経済の円滑な運営が目指され，さらに1940年8月に設立された重要産業統制団体懇談会（重産懇）が41年1月に重要産業統制団体協議会（重産協）に改編され，以後同協議会が各統制会の横の連絡機関として重要な機能を果たした（松浦［2002］）。

　陸海軍にも支援されて始まった統制会であったが，戦局の悪化に規定されて資源制約が深まる中で，陸海軍は軍独自の企業統制組織である兵器工業会，航空工業会，業種別工業会といった軍工業会に有力企業を組織し，生産用資材が陸海軍―軍工業会のルートで流れたため，統制会の機能は次第に空洞化するようになった。こうした状況を1943年春に陸軍は「数個ノ統制会ヲ除キテハ業界ノ統制不十分ナルハ勿論，業務未タ軌道ニ乗ラサルモノ少カラス　一方陸海軍ニ於テ設立セル工業会ハ逐次強化セラレ然モ実質的ニ統制会類似ノ様相ヲ呈セントスルニ至リアリ」と認識していた（陸軍省戦備課［1943］）。資源制約がさらに深まると「不要不急」部門を人為的に圧縮し，そこから得られた諸資源を重点部門に投入するという資源再配置政策＝「企業整備」政策が展開された（山崎［2011］）。アジア太平洋戦争後半期になると企業整備は重点部門にも及び，同部門内での資源の移動，企業の組織化＝「企業系列」整備が図られるようになった。

　陸海軍が戦局の挽回を目指して諸資源を航空機，電波兵器，造船，兵器などの重点部門に投入しようとして前渡金を撒布すればするほど，主要民間企業はその資金をテコにして資材・労働力の囲い込み，企業グループ化，下請企業の系列化を進めたが，その結末は経済総動員体制の弛緩，破綻を物語る諸資源の「不足」と「過剰」の同時存在であった。「工場では公然陸軍監督官に『闇』でないものは何にもありませんといっている。しかし現在では，この『闇』をやっても成績をあげることを敏腕家だといわれるようになった。つまり『闇』は最早『闇』ではなくなったのだ。経済原則を乗りこえた統制と干渉が『公定』の方に標準が動かずして，『闇』が普通になったのだ。犯罪は最早犯罪でなくなりつつあ」（清沢［1980］311頁，1944年4月29日付）ったのである。

2　戦後経済改革と市場経済への復帰

▶ 戦後経済改革

　1945年8月15日の終戦から52年4月28日にサンフランシスコ講和条約が発効するまでの間，日本は連合国[1]，実質的には連合国軍最高司令官ダグラス・マッカーサー率いるアメリカ軍の占領下に置かれ[2]，連合国軍最高司令官総司令部

(GHQ/SCAP，以下，GHQ と略記）が日本占領を担った。戦後改革は日本の政治・経済・社会・文化の諸領域で「戦後変革」(原［2007］)，「占領革命」(コーエン［1983］)といってよいほどの巨大な変化をもたらした（戦後経済改革の詳細については，浅井［2001］，三和［2002a］参照)。

対日占領政策の直接の目的は武装解除，非軍事化であり，財閥解体・労働改革・農地改革を中心とする経済民主化政策は，その目的達成のための手段として位置づけられた。もちろん政策の成否は被占領側の受容態度にも規定される。後にみるように戦時期の経済統制を経て企業集団，労働関係，土地所有関係などは相当大きく変容していた[3]。しかし終戦時には財閥も地主制も存続し，労働組合は存在しなかったことからも明らかなように，戦時期の変化に明治期以来の国家体制の基本的枠組みを解体する力はなく，国家構造そのものを変革したのは敗戦による外からの一撃である占領政策であった（原［1995a］)。「戦前の日本社会のあり方に明確な見まがいようのないピリオドを打ちうるだけの変革が，日本の経済社会自身の手によって行われえたのなら『連続』とか『断絶』とか面倒な『学問的』論議は起こりようがな」く，戦後日本は「占領軍という軍事権力支配を通ずる民主主義の強制という逆説的特殊事態」（水沼［1974］119頁）に直面したのである。

しかし 1947 年以降の冷戦体制の急展開は，アメリカの対日占領政策の目的を大きく転換させることになり，非軍事化に代わって日本経済の復興，世界市場への復帰が新たな課題となった。占領目的の変化に従って，日本人の生活水準を昭和初期の水準とし，それを超える生産能力は賠償として日本から撤去するという厳しい内容の賠償案も次第に緩和され，最終的には 49 年 5 月に賠償取り立て中止が決定された。

▶ 戦後インフレーションと「傾斜生産」

戦後直後の最大の経済的困難は猛烈なインフレーションの進行であった。1946～50 年の GNP デフレーター年平均上昇率は 44.5% を記録し，50 年の物価（GNP デフレーター）は戦前（34～36 年平均）の 245 倍，戦争末期（44 年）の 68 倍

---

[1] 連合国の構成は，アメリカ，イギリス，中国，ソ連，オーストラリア，オランダ，フランス，インド，カナダ，ニュージーランド，フィリピンの 11 カ国であり，のちにビルマとパキスタンが加わって 13 カ国となった。

[2] マッカーサーは連合国軍最高司令官とアメリカ太平洋陸軍総司令官の両面をもち，後者の傘下の第八軍の下にある地方軍政部が占領を担ったが，ドイツ占領とは異なり，日本政府を介した間接占領であった点に留意する必要がある。

[3] この点に注目して，戦後改革ではなく戦時期の変化の延長線上に戦後を展望するのが「1940 年体制論」であるが（野口［2008］)，本章では戦時の変化だけではなく戦後改革の歴史的意義も重視する。

に達した。輸出入が大幅に縮小し，敗戦後の臨時軍事費の大量放出，復興金融金庫（復金，47年1月発足）などを通じた資金供給がマネーサプライの急増をもたらし，配給・消費統制が緩和され，インフレ期待によって貨幣の流通速度が大幅に上昇した結果であった（岡崎［1996］）。

1946年2月公布の金融緊急措置令，日本銀行券預入令による旧円預金封鎖，新円切り換え，3月の戦時期以来の価格等統制令に代わる物価統制令の公布にもかかわらず，同年後半からは再び猛烈なインフレが進行し，結局，戦後インフレの最終的な収束は49年の「ドッジ・ライン」の実施を待たなければならなかった。

インフレを収束させるための生産の本格的復興の契機となったのが，1946年12月の閣議で決定された「傾斜生産方式」の開始であった。輸入原油を鉄鋼業に投入し，増産された鉄鋼を石炭部門に投入し，両部門間の製品の相互投入によって石炭と鉄鋼の拡大再生産を図り，それをテコに生産復興を軌道に乗せようという構想であり，傾斜生産の展開を産業金融の面から支えたのが復金融資であった。重油の緊急輸入は47年6月まで遅れたものの，47年下半期には目標の年間3000万トン水準まで出炭は回復した（傾斜生産の詳細については，岡崎［2002］参照）。

しかし傾斜生産だけが経済復興を牽引したわけではない。傾斜生産の始動が重油輸入にあったように，戦時期から継承した資本ストックを活用しつつ，生産拡大のためには投入すべき原材料の確保が不可欠であった。その意味でガリオア資金（GARIOA: Government Appropriation for Relief in Occupied Areas Fund, 占領地域救済政府資金），エロア資金（EROA: Economic Rehabilitation in Occupied Areas Fund, 占領地経済復興援助資金）よる食料および原材料援助の意義も大きかった（大来［2010］）。

1948年11月にGHQは第2次吉田茂内閣に対して，①赤字融資，②価格差補給金（公定［消費者］価格より生産者価格が高い場合，その差額を一般会計が負担する），③公定価格の引き上げのいずれかによる賃金引き上げは許されないという「企業3原則（賃金3原則）」を提示し，続いて12月にマッカーサーは一般予算・特別予算の総合的均衡，徴税強化，融資制限，単一為替レート[4]の実施など緊縮予算

---

[4] 戦後の貿易は，GHQの管理下で国営貿易として始まった。政府（貿易庁・貿易公団）が国内価格（円）で民間業者から買い入れた輸出品をGHQが国際価格（ドル・ポンド）で海外に販売し，輸入についてはGHQが国際価格で購入した輸入品を政府が国内価格で民間に払い下げるという形式であった。したがって輸出入品の国内価格・国際価格比は商品ごとに異なり，いわゆる複数為替レートの状態にあった。輸出品の買い上げ価格は生産者に利潤を保証する水準に設定されたため事実上の輸出補助金が交付されたことになり，輸入品の払い下げ価格は低めに設定されて輸入補助金

と経済自立を内容とする「経済安定9原則」の実施を指示した。
▶ ドッジ・ライン
　これらの施策を実施するために1949年2月にデトロイト銀行頭取ジョセフ・ドッジが来日し、ドッジ・ラインと呼ばれる一連の緊縮・デフレ政策を強力に推進した。①総予算の均衡、②補助金の削減、③復金債の発行停止、復金の新規貸出の中止などをおもな内容とするドッジ・ラインの実施によって、インフレは収束し、また49年4月の1ドル＝360円の単一為替レートの設定によって、日本経済は世界市場に復帰することになった。しかしドッジ・ラインのデフレ効果は大きく、在庫増大、金詰まり、失業の増加が深刻化し、国際競争に直接さらされることになった民間企業は生産性向上に努めなければならなかった。ドッジ・ライン下の金融逼迫に対して、日本政府は「ディスインフレ政策」という名の金融緩和方策（高率適用[5]の緩和、運用部資金の活用など）を実施した。実際は「ディスデフレ政策」である金融緩和政策を「ディスインフレ政策」と呼んだところに日本政府のドッジに対する面従腹背的スタンスがあったが、「ドッジ不況」はそれほどに深刻であったのである（香西［1980］第3章）。
▶ **市場経済への復帰と所得分配の平等化**
　また1949年7月からは物資需給計画[6]対象物資の指定解除が開始され、46年末に252品目あった統制物資は、50年1月に75品目、51年3月に25品目となり、50年度内に統制は事実上全面解除となった（山崎［2011］）。
　戦時期から戦後改革期における実質国民総支出およびその構成の動向をみると表5-2の通りであった。戦時期については個人消費支出の凄まじい減退（1944年は37年の4割減）、アジア太平洋戦争期における外国貿易の縮小、敗戦直後の政府経常支出の激減を主因とする総支出の半減、戦時期以上の海外貿易の低迷が印象的であり、その後も政府経常支出の伸びは小さく、固定資本形成も低迷したため、GNPの伸びは個人消費支出に支えられていたことがわかる。
　最後に戦後改革のインパクトを所得分配の面からみると図5-1の通りであった。1937年のジニ係数は0.573であったが、56年には0.313まで激落していた。所得平等化の動きは都市部・農村部それぞれにおける平等化、都市と農村の間の平等化といったさまざまな要因が複合した結果であった。とくに1946〜51年度の財

　　が存在するのと同じ状態であった。換言すれば輸出レートは円安に、輸入レートは円高に設定されており、これが企業の生産性向上意欲を阻害していた（三和［2002b］第14章）。
[5]　銀行の日銀からの借入金が一定額を超えた場合、超えた部分に対して公定歩合以上の金利を課す制度。
[6]　戦時中の物資動員計画は1945年度第3四半期から「物資需給計画」と改称され、商工省が策定するようになった。

表 5-2 実質 GNP の推移

年次	実質GNP	個人消費支出	政府経常支出	固定資本形成		在庫品増加	輸出と海外からの所得	輸入と海外への所得(控除)
				政府	民間			
1935	16,624	10,726	2,611	2,398	519	1,879	735	4,205	4,051
36	17,148	11,003	2,618	2,468	529	1,939	928	4,471	4,340
37	21,307	11,540	4,247	3,109	511	2,598	1,550	5,407	4,546
38	21,968	11,382	5,491	3,958	545	3,413	820	4,978	4,661
39	22,093	10,839	4,688	5,002	631	4,371	981	5,225	4,672
1940	20,628	9,723	4,896	4,610	674	3,936	1,189	5,684	5,474
41	20,908	9,410	6,134	4,607	660	3,947	1,316	4,433	4,992
42	20,820	8,956	6,460	3,901	524	3,377	2,071	3,246	3,814
43	21,085	8,469	7,445	4,771	683	4,088	820	2,910	3,330
44	20,113	7,006	7,301	4,723	721	4,002	1,218	2,310	2,445
1946	10,874	6,826	1,123	2,545	900	1,645	812	102	534
47	11,966	7,410	828	2,965	1,389	1,576	1,273	247	757
48	13,921	8,391	1,360	2,973	1,239	1,734	1,734	352	889
49	14,469	9,297	1,619	2,756	1,151	1,605	1,230	753	1,186
1950	16,240	10,077	1,838	2,741	964	1,777	1,277	1,614	1,307
51	18,430	11,040	2,022	2,929	1,000	1,929	2,009	2,187	1,757
52	10,506	6,305	1,780	1,817	548	1,269	363	798	556
53	11,101	7,104	1,806	2,091	653	1,438	45	798	743
54	11,783	7,454	1,848	2,255	727	1,528	153	855	781
1955	12,859	8,041	1,840	2,291	763	1,528	499	977	790

(注) 1) 1935〜51年：1934〜36年価格（100万円），1952〜55年：1965年価格（10億円）。
　　 2) 1945年は推計なし。1946〜51年は会計年度。
(出所) 大川ほか［1974］214, 222頁。

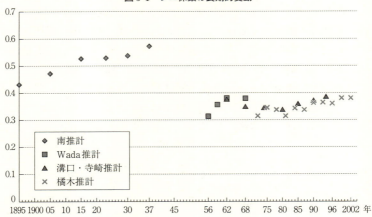

図 5-1　ジニ係数の長期的変動

(注) 橘木推計は，「所得再分配調査」の再分配後所得による。
(出所) 南［2000］44頁，および橘木［2006］8頁。

産税賦課に象徴される富裕階級の没落，農地改革による地主階級の没落，農産物価格支持政策による都市・農村間所得格差の縮小，都市部の空襲と戦後インフレの進展などによって所得分配における平等化が一挙に進展したのである（南［2000］）。

3 朝鮮戦争ブーム

▶ 朝鮮戦争の勃発

1950年6月25日（日曜日）午前4時40分，朝鮮民主主義人民共和国（北朝鮮，48年9月成立）軍は38度線の全線において大韓民国（韓国，48年8月成立）軍への攻撃を開始し，3日後にはソウルを占領した。7月7日にはアメリカ軍を中心にして国連軍が結成されるが，韓国軍・国連軍は敗北を続け，韓国南東部に追い詰められた。形勢の逆転を狙ってマッカーサーは9月15日に国連軍を仁川に上陸させ，これを受けて10月に入ると今度は韓国軍が38度線を突破し，同月中に中朝国境の鴨緑江まで達した。ところが10月には中国が参戦し，戦線を一気に38度線まで押し返し，中朝軍は51年1月4日にソウルを再度奪回した。ソウルは3月14日に国連軍によって再奪回され，その後戦線は38度線付近で膠着状態となった。1951年7月から断続的な休戦会談が繰り返されたものの，国連軍と北朝鮮軍・中国軍との間の休戦協定の締結は53年7月のことであった。以上のように戦線が朝鮮半島を一往復するという筆舌に尽くしがたい惨禍による人的被害に関して，北朝鮮の死者は軍人約50万人，民間人200万人以上，韓国軍の死者は約24万人，民間人は100万人，中国軍の戦死者は100万人，アメリカ軍は5万人という推計もある（和田［2002］）。

▶ 朝鮮戦争ブームの到来

朝鮮戦争中，日本はアメリカ軍の兵站基地となった。アメリカ軍からの特需[7]がドッジ不況に呻吟する日本経済にとって「神風」となった。表5-3にあるように戦後の貿易収支の赤字はアメリカからの援助によって埋められていたが，朝鮮戦争勃発後は特需が援助[8]に代替した。1950年7月～52年6月期間の特需商品契約高順位をみると，綿織物，容器，自動車部品，石炭，トラックの順であり，特需サービスでは資材施設の改善加工が全体の4割を占め，次に輸送であった（大蔵省財政史室編［1999］）。1950年8月に対日軍需調弁の中枢機関である在日米

---

[7] 特需とは在日米軍によるドル貨による日本からの物資・サービスの直接買い付けのことであるが，休戦協定締結後も特需は継続し，「新特需」と呼ばれたこの特需は日本に駐留する外国軍隊から日本が受け取る貿易外の外貨収入を指すようになった。

[8] アメリカの対日経済援助は1951米会計年度をもって打ち切られた。

表5-3 貿易収支・特需の推移
(単位：100万ドル)

年次	輸出	輸入	貿易収支	援助	特需
1946	67	303	−236	192	
1947	184	449	−265	404	
1948	265	547	−282	461	
1949	536	728	−192	534	
1950	924	886	38	361	149
1951	1,358	1,645	−287	157	592
1952	1,295	1,701	−406	5	824
1953	1,261	2,050	−789		809
1954	1,614	2,041	−427		596
1955	2,001	2,060	−59		557

(注) 輸出入はIMF方式。
(出所) 香西[1980] 80頁。

軍兵站部（Japan Logistical Command: JLC）が新設され，このJLCによって日本の一部の工場が直接米軍の利用に供された。米軍管理下のPD（Procurement Demand）工場の中には富士自動車，トヨタ自動車，日産自動車，日野ディーゼルなどの自動車メーカー各社も含まれ，自動車修理等に当たった（中村[1982]）。

朝鮮戦争によって国際市況は高騰したが，1951年4月に主戦論・強硬論者のマッカーサー元帥がトルーマン大統領によって解任され，6月にソ連国連代表マリクが停戦交渉を提案すると世界的な軍拡ムードは退潮し，ゴム・皮革・油脂の「新三品」をはじめとする原材料の国際価格が下落し，貿易商社は多額の損失をこうむった。しかし1952年になると国民生活の向上は顕著となり，戦時期以来抑制されてきた消費意欲が本格的に台頭し，「消費景気」と称される状況を迎えた。続く1953年には不作の影響もあって国際収支は急速に悪化し，これに対応して財政金融政策の引き締めが実施されたため，朝鮮戦争ブームは終焉を迎えた。

4 日本経済の自立と産業合理化政策の展開

朝鮮戦争ブームを契機に日本経済の戦後復興はほぼ達成された。しかし特需，新特需に基礎を置いた経済運営をいつまでも続けるわけにはいかなかった。日本経済の自立＝特需なき国際収支の均衡が最大の課題となり，その目標（輸入防遏・輸出促進）を達成するために体系的な産業合理化政策が展開された（詳細は，通商産業政策史編纂委員会編［1990］第5章参照）。産業合理化政策の推進役となったのが，通商産業省（1949年5月に商工省を廃止して設置）における最大規模の審議会である産業合理化審議会（産合審，49年12月発足）であった。産合審は1951年2月と52年7月に「我が国産業の合理化方策について」と題する第1次・第2次答申を行い，産業合理化政策の基本的構想を提示した。

産業合理化政策の基本的メニューは，①為替・外資統制，②租税特別措置，③産業金融システムの整備などであった（鶴田［1982］第2・3章）。第1に「外国為替及び外国貿易管理法」（1949年制定，外為法）によって為替統制・輸入制限は継続し，貿易の自由化が開始されるのは1960年6月の閣議決定「貿易・為替自由

表 5-4　主要租税特別措置の創設年度と同措置による減収推定額

(単位：億円)

項目	創設年度	1950～60年度減収推定額
1. 内部留保の充実		2,689
①貸倒準備金	1950	785
②価格変動準備金	51	880
③退職・給与引当金	52	720
④異常危険準備金	53	127
⑤渇水準備金	52	118
⑥特別修繕引当金	50	37
⑦違約損失補償準備金	52	22
2. 企業資本の充実		137
⑧増資配当免税	53	137
3. 輸出の奨励		608
⑨輸出所得控除	53	582
⑩輸出損失準備金	53	23
⑪海外支店用設備の特別償却	53	3
4. 技術振興・設備近代化		624
⑫試験研究用機械設備等の特別償却	52	46
⑬新技術企業化用機械設備等の特別償却	58	
⑭鉱業用坑道等の特別償却	57	578
⑮探鉱用機械設備等の特別償却	54	
⑯合理化機械等の初年度2分の1償却	52	
⑰重要機械等の3年間5割増償却	51	
⑱新築貸家住宅の特別償却	52	
5. 産業の助成		785
⑲新規重要物産の免税	13	415
⑳重要外国技術使用料課税の特例	52	62
㉑協同組合課税の特例	53	34
㉒重要機械類の輸入関税免除	51	274
合計		4,843

(注)　1)　減収推定額：⑫と⑬の合計額46億円，⑭～⑱の合計額578億円を表示。
　　　2)　1950年度創設の船舶修繕引当金は，51年度に対象資産拡充をみて特別修繕引当金と改称される。
(出所)　通商産業政策史編纂委員会編 [1990] 364-365頁。

化計画大綱」の発表以降のことであった。合理化のための機械，輸出品原材料などには貴重な為替が優先的に割り当てられ，こうした政府の為替割当権限が行政指導や産業政策の実効性を裏打ちした。また「外資に関する法律」(1950年制定，外資法)の下で外資導入は外資委員会(49年3月設置，52年7月に外資審議会となる)の厳しい管理下に置かれ，日本産業の国際競争力強化，輸入代替に貢献する技術導入は基本的に認可される一方，直接投資や企業支配を目的とした投資は原

則として排除された[9]。

　第2に，民間企業の資本蓄積を促進するために，表5-4に示されているように税制上のさまざまな特別措置（傾斜減税）が創設された。重要物産免税は1913年創設であったが（57年に対象を新規産業に限定），他のほとんどの制度は50年代前半に創設されたものであった。1951年度のシャウプ勧告によって法人税率が上昇するのに対応して傾斜減税制度の導入が本格化するが，その具体化が同年度の重要機械等の3年間5割増償却制度の創設であり，同年には価格変動準備金，重要機械類の輸入関税免除制度も発足し，さらに52年度には企業合理化促進法に基づく合理化機械等の初年度2分の1償却，試験研究用機械設備等の特別償却も開始された。1950年代後半の数値であるが，化繊，肥料，製鉄などの大企業では総所得の約半額が特別措置によって控除されるケースもあった（通商産業政策史編纂委員会編［1990］370-371頁）。また戦後インフレによって企業資産の簿価と時価の開きが拡大し，減価償却費が過少になっていた。こうした問題に対処するため1950年代前半には3度にわたる資産再評価が行われ，再評価差額は再評価積立金として計上された。さらに1954年には「企業資本充実のための資産再評価等の特別措置法」（資本充実法）が制定され，一定規模以上の株式会社は再評価限度額の80％以上の再評価を強制されることになった。

　第3に，この時期には日本輸出銀行（1950年設立，52年に日本輸出入銀行と改称），日本開発銀行（51年），中小企業金融公庫（53年）など政府系金融機関が整備され，郵便貯金，簡易生命保険，各種社会保障基金などの公的資金を体系的に運用する「第2の予算」である財政投融資計画が確立するのが53年であった。また設備近代化を実現するための長期資金を供給することも重要な課題であり，証券投資信託法（1951年），貸付信託法（52年）が制定され，52年の長期信用銀行法によって金融債を財源とする長期資金貸出専門の金融機関である長期信用銀行（日本興業銀行[10]，日本長期信用銀行）が誕生した（香西［1989］）。

---

[9]　ただし1956〜63年には，「指定国人」（アメリカその他の最恵国待遇または内国民待遇を与えられている国の国民）が投資収益・清算代金を海外送金しないという条件を受け入れれば，直接投資が認められるという「円ベース投資」が実施された。

[10]　戦前の特殊銀行であった日本興業銀行は1950年にいったん普通銀行になり，52年に長期信用銀行に移行した。なお1957年設立の日本不動産銀行は77年に日本債券信用銀行に改称した。

表 5-5 製造業部門別生産額構成の推移

(単位：%)

	戦前	1940年	1942年	1945年	1947年	1950年	1955年	1960年
食料品	10.7	9.1	7.7	5.3	10.1	12.6	18.2	12.0
紡織	31.3	18.4	12.6	5.9	12.3	22.0	16.1	12.3
製材木製品	2.3	3.8	3.6	5.0	9.8	4.4	4.8	4.3
印刷製本	2.0	1.3	1.3	1.0	2.1	2.6	2.8	2.5
化学	16.6	17.1	15.2	9.2	18.8	22.8	20.2	17.8
窯業	2.7	2.9	2.6	2.4	4.6	3.6	3.6	3.4
金属	17.2	21.8	22.7	18.8	14.8	16.8	17.3	19.0
機械器具	13.4	23.8	32.2	51.3	27.3	13.7	15.1	26.1
その他	3.8	2.0	1.9	1.0	0.3	1.5	2.0	2.4
合計（100万円）	10,828	27,092	32,039	43,966	281,108	2,167,579	6,217,760	15,293,693
重工業化率	30.6	45.6	54.9	70.1	42.1	30.5	32.4	45.1
重化学工業化率	47.2	62.7	70.1	79.3	60.9	53.3	52.6	62.9
食品＋繊維比率	42.0	27.5	20.3	11.2	22.4	34.6	34.3	24.3

（注）　戦前基準年は1934〜36年平均。
（出所）　武田編［2007］42-43頁。

第2節　産業構造・財閥・企業組織の変遷

1　戦時「機械工業化」の進展と軍需産業の解体

▶産業構造の機械工業化

　戦前・戦中・戦後の製造業部門別生産額構成比の推移をみた表5-5から当該期における産業構造の大きな変化を知ることができる。戦前には最大の構成比を占めた繊維産業が1945年には5.9％にまで圧縮され，代わって45年の機械器具工業の比重は51.3％にまで上昇した。戦時経済の進展は産業構造の重化学工業化の進展を伴っていたのであり，アジア太平洋戦争期には化学工業の構成比が低下しているためより正確には産業構造の機械工業化，機械工業の兵器工業化といった様相を深めたのである（沢井［2004］）。

　機械工業の従業者は日中戦争期（1936〜40年）に130万人，アジア太平洋戦争期（40〜44年）に222万人（航空機部門のみで168万人）の増加であり，そうした労働力需要の増加を満たすために農林業，商業，繊維産業などから大量の労働者の部門間移動が必要であった。第1次世界大戦期のブームを経験した1914〜20年，および重化学工業化が進展した32〜36年の機械工業従業者の増加がそれぞれ21万人と30万人であったことを考慮すると，戦時期における産業構造の機械工業

化の規模の大きさがうかがわれる。その機械工業の拡大を牽引したのが航空機，造船，兵器，電波兵器（レーダー），工作機械などの諸産業であった（沢井［1996］）。たとえば戦時期の工作機械生産重量のピークは1943年の14万トンであったが，この値が再び凌駕されるのは67年のことであった（日本工作機械工業会編［1984］）。

　生産指数の動きをみると，軍需関連産業の生産指数は1944年まで辛うじて高い水準を維持したものの，民需関連産業は日中戦争開始とともにただちに下落しはじめ，44年には34〜36年平均の半分の水準まで落ち込んだ。戦争経済を支える基礎資材である普通鋼材の生産は1938年に早くもピークを迎えて以後年々減少を続け，最大のエネルギー源であった石炭の生産は40年をピークに以後は5000万トン台を維持するのが精一杯であり，それが45年には一挙に3000万トンを割り込んだ（原［1995b］）。一方，例外的に生産を拡大させたのが航空機であり，ピークは1944年9月の2573機[11]（44年合計で2万8180機）であった（発動機のピークは44年6月の5090台，冨永編［1975］269，271頁）。最後の最後まで増産努力が続けられたのが通信兵器・電波兵器であり，生産のピークは1945年3月であった。陸海軍用通信・電波兵器生産額は1941年に4329万円であったのが，44年には4億7671万円に達した（吉田［1990］）。産業構造の機械工業化は民需生産を犠牲にした加工組立型諸産業の隆盛をもたらしただけでなく，ラジオ生産から電波兵器への飛躍，真空管生産の激増に代表されるようにエレクトロニクスといった新分野を日本に定置させることにもなったのである。

▶ **軍需から民需に基盤を置いた産業構造への転換**

　しかし敗戦とともに最大のユーザーであった陸海軍は消滅し，日本経済は軍需を中心とした需要構造から民需に基盤を置いた産業構造に転換する必要があった。終戦時陸軍の兵器製造機関は6造兵廠（東京第一・東京第二・相模・名古屋・大阪・小倉）・39製造所あり，人員約26万人を擁していた。海軍も14海軍工廠・武器関係31製造部を有していた（日本兵器工業会・日本機械工業連合会編［1957］）。これらの諸機関が敗戦とともに活動を停止し，結局廃止されたのである。民間企業も軍民転換を進めなければならなかった。

　軍民転換の状況は前掲表5-5にも反映されている。戦後間もない1947年に早くも機械器具工業の構成比は27.3％に低下し，50年にはほぼ戦前水準に回帰している。一方，戦時中に抑制されていた食料品や繊維は大きく上昇したものの，

---

[11] 「零戦」を最も多く生産した中島飛行機小泉製作所の1944年の生産体制（最終組立ライン数3本）は1ライン当たり「午前1機，午後1機完成」が標準的であったが，41年のドイツのユンカース社の組立ラインでは「爆撃機が毎時一機ずつ組立完成され」た（山本［1994］266，269頁）。

繊維が戦前の地位を回復することはなかった。化学は肥料やレーヨンなどの化学繊維の好調さを反映して1947年に早くも戦前の比率を上回り，金属は55年になってやっと戦前水準に戻った。

1940年代後半にはたしかに機械工業の後退，食料品・繊維の躍進がみられたが，戦争の「遺産」はきわめて大きかった。日本の国富の戦争被害額は643億円（空襲，艦砲射撃などによる直接被害額は486億円）であったが，これは1935年国富1868億円の34％に達した。しかし1935年国富と45年国富を比較すると，建築物，船舶などは減少しているものの，工業用機械器具は81％，電気・ガスは48％の増加であった。船舶は壊滅的な打撃を受けたが，戦時中に増強された生産設備やインフラは空襲によって一部が破壊されたとはいえ，大部分が戦後に持ち越されたのである。船舶を失った日本が最初に直面した経済的困難は機械設備の不足ではなく，生産に投入するエネルギー・原材料の不足であった（橋本・長谷川・宮島［2006］第2章）。

2 財閥の拡大・再編・解体と独占禁止法の制定

▶ 財閥の拡大・再編

表5-6にあるように財閥の代表的存在である三井，三菱，住友の3大財閥の戦時期における拡大は著しかった。国内外合計の傘下企業数は，三井の場合，1937年の66社（払込資本金合計6億7018万円）が41年に109社（14億4599万円），46年に273社（34億9647万円）と急増し，三菱は49社（6億125万円）から54社（12億6480万円），207社（30億843万円），住友は36社（3億9233万円）から37社（6億138万円），134社（18億6133万円）へと増加した。戦時経済の要請に対応して3大財閥の払込資本金ベースの重化学工業化率（在内企業払込資本金総額に占める重化学工業企業の割合）は三井で37年の22.1％から41年の39.9％，46年の56.6％に上昇し，三菱は27.1％から36.5％，57.5％，住友は35.2％から65.5％，80.5％へと急伸した。3大財閥ともアジア太平洋戦争期（1941〜46年）の躍進が著しく，とくに払込資本金増加額でみた機械器具企業の寄与率は三井で31.2％，三菱で58.1％，住友で45.2％に達した。3大財閥の場合，国内で重化学工業，とくに機械器具企業が急増するだけでなく，在外企業数も増加し，終戦時の状況を反映する1946年で三井は61社（4億3749万円），三菱は52社（4億1322万円），住友は16社（2億5515万円）を擁していた。結果的には財閥系企業は戦時経済の要請によく応え，戦時経済の歩みに自らの軌跡を重ねたのである。

しかし直接的には非経済的要因である戦局に規定される戦時経済という外部環境に対応することは，財閥にとって容易なことではなかった。住友では1937年

表 5-6 財閥傘下企業の産業別構成（払込資本金）

（単位：社，1,000円）

	部門別	1937年（①）		1941年（②）		1946年（③）		②—①		③—②	
		傘下企業数	払込資本金	傘下企業数	払込資本金	傘下企業数	払込資本金	傘下企業数	払込資本金	傘下企業数	払込資本金
三井	金融業	4	70,500	4	70,500	4	169,375	—	—	—	98,875
	鉱礦業	8	162,550	10	326,039	13	481,850	2	163,489	3	155,811
	重化学工業	16	135,640	38	518,570	102	1,730,166	22	382,930	64	1,211,596
	金属	1	15,000	5	72,875	14	270,005	4	57,875	9	197,130
	機械器具	7	40,625	25	287,695	57	835,867	18	247,070	32	548,172
	造船			1	10,000	5	58,125	1	10,000	4	48,125
	化学	8	80,015	7	148,000	26	566,169	—1	67,985	19	418,169
	軽工業	19	84,802	14	158,390	46	273,698	—5	73,587	32	115,308
	その他	11	159,125	22	226,670	47	403,891	11	67,545	25	177,221
	在内分合計	58	612,617	88	1,300,169	212	3,058,980	30	687,552	124	1,758,811
	在外分合計	8	57,564	21	145,823	61	437,491	13	88,259	40	291,668
	内外総計	66	670,181	109	1,445,992	273	3,496,471	43	775,811	164	2,050,479
三菱	金融業	4	127,000	4	127,000	4	159,875	—	—	—	32,875
	鉱礦業	8	106,850	4	243,120	6	274,275	—4	136,270	2	31,155
	重化学工業	12	155,625	16	436,750	78	1,491,207	4	281,125	62	1,054,457
	金属	2	12,500	2	45,000	8	185,000	—	32,500	6	140,000
	機械器具	6	106,625	7	293,500	45	1,106,655	1	186,875	38	813,155
	造船					6	11,647			6	11,647
	化学	4	36,500	7	98,250	19	187,905	3	61,750	12	89,655
	軽工業	9	66,050	11	91,850	23	65,280	2	25,800	12	—26,570
	その他	9	118,573	10	297,925	44	604,576	1	179,352	34	306,651
	在内分合計	42	574,098	45	1,196,645	155	2,595,213	3	622,547	110	1,398,568
	在外分合計	7	27,150	9	68,150	52	413,218	2	41,000	43	345,068
	内外総計	49	601,248	54	1,264,795	207	3,008,431	5	663,547	153	1,743,636
住友	金融業	4	58,250	4	58,250	4	65,425	—	—	—	7,175
	鉱礦業	5	34,150	4	34,150	12	115,650	—1	—	8	81,500
	重化学工業	12	136,300	16	369,550	71	1,293,310	4	233,250	55	923,760
	金属	3	56,000	5	184,350	15	530,200	2	128,350	10	345,850
	機械器具	6	41,900	8	123,150	45	593,660	2	81,250	37	470,510
	造船					1	1,600			1	1,600
	化学	3	38,400	3	62,050	10	167,850	—	23,650	7	105,800
	軽工業	4	36,550	2	8,100	14	29,312	—2	—28,450	12	21,212
	その他	9	121,600	7	94,350	17	102,485	—2	—27,250	10	8,135
	在内分合計	34	386,850	33	564,400	118	1,606,182	—1	177,550	85	1,041,782
	在外分合計	2	5,475	4	36,975	16	255,150	2	31,500	12	218,175
	内外総計	36	392,325	37	601,375	134	1,861,332	1	209,050	97	1,259,957

（出所）沢井［1992］154-155頁。

2月28日に財閥本社である住友合資会社が解散し,翌3月1日に株式会社住友本社が設立される。改組の直接的動機は増税対策であり,4月1日に臨時租税増徴法が施行されるが,その1カ月前に旧会社解散・新会社設立を行っていた住友では10割増しの清算所得税を免れた(山本［2010］下巻,第1章)。対応の遅れた三菱では1937年12月21日に三菱合資会社を株式会社に組織変更し(三菱合資会社から三菱株式会社へ),同時に商号を三菱株式会社から株式会社三菱社へと変更した。解散という手続きを取らなかったため,住友家が実現できたような本社から家族への含み資産の移転,本社所有の一部株式の岩崎家への移転も行うことができなかった(三井文庫編［2001］第1章)。さらに三菱では1943年2月に株式会社三菱社から株式会社三菱本社へと商号変更するが,その理由は「三菱社ナル名称ハ分系会社ノ統轄機関タル親会社ノ名称トシテ不十分ナル為メ一般ニ通ジ難ク殊ニ外部ニ対スル関係ニ於テ実際上少ナカラズ不便ヲ感ズルヲ以テ名実一致セシメンガ為メ」であった(三菱社史刊行会編［1981］2063頁)。

同族の数が多く,意思決定に時間を要した三井は本社改組でも遅れ,1940年8月に三井物産株式会社が三井合名会社を吸収合併し,同時に三井11家によって三井同族組合および新たな統轄機関である三井総元方が設置された。しかし「軍部のほうから,持株会社の物産と,統制機能をもつ総元方の二重性が指摘され,より明確で,強固な中枢機関を作るべきだとの要請が出てきた」(江戸［1986］44頁)ため,結局44年3月に三井物産が株式会社三井本社に商号変更し,旧物産の商事部門は独立して三井物産株式会社を設立した。

戦時経済の進展とともに財閥本社の傘下企業に対する統轄力は確実に低下した。各社の資金調達において本社の役割が低下し,軍需会社でもある傘下各社は本社よりも陸海軍の意向を優先せざるをえなかったからである。小磯国昭首相からの直接の要請に基づいて,住友の全力を挙げて時局に対処するため,住友財閥では1944年9月に住友戦時総力会議が設置された。しかし同会議事務局調査員によると「実際において本社が連系会社を統制することは不可能になりました。軍需省や陸海軍から統制してくるのであって,本社が統制することはできなくなった。(中略)時勢が変わったらもとの統制に復するということを念頭において,時局向きのこういう形をとり,表向きから云えばうって一丸となって住友全体が時局に貢献する」ことになったのであり,同会議は「総理事古田俊之助の腐心の産物であった」(山本［2010］下巻,514-515,562頁)。

▶ 財閥解体

1945年8月21日に三井本社社長三井高公は「全三井勤務者」に対して「社長訓示」を行い,「私共ハ今日迄国策ノ趨ク所ニ遵ヒ産業人トシテ日夜全力ヲ傾注,

御奉公ノ誠ヲ竭シテ参リマシタ（中略）我三井トシテハ決意ヲ新タニシ新国是ニ即応シテ我国戦後経済ノ処理ニ渾身ノ御奉公ヲ捧ゲネバナラナイト存ジマス。(中略) 関係各社ハ此秋コソ年来ノ提携ノ実ヲ挙ゲ，相倚リ相扶ケテ局面収拾ニ協力シ，更ニ総合組織ノ持ツ特長ト強靭性トヲ発揮シ戦災ノ復興，民生ノ安定ニ最善ヲ竭シテ国家ニ貢献セン」と述べた。しかし9月27日の三井代表者とGHQの経済科学局（Economic and Scientific Section: ESS）長クレーマー（Raymond Charles Kramer）大佐の会見の席上，クレーマー大佐は「三井財閥ハ政党・軍閥ト結託シテ政治ノ幕ノ後カラ糸ヲヒイテキタ（中略）恐ラク一部軍閥及少数財閥ガ大衆ヲ搾取シテ出来上ツタモノニ違ヒナイ。コレハ宜シク財閥ヲ解体シテ，中小商工業者ヲ助ケテ競争ノ立場ヲ与ヘテ，日本経済ヲ民主化シナケレバナラヌ」と指摘して財閥の解体を表明した（三井文庫編［2001］806, 812頁）。

　財閥関係者の「時勢が変わったらもとの統制に復する」という期待は，占領軍の受け入れるところではなかった。1945年11月に4大財閥（三井，三菱，住友，安田）の本社の活動が停止され，持株会社整理委員会（46年8月発足）の監督下で財閥本社の解散・清算が実施された。続いて中小財閥本社，持株会社的性格を有する事業会社，三井物産，三菱商事など合計83社が相次いで持株会社に指定された。その後持株会社は解体整理され，事業持株会社の傘下企業に対する持株も持株会社整理委員会に委譲され，財閥傘下企業相互の水平的株式所有だけでなく，それらの事業会社の子会社，孫会社に対する垂直的株式所有も解体された。財閥解体は持株支配だけでなく，人的支配の廃絶も対象となった。10財閥家族56名が退陣を強制され，財閥傘下企業間の役員兼任も禁止された。続いて公職追放令によって主要財界人約2000人が役員の地位を追われた（大蔵省財政史室編［1982］第3章）。

▶ 独禁法と集排法の制定

　以上の一連の財閥解体措置によって財閥の持株支配・人的支配はほぼ完全に排除されたが，GHQは同時に既存の独占を解体し，その復活を阻止する施策を実施した。「私的独占の禁止及び公正取引の確保に関する法律」(独禁法, 1947年4月公布) と「過度経済力集中排除法」(集排法, 47年12月公布) である。カルテルの全面禁止，企業結合の徹底的制限などを規定した独禁法は，アメリカ本国の反トラスト諸立法よりも厳しい内容の法律であるといわれた。また集排法が全面的に実施されていたならば日本の産業組織に甚大な影響を与えるはずであったが，実施時期がアメリカの対日占領政策の転換期と重なったため，結局日本製鉄，三菱重工業，王子製紙など18社の企業分割，工場処分などにとどまった。しかし企業再建整備法（1946年10月公布）に基づいて自発的に企業分割を行う事例は多

く，集中排除指定企業者325社のうち約150社がそれに該当した（宮崎ほか［1982］）。民需転換が困難な工場，地理的に分散し生産上の関連の弱い工場などが処分の対象となり，戦時下で急膨張した企業体制を戦後の状況に合わせてスリム化する必要があったのである。

3 企業集団の形成と企業統治の安定

▶ 課題としての安定株主の確保

　持株会社整理委員会に譲渡された巨額の株式は証券処理調整協議会（1947年6月設立）を通じて47年7月から売却されはじめ，49年9月までに1億7000万株，119億円の株式が放出された。こうした放出株，企業再建整備法・金融機関再建整備法（46年10月公布）関係の新規発行株，一般増資株が大量に発生する中で，経済パージによって若返った経営者にとって安定株主の確保が大きな課題であった。1952年4月の対日講和条約発効以前は旧同系金融機関による旧同系企業株式の保有は禁止されていたため，旧財閥系企業はまず他系金融機関に株式所有を依頼せざるをえなかった。証券民主化という大きな変化に対抗して，一部の経営陣が経営権維持のために依存したのが独占禁止法・商法違反である自社株（自己株）所有であった[12]。自社株所有解消の最初の契機は，1949年6月の独禁法第1次改正であった。これによって事業会社の株式所有が原則自由となったため，株式の相互持合い，系列企業（子会社・孫会社）の育成（企業グループの形成）が可能となった。ただし旧10財閥系企業の場合，講和条約発効前は旧同系企業株式の所有は禁止されていた。第2の契機は講和条約発効であり，これによって旧財閥系企業の同系企業間の相互持合いが開始された。1953年9月の独禁法第2次改正によって金融機関の所有制限が5％から10％に引き上げられたが，これも相互持合いを加速するものであった（鈴木［1992］，宮島［1992］）。

▶ 企業集団の形成

　証券民主化の流れの中で株式の買い占め問題は可能性の問題にとどまらず，三井不動産や陽和不動産（三菱系）のように現実の問題として浮上する場合もあった。こうした状況に危機感をもった各社はまず応急措置として自社株所有を進め，独禁法改正，講和条約発効を契機に脱法行為である自社株所有を解消する中から株式相互持合いが進展していったのである。

　株式相互持合いの動きは社長会結成と並行していた。三菱系では1946年から非公式な会合がもたれていたが，講和条約の発効を機に社長懇談会が誕生し，陽

---

[12] 株式発行会社が証券会社に依頼して自社株を確保し，証券会社名義に書き換え，株式取得資金は金融機関からダミーに入り，代わりに担保として株式を金融機関に差し入れるというもの。

和不動産事件[13]をきっかけにグループとしていっそうの結束を図るために54年に同会は三菱金曜会と改称された。三井系でも1950年に19社の常務以上の集まりである月曜会が発足するが，社長会である二木会の誕生は61年まで遅れた。住友系の旧連系会社11社の社長会である白水会の発足は51年であった。1951年10月の白水会第1回会合において，「各社にはそれぞれパージで退任された先輩がいるが，将来ともそれらの先輩を各社の会長とか，相談役，顧問等公式の地位に迎え入れることはしない」ことを決定した（津田編［1988］94頁）。新しい専門経営者は株主の介入だけでなく，シニア経営者の容喙も拒否したのである。

▶ **専門経営者の地位強化**

1950年4月の商法改正（51年7月施行）はコーポレート・ガバナンスにおける専門経営者の地位を強化するものであった。改正商法は株主総会で選任される取締役によって構成される取締役会の業務運営に関する最高意思決定機関としての地位を確定し，株主総会の特別決議（3分の2以上の賛成）によらない限り解任されないという意味で，経済パージによって若返った専門経営者の安定した地位を保証するものであった。また授権資本制の採用は，証券市場の動向に対応した取締役会の判断による機動的な新株発行を可能にし，社債発行限度の拡大も取締役会の権限強化に寄与した。さらに1955年の商法改正によって株主割当増資が取締役会の決議のみで可能となり（ただし第三者割当の場合は株主総会の特別決議を必要とした），株主選択に関する経営者の裁量が拡がったのである（宮島［2004］第8章）。

4 戦時下における企業グループの拡大と下請生産の進展

▶ **企業グループの拡大・再編**

1930年代の景気回復期以降になると日本産業（日産），日本窒素肥料（日窒），森（昭和電工），日本曹達（日曹），理化学興業（理研）といった「新興コンツェルン」の躍進が注目されたが，これらの「企業グループ」は同時代の事業兼営持株会社と株式所有を通じて親子関係にある「企業グループ」の一部にすぎなかった。戦時期になると同系列の金融機関をもたない「新興コンツェルン」は株価の低迷，資材配当の重点化などに規定されて経営の行き詰まりを示し，創業者の退陣を余

---

13 陽和不動産では1952年8月に株価が1600円に上昇し，資本金3600万円（72万株）のうち15万〜16万株が買い占められた。結局三菱銀行が三菱系各社に融資し，その資金を使って買い戻すという手段がとられ，1953年4月には三菱地所，陽和不動産，関東不動産の3社が合併し，新生の三菱地所が誕生した（大槻編［1987］）。

儀なくされる。しかし一方で，3大財閥の主要傘下企業（東京芝浦電気，三菱重工業，住友金属工業など）自体が多数の子会社を擁する「企業グループ」を形成し，総合財閥は「企業グループ」の結集体の様相を呈するようになる。事業兼営持株会社を中核とする「企業グループ」が大企業体制の基本的ユニットとなるのである（下谷［2008］）。

しかし1940年代前半期になると拡大を続けた企業グループにおいて，親会社が子会社を再吸収・再編するという動きもみられた。その背景には親子企業に対する「二重課税問題」，合併による規模拡大，優秀子会社の取り込みなどの要因があった（下谷［2008］）。松下電器産業グループにおいても1942年4月にナショナル電球，扶桑電球，松下特殊電球，ナショナル工業の4分社と松下乾電池の13工場が松下電器産業によって買収され，44年11月には松下無線，松下乾電池，松下蓄電池，松下電気工業の4分社が産業本社に吸収合併される。こうした再統合の背後には子会社における「資金ノ濫用」，すなわち借入金激増下での経営規律の弛緩に対する松下幸之助の危機感があった（平本［2008］）。事業兼営持株本社は軍需会社である子会社の資金調達面での規律低下を危惧し，総合財閥の本社もそれ自体企業グループを形成する主要傘下企業が自らの統制力から離れることを何とか防止する必要があったのである。

▶ **下請生産の拡大**

産業構造の機械工業化，機械工業の兵器工業化も企業間関係に新たな課題を生じさせつつあった。下請生産・下請工業（協力工業）の問題である。市販品生産ではなく，部品加工を担当する下請工場の本格的な成立は第1次世界大戦期であったが（沢井［2013a］第11章），1920年代には親工場からの発注量の低下に伴って下請生産も後退し，下請生産・工場が再び拡大に転じるのは30年代前半であった。機械器具生産の主要7府県（東京・神奈川・愛知・大阪・兵庫・広島・福岡）の1932〜34年の下請状況が35年に調査され，その結果が36年に公表されるが（商工大臣官房統計課編［1936］），これが機械器具工業における本格的な下請調査の嚆矢であり，下請生産のあり方がこの時期に重要な政策課題となったことを物語っていた。

戦時期の下請工業研究に大きな足跡を残した小宮山琢二[14]は下請生産関係を

---

[14] 病床にあった小宮山は，1941年3月に著書の序文に「博士（上田貞次郎──引用者注）は学問の『容物』よりもむしろ『中身』を尊重され，理論を日本の現実のなかで具体的に獲得することがどんなに大切であるかを絶えず教へられた。この要請は，あれこれ思附きだけの政策論が横行すればするほど，一層高く揚げられてよく，私たちの科学するみちもまたそこのみにはじまる。小さな働き手に復帰することが許されるのなら，日本人の立場から身につけた西欧的思惟の成果をもつて，博士の英霊に応へることこそ，私の最大の希願となる」と記した（小宮山［1941］2-3頁）。戦時

浮動的下請関係と専属的下請関係に区分した上で，「下請関係の専属化はいはゆる町工場の町工場性を止揚する契機である」，「専属化を槓杆として下請工場の生産を部分工程へ特化し，大工業の基本的生産と有機的に結びつける運動が進展しつゝある」として専属化に下請中小工場の技術向上の途を展望した（小宮山［1941］134頁）。政府でも1940年12月に商工次官通牒「機械鉄鋼製品工業整備要綱」において下請工場指定制度を打ち出し，下請関係の専属化・固定化を図った。しかし生産の急増に対応して自由に下請工場を増加させたい親工場，受注量の増大・受注価格の上昇を望む下請工場双方の思惑に反していたため，この政策は所期の目的を達成することなく，次第に既存の下請関係を追認する方向に修正されていった（戦時下の下請工業政策，下請の実態については，植田［2004］参照）。また商工省・統制会が主導する下請工場指定制度を無視した軍独自の発注も，下請関係の専属化・固定化を阻害する大きな要因であった（沢井［2013a］第7章）。

下請関係[15]の専属化は順調に進まなかったとはいえ，下請管理に関する新しい試みは随所で実施された。大日本兵器湘南工機工場では1941年に「協力工場の隣保組織」である湘南会が結成され（沢井［2013a］第7章），村井勲（愛知時計電機株式会社技師）『協力工場の能率増進』では「協力工場の工場診断」の具体的ノウハウが解説された（村井［1943］）。現実には激しい下請工場の争奪が展開され，親工場・下請工場双方の機会主義的な行動がみられたものの，一方では厳しい条件の中で下請関係・下請工場のあるべき姿が模索されたのである。

5　企業組織の弛緩と再構築

▶ 企業組織の再構築

財閥家族・本社の統制から完全に解き放たれ，独自の経営活動を開始した旧財閥系企業は，軍需の消滅，三井物産・三菱商事の解散による安定的取引の解体，安定株主の喪失，高揚する労働運動など，経営の内外に山積する困難な問題に対処しなければならなかった。

しかし住友では「連系会社は住友本社と云ふ親を失い，思ひ思ひに自立して行かねばならなくなつた。今日までは事業の面でも資金の面でも各社共殆ど何の苦労もなく，本社に依存してやって来たのであるが，今後は自分の力で処理して行かねばならぬ事となつたのである。然しこうなると自制心を失つたり，事態を誤

期は日本の社会科学者が「普遍的」・「西洋的」理論・思惟とナショナリズムの関係に正面から向き合った時代でもあった。この難問について，松沢［1973］参照。

[15] 1941年11月の「協力工業整備実施要綱」（商工省機械局長・振興部長通牒）以降公式用語としては，従来の「下請」に代わって「協力」が使用されるようになる（植田［2004］）。

解したり，変革時を利用して私利私欲のために，非望を起すものが出来てくる」（山本［2010］下巻，891頁）といった事態も生じた。こうした企業組織の動揺・弛緩を連系会社が横の連絡を取り合って公然と予防することは戦後直後の状況下では到底不可能であった。

　資金調達や販売体制の整備も大きな課題であった。資金調達に関して住友本社総務部会計課に依存してきた住友鉱業では，戦後には住友銀行その他の金融機関と独自に交渉する必要が生じたため，住友銀行の支店長を経理部長に就任させ，独自の資金調達計画を準備する必要があった（山本［2010］下巻）。また販売を三菱商事に大きく依存していた三菱電機は三菱商事の解散指令後，1947年8月の札幌営業所を皮切りに営業所・事務所の新設を続け，50年秋までに全国に8ヵ所の営業拠点を設けた（三菱電機株式会社社史編纂室編［1982］）。

　1950年の商法改正を契機とする取締役会の権限強化に続いて，トップマネジメント[16]の強化策として注目すべきものに常務会の普及があった。取締役会の多くが月1回程度の開催であったのに対し，形式的には協議機関であるとはいえ，毎週1，2回開催される常務会が経営の基本方針に関する実質的な審議・決定機関となった。1950年代に入って生産管理の担い手として登場した検査課や標準課などのスタッフ部門はトップマネジメント直属のスペシャル・スタッフとしても機能し，50年代半ば頃に社長室や企画室といったゼネラル・スタッフが強化されるまでの間，経営合理化の中心的存在であった（日本生産性本部経営史編集室編［1965］）。

▶ 工場診断の普及

　朝鮮戦争ブームを機に機械工業の再建が緒につくと下請生産・下請管理の重要性が再び高まった。1950年代の新たな環境の中で戦時期の下請生産・下請管理の経験が活かされることになり，先述の戦時期に愛知時計電機技師として下請＝協力工場の「工場診断」に活躍した村井勲が戦後の愛知県の工場診断，系列診断で大きな役割を果たすのもその一例であった（沢井［2015］）。村井は52年9月〜53年2月に実施されたトヨタ自工・東海協豊会加盟企業に対する系列診断で活躍し，それに先立って愛知県では49年2月以降52年半ばまでに機械器具関係の中小企業約100工場に工場診断を実施していた（村井［1952］）。系列診断によってトヨタ自動車工業の東海協豊会の活動が活発化し，協力工場の合理化改善が開始され，トヨタ自工が協力工場の経営状態の評価法に関するノウハウを獲得した

16　GHQのCCS（Civil Communication Section: 民間通信局）経営講座（1949，50年開催）やアメリカの経営学書の翻訳・紹介を通して，1950年代に入ると「トップマネジメント」という言葉が急速に普及した（日本生産性本部経営史編集室編［1965］）。

ことが系列診断の大きな意義であった(和田 [1984])。

　戦時中に大阪府立産業能率研究所長として工場診断を主導した園田理一が1948年に開庁間もない中小企業庁の指導局長に就任することによって，能研に蓄積された工場診断の手法が中小企業庁による企業診断として全国に拡がった。1949年から経営経理診断・企業組織及び労務管理診断・生産技術診断を3本柱とする中小企業庁診断が開始され，診断の対象は個別診断である工場診断から商店診断，商店街診断，産地診断，系列診断へと拡大していった(沢井 [2002b])。

第3節　労使関係の変化と「日本型雇用システム」の成立

1　労働統制の深化と労使関係

▶ 労働統制の拡大深化

　戦争の進展とともに兵力動員が進み[17]，軍需産業が拡大を続ける中で労働市場は逼迫し，労働力争奪の激化を反映して離職率が急速に上昇した。こうした事態に対応して政府は従業者雇入制限令(1939年3月制定)，工場事業場技能者養成令(39年3月公布)によって熟練労働者の移動防止，若年労働者の技能養成を図り，39年度からは労務動員計画を設定して労働力需給の調整に努めた。また1940年2月には青少年雇入制限令が公布され，41年12月8日のアジア太平洋戦争開戦日に労務調整令が公布され，労働者の部門別企業別配置・移動規制が一段と拡大・強化された(隅谷・小林・兵藤 [1967] 第4章)。

　工場事業場技能者養成令についてもう少し詳しくみると，同令は男子労働者200人以上の工場事業場および50人以上200人未満であっても厚生大臣が指定した工場事業場に対して，技能者養成を義務づけた。養成の対象は高等小学校卒業者あるいは青年学校普通科修了者であり，養成期間は3カ年であった。中堅職工を養成するために3年間で座学は720時間以上，技能訓練は5000時間以上とされた。技能者養成令は技能者全体に占める養成工の割合を業種別に定め，当初指定業種は機械金属工業22業種であったが，1940年4月に化学工業・採鉱業の14業種が追加された。戦時生産に追われる中で技能者養成の成果がどこまで上がったかについては慎重な評価があるが，座学と実地訓練を組み合わせて熟練形成を体系的に行おうとしたこの試みは，養成工制度を拡充する上で大きな意義を

---

[17] 米国戦略爆撃調査団の調査によると，1937年の兵力動員は63万人（陸軍50万人・海軍13万人），41年で241万人（陸軍210万人・海軍31万人），45年で719万人（陸軍550万人・海軍169万人）に達した（原 [1995b]）。

有した（沢井［2016b］）。

　1939年3月制定の賃金統制令によって未経験の新規採用者の初給賃金が公定されるようになり，同年10月公布の賃金臨時措置令は賃金を9月18日の水準に固定した。1940年10月の大幅改定によって賃金統制令の適用範囲が拡大し，この第2次賃金統制によって各企業は昇給テーブルを整備することを義務づけられた。続いて1942年2月制定の重要事業場労務管理令は厚生大臣の認可を得た場合に賃金統制令に基づく賃金総額制限を撤廃する途を拓いたが，その前提として各企業に賃金規則の制定を求め，その際に年1回従業員全員を対象に昇給させ，最高・標準・最低の昇給基準額を規定するよう指導した。こうして重要事業場労務管理令を機に定期昇給制の慣行が普及するようになったのである（奥田［1985］第11章）。しかも「大規模な企業整備と徴用が数次に渉つて強行され，呉服屋の番頭や町の理髪師，村の青年等が大量に工場へなだれ込んで来た。職場の気風は一変した」（奥村［1949］199頁）といった大量の徴用工の職場進出に規定されて，賃金は勤続よりも年齢をベースにしたものにならざるをえず，出来高給などの能率給よりも生活給が推奨されたものの，現実には常傭制（定額日給制），請負制（個人請負・団体請負），両者併用，常傭制＋奨励金と多様な賃金形態がみられた（沢井［2013a］第7章）。また労働力保全，生活維持のために家族手当をはじめとする諸手当が比重を高め，退職金制度も急速に普及した。

▶「勤労者」概念の登場と工職間格差の縮小

　戦前には職工と職員の賃金格差，待遇格差は歴然たるものがあった。しかし労資一体＝産業報国を標榜する産業報国運動が展開される中で（西成田［1988］第6章），1940年11月の閣議決定「勤労新体制確立要綱」でも「構成員が経営体に於て其の職分に基き協心一体となりて生産性を最高度に発揚すること」が唱道され，職工も職員も経営者もその職分こそ違え，ともに「勤労者」として国家に奉仕する存在として位置づけられた（佐口［1991］第3章）。職工は工員と呼ばれるようになり，現実に工員と職員の間の賃金格差は縮小した。1936年の日立製作所における官立大学卒職員の賃金総額は電機製造業労働者と比較して3.5倍（20代後半），3.7倍（30代前半），私立大学・専門学校卒の場合は3.2倍（20代後半），3.3倍（30代前半）に達したが（菅山［1989］），表5-7にあるように43年の精密機械統制会会員企業29社の実績では公私立大学卒・公私専門学校卒・甲種工業学校卒・乙種工業学校卒と国民学校初等科卒との給与格差は，24〜26歳層で1.3倍，1.2倍，1.1倍，1.0倍，34〜36歳層で1.8倍，1.7倍，1.5倍，1.4倍にとどまった。生産増強が呼号される戦時下では生産現場の地位上昇を反映して工員と職員の間および職員の学歴別給与格差は急速に縮小しつつあり，戦争終結期の三菱重工業

表 5-7　学歴別年齢別社

	19〜21歳					24〜26歳				
	基本給料	手当	賞与月平均	計	指数	基本給料	手当	賞与月平均	計	指数
公私大学						80.35	17.56	49.72	147.63	130
公私専門学校	68.84	9.93	34.78	113.55	161	74.95	15.45	43.70	134.10	118
甲種工業学校	51.57	9.33	25.39	86.29	122	75.23	11.02	40.42	126.67	111
乙種工業学校	50.09	6.80	27.49	84.38	119	72.59	6.21	39.14	117.94	104
甲種商業学校	48.36	7.54	25.17	81.07	115	64.58	9.65	33.15	107.38	94
乙種商業学校	43.47	6.23	24.46	74.16	105	60.83	5.83	28.30	94.96	83
中学校	50.08	5.91	24.18	80.17	113	67.38	11.54	29.50	108.42	95
高等女学校	36.35	4.47	16.78	57.60	81	47.43	6.11	23.85	77.39	68
国民学校高等科（男）	44.77	6.45	22.07	73.29	104	65.12	9.59	25.72	100.43	88
同上（女）	37.48	6.07	17.43	60.98	86	43.65	6.14	17.97	67.76	59
国民学校初等科（男）	42.74	8.68	19.30	70.72	100	58.67	17.09	38.13	113.89	100
同上（女）	32.22	6.14	21.25	59.61	84	49.10	18.20	29.53	96.83	85
その他（男）	48.16	10.40	26.14	84.70	120	72.23	14.59	34.93	121.75	107
同上（女）	36.18	7.65	18.51	62.34	88	68.37	6.82	43.51	118.70	104

（注）　1)　精密機械統制会会員企業29社平均。
　　　　2)　指数は国民学校初等科（男）の合計を100とする指数。
（出所）　沢井［2013a］216-217頁。

では工員の月収が職員を上回る事態も生じていた。ただし戦時期には熟練工不足を補塡するために多様な労働力が投入されたため，工場内における職種間の報酬格差は拡大した（尾高［1993］）。

▶ 社会保障制度の整備と国民徴用

　戦争を継続するためには「銃後」における生活の安定，社会保障制度を整備する必要があった。この「健兵健民政策」の下，1938年1月には社会保障，労働力保全を所管する厚生省が創設される。同年4月に国民健康保険法が公布され，1943年度までに全国に1万300の国民健康保険組合が設立され，被保険者数は3796万人に達した。また1939年4月に職員健康保険・船員保険が創設され，42年2月の健康保険法改正によって政府は一方的に保険医を指定できるようになり，被保険者の範囲も家族全員に拡大された。さらに健康保険と並ぶ重要な社会保障制度として1941年3月に労働者年金保険法が公布され，44年2月に厚生年金保険法となった。このように医療保険と年金という社会保障制度の2つの支柱が戦時期に成立したことは注目すべきことである。しかしこれらの健康保険・年金制度は戦後に存亡の危機に直面し，GHQの支持の下での重要な制度改革を経て定着したのであり，健兵健民政策の下での社会保障制度がそのまま戦後に継承されたわけではなかった（鍾［1998］）。

員給与（1943年調査）

（単位：円）

29～31歳					34～36歳				
基本給料	手当	賞与月平均	計	指数	基本給料	手当	賞与月平均	計	指数
110.83	20.26	73.72	204.81	173	139.11	29.16	124.48	292.75	177
97.20	22.08	63.95	183.23	155	136.19	28.26	108.70	273.15	165
102.28	21.03	73.21	196.52	166	120.06	30.13	101.89	252.08	152
90.65	19.48	68.91	179.04	152	114.78	20.43	88.27	223.48	135
85.52	18.75	55.29	159.56	135	106.37	28.42	80.57	215.36	130
79.87	23.70	49.16	152.73	129	114.85	27.71	74.42	216.98	131
90.27	16.64	50.20	157.11	133	102.20	28.39	63.76	194.35	117
54.56	5.11	29.55	89.22	76	73.33	7.67	41.06	122.06	74
74.03	15.14	33.21	122.38	104	86.10	25.64	49.89	161.63	97
46.32	4.17	19.33	69.82	59	40.80	7.19	21.30	69.29	42
71.69	14.84	31.53	118.06	100	90.27	23.83	51.69	165.79	100
50.83	8.67	28.81	88.31	75	61.80	21.60	39.54	122.94	74
83.69	20.39	50.07	154.15	131	101.88	27.55	62.11	191.54	116
63.61	3.50	32.43	99.54	84	50.00	7.50	35.00	92.50	56

　労働市場統制にもかかわらず労働力の絶対的不足は否定しようもなく，1939年度から国民徴用が開始され，最初に軍需工場に在籍する労働者を釘付けにする現員徴用，次に他産業の労働者を徴用して軍需工場に配置替えする新規徴用が実施された。さらにアジア太平洋戦争期には朝鮮人・中国人労働者の「集団移入」・強制連行が実施され，1944年の全国の炭鉱労働者38万人の33％は朝鮮人労働者で占められた（西成田［1997］第7章）。1943年6月に中学校3年以上の生徒の勤労動員が始まり，同年9月からは女子勤労挺身隊が同窓会・婦人会単位で軍需工場に女子を動員し，44年7月に動員の対象が中学校低学年と国民学校高等科にまで拡大され，45年3月には国民学校高等科から大学までの授業が停止された（原［1995b］）。

2　労働改革と戦後労働運動の高揚

▶ 労働改革

　1945年9月29日の厚生省の戦後対策報告を受けて，10月1日に東久邇宮稔彦内閣は「労働組合法ニ関スル法制審議立案ニ関スル件」を閣議了解し，これに基づき設置された労務法制審議委員会（第1回総会は10月27日）で労働組合法案の骨子が作成され，GHQの経済科学局労働課で一部修正を受けた後，12月18日

の国会で可決・成立した。戦前に3度議会に上程されながらついに成立することのなかった労働組合法が占領下では3カ月足らずのうちに実現したのであり、ここに労働者の団結権・団体交渉権・争議権が確立された（遠藤［1989］第1章）。

労働組合法に続いて労働関係調整法（1946年9月公布），労働基準法（47年4月公布）が制定された。時間外労働割増賃金率，男女同一賃金，解雇予告，年次有給休暇などの規定を含む国際的水準の労働保護法である労働基準法は，戦前のソーシャルダンピング批判に対する反省を踏まえたものであり，先進国にも例をみない生理休暇の取得などの条項も含んでいた（竹前［1982］第3章）。

▶ 労働組合の結成と労働運動の展開

戦後初の全国的な労働組合として復活する全日本海員組合の結成は1945年10月5日であり，以後労働組合の結成が相次ぎ，年末には509組合，38万人が組織され，46年末には1万7266組合，493万人（推定組織率41.5%），49年6月末には3万4688組合，666万人（55.8%）に達した。戦時期における工場・事業所単位の全員参加型の産業報国会での経験をもとに，各工場・事業所・企業ごとに結成された労働組合は職員と工員が一体となった従業員組合という特徴を有していた（三宅［1991］）。従業員組合はまず工員と職員を区別していた身分制度の撤廃，両者に対する従業員としての平等な処遇を会社側に要求し，それが「民主化」要求の内実であった（菅山［1995］）。その具体的な成果として，戦時中にはほとんど掛け声倒れにとどまっていた工員賃金の日給制から月給制への転換が大きく進んだ。

しかし工員と職員の差別撤廃が一挙に完全に達成されたわけではない。たとえば東京芝浦電気では職員と工員の身分が戦後も撤廃されず，工員の日給制も長く続いた。また多くの企業では工員から職員への移動昇進が想定されておらず，職務配属，職務遂行能力の評価基準は依然として実質的には教育資格に依拠していた（市原［2012］）。

1945年10月の読売新聞社第1次争議以降46年夏にかけて，京成電鉄，東京芝浦電気，日本鋼管鶴見製鉄所，関東配電，三菱美唄鉱業所争議などに代表される「生産管理闘争」が拡大し，食糧不足が深刻化し，インフレが昂進する中で46年5月の飯米獲得人民大会（食糧メーデー）には25万人が集まった。政府は生産管理を正当な争議行為とは認めず，代わって経営協議会の設置を打ち出した。同年8月に2大ナショナルセンターである日本労働組合総同盟（総同盟）と全日本産業別労働組合会議（産別）が結成され，労働運動の主導権を握った産別は10月闘争を展開し，電力業では「電産型賃金」と呼ばれる生活給的色彩のきわめて濃い賃金体系が妥結協定され，それが他産業にも急速に普及した。

1947年のマッカーサーの中止命令による2.1ゼネストの挫折を経て48年には争議件数，争議参加者数ともに占領下のピークを記録するが，これに対してマッカーサー書簡に基づく政令201号（7月制定）によって官公部門の労働基本権が制限された。1949年になるとドッジ・ラインの実施による「企業整備」・「行政整理」が進み，そうした中で深刻な労使抗争が次々と発生し，7月に下山事件，三鷹事件，8月に松川事件が起こった。一方，1948年2月には産別の中に日本共産党の産別に対する指導を批判する産別民主化同盟（民同派）が結成され，産別を脱退した諸組合は49年12月に全国産業別労働組合連合（新産別）を結成し，産別内の民同派は総同盟や中立有力単産とともにGHQの支援を受けて50年7月に日本労働組合総評議会（総評）を結成する（兵藤 [1997] 上巻）。

3 「日本型雇用システム」の成立と限界

▶ 労働争議の敗北と「企業別組合」の定着

朝鮮戦争勃発前後からいわゆるレッド・パージが開始され，1950年だけで少なくとも民間企業で1万1893人，政府機関関係で1177人が強権的に職場から排除された。これに対して結成間もない総評は「便乗的不当行為」に注意を促しつつ，現実にはレッド・パージを追い風として労働運動の主導権を固めていった（三宅 [1994]）。

生産管理闘争終息後の労使関係の基本的枠組みとなったのは経営協議会であった。労働協約に基づいて設置された経営協議会は労使代表で構成される協議機関であったが，採用，解雇，異動などに関する同意約款を定めた労働協約も多く，「経営権」は大きく拘束されていた。したがって1949年以降労働運動が後退する中で失地回復を目指す経営側はまず同意約款を有する労働協約を破棄し，経営協議会の性格を労使懇談会的なものに変更していった（栗田 [1994]）。

一方，1951年3月の第2回大会で「平和四原則」（再軍備反対，中立堅持，軍事基地提供反対，全面講和）を行動綱領に掲げ，「ニワトリからアヒルへ」の転換を遂げた総評は左派路線に傾斜しつつ，労働運動を再活性化していった。しかし総評の「左旋回」の中心勢力であった日本電気産業労働組合（電産）と日本炭鉱労働組合（炭労）は1952年に炭労・電産争議を展開するものの，結果は両組合の惨敗に終わり，総評の分裂と54年4月の全日本労働組合会議（全労）結成の契機となった。強力な労働組合であった電産の後退の一因として1951年の電気事業再編成の影響があった。再編成によって日本発送電が解散し，地域別に民間9電力会社が誕生したことは，産業別組合電産が労使協調路線を標榜する9電力会社の企業別組合に運動の主導権を奪われる起点となった（電産については，河西

[2007] 参照)。続いて 1953 年の日産争議では強力な全日本自動車産業労働組合（全自）に所属していた日産分会が組合分裂の後に敗北し、54 年 12 月には全自が解散した。第二組合として誕生した日産労組は結成に際して「真に組合を愛する者は真に企業を愛する」というスローガンを掲げたが、これは「日本的経営」の一支柱である企業別組合の定着を物語るものであった（兵藤 [1997] 上巻）。

日産争議に続いて、粘り強い「家族ぐるみ、地域ぐるみ」闘争を展開した 1954 年の尼崎製鋼争議、日本製鋼室蘭争議でも敗北した総評は、改めて「平和勢力論」、「MSA 体制への国民総抵抗」といった政治闘争よりも「労働者の即物的な要求」を取り上げる経済闘争の重要性を学んだ（樋渡 [1991] 第 3 章）。一方、雇用確保をめぐる企業別組合の粘り強い闘争に直面した企業側も、解雇に伴うコストの大きさを思い知らされる結果となった。企業はできる限り本工の採用を抑制し、いったん採用された本工は雇用を保障されるかわりに労働への深いコミットメントを要請されたのである（武田 [1995]）。

一方、戦争末期に拡大した定期昇給制は戦後インフレの昂進に対応できず、賃金改定が頻々と行われ、改定額も大きかった。しかし経営権を回復するにつれ、経営側は「ベース・アップから定期昇給制度へ」をスローガンに掲げるようになった[18]。1954 年 2 月の日本経営者団体連盟（日経連）の「当面の賃金要求に対する経営者の心構え」、翌 3 月の中央労働委員会の電産争議に対する調停案の提示を契機に定期昇給制が急速に普及し、同時に自動昇給は査定昇給に切り替えられ、定昇査定のための人事考課制度が整備されていった（日本生産性本部経営史編集室編 [1965] 第 4 章）。

▶「日本型雇用システム」の限界

ただし「終身雇用」、年功賃金、企業別組合によって特徴づけられる「日本型雇用システム」が日本経済を覆いつくしていたわけでは決してなかった。日本型雇用システムの諸特徴が中小零細企業で成立していなかったというだけではない。日本における争議を原因とする労働損失日数は 1950 年代後半になっても減少する兆しはなかった。また大企業においても強弱はあれ、労働組合が職場における労働のあり方を規制する例も官公労働、石炭業、造船業、機械金属などではみられた。たとえば 1950 年代後半の三池炭鉱では労働組合によって「輪番制」と「生産コントロール」が実践されていた。三池労組では職制による差別的な配役（作業箇所の決定）を排除するために「輪番制」を導入したが、これは末端の組合

---

[18] 「ベース」、「ベース・アップ」、「定期昇給」概念の不分明さについては、野村 [2007] 第 4 章参照。

組織（職場分会）が出来高給による収入が等しくなるよう作業現場を組合員に日々直接指示するというものであった。「生産コントロール」とは現場職制の作業指示を無視し，自動採炭機の進行を直接規制した生産制限のことであり，採炭工1名が安全な作業環境の下で1日当たり最低1600円を保証される作業量から逆算された（平井［2000］第2章）。

第4節　財政・金融システム

1　財政の膨張と税制改革

▶ 戦時財政の膨張

表 5-8 に明らかなように戦時財政（中央財政歳出決算額）の膨張は著しく，一般特別会計純計（両会計の重複分を差し引いた合計）は 1936 年度の 84 億円が 43 年度には 475 億円と 5.7 倍の伸びを記録した。財政膨張の主因が軍事費の急増であることは明白であり，とりわけ臨時軍事費特別会計（臨軍費）の役割が決定的であった。なお 1942 年度以降一般会計の軍事費が急減しているが，これは同軍事費が臨軍費に移されたためであった。臨軍費は設置から戦争終結までを1会計年度とし，機密の名目から外部からの監視は弱く，臨軍費予算が議会で修正されることはなくほとんど無条件で可決された（伊藤［2007］）。アジア太平洋戦争末期の戦局を挽回するために 1944 年から決戦兵器㋑と呼ばれる熱線誘導爆弾の開発が急がれ，担当者は「この研究においては，こと研究費にかんする限り不自由をしなかった。必要なだけ使えた」（日本兵器工業会編［1977］564頁）と回顧しているが，こうした豊富な研究資金も臨軍費によって支えられていたのである。

図 5-2 にあるように戦前には一般財政支出に占める地方政府の割合は約半分であったが，戦時期にその割合は急落し，1944〜46 年度には1割台にまで落ち込み，戦前の水準に回帰するのは 1950 年代に入ってからのことであった。総力戦は財政支出の面でも中央政府の肥大化，地方政府の相対的縮小をもたらすものであった。

以上のような経費増を通常の財源で賄うことは到底不可能であり，日銀・預金部引き受けによる国債が増発され，国債新規発行額は 1937 年度の 23 億円から年々累増し，41 年度に 100 億円，43 年度に 200 億円，44 年度に 300 億円を突破した（表 5-8 参照）。国債消化のために担保条件の有利化，起債市場の統制，税制上の優遇，小額公債の発売などさまざまな措置が取られ，町内会・隣組まで動員した貯蓄奨励運動が展開された。

表 5-8　歳出決算および国債新規発行額

(単位：45 年度までは 100 万円，46 年度以降は億円)

年度	一般会計	うち軍事費	特別会計	臨時軍事費特別会計	うち外地支払分	一般特別単純合計	一般特別純計	軍事費合計	国債新規発行額
1935	2,206	1,152	5,235			7,441	5,817	1,152	
36	2,282	1,201	7,661			9,943	8,432	1,201	719
37	2,709	1,406	8,402	2,034	379	11,111	9,195	3,440	2,259
38	3,288	1,419	11,729	4,795	1,674	15,017	13,124	6,214	4,548
39	4,493	1,924	14,390	4,844	1,245	18,883	12,273	6,768	5,563
1940	5,860	2,525	17,408	5,723	1,281	23,268	15,704	8,248	6,983
41	8,133	3,367	27,717	9,487	2,925	35,850	22,891	12,854	10,638
42	8,276	537	35,554	18,753	4,679	43,830	31,965	19,290	14,973
43	12,551	510	50,621	29,818	9,788	63,172	47,458	30,328	21,734
44	19,871	262	64,913	73,494	43,466	84,784		73,756	30,825
1945	21,496	316	78,355	16,465	12,491	99,851		16,781	28,173

年度	一般会計	特別会計	一般特別単純合計	一般特別純計
46	1,152	1,782	2,934	1,535
47	2,058	3,725	5,783	4,060
48	4,620	10,096	14,716	10,386
49	6,994	17,573	24,567	15,739
1950	6,333	19,000	25,333	18,129
51	7,498	12,751	20,249	16,014
52	8,739	12,136	20,875	16,670
53	10,172	13,335	23,507	19,193
54	10,408	15,220	25,628	20,086
1955	10,182	17,266	27,448	21,689

(出所)　中村［1989］34 頁，および東洋経済新報社編［1991］222，247 頁。

▶ 租税増徴と税制改革

　次に税制の動きについてみよう。日中戦争直前の馬場（鍈一蔵相）税制改革案によって大増税案が構想されたものの結局実現せず，結城豊太郎蔵相によって規模を縮小した臨時租税増徴法が 1937 年 3 月に公布された。日中戦争期に入ると北支事件特別税法（37 年 8 月公布），支那事変特別税法（38 年 3 月公布）と租税増徴が相次ぎ，国民の租税負担が高まった（大蔵省財政金融研究所財政史室編［1998］第 3 章）。

　こうした中で 1899 年の所得税改正以来の大改正といわれる 1940 年税制改正が実施された。同税制改革の骨子は，個人所得税の累進税率で課税される総合所得税と比例税率で課税される分類所得税（給与所得に源泉徴収制度を導入）の 2 本立て化，法人税の所得税からの分離独立，免税点の引き下げと酒税・物品税の増徴，

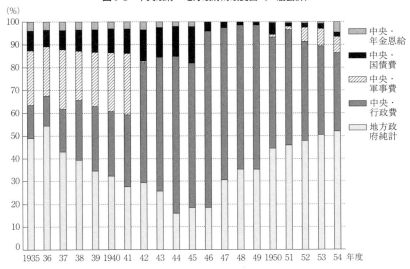

図 5-2 中央政府・地方政府財政支出（一般会計）

（出所）日本銀行統計局編 [1966] 133 頁，および江見・塩野谷 [1966] 170 頁。

生産力拡充のための租税特別措置，地方分与税制度[19]の創設などであった。1940 年税制改正によって，所得税と法人税を基幹税とする租税制度が誕生し，地方分与税という財政トランスファーによって地方政府間の財政力の調整が図られるようになったのである（神野 [1993]）。

2　シャウプ税制とその修正

▶ シャウプ税制の狙い

　1947 年度には重要な税制改正が実施された。所得税の 2 本立てが総合所得税に一本化され，アメリカ流の申告納税制度が導入され，地租・家屋税・営業税・鉱区税・飲食税が地方に移譲された。しかしインフレによって名目所得が増加する一方で控除の引き上げが追いつかないため課税対象者が増加（所得税の大衆化）し，徴税機構が弱化した中で申告納税制が機能せず，税制は大きな困難に直面していた（伊藤 [2007]）。

　そうした中で 1949 年 5 月に来日したカール・シャウプを団長とする税制調査

---

[19] 国税として徴収した地租，家屋税，営業税はその全額を還付税として府県に還付し，これとともに所得税，法人税などの徴収額の一部を配付税とし，各地方団体の人口，課税力，財政需要などを標準として，道府県，市町村に対して調整的に交付するという内容であった（大蔵省財政金融研究所財政史室編 [1998] 第 3 章）。

団は9月15日に勧告（第1次勧告）の全文を発表した。シャウプ勧告の基本的特徴は，課税の公平原則に立脚して，直接税中心の租税体系を提言したことにあった。同勧告は50年度の税制改正に取り入れられ，ほぼ全面的に実現することになった。

シャウプ税制は利子・配当所得，キャピタル・ゲインを含めた包括的な所得を所得税の課税ベースにすることによって所得税を税制の中心に置いた。個人所得税の最高税率は現行の85％から55％に引き下げられる一方，富裕税[20]が新設された。法人税に関しても複雑な控除などは行わず単一の税率（35％）とし，直接税の拡充に対応して間接税は大幅に整理された。またシャウプ勧告は地方自治を支える地方財政を確立するため，税目も国税の付加税ではなく，独立税として固定資産税，住民税（市町村税）を設け，府県税には純所得を課税ベースにする事業税の代わりに付加価値税を設け，財政調整の方法として平衡交付金制度を打ち出した（石 [2008] 第Ⅰ部）。

▶ シャウプ税制の修正と財政支出の動向

しかし恒久的税制の確立を狙ったシャウプ税制は成立直後から大きな修正を余儀なくされた。第1は第1節第4項でみた租税特別措置の導入であり，第2に所得の総合課税の原則が大きく後退した。早くも1951年に利子の分離課税が復活し，53年には分離課税の税率が50％から10％に大幅に引き下げられ，有価証券のキャピタル・ゲイン課税の廃止，富裕税の廃止と所得税の最高税率の従来の55％から65％への引き上げが行われた。こうして所得税は総合所得に対する税から労働所得に対する税へとその性格を変えていくことになった。続く1954年改正では地方財政平衡交付金制度が地方交付税制度に代わり，付加価値税が廃止されて道府県民税が設けられた（石 [2008] 第7章）。

一方，一般会計歳出決算額についてみると，1946，47年度には終戦処理費が全体の3割強を占め，価格統制に関する補助金である物資及価格調整費も49年度には約3割に達するものの，50年代に入ると一挙にその比重を低下させた。55年度の主要経費の構成比をみると，地方財政調整費が15.5％，社会保障関係費が13.8％，防衛関係費が13.4％，教育文化費が12.3％であった。特別会計では食糧管理特会の割合が一貫して高く，46年度に13.8％であったのが，47〜50年度は20％台，51〜55年度は40％台に上昇した（大蔵省財政史室編 [1978]）。

---

20 原語は "net worth tax" であるから「正味資産税」が訳語としては正しいが，これを富裕税とすることで，政府は一般国民とは無関係との印象を流布させたかったのかもしれない（石 [2008] 第2章）。

表 5-9　民間企業の資金調達（フロー値の構成比）

(単位：%)

年次	株式	債券	民間金融機関借入	政府金融借入	日銀外為ローン	内部留保
1935	32.9	1.1	14.9	−0.5		51.6
1936	33.5	−2.3	18.3	0.3		47.4
1937	35.5	−0.1	31.9	−2.1		33.3
1938	34.6	5.4	29.9	−0.3		30.5
1939	24.5	7.9	38.4	2.1		27.2
1940	26.7	5.5	38.3	1.0		30.4
1941	29.1	10.1	28.1	−0.9		33.6
1942	25.7	8.9	32.9	1.4		31.2
1943	22.6	7.8	35.8	3.4		30.3
1944	9.1	8.3	57.8	0.7		24.2
1945	6.1	0.7	90.9	2.3		0.0
1946	5.8	−1.6	71.9	−0.3		24.2
1947	5.1	0.0	45.4	25.0		24.4
1948	11.3	0.0	59.2	12.5		17.0
1949	16.6	2.3	55.4	1.1		24.6
1950	3.7	5.1	43.4	1.6	6.1	40.2
1951	5.1	2.3	47.2	5.3	3.1	36.6
1952	8.3	2.5	54.2	6.6	−2.1	30.4
1953	9.7	2.4	43.1	5.5	1.7	37.6
1954	11.6	1.5	31.3	9.6	−5.7	51.8
1955	14.2	3.9	68.9	14.3	−1.3	0.0

(出所)　寺西［1993］79頁。

3　間接金融の優位

　表 5-9 に示されているように戦時期の企業金融の特徴は，内部金融・直接金融の後退，間接金融の拡大であった。戦時増産の要請に応えるためには内部資金，株式払込金だけでは到底足らず，各社とも外部資金依存度が上昇し，1943 年までは政府の信用供与（軍需品発注に伴う前渡金・仮払金），44 年以降は銀行借り入れが激増した。戦前の銀行の対企業融資は短期貸出が中心で，単独融資の割合が高かった。しかし戦時期に入って各企業の必要資金量が大型化し，既存の系列金融機関をもたない時局企業が増加する中で，軍需融資リスク分散の意図もあって協調融資団の結成が目立つようになる。41 年 8 月には時局共同融資団（興銀・10 大銀行・5 大信託）が結成され，42 年 5 月の全国金融統制会の結成を経て 44 年 1 月に軍需融資指定金融機関制度が開始され，45 年 1 月の軍需充足会社令によって指定金融機関制度が軍需会社以外の企業にも拡大されたため，最終的には約 3000 社が同制度の適用を受けた。共同融資では各行は割り当てられた額を自行

名義で貸し付けたのに対し，軍需融資指定金融機関制度では融資はすべて幹事行に集中され，幹事行名義で貸し出されるようになった（寺西［1993］，伊藤［2007］）。

しかし軍需融資指定金融機関制度の下では銀行が審査機能を発揮できる余地はほとんどなく，同制度による融資には戦時金融金庫（1942年4月開業）の保証が付されたが，「それは，いわばリスクなき金融あるいは自己責任なき金融の姿でもあった」（日本銀行百年史編纂委員会編［1984］352頁）のである。

4 戦後復興期の企業金融

前掲表5–9にあるように戦時中に比重を下げた株式は戦後復興期にも戦前水準に戻ることはなかった。これに対して1947年以降の民間金融機関借り入れは43年までの水準を上回り，間接金融の優位に変化はなかった。しかし表5–9は運転資金と設備資金の合算であり，戦後復興期の設備資金供給についてみると表5–10の通りであった。第1に1948年度における復興金融金庫の存在の大きさが確認できる。1949年度には復金に代わって見返資金[21]による新規融資が始まるものの政府資金の比率は低下し，証券市場からの供給が外部資金の約6割に達した。1950年度以降民間金融機関からの融資も増加するが，日本興業銀行の役割が大きく，都市銀行（11大銀行）の比率は49～53年度外部資金合計の7.1％（同期間民間金融機関融資総額の20.9％）にすぎなかった。

1950年代半ばまで普通銀行は運転資金供給に集中し，長期設備資金はおもに長期信用銀行と政府系金融機関から供給された。こうした長短金融の分業を資金源泉面で支えたのが，家計部門からの銀行預金と郵便貯金であり，郵貯は資金運用部・財政投融資計画を介して，政府系金融機関貸出，および金融債の引き受けを通じた長期信用銀行への資金源泉となった。また普通銀行の資金源泉としては個人預金だけでなく，1950年代前半の預金増加の過半を占めた企業預金がきわめて重要であった。企業からの預金が企業に運転資金として貸し出されるという意味での銀行の「間接金融」と，証券市場の2つの特徴（株式持合いによる法人株式保有の増加および社債の法人引き受け）は，企業部門内部での資金過不足を仲介する2つの形態であったのである（武田編［2007］第4章）。

---

[21] 1949年4月のGHQ覚書によって，「米国対日援助見返資金」と呼ばれる日本政府の特別勘定が日本銀行に設けられることになり，援助ドル相当額が日本円をもって預託されることになった。見返資金の1949～53年度支出累計は3934億円であり，うち公企業支出が1313億円，私企業支出が1400億円（うち開銀458億円）であり，私企業支出の内訳は電力業631億円，海運業546億円，石炭業64億円，鉄鋼業44億円の順であった（大蔵省財政史室編［1978］363頁）。復金融資が石炭と鉄鋼に重点を置いたのに対し，見返資金融資は電力と海運を重視し，両部門で私企業融資の84％に達した。

表 5-10　設備資金供給実績

(単位：100万円)

	1948年度	1949年度	1950年度	1951年度	1952年度	1953年度
民間金融機関	18,400	30,605	61,873	89,234	81,185	127,198
債券発行金融機関		16,796	35,604	41,945	*37,556*	*62,950*
日本興業銀行		14,850	19,217	20,612	23,270	58,783
旧二特銀・二金庫		1,946	16,387	21,333	13,354	−5,679
その他金融機関		13,809	26,269	47,289	43,629	64,248
11大銀行		9,908	19,120	27,533	6,540	18,510
地方銀行		3,716	7,704	6,674	3,808	10,108
その他		185	−555	13,082	33,281	35,630
証券市場	19,700	*59,270*	60,553	73,330	112,116	137,720
事業債手取額	400	18,093	31,716	32,325	33,021	35,304
株式払込額	19,300	40,367	28,837	41,005	79,095	102,416
政府機関	68,300	20,036	23,951	*64,953*	94,379	86,996
復興金融金庫	68,300	−4,568	−6,127	−8,179		
見返資金		24,604	28,600	49,087	44,991	
日本開発銀行				12,860	27,596	65,760
農林漁業金融金庫				8,458	18,084	14,237
国民金融公庫			1,478	1,146	2,278	2,502
中小企業金融公庫						3,118
開拓者資金融通特別会計				1,579	1,430	1,379
別口外国為替貸付					8,769	12,237
外部資金合計	106,400	109,911	146,377	227,517	296,449	364,151
内部資金				224,832	199,053	267,330
社内留保	10,000	19,000	46,900	130,700		
総　　計				452,349	495,502	631,481

(注)　1)　日本興業銀行は1952年度から長銀を含む。「旧二特銀・二金庫」は52年度から旧二特銀（勧銀，北拓）。
　　　2)　1951年度の「旧二特銀・二金庫」の数値は，金融通信社編［1953］81頁で補った。
　　　3)　斜体の数値は内訳の合計と一致しないが，そのままとした。
(出所)　武田編［2007］191頁。

1954年から55年にかけて金融緩和，「金融正常化」が進展する中で市中銀行の資金繰りは改善され，余裕資金を抱えた銀行間の貸出競争が展開された。こうした中で市中銀行側からの財政投融資，日本開発銀行批判が活発化し，開銀の「量的補完から質的補完への移行」の必要性が強く主張された。55年度には郵便貯金の伸び悩みから資金運用部資金に資金不足が生じたため，開銀貸し付け予定先の「市中肩替り」措置が実施され，開銀の融資規模は大きく圧縮されることになった。1950年代半ばの預金増を背景にして，普通銀行が製造業の設備資金供給を積極化させる時代が到来しつつあったのである。

第5節　科学技術と教育システムの変化

1　科学技術の戦時動員と軍民転換

▶ 科学技術の動員

　戦争は科学技術の戦いでもあった。「戦争目的に向けての国家全般の合理的統制が全面的に追求され始める。科学振興はそのなかで一段と大きなウェイトを占めるようになる。（中略）科学的精神はその公認のスローガンとして，ちまたにあふれることになるのである」（廣重［1973］140頁）。1938年4月に内閣に科学審議会が設置され，42年12月設置の科学技術審議会に引き継がれるまでに総計110件の答申を行い，科学技術新体制運動の成果のひとつとして42年2月に内閣直属の技術院が開庁する（科学技術動員に関しては，廣重［1973］，大淀［1989］，沢井［2004］，［2012］参照）。

　戦時期になると陸海軍直属の研究開発機関の活動が活発化した。陸軍では戦前から陸軍技術本部（1919年設置）と陸軍科学研究所（19年設立）があったが，41年6月に両者が一本化され，陸軍技術本部は第1〜9研究所を有するようになった。続いて1942年10月には陸軍省兵器局，陸軍兵器廠，陸軍技術本部が統合されて陸軍兵器行政本部が成立し，同本部技術部技術課が陸軍の立場から研究開発体制の体系的構築を目指した。さらに電波兵器の重要性に鑑み，1943年6月に多摩陸軍技術研究所が設立された。航空関係では1935年8月の陸軍航空本部の改組を機に陸軍航空技術研究所が設置され，42年10月には同研究所を分割して第1〜8航空技術研究所が置かれた。一方，海軍では海軍航空廠（1932年設置）が39年に海軍航空技術廠に改称され，燃料関係では38年4月に海軍燃料廠実験部が設けられ，41年に第1海軍燃料廠となった。また1943年には海軍技術研究所（23年設置）に電波研究部が新設された。

　陸海軍の研究開発機関が急膨張しただけでなく，高等教育機関および官公私立試験研究機関に対する研究委託が増加し，同時に高等教育機関関係者および官公私立試験研究機関関係者が陸海軍嘱託として動員され，さらには研究機関が組織を挙げて軍事研究に協力することも増えた（電気試験所における軍事研究については，武田・今井・髙橋編［2001］参照）。1945年1月1日現在の陸軍兵器行政本部技術部および陸軍技術研究所の研究嘱託者は566名であったが，そのうち281名は44年から動員された技術者や科学者であった。陸海軍は軍事研究を支える嘱託者を増加させるために各大学や官公私立試験研究機関を巡回し，個々の技術者研

表 5-11　官公私立試験研究機関（1942 年 9 月 1 日現在）

(単位：1,000 円，人)

	官　立	官　立 （除く文部省）	公　立	民　間	合　計
研究機関数	204	73	367	711	1,282
設備投資額	72,590（69）	46,983（38）	30,679（144）	298,439（518）	401,708（731）
年度経費	35,971（137）	28,735（59）	21,003（272）	160,122（653）	217,096（1,062）
研究人員数	8,102（66）	5,883	5,272（291）	23,955（703）	37,329（1,060）
設備投資額	1,052	1,236	213	576	550
年度経費	263	487	77	245	204
研究人員数	122.8		18.1	34.1	35.2

（注）　1)　（　）内は当該項目報告機関数。
　　　 2)　下段は 1 機関当たりの数値。
　　　 3)　文部省関係のみ 1940 年 7 月現在の数値。
　　　 4)　合計は「官立（除く文部省）」を含まない。
（出所）　沢井［2012］168 頁。

究者の研究内容を精査して軍事研究への応用可能性を検討した（陸軍技術本部［1942］）。

　民間企業においても試験研究機関を新設・拡充する企業が化学・機械器具・金属部門を中心に増加し，表 5-11 にあるように 1942 年 9 月現在で 711 機関に達した。民間試験研究機関 1 機関当たり設備投資額は文部省関係を除く官立試験研究機関の半分程度であったとはいえ，公立試験研究機関を大きく上回り，年度経費（除く文部省関係），研究人員（含む文部省関係）の点でもほぼ同様のことが確認できる。戦時中に民間企業の中で日本最大規模の研究陣容を誇った東京芝浦電気の 1942 年度の研究経費は 1397 万円，同年度末の研究人員は 826 名（社内 11 研究機関合計）であった。

▶ 共同研究の盛行

　戦時中には軍官学産の各部門における研究開発活動が活発化しただけでなく，研究諸資源の有効活用，軍官学産の垣根を越えた研究交流を通じた研究開発の促進を目指して随所で「共同研究」が展開された。おもな共同研究の舞台は，①大日本航空技術協会，②研究隣組，③戦時研究員制度，④学術研究会議，⑤日本学術振興会などであった。1943 年からスタートした研究隣組は，官公私立試験研究機関・大学などの枠を越えて，特定の研究テーマについて第一線研究者が共同研究会を定期的に開催し，研究の相互促進を図ることが目的であった。確認される限りで，研究隣組は 1943 年に 64 組，44 年に 88 組結成され，この合計 152 組の組員総数は 3082 名であった（青木・平本［2003］，戦前・戦中・戦後における共同研究の展開については，平本編著［2014］参照）。

1943年10月1日に「科学技術動員総合方策確立ニ関スル件」が閣議決定され，同月14日には研究動員会議官制・臨時戦時研究員設置制が公布された。軍官産学代表者からなる研究動員会議（会長は内閣総理大臣，副会長は技術院総裁）が重要研究課題（「戦時研究」）を決定し，その研究に従事する者（「戦時研究員」）を任命し，資材・研究費の確保を図ることとされた。研究動員会議は1945年7月4日の第17回まで開催され，この間に動員された戦時研究員は延べ1600余名，研究補助員は5500余名に達した（沢井［2012］）。

▶ 科学技術の「復員」プロセス

　敗戦とともに陸海軍のすべての研究開発機関は活動を停止し，その後解体された。旧軍関係者の軍民転換プロセスでは鉄道技術研究所（鉄研）が大きな役割を果たした。同所の1945年末現在の職員数は1162名に達し，ピーク時の47年10月末には1567名に及んだ。敗戦直後の行き場のない陸海軍技術者にとって鉄研は一時的な待避所として機能したのである。技術院も1945年9月4日に閉庁し，一部の機能が文部省科学教育局，商工省（45年8月26日の軍需省廃止とともに復活）外局の特許標準局に引き継がれた。民間企業においても研究開発体制の軍民転換が急がれ，「技術温存」が図られた。しかし1947年末の民間試験研究機関は381機関（研究者4931名）にまで激減しており，50年4月末現在ではさらに312機関に後退した（沢井［2012］）。

　戦時中に活躍した技術者個々人も「軍民転換」を必要とした。航空機から自動車へ，光学兵器からカメラ産業へ，通信兵器・電波兵器から電子通信へ，石油燃料から石油化学へといった移動以外にも，元海軍造船官が民間造船所に新たな職場をみつけることも多かった（沢井［2012］，［2016a］）。たとえばキヤノンカメラでは戦後の新たな生産体制を構築するに当たって，「旧軍需関係技術者や旧陸海軍技術士官，さらに日本光学工業（株）から入社した技術者たち」が大きな役割を果たした。彼らを中心にして1948年春に「技術，生産，管理の近代化を志向する自主的な研究会が発足した。同年11月までに50回にも及ぶ会合を重ねた末，製品図，工程図，ゲージ，治工具，公差の導入，検査員，部品の統一規格など10数項目の基準を定めた。（中略）ここに，カメラづくりが工芸から工業へと大きく脱皮する布石」が敷かれたのである（キヤノン社史編集委員会編［1987］43頁）。

▶「生産の中に科学」を

　ただしこうした「軍事技術の拡散過程は，優れた軍事技術が民間に移転されて優れた技術になったというような単純な過程ではな」かった。「戦時生産の非合理性への反省に基づく『生産の中に科学』をという情熱と，日本経済を廃墟から立ち直らせねばならないという意志」が軍民転換のプロセスを貫いていたのであ

り，それは戦後復興期の時代精神でもあった（中岡［2002］3，7-8頁）。戦時への反省が軍民転換の方向性を大きく規定したといえよう。また大学，国立研究所，民間企業といった組織の「民主化」，「平等化」が研究開発の担い手の層を格段に厚くした。「占領改革」＝戦後改革の巨大な影響が，結果的には研究開発において戦時期の「遺産」が雲散霧消することなく戦後に継承されることを担保し，戦時から戦後への「連続」を補強する役割を果たしたのである。

2　技術導入と自主開発

　外資法（1950年5月制定）が技術導入の途を拓いた。1949〜55年の業種別導入件数をみると，合計518件のうち，その他機械129件，電気機械122件，化学100件，金属・金属製品45件の順であり，導入先はアメリカ357件，スイス48件，西ドイツ32件とアメリカが圧倒的割合を占めた（科学技術庁編［1962］）。

　戦時中に展開の兆しをみせていたエレクトロニクス技術について，1945年12月にGHQはこの分野の研究を許可制とし，通信省電気試験所に対してテレビ・電波妨害など電波関係6項目の研究禁止を命じた。軍事技術，航空技術などを除いて，1946年半ばになると研究禁止から戦後復興のための研究支援へとアメリカの対日科学技術政策のスタンスは大きく変化するものの，研究中断，需要消失の影響は大きく，技術導入が再開されると外国技術を利用しなければ国内での事業化が困難な分野では，少数の外国企業と多数の日本企業が技術提携契約を締結した。テレビ受像機について，1957年時点でアメリカのRCAと日本企業36社が技術提携契約を提携し，さらに契約を希望する企業のためにテレビジョン振興協会が一括して同社と契約するといった事態は，石油化学工業などとともに特定外国技術に日本企業が殺到した事例であった（長谷川［1996］）。

　しかし戦後復興期の厳しい環境下にあっても研究開発に対する意欲は横溢していた。戦争遂行のための科学技術は戦後改革期の企業組織の変化，労使関係の改革を経て戦後復興のための科学技術へと転成していった。原子爆弾を開発するほどのアメリカの圧倒的な科学技術力に対する驚嘆は，戦後の困難な状況を突破する切り札としての科学技術への信頼をますます強固なものにしたのである（沢井［2013b］）。

3　「大日本帝国」の教育システム

▶ 高等工業教育機関の拡充

　戦時期の技術者需要の急増に対応して高等工業教育機関の拡充が相次いだ。まず大学では1940年度に名古屋帝国大学理工学部が開設され，42年度に東京帝大

に第二工学部が設置された。私立大学では藤原銀次郎から提供された資金をもとに藤原工業大学が開設され（1939年に予科開設），同校は44年8月から慶応義塾大学工学部となった。また各大学工学部の学科増設の動きも急であり，戦前には東京帝大にしかなかった航空学科が北海道帝大を除く5帝大および東工大に設置された結果，36年度の卒業生8名が44年度には243名を数えた（沢井［2012］）。

工業専門学校[22]の拡充ではまず1939年度の官立高等工業学校7校（室蘭，盛岡，多賀，大阪，宇部，新居浜，久留米）の新設があった。戦時期における「産業構造の機械工業化」，「機械工業の兵器工業化」といった事態を反映して，工業専門学校の増設拡充は，①機械関連学科の充実，②航空・電気通信・通信工学といった新分野の拡充，③石油・石炭・燃料といったエネルギー関連諸学科の充実をその内容とした。工業専門学校の拡充は官立7高工の新設にとどまらなかった。表5-12にあるようにアジア太平洋戦争期には長野，彦根，高岡，和歌山の4官立工専が設立され（長野を除く3校は高等商業学校からの転換），1943年度以降は公立工専の設立も相次いだ。また各種学校からの昇格，私立大学による工専の設立，キリスト教系文科系専門学校の高等商業部の工専への転換および私立高等商業学校の工専への転換，企業による工専の設置（川南高等造船学校，日本鍛造工専など）などによって，私立工専も増加した。

▶「外地」の高等工業教育機関

高等工業教育機関設立の動きは「外地」にも及んだ。1941年5月に京城帝大理工学部（物理，化学，土木，機械，電気，応用化学，鉱山冶金）が開部し，43年10月に台北帝大工学部（機械，電気，応用化学，土木）が第1期生を迎え入れた。さらに朝鮮では1938年に私立の大同工専（44年に官立平壌工専に改組），39年に京城鉱山専門学校が設置された。

「満洲国」ではハルビン工業大学が1936年に哈爾濱高等工業学校と改称し，38年に満洲国立哈爾濱工業大学となった。1938年には哈爾濱俄僑学院と聖ウラジミール大学工学部を統合して満洲国北満学院が設立され，同学院は3年制の商学部と4年制の工学部から構成された。1938年には新京に国立満洲工鉱技術員養成所，奉天に国立大学工鉱技術院が開設され，40年に前者は新京工業大学，後者は奉天工業大学と改称した。

また日本政府の要請によって満洲国政府および汪兆銘の中華民国維新政府が留学生を派遣したため，戦時下の日本の高等工業教育機関には一定数の留学生が在籍した。1937〜45年度の入学者数で最多数の留学生を受け入れた大学は東工大

---

[22] 1943年度の専門学校令改正によって，44年3月にそれまでの高等工業学校，高等工芸学校，明治専門学校はすべて工業専門学校に改称された。

表 5-12　年度別・学校別卒業者・入学者数

(単位：人)

大学別	1936年	1940年	1944年	学校別	1940年	1944年	1945年
東京帝大工学部	319	338	372	長野工業専門学校		227	267
東京帝大第二工学部			375	彦根工業専門学校		169	185
京都帝大工学部	182	203	347	高岡工業専門学校		160	203
東北帝大工学部	73	87	151	和歌山工業専門学校		164	
九州帝大工学部	105	134	201	官立小計		720	655
北海道帝大工学部	98	100	113	東京府立高等工業学校	81	148	157
大阪帝大工学部	113	133	186	東京府立化学高等工業学校		103	120
名古屋帝大理工学部			84	岐阜県立高等工業学校		150	214
7帝大・小計	890	995	1,829	愛知県立高等工業学校		213	279
東京工業大学	152	178	321	大阪府立堺高等工業学校		236	310
早稲田大学理工学部	276	220	394	東京府立航空高等工業学校		89	110
日本大学工学部	171	271	455	大阪市立都島高等工業学校		178	200
藤原工業大学			126	兵庫県立高等工業学校		132	151
私立大学・小計	447	491	975	大阪府立淀川高等工業学校		103	164
大学総計	1,489	1,664	3,125	大阪府立航空高等工業学校		94	308
京都高等工芸	112	109	250	宮崎県立高等工業学校		145	153
名古屋高工	186	175	441	東京都立機械高等工業学校			92
熊本高工	132	214	455	広島市立工業専門学校			197
仙台高工	141	201	373	鹿児島県立工業専門学校			270
米沢高工	129	193	323	公立小計	81	1,591	2,725
秋田鉱山専門学校	97	184	466	東京写真専門学校	44	49	70
桐生高工	136	243	385	東京電機高等工業学校	48	101	227
横浜高工	167	242	402	関西（摂南）高等工業学校	111	538	635
広島高工	136	185	335	武蔵高等工業学校		400	439
金沢高工	113	152	371	川南高等造船学校		72	107
明治専門学校	72	160	256	航空科学専門学校		235	247
東京高等工芸	128	160	182	同志社工業専門学校		165	204
神戸高工	145	182	348	福知山工業専門学校		575	600
浜松高工	112	173	434	甲陽工業専門学校		219	222
徳島高工	110	187	368	立教理科専門学校		446	435
長岡高工	102	140	345	青山学院工業専門学校		392	487
福井高工	95	152	355	(財)法政大学設立航空工業専門学校		300	315
山梨高工	108	152	397	東亜石油工業専門学校		191	105
室蘭高工			158	工学院工業専門学校		100	161
盛岡高工			364	国防理工学園電波科学専門学校		425	
多賀高工			342	大日本滑空工業専門学校		52	105
大阪高工			407	関東学院航空工業専門学校		150	160
宇部高工			343	久我山電波工業専門学校		155	354
新居浜高工			200	中央工業専門学校		235	275
久留米高工			298	東北学院航空工業専門学校		150	160
工専合計	2,221	3,204	8,598	芝浦工業専門学校		396	462
				関西工業専門学校		150	156
				東京明治工業専門学校		227	220
				玉川工業専門学校			100
				柏崎石油鉱山専門学校			125
				東亜冶金工業専門学校			110
				日本鍛造工業専門学校			100
				私立小計	203	5,723	6,581

(注)　左欄は卒業者数，右欄は入学者数。
(出所)　沢井［2012］116-119, 124-127, 130, 132-133 頁。

の 127 名であり，工専では秋田鉱山専門学校の 35 名がもっとも多かった（沢井 [2012]）。

　高等工業教育機関だけでなく，朝鮮では中等工業教育機関である工業学校も拡充された。1937 年度まで鎮南浦公立商工学校を除けば，官立京城工業学校 1 校しかなかったが，43 年 5 月末現在の工業学校は 10 校に増加し，生徒数は日本人 2125 人，朝鮮人 2320 人であった。工業学校の教員のほとんどは日本人であった。終戦とともに日本人教員が引き揚げたため，残された工業教育機関をいかにして維持運営していくかが，解放後の朝鮮の人びとの課題となった（沢井 [2015]）。

4 新制工業教育の発足

▶ 新制大学のスタート

　1945 年 11 月に GHQ から航空関連科学技術の研究・教育を禁止する覚書が出され，東京帝大の場合，45〜47 年に第一工学部の航空学科・火薬学科の廃止と応用数学科の設置，造兵学科の精密加工学科（のち精密工学科に改称）への改称，第二工学部の航空機体学科，航空原動機学科の物理工学科，内燃機関学科への改称，造兵学科の精密工学科への改称，内燃機関学科の廃止と続き，49 年 5 月には第二工学部を母体として生産技術研究所が設置された。航空関連学科をもつ他の 6 大学でも 45，46 年に航空関連学科が廃止され，代わって工業力学・物理工学科・応用物理学科などが設置された（沢井 [2012]）。

　戦後教育改革の結果，新制大学（1949 年度発足）の工学部は，旧制の 7 帝大および東工大，多数の国公私立の工専，一部の私立大学など戦時期に拡張された高等工業教育機関を継承して発足した。戦時の要請に基づいて誕生した諸制度の多くが軍民転換の過程で縮小・廃止されたのに対し，高等工業教育機関は基本的に戦後に引き継がれたのである。また旧制の工業学校[23]は新制の工業高等学校（1948 年度発足）に移行した。戦間期における高等工業教育機関の拡充が戦時生産を支えたように，高度成長期の技術者需要を満たす上で戦時期における高等工業教育機関の拡張が歴史的「遺産」となったのである。

▶ 工学教育に対する産業界の要望

　しかし新制大学における工学教育に対する産業界の不満は大きく，日経連は 1952 年に「新教育制度再検討に関する要望書」を提出し，その中で「社会人と

---

[23] 1943 年 1 月に中等学校令が公布され，同令に基づき 3 月に実業学校規程が制定された。その結果，中等学校の就業年数は 1 年短縮されて 4 カ年となり，それまで慣行的に使われてきた甲種・乙種工業学校の区別もなくなり，甲種は 1 年短縮されて 4 年制に，乙種は 1 年延長されて 4 年制になった。

しての普通教育を強調する余り，これと並び行われるべき職業教育乃至産業教育の面が著しく等閑に附され，この点新教育制度の基本的欠陥」と指摘した。日経連は 1956 年にも「新時代の要請に対応する技術教育に関する意見」を発表し，法文系・理工系比率の是正（現在は 75：25，戦前は 65：35），および「新制大学四年間の専門科目の授業時数が旧制大学三年間のそれに比して約三，四割方減少している現状に鑑み」た専門科目の充実を訴えた（国立教育研究所編［1973］）。

　戦後の工業高等学校卒業者は技能員ではなく技術者として処遇され，月給制であった。ある大手造船企業の事例であるが，新規高卒は技術職・事務職として採用され，1960 年代前半には現業系を上回るほどであった。新規高卒技術職採用は 60 年代後半にその数を大幅に減らしつつも 72 年まで続けられた（佐口［2003］）。

第6節　戦中・戦後の都市と農村

1　食糧政策の変遷と農地改革

▶ 戦中・戦後の食糧政策

　戦時食糧統制政策は 1939 年の朝鮮と西日本の干ばつを契機に開始され，同年 8 月には米穀配給統制法に基づいて米の最高販売価格が設定された。11 月からは米の強制買入制度が導入され，また米穀搗精等制限令により 7 分搗の強制，酒造米の節約といった消費規制も導入された。1940 年 10 月には農家の自家用保有米以外の全量を政府の管理米とする米穀管理規則が制定され，41 年 9 月の米穀管理実施要綱改正によって管理米全部を政府が買い上げることになり，その際地主は小作米に関して供出代金（地主米価による）を受け取るだけになり，小作料の事実上の代金納化が行われた。同月に政府買い入れ価格（いわゆる地主米価）が引き上げられ，12 月には米穀生産奨励金交付規則によって生産者に生産奨励金が交付されるようになる。二重米価制（地主米価＋生産奨励金＝生産者米価）に基づく供出制度の開始である。二重米価制の下での生産奨励金の増額によって金額換算の実収小作料率は従来の 50％ 前後の水準から 1945 年に 38％，46 年に 13〜18％ へと低落した（以下，清水［1994］，［2007］）。

　こうした動きに対応して 1941 年 4 月から 6 大都市において米穀通帳による配給制度が実施されたが，配給基準量は 11〜60 歳で 1 人 1 日当たり 2 合 3 勺（1158 カロリー）と定められた。続いて 1942 年 2 月には供出・配給に関する諸法規を整理統合した食糧管理法が制定された。1943 年産米から部落責任供出制度が採用され，44 年産米からは農民の生産意欲を刺激し供出を円滑化するために

事前割当供出報奨制度が採用された。一方配給面では，1942年度から総合配給制度が採用され，同年は麦類，43年から甘蔗・馬鈴薯が代替食糧として配給されるようになった。さらに1943年度から2合3勺基準の配給制度が全国で実施されるようになり，45年7月には配給基準量が飢餓的水準の2合1勺（16〜60歳，1042カロリー）にまで引き下げられた。

敗戦後，食糧危機はさらに深刻化した。植民地米などの輸移入が杜絶し，1945年産米が未曾有の凶作となり，さらに敗戦に伴って供出が予定通り進まなくなったためであった。供出を促進するためのさまざまな措置が取られ，1947年度からは「ジープ供出」といわれたようにGHQの介入も始まった。1946年11月には配給基準量が2合5勺に引き上げられたものの，47年度中に遅配・欠配が解消することはなかった。食糧危機の緩和は1948年度からその兆しがみえ始め，48年11月に配給基準量が2合7勺（1440カロリー）に引き上げられたものの，37〜39年の消費実績3合2勺に及ばなかった。1949年11月から藷類，50年8月から雑穀の統制が撤廃され，52年5月から麦が間接統制に移行し，55年産米から予約売渡制となった。また1948年2月に業務を開始した食糧配給公団が廃止されるのは51年3月であった。

一方，戦時期には農業労働力不足が深刻化し，1941年度の労務動員計画では初めて農業部門からの労務供出が禁止された。1943年12月には戦時農業要員の指定（徴用による動員を免除）が行われ，44年2月の学徒動員の徹底化，45年4月の帰農方策の実施と続いた。敗戦後になると食糧危機はさらに深刻化したが，離職，引き揚げ，復員などによって農村労働力は一転して過剰化した。こうした状況に対応して45年11月に「緊急開拓事業実施要綱」が閣議決定された。また戦時増産政策であった農地開発法（1941年3月制定）に代わって49年6月に土地改良法が制定された。

▶ **戦時農地政策と農地改革**

銃後農村の平和を目的として展開された戦時農地政策は地主的土地所有に対する規制を強めていった。自作農創設維持補助助成規則（1937年10月）による自創事業の強化，農地調整法（38年4月）による賃借権の強化，小作料統制令（39年12月）による小作料の規制などである。しかしこうした規制にもかかわらず戦時期に小作地率も小作農家戸数比率もほとんど変化がなかった。

たしかに村社会の中での相互監視，相互規制が作用したために小作料統制令は比較的よく遵守された。しかし臨時農地等管理令（1941年2月）による農外転用統制，農地作付統制，農地賃貸借・所有権移動統制，ならびに臨時農地価格統制令（41年1月）による農地価格統制はそれほど守られておらず，とくに農地価格

統制は"ザル法状態"であった。このことは日本経済の他の分野と同様に農業においても戦時統制の背後で経済・市場インセンティブが厳然と機能していたことを物語っていた（坂根［2012］）。

戦後まもなく農林省から，不在地主の全小作地を売却する，在村地主の農地保有限度を全国平均で5町歩とし，小作料を金納化するという第1次農地改革案が提出されたものの，微温的措置にすぎないとの批判が出され，改革の実行は中断された。その後対日理事会の英連邦案を基礎とした改革案がGHQから日本政府に内示され，不在地主の全小作地と在村地主の内地平均1町歩を超える小作地を政府買い取り・売り渡しの対象とする第2次農地改革が実施されることになった。1947年3月の第1回買収から52年10月の農地法施行による改革の打ち切りまでに解放された農地面積は207万町歩に上り，その結果小作地率は46年の45%前後から49年の13%，52年の9%に急落し，小自作・小作農家戸数比率も46年の47%から50年の12%，52年の9%にまで低下した。こうして地主的土地所有は基本的に解体し，自作農的土地所有が成立することになったのである。

2　国民生活の窮乏

都市生活の注意深い観察者であった永井荷風は日記に「余この頃東京住民の生活を見るに，彼等は其生活について相応に満足と喜悦とを覚ゆるものゝ如く，軍国政治に対しても更に不安を抱かず，戦争についても更に恐怖せず，寧これを喜べるが如き状況なり」（1937年8月24日），「東京の生活はいまだ甚しく窮迫するに至らざるものと思はるゝなり。戦争もお祭りさわぎの賑さにて，さして悲惨の感を催さしめず。要するに目下の日本人は甚幸福なるものゝ如し」（同年11月19日，永井［1994］84，114頁）と記した。しかし，その後にやってきたものは国民生活の絶対的窮乏であった。

表5-13から国民1人1日当たり熱量供給量（総計）の動きをみると，戦前（1934～36年度平均）を100として42年度97，44年度95，45年度88，46年度71，47年度83と推移し，戦前水準を回復するのは55年度であった。こうした中で1944年4月～45年8月まで6大都市の国民学校児童に，50年7月から8大都市の小学校児童に，51年2月から全国都市の小学校児童に学校給食が実施された（以下，清水［2007］）。

食糧危機は都市においてとくに深刻であった。闇米[24]価格の公定価格に対する倍率は1944年度中にすでに数倍に達していたが，45年10月には49倍のピー

---

[24] 闇米とは生産米から農家保有米と供出米を引いた残りのことであり，食糧統制上は存在しないはずであるが，現実には農家保有米の一部が売買された。

表5-13 国民1人1日当たり熱量供給量の推移

(単位:キロカロリー)

年度	米	小麦	いも類	砂糖類	総計
1934〜36	1,237	91	85	133	2,030
1937	1,307	66	82	160	2,115
38	1,318	70	80	194	2,135
39	1,303	90	70	122	2,076
40					
1941					2,105
42					1,971
43					1,961
44					1,927
1945					1,793
46	872	141	181	6	1,449
47	1,010	202	141	4	1,695
48	986	242	184	54	1,851
49	1,015	249	176	51	1,927
1950	1,036	254	142	34	1,945
51	920	230	115	69	1,858
52	952	225	143	105	1,995
53	931	222	110	137	1,933
54	924	240	109	123	1,951
1955	1,063	244	124	128	2,217

(出所) 加用監修[1977] 354-357頁, 清水[2007] 314頁。

クを記録し, 47年8月でも23倍であり, 48年度になって10倍を切るようになった。農村を100とすると都市の1人1日当たり熱量摂取量は1946年度82, 47年度86, 48年度96であり, 都市が食糧危機から脱するのは48年度以降であった。1948年までは輸出総額よりも食糧輸入額の方が大きく, 食糧輸入を可能にしたのはアメリカの対日援助資金であった。戦前・戦中の輸移入米を代替したのが, 戦後では輸入小麦だったのである。

生活の窮乏化が深刻化する中で闇取引が蔓延するのは必然であった。1938年に早くも経済保安警察制度が創設されて経済統制違反の摘発に乗り出すが, 38年7月〜39年10月までの統制経済犯罪(内務省調)の合計は225万572人(うち「注意」200万4443人,「説諭」21万8987人)に上った(西田[1994])。

3 戦中・戦後の都市と農村

国民生活の窮乏化が深刻化する中で, 相対的に食糧事情に恵まれた農村は都市との経済的格差を縮小させていった。自らの生活水準が向上したわけではないものの, それまで豊かに映じていた都市の生活が貧しい, 自分たちの生活に近づいてきた戦争の時代を,「愉快な時代」,「うれしい時代」の到来と受け止める農民もいたのである(安田[1983])。

工場の地方分散化政策を伴っていた戦時の機械工業化は, 農業年雇の減少や農家次三男層の離農を促進しつつ, 一方で在村通勤型の「職工農家」を大量に生み出していった。職工農家の中には世帯主や長男が工場に勤務し, 主婦・老人・子女が農業経営の主たる担い手となるといったタイプもあった。職工農家は軍需インフレ下の農村の好景気を象徴する存在として注目されるようになり, 地方工業都市周辺地域では急激な兼業農家化の動きが生じた。しかし工場に通う農家世帯員は工場においては臨時工的存在であり, 職工農家の側もたとえ飯米確保程度の

耕作規模であっても農業を継続することを選択した（小峰［1981］）。

　農村人口の流出に支えられた都市化の進展といった大きな流れが、戦中・戦後の一時期に逆転した。敗戦直後の1945年10月末の全国町村人口が35年の値を1割強上回り、50年10月の国勢調査までほぼその水準を維持するのに対し、45年10月末の市部人口は35年の89まで低下し、47年9月末でやっと115に回復・上昇した。福島県のある村の事例であるが、戦争終結までは疎開による人口流入によって村の人口は顕著に増加し、それは戦後もある程度継続した。戦後直後の人口流入の最大要因は復員であり、1946年に入ると外地からの復員、続いて引き揚げ者が加わった。しかし一方で1946年には転出者が急増し、46年は純流出の年となったが、その大きな要因が疎開者の京浜地方への復帰行動であった。転入者の過半は非農家世帯員であり、農村への転入者が必ずしも農家への転入者であったわけではない。農業経営に適合的な家族構成を再構築しようとする農家世帯は、復員者を中心として必要な労働力を定着させながら、一方でそれ以外の労働力を排出していたのである（谷本［2002］）。

　戦後復興期の農家はインフレ利得の受益者であり、都市から農村への人口移動が想定されやすいが、現実には都市機能の麻痺が続いていた1946年に福島のある村では純流出を記録した。農家世帯員として受け入れられなかった転入者（元都市生活者）の農村生活はとりわけ厳しく、彼らの多くは先の不安を抱えながらも再び都市へと向かった[25]。小農経営に適合的な家族構成を再構築しようとする農家世帯の行動・「戦略」が、敗戦直後期の都市・農村間の人口移動を大きく規定していたのである。

第7節　「大東亜共栄圏」の経済的帰結とアジアからの強制的「離脱」

1　「大東亜共栄圏」の経済実態

　1945年9月の終戦時の外地（台湾・朝鮮・樺太・南洋群島・「満洲」・中国関内・南方）居住日本人総数は軍人・軍属・一般人合計で約700万人（うち一般人約350万人、総人口の約5％）と推計されているが、35年の推計（除く「南方」）では約187万人であり、戦時期に未曾有の経済的膨張が進んだことを物語っていた（以下、原［1976b］、金子［1994］、［1995］、［2007］）。

　満洲では1937年度から「満洲産業開発5カ年計画」が開始され、同年11月に

---

[25] 1944年から45年に秋田で暮らしたある疎開者の記録として、高井［1996］を参照。

表 5-14　日本輸入の「大東亜共栄圏」依存度

品　目	単　位	共栄圏輸入総量 1939 年	共栄圏輸入総量 1943 年	全輸入総量 1939 年	（％）	全輸入総量（共栄圏輸入の ％） 1943 年	（％）
米及籾	十万斤	710	12,539	729	97.4	12,539	100.0
小　麦	同	280	—	539	51.9	—	—
豆　類	同	13,640	4,646	13,727	99.4	4,646	100.0
採油用原料	同	2,373	1,626	2,661	89.2	1,634	99.5
牛肉（生）	同	78	7	107	72.9	7	100.0
皮革類	同	180	580	934	19.2	582	99.7
生ゴム	同	438	807	717	61.1	807	100.0
曹達類	同	96	50	772	12.4	50	100.0
粗製硫酸アンモニウム	同	1,363	62	1,372	99.3	62	100.0
合成染料	千斤	—	—	510	—	1,128	—
実綿及繰綿	十万斤	1,101	1,544	10,093	10.9	1,545	99.9
麻類及その他植物繊維	同	1,088	871	1,416	76.8	876	99.4
羊　毛	同	202	59	802	25.2	59	100.0
繊維素パルプ	同	—	30	2,835	—	31	96.8
燐鉱石	同	1,461	1,862	13,050	11.2	1,863	99.9
石　炭	千英噸	3,790	4,417	3,795	99.9	4,417	100.0
鉄　鉱	千トン（M.Ton）	4,060	3,766	4,548	89.3	3,766	100.0
鉄（含銑鉄・屑鉄）	十万斤	8,720	8,050	17,136	50.9	8,149	98.8
鉛（塊及錠）	同	284	53	1,680	16.9	53	100.0
銅（塊及錠）	同	1	7	1,883	0.0	8	87.5
錫（塊及錠）	同	129	162	133	97.0	162	100.0
亜鉛（塊・錠・粒）	同	7	50	970	0.7	57	87.7
鉱及金属（計）	千円	195,322	310,884	848,500	23.0	330,034	94.2
自動車及同部品	千円	—	—	—	—	42	—
発動機及変圧器	十万斤	—	3	668	—	15	20.0
車輌，船舶及機械類（計）	千円	—	5,450	—	—	84,667	6.4
木　材	千円	16,782	2,384	32,326	51.9	2,400	99.3
油　糟	十万斤	15,564	4,988	15,595	99.8	4,988	100.0
鉱油（原油・重油・其他）	千円	38,262	83,747	253,625	15.1	83,960	99.7

（出所）　山本［2011］折り込み付表 5-2 (2)。

はその実行機関である総合的持株会社である満洲重工業開発株式会社（満業）が設立された。日中戦争が始まると同計画は修正 5 カ年計画としてその規模を大幅に拡大するものの，1940 年になると 5 カ年計画はそれまでの総花的拡張路線から徹底した重点主義に転換を余儀なくされる。産業「開発」の目標も鉄鋼・石炭・非鉄金属などの戦略物資の対日供給に一元化され，満業の権限も次第に縮小していった。一方，華北では日中戦争勃発前から満鉄全額出資子会社である興中公司を中心とした経済進出が図られていたが，1938 年 12 月に華北では北支那開発株式会社，華中では中支那振興株式会社という 2 大国策的総合投資会社が設立され，傘下の子会社が「日満ブロック」で不足する資源の対日供給を担当した。

アジア太平洋戦争開戦後の南方地域は日本軍が直接軍政を敷く甲地域と日本軍が現地政権を通じた間接支配を行う乙地域（フランス領インドシナ，タイ）に区分され，甲地域はさらに陸軍軍政地区（フィリピン，マラヤ，スマトラ，ジャワ，ビルマなど）と海軍軍政地区（セレベス，ボルネオ，ニューギニアなど）に分けられた。重点資源である石油については軍の直営方式が取られたものの，接収ないし新規開発の鉱山，工場，農園などの事業については，軍が民間企業を個別に指定して開発・操業に当たらせる担当企業者指定方式が採用された。また物資の集荷や日本への還送には三井物産や三菱商事などの有力商社が動員された。日本の軍事侵略によってそれまでの旧宗主国との貿易関係あるいはアジア域内の交易ネットワークを切断された南方の各地域は恐慌的様相を呈し，その後次第に日本を中心に南方各地域を放射状に結ぶ「大東亜共栄圏」に特徴的な「貿易」構造に強制的に編入されることになったのである（詳細は疋田編［1995］，春日［2010］参照）。

アジア太平洋戦争開戦によって輸入貿易が大きく縮小する中で，表5-14にあるように世界経済から孤立した日本帝国は「大東亜共栄圏」からの「輸入」に大きく依存するしかなかった。しかしそれはアウタルキー経済の強靭性ではなく，逆に欧米諸国との貿易関係を遮断された日本帝国の脆弱性の表れ以外の何物でもなかった。

2　「大東亜共栄圏」の経済的帰結

▶「大東亜共栄圏」の通貨システム

占領地における物資・労働力の「現地調達」のための臨時軍事費支出についてみると，中国では軍票，中国聯合準備銀行（中華民国臨時政府の発券銀行として1938年3月北京に設立）・中央儲備銀行などの銀行券（聯銀券・儲備券）が用いられた。華北では聯銀券，従来からの通貨である法幣および共産党支配地区（辺区）の辺区券の三つ巴の「通貨戦争」が展開された。華中では占領当初は日銀券が使用されたが，1937年11月以降は軍票に切り替えられた。1939年8月に軍票の裏付け物資を供給する目的から中支那軍票交換用物資配給組合（軍配組合）が設立されたものの，アジア太平洋戦争期になると軍配組合の機能は物資の現地調達，対日輸出へと大きく転換し，軍票価値維持策は放棄された（以下，柴田［1999］）。

1940年3月には南京に汪兆銘政権が成立し，41年1月に中央銀行として中央儲備銀行が開業する。華中では法幣が強かったため儲備券は当初は法幣と等価の形での流通拡大を図り，42年5月に法幣等価を切断し，43年4月からは軍票の新規発行を停止して儲備券に一本化された。中国聯合準備銀行と同様に中央儲備銀行もまた，横浜正金銀行との間で預け合い契約を結び[26]，軍の必要に応じて儲

備券を無制限に発行するようになった。その結果，儲備券インフレが昂進し，法幣の価値下落も著しかったため国民政府統治区でも悪性インフレが深刻化した[27]。

南方占領と同時に日本軍は甲地域において現地通貨表示の軍票（フィリピンでのペソ軍票，オランダ領東インドでのグルデン軍票など）を流通させ，1943年4月からは軍票を南方開発金庫（42年4月開業）の南発券に切り替えたが，これは華中南における軍票新規発行停止と現地通貨貸上制度への切り替えに対応したものであった。南発は外貨軍票を承継した上で南発券を発行し，臨時軍事費会計と軍政会計に貸し上げた。臨時軍事費会計への貸上残高は1943年末の11億円が45年2月には111億円に急膨張した。しかし華中における軍配組合に当たるものもなく，日本からの見返り物資のない状態での南発券の乱発による物資収奪は，アジア各地に破局的なインフレをもたらすことになった（柴田［2002］第2章）。

▶「大東亜共栄圏」の経済的帰結

日本はこうした「南方インフレ」の昂進を予想して，その日本への波及を防ぐために占領地では円に直接リンクする通貨を発行せず，あらかじめ日本と南方占領地の送金関係を切断し，また物資については軍が直接買い上げ，貿易商社を使って日本に還送させ，軍需物資以外は重要物資管理営団に払い下げる方式を採用した。

「大東亜共栄圏」の経済的帰結は破局的インフレだけではなかった。インドでは1943年にベンガル大飢饉が発生した。ビルマが日本軍に占領されると米輸入が止まり，食糧が軍部と都市部に集められるとベンガルの飢饉は危機的様相を深めた（メトカーフ＝メトカーフ［2006］第7章）。1944年の秋，ヴェトナムでは台風の被害を受けて米の収穫が激減し，南部コーチシナから北部への米輸送も米軍の攻勢によって滞り，フランス総督府は日本に対する報復から大量の米を貯蔵隠匿し，北部の飢饉に乗じて華僑の米商人が投機を狙って米の流通を停滞させた。こうした要因が重なり，ヴェトナム北部では多数の餓死者を出す飢饉が深刻化した（小倉［1997］第4章）。「大東亜共栄圏」，さらに南アジアにおいて，日本軍の残した爪あとは飢餓の記憶とともに戦後長く思い起こされることになるのである。

---

26 正金上海支店と儲備銀上海支店の間で，儲備銀に正金の儲備券建勘定を，正金に儲備銀の軍票建勘定を開設し，正金が儲備銀軍票預金勘定に貸記したときは，相当金額（100元＝18円の固定相場）の儲備券を儲備銀は正金の儲備券建預金勘定に貸記するという内容であり，この軍票預金の払い戻しは儲備券で行われた（柴田［1999］第11章）。

27 1945年3月から46年12月まで上海に滞在した堀田善衛によると，戦後の上海では「誰も紙幣をカネだとは思っていなかった。アメリカドルだけがカネであった。人力車夫や苦力でさえがパーカー51やマックス・ファクターの口紅，ペニシリンや，血清であるプラスマを買いあさったりしていた」（堀田［1969］177頁）。

3 対アジア経済関係の推移

▶ 対外的経済関係の変遷

　1949年12月に輸出貿易の民間全面移管，50年1月に輸入貿易の民間移管が実現し，貿易公団（47年5月設置）が廃止されて管理貿易の時代が終わった。日本の国際通貨基金（IMF）加盟は1952年8月に実現するものの，ガット（GATT：関税および貿易に関する一般協定）加盟はイギリス連邦諸国などの反対が強く，実現は55年9月であった。しかし1958年末に主要国通貨の交換性が回復するまで，貿易取引はドル（ドル圏），ポンド（ポンド圏），オープン勘定（協定に基づく2ヵ国間の決済勘定）ごとに別個に決済されねばならず，対米貿易の大幅赤字に陥った日本はその「ドル不足」をドル以外の通貨圏との取引で相殺することができなかったのである（浅井［2008］）。

　表5-15にあるように1950年代に入って貿易は拡大傾向を示すものの，1930～39年の全工業品の輸出・生産比率が17.9％であったのに対し，51～55年は7.0％に低下しており（山澤・山本［1979］），実質ベースで輸入が戦前水準（1934～36年平均）を超えるのは57年，輸出は58年であった。実質個人消費支出が戦前を上回るのが1951年，実質国民総生産は52年，1人当たり国民総生産が55年であったのと比較して，輸出入の回復は大きく立ち後れたのである（橋本［1989］）。

　また戦前（1934～36年平均）に輸出で4割台，輸入で3割台のシェアを占めていた東アジアが戦後になると一挙にその比率を下げ，代わってアメリカが急浮上する（表5-15参照）。戦後東アジアから「強制的」に切り離された日本は日中貿易に期待を寄せるものの，1949年10月の中華人民共和国の成立および朝鮮戦争の勃発はその後の日中貿易を大きく制約した。そこで日本の工業製品の輸出市場および工業用原材料の輸入先として新たに浮上したのが東南アジア（南アジアを含む）であった。アメリカの資金と日本の技術を結び付けて東南アジアの経済開発を進め，共産主義勢力の拡大を阻止しようという「東南アジア開発構想」がアメリカで生まれるのは1950年前後からであり，この頃からアメリカは東南アジアを中国に代わる日本の貿易相手国と想定するようになった。またアメリカが東南アジア向け軍事援助を行い，東南アジア諸国はそのドル資金で日本製品を購入し，日本はその輸出所得で東南アジアから農産物，工業用原材料を輸入するという「ドルの循環」がアメリカ側から提起された（以下，末廣［1995］）。

▶ 国際社会への復帰

　1951年9月のサンフランシスコ講和条約によって国際社会に復帰した日本は

表 5-15 輸出入の地域（国）別構成比

(単位：％, 100万ドル)

	東アジア					東南アジア	南アジア	小計	欧州	オセアニア	北米	世界合計
		韓国	中国	台湾	香港							
1934～36	43.2	16.9	18.3	6.5	1.5	9.1	8.1	60.4	9.3	2.6	16.3	928
46	21.8	13.6	4.5		3.6	6.4		28.2	0.1	0.1	70.0	110
47	25.3	10.9	5.7		8.0	23.0	5.7	54.0	14.4	2.9	11.5	174
48	15.4	6.9	1.5		6.6	28.2	3.9	47.5	10.0	0.1	26.3	259
49	11.1	3.1	0.7	1.9	4.8	15.7	17.7	44.5	12.8	3.6	17.4	413
1950	16.4	2.2	2.4	4.6	6.4	17.5	10.1	44.0	9.1	3.0	23.4	828
51	11.9	1.0	0.4	3.6	4.5	22.5	13.6	48.0	9.4	7.3	14.7	1,358
52	19.2	3.9	0.1	4.8	6.4	16.5	13.5	49.2	12.7	2.8	19.2	1,273
53	22.1	8.4	0.4	4.8	4.9	20.9	4.4	47.4	7.8	0.8	19.0	1,275
54	16.8	4.2	1.2	4.1	4.7	19.8	7.2	43.8	7.7	1.9	18.3	1,629
1955	13.5	1.9	1.4	3.2	4.4	16.3	7.4	37.2	8.0	3.1	24.6	2,011
1934～36	34.3	14.1	10.7	9.4	0.1	6.4	9.9	50.6	8.2	6.6	26.5	951
46	2.3		1.6		0.7			2.3	0.2		97.7	305
47	2.3	0.6	1.0		0.8	1.7	1.9	5.9	1.7	0.2	92.0	526
48	5.0	0.7	3.7		0.6	5.3	4.1	14.4	2.3	1.2	65.2	683
49	5.5	0.3	2.5	2.6	0.1	8.5	3.3	17.3	5.4	2.9	64.7	887
1950	9.6	1.7	4.0	3.7	0.1	14.7	5.8	30.1	3.4	8.2	44.9	967
51	4.6	0.4	1.1	2.9	0.3	15.1	7.6	27.3	6.5	7.3	37.9	2,048
52	5.7	1.0	0.7	3.2	0.3	12.0	7.7	25.4	5.5	7.0	43.3	2,029
53	5.2	0.4	1.2	2.7	0.3	13.8	7.7	26.7	6.9	7.6	36.6	2,410
54	5.0	0.3	1.7	2.4	0.2	14.8	3.8	23.6	6.5	5.0	40.4	2,399
1955	7.9	0.4	3.3	3.3	0.2	16.8	5.1	29.8	5.6	7.5	35.7	2,471

(注) 1) 上段：輸出，下段：輸入。
2) 東アジアは琉球を含む。東南アジアはマレー連邦，シンガポール，英領ボルネオ，ビルマ，インドシナ，タイ，フィリピン，インドネシアの合計。南アジアはインド，パキスタン，セイロンの合計。欧州はフィンランド，スウェーデン，イギリス，オランダ，ベルギー，フランス，（西）ドイツ，イタリアの合計。オセアニアはオーストラリア，ニュージーランドの合計。北米はアメリカ，カナダの合計。
(出所) 通商産業省通商局通商調査課編［1956］，および金子［2002］40-41頁。

同時に日米安全保障条約を締結し，対アジア外交もアメリカの方針に追随した。吉田茂内閣は53年5月の閣議で「東南アジア経済協力」に関する基本方針を決定した。その骨子は，①賠償問題の早期解決，②経済協力実施のための一元的機関の設置，③賠償問題が存在しない南アジアからの経済協力の開始の3点であった。

　日本の賠償支払いの特徴は，純然たる戦争賠償ではなく，常に経済協力や経済開発借款と抱き合わせの形で実施された点であった。最初に決着をみたビルマ（1954年11月）の場合，平和条約，賠償支払い，経済協力の3つの協定が同時に調印された。

　岸信介首相が「政経不可分」の立場から台湾の蒋介石政権を全面的に支持する

まで，与党内にも「中共貿易拡大派」が存在した。アジアをアメリカのように「共産アジア」と「反共アジア」に二分するのではなく，インド，ビルマ，インドネシアなど「第三地域」の動きに注目する立場もあり，それは1955年の第1回アジア・アフリカ会議（バンドン会議）に対する日本世論やマスコミの高い評価にも反映されていた（バンドン会議の詳細については，宮城［2008］第1章参照）。

おわりに

戦時期には機械工業が急拡大を続け，一方で農林業，商業，飲食業，繊維産業などが戦時労働力の給源として機能した。1936～44年に農林業・男子は204万人の減少，農林業・女子は107万人の増加，44～47年に男子は264万人の増加，女子は89万人の増加を記録した。戦時期における農業男子労働力の減少を女子労働力で補い，何とか食糧生産を維持しようとする姿が浮かび上がるとともに，戦後の早い段階での農業労働力の「復元力」の頑健さを確認できる（大門・柳沢［1996］）。しかし先にみた福島県のある村の事例からもうかがわれるように，農村は村に来たすべての人々を抱え続けたわけではなく，小農経営に適合的な家族構成を再構築しようとする農家世帯の行動が敗戦直後期の都市・農村間の人口移動を大きく左右した。農業・家事・副業のいずれにも女性が深く関わったがゆえに農家世帯からの戦時動員が可能となったのであり，終戦とともにあるべき小農「経営」の復元が力強く進められたのである。

全国ベースでみると戦前において約550万戸で横ばいに推移していた農家戸数は，1949年に625万戸のピークを記録し，55年でも600万戸を超えていた（加用監修［1977］）。日本「帝国」の解体，都市の収縮をいったんこうした形で引き受けつつ，一方で農家は自らの「経営」の論理を貫徹させていたのである。戦中・戦後の巨大な変化の基底にある農家世帯の強靱性にまず留意する必要がある。

戦中から戦後にかけてさまざまな不可逆的変化が生じたが，中でも戦時中に拡大した工業教育システムは新制の工業高等学校，大学工学部として継承され，技術者の分厚い供給基盤が終戦後に大きく縮小することはなかった。船舶は壊滅的な打撃を受けたが，戦時中に増強された生産設備やインフラの大部分は戦後に継承された。戦時中に急拡大した機械工業は終戦直後には収縮するものの，軍民転換を乗り越えた企業の中にはカメラ，双眼鏡，ミシンといった軽機械などの分野に新たなビジネスチャンスを見出す企業もあった。

戦時中に生産を阻害する不条理な状況に悩まされた労働者・技術者は「生産の中に科学」を合言葉に生産復興の担い手となったが，労働者と技術者の連繋は企業内身分制の撤廃＝工職一体の「混合組合」である従業員組合の成立によってよ

り強固なものになった。その意味で「占領革命」＝戦後改革によってもたらされた巨大な変化が，戦時経験が「遺産」として戦後に継承される際に決定的役割を果たしたといえよう。戦時から戦後への「連続」は戦後改革という「断絶」によってよりいっそう強固になる面があったのである。

戦時期には「大東亜共栄圏」という形で日本のアジア諸地域への関わりは拡大・深化したものの，その経済的帰結は破局的なインフレの昂進と飢餓の蔓延であった。日本植民地の独立，中国内戦と中華人民共和国の成立，朝鮮戦争といった激動の中で，貿易相手国・地域としての東アジアのシェアが一挙に低下し，代わってアメリカがその比重を大きく高めたのである。

李承晩政権が船舶量の拡充や造船業育成を推進した理由の一班は，戦後も日本船舶が韓国の港に出入りしたことに対する国民感情への配慮であった。1950年代になっても日章旗を掲げた日本船舶が韓国沿岸の小さな港にまで出入りすることは世論を刺激し，一部では日本船舶の追放運動が起こった（裵［2013］）。日本はこうした中で東アジアとの関係の再構築を模索することになるのである。

第5章　参考文献

青木洋・平本厚［2003］「科学技術動員と研究隣組——第二次大戦下日本の共同研究」『社会経済史学』第68巻第5号。
浅井良夫［2001］『戦後改革と民主主義——経済復興から高度成長へ』吉川弘文館。
浅井良夫［2008］「1950年代における経済自立と開発」『年報日本現代史』第13号。
石弘光［2008］『現代税制改革史——終戦からバブル崩壊まで』東洋経済新報社。
市原博［2012］「『労働』の社会と労働者像の変容」安田常雄編『戦後日本社会の歴史第3巻　社会を問う人びと——運動のなかの個と共同性』岩波書店。
伊藤修［2007］「戦時戦後の財政と金融」石井寛治・原朗・武田晴人編『日本経済史4　戦時・戦後期』東京大学出版会。
植田浩史［2004］『戦時期日本の下請工業——中小企業と「下請＝協力工業政策」』ミネルヴァ書房。
梅村又次ほか編［1988］『長期経済統計2　労働力』東洋経済新報社。
江戸英雄［1986］『私の三井昭和史』東洋経済新報社。
江見康一・塩野谷祐一［1966］『長期経済統計7　財政支出』東洋経済新報社。
遠藤公嗣［1989］『日本占領と労資関係政策の成立』東京大学出版会。
大門正克・柳沢遊［1996］「戦時労働力の給源と動員——農民家族と都市商工業者を対象に」『土地制度史学』第38巻第3号。
大川一司ほか編［1974］『長期経済統計1　国民所得』東洋経済新報社。
大来洋一［2010］「傾斜生産方式は成功だったのか」『戦後日本経済論——成長経済から成熟経済への転換』東洋経済新報社。
大蔵省財政金融研究所財政史室編［1998］『大蔵省史　第2巻』大蔵財務協会。
大蔵省財政史室編［1978］『昭和財政史19　統計——終戦から講和まで』東洋経済新報社。
大蔵省財政史室編［1982］『昭和財政史2　独占禁止——終戦から講和まで』（三和良一著）東洋経済新報社。
大蔵省財政史室編［1999］『昭和財政史11　昭和27〜48年度』（伊藤正直・安藤平・浅井良夫著）東洋経済新報社。

大槻文平編［1987］『私の三菱昭和史』東洋経済新報社。
大淀昇一［1989］『宮本武之輔と科学技術行政』東海大学出版会。
岡崎哲二［1994］「日本——戦時経済と経済システムの転換」『社会経済史学』第60巻第1号。
岡崎哲二［1996］「復興から高度成長へ」伊藤元重ほか編『日本経済事典』日本経済新聞社。
岡崎哲二［2002］「「傾斜生産」と日本経済の復興」原朗編『復興期の日本経済』東京大学出版会。
奥村健二［1985］『人と経営——日本経営管理史研究』マネジメント社。
奥村正二［1949］『現代機械技術論——技術復興の方向と現状』白揚社。
小倉貞男［1997］『物語ヴェトナムの歴史——一億人国家のダイナミズム』中央公論社。
尾高煌之助［1993］「「日本的」労使関係」岡崎哲二・奥野正寛編『現代日本経済システムの源流』日本経済新聞社。
科学技術庁編［1962］『科学技術白書』。
春日豊［2010］『帝国日本と財閥商社——恐慌・戦争下の三井物産』名古屋大学出版会。
金子文夫［1994］「植民地・占領地支配」大石嘉一郎編『日本帝国主義史3 第二次大戦期』東京大学出版会。
金子文夫［1995］「対外経済膨張の構図」原朗編『日本の戦時経済』東京大学出版会。
金子文夫［2002］「対アジア経済関係——東アジア貿易の展開を中心に」原朗編『復興期の日本経済』東京大学出版会。
金子文夫［2007］「占領地・植民地支配」石井寛治・原朗・武田晴人編『日本経済史4 戦時・戦後期』東京大学出版会。
加用信文監修［1977］『改訂 日本農業基礎統計』農林統計協会。
河西宏祐［2007］『電産の興亡 1946年〜1956年——電産型賃金と産業別組合』早稲田大学出版部。
キヤノン社史編集委員会編［1987］『キヤノン史——技術と製品の50年』キヤノン株式会社。
清沢洌［1980］『暗黒日記』評論社。
金融通信社編［1953］『金融年鑑』昭和28年版。
栗田健［1994］『日本の労働社会』東京大学出版会。
コーエン，セオドア（大前正臣訳）［1983］『日本占領革命——GHQからの証言』上・下巻，TBSブリタニカ。
香西泰［1980］『高度成長の時代——現代日本経済史ノート』日本評論社。
香西泰［1989］「高度成長への出発」中村隆英編『日本経済史7 「計画化」と「民主化」』岩波書店。
国立教育研究所編［1973］『日本近代教育百年史第10巻 産業教育2』。
小峰和夫［1981］「戦時国家独占資本主義期——昭和恐慌から敗戦まで」暉峻衆三編『日本農業史——資本主義の展開と農業問題』有斐閣。
小宮山琢二［1941］『日本中小工業研究』中央公論社。
坂根嘉弘［2012］『日本戦時農地政策の研究』清文堂出版。
佐口和郎［1991］『日本における産業民主主義の前提——労使懇談制度から産業報国会へ』東京大学出版会。
佐口和郎［2003］「新規高卒採用制度——A社を事例とした生成と展開」佐口和郎・橋本秀一編『人事労務管理の歴史分析』ミネルヴァ書房。
沢井実［1992］「戦時経済と財閥」法政大学産業情報センター・橋本寿朗・武田晴人編『日本経済の発展と企業集団』東京大学出版会。
沢井実［1996］「戦時期」伊藤元重ほか編『日本経済事典』日本経済新聞社。
沢井実［2002a］「戦争による制度の破壊と革新」社会経済史学会編『社会経済史学の課題と展望』有斐閣。
沢井実［2002b］「公設試験研究・能率研究機関の中小企業支援・育成活動——大阪府立工業奨励館と大阪府立産業能率研究所を事例に」原朗編『復興期の日本経済』東京大学出版会。
沢井実［2004］「戦争と技術発展——総力戦を支えた技術」山室建徳編『日本の時代史25 大日本帝国の崩壊』吉川弘文館。

沢井実［2012］『近代日本の研究開発体制』名古屋大学出版会.
沢井実［2013a］『マザーマシンの夢——日本工作機械工業史』名古屋大学出版会.
沢井実［2013b］『八木秀次』吉川弘文館.
沢井実［2015］『帝国日本の技術者たち』吉川弘文館.
沢井実［2016a］「戦後における元造船官の経歴に関する資料」『大阪大学経済学』第66巻第1号.
沢井実［2016b］『日本の技能形成——製造現場の強さを生み出したもの』名古屋大学出版会.
柴田善雅［1999］『占領地通貨金融政策の展開』日本経済評論社.
柴田善雅［2002］『戦時日本の特別会計』日本経済評論社.
清水洋二［1994］「食糧生産と農地改革」大石嘉一郎編『日本帝国主義史3 第二次大戦期』東京大学出版会.
清水洋二［2007］「戦後危機と経済復興1——食糧危機と農業復興」石井寛治・原朗・武田晴人編『日本経済史4 戦時・戦後期』東京大学出版会.
下谷政弘［2008］『新興コンツェルンと財閥——理論と歴史』日本経済評論社.
鍾家新［1998］『日本型福祉国家の形成と「十五年戦争」』ミネルヴァ書房.
商工大臣官房統計課編［1936］『機械器具工業外註状況調』.
神野直彦［1993］「「日本型」税・財政システム」岡崎哲二・奥野正寛編『現代日本経済システムの源流』日本経済新聞社.
末廣昭［1995］「経済再進出への道——日本の対東南アジア政策と開発体制」中村政則・天川晃・尹健次・五十嵐武士編『戦後改革とその遺産』岩波書店.
菅山真次［1989］「戦間期雇用関係の労職比較——『終身雇用』の実態」『社会経済史学』第55巻第4号.
菅山真次［1995］「日本的雇用関係の形成——就業規則・賃金・〈従業員〉」山崎広明・橘川武郎編『日本経営史4「日本的」経営の連続と断絶』岩波書店.
鈴木邦夫［1992］「財閥から企業集団・企業系列へ——1940年代後半における企業間結合の解体・再編過程」『土地制度史学』第34巻第3号.
隅谷三喜男・小林謙一・兵藤釗［1967］『日本資本主義と労働問題』東京大学出版会.
高井有一［1996］『昭和の歌 私の昭和』講談社.
武田郁夫・今井哲二・高橋得雄編［2001］『日本のエレクトロニクスの源流——電気試験所神代分室の記録』上巻, 工業調査会.
武田晴人［1995］「自動車産業——1950年代後半の合理化を中心に」武田晴人編『日本産業発展のダイナミズム』東京大学出版会.
武田晴人編［2007］『日本経済の戦後復興——未完の構造転換』有斐閣.
武田晴人編［2008］『戦後復興期の企業行動——立ちはだかった障害とその克服』有斐閣.
竹前栄治［1982］『戦後労働改革——GHQ労働政策史』東京大学出版会.
橘木俊詔［2006］『格差社会——何が問題なのか』岩波書店.
谷本雅之［2002］「農村における人口移動 1945-49年——福島県耶麻郡慶徳村の事例」原朗編『復興期の日本経済』東京大学出版会.
通商産業省通商局通商調査課編［1956］『日本貿易の展開——戦後10年の歩みから』商工出版社.
通商産業政策史編纂委員会編［1990］『通商産業政策史6 基礎産業政策』通商産業調査会.
津田久編［1988］『私の住友昭和史』東洋経済新報社.
鶴田俊正［1982］『戦後日本の産業政策』日本経済新聞社.
寺西重郎［1993］「メインバンク・システム」岡崎哲二・奥野正寛編『現代日本経済システムの源流』日本経済新聞社.
東洋経済新報社編［1991］『完結 昭和国勢総覧 第2巻』東洋経済新報社.
冨永謙吾編［1975］『現代史資料39 太平洋戦争5』みすず書房.
永井荷風［1994］『荷風全集第24巻 断腸亭日乗4』岩波書店.
中岡哲郎［2002］「総論——戦後産業技術の形成過程」中岡哲郎編『戦後日本の技術形成——模倣か

創造か』日本経済評論社.
中村隆英［1977］「戦争経済とその崩壊」『岩波講座・日本歴史第21巻　近代8』岩波書店.
中村隆英［1982］「日米『経済協力』関係の形成」近代日本研究会編『年報　近代日本研究4　太平洋戦争――開戦から講和まで』山川出版社.
中村隆英［1989］「概説　1937-54年」中村隆英編『日本経済史7　「計画化」と「民主化」』岩波書店.
中村隆英・原朗［1973］「経済新体制」日本政治学会編『年報　政治学1972　「近衛新体制」の研究』岩波書店.
西田美昭［1994］「戦時下の国民生活条件――戦時闇経済の性格をめぐって」大石嘉一郎編『日本帝国主義史3　第二次大戦期』東京大学出版会.
西成田豊［1988］『近代日本労資関係史の研究』東京大学出版会.
西成田豊［1997］『在日朝鮮人の「世界」と「帝国」国家』東京大学出版会.
日本銀行統計局編［1966］『明治以降本邦主要経済統計』日本銀行統計局.
日本銀行百年史編纂委員会編［1984］『日本銀行百年史　第4巻』日本銀行.
日本工作機械工業会編［1984］『工作機械統計要覧』昭和58年版，日本工作機械工業会.
日本生産性本部経営史編集室編［1965］『戦後経営史』日本生産性本部.
日本兵器工業会編［1977］『陸戦兵器総覧』図書出版社.
日本兵器工業会・日本機械工業連合会編［1957］『武器生産構造調査』日本兵器工業会.
野口悠紀雄［2008］『戦後日本経済史』新潮社.
野村正實［2007］『日本的雇用慣行――全体像構築の試み』ミネルヴァ書房.
橋本寿朗［1989］「1955年」安場保吉・猪木武徳編『日本経済史8　高度成長』岩波書店.
橋本寿朗・長谷川信・宮島英昭［2006］『新版　現代日本経済』有斐閣.
長谷川信［1996］「技術導入と日本のテレビ開発」橋本寿朗編『日本企業システムの戦後史』東京大学出版会.
原朗［1976a］「戦時統制経済の開始」『岩波講座・日本歴史第20巻　近代7』岩波書店.
原朗［1976b］「『大東亜共栄圏』の経済的実態」『土地制度史学』第18巻第3号.
原朗［1995a］「戦後50年と日本経済――戦時経済から戦後経済へ」『戦後五〇年の史的検証　年報日本現代史』創刊号.
原朗［1995b］「日本の戦時経済」原朗編『日本の戦時経済――計画と市場』東京大学出版会.
原朗［2007］「被占領下の戦後変革――いわゆる『戦後改革』の歴史的意義」石井寛治・原朗・武田晴人編『日本経済史4　戦時・戦後期』東京大学出版会.
原朗編［2002］『復興期の日本経済』東京大学出版会.
疋田康行編［1995］『「南方共栄圏」――戦時日本の東南アジア経済支配』多賀出版.
兵藤釗［1997］『労働の戦後史』上巻，東京大学出版会.
平井陽一［2000］『三池争議――戦後労働運動の分水嶺』ミネルヴァ書房.
平本厚［2008］「戦前戦時期松下の分社経営」『経営史学』第42巻第4号.
平本厚編著［2014］『日本におけるイノベーション・システムとしての共同研究開発はいかに生まれたか――組織間連携の歴史分析』ミネルヴァ書房.
廣重徹［1973］『科学の社会史――近代日本の科学体制』中央公論社（『科学の社会史』上・下巻，岩波書店，2002年）.
樋渡展洋［1991］『戦後日本の市場と政治』東京大学出版会.
裵錫満［2013］「計画造船と大韓造船公社」原朗・宣在源編『韓国経済発展への経路――解放・戦争・復興』日本経済評論社.
堀田善衞［1969］『上海にて』筑摩書房.
松浦正孝［2002］『財界の政治経済史――井上準之助・郷誠之助・池田成彬の時代』東京大学出版会.
松沢弘陽［1973］『日本社会主義の思想』筑摩書房.
水沼知一［1974］「『戦後改革・第1巻　課題と視角』を読んで」『経済評論』9月号.
三井文庫編［2001］『三井事業史　本篇第3巻下』（鈴木邦夫著）三井文庫.

三菱社史刊行会編［1981］「三菱社定款変更」『三菱社誌　第 39 巻』東京大学出版会．
三菱電機株式会社社史編纂室編［1982］『三菱電機社史　創立 60 周年』三菱電機．
南亮進［2000］「日本における所得分布の長期的変化——再推計と結果」『東京経大学会誌』第 219 号．
宮城大蔵［2008］『「海洋国家」日本の戦後史』筑摩書房．
三宅明正［1991］「戦後改革期の日本資本主義における労資関係——〈従業員組合〉の生成」『土地制度史学』第 33 巻第 3 号．
三宅明正［1994］『レッド・パージとは何か——日本占領の影』大月書店．
宮崎正康・富永憲生・伊藤修・荒井功・宮島英昭［1982］「占領期の企業再編成」近代日本研究会編『年報　近代日本研究 4　太平洋戦争——開戦から講和まで』山川出版社．
宮島英昭［1992］「財閥解体」法政大学産業情報センター・橋本寿朗・武田晴人編『日本経済の発展と企業集団』東京大学出版会．
宮島英昭［2004］『産業政策と企業統治の経済史——日本経済発展のミクロ分析』有斐閣．
三和良一［2002a］『日本占領の経済政策史的研究』日本経済評論社．
三和良一［2002b］『概説日本経済史　近現代』第 2 版，東京大学出版会．
村井勲［1943］『協力工場の能率増進』高山書院．
村井勲［1952］「盛衰の鍵は経営幹部にある——中小機械器具工業の臨床体験から」『マネジメント』第 11 巻第 6 号．
メトカーフ，バーバラ・D.，トーマス・R. メトカーフ（河野肇訳）［2006］『インドの歴史』創土社．
安田常雄［1983］「戦中期民衆史の一断面——ある生活記録の紹介を通して」近代日本研究会編『年報　近代日本研究 5　昭和期の社会運動』山川出版社．
山崎志郎［2011］『戦時経済総動員体制の研究』日本経済評論社．
山崎志郎［2012］『物資動員計画と共栄圏構想の形成』日本経済評論社．
山澤逸平・山本有造［1979］『長期経済統計 14　貿易と国際収支』東洋経済新報社．
山本一雄［2010］『住友本社経営史　下巻』京都大学学術出版会．
山本潔［1994］『日本における職場の技術・労働史——1854〜1990』東京大学出版会．
山本有造［2011］『「大東亜共栄圏」経済史研究』名古屋大学出版会．
吉田秀明［1990］「通信機器企業の無線兵器部門進出——日本電気を中心に」下谷政弘編『戦時経済と日本企業』昭和堂．
陸軍技術本部［1942］『東北，北海道方面主要研究機関現場調査報告』．
陸軍省戦備課［1943］「新戦備課長＝対スル業務報告要旨」．
陸軍兵器行政本部編［1942］・［1944］『現勢要覧』昭和 16 年度，昭和 19 年度改訂．
和田一夫［1984］「『準垂直統合型組織』の形成——トヨタの事例」『アカデミア』経済経営学編，（南山大学）第 83 号．
和田春樹［2002］『朝鮮戦争全史』岩波書店．

高度経済成長

1955〜1972年

はじめに

　眼前で生じている事象の歴史的意義を把握することはきわめて困難な作業である。『経済白書』(1956年版) が指摘しているように55年は「戦後経済最良の年」であった。経済成長率は実質で10%に近づき，物価は安定し，国際収支も悲願の黒字を計上した (香西 [1981])。また『経済白書』が「成長率」という用語を初めて使用したのも1956年白書であった (武田 [2008])。その後も1958年の成長率はやや低下するものの，好調な経済は持続し，60年の実質経済成長率は2桁台を記録する。当初は「高い持続的成長」,「高い成長速度」,「高速度の成長」といった言葉が使われていたが，官民において経済規模の持続的拡大を「高度成長」という言葉で語るようになるのは1960年頃からであった (中山監修・エコノミスト編 [1960] 8, 80頁，篠原 [1961] 14頁)。

　農家子弟の就農率の低下を目撃した並木正吉は，1960年に「このような動きの素地は，今度の戦争中から存した。しかし，これほど徹底的になったのは，戦後，しかも，せいぜい，この四，五年のことである。この流出にみられる変化の幅のひろさ，奥ゆきの深さ，テンポのはやさは，正に，雪崩，地すべりと形容するにふさわしい。もはや何人も，そして何ものも，この地すべり的な移動を止めることは不可能であろう」と指摘した (並木 [1960] i頁)。並木はまた「貿易の自由化，農産物の生産過剰，米の統制撤廃など，現在，農業経営主のおやじさん達をなやましている問題は多い。だが，一番の問題は，むしろ息子達の動きではなかろうか」(並木 [1960] ii頁) とも記している。中学校が初めて戦後生まれの卒業生を送り出そうとしていたこの時，のちに「高度経済成長」として認識され

ることになる巨大な社会的変化が農村部を確実に巻き込みつつあった。

　1954年に開始された「集団就職列車」は約10年続き，昭和30年代を象徴するものとなった。列車は毎年3月の半ばから月末にかけて中卒就職予定者を各駅で乗せると途中の駅には止まらず，下車すべき都市まで直行した。集団就職を求めたのは「集団求人」であった。都市部において大企業との求人競争で劣位に立った中小企業，家族経営などが集団求人を行い，職業安定所や行政がそれを支援した（加瀬［1997］第2章）。

　高度成長期を検討する本章では，最初に高度成長を可能にした国際的条件について考察し，続いてマクロ経済と経済政策，産業発展と技術革新，中小企業，財政・金融，農業・社会保障・家族といったトピックスを取り上げ，最後に高度成長の歴史的意義について考えてみたい[1]。

　高度成長期の時期区分についてはいろいろな見方がある。1965年を画期に第1次と第2次に分ける場合が多いが，原朗は「始動期」（1955〜59年），「展開期」（60〜69年），「収束期」（70〜74年）の3期に区分し，さらに40年代後半を復興期とした上で，始動期を「過渡的始動期」（50年代前半）と「本格的始動期」（50年代後半）に区分している（原［2012］序章）。香西泰は1950年代前半を「高度成長への離陸期」と呼び，60年代後半は高度成長が「定着」する時期とした。定着とは「経済成長がその初心（貧困からの解放）から離れて，自動化され，日常化され，制度化されたことを意味する」とされた（香西［1981］184頁）。

　さらに石井寛治は1955年から85年までを「長期的高成長」期と捉え，「途上国並みの後進資本主義から先進資本主義としての大衆消費社会へと劇的に変貌したことにひとつの固有性があった」とする。従来のように高度成長終焉後の成長を「低成長」，「安定成長」と呼んだのでは，1970年代から80年代にかけて強靭な国際競争力をもつ自動車工業を構築していったダイナミズムが把握できないという問題意識である（石井［2015］227頁）。

第1節　高度成長を可能にした国際的条件

1　高度成長──概観

　名目経済成長率は1978年まで58年を除いて2桁台を記録し続け，実質成長率

---

[1] 高度成長期に関する基本文献として，中村［1978］，香西［1981］，黒坂・浜田［1984］，安場・猪木編［1989］，橋本［1995］，岡崎［1996］，吉川［1997］，猪木［2000］，橘木［2003］，武田［2008］，石井・原・武田編［2010］，原編［2010］，［2012］，武田編［2011］など参照。

表 6-1　経済成長の要因分解（項目別成長率・項目別寄与率）

(年率，単位：％)

	1952～55 年	1955～60 年	1960～65 年	1965～70 年	1970～75 年
実質国内総支出（GDE）	7.0	8.8	9.2	11.1	4.5
民間最終消費支出	8.4	8.5	8.6	9.3	5.5
政府支出	12.9	13.6	21.3	16.7	11.7
最終消費支出	1.1	3.1	5.3	4.3	5.4
固定資本形成	11.8	10.5	16.0	12.4	6.3
民間固定資本形成	6.6	21.1	13.1	19.6	1.9
在庫投資	16.3	20.8	2.7	30.6	−30.1
輸出	7.0	11.9	14.7	17.0	9.2
輸入	12.4	15.3	12.4	16.6	6.6
実質国内総支出（GDE）	100.0	100.0	100.0	100.0	100.0
民間最終消費支出	73.0	63.1	59.9	51.0	72.2
政府支出	11.5	13.5	20.2	13.5	24.3
最終消費支出	3.0	6.9	8.8	4.7	12.3
固定資本形成	8.5	6.5	11.4	8.9	12.0
民間固定資本形成	10.1	24.0	20.5	33.2	9.5
在庫投資	7.2	2.5	0.4	4.2	−7.9
輸出	6.5	4.5	6.4	7.9	13.4
輸入	−8.3	−7.6	−7.3	−9.8	−11.5

（注）　上段は項目別成長率，下段は項目別寄与率。
（出所）　宮本［2008］172 頁。

（年率）も表6-1にあるように1955～60年に8.8％，60～65年に9.2％，65～70年に11.1％と次第に加速していった。項目別寄与率から成長の要因をみると，最大項目である民間最終消費支出が高度成長期には次第にそのウエイトを低下させ，代わって民間固定資本形成が大きく伸長していることがわかる。1960年代後半の「いざなぎ景気」期には国内総支出の成長の3分の1が民間固定資本形成の増加によって達成されたのである。輸出と民間固定資本形成の値が逆転するのは1970～75年であり，高度成長期には次第にそのウエイトを上昇させるとはいえ，輸出の経済成長への貢献はまだ限定的であった。

　一方で旺盛な設備投資を資金面から支えたのが高い個人貯蓄率（個人貯蓄／個人可処分所得）であった。終戦直後の1947～49年度の個人貯蓄率はマイナスを記録し，「竹の子生活」を反映していた。しかし1950年に個人貯蓄率は一挙に13.8％に回復し，その後も持続的に上昇して70年代に入ると20％を超えた（経済企画庁編［各年版］）。国際的にみても非常に高い日本の貯蓄率をめぐって，ライフサイクル仮説，恒常所得仮説，予備的動機，遺産動機，過少消費説などさまざまな議論がなされてきた（橘木［2003］）。小宮隆太郎は農林水産業以外の個人業主所得の貯蓄率が著しく高く，かつ個人所得全体に占める個人業主所得の比重が

表 6-2 就業構造の変化

(単位：％, 1,000 人)

	構成比						増減				
	1950年	1955年	1960年	1965年	1970年	1975年	50-55年	55-60年	60-65年	65-70年	70-75年
総　数	100.0	100.0	100.0	100.0	100.0	100.0	3,635	4,458	3,914	4,477	905
第1次産業	48.3	41.0	32.6	24.6	19.4	13.9	−1,097	−1,872	−2,501	−1,651	−2,718
第2次産業	21.9	23.5	29.2	32.0	34.0	34.0	1,408	3,542	2,481	2,464	341
鉱　業	1.7	1.4	1.2	0.7	0.4	0.3	−56	3	−206	−110	−84
建設業	4.3	4.5	6.1	7.1	7.6	9.0	251	897	724	540	808
製造業	16.0	17.6	21.8	24.2	26.0	24.8	1,213	2,643	1,962	2,034	−383
食料品	2.2	2.1	2.1	2.3	2.1	2.1	37	94	200	−20	40
繊　維	3.1	3.2	3.2	3.0	2.7	2.2	153	134	51	−17	−287
金　属	0.9	0.9	1.4	1.5	1.5	1.4	33	241	86	108	−37
金属製品	0.7	1.0	1.5	2.0	2.5	2.4	139	279	270	354	−2
機　械	2.7	3.1	4.9	5.9	7.4	7.1	237	944	651	1,042	−101
その他	6.3	7.3	8.7	9.5	9.8	9.6	613	951	704	567	4
第3次産業	29.8	35.5	38.2	43.4	46.7	52.1	3,324	2,788	3,935	3,664	3,282
卸小売	11.1	13.9	15.8	18.0	19.3	21.4	1,510	1,437	1,654	1,497	1,305
金融保険	1.0	1.5	1.6	2.0	2.1	2.6	231	124	256	146	295
運輸通信	4.4	4.6	5.0	6.0	6.2	6.4	223	396	647	371	158
サービス	6.5	8.4	10.2	11.0	12.1	14.4	962	1,160	809	1,056	1,332
その他	6.7	7.1	5.6	6.4	7.0	7.2	399	−329	569	596	193

(出所) 岡崎 [1996] 73 頁。

高いことに注目した（小宮 [1975] 第2章）。個人所得全体に占める個人業主所得の割合は 1955 年の 37.7％ から 70 年の 21.5％ へと傾向的に低下するものの（経済企画庁編 [各年版]），高い貯蓄率が雇用者所得にのみ規定されたわけではなかった点に留意する必要がある。

　供給サイドの要因として，労働力も重要な役割を果たした。表 6-2 に示されているように 1955〜70 年の間に就業者は毎 5 年間に約 391 万〜448 万人増加した。総人口が着実に増加しただけでなく，労働力化率（労働力人口／15 歳以上人口）は就学率の上昇によって横ばいで推移したものの，15 歳以上人口比率（15 歳以上人口／総人口）が上昇したため，労働力人口／総人口が上昇したのである。この間の産業別の就業構造の変化は劇的であった。1950 年には就業者の約半分を占めた第 1 次産業の割合は 75 年には 13.9％ にまで低下し，製造業が 70 年までそのウェイトを高め，75 年には低下に転じているのに対し，卸小売およびサービス業を中心とする第 3 次産業の比率は上昇を続けた。また第 2 次産業の中では建設業が続伸した点にも留意しておきたい。第 2 次・第 3 次産業は第 1 次産業から大量の労働力を吸収することで，新規労働力供給を上回るペースで雇用を拡大したのである（岡崎 [1996]）。こうした資本や労働の投入量の増加とともにさまざ

な技術革新が経済成長を加速したが，その具体的様相についてはのちに検討してみたい．

2　貿易為替・外資の自由化とアメリカ

▶ IMF・GATT 加盟

1952年8月に日本は51番目の加盟国としてIMFに加盟し，同時に国際復興開発銀行（世界銀行）にも加盟した．ただし1964年4月に8条国に移行するまで，日本は国際収支が安定するまでの間，暫定的に為替制限等の措置を続けることを認められた14条国の地位を続けた[2]．世界銀行からの借款は1953年の火力電力借款4020万ドルから始まり，1966年7月の東名高速道路の東京―静岡間の建設に関する借款（第6次道路公団借款）1億ドルをもって終了した（大蔵省財政史室編［1999］）．

GATT加盟に関しては，1953年10月にGATT総会が日本を準加盟国にすることを承認し，55年9月に日本は正式加入した．日本は貿易制限を認められる12条国としてGATT加盟し，1963年2月に輸入などの数量制限ができない11条国に移行した．加盟に際して，イギリス，英連邦諸国，フランスなどは日本に対して第35条を適用したが，これは日本に最恵国待遇を与えないことを意味した．こうした厳しい態度の背景には，1930年代の為替安に支えられた「ソーシャルダンピング」問題の記憶があった（須田［2003］）．

▶ 貿易為替・外資の自由化

1958年にヨーロッパ諸国が通貨の交換性を回復し，輸入制限を緩和・撤廃していったのに対し，日本はその動きに同調せず，その結果国際収支の黒字が拡大し，外貨準備も大幅に増加した．IMFや世銀からの，日本の輸入制限に対する批判が厳しくなる中，1960年6月に政府は「貿易・為替自由化計画大綱」を決定して為替および貿易の自由化に乗り出すことになった．1960年4月に41％であった輸入自由化率は，61年4月に62％，64年10月に93％と急上昇し，65年までにほぼ先進国水準に達した（宮崎［1985］第3章）．

1964年4月のIMF8条国移行後，日本は経常取引について為替管理ができなくなり，輸出に見合う額に輸入を制限する外貨予算制度（49年創設）が廃止された（このプロセスの詳細については，浅井［2015］参照）[3]．また同年4月に日本は

---

[2] ブレトンウッズ体制への包摂から外貨危機を経て貿易・為替自由化に至る日本経済の対外経済関係の推移については，浅井［2015］参照．
[3] IMF8条国移行に伴う為替自由化によって，貿易外取引の分野では海外旅行の自由化が行われた．戦前の海外旅行者が年約3万人程度であったから，1965年の16万人，70年の66万人，75年の

OECD（経済協力開発機構，61年9月発足）に加盟した。日本に対するOECD参加要請は，第1回日米貿易経済合同委員会[4]の際にアメリカ側から提案されていたものであり，日本はアジアで初めての加盟国となった。OECD加盟によって日本は資本自由化規約を承認する必要があったが，国内の反対は強く，1966年に大蔵省国際金融局長に就任する柏木雄介によると「『外国資本が入ってきたら，なにもかも奪い取られるのではないか』というような，外国資本への恐怖心がみなぎっていた。大蔵省は自由化推進役であったが，通産，農林，運輸などの各省庁はすべて消極的であった。経済界も反対であった」といった状況であった（本田・秦編［1998］43頁）。しかし資本自由化を求める声は次第に高まり，1966年7月の第5回日米貿易経済合同委員会で日本側は資本自由化に踏み出す意向を示し，三木武夫通産大臣は第6回合同委員会までに資本取引の自由化スケジュールを提出することを約束した。その結果，1967年7月，69年3月，70年9月，71年8月，73年5月の5次にわたる資本自由化措置が実施されたものの，アメリカ側は自動車（71年自由化），電子計算機（75年），情報処理（76年）などの戦略産業の資本自由化が遅れたことに不満をもっていた（宮崎［1985］第3章，香西［1989］）。

一方，関税については自由化計画と並行して1961年に関税率改正が実施され，総平均関税負担率はかえって上昇した。ケネディ・ラウンドが始まった1964年時点の日本の関税水準は他の先進国と比較して高く，以後67年まで続いた交渉ではアメリカからは一括引き下げ方式が提案され，不均衡是正引き下げ方式を提唱するEEC（欧州経済共同体）と対立したものの，日本は一括引き下げ方式を支持し，先進国の鉱工業品に対する関税率は大きく低下した。

以上のように戦後長く日本は為替・貿易・資本制限を実施し，それがまた外貨予算制度に象徴されるように他の産業政策の実効性を担保してきた。しかし1960年代半ばに主としてアメリカからの要請を受けて日本は自由化のテンポを加速させ，日本の対外経済関係は開放体制下の新たな局面を迎えることになるのである。

地域別輸出入の動きをみると，表6-3の通りであった。アメリカの圧倒的比重がまず目につく。輸出におけるアメリカの割合は1955年の23％から70年の31％に上昇し，輸入でも70年まで3割前後を維持している。輸出先としてはアジアとくに東南アジアがアメリカに次ぐ位置にあり，ヨーロッパ向け輸出もその

247万人はまさに爆発的ともいうべき伸びであった（猪木［2000］第2章）。

[4] 日米貿易経済合同委員会は，1961年6月の池田勇人首相訪米時の池田＝ケネディ会談によって，設置が決定された。貿易および経済問題に関する閣僚級の合同委員会であり，第1回（1961年11月）から第9回（73年7月）まで開催された（大蔵省財政史室編［1999］）。

表 6-3　地域別輸出入の推移

（単位：100万ドル，％）

	1955	1960	1965	1970	1975	1955	1960	1965	1970	1975
アジア	841	1,458	2,747	6,033	20,488	41.8	36.0	32.5	31.2	36.7
韓　国	39	100	180	818	2,248	1.9	2.5	2.1	4.2	4.0
台　湾	64	102	218	700	1,822	3.2	2.5	2.6	3.6	3.3
中　国	29	3	245	569	2,259	1.4	0.1	2.9	2.9	4.1
インドネシア	65	110	205	316	1,850	3.2	2.7	2.4	1.6	3.3
インド	85	109	204	103	471	4.2	2.7	2.4	0.5	0.8
ヨーロッパ	207	538	1,297	3,363	10,346	10.3	13.3	15.3	17.4	18.6
北アメリカ	539	1,345	2,933	7,095	14,697	26.8	33.2	34.7	36.7	26.4
アメリカ	456	1,102	2,479	5,940	11,149	22.7	27.2	29.3	30.7	20.0
南アメリカ	149	180	248	596	2,368	7.4	4.4	2.9	3.1	4.2
アフリカ	206	352	818	1,423	5,557	10.2	8.7	9.7	7.4	10.0
大洋州	69	182	404	802	2,295	3.4	4.5	4.8	4.2	4.1
合　計	2,011	4,055	8,452	19,318	55,753	100.0	100.0	100.0	100.0	100.0
アジア	902	1,367	2,731	5,553	28,345	36.5	30.4	33.4	29.4	49.0
インドネシア	81	70	149	637	3,430	3.3	1.6	1.8	3.4	5.9
イラン	22	25	247	995	4,978	0.9	0.6	3.0	5.3	8.6
サウジアラビア	98	105	231	435	6,135	4.0	2.3	2.8	2.3	10.6
インド	77	126	184	390	658	3.1	2.8	2.3	2.1	1.1
ヨーロッパ	177	488	1,002	2,555	5,778	7.2	10.9	12.3	13.5	10.0
北アメリカ	1,022	1,923	3,040	6,886	14,929	41.4	42.8	37.2	36.5	25.8
アメリカ	774	1,554	2,366	5,560	11,608	31.3	34.6	29.0	29.4	20.1
南アメリカ	104	145	391	976	1,701	4.2	3.2	4.8	5.2	2.9
アフリカ	63	164	353	1,099	2,320	2.5	3.7	4.3	5.8	4.0
大洋州	203	404	652	1,812	4,788	8.2	9.0	8.0	9.6	8.3
合　計	2,471	4,491	8,169	18,881	57,863	100.0	100.0	100.0	100.0	100.0

（注）　1）　右欄は構成比。
　　　 2）　上段は輸出，下段は輸入。
（出所）　東洋経済新報社編［1991］第1巻，176-183頁。

比重を高めていった。輸入でもアメリカに次いで東南アジアの比重が高く，ヨーロッパからの輸入も拡大を続け，75年にはサウジアラビアが第2位の輸入相手国となった。

3　戦後賠償の実施とアジア市場への復帰

▶ 戦後賠償の道のり

　高度成長期における東南アジア市場の重要性が確認できたが，日本がアジア市場に復帰するためには賠償問題を解決する必要があった（戦後賠償の詳細については，永野・近藤編［1999］参照）。まず東南アジアについてみると，1954年にビルマ賠償が総額2億5000万ドルで妥結し，翌年には賠償ではないが，戦時中日本

が軍事費調達のためにタイ政府からから円建てで借りた債務(「特別円」)問題解決のための協定が無償供与・借款合わせて150億円の条件で締結された。次にフィリピンとは1956年に総額8億ドル,インドネシアとは58年に総額8億ドルで紆余曲折を経て賠償協定が結ばれた。さらにインドシナ諸国では,賠償請求権を放棄したラオス(1958年,援助額10億円),カンボジア(59年,同15億円)両国と経済技術協力協定が締結され,交渉が長期化した南ヴェトナムとの賠償協定(4650万ドル)も59年に妥結した。最後は請求権を放棄したイギリスの主権下にあったため求償国となることのできなかったマレーシア(シンガポールを含む)であるが,日本政府は分離後のマレーシア,シンガポールと67年に事実上の補償協定(各29.2億円の同額)を結んだ(以下,中野[2002])。

　東南アジア賠償の場合,賠償は役務(金銭ではなく,技術・労務提供)での支払いが原則であったが,個別交渉の過程で資本財中心の構成に変化し,また日本政府は個人補償を排除した。どの賠償協定にも経済開発協力借款が付随しており,同一事業に対して賠償と借款が併用されることもあり,フィリピンとインドネシアでは賠償を担保とする借款が供与された。賠償供与が日本人の役務,製品によったため,求償国政府は案件の立案を日本商社や開発コンサルタントに依存しがちであった。賠償をバネに東南アジアへの経済進出は加速され,日本人による賠償工事は開発援助の原点ともなったのである(1950年代のアジア向け資本輸出については,金子[2010]参照)。

▶ 東アジア諸国との国交回復

　サンフランシスコ講和条約は1952年4月に発効したが,隣国であるソ連,中国との戦争状態の終結は実現せず,韓国・北朝鮮とも国交は回復せず,講和条約発効の数時間前に調印された日華平和条約によって台湾の国民政府と国交が回復されたのみであった。日華平和条約議定書において台湾が役務賠償を放棄したのに対し,韓国との国交回復交渉は難航を重ねた。1951年10月の予備会談以降14年の紆余曲折を経て65年6月に日韓基本条約が締結され,付属協定のひとつである請求権および経済協力に関する協定において,日本が韓国に対して請求権の名目で無償援助3億ドル,経済協力の名目で財政借款2億ドルを10年間にわたって提供することが定められた(韓国史事典編纂会・金編[2002])。

　1956年10月に日ソ国交回復交渉が妥結し,共同宣言・貿易議定書が調印された。一方中国との国交樹立は大きく遅れ,72年9月の日中共同声明を待たねばならず,同声明において中国は対日賠償請求権を放棄した。また同声明に基づき日本はそれまで国交のあった中華民国と断交した。共産圏貿易に対してはココム(対共産圏輸出統制委員会),チンコム(対中国輸出統制委員会)の規制があったもの

表 6-4 第 1 次エネルギー供給の構成

(単位:％, 10^6 kcal)

	1953年	1955年	1960年	1965年	1970年	1975年
水 力	19.7	21.2	15.3	11.3	6.3	5.8
原子力					0.4	1.7
石 炭	52.8	49.2	41.5	27.3	20.7	16.4
石 油	17.7	20.2	37.7	58.4	70.8	73.3
天然ガス	0.2	0.4	1.0	1.2	0.9	0.7
LNG					0.4	1.8
木 炭	2.8	2.6	1.1	0.2		
薪	5.8	5.4	2.8	1.5	0.5	0.3
国 産	76.9	76.0	55.8	33.8	16.5	12.0
輸 入	23.1	24.0	44.2	66.2	83.5	88.0
合 計	100.0	100.0	100.0	100.0	100.0	100.0
	53,366	56,016	93,749	165,614	310,468	365,719

(出所) 橋本・長谷川・宮島 [2006] 137頁。

の, 第1次（1952年）から第4次（58年）に至る日中民間貿易協定の締結によって日中貿易は一定の展開を示した。この間に日本はチンコムの例外輸出措置を恒常的に利用することで輸出拡大を図ったが, これに対してアメリカ政府は大きな懸念を抱いていた（古田［1997］）。しかし1958年5月の長崎国旗事件[5]を機に日中貿易は長い停滞の時期に入り, 拡大は60年代半ば以降に持ち越された。

4 エネルギー革命の進展

▶ エネルギー政策の転換

高度成長期には「エネルギー革命」と呼ばれる第1次エネルギー利用における石油の比重上昇がみられた。表6-4にあるように, 高度成長以前には産業用としては石炭・水力, 民生用では薪・木炭利用が中心であり, 1955年でも国産エネルギー供給が全体の76％を占めていた。一方, 1950年代の日本経済は「高炭価問題」に悩まされていた（戦後の石炭業政策と企業行動については, 島西［2011］参照）。1950年代には中心的エネルギー源を石炭・水力の国内資源に置くか, 石油に代表される海外資源に依存するかをめぐって激しい政策論争が展開された。

重油消費規制や熱管理への取り組みからうかがえるように, 通産省が重視したのは「エネルギー節約」政策であった。しかし1956年度後半のエネルギー需要の急増に直面した政府は「炭主油従」政策を続ける限り「高炭価問題」は解決で

---

[5] 1958年5月2日に長崎市のデパートで開催されていた日中友好協会長崎支部主催の展覧会会場において中華人民共和国の国旗・五星紅旗が引きずり下ろされ, 毀損されるという事件があった。その後の日本政府の対応を中国政府は厳しく批判し, これを機に日中貿易は中断した。

きないと判断し，57年度から石油輸入港湾の整備を開始し，59年になると重油消費規制は実質的に終わり，同年12月の石炭鉱業審議会基本問題部会の中間答申が「流体エネルギーの固体エネルギーに対する優位と，経済合理性の支配」が「技術革新下の世界的潮流」であると判断したとき，エネルギー政策をめぐる論争は最終的決着をみた（小堀［2010］）。

▶ 原油輸入の著増

1950年半ば以降になると中東地域での優良油田の開発が進み，1ドル（1バレル当たり）原油といわれた低価格原油が供給されるようになった。1960年にOPEC（石油輸出国機構）が結成され，石油価格の引き上げを試みるものの，国際石油資本（メジャーズ）の強力な市場支配力に阻まれてその狙いを実現することはできなかった。こうした中で日本は大型タンカーを投入することで海上輸送コストを引き下げ，石油港湾設備を拡大するなど安価な石油を大量に輸入する体制を整えていった（橋本・長谷川・宮島［2006］第10章）。その上さらに，日本市場の成長性に注目したメジャーズは低価格原油を提供するようになり，民族系石油会社の存在，ソ連原油の輸入にも助けられて1960年代末には日本は国際的にみても最も安価な原油を輸入するようになった（小堀［2011］）。

原油輸入量が1955年から70年にかけて約23倍増加するのに対し，石炭生産と輸入炭の合計は同時期に2.2倍の伸びにとどまった（猪木［1989］）。原油の輸入相手国順位は1960年にはクウェート，サウジアラビア，インドネシアの順であったが（3国合計で全体の68%），70年にはイラン，サウジアラビア，インドネシアとなり（3国合計で70%），60年代後半のイランの躍進が著しかった（東洋経済新報社編［1991］）。表6-4に示されているように1970年には国産エネルギー供給は全体の17%にまで低下し，エネルギーの海外依存は決定的となったのである。

1962年までは外貨予算制度に基づいて，それ以後は石油業法を背景にして行政介入が行われたため，重油や石油化学工業の主要原料であるナフサの価格が引き下げられ，その結果日本では重油・ナフサが安く，ガソリン・灯油が割高となった。これは石油価格の低下の恩恵を政策的に重化学工業部門に配分する仕組みであったが，高いガソリン価格は乗用車開発において燃費引き下げに対する誘因として作用し，日本車の高い燃費性能は石油危機後の競争力強化に大いに貢献することになった（橋本・長谷川・宮島［2006］第10章，石油業法の問題性については，橘川［2012］参照）。

第2節　マクロ経済運営と分野別経済政策

1　マクロ経済運営の諸原則

▶「国際収支の天井」の制約

　国際収支の赤字は長く戦後日本経済のアキレス腱であった。1955年には大幅な経常収支黒字を計上したものの，56，57，61〜64年は赤字となり，黒字が定着するのは68年以降であった。輸入が増えると国際収支はすぐに赤字となり（「国際収支の天井」），外貨準備の減少をもたらし，これをシグナルとして政府・日本銀行は金融引き締め（金利の引き上げ）を行い，1954年，56年，61年，63年にみられたように成長を中断させるのが通例であった。設備投資急増─景気上昇─国際収支赤字─金融引き締め─景気下降というのが景気循環のパターンであり，景気下降とともに輸入が減少し，国際収支・外貨不安が遠のき，高成長が再開された。輸入の中心は原材料であったから，原材料在庫投資の増減が景気循環の重要な要因となった。完全雇用を達成するために「国際収支制約のもとで成長率を極大化せよ」がマクロ経済運営の原則であった（香西［1989］）。国際収支の黒字定着とともに外貨準備も急増した。1963〜67年度には20億ドル前後で頭打ち状態であった外貨準備は68年度末に32億ドル，70年度末に55億ドル，71年度末に167億ドルとなり，60年代末から国際収支の構造的黒字が内外で問題となった（大蔵省財政史室編［1992］）。

　国際収支の天井を高めるひとつの方策は外資導入である。しかし高度成長期の日本は外資への依存を回避しつつ成長を続けた。第2次世界大戦後のブレトンウッズ体制を「資本移動のない金本位制」のようなものと理解するのは誤りであり，対外援助，特需，世銀借款，ワシントン輸出入銀行借款といった形でアメリカから資金は各国に環流した（浅井［2008］）[6]。先にみたように世銀借款は日本においても重点産業強化，社会資本整備に貢献した。しかし表6-5にあるように世銀借款，ワシントン輸出入銀行借款を含む貸付金債権は1960年代に入っても各年と

---

[6]　世銀，ワシントン輸出入銀行の貸し付け案件が実現するためには，「国際通貨金融問題に関する国家諮問委員会」（NAC）の承認を得る必要があった。たとえば1956年度の関西電力に対するワシントン輸出入銀行借款の検討では，関電に対する発電機の販売者が長年にわたって三菱系企業と技術提携を行っているウェスティングハウス社であることから，借款による輸入機器が日本においても生産されるようになることが予想されており，「一号機輸入，二号機国産」方式によるわが国の技術的キャッチアップのあり方を視野に入れた議論が行われていた（通商産業政策史編纂委員会編［1990］）。

表 6-5 外資導入（許認可ベース）の推移

(単位：1,000 ドル，100 万ドル)

年度	株式持分				受益証券取得	社債取得	貸付金債権	外貨債	合計
	市場経由	経営参加	その他	計					
1950		2,752	578	3,330					3,330
51	1,560	11,646	119	13,325			4,026		17,351
52	2,106	7,166	851	10,123	146	25	34,457		44,751
53	1,205	2,637	1,110	4,952	562		49,362		54,876
54	1,268	2,467	235	3,970	58		15,279		19,307
1955	1,527	2,309	1,265	5,101	52	7	47,054		52,214
56	3,155	5,360	1,005	9,520	115	15	93,652		103,302
57	3,297	7,283	911	11,491	128		123,979		135,598
58	5,133	3,698	2,519	11,350	116	28	231,472	30,000	272,966
59	9,550	14,561	2,920	27,031	214	30	127,615		154,890
1960	21,960	31,593	20,598	74,151	555	20	127,132	9,800	211,658
61	55,848	40,170	20,124	116,142	1,280	77	387,605	72,425	577,529
62	91,850	22,619	50,200	164,669	650	86	358,419	155,000	678,824
63	91,185	42,657	51,420	185,262	798	247	503,945	194,050	884,302
64	42,635	30,644	11,566	84,845	1,828	852	650,760	174,500	912,785
1965	33.3	44.6	5.3	83.2	0.4	2.7	379.6	62.5	528.4
66	68.9	39.8	18.0	126.7	0.4	0.3	329.7		457.1
67	126.9	29.8	3.2	159.9	0.3	0.1	637.5	50.0	847.8
68	597.9	52.7	19.4	670.0	0.3	0.1	947.4	219.0	1,836.8
69	2,331.7	53.8	77.4	2,462.9	0.2	0.5	789.6	235.0	3,488.2
1970	1,396.2	91.1	68.4	1,555.7	0.6	99.7	845.9	122.0	2,623.9
71	2,370.0	224.4	37.0	2,631.4	1.8	114.2	971.0	54.6	3,773.0

(注) 1) 1950 年度は 49 年度を含む。
　　 2) 1965 年度以降の単位は 100 万ドル。
(出所) 大蔵省財政史室編［1992］104，290 頁，大蔵省財政史室編［1999］567 頁。

も数億ドルレヴェルにとどまり，しかも 66 年に日本は世銀を通じた資金の借り手から貸し手に立場を変え，世銀を「卒業」した[7]。OECD 加入を機に資本自由化が進められたが，全体としてみると外資依存度は低く，経済成長は国内貯蓄によって賄われたのである。

▶ 均衡財政原則と人為的低金利政策

また 1965 年度に赤字国債が発行されるまで，財政政策はドッジ・ライン以来の均衡財政を基本とした。高度成長期には健全財政主義が貫かれ，1960 年代後半においても国債残高の対 GNP 比は低位であった。一方，金融面では各種金利を市場の実勢水準よりも低い水準に設定する「人為的低金利政策」が採用された。

---

[7] 1970 年 11 月に世銀は東京事務所を開設し，日本は翌 71 年 1 月に世銀に対して 5 番目の資金拠出国となっており，同年 6 月に世銀は初めて円建て債を発行した（星・カシャップ［2006］第 4 章）。

コール・レートに代表されるように銀行相互の短期金融市場では金融の実勢を反映した自由金利がほぼ成立していたのに対し，銀行対顧客の市場（とくに預金市場）では規制金利が取られていたのである。「護送船団方式」と呼ばれた金融行政は経営効率の悪い金融機関でも成り立つような水準に預金金利を設定したため，効率の良い金融機関には大きなレントが発生した。

日本企業はインパクト・ローン，外債発行，長期貿易金融による海外での資金調達を厳しく制限された。また在日外銀はコール市場からの資金取り入れや日銀借り入れができなかった。国際金融取引の禁止・制限の目的は国際収支赤字対策や国際短期資金の攪乱的移動の防止などであったが，結果的に国内の金融機関を国際競争から遮断し，国内の金融構造を温存することになったのである（黒木・本多［2003］）。

2 経済計画の立案

▶ 長期経済計画の設定と「所得倍増計画」

1955年12月23日に「経済自立5カ年計画」が閣議決定されるが，以後経済企画庁の長期経済計画は経済審議会の答申により取りまとめられ，閣議決定されることが慣例となった（経済企画庁編［1976］）。本計画は名称からもうかがえるように，米国援助や特需に依存しない国際収支の拡大均衡と完全雇用の達成を目標に掲げ，そのための政策課題を示した（表6-6参照）。計画を支えた政策理念として，完全雇用を掲げることは先進国にとっての必須条件であり，対外均衡を達成するためには緊縮的財政金融が必要であり，輸出振興こそ経済自立のための最も効果的な手段であるという判断があった。また戦後復興期の急成長は復興に伴う一時的現象であり，次第に戦前の成長トレンドに回帰するという前提があったため，計画では年5％という戦前並みの成長率が想定された（詳細は，浅井［1999-2000］参照）。

1960年12月に閣議決定された「国民所得倍増計画」はあまりにも有名である。1959年1月に中山伊知郎の賃金2倍論が登場し，岸内閣の通産大臣池田勇人は月給2倍論を公表した。1960年6月に新日米安保条約が自動承認されたのち岸信介首相が退陣し，7月に首相に就任した池田は下村治に所得倍増計画の具体化を指示した。閣議決定された計画は10年間で国民所得を倍増させるために年平均成長率7.2％を掲げたが，官庁エコノミストも含めて多くのエコノミストはこの計画が楽観的にすぎると判断した。しかし池田は9％成長を公約し，下村はさらに11％を妥当とした（吉川［1997］）。下村・池田の考え方の独自性は従来の屈折論（戦前水準に戻った日本経済は成長を鈍化させざるをえない）と決別し，「勃興期」

表 6-6 主要

計画の名称	経済自立 5 カ年計画	新長期経済計画	国民所得倍増計画
策定年月 策定時内閣 計画期間	1955 年 12 月 鳩山内閣 1956-60	1957 年 12 月 岸内閣 1958-62	1960 年 12 月 池田内閣 1961-70
計画の目的	経済の自立 完全雇用	極大成長 生活水準向上 完全雇用	極大成長 生活水準向上 完全雇用
実質経済成長率 (%) 　計画 　実績	 5.0 9.1	 6.5 10.1	 7.2 10.9
目標年度における国際収支 (経常) 尻 (億ドル) 　計画 　実績	 0 −0.1	 1.5 −0.2	 1.8 23.6
政策課題	①産業基盤の強化 ②貿易の振興 ③国内自給度の向上と外貨負担の軽減 ④国土開発の促進 ⑤科学技術の振興 ⑥中小企業の育成 ⑦雇用の増大及び社会保障の充実 ⑧健全財政の堅持と金融の正常化 ⑨物価の安定 ⑩国民生活の安定と消費の節約	①輸出の拡大 ②資本蓄積の増強 ③経済発展の基礎部門の充実 ④産業構造の高度化 ⑤農業生産構造の近代化 ⑥雇用と国民生活の改善	①社会資本の充実 ②産業構造の高度化 ③貿易と国際経済協力の促進 ④人的能力の向上と科学技術の振興 ⑤二重構造の緩和と社会的安定の確保

（注）経済社会基本計画，昭和 50 年代前期経済計画の実績値は，東洋経済新報社編［1991］第 1 巻，114 頁，第
（出所）経済企画庁編［1976］720-723 頁．

にある日本経済の「成長力」を高く評価した点にあった．のちに下村は「安保騒動をあんなに激しいものにしたエネルギーというか，火ダネを供給しているのは国民の欲求不満だったと思うんです．その欲求不満を吸収することが高度成長のなかで必ず急速に実現できるに違いない．そうすれば安保騒動の火ダネはなくなってしまう．政治的にも社会的にも安定した状態が急速につくられていくに違いないという予想と展望とをもっていましたね」（エコノミスト編集部編［1984］27-28 頁）と回顧している．日本社会が激しい政治的対立の時代から経済が主役となる時代へと移っていく中で，所得倍増計画はその先導役を十分に果たしたのであ

経済計画

中期経済計画	経済社会発展計画	新経済社会発展計画	経済社会基本計画	昭和50年代前期経済計画
1965年1月 佐藤内閣 1964–68	1967年3月 佐藤内閣 1967–71	1970年5月 佐藤内閣 1970–75	1973年2月 田中内閣 1973–77	1976年5月 三木内閣 1976–80
ひずみ是正	均衡がとれた充実した経済社会への発展	均衡がとれた経済発展を通じる住みよい日本の建設	国民福祉の充実と国際協調の推進の同時達成	我が国経済の安定的発展と充実した国民生活の実現
8.1 10.8	8.2 10.9	10.6 6.0	9.4 3.5	6.25 4.5
0 14.7	14.5 63.2	35 1.3	59 109	40 107
①貿易の振興と産業構造の高度化 ②人的能力の向上と科学技術の振興 ③低生産性部門の近代化 ④労働力の流動化と有効活用 ⑤国民生活の質的向上 　生活環境の整備 　社会保障の充実 　公害の排除	①物価の安定 ②経済の効率化 ③社会開発の推進 　（以上3大重点施策） ④長期的経済成長条件の整備 ⑤社会資本の充実	①国際的視点に立つ経済の効率化 ②物価の安定 ③社会開発の推進 ④適正な経済成長の維持と発展基盤の培養	①豊かな環境の創造 ②ゆとりある安定した生活の確保 ③物価の安定 ④国際協調の推進	①物価の安定と完全雇用の確保 ②安定した生活の確保と住みよい環境の形成 ③世界経済発展への協調と貢献 ④経済的安全の確保と長期発展基盤の培養

2巻, 191頁。

る[8]。

佐藤内閣期の「経済社会発展計画」(1967年3月策定) は3大重点施策として, ①物価の安定, ②経済の効率化, ③社会開発の推進を掲げた (表6-6参照)。長期経済計画の中で計画名称に「社会」を取り入れたのは本計画が最初であったが, 社会開発の内容は, 住宅, 生活環境の整備, 公害の防除, 青少年児童の健全育成

---

[8] 「政治」から「経済」への重心移動を認めた上で, もちろん「『安保反対』と『高度成長』とが同じナショナリズムの二つの側面であった」(磯田[1983] 165頁) ことにも留意する必要がある。

などであった（経済企画庁編［1976］）。また「経済の効率化」とは資本自由化に対応して企業合併，生産系列の整備，投資調整，共同投資などによって産業体制を整備強化することを意味した。次にみる挫折した特定産業振興臨時措置法（特振法）が想定していた官民協調体制に代わって，自主調整論が経済計画において主張されたのである（香西［1989］）。

▶ **特振法の挫折**

通産省企業局が精力的に準備し，1962年に初めて上程された特振法は官民協調方式によって，石油化学，自動車，特殊鋼などの成長産業を対象として業界再編を行い，銀行融資を義務づけるというものであった。しかし貸し付け行動を規制される銀行界が反対し，4輪車への参入を考えていた本田技研工業なども反対した。特振法は産業界からみると市場機構の調整力を否定した官僚統制の何ものでもなかった。官民協調方式に対して産業界が打ち出したのが自主調整論であった。しかし両者は貿易自由化を睨んだ際の日本企業の規模の過小性，「過当競争」の問題に関しては同じ認識であり，独禁法の緩和を求める点でも共通していた。違いは産業界の自主性に委ねてカルテル，合併などの企業間結合を図るか，それを政府主導で行うかであった。特振法は3回上程され，結局審議未了，廃案となった（鶴田［1982］，呂［2011］）。

こうした経緯を踏まえて「経済社会発展計画」では自主調整方式が唱えられた。しかし特振法が何も生み出さなかったわけではない。1960年代後半の石油化学，合繊などの業界の設備投資調整には官民協調方式が導入された。また貿易自由化に対抗した企業の集約化構想は，資本自由化の流れの中で「経済社会発展計画」にも強く反映された。

旧王子系3社（王子製紙，十条製紙，本州製紙）は1968年3月に合併覚書に調印し，公正取引委員会に事前審査を申し入れた。その4週間後には八幡・富士製鉄の合併構想が『毎日新聞』にスクープされ，以後政府，産業界の賛成派と経済学者の反対派との間で論争が展開された[9]。そうした中で旧王子系3社が9月に合併を事実上断念したのに対し，1年半の紆余曲折を経て，八幡・富士の合併について1969年10月に公取委の同意審決書が出され，70年3月に新日本製鉄が誕

---

[9] 合併の仲人役であった日本興業銀行の中山素平は「USスチールなんかは資本も大きいし，積立金も大きい。だから，不況になったって，いつでも操短できるわけだ。それが八幡，富士になったら，厖大な借金の金利を払わなければならないから，操短はなかなかできない。ちょっと悪くなると，すぐなけなしの積立金を取り崩して配当しなければならない。闘える企業，国際競争力をもった企業とは，技術力も強い，資本力もある企業であって，八幡，富士も合併してそういう体力を強める必要がある。単に商品の競争力があるから，鉄鋼業は国際競争力があるなんていう認識は間違いです」と証言している（伊東監修・エコノミスト編集部編［1977］223頁）。

生する。

3 個別産業政策の展開

▶ 産業政策とは何か

　産業政策に関してはいろいろな考え方があるが（産業政策に関する包括的議論として，鶴田［1982］，小宮・奥野・鈴村編［1984］参照），村上泰亮によると，産業政策は「強力な政府介入によって無理やりにでも産業の成長率を高める政策」でもなく，「及び腰の計画経済」でもない。「産業政策は，もともと（費用逓減という）潜在的な成長能力をもっている産業において，競争的な環境を維持しようとする政策であり，つまり，競争のもつ動機付けの力を生かそうとした政策である」。したがって，「産業政策は理念的には『反計画経済的』でなければならない」。そこから村上は産業政策の構成要素として，①重要産業の指定（ターゲティング），②産業別指示計画，③技術進歩の促進（政府契約，R&D補助，研究投資に対する優遇税制，研究開発組合など），④価格の過当競争の規制などを指摘した（村上［1992］88-96頁）。

▶ 機械工業振興臨時措置法の政策効果

　以下では通産省が行った多数の個別産業政策の中でもとくに有名な機械工業振興臨時措置法（機振法，1956年制定）についてみてみよう。同法は5年の時限立法であったが，貿易自由化，資本自由化を理由に2回改正延長され，1971年に電子工業振興臨時措置法（電振法，57年制定）と一本化されて特定電子工業及び特定機械工業振興臨時措置法（機電法）となり，さらに78年に特定機械情報産業振興臨時措置法（機情法）に引き継がれ，機情法は85年に廃止された（橋本［2001］第8章）。

　旧式機械のスクラップ・アンド・ビルドを行う機械工業振興事業団構想が予算化の段階で挫折した結果，それに代わって通産省で急遽立案されたのが機振法であった。第1次機振法の目的は基礎機械，共通部品などを育成強化し，それによって機械工業全体の体質改善，国際競争力強化を図ることであった。この目的を実現するために基礎機械（工作機械，工具，金型など），共通部品（軸受，歯車など），特定部品（ミシン，自動車部品など）の17業種が指定され（のちに21業種），指定された特定機械工業はそれぞれ個別に合理化基本計画（第2次・第3次機振法では振興基本計画）を策定した。基本計画によって提示された5年後の目標を達成するため，年度計画である合理化実施計画が策定された。目標を達成するため，設備近代化の重要な資金源のひとつとして，第1次機振法では日本開発銀行，第2次・第3次機振法では開銀と中小企業金融公庫からの長期低利融資（第1次では

6.5% の特利）が充当された（以下，沢井［2013］第 13 章による）。

　工作機械工業は第 1 次機振法下の開銀融資総額の 25% を占めて業種別順位第 1 位，第 2 次でも自動車部品に次いで第 2 位であり，機振法が工作機械や自動車部品を最重要視していたことがわかる。合理化基本計画・実施計画の策定には業界団体である日本工作機械工業会が深く関与した。開銀融資を希望する工作機械企業はまず振興実施計画書を通産省に提出し，当該企業が合理化目標を達成できると判断した場合，通産省は開銀，中小公庫に特別融資の斡旋を行い，金融機関は独自の金融判断をもとに融資額を決定した。第 1 次機振法下で開銀融資を受けた工作機械 30 社の対象工事資金 111 億円の調達内訳は自己資金 56%，市中借り入れ 23%，開銀借り入れ 21% であった。

　工作機械企業にとって機振法は三重の意義を有した。第 1 に特別融資は設備近代化資金として重要であっただけでなく，「呼び水効果」を発揮することによって貸し付け先企業の市中借り入れを容易にした。さらに特別償却制度が設備資金調達を側面から援助した。特別償却は租税負担を繰り延べするにすぎないが，設備投資におけるタイミングの重要性を考慮すればその意義は大きかった[10]。第 2 に機振法は機械工業諸部門の設備近代化を促進することによって工作機械市場の拡大に貢献し，第 3 に工具，軸受，歯車，鋳物など工作機械関連諸産業の技術向上を助成することで，間接的に工作機械の技術向上にも寄与した。

　3 次にわたる機振法は設備近代化の面では大きな成果を収めたものの，もうひとつの政策課題であった業界秩序の安定，生産分野調整ではほとんど効果を発揮できなかった。第 3 次基本計画において生産分野調整の手段として期待されたグループ化構想も，業界再編よりは不況対策的意図を優先させたものであったため，いざなぎ景気下で需要拡大が続くとグループメンバー企業の結び付きは希薄化した。

　このように機振法の政策効果は課題によって大きく異なった。機振法の政策効果について，「『進歩』のほとんどの部分は，需要の増大に対応した供給側の自発的対応の結果であり，産業育成策と呼びうる積極的な政策の貢献分は無視しうる」（三輪［1998］183 頁）との評価もある。しかし「原価計算を厳格に言うたのは開銀融資なんですよ。開銀は資料をずいぶん出させましたから，開銀のあれで，だいぶ勉強したわけです。（中略）工作機械というのは向うのやつのほうがグレードが上だという観念があったんですよね。だから開銀融資で買ったんですよ」

---

[10] 資本金を 400 万円に倍額増資して 1964，65 年に機械 40 台ほどの設備投資を行った志賀広は「二分の一減価償却制度のチャンスを有効に生かしたことが，その後今日に至るまでどれほど役に立ったかわからない」（志賀［1986］176 頁）と回顧した。

（小森［1992］44-45頁）といった工作機械工業関係者の指摘からもうかがえるように，開銀融資の対象に選ばれることは中小企業にとって名誉であり，選定された企業が選定過程を通して鍛えられるという側面もあった。

第3節　産業発展と技術革新

1　産業構造の「機械工業化」と「高度化」

▶産業構造の「機械工業化」の再進展

　前掲表6-2に示されているように高度成長期には就業構造において第1次産業の比重が目立って低下しただけでなく，製造業の内部でも大きな変化が生じた。食料品の比率がほぼ横ばいであったのに対し，繊維の割合は漸減し，1960年代後半には絶対数でも減少した。一方，1955〜70年の間に金属は44万人，金属製品は90万人，機械は264万人増加した。産業構造の重化学工業，もっと正確には機械工業化が再び開始されたのである。一般機械・電気機械・輸送機械・精密機械から構成される機械工業で働く人が急増しただけでなく，機械工業と金属工業・金属製品工業は産業連関を通して相互に依存しながら拡大を続けつつ日本経済を牽引し，さらに加工組立型産業である機械工業の拡大が厖大で多層的なサプライヤ・システムの形成に大きく寄与した（植田［2011］）。

　鉄鋼業と造船業・自動車産業の相互依存的拡大は高度成長期を代表する産業発展のパターンであった。高度成長期には造船用規格厚板，自動車用鋼板の大半は市況に応じた「店売り」ではなく，いわゆる「紐付き取引」（鉄鋼メーカーから大口需要家への直送）であり，造船業や自動車産業などの設備投資動向が鉄鋼メーカーの投資行動に大きな影響を与えた。旺盛な設備投資によって1950年代前半の「高鉄価」問題は解消し，60年代になると鉄鋼価格の低位安定化が実現した（金［2011］）。厚板価格の安定が，ヨーロッパ造船業と異なり，日本造船業が1963年以降の受注実績の増大に伴って進水量も持続的に拡大できた（納期を長期化させない）一因であった（祖父江［2011］）。また自動車工業の急拡大が鉄鋼メーカーに対する交渉力の向上をもたらし，その結果鉄鋼の低価格での安定確保がより確実なものとなり，製品単位当たり鉄鋼使用量の低減と相まって，原材料コストの大幅な低下が実現した（韓［2011］）。

　中近東から原油を運ぶ大型タンカーが日本で建造され，造船業に厚板を供給する鉄鋼業は鉄鉱石輸送のために長期傭船が必要であり，それがまた船舶需要を生んでいた。高度成長期には，1930年代とは比較にならないような自律的な「内

部循環的生産拡大」が諸産業の成長を促したといえよう。

▶ **産業構造の高度化と軽機械工業の意義**

　産業構造の重化学工業化は「産業構造の高度化」とも呼ばれたが，この言葉が長期経済計画に初めて登場するのは「新長期経済計画」（1957年12月策定）以降であった（表6-6参照）。産業構造の高度化は，低生産性部門から高生産性部門，加工度や付加価値の低い分野から高い分野へ産業構造が変化することを意味した。「新長期経済計画」は55年度に55.4％（化学19.9％，金属15.5％，機械20.1％）であった重化学工業の付加価値額構成比が62年度に65.6％（化学21.3％，金属17.0％，機械27.3％）に上昇することを想定したが，その機軸となったのが「雇用吸収力が高くエネルギー消費性向の低い機械工業」であった（浅井［2000］）。

　「新長期経済計画」は「輸出構造の二面性」，すなわち先進国に対しては労働集約的商品と特産品，「後進国」とくに東南アジア市場には資本集約的商品の輸出拡大を期待した。そうした中で「軽機械類は，その雇用吸収率，附加価値率あるいは外貨手取率の高さと，とりわけ先進国からのドル獲得率が高い」（倉部［1958］36頁）と判断されたが，軽機械とは具体的にはカメラ，双眼鏡，トランジスタラジオ，ミシン，時計などであった。戦前の雑貨産業の要素を継承しつつも戦時期の軍需生産の経験を活かしてより高度な輸出産業に成長しつつあった軽機械工業は，1950年代後半には「中進国」日本の経済成長を牽引する重要産業として注目されていた。

　1960，70年代以降になると本格的な家電，自動車，産業機械輸出が台頭するが，それ以前にはこうした軽機械類の対欧米輸出がみられた。家庭用ミシンと双眼鏡を対象にして，1959年4月には「軽機械の輸出の振興に関する法律」（軽機械振興法）が制定された。しかし1970年3月20日の衆議院商工委員会で赤澤璋一通産省重工業局長は，「わが国の機械工業の輸出にいたしましても，ラジオ，ミシン，カメラ，双眼鏡といったような，比較的労働集約的な機械類と船舶というものに非常に特化しております。（中略）今後の機械工業を考えます際には，やはり総合されたもの，いわば技術集積型の商品，（中略）さらにはプラント類というようなものに重点をおいてまいりたい」（衆議院［1970］7頁）と答弁しており，労働力不足が深刻化する中で軽機械工業の産業政策上の位置づけが大きく変化したことを物語っていた。

2　技術導入と国内の研究開発体制

▶ **技術導入と行政指導**

　外資法の対象となる甲種技術導入件数は着実に増加し，1960年度に300件，

表 6-7 技術導入の推移

(単位：100万ドル, %)

年度	技術導入件数			技術輸入支払額(a)	技術輸出受取額(b)	収支比率(b)/(a)
	甲種	乙種	計			
1949・50	27	49	76	3		
51	101	87	188	7		
52	133	110	243	10		
53	103	133	236	14	0.1	0.5
54	82	131	213	16	0.4	2.7
1955	72	113	185	20	0.2	1.2
56	144	167	311	33	0.3	0.8
57	118	136	254	43	0.2	0.4
58	90	152	242	48	0.7	1.4
59	153	225	378	62	0.8	1.3
1960	327	261	588	95	2	2.4
61	320	281	601	112	3	2.5
62	328	429	757	114	7	5.9
63	564	573	1,137	137	9	6.7
64	500	541	1,041	156	14	9.1
1965	472	486	958	166	17	10.0
66	601	552	1,153	192	19	9.9
67	638	657	1,295	239	27	11.3
68	1,061	683	1,744	314	34	10.8
69	1,154	475	1,629	368	46	12.5
1970	1,330	438	1,768	433	59	13.6
71	1,546	461	2,007	488	60	12.3
72	1,916	487	2,403	572	74	12.9
73	1,931	519	2,450	715	88	12.3
74	1,572	521	2,093	718	113	15.7
75	1,403	433	1,836	712	161	22.6

(注) 甲種は契約または対価支払期間が1年超のもの、乙種は1年以下。
(出所) 大蔵省財政史室編[1992] 280頁。

68年度に1000件を突破し、技術輸入支払額は74年度まで一貫して増加を続けた（表6-7参照）。一方で技術輸出受取額も徐々に増加していったものの、技術輸出入における「入超」額は拡大を続けた。

表6-7に示されているように1949～75年度の甲種技術導入件数は合計1万6686件に達した。その相手国別構成をみると、アメリカ9051件（全体の54.2%）、西ドイツ2030件（12.2%）、イギリス1315件（7.9%）、フランス1087件（6.5%）、スイス964件（5.8%）の順であり、この上位5カ国で全体の86.5%に達した。技術提携を行った業種は、一般機械4373件（全体の26.2%）、電気機械2815件（16.9%）、化学製品2318件（13.9%）、繊維・繊維製品1275件（7.6%）、輸送用機械892件（5.3%）の順であった。一般機械の中では「特殊産業用および一般産業

用機械」の2573件が突出しており，さまざまな産業機械，電気機械，化学製品などが技術導入の大宗であったことがわかる（大蔵省編［1976］)。

技術導入についても厳しい規制が実施された。通産省原局・外資審議会幹事会の勧告に従って技術導入申請企業が外国の相手方企業と「条件交渉」を行うことが非常に多く，「条件交渉」こそ実質的には外資法に基づく技術導入規制の主要形態であった。通産省は導入条件（特許料，頭金，ロイヤルティ）の不利化を防止する役割を果たすと同時に，技術導入に関わる各企業・業界の利害を調整した（工藤［1990])。

しかし技術導入についても自由化の動きは不可避であり，1959年に「外資導入の新方式」に基づき緩和措置が実施され，60年には，①国際収支への悪影響，②産業秩序の混乱，③中小企業圧迫，④国産技術発達の阻害といった諸要件に抵触しない限り原則認可という，認可基準の積極要件重視から消極要件重視への転換が打ち出された（通商産業政策史編纂委員会編［1990])。ただし業法の存在しなかった石油化学工業では，外資法による技術導入許認可権が石油化学プラントの設備調整のための手段として使われた。すなわち石油化学協調懇談会（1964年設立，通産省・業界・第三者で構成）がまず主要製品の設備投資調整を行い，技術導入もその方針に従って実施されたのである。1967年6月のエチレン年産30万トン基準制定後も石化協調懇による設備投資調整は部分的には効果を収め，共同投資や輪番投資が実現した。しかし1968年以降になると想定を超える実需の伸びがみられたため，認可枠が拡大され，後発企業による設備新設を抑制し投資主体の集約化を図るという，通産省と先発企業の当初の意図は薄らいでいった（平野［2008])。1967年6月に第1次技術導入自由化措置が実施され[11]，さらにOECDからの完全自由化要請もあり，72年7月に第2次自由化措置が実施され，73年12月には自動認可方式の適用対象が拡大された（大蔵省財政史室編［1992])。

中岡哲郎によると「先行業者の製品の徹底した研究と模倣製作，保護された市場での商品化経験を通しての学習，段階的自由化の進行に合わせた追い込み型の開発，どうしても埋められない部分を埋めるための技術導入」(中岡［2002］15頁)というのが，第1次世界大戦頃から高度成長期にかけての日本企業の研究開発の基本的パターンであった。もちろん特許の関係からどうしても導入せざるをえない場合，技術的キャッチアップのための時間を買うような技術提携も多々あった。

---

[11] 航空機，武器，火薬，原子力，宇宙開発，電子計算機，石油化学の7種類の技術については自動認可方式が適用されず，個別審査で処理された。

▶ ナショナル・イノベーション・システムの整備

　技術導入の盛行と並行して，高度成長期のナショナル・イノベーション・システムともいうべき産官学の各プレーヤーが織りなす研究開発体制も大きな進展を示した。1956年5月に科学技術庁が設置され，同年度から一般会計予算の中に科学技術振興費が独立に掲げられるようになる。日本学術会議などの反対があったものの，1959年2月に科学技術会議が発足した（以下，沢井［2006］）。

　科学技術庁の施策の中心は原子力開発と航空宇宙開発であった。1967年10月に動力炉・核燃料開発事業団（動燃）が設立され，98年に核燃料サイクル開発機構に改組されるまで，政府系原子力開発の中枢機関としての位置を占め続けた。一方，高度成長期には科技庁路線とは一線を画する形で通産省・民間電力会社主導の技術導入に依存した商業用原子力発電事業が進められた（この「原子力体制の二元構造」の詳細については，吉岡［1999］参照）。また，1956年2月に株式会社科学研究所として新発足した旧理化学研究所は科技庁の所管となり，58年10月に特殊法人理化学研究所となった。通産省では工業技術院傘下の各国立研究所が活発な活動を続けた。

　鉱工業技術試験研究補助金の交付先として鉱工業技術研究組合法（1961年5月制定）に基づく研究組合が重要であり，同組合は同一業種内における共同研究を積極的に展開した。1961年には科技庁所管の新技術開発事業団（現独立行政法人科学技術振興機構）も発足する（沢井［2012］第15章）。さらに1966年度には大型工業技術研究開発制度（大プロ）が開始され，翌年度からは大プロ予算が鉱工業技術試験研究補助金を大きく上回るようになった。こうした中で通産省は産官学共同研究の調整役という新たな機能を引き受けるようになった。

　1952〜55年，66年，72年の3時点における研究者数ランキング上位50社を示した表6-8によると，上位3社は52〜55年の三井化学工業，東京芝浦電気，三井鉱山が66年には日立製作所，富士通信機製造，松下電器産業と入れ替わり，72年は変化がなかった。また第50位の研究者数をみると，田辺製薬34名，東洋高圧工業110名，三洋電機175名と年を追って急増しており，研究開発機関の充実ぶりを物語っていた。また60年代半ばには民間企業が中央研究所を相次いで設立する動き（中研ブーム）がみられた。中研ブームの背景には貿易自由化に直面した各社の導入技術依存から脱却し，基礎研究の比重を高めることで自主技術の研究開発体制を整備したいという意図があった。もちろん中研の内容はさまざまであり，中研でリバース・エンジニアリングを行うといった場合もあった（中山［1995］）。1960年代前半には日本の大企業の研究開発体制の規模と世界の大企業のそれとは大きな懸隔があった。しかし売上高の一定割合を研究開発活動

表 6-8　民間企業の研

企業名	研究機関数	1952～55年 職員数				企業名	研究機関数
		研究者	補助者	事務・その他	計		
三井化学工業㈱	2	356	377	3,975	4,708	㈱日立製作所	8
東京芝浦電気㈱	3	333	327	50	710	富士通信機製造㈱	3
三井鉱山㈱	3	261			261	松下電器産業㈱	7
㈱科学研究所	1	205	31	168	404	武田薬品工業㈱	1
㈱日立製作所	12	193	389	208	790	三菱重工業㈱	4
住友化学工業㈱	3	182	343	68	593	住友化学工業㈱	6
三菱電機㈱	1	139	49	17	205	三菱電機㈱	2
武田薬品工業㈱	2	124	52	37	213	東京芝浦電気㈱	1
塩野義製薬㈱	1	116	33	14	163	トヨタ自動車工業㈱	1
三菱化成工業㈱	2	114	115	113	342	プリンス自動車工業㈱	1
いすゞ自動車	1	109		12	121	立石電機㈱	1
三共	1	100			100	味の素㈱	1
東急車輛製造㈱	1	96			96	東洋紡績㈱	2
旭硝子㈱	2	89	41	42	172	塩野義製薬㈱	1
三菱レイヨン㈱	1	89	325		414	三共㈱	3
三井金属鉱業㈱	4	84	165	130	379	田辺製薬㈱	6
日本無線㈱	1	83	55	10	148	いすゞ自動車	1
日本油脂㈱	7	83	85	35	203	㈱島津製作所	1
新三菱重工業㈱	3	80	155	87	322	日本無線㈱	1
三菱金属鉱業㈱	1	75	11	23	109	八幡製鉄	1
東洋高圧工業㈱	4	73	138	20	231	ソニー㈱	4
日本鋼管㈱	2	68	62	17	147	旭化成工業㈱	3
日東化学工業㈱	4	67	141		208	三菱化成工業㈱	2
八幡製鉄	2	67	404	44	515	昭和電工㈱	2
沖電気工業㈱	1	62	61	12	135	東洋工業㈱	1
帝国人造絹糸㈱	1	62	398	17	477	富士製鉄㈱	3
日本曹達㈱	3	62	104	14	180	㈱本田技術研究所	1
三菱造船㈱	1	60	85	20	165	富士重工業㈱	1
東洋レーヨン㈱	4	59	140	489	688	石川島播磨重工業㈱	1
保土谷化学工業㈱	1	58	22	9	89	日本電気㈱	1
㈱島津製作所	1	56	129	15	200	日野自動車工業㈱	1
石川島重工業㈱	1	55	120	8	183	古河電気工業㈱	3
古河電気工業㈱	2	52	81	16	149	三菱レイヨン㈱	1
大日本製薬㈱	1	50	11	31	92	神戸工業㈱	1
富士写真フイルム㈱	1	49	105	11	165	住友電気工業㈱	2
日本化薬㈱	4	47	36	3	86	協和醱酵工業㈱	1
宇部興産㈱	1	46	35	13	94	松下電工㈱	1
昭和電工㈱	2	45	40	24	109	三井石油化学工業㈱	1
神戸工業㈱	1	44	74	79	197	日本石油㈱	1
東洋醸造㈱	1	42	11		53	日本化薬㈱	5
旭化成工業㈱	1	41	102	33	176	宇部興産㈱	1
味の素㈱	2	40	20	1	61	㈱神戸製鋼所	3
日本合成化学工業㈱	1	40	18	13	71	大日本製薬㈱	1
日本電気㈱	1	40	87	13	140	川崎製鉄㈱	1
早川電機工業㈱	1	38	19	1	58	鹿島建設㈱	1
三菱石油㈱	1	38	44	14	96	倉敷レイヨン㈱	1
呉羽化成㈱	1	36	16	6	58	㈱資生堂	1
日立造船㈱	1	36	37	37	110	千代田化工建設㈱	1
郡是製絲㈱	2	34	23	20	77	旭硝子㈱	2
田辺製薬㈱	2	34		6	40	東洋高圧工業㈱	2

（出所）　沢井［2006］416頁．

究者数ランキング

(単位：人)

1966年			企業名	1972年			
職員数				研究機関数	職員数		
研究者	研究補助者	計			研究者	研究補助者	計
1,132	1,640	2,772	㈱日立製作所	9	1,811	1,336	3,147
715	944	1,659	富士通㈱	1	1,380	2,710	4,090
557	532	1,089	松下電器産業㈱	11	886	600	1,486
503	644	1,147	新日本製鉄㈱	13	875	1,275	2,150
489	581	1,070	東京芝浦電気㈱	4	846	635	1,481
365	835	1,200	住友化学工業㈱	8	785	944	1,729
364	850	1,214	トヨタ自動車工業㈱	1	620	940	1,560
360	220	580	三菱重工業㈱	3	609	241	850
300	400	700	いすゞ自動車	2	588	479	1,067
288	287	575	ブリヂストンタイヤ㈱	3	565	307	872
273	219	492	旭化成工業㈱	2	520	813	1,333
272	625	897	三菱電機㈱	3	506	303	809
271	462	733	石川島播磨重工㈱	1	505	145	650
270	270	540	味の素㈱	1	500	500	1,000
267	331	598	三菱化成工業㈱	5	431	459	890
259	229	488	武田薬品工業㈱	1	410	595	1,005
256	726	982	大日本インキ化学工業㈱	6	373	372	745
253	297	550	三井東圧化学㈱	6	372	549	921
250	220	470	日本電気㈱	3	336	153	489
250	748	998	日野自動車工業㈱	1	330	290	620
244	394	638	沖電気工業㈱	1	320	250	570
212	514	726	富士写真フイルム㈱	3	313	602	915
207	178	385	㈱リコー	1	305	134	439
195	206	401	久保田鉄工㈱	6	293	326	619
190	581	771	三菱レイヨン㈱	3	286	485	771
187	480	667	帝人㈱	4	273	197	470
186	125	311	日本ビクター㈱	3	269	156	425
185	431	616	日本電装㈱	1	267	253	520
185	244	429	東洋紡績㈱	3	252	514	766
184	191	375	㈱神戸製鋼所	3	242	236	478
179	323	502	日本鋼管㈱	1	242	110	352
166	205	371	小西六写真工業㈱	4	240	311	551
165	244	409	日立造船㈱	2	230	90	320
152	122	274	㈱豊田中央研究所	1	229	112	341
152	296	448	塩野義製薬㈱	1	223	258	481
145	0	145	立石電気㈱	1	220	422	642
135	62	197	第一製薬㈱	1	215	84	299
130	280	410	日本化薬㈱	9	212	301	513
126	103	229	鐘紡㈱	6	208	225	433
121	180	301	永大産業㈱	2	204	54	258
120	158	278	大日本塗料㈱	10	204	93	297
119	293	412	藤沢薬品工業㈱	1	200	290	490
118	81	199	松下電工㈱	1	200	110	310
118	146	264	㈱横河電機製作所	1	200	201	401
118	73	191	エーザイ㈱	3	196	206	402
115	222	337	花王石鹸㈱	4	196	334	530
113	55	168	三井石油化学工業㈱	1	180	300	480
110	26	136	川崎製鉄㈱	1	178	96	274
110	96	206	吉富製薬㈱	2	176	189	365
110	200	310	三洋電機㈱	2	175	130	305

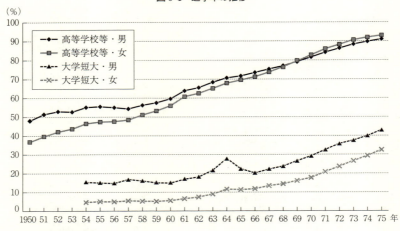

図 6-1　進学率の推移

(注)　高等学校等は高等専門学校を含む。
(出所)　文部省大臣官房調査統計課編 [1980] 142-143 頁。

に投下し，先の読めない基礎研究を推進しない限り自主技術開発はありえないという認識が形成されるのもこの時期であった。

　民間大企業の研究機関と比較した場合の国立研究機関の研究設備の劣悪さ，老朽化が問題となり，1962 年 10 月に試験研究機関の移転が閣議了解され，79 年度に 10 省庁 43 試験研究機関の筑波地区移転が完了した。高度成長期には公設試験研究機関もその規模を拡張したとはいえ，1972 年でも職員数が 50 名を超える公設試は全国で 15 機関にとどまった。明治期以来地方の工業化に貢献してきた公設試であったが，地元中小企業の技術力向上に伴って公的機関として何を提供できるか，その内実が厳しく問われるようになったのである。

3　労働者・技術者の供給と養成

▶ 労働者の供給構造

　図 6-1 にあるように高等学校等への男子の進学率は 1955 年の 56% から 75 年の 91%，女子の進学率は 47% から 93% へと着実に上昇し，男女間の進学率格差は 60 年代末に解消した。大学・短大への男子の進学率は 55 年の 15% から 75 年の 43%，女子の場合は 5% から 32% に上昇したものの，進学率の男女間格差は解消しなかった。

　こうした進学率の急上昇に規定されて，新規学卒就職者に占める中卒の割合は 1955 年の 62% から 60 年の 50%，65 年の 42%，70 年の 20%，75 年の 9% と低

表 6-9　出身地域別・就職先企業規模別の新規学卒者数割合

(単位：％)

			〜29人	30人〜	100人〜	300人〜	500人〜	合計
1963年3月卒業者	中卒者	都内出身	7.2	22.9	30.2	11.2	28.4	100.0
		地方出身	44.1	32.3	14.4	3.6	5.6	100.0
	高卒者	都内出身	5.4	15.0	22.8	13.4	43.5	100.0
		地方出身	22.5	27.8	24.6	7.9	17.2	100.0
1964年3月卒業者	中卒者	都内出身	3.3	13.4	22.6	13.8	46.9	100.0
		地方出身	30.6	26.9	19.7	6.4	16.4	100.0
		合計	20.7	22.0	20.7	9.1	27.5	100.0

(出所)　加瀬［1997］98頁。

下し，逆に高卒の割合は30％，42％，47％，60％，57％，大卒の割合は6％，7％，9％，14％，22％と上昇した（文部省大臣官房調査統計課編［1980］）。

　高度成長期初期には事務員・技術員として採用された大卒男子は将来の幹部社員になることが期待され，高卒男子も事務員・技術員として採用された。一方，中卒男子はブルーカラーとして採用された[12]。しかし進学率の上昇によって，1960年代とくに後半になると高卒者がブルーカラー職にも配置されるようになる[13]。戦後労働改革以降多くの会社で日給制が廃止され，工員は技能員と呼ばれるようになり，技能員の月給制が実現した。しかし現実には技能員の月給制は日給月給制であり，職員と同じ月給制になったわけではなかった。技能員の完全月給制が実施されるのは高卒者がブルーカラー職に配置されるようになる1960年代以降であり，それ以前にホワイトカラーとして採用された高卒者が完全月給制であったため，同じ高卒者である限り高卒の技能員にも完全月給制を適用する必要があったのである（野村［2007］第1章，第4章）。

　大都市圏に立地する大企業は新規学卒者の中でも通勤労働力を選好した。まずは都市出身者で必要人員を確保し，それを超える需要があった場合に都市周辺，さらに地方出身者を採用する傾向があった。表6-9に示されているようにそうした傾向は1960年代半ばになっても大きな変化はなく，東京オリンピックが開催された64年の3月に都内の中学を卒業した新卒者の約半分が従業者規模500人以上の企業に就職したのに対し，地方出身者の場合はその割合が16％に過ぎず，

---

[12]　京葉臨海地区に進出した大企業9社に対する調査によると，1959〜63年の男子採用者1025名のうち中卒が506名（うち新卒88名），高卒が435名（331名），大卒が84名（78名）であった。この時期大企業では中卒に占める新規採用の割合は低く，中途採用が大半を占めた（氏原・高梨［1971］）。

[13]　新規高卒就職者に占める「技能工・生産工程作業者」の割合は，1955年の14.5％から60年の21.7％，65年の23.3％，70年の31.3％へと上昇した（文部省大臣官房調査統計課編［1980］）。

100人未満企業に就職した者の割合が57％に及んだ。労働市場の二重構造の底辺は主として地方出身者によって充足されていたのである（加瀬［1997］第2章）。

しかし地方出身者が同じ小企業にとどまっていたわけではない[14]。小企業間の移動は激しく，それに比べて相対的に少ないとはいえ，小企業から大企業への移動も珍しいことではなかった。1962年，65年には規模の小さいところから大きなところに移る上向移動率が逆の下降移動率を上回った。男子労働者についてみると，全入職者に占める転職者の割合（除建設業）は，1970～73年平均で，1000人以上企業58％，30～99人企業75％であり，規模の大小を問わず中途採用者が大きな比重を占めていたことがわかる（小野［1989］第8章）。

▶ 新規中高卒者の需給調整

昭和20年代の就職難の時代には新規中卒者の就職経路の中心は縁故採用であった。しかし中卒者の求人難が次第に深刻化してくると中学校の進路指導，職業安定所の役割が大きくなった。こうした中で労働省職業安定局は1960年度卒業生を対象に「労働力需給調整方式」を打ち出し，同方式は61年度から軌道に乗った。労働省主催の全国需給調整会議の場で「需要県が自県内では充足できない求人を読み上げ，これに県外就職を希望する求職者を抱える供給県が手をあげ」（菅山・西村［2000］103頁），その数字が職安を経由して学校に伝えられ，来春に卒業を控えた卒業予定者の円滑な就職が図られたのである。全国需給調整会議の前には諸県の職業安定課員，職安係員による求人・求職連絡交換会（学卒LMと呼ばれた）が頻繁に開催されており，これが短期間の調整会議で一応の全国的調整が可能となる大きな理由であった。

しかしそうした時代は長くは続かなかった。先にみたように1960年代後半に入ると新規学卒就職者の主体が中卒から高卒に移行し，それとともに職業紹介の主役は職業安定所から学校に移っていくのである。企業が出す高卒の求人のほとんどは職安を経由したが，大多数の求人票はそのまま企業が指定した高校に回され，学校側では企業から示された「枠」に見合うように進路指導を行い，生徒を選抜し，企業に推薦した。こうして卒業と同時に企業に就職するという独特の新規学卒労働市場が制度化されていった（菅山［2011］第5章）。学校における進路指導，選抜に際しては学業成績という評価基準が大きく作用し，大企業，有名企業への推薦の決め手はまず学業成績であり，これがもっとも公正な基準と考えられたのである（苅谷［1991］）[15]。

---

[14] 1964年1～6月期の離職率（離職者数／入職者数）は500人以上企業8.7％，100～499人企業13.4％，30～99人企業18.0％，10～29人企業17.4％であった（吉川［1997］112頁）。

[15] 以上は1980年代における高卒就職の状況であるが，こうした制度化は高度成長期にさかのぼる

▶ 技術者の供給

　続いて技術者の供給状況についてみてみよう。技術者不足の顕在化とともに産業界から大学理工系定員の拡充要請が高まり，早くも1957年度から理工系学生8000人増員計画が実施され，4年間で目標をほぼ達成した。続いて所得倍増計画を実現するために文部省は1961年度から7年間で理工系学生定員を1万6000人増員する計画を60年に立案したが，この計画は61年に2万人に上方修正され，計画期間も4年さらに3年と短縮されたにもかかわらず，予定通り3年で目標に到達した（沢井 [2007]）。

　1960年代になると理工系の大学院修士課程の開設と在籍者数が急増した。この時期になると修士課程は研究者養成だけでなく，専門職業人の養成も目指すようになっており，1961～67年の間に工学系修士課程は国公立で28校に，私立で19校に増設され，工学系修士課程在籍者は59年の1147名から67年の8364名へと急増した（廣田 [2007]）。

　技術者不足に対応して旧制の専門学校的な技術者養成機関構想が初めて登場するのは1957年の中央教育審議会答申であった。62年度には修業年限5カ年の一貫教育を行う工業高等専門学校が発足し，同年度に国立12校，公立2校，私立5校の高専が開設され，19校の入学志願者倍率は10.2倍（国立は17.5倍）に達した。しかし高専の志願者倍率はその後低下を続け，71年には2.6倍になる。大学進学率が急上昇する中で技術者養成機関としての高専のあり方が問われるようになった（梅崎 [2007]）。

　1960年代半ば頃までの大企業では新規中卒者の多くは養成工となり，中途採用される中卒には18歳以上という条件が付される場合が多かった。ひとつの理由は労働基準法の関係で18歳未満の年少者には危険有害作業の就業禁止制限があり，残業も認められないためであった。また交代制のある職場では，例外措置があるとはいえ夜間労働が原則禁止されていたことも大きかった。したがって大企業では定期採用された新規中卒には中堅工としての将来が期待され，養成工となることが多かったのである（菅山 [2011] 第5章）。

▶ 企業内養成制度とOJT

　養成工制度は労働省の監督を受けただけでなく，通常3年間の教習を行うための施設が必要であり，企業内養成施設の運営には相当の費用を要したため，こうした施設を提供できる企業は限定されていた。高校進学率が急上昇する中で企業内養成施設は家庭の経済的事情から高校に進学できなかった新規中卒者からも歓

　ことができる。

迎された。一方訓練施設を整備できない中小企業で働く新規中卒者が定時制の工業高校に通うことも稀ではなかった。1969年の労働省調査によると，新規採用された中卒者の82％に訓練が実施されていたが，1カ月未満の導入訓練にとどまるものが全体の6割を占める一方，訓練期間2年以上が7.4％であった（尾高［1993］）。しかし1960年代後半に入って採用者の中で新規中卒者の割合が急減すると，こうした企業内養成施設は入学者の減少に直面し，70年代には対象を中卒から高卒に切り替える企業も出てきた。たとえば松下電器産業の場合，1960年5月に松下電器工学院が開校し，新規採用の中卒者に3年間の教育訓練を行い，訓練修了後は高卒と同等に処遇した。同学院では1967年度の208名が入学者のピークであり，その後は中卒者の確保が難しくなり，73年3月に最後の卒業者を送り出した（小原［2001］）。

　スクーリングと実習を組み合わせた企業内養成施設の受け入れには限界があったため，技術習得・形成の手段としてはOJT（On-the-Job Training）が中心であった。OJTにはさまざまな効用があった。体系化，文章化，マニュアル化できないような不定型な知識，技能を伝えるのにOJTは不可欠であり，作業現場固有の作法，仕事の進め方に慣れる上でもOJTが必要であった。また難易度の異なる職務を経験していく過程は，長い教育訓練の過程であると同時に選抜の過程でもあった。こうした企業内のキャリア形成システムによって労働者の技能の内容が幅広く豊かになる一方，ほぼ同じ内容の職務を経験することによって労働者間の代替性が高まる結果となった。代替性の上昇に促された労働者間の競争の高まりは労働組合などによって規制されない限り，会社に対する労働者の発言力，交渉力を弱める可能性をはらんでいた（猪木［1996］第5章）。

4　経済成長と「日本型雇用制度」の相補性

▶「日本型雇用制度」の特徴

　1960年代初頭に早くも「熟練の企業内習得は，個々の職場における年功者たる古参から新参者への技術の個人的相伝によって果たされるから，職場において年功それ自体が，『亀の甲より年の功』と考えられ，不動の客観的権威として通用するに至るだろう。この人間関係は職場秩序の形成に積極的に利用され，年功技術は年功序列型労務管理の根幹となった」（梅村［1961］230頁）と指摘された。「年功制度の中に定着した労働者にとって，管理者は将来の自分の立場であり，管理者にとっても彼が管理している労働者はかつての自分に他ならない。（中略）労働者としてのこの同質性こそが，機能の違いや対立を含みながらも，職場の規律を共有し得る基盤であ」った（栗田［1994］43頁）。

こうした指摘からもうかがえるように，大企業でみられた年功賃金，長期雇用，企業別組合といった「日本型雇用制度」の諸特徴は互いに依存関係にあり，さらに日本型雇用制度自体が経済成長と深い相補的関係にあった。年功賃金および賃金後払い的退職金が長期雇用を促すのはよくわかる。また OJT を通して獲得した熟練は他企業ではその有用性が低下するため，従業員も同一企業に勤続する傾向を高めた。一方，企業別組合のさまざまな活動は従業員の企業帰属意識を高め，労働条件の改善要求を企業業績の枠内にとどめる傾向があった。立場の違いはあっても基本的に「同一」の従業員の，年齢，ライフサイクルに応じた要求を満たすための最大の条件が，経済成長に支えられた企業成長であった。新規学卒者の大量採用が続く中で，彼らに年功賃金を支払い続け，年功に応じたポストを提供するためには企業成長が不可欠の条件であった。

▶ 職務給導入の試み

査定付き定期昇給とはいえ，働きぶりによって処遇に格差がつく度合いが小さい年功賃金制に問題を感じていた企業では，職務昇進を人事考課によって管理することで年功制の弱点を克服するものとして，1950 年代から 60 年代半ばにかけて職務給導入の試みを続けた。しかし結論からいえば職務給が日本企業に普及することはなかった。職務給は労働者の間に定着していた年功的処遇を是認する志向と対立した。相次ぐ「技術革新」は先にみた「年功技術」の価値を弱める方向に作用したとはいえ，「労働者の自己意識においては相変わらず勤続年数は一人一人の日々の努力の積み重ねの確かな表現であ」り，また能力と意欲があってもポストが空かない限り職務昇進できないといういわゆる「頭打ちの問題」も大きかった（鈴木［1994］184-185 頁）。労働者が求めたものは，年功賃金制と調和し，同時に各人のそれぞれの努力に報いる評価のあり方であり，職務給は労働者のこの切実な要求に十分に応えることができなかったのである。

第4節　変貌する中小企業

1　中小企業政策の展開

▶ 中小企業政策のツール

中小企業政策としては戦前から組織化対策と金融対策が代表的な政策であったが，戦後になって指導事業（企業診断，技術指導）が加わった。1950 年代後半には機械工業振興臨時措置法，電子工業振興臨時措置法，繊維工業設備臨時措置法（1956 年制定）といった業種別近代化政策とともに，小売商業における分野調整策

として百貨店法（56年），小売商業調整特別措置法（商調法：59年），下請取引対策として下請代金支払遅延等防止法（56年）が制定された（以下，黒瀬［1997］）。

▶ **中小企業基本法の政策理念**

1960年代を代表する中小企業政策は中小企業基本法（63年制定）であり，同法の目標は大企業と中小企業の格差是正に置かれた。政策手段としては構造高度化政策と，取引条件の不利補正を図る不利是正策が掲げられた。前者の中身は業種別に規模適正化・近代化を図る中小企業近代化促進法（近促法：1963年）と中小企業の集約化を資金面で促進する中小企業高度化資金制度であった。近促法は1969年に改正され，構造改善計画作成の主体を個別企業ではなく業界団体とすることで業界ぐるみの近代化対策の実施が目指された。また中小企業振興資金等助成法（1956年）は中小企業近代化資金助成法（63年）に改正され，中小企業が共同で行う事業に対する貸し付け制度は中小企業高度化資金制度と呼ばれるようになった。高度化資金制度は中小企業振興事業団の設立（1967年）によって拡充された。

中小企業振興資金等助成法の一部改正が1961年に行われ，このときに工場等集団化事業（工場団地）が補助対象事業に加わり，工場団地造成が初めて政策の対象となった。続いて中小企業振興事業団が集団化事業（団地建設）に注力した結果，1961～75年に造成着工された工場団地は237，卸売団地は114，トラックターミナル団地は13を数えた。当初工場団地は中小企業の共同化・協業化の切り札と考えられていたが，その実現はきわめて困難であった。物的な機械設備や作業環境の整備などでは工場団地の効果は大きかったものの，共同化・協業化のメリットを活用することのできる経営能力の充実，リーダーシップの育成面でさまざまな問題が生起した（山崎［1981］）。

一方，中小企業基本法体制下の不利補正策では保護主義的な発想が根強く，近代化政策と矛盾する面もあった。ここでは中小企業のカルテル行為が広汎に行われ，1966年末で独禁法適用除外中小企業カルテル数は667に達し，そのほかにも中小企業協同組合で価格協定を行うものが95，価格形成指導を行うものが580に及んだ。カルテルや共同行為は労働力不足に基づく賃金上昇によるコストアップを価格に転嫁する手段となり，業界そのものを斜陽化させる場合もあった（飯田ほか［1976］）。

中小企業金融公庫，国民金融公庫，商工組合中央金庫の政府系中小3金融機関に対する財政投融資は1963年度の1468億円から70年度の5779億円まで年々増加した。指導事業でも近代化促進診断（設備近代化診断と高度化事業診断）が開始され，本診断を受けることが資金貸し付けの条件となった。また小規模企業対策

の一環として商工会法 (60年) が制定された。

　中小企業政策を貫いていた中小企業観は社会的弱者としての中小企業，問題を抱えた中小企業であり，大企業との格差是正が大きな政策課題であった。しかし『中小企業白書』(1970年版) は，60年代後半以降，低賃金基盤を失っても中小企業は存立できるようになったとして「二重構造の変質」を指摘した。

2　サプライヤ・システムの進化

▶ 下請関係の長期継続化

　第5章でみたように戦時期における下請関係専属化の試み，戦後復興期の系列診断の努力にもかかわらず，1950年代半ばに至っても日本全体としての下請関係には機会主義的様相が濃厚であった。発注側も下請側も短期的視点から行動することが多く，下請取引に関するトラブルも多発した。中小企業庁が力を入れた系列診断はこうした不安定な下請関係をより長期的で安定した関係に変えることを狙いとしていたし，1956年の下請代金支払遅延等防止法の制定も高度成長初期における下請関係の是正を目的とした (以下，植田 [2004] 第3章)。

　しかし高度成長が継続し，生産拡大が常態となる中で下請関係も次第に変化していった。発注量が増大しているにもかかわらず，下請管理コストの視点から外注先をかんたんには増やさない企業が多く，その結果1次下請企業の規模が拡大するとともに2次・3次下請企業が急増した。また相次ぐ下請再編を生き残った下請企業と発注企業の関係は次第に長期継続的なものになっていき，拡大する受注の継続が見込まれると下請企業も本格的な設備投資に乗り出し，発注側でも下請管理を専管する部署の設置強化が続いた。高度成長が終焉したのちに「日本的サプライヤ・システム」と呼ばれるようになる下請関係が拡がりつつあったのである。

　浅沼萬里は，1980年代に実施した調査から長期的取引関係を類型化した。自動車の場合，完成車メーカーが部品設計を行い，部品メーカーに図面を貸与して製造を行わせる場合 (「貸与図のサプライヤー」) と，完成車メーカーは大まかな仕様を提示するだけであり，それに適合的な部品はサプライヤが開発し，完成車メーカーはサプライヤから提示された図面を検討し，承認を与える場合 (「承認図のサプライヤー」) があった。この分類の基準は部品メーカーの技術力・開発力であったが，サプライヤが貸与図メーカーから承認図メーカーに進化する傾向にあることも示したものであった (浅沼 [1997] 第5章)。

　日本の自動車産業における基本モデル数は1960年に8モデル (うちトヨタ2モデル)，65年に24モデル (トヨタ4)，70年に37モデル (トヨタ8)，80年に46モ

デル（トヨタ10）と急増した。1960年代後半以降トヨタをはじめとする主要自動車メーカーは増大を続ける製品開発負荷に対処するため，開発作業の一部を外部に委託するようになった。トヨタ自動車では1953年に制定された「承認図規定」，「承認図処理規程」があったが，これが61年には全社レベルの「設計研究規定」に昇格し，70年代後半までに承認図に関する設計研究規定は50頁近い詳細なものになった（藤本［1997］第5章）。

▶ 電子・電気機械産業のサプライヤ・システム

サプライヤ・システムにおけるスポット取引から長期相対取引への変化は自動車だけでなく，電子・電気機械産業などの分野でも広汎にみられた。1960年時点で，大阪府における松下電器の下請企業の約80％が取引期間10年以内であり，受注をめぐる下請企業間の競争も激しかった。しかし1960年代後半になると松下電器は長期相対取引を意識的に追求するようになり，その努力の成果が共栄会（79年に協栄会と改称）の組織化であった。松下との取引比率33％以上，3年以上の継続取引関係，従業員30人以上，共栄会の趣旨に賛同の4点を条件にして，多くの下請企業の中から共栄会社が選抜された（橋本［1996］）。

日立製作所の場合は1965年不況が，それまでの総花的な下請利用から60年代後半の階層別外注管理への転機となった。重電機部門の主力である日立工場では1960年代後半に生産能力，技術水準，経営能力，親工場に対する協力度などを尺度として下請企業の5段階格付けを行い，格付けに従って発注品目の調整が進められた。日立工場では自工場で充足できない分量を外注に出すといった従来のやり方を改め，内外製基準を明確にするとともに分散発注を廃止し，同一部品の特定工場への集中発注を行い，重点下請工場の育成に努力した。重点工場に対しては外注計画推進本部を中心に経営全般の指導援助，資金斡旋などが行われ，重点工場20社で全発注量の85％を賄う計画が立てられた（池田［1976］）。

3 増大する独立開業と産業集積

▶ 旺盛な独立開業と小零細企業の経営構造

新卒労働力需給の逼迫によって若年者の賃金の規模別格差は次第に解消し，たとえば製造業男子では従業員100人未満規模事業所の新規中卒労働者の初任給は1950年代後半に500人以上規模事業所のそれに急速に接近し，62年以降はそれを上回った。しかしそのことは賃金の「二重構造」の解消を意味するものではなかった（加瀬［1997］第1章）。中小企業が大企業と同じような年功賃金を提示できたわけではなく，入職時にほぼ同一水準にあった両者の賃金は年齢の上昇とともにその差を拡大していった。しかも小規模企業（従業員規模100人未満）から大

中企業（従業員規模500人以上）への上昇移動は60年代後半にやや上昇の兆しを示すものの，石油危機をはさんだその後の10年間に移動率は低下傾向をみせた。労働市場の二重構造を特徴づける大・小企業間の大きな社会的距離が消滅することはなかったのである（尾高［1984］第8章）。

賃金上昇の頭打ちに直面する中小企業労働者にはそのまま中小企業労働者の世界にとどまるか，リスクを負担してでも独立開業し，中小企業経営者に転成するかの選択肢があった。大企業のようには上がらない賃金，厳しい「修業」に耐えながら，将来の独立を目指して努力する中小零細企業労働者は決して例外的な存在ではなかった。ある推計によると，非農林部門では1960年代後半から70年代初頭の従業員1～9人規模事業所の労働者の約50％は生涯のうちに中小企業経営者になり，その値は10～99人規模で30％，100～299人規模で25％程度であった（小池［1981］第3章）。中小零細企業の世界では，戦前期から続く独立開業の動きは高度成長期にも間違いなく認められるのである。

増加を続けた非農林部門自営業主は1958年以降横ばいに転じ，63年からは再び増勢を回復し，62年の自営業者501万人は69年に611万人に増加した。新規参入自営業主の大半は20歳代および30歳代であり，大企業従業員の定年退職者などではなかった（清成［1970］第4章）。高度成長期には表6-10にあるように従業員規模1～19人の小零細事業所が全体の9割弱を占めるという状況に大きな変化はなく，1960年代における4～9人規模層の増加がとくに著しかった。

1968年12月に国民金融公庫が貸し付けを行った企業のうち開業後2年以内の企業に関する調査によると，どの部門においても業主の前歴では「同業中小企業従業員」が圧倒的に多く，これに「異業中小企業従業員」，「家業からの独立」（次三男等の独立）を加えた中小企業部門からの新規参入が全体で81％，製造業で89％に達した（表6-11参照）。その意味で高度成長期には「中小企業は，将来の経営者たるべき予備軍を養成するいわば一種の学校である」（清成［1970］254頁）という評価も可能であった。調査対象となった小零細企業のうち雇用者なしの純然たる家族経営は全体の3割弱であったが，表6-11にあるように家族従業員の中では配偶者の役割が決定的に大きかった。業主1人あるいは夫婦単位の企業が家族経営の主流であった。自営業主所得は中小企業労働者の賃金を常に上回り，業主所得は雇用者時代の賃金の2～3倍というのが独立開業に際してのひとつの目安であった（清成［1970］第4章）。もちろん事業に失敗して元の中小企業雇用者に回帰する場合もあった。しかし高度成長後期に加速される小零細企業の増加は，雇用者賃金を大きく上回る業主所得獲得に対するたしかな見通しに支えられた労働者の新規開業，その業主を支える配偶者の労働によって可能となっていた。

表 6-10 従業員規模別事業所数の推移

(単位：%)

	1950 年	1955 年	1960 年	1965 年	1970 年	1975 年
1〜3	196,225	245,593	248,730	212,986	247,416	305,479
4〜9	86,135	85,608	96,943	191,985	231,960	255,209
10〜19	37,942	55,961	71,079	74,451	88,761	90,764
20〜29	12,680	18,383	26,329	26,231	26,334	28,178
30〜49	9,348	13,321	20,242	22,956	23,861	23,672
50〜99	5,438	7,765	13,311	16,348	18,812	18,292
100〜199	2,416	3,270	5,822	7,343	8,715	8,055
200〜299	2,214	1,063	1,766	2,223	2,742	2,473
300〜499		816	1,329	1,703	1,987	1,819
500〜999		538	881	1,150	1,449	1,257
1000〜		376	618	730	894	772
計	352,398	432,694	487,050	558,106	652,931	735,970
1〜3	55.7	56.8	51.1	38.2	37.9	41.5
4〜9	24.4	19.8	19.9	34.4	35.5	34.7
10〜19	10.8	12.9	14.6	13.3	13.6	12.3
20〜29	3.6	4.2	5.4	4.7	4.0	3.8
30〜49	2.7	3.1	4.2	4.1	3.7	3.2
50〜99	1.5	1.8	2.7	2.9	2.9	2.5
100〜199	0.7	0.8	1.2	1.3	1.3	1.1
200〜299	0.6	0.2	0.4	0.4	0.4	0.3
300〜499		0.2	0.3	0.3	0.3	0.2
500〜999		0.1	0.2	0.2	0.2	0.2
1000〜		0.1	0.1	0.1	0.1	0.1
計	100.0	100.0	100.0	100.0	100.0	100.0

(注) 1) 1950 年の 200〜299 人規模はそれ以上の規模を含む。
2) 下段は構成比。
(出所) 東洋経済新報社編 [1991] 第 1 巻，348-351 頁。

戦前以来の都市「小経営」は高度成長期においても依然として労働者の独立開業の場であり，農村出身者にも大きな雇用機会を提供していたのである。

▶ 拡大するさまざまな産業集積

独立開業，新規参入は孤立分散的に行われるのではなく，さまざまな産業集積（industrial cluster）を舞台に展開された。高度成長期には産業集積が独立開業を促し，相次ぐ新規参入が産業集積を維持・発展させるといった好循環が随所でみられた。第 4 章では戦間期における産業集積の諸類型として，①大都市型，②地方工業都市型，③産地（地場産業）型，④企業城下町型を指摘したが，高度成長期にもこの分類は有効である[16]。墨田区，大田区，東大阪といった産業集積があ

---

[16] 渡辺幸男は，日本の機械工場の立地類型として，①「大都市圏内の旧来からの工業集積内立地」，

表 6-11　業主の前歴および家族従業者数とその構成

(単位：人，件)

前　歴	製造業	卸売業	小売業	飲食店	サービス業	建設業	その他	合計
同業大企業従業員	6	3	8	5	10	3		35
同業中小企業従業員	220	79	138	84	102	71	15	709
異業大企業従業員	9	3	18	9	3	2	1	45
異業中小企業従業員	34	10	48	33	15	6	1	147
家業からの独立	17	3	14	5	4	3	1	47
無　職	14	4	35	35	9	1	1	99
その他	6	2	16	5	5	4		38
合　計	306	104	277	176	148	90	19	1,120

家族従業者数	製造業	卸売業	小売業	飲食店	サービス業	建設業	運輸業	合計
1人（業主のみ）	90	32	78	66	59	45	14	384
2人（業主と配偶者）	113	31	138	69	58	11		420
2人（業主と兄弟）	3		8	4	1	1		17
2人（業主と父母・子）	10	2	9	10	5	1		37
3人（業主と配偶者と兄弟）	3	1	2	4	1			11
3人（業主と配偶者と父母）	4	2	4	7	2			19
3人（業主と父母と兄弟）	2		2					4
3人（その他）	12		7	8				27
4人以上	3	2	2	2			1	10
合　計	240	70	250	170	126	58	15	929

(注)　1)　調査対象：国民金融公庫が1968年12月に貸し付けを行った企業のうち67年1月以降に開業した企業。
　　　2)　家族従業者数は個人企業について集計。
(出所)　清成［1970］248，265頁。

まりにも有名であるが，こうした大都市所在の産業集積が脚光を浴びる1980年代以降，皮肉にも大都市型産業集積にはそれまでの拡大から縮小へといった大きな変化が訪れた。

　東京の大田区，品川区，目黒区からなる城南地域は，川崎市，横浜市とともに京浜工業地帯を構成し，日本の機械工業の拠点地域のひとつである。「電気の品川」に対して，「機械の大田」は中小物の精密機械加工に優れた能力を蓄積してきた（関［1993］）。1955年に大田区の一般機械工場は655工場（区内全工場の18%），金属製品工場は681工場（18%）であったが，年々増加して75年の一般機械工場は2105工場（25%），金属製品工場は1932工場（23%）を数え，大田区の機械金属への傾斜の深まりを物語っていた（関・加藤［1990］第1章）。表6-12によると，「機械加工」，「旋盤加工」をはじめとする大田区のさまざまな機械関

---

②「特定大企業を中心とする企業城下町型工業集積内立地」，③「中核的大企業主導でない地方工業集積内立地」，④「大中工場の農村部における分工場および農村納屋工場」，⑤「工業集積外に分散立地している企業の工場」の5類型を上げている（渡辺［1997］189頁）。

表 6-12　大田区機械関連工場の下請依存状況（1971 年）

	下請利用率(％)	1企業当たり下請工場数	工程別にみた内容（％）								調査工場数
			機械加工	プレス加工	溶接加工	塗装加工	メッキ加工	鋳鍛造	その他	合計	
機械加工	71.0	6	70.0	4.0	5.0		5.0	7.0	9.0	100.0	52
旋盤加工	48.0	3	73.0	1.5	10.0	1.5		8.0	6.0	100.0	46
金属製品	72.0	11	32.0	21.0	1.0		4.0	23.0	19.0	100.0	29
治工具・金型	86.0	8	56.0	0.4	4.0	0.6	5.0	16.0	18.0	100.0	37
ねじ	64.0	11	63.5	1.2	1.7	4.0	9.4	2.8	17.4	100.0	25
プレス	89.0	5	8.8	25.9	10.7	8.2	19.2	8.8	18.4	100.0	57
板金・熔接	50.0	6	10.5	28.0	19.0	4.5	7.0	1.0	30.0	100.0	70
メッキ	48.0	8	1.3		2.2	2.2	38.1		56.2	100.0	23
塗装	57.0	4	5.1	1.7	33.7		11.5		48.0	100.0	30
熱処理	37.5	2	28.6						71.4	100.0	8
その他	20.0	3	33.3					66.7		100.0	5
合計	65.5	9	42.8	7.5	5.1	4.9	7.0	13.1	22.2	100.0	382

（注）「合計」の合計が 100 にならないが，原資料のままとした。
（出所）竹内 [1978] 127 頁。

連工場の下請利用率は最も低い「熱処理」でも 37.5％ であり，たとえば下請利用率 86％ の「治工具・金型」工場の場合，下請工場数の 56％ は機械加工，16％ は鋳鍛造，5％ はメッキ加工，4％ が溶接加工であった。このように大田区の機械関連工場はお互いに仕事を提供し合い（「仲間取引」），産業集積のメリットを存分に享受しながら高度な幅広い機械加工を担っていたのである。

一方，東大阪市（布施，河内，枚岡の 3 市合併によって 1967 年に成立）の事業所は 1960 年代半ばからの 10 年間に激増し，65 年の 4011 事業所は 75 年に 9479 事業所となった。東大阪でも大田区同様，機械金属関係の工場が多いものの，繊維，食料品などの工場も増加し，東大阪の産業集積の多様性を示していた（中瀬 [2000]）。

第5節　財政・金融システム

1　財政と財政投融資

▶ 公債依存度の抑制と財政支出

1960 年代半ばまでは均衡予算原則が堅持され，自然増収を背景に大幅な減税が実施され[17]，歳入・歳出の両面で「小さな政府」が維持された。その結果，民

間部門への資源配分の余地が拡大し，民間部門における資本蓄積が促進された。また先にみたように景気調整の役割はもっぱら金融政策が担当しており，財政の安定化機能が積極的に活用されたわけではなかった。1965年不況に際して歳入不足を補うために赤字国債が初めて発行され，翌66年には建設国債（4条国債）も発行され，積極的な裁量的財政政策が実施されることになる。大規模な国債発行は公債依存度を上昇させるため，大蔵省は1967年度に減債制度を確立した。しかし，いざなぎ景気による租税の自然増収が大きく，公債依存度は抑制された（井堀［2003］）。

地方交付税交付金を除くと一般会計歳出の拡大の主因は公共事業費と社会保障関係費であった。高度成長期に入ると間もなく，道路，港湾，鉄道，用水などの能力不足が経済成長のボトルネックとなることが懸念され，所得倍増計画も「社会資本の充実」を強調した（前掲表6-6参照）。1959年制定・61年施行の国民年金法に基づいて国民皆年金が実現し，同じく58年の国民健康保険法改正によって被用者社会保険ではカバーされない人々を含む国民皆保険が実現した[18]。また1961年の国民年金の発足とともに全額国費から支給される老齢福祉年金も実現し，当初は月額1000円が支給された。

▶ **社会資本の充実，所得再分配および国防支出**

福祉元年と称された1973年の老人医療の無料化，年金の給付範囲の拡大が高度成長の終焉と相前後して実施されたため，「大きな政府」への懸念が高まった。1973，74年度にはOECDの内需拡大に関する提案を受け入れ，「福祉元年予算」として福祉年金の引き上げ，厚生年金の増額および物価スライド制への移行が実施された結果，社会保障給付の対GDP比は72年度の3.8%から75年度の5.9%に上昇した（井堀［2003］）。

1960年代に入ると社会資本の充実が図られ，公共投資が増大する。戦後の本格的な大規模土木建設事業は電源開発のためのダム建設から始まったが（佐久間ダム），道路整備では道路整備5カ年計画（1954～58年度）を経て，名神，東名などの高速道路建設が進み，東京オリンピック開催直前の64年10月1日には東海

---

[17] 国税の自然増収（各年度の当初予算における減税前の税収見込みが前年度の当初予算を超過する額）は1960年度に2000億円，69年度に1兆円を突破し，その一部は58，60年度を除いて毎年所得税減税に充当された。自然増収に占める所得税減税の割合は年度による変化が大きいが，1960年代はほぼ1割程度であった（石［2008］）。

[18] 前章でみたように1938年制定の国民健康保険法によって農民はすでに健康保険の対象となっていたが，戦後の農村から都市への人口移動に伴い医療保険から排除された人々が増加した。国民皆保険は，具体的には都市の5人未満の零細企業の労働者を国民健康保険で救済することが課題であった（浅井［2005］）。

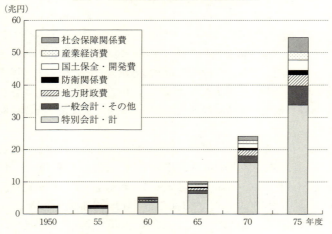

図 6-2 一般会計目的別歳出・特別会計歳出

（出所）総務省統計局監修・日本統計協会編［2006］450-463頁。

道新幹線が開業した。大規模な港湾建設は第1次港湾整備5カ年計画（1961年）で加速され、鹿島では大規模な港湾工事が続けられた。1962年の全国総合開発計画（全総）は工業地帯を各地域に分散する拠点開発方式を打ち出した（浅井［2005］）。

また農業基本法（1961年制定）、中小企業基本法に基づく補助金、地方交付税交付金制度による交付金の配分といった財政による所得再分配機能が拡大した。米価については1960年から米価算定に生産費・所得補償方式が導入され、生産者米価が61〜67年に年率約10％引き上げられ、多額の所得移転が行われたため、食管会計の赤字が膨張する結果となった。

戦後日本の国防支出が他の先進諸国と比較してきわめて低かったことが、公共投資への財源配分を可能とし、それが高度成長を支えた側面に留意する必要がある。政府が防衛費の対GNP1％枠を公表したのは1976年であった。事実、米軍経費負担を除いた「純粋」の防衛費の動きをみると、戦後一貫して1％以内に収まっていた。もちろん1％枠は絶対額の小ささを意味するわけでなく、逆にGNPの拡大に支えられて日本の軍事支出は1960年から75年にかけて2.8倍の伸びを示し、欧米各国を大きく上回り、75年の絶対額では米ソ西独仏英に次ぐ位置にいた（室山［1992］）。

▶ **特別会計と財政投融資**

一方、日本は世界で最も多くの特別会計をもっている国であり、高度成長期には常時40前後の特別会計が存在した。図6-2からは一般会計の約2倍前後の規

表 6-13　財政投融資の使途別運用構成（当初計画）

(単位：%，億円)

	1953年	1955年	1960年	1965年	1970年	1975年
住　宅	5.2	13.8	12.8	13.9	19.3	21.4
生活環境整備	7.8	7.7	9.3	12.4	11.6	16.7
厚生福祉	1.6	2.1	1.8	3.6	2.8	3.4
文　教	4.5	4.5	3.5	3.0	2.2	2.9
中小企業	7.9	8.1	12.7	12.6	15.4	15.6
農林漁業	11.2	8.9	7.1	7.2	5.0	4.1
小　計	38.2	45.1	47.2	52.7	56.3	64.1
国土保全・災害復旧	14.0	7.7	6.5	3.1	1.6	1.2
道　路	3.7	3.7	3.6	7.9	8.6	8.0
運輸通信	11.3	12.2	14.1	13.9	13.2	12.7
地域開発	3.7	8.5	7.1	7.0	4.0	3.3
小　計	32.7	32.1	31.3	31.9	27.4	25.2
基幹産業	29.1	15.7	13.6	7.8	5.7	3.0
貿易・経済協力		7.0	7.9	7.5	10.6	7.7
合　計	100.0	100.0	100.0	100.0	100.0	100.0
	3,228	3,219	6,069	16,206	35,799	93,100

(注)　合計の下段は実額。
(出所)　林・今井編［1994］102頁。

模に達する特別会計歳出の推移がうかがわれる。各種の中長期計画に対応して「特定多目的道路整備」，「特定土地改良工事」，「特定港湾施設工事」などの事業特別会計が新たに設けられる一方，融資特別会計の柱である資金運用部は財政投融資と連動しながら，特別会計に占めるその比重を増大させた（伊藤［2012］）。

　続いて財政投融資についてみると，財政投融資の一般会計に対する比率は1955年度に32%であったのが，60年度に39%，65年度に44%，70年度に45%と年を追って上昇した（林・今井編［1994］）。表6-13から財政投融資の運用分野をみると，53年度には「基幹産業」が29%を占め最重点分野であったが，65年度以降は急速にその値を低下させ，代わって住宅，生活環境整備，中小企業などが拡大した。財投の主要な役割は産業発展の支援から経済成長に伴う「歪み」の是正，農業，中小企業，衰退産業支援へと変化していったのである。

2　規制された金融システム

▶ 資金運用の実態

　高度成長期の金融システムは厳しい規制と業務分野（銀行・証券・生保・損保）の分断の下に置かれた。資金の借り手と貸し手の双方が厳格な規制を受けた。家計にとって利用可能な貯蓄手段は限定されており，ほとんどの貯蓄が銀行預金・

郵便貯金へと向かった。一方，銀行は企業向け貸出に集中し，個人向け融資はあまり重視されていなかった。

　低金利政策の下で債券の利回りは需給均衡水準よりも低く設定された。日本銀行の適格担保制度があったために銀行を中心とする金融機関は債券を購入したが，銀行は債券の時価売却で生じるキャピタル・ロスを回避するために多くの場合債券を満期まで保有した。しかしその結果，債券の流通市場が十分な発達をみせることはなかった。また社債発行調整の実務は受託銀行と発行された社債を引き受けて売りさばく証券会社によって構成される起債会が担い，同会は大蔵省の規制の下で「起債基準」を設定して社債発行を優良企業に限定するための調整を行った。日銀適格担保制度の存在だけでなく，都市銀行が社債を購入したのは，「発行会社がほとんど自行の貸出先であるため，貸出，特に協融の変形と観念し，貸出しと合計したうえで預金歩留りを考慮した実効金利で，採算をはじくことが可能であった」（鈴木［1974］49頁）ためであった。

　株式への個人投資は制約が大きく，証券民主化にもかかわらず高度成長期を通して株式の個人保有比率は低下した。岩戸景気ではブームを享受した株式市場であったが，1961年7月をピークに長い低落局面に入り，65年の株価水準はピーク時の2分の1となった。株価低落は個人投資家の市場からの撤退，株価上昇時にブームとなった投資信託の解約を加速させ，さらに資本自由化が迫ると，各企業は安定株主工作を積極化させた。また1966年の商法改正によって，割当価格が時価から著しく乖離する場合以外，第三者割当が取締役会の決議のみで可能となり，60年代末以降株主安定化の重要な武器となった（橋本・長谷川・宮島［2006］第6章）。

　預金以外の投資商品が魅力を失ったため，貯蓄が預金に向かうのは当然であった。郵便貯金の利子率は郵政省が決定したが，その水準は銀行の預金利子率と非常に接近しており，郵便局はその数の多さで利便性の高い貯金サービスを提供した。

▶ **資金調達・金融機関への規制**

　一方，借り手企業の資金調達の選択肢を狭める規制も多かった。1960年代後半まで株式は額面発行が原則であり，時価を大きく下回る額面発行は発行企業にとって魅力的な資金調達手段ではなかった。新株発行にも債券発行と同じような割り当てが存在した。増資等調整懇談会がその機能を担い，1964年の株価下落時には懇談会によって原則的にすべての新株発行が停止された（星・カシャップ［2006］第4章）。

　金融機関への規制も徹底しており，外為法によって対外的な資金取引は制限さ

れ，公社債の規制金利をベースに，預金金利・貸出金利を一定の幅をとって配列するという規制金利体系が存在した。この規制金利のために金融機関相互の価格競争は存在せず，便利な立地を競い合う競争も大蔵省の店舗規制によって制限された。価格競争が制限され，参入規制が続き，支店開設が許可制であったため，銀行経営にとって成長力のある法人顧客を獲得することが決定的に重要であった。

1966年に大蔵省は「金融効率化行政」を打ち出し，護送船団方式の金融行政の修正を図った。しかし1968年の日本相互銀行の都市銀行への転換，71年の第一勧業銀行の誕生を結果したものの，店舗規制や業態間規制に手をつけることはできなかった（浅井［2010］）。

3 メインバンク・システムと企業集団

▶ メインバンク・システムの拡大

以上のような規制された金融システムの下では，資金不足に直面した企業と量的拡大を目指す銀行の関係が緊密化するのは当然であった。1955年より全国銀行預金残高は顕著な伸びを示しはじめ，55〜75年の伸びは年率17.7％に達した。こうした預金増を背景にして従来は運転資金貸し付けが中心であった銀行は設備資金貸し付けを積極化した。表6-14に示されているように1956〜60年累計の設備資金貸し付けに占める民間金融機関の比率は54.6％であり，その値は上昇を続けた。高度成長期に入って資金不足に直面した企業は，安定的長期的な資金供給のパイプを求めて銀行との関係を緊密化させた。こうして「系列融資」と呼ばれたメインバンク・システムが普及していったのである。

銀行と法人顧客の結び付きは銀行による株式保有比率の上昇によっても強化され，証券不況後，金融機関による株式保有が増加した。銀行からの役員派遣も漸増し，1975年には銀行出身役員がいる製造業企業の割合は，社長会企業（102社）で73.5％，非社長会企業（995社）でも52.8％に達した（星・カシャップ［2006］第4章）。こうして銀行と企業は，融資，株式保有，役員派遣などを通して緊密な関係を深めていった。1960年代後半になると顧客企業の借り入れ規模が増大し，一方で都銀の顧客数の増加，融資先の分散が進んだ。各銀行は同系の金融機関との協調融資，他系の金融機関との協調融資の幹事行となることでモニターとしての役割を相互に果たす，相互モニターとして機能し，一時的金融危機に陥った融資先企業の救済に際して，メインバンクがその企業への貸出シェア以上の救済資金を負担するリスク・シェアリング関係も生じるようになった（寺西［2003］第4章）。

もちろんこうした救済融資を可能とした要因としては，護送船団方式の下で発

表 6-14 産業資金供給増減状況

(単位:億円, %)

	合計	株式	事業債	貸出					外国為替貸付	内部資金
				計	民間金融機関		政府金融機関	融資特別会計		
						全国銀行勘定				
1951〜55	42,305	5,954	1,591	34,760	30,439	20,721	2,974	1,742	−395	31,964
1956〜60	98,784	14,029	4,652	80,103	72,102	48,190	5,938	2,190	−127	73,682
1961〜65	241,677	33,697	10,559	197,421	180,565	102,519	13,598	3,258		167,750
1966〜70	430,288	29,161	13,203	387,924	349,317	180,705	33,553	5,054		416,357
1971〜75	954,036	53,736	36,872	863,428	780,344	407,674	73,526	9,558		672,675
1956〜60	49,306	8,888	2,357	38,061	26,912	21,011	8,357	2,792		
1961〜65	157,511	21,663	8,889	126,959	103,199	48,337	18,698	5,062		
1966〜70	333,287	20,097	17,594	295,596	244,953	160,140	44,468	6,175		
1971〜75	758,254	36,130	56,644	665,480	563,433	383,295	88,343	13,704		
1951〜55	100.0	14.1	3.8	82.2	72.0	49.0	7.0	4.1	−0.9	
1956〜60	100.0	14.2	4.7	81.1	73.0	48.8	6.0	2.2	−0.1	
1961〜65	100.0	13.9	4.4	81.7	74.7	42.4	5.6	1.3		
1966〜70	100.0	6.8	3.1	90.2	81.2	42.0	7.8	1.2		
1971〜75	100.0	5.6	3.9	90.5	81.8	42.7	7.7	1.0		
1956〜60	100.0	18.0	4.8	77.2	54.6	42.6	16.9	5.7		
1961〜65	100.0	13.8	5.6	80.6	65.5	30.7	11.9	3.2		
1966〜70	100.0	6.0	5.3	88.7	73.5	48.0	13.3	1.9		
1971〜75	100.0	4.8	7.5	87.8	74.3	50.5	11.7	1.8		

(注) 2段目は設備資金新規貸付,3段目は産業資金供給増減の構成比,4段目は設備資金新規貸付の構成比。
(出所) 日本銀行統計局編[各年版]。

生するレントの存在が大きかった。岡崎哲二の推計によると,預金金利規制に基づくレントは1955〜59年期間で銀行の自己資本の14%,60〜64年で21%程度であり,普通銀行の利ざや(貸出・債券利率−預金債券コスト)も第2次世界大戦前の0.5%前後から50年代〜70年代前半には1〜2%に達した。規制に基づくレントは銀行経営に安定性を付与し,高度成長期の銀行経営は戦前と比較して,低リスク・高リターン状態を維持することができた(岡崎[1995])。

▶ 企業集団の役割

主要都市銀行はまた,いわゆる企業集団の要の位置にいた。戦前の財閥とは違って,「多様な業界の有力企業が相互に株式を持ち合うことによって成立した集団で,大株主会として社長会をもつ」(橘川[1996] 229頁)戦後の企業集団の機能は,集団が形成される契機となる基本的機能と形成された集団が事後的に発揮する付加的機能に分かれる。前者は株式相互持合いによる株主安定化であり,後者としては取引コストの削減,情報交換,リスク・シェアリングなどがあった。

株主安定化を通して企業集団のメンバー企業はテイクオーバーの脅威を回避すると同時に「株主反革命」を封じ込めることができ，内部昇進型の経営陣は長期的な視野に立つ拡大志向の強い経営行動を展開することができた（橘川［1996］）。また先にみたように個々の金融機関に対して，業務分野に関する厳しい規制があったが，都市銀行，信託銀行，生保，損保をひと揃い抱えていた企業集団は，集団としてみれば業務分野規制を免れていたともいえ，信託銀行のほかに生損保も株式購入，貸出を通じてグループ企業に長期資金を提供した（星・カシャップ［2006］第4章）。

　第5章でみたように社長会の結成は旧財閥系グループが先行したが，証券不況後には富士・三和・第一の各行が中心となって各行と取引関係のある企業間で社長会が結成された。1966年に富士系の芙蓉会，67年に三和系の三水会が結成され，第一銀行（71年に日本勧業銀行と合併して第一勧業銀行となる）も66年に旧古河系・旧川崎系主要企業を集めて古河・川崎合同社長会を発足させたが，社長会・三金会の結成は78年であった。1960年代後半には企業集団内の株式持合いが進展し，社長会が整備されるが，これは株式発行企業の安定株主工作と産業構造の変化に対してグループ化で対応しようとした銀行の経営戦略が結び付いた結果であった（岡崎［1992］）。

　企業集団を構成する各企業はそれぞれ傘下に多数の子会社・関連会社を有して自らが「企業グループ」を形成した。企業集団は企業グループの親会社の集団であった。もちろんそれぞれの業種で重要な存在でありながら，企業集団に所属しない独立系の企業グループも多数存在した（下谷［1993］）。1960年代後半に株式相互持合いの度合いを高めたとはいえ，企業集団は強固に閉ざされた集団ではなかった。都銀の融資残高の順位が変動し，集団外企業の融資が進展する場合もよくみられた。融資・投資の競争が企業集団間で激しく展開されるとして「ワンセット主義」が指摘されたが（宮崎［1966］），現実の企業集団内のメンバー企業の関係はもっと緩やかであり，産業構造が大きく変化する中で各企業が「転換能力」を発揮できるような柔軟な関係であった。これに対し企業グループの親会社と子会社・関連会社の関係は，株式所有，役員派遣，技術指導などを通してより強固で緊密であった。この「硬軟併存型の産業組織」は高度成長にきわめて適合的なシステムであった（篠原［1982］）。

第6節　農業と家族の変貌

1　農業の技術進歩と機械化

▶農業の技術進歩

　表6-15に示されているように水稲の10アール当たり収量は，戦前の最高値が1933年の345 kgであったのが，51年にはその値を上回り，67年からは500 kg前後の高水準を記録した。1951年と80年を比べると，10アール当たり収量は約4割増加し，10アール当たり労働時間は3分の1に減少し，その結果労働生産性は4.3倍の伸びを示した（猪木［1989］）。

　こうした労働生産性の顕著な伸びの背景には1950年代に入って本格化する土地改良事業の進展があったが，同時に農業における技術進歩，機械化の貢献も大きかった。農業技術全般ではまずバイオ技術の面で作物育種技術，害虫防除，家畜に関する人工授精法の発達などがあった。極寒冷地・寒冷地・温暖地・暖地の生態区別の水稲生態育種法の確立によって収量は増加し，北海道・東北地方を対象とする耐冷性水稲品種の育成が冷害年の打撃を大きく緩和した。化学技術の進歩も著しく，肥料使用量はほぼ直線的に増加し，1970年代半ばには水田1ヘクタールに窒素90 kg，燐酸・カリ合計80 kgが施されていた。戦前は土壌の酸性を高める硫安が窒素肥料の主流であったが，戦後は無硫酸根肥料である尿素肥料などが利用されるようになり，これによって収穫期前に急に稲の生育が止まる「秋落」が克服された。また施肥労働の省力化・機械化が進むと，単肥施用に代わって窒素・燐酸・カリの2種以上を含む化成肥料，高度化成肥料が普及し，肥料施用法は大きく変化した（以下，馬場・唯是編［1986］第2章）。

　戦前の天然化合物主体の農薬は戦後には合成化合物中心の農薬へと大きく変化し，病虫害，雑草の防除を通して農業生産の増加に大きく貢献した。除草剤の導入によって，水田の除草作業に要する時間は1949年の1ヘクタール当たり約500時間が75年には100時間以下へと低下し，農業者は真夏の除草という過酷な労働を大きく軽減することができた。ただし農業の化学的制御に大きな成果を上げた農薬は本来毒物であり，農薬の大量使用が生態系全体に与える大きな打撃についての認識とその対策は遅れがちであった。

▶農業の機械化

　表6-16にあるように高度成長期の農業機械化の主役は動力耕耘機，農用トラクターの普及であり，耕耘機の増加に反比例して農家から牛が減ったといわれた。

表 6-15　水稲労働生産性の推移（1951〜80年）

年	10アール当たり収量（kg）	10アール当たり労働時間(時間)	10アール当たり動力運転時間（時間）	労働10時間当たり収量（kg）
1951	357	200.7	3.6	17.8
	366	195.1	3.9	18.8
	322	187.0		17.2
	361	185.9	4.2	19.4
1955	422	190.4	4.6	22.1
	405	186.3	5.3	21.7
	408	180.2	5.2	22.6
	422	193.5	6.3	21.8
	439	177.4	6.6	24.7
1960	448	172.9	7.8	25.9
	439	166.9	8.6	26.3
	450	153.2	9.9	29.4
	446	146.3	11.5	30.5
	446	147.2	13.6	30.3
1965	445	141.0	14.4	31.6
	455	140.0	15.6	32.5
	502	139.4	17.6	36.0
	497	132.7	18.1	37.5
	484	128.1	18.9	37.8
1970	487	117.8	18.5	41.3
	464	110.3	18.4	42.1
	495	99.0	18.2	50.0
	511	92.7	18.3	55.1
	503	87.1	16.8	57.7
1975	525	81.5	17.9	64.4
	486	79.7	17.8	61.0
	512	73.8	14.7	69.4
	533	71.7	14.9	74.3
	516	69.4	14.8	74.4
1980	489	64.4	14.2	75.9
1980/1951	1.37	0.32	3.94	4.26

（注）　出所文献に示されていない年次は，元資料である農林水産省経済局統計情報部編『米及び麦類の生産費』1988年3月による。
（出所）　猪木［1989］109頁。

1960年代後半からは刈り取りと結束を行うバインダー，続いて自脱型コンバイン，田植機が普及した。わが国で初めて市販された自脱型コンバインは井関農機の「二条刈り歩行型」であり，この機械のおかげで稲刈りも早々に出稼ぎに出かけることができるようになったといわれた。導入当初は生籾脱穀が気にされたが，乾燥機の普及によってこの問題は解決した。田植機の実用機は1960年代末に出

表 6-16　主要農業機械所有台数

(単位：1,000 台)

年次	動力耕耘機 農用トラクター	動力防除機		田植機	稲麦用 動力刈取機	自脱型 コンバイン	農用トラック オート三輪車
		動力噴霧機	動力散粉機				
1950	13	16					
55	89	76	11				
60	514	232	73				103
65	2,156	494	206				377
70	3,448	958	1,213	32	263	45	976
75	3,921	1,311	1,290	740	1,327	344	1,106

(注)　「自脱型コンバイン」は，自動脱穀機に刈取機を組み合わせたコンバイン。
(出所)　加用監修［1977］168-169 頁。

現したが，70 年代に一挙に普及し，80 年の所有台数は 175 万台に達した[19]。また当初は歩行型のみであったが，1980 年からは乗用型の田植機が出現した。耕耘機からトラクターへの移行を受けて，乗用化は無理なく農業者の間に受け入れられていった。耕耘機による代掻きは泥田の中を歩く作業であり，田植機とともに歩く場合も同様に長い時間と疲労が伴う。以前の畜力耕，手植えと比べれば大きく改善されたとはいえ，歩くか乗るかの選択肢が与えられたとき，農業従事者は躊躇なく後者を選択したのである（和田［1988］第 11 章）。

2　農業基本法下の農業と農村

▶ 農業基本法の狙い

1959 年に内閣総理大臣の諮問機関として農林漁業基本問題調査会（東畑精一会長）が設置され，60 年に答申「農業の基本問題と基本対策」が出され，翌 61 年 6 月に農業基本法が制定された。基本法の目標は，農業と他産業の生産性格差を是正し，農業従事者の生活水準を他産業従事者のそれと均衡させ，農業生産の「選択的拡大」，農業構造の改善を図ることであり，具体的には「自立経営」の育成，土地生産基盤の整備，農業経営近代化施設の導入などが目指されることになった。

高度成長の開始とともに都市の労働市場が拡大を続け，「はじめに」でみたような状況が出現する中で，基本法は零細兼業農家が離農し，その土地が流動化す

---

[19]　「日本の田植機の成功というのは，従来は，苗代に植えてあった 30 センチぐらいの成苗を根洗で植えていたのを 10 センチとか 15 センチぐらいの土付稚苗を田に植えても米がちゃんとできるようにしたことです。（中略）田植機を売ると同時に，育苗の機械も売る。各農家が共同で育苗センターをつくって，やるようになった」（エコノミスト編集部編［1984］435 頁）といったように，田植機の導入は関連農作業のあり方も大きく変化させた。

表 6-17 農家戸数の推移

(単位：1,000 戸，%)

年	総農家数	専業農家数	兼業農家		
			計	第1種兼業	第2種兼業
1955	6,043	2,106	3,937	2,274	1,663
60	6,057	2,078	3,979	2,036	1,942
65	5,665	1,219	4,446	2,081	2,365
70	5,402	845	4,557	1,814	2,743
75	4,953	616	4,337	1,259	3,078
80	4,661	623	4,038	1,002	3,036
1955	100.0	34.9	65.1	37.6	27.5
60	100.0	34.3	65.7	33.6	32.1
65	100.0	21.5	78.5	36.7	41.7
70	100.0	15.6	84.4	33.6	50.8
75	100.0	12.4	87.6	25.4	62.1
80	100.0	13.4	86.6	21.5	65.1

(注) 下段は構成比（%）。
(出所) 暉峻編［1981］301 頁。

ることで「自立経営」農家が形成されることを期待した。基本法農政の基軸として 1961 年から農業構造改善事業（69 年から第 2 次農業構造改善事業開始）が始まった。一筆区画 30 アール以上の大型圃場整備を中心とする土地基盤整備事業の実施を基礎に，基幹作物を設定し，トラクター，防除機，ライスセンターなどの近代的施設を装備した生産性の高い経営組織の構築が目指された。展示的拠点である 72 のパイロット地区と 2954 の一般地区に対して総額 2757 億円の事業費が投入され，その約半分は国からの補助金で賄われた（以下，暉峻編［1981］第 6 章）。

▶ 専業農家の減少と第 2 種兼業農家の増加

しかし表 6-17 に示されているように，基本法農政下で同法が期待した農業のあり方とはまったく異なる事態が進行した。「自立経営」の根幹である専業農家は 1960 年代に一挙に減少し，総農家戸数に占める割合は 55 年の 34.9% から 80 年には 13.4% にまで低下した。1960 年代半ば以降になると第 1 種兼業農家も減少に転じ，農業所得よりも農外所得の方が多い第 2 種兼業農家のみが増加を続け，高度成長が終わるころには農家の 3 分の 2 が第 2 種兼業農家になっていた。第 2 種兼業農家の労働力構成は，年間農業従事日数が 59 日以下の臨時的就業者が大半であり，「日曜農家」も珍しくなかった。1965 年の第 2 種兼業農家戸数の兼業種類別内訳をみると，「恒常的職員勤務」27.3%，「恒常的賃労働勤務」25.9%，「出稼・日雇・臨時雇」23.0%，「自家兼業」23.8% であり，「サラリーマン農家」，「土地持ち労働者」が約半分を占めていた。高度成長期には農家世帯員の相当部

分が就業機会を求めて都市部に流出しつつも（前掲表6-2参照），多くの零細農家は一挙に土地を手放すのではなく，農業の機械化に支えられながら，農業との紐帯をかろうじて維持したのである。

▶ **庄内地方における農家経営の事例**

ここで1969年度における庄内地方のある農家の動向をみてみよう。水稲単作純農村に位置するこの農家は3世代8人で構成され，構成員は経営主60歳とその妻57歳，長男35歳と嫁33歳，あと三女17歳（高校生）と孫3名（小学生）である。経営主は区長，神社総代，高校評議員，長男は生産組合役員，水利組合役員，消防班長，嫁は婦人会役員，小学校評議員として公共の役職にも就いていた。農閑期に長男は製材雑役夫，嫁は電気部品組立工として鶴岡市に通勤した（以下，杉山［1972］）。

この農家の経営耕地面積は約3ヘクタール（うち水田が93％）で，経営耕地規模でみると庄内平地農村では中の上層に位置し，1969年度の年間所得は170万円，その内訳は米130万円，兼業25万円，畑作物10万円，牛3万円，柿2万円であった。この農家は1958年に自動耕耘機，68年に本家と共同でバインダーを導入し，耐久消費財では59年にテレビ，バイク，60年に電気洗濯機，65年に電気冷蔵庫，66年に自動車（ライトバン），67年に電気掃除機を購入した。自動耕耘機の導入と入れ替わりに耕馬を手放し，肥育牛1頭を導入して1970年に至っていた。

農家成員の1969年度の年間労働時間をみると，表6-18のようであった。農業労働時間が最も多いのは嫁であり，農業生産の基幹労働力は長男夫婦であった。稲作は長男夫婦とくに長男が担い，畑作（20アール）は嫁と妻が中心で，畜産（肥育牛1頭）と果樹（柿）は経営主が分担していた。稲作についてやや詳しくみると，苗代，本田整備，施肥，防除，水管理，稲刈・調整で長男の労働時間が最も多く，堆肥運搬・散布，田植，除草では嫁の労働時間が長男を上回った。機械化と化学化（除草剤，病害虫防除剤使用）によって農業労働時間は著しく減少し，それが長男夫婦の兼業化を促進した。

農閑期（11月～翌3月）になると長男はライトバンで，嫁は自転車かバスで（積雪期は徒歩とバス），製材雑役夫，電気部品組立工として鶴岡市に通勤兼業に出かけた。長男は1966年から，嫁は69年に雇用された。兼業労働でも嫁の労働時間が長男を上回った。最も早く起きるのも嫁で5～8月には午前4時20, 30分台に起床し，この時期の嫁の就床時刻は9時過ぎであった。

自治行政に関する活動の主役は経営主であり，1年間の区長関係の諸会合は266回[20]，神社・寺関係は108回に及び，長男と嫁は消防（会合数131回）と学校

表 6-18　庄内地方一農家成員の年間労働時間および出席諸会合（1969 年 4 月～70 年 3 月）

(単位：時間, 日)

		経営主	妻	長男	嫁	合計
農業労働時間	稲作	538　(91)	191　(32)	1,417　(181)	1,162　(137)	3,308　(441)
	畑作	277　(56)	337　(77)	154　(33)	503　(102)	1,271　(268)
	畜産	109　(58)		44　(27)		153　(85)
	果樹	71　(15)		4　(1)	5　(1)	80　(17)
	小計	995　(173)	528　(107)	1,619　(205)	1,670　(193)	4,812　(678)
兼業労働時間	農外賃労働			1,016　(97)	1,231　(116)	2,247　(213)
	農業賃労働			39　(4)	75　(7)	113　(11)
	小計			1,055　(101)	1,306　(123)	2,360　(224)
合計		995　(173)	528　(107)	2,673　(297)	2,976　(313)	7,172　(890)
諸会合	自治行政	733　(130)	4　(2)	169　(27)	59　(13)	
	農業経営	81　(19)		213　(38)	14　(1)	
	講その他	18　(2)	80　(16)		38　(8)	
	合計	831　(147)	84　(18)	382　(60)	111　(19)	

(注)　（　）内は従事日数。各人ごとの小計・合計が各項目ごとの計よりも少ないのは、たとえば 1 日のうち稲作業もやり畑仕事もやった場合でも、農作業として 1 日とみたためである。
(出所)　杉山 [1972] 142, 145, 154 頁。

関係（50 回）を担当した。農業経営に関する会合の中心は長男であり、長男が出席した生産組合の会合は 110 回、研究・視察は 38 回、水利組合は 31 回に及び、経営主も合計 81 回（うち土地改良区が 32 回）の会合に参加した。表 6-18 にあるように経営主の諸会合への出席総時間は 831 時間（147 日）、長男のそれは 382 時間（60 日）に達した。

▶ 農村社会の変貌

　畜力耕耘が一般的であった昭和 20 年代には飼料のための共同採草地が農業経営にとり重要であり、水利施設が整備されていない状況では用水の共同利用が農家にとって決定的意義を有した。しかし耕耘機の導入によって畜力利用が後退し、水利事業の進展とともに伝統的な水利秩序が解体し、共有の山林への依存が弱まった。また稲藁を縄や俵に加工する作業は冬場の農閑期の仕事であったが、1960 年代半ばにビニール製品が登場することで冬場の農作業が減少した。かつての村八分がそうであったように非日常的な火事と葬式については共同体的連帯を維持しつつも、村落構造は大きく変化した（蓮見 [1973]）。そのうえで表 6-18 にあるように農家成員は主婦への過重な負担を内包しつつも[21]、農業・兼業労働を分担

20　具体的には、区長会議、区長研修会、社会福祉協議会、敬老会、国民年金説明会、貯蓄組合総会、所得税説明会、公民館長会議、戦没者慰霊祭、上水道親睦会、納税表彰式など。

し合い，コミュニティとしての農村村落の活動をそれぞれに支えたのである。

しかし農村における第2種兼業農家の増加および非農家の転入は，農村社会を変える大きな要因となった。1970年世界農林業センサス農業集落調査から集落機能としての「道ぶしん」についてみると，全体では「全戸出役」が53％，「集落で管理していない」が26％であったが，第2種兼業農家率が70％以上の集落では「全戸出役」が47％，「集落で管理していない」が36％，農家率10〜30％集落では「全戸出役」が34％，「集落で管理していない」が51％であった（戦後日本の食料・農業・農村編集委員会編［2004］第3章）。

土地改良事業を含む公共事業の進展によって零細分散錯圃を基本とした農村の景観は大きく変化し，10アールさらに30アール圃場を基本とした田園風景が広がるようになった。米価算定における生産費・所得補償方式の採用に支えられるとともに，成人世帯員全員の労働の成果である農家所得の向上を背景として，農村の消費生活は向上した。1960年前後には都市部に大きく遅れながらテレビが普及しはじめ，東京オリンピックの頃には農村部と都市部の普及率格差はほとんど解消した。しかし1968年の過剰米問題の発現，70年の生産調整の開始，安価な農産物輸入の急増によって農家所得の向上に重い制約がかかるようになった（加瀬［2005］）。

3 社会保障と企業内福利厚生

▶ 社会保障制度

表6-19から明らかなように，欧米各国と比較して高度成長期日本の租税負担・社会保障負担の対GNP比は一貫して低く，「福祉元年」の1973年を過ぎた75年においてもその特徴に変化はなかった。国民皆保険，国民皆年金制度の存在にもかかわらず，年金，医療，失業，生活保護といった社会保障制度に関して，日本では政府の役割はきわめて限定的だった。国からの低い福祉サービスの提供を代替したのが家族と企業であった。「老後の所得保障は成人した子供が行っていたし，病気や介護の世話も家族であり，医療負担も家族が行っていた。大企業は社宅・独身寮を持っていたし，社員に対して独自の退職金制度，企業年金制度，病院，医療保険制度，等々の運営を行って」おり，橘木俊詔はこうした家族や企

---

21 宮城県のS工場，愛知県のW工場とH工場で働く農家主婦に対する1971年に実施されたアンケート調査によると，S工場勤務者62名の自家農業の平均経営耕地面積は82アール，W工場31名は34アール，H工場48名は64アールであった。自家農業従事のための年間平均欠勤日数はS工場で21.2日，W工場で12.2日，H工場で62.6日であったが，工場勤務日の出勤前，帰宅後の自家農業従事についてみると，「かなりある」がS工場で32.3％，W工場で29.0％，H工場で34.9％であった（井上［2003］第2部）。

表 6-19 租税・社会保障負担の対 GDP 比

(単位：%)

	租税負担			社会保障負担			合計		
	1965 年	1970 年	1975 年	1965 年	1970 年	1975 年	1965 年	1970 年	1975 年
日本	14.3	15.3	14.9	4.0	4.4	6.1	18.3	19.7	20.9
アメリカ	21.6	23.6	21.9	4.2	5.6	7.1	25.9	29.2	29.0
イギリス	25.7	31.8	29.4	4.7	5.1	6.2	30.4	36.9	35.5
フランス	22.7	22.3	21.9	11.8	12.7	15.0	34.5	35.1	36.9
西ドイツ	23.1	22.9	23.8	8.5	10.0	12.2	31.6	32.9	36.0
オランダ	23.0	24.4	26.9	10.2	13.2	16.8	33.2	37.6	43.7
スウェーデン	30.9	34.0	35.1	4.3	6.0	8.5	35.2	40.0	43.6

(出所) 林・今井編［1994］122 頁。

業を「福祉家族」,「福祉企業」と呼んだ（橘木［2003］）。

▶ 年金と退職金

　戦時中に成立した厚生年金制度の戦後における変遷についてみると，まず 1954 年に新厚生年金保険法が制定され，年金額の計算に定額と報酬比例の 2 本立て方式が初めて導入された。続いて 1960 年の小幅改正を経て 65 年改正によって調整年金制度[22]が成立し，「1 万円年金」（月額）への老齢年金額の大幅引き上げが実現した。さらに 1969 年改正で「2 万円」年金制度，次の 73 年改正では被保険者の平均標準報酬の 6 割程度を目途に「5 万円」年金制度が成立し，同時に物価スライド制が導入された。『国民生活実態調査報告』によると「高齢者世帯」（男 65 歳以上，女 60 歳以上の者のみで構成するか，または，これらに 18 歳未満の者が加わった世帯）の総所得に占める年金・恩給の割合は 76 年の 26% から 82 年の 43% に上昇した（山崎［1985］）。

　しかしそれまで企業とくに大企業退職者にとって大きな意味を有したのが退職一時金および企業年金であった。中央労働委員会調査によると，55 歳定年退職時の退職金水準は大卒の場合，1965 年で 600 万円（月収換算 48 月）であったのが 75 年には 1590 万円（42 月）と，月収換算では低下するものの名目額は 2.7 倍の伸びを示した。一方中卒の場合は 65 年の 365 万円（56 月）が 75 年には 972 万円（44 月）へと 2.7 倍増加したが，学歴格差に改善はみられなかった（工藤［1979］第 1 章）。先にみた厚生年金の給付水準と比較すると退職金の重要性がうかがわれた。

　企業年金に関しては，まず 1952 年に十条製紙と三菱電機が本格的な退職年金

---

[22] 当初，退職一時金との給付調整が期待されたため「調整年金」と呼ばれたが，実際には調整はほとんど進展しなかった。

制度を実施して注目を集めた。この2社を皮切りに1955年までに50～60社が新たに年金制度を採用した。この期間の特徴は採用したほとんどが大企業であり，金融，商事，倉庫，不動産，新聞社の非製造業が過半数を占め，拠出制は僅少でほとんどが会社の一方的負担であり，支給期間は5年，10年の有期がほとんどで終身支給はまだ少なかった。高度成長期に入ると企業年金制度を採用する企業は増加を続け，1961年の日本団体生命調査によると企業年金実施企業300社のうち，無積立式（退職一時金と年払いの選択制80社，併用制120社）200社，積立式100社であり，従業員規模別では1000人以上規模が216社，1000人未満規模（平均従業員規模476人）が84社であり，企業年金の普及が大企業を中心にしたものであることがわかる（第一生命保険相互会社編［1982］第1章）。

　退職金支払いが増加する中で各企業は企業退職年金制度の導入を考慮するようになったが，課税上の問題があったため，1962年度の税制改正によって適格退職年金制度が実施されることになった。適格年金制度は発足年度の1962年度末に130件であったが，その後順調に増加を続け，75年度末には10万1153件に達した（以下，曽根田［1985］第3章）。

　一方1966年度から厚生年金基金制度（「調整年金」）が開始されたが，これは厚生年金の報酬比例部分を厚生年金基金が代行し，さらに企業実態に応じて独自の給付を積み増すことで厚生年金より手厚い企業年金を支給する制度であった。基金独自の上積み部分（「プラスアルファ」）は少なくとも代行部分の30％を超えることとされた。発足年度の1966年度末には142基金があり，その内訳は代行型[23]107基金，加算型[24]34基金，共済型1基金であったが，72年度末になると853基金（代行型525基金，加算型321基金，共済型7基金）に増加した。厚生年金基金は大企業を中心とした制度であり，1978年には946基金を数えたが，1基金当たり平均加入員数は5576人であった（工藤［1979］第2章）。

▶ 企業内福利厚生

　いま東洋レーヨンの福利厚生費をみると（表6-20参照），1956年度の約11億円から64年度の24億円まで増加した。法定福利費では健康保険が50％強，厚生年金保険と雇用保険がそれぞれ20％前後を占め，労災保険は10％弱であった。法定外福利費では寄宿舎が30％強，食堂と社宅がそれぞれ20％弱であった。住宅関連では，1954年から社友会が住宅融資制度を設け，61年からは東洋レーヨン自身が住宅基金を設けて利子補給を行う融資制度が始まった。こうした施策を

---

[23] 報酬比例部分をそのままの形で一定割合だけ給付増としている型。
[24] 基本部分と加算部分からなり，厚いプラスアルファ給付のほとんどが加算部分に含まれている型。

表 6-20 東洋レーヨンの福利厚生費

(単位:100万円,人,円)

年度	法定福利費	法定外福利費	合計(A)	従業員数(B)	(A)/(B)
1956	225.0	890.0	1,115.0	20,806	53,590
57	232.5	830.2	1,062.7	18,667	56,930
58	239.2	744.4	983.6	19,817	49,630
59	297.4	944.0	1,241.4	22,677	54,740
1960	347.8	1,168.8	1,516.6	24,617	61,610
61	422.7	1,345.7	1,768.4	25,856	68,390
62	496.9	1,640.6	2,137.5	26,619	80,300
63	539.5	1,760.6	2,300.1	28,092	81,880
64	658.6	1,753.0	2,411.6	28,536	84,510

(注) 1) 法定福利費:健康保険・厚生年金保険・雇用保険・労災保険の保険料事業主負担分,児童手当の会社拠出分,身障者雇用納付金など。
2) 法定外福利費:住宅費,医療・保健費,生活援護費,慶弔・共済・保険費,文体・レク費,その他。
(出所) 日本経営史研究所編[1997]383頁。

踏まえて,東洋レーヨンでは1968年に従業員持株制度が発足し,貯蓄・持家・持株の三位一体の財産づくりが目指されるようになった(日本経営史研究所編[1997]第4・5章)。

東洋レーヨンの事例でも示されているように,法定外福利費の中では住宅に関する費用が大きな割合を占めた。持家制度政策を推進する有力な手段である住宅金融制度については,従業員1000〜3000人規模の大企業の多くが1950年代後半に制度を創設した(野田編[1969]第1章)。

4 核家族の急増と住宅問題

▶ 核家族の急増と耐久消費財需要の高まり

戦前期以来一貫して1世帯当たり5人前後というのが日本の平均世帯人員であったが,高度成長期には家族構成人員が着実に減少し,1965年で4.05人,75年で3.44人にまで低下した。一方,世帯数は1955年の1738万世帯が65年に2309万世帯,75年に3127万世帯と増加の一途をたどった(園田[1985])。また第1次ベビーブーム期(1947〜49年)に4.3を超えていた合計特殊出生率は50年以降急激に低下し,その後高度成長期にはほぼ2.1前後で安定的に推移した(内閣府編[2015])。

表6-21に示されているように,1955年から80年にかけて「夫婦のみ」世帯は328万世帯(増加寄与率は17.8%),「夫婦と子供」世帯は758万世帯(41.1%),「夫婦と子供と両親」および「夫婦と子供と片親」の三世代世帯は68万世帯(3.7%),単独世帯は651万世帯(35.3%)それぞれ増加した。「夫婦と子供」世帯

表 6-21　家族類型別一般世帯数の推移

(単位：1,000 世帯，％)

年	総数	核家族世帯					その他の親族世帯							非親族世帯	単独世帯
		夫婦のみ	夫婦と子供	男親と子供	女親と子供	計	夫婦と両親	夫婦と片親	夫婦と子供と両親	夫婦と子供と片親	その他	計		
1955	17,398	1,184	7,499	275	1,408	10,366	232	219	1,495	2,196	2,212	6,354	83	596
60	19,571	1,630	8,489	245	1,424	11,788	246	238	1,690	2,419	2,197	6,790	74	919
65	23,117	2,262	10,493	228	1,461	14,444	207	249	1,798	2,706	1,820	6,780	78	1,816
70	30,297	2,972	12,471	253	1,491	17,187	112	242	1,241	2,441	2,838	6,874	100	6,137
75	33,596	3,880	14,290	257	1,553	19,980	165	335	1,468	2,514	2,504	6,986	67	6,561
80	35,824	4,460	15,081	297	1,756	21,594	193	415	1,732	2,638	2,084	7,062	62	7,105
1955	100.0	6.8	43.1	1.6	8.1	59.6	1.3	1.3	8.6	12.6	12.7	36.5	0.5	3.4
60	100.0	8.3	43.4	1.3	7.3	60.2	1.3	1.2	8.6	12.4	11.2	34.7	0.4	4.7
65	100.0	9.8	45.4	1.0	6.3	62.5	0.9	1.1	7.8	11.7	7.9	29.3	0.3	7.9
70	100.0	9.8	41.2	0.8	4.9	56.7	0.4	0.8	4.1	8.1	9.4	22.7	0.3	20.3
75	100.0	11.5	42.5	0.8	4.6	59.5	0.5	1.0	4.4	7.5	7.5	20.8	0.2	19.5
80	100.0	12.4	42.1	0.8	4.9	60.3	0.5	1.2	4.8	7.4	5.8	19.7	0.2	19.8

(注)　1)　1965 年までは沖縄県を含まない。
　　　2)　下段は構成比。
(出所)　東洋経済新報社編［1991］第 1 巻，31 頁。

　の増加がこの間の世帯総数の増加を牽引し，1960 年代後半には単独世帯の増加，70 年代前半には「夫婦のみ」世帯の増加も著しかった。「夫婦のみ」世帯急増の背景には高齢化による老夫婦の増加があった。また「単独世帯」の急増は当然のことながら平均世帯人員の縮小に大きく響く。こうしたさまざまな要因が重なり合って，高度成長期には世帯のサイズが大きく縮小することになった。

　高度成長が開始される頃の農村では 3 世代世帯が基本であった。しかし都市部に移った若者は間借り，下宿，独身寮などでの 1 人住まい，寮，寄宿舎などの集団生活を経て結婚し，核家族を形成した。ただし留意すべきは核家族の形成は大都市部に限られなかった点である。1955 年と 70 年の普通世帯を比較すると，すべての都道府県で世帯数が増加した。一方，1970 年の農家数が 55 年よりも多いのは岩手・秋田の 2 県のみであった。したがって農業県におけるこの間の世帯数の増加は非農家の増加であり，農家世帯員が過半を占めた県では増加世帯の半分以上が農家世帯出身者であると考えられる。農家では子弟の 1 人（通常は長男）が跡継ぎとして生家に残り [25]，他の兄弟姉妹が都市部に流出するか県内にとどま

25　ただし，新規学卒農家子弟（跡継ぎ）の就農率は 1963 年で 28.4％，70 年で 16.3％，75 年で 8.0％であり（三和・原編［2007］），卒業後生家に残ることと農業を継承することとは同じではなくなっていた。

表 6-22 種類別住宅数

(単位:1,000戸,%)

	総数	持家	借家				
			公営・公団・公社の借家	民営借家（設備専用）	民営借家（設備共用）	給与住宅	計
1958	17,432	12,419	614	3,233		1,166	5,013
63	20,374	13,093	944	3,115	1,789	1,433	7,281
68	24,198	14,594	1,403	4,527	2,000	1,674	9,604
73	28,730	17,007	1,995	6,354	1,535	1,839	11,723
78	32,118	19,428	2,442	7,157	1,252	1,839	12,690
1958	100.0	71.2	3.5	18.6		6.7	28.8
63	100.0	64.3	4.6	15.3	8.8	7.0	35.7
68	100.0	60.3	5.8	18.7	8.3	6.9	39.7
73	100.0	59.2	6.9	22.1	5.3	6.4	40.8
78	100.0	60.5	7.6	22.3	3.9	5.7	39.5

(注) 下段は構成比。
(出所) 東洋経済新報社編 [1991] 第3巻, 345頁。

り新世帯を形成したのである（加瀬 [2005]）。

　こうして形成された若い世代の核家族が耐久消費財需要創出のリード役となった。川下の耐久消費財の普及は鉄鋼・石油化学製品などの素材への需要を誘発し，さらに「投資が投資を呼ぶ」過程が現出した。農業県から都市部への人口移動と1960年代後半に加速された世帯形成，農業県内部での世帯形成が相まって，高度成長を支えた分厚い内需の基盤を支えたのである（吉川 [1997] 第4章）。

▶ 住宅問題

　都市部において急増した核家族を収容する住居が必要になった。早くも鳩山一郎内閣は1955年度を初年度とする住宅建設10カ年計画を策定し，同年7月に日本住宅公団が設立された。公団住宅の人気は高く，平均入居応募率は1959年が11倍，60年が20倍，61年が40倍となった。木賃アパートから新しい生活を始めた若い夫婦は子供たちが長ずるにつれ，もう少し広く設備の良い公団住宅に移る傾向があった。政府の住宅供給政策は所得階層別に，公営住宅（賃貸，51年に公営住宅法公布），公団・公社住宅（賃貸と分譲），公庫住宅（持家金融）の供給に分かれた（猪木 [2000] 第2章）。また先にみたように大企業では1950年代後半に早くも持家支援制度を整備しはじめた。

　表6-22に示されているように高度成長初期（1958〜63年）には67万戸におよぶ持家の増加にもかかわらず，住宅総数に占める持家の割合は71.2%から64.3%に低下し，その後も低下を続けた。社宅，公務員住宅のような「給与住宅」が一定の割合を維持し，公営・公団・公社の借家がその比率を着実に上昇さ

表 6-23 農林業・非農林業別・産業別従業上の地位別就業者数

(単位：万人)

年	全産業				農林業				非農林業			
	自営業主	家族従業者	雇用者	計	自営業主	家族従業者	雇用者	計	自営業主	家族従業者	雇用者	計
1955	1,040	1,385	1,690	4,115	533	1,027	44	1,604	508	358	1,646	2,512
60	1,033	1,151	2,273	4,457	508	820	65	1,393	524	331	2,208	3,063
65	968	992	2,783	4,743	441	673	41	1,155	528	320	2,742	3,590
70	977	805	3,306	5,088	363	451	29	843	614	354	3,277	4,245
75	939	628	3,646	5,213	303	286	29	618	637	343	3,617	4,597
80	951	603	3,971	5,525	253	249	30	532	698	354	3,941	4,993

	製造業				卸売・小売・飲食店，金融・保険，不動産業				サービス業			
1955	109	92	555	756	212	191	312	715	130	46	274	450
60	94	64	793	951	230	191	427	848	133	46	373	552
65	103	67	987	1,157	213	177	566	956	133	44	450	627
70	149	85	1,144	1,378	226	186	731	1,143	143	49	558	750
75	135	72	1,138	1,345	243	185	868	1,296	146	50	659	855
80	161	71	1,135	1,367	252	184	1,003	1,439	159	54	788	1,001

(出所) 東洋経済新報社編［1991］第1巻，74-78頁。

せたが，借家の中心は民営の借家（設備専用）であり，その割合は年を追って上昇した。しかし新築の持家の1戸当たり床面積が1955年の67.5 ㎡から72年の100.5 ㎡までほぼ連年増加するのに対し，貸家は34.9 ㎡から49.0 ㎡，給与住宅は54.4 ㎡から73.9 ㎡，分譲住宅等は45.9 ㎡から65.0 ㎡の伸びにとどまった（東洋経済新報社編［1991］第3巻）。持家と貸家の格差は地価上昇とともに資産格差の大きな要因となったのである。

5 非農林業部門自営業の強靭性

表6-23によると，1955年の全産業の就業者数に占める自営業主の割合は25％，家族従業者は34％，雇用者は41％であったのが，80年には自営業主の比率は17％，家族従業者は11％，雇用者は72％に変化した。自営業から雇用者へというのがこの間の最大の変化であるが，農林業と非農林業に分けると様相は異なってくる。農林業就業者が1072万人の減少を示す一方，非農林業部門は2481万人の増加であり，比率を落とすとはいえ自営業主は1955年の508万人から80年の698万人へとその数を増加させ，家族従業者数は横ばいで推移した。農業が大きく後退するのに対し，非農林業部門では自営業主数の増加がみられたのである。

非農林業部門をさらに製造業，「卸売・小売・飲食店，金融・保険，不動産業」，サービス業に分けても，自家営業の強靭性を確認できる。製造業の場合，自営業

主数は1950年代後半にいったん減少するが、60年代には約50万人の増加を記録した。「卸売・小売・飲食店、金融・保険、不動産業」では1950年代後半における自営業主の増加、60年代前半の減少を経て、その後は漸増を続け、サービス業でも60年代前半には横ばいであったが、それ以外の期間では増加を示した。

第4節第3項でみた国民金融公庫調査によると、家族のみで開業した企業の割合は製造業で43%、卸売業で68%、小売業で73%、サービス業で49%、全業種で47%であった。調査422企業のうち従業者2人で開業した企業は137件であったが、そのうちの99件は家族のみで開業していた。また従業員3人で開業した95件では、3人とも家族が21件、家族2人と使用人1人が45件であり、3人以下の開業は家族主体であったことがわかる（国民金融公庫調査部［1970］）。また家族従業員の中では配偶者の役割が決定的に大きかった点については第4節ですでにみた。

第7節　高度成長のバランスシート

1　所得分配と教育水準の向上

▶所得分配の平等化

前掲図5-1にあるように戦前の所得分布は工業化の進展とともに不平等度を高めた。戦後改革によって所得分配の平等化が進むものの、1950年代から60年代にかけて不平等度が高まる。これは製造業従事者が増加し、彼らの賃金の伸びが相対的に高かったのに対し、農業や商業の生産性上昇、所得拡大が立ち後れたこと、ボーナス所得を中心とした企業規模間の所得格差が拡大したことなどによるものであった。しかし1960年代にはジニ係数は着実に低下した。その背景には労働力不足に規定された年齢間、学歴間、企業規模間での個人賃金格差の大幅な縮小、米価上昇と兼業化の進展に支えられた農家所得の上昇があった（石川［1996］、橘木［2003］）。

1970年前後における五分位階層別税引後の所得分配をみると、日本の所得分配は低所得者層（第1五分位・第2五分位）に比較的厚かったが（日本：21.0%、アメリカ：15.2%、西ドイツ：16.8%、フランス：14.1%、イギリス：18.9%、イタリア：15.6%）、これは日本の所得分配の平等化が労働力不足を通じて実現されたことを物語るものであった（安場［1989］）。

▶高校・大学進学率の上昇

先にみたように高度成長期には高校・大学進学率は顕著に上昇した（前掲図6-

表 6-24　親の職業別にみた進学先高校のタイプ（昭和20年代と昭和40年代の比較）

(単位：％)

	ホワイトカラー		グレーカラー		ブルーカラー		農林漁業		全体	
	20年代	40年代	20年代	40年代	20年代	40年代	20年代	40年代	20年代	40年代
普通科1	12.1	9.6	7.3	8.7	5.4	5.3	1.8	6.2	5.2	7.4
普通科2	8.9	17.1	4.4	16.1	2.4	10.1	3.7	8.5	4.3	13.3
〈進学校小計〉	21.0	26.7	11.7	24.8	7.8	15.4	5.5	14.7	9.5	20.7
普通科3	19.8	3.9	13.4	4.1	6.4	2.9	6.0	6.4	9.5	4.0
普通科4	10.1	0.9	8.2	1.0	8.2	0.7	4.6	2.1	6.9	1.1
私立普通科	0.0	21.3	0.0	19.3	0.0	10.0	0.0	8.5	0.0	15.5
〈普通科小計〉	50.9	52.8	33.3	49.2	22.4	29.0	16.1	31.7	25.9	41.3
商業科	15.2	10.5	12.4	12.7	7.4	8.8	3.2	9.7	7.6	10.3
工業科	4.2	5.6	4.0	6.6	5.9	5.7	2.3	7.0	3.7	6.1
その他の職業科	2.9	4.2	4.5	5.3	0.8	4.5	4.5	19.3	3.4	6.8
私立職業科	0.0	16.2	0.0	18.5	0.0	13.8	0.0	13.6	0.0	15.2
〈職業科小計〉	22.3	36.5	20.9	43.1	14.1	32.8	10.0	49.6	14.7	38.4
定時制	7.7	0.3	8.7	0.4	13.4	0.5	8.9	0.9	9.8	0.5
非進学者	19.1	10.3	37.1	7.4	50.1	37.7	65.0	17.8	50.0	20.0

(注)　普通科1は大学進学率が60％以上，2は40〜59％，3は20〜39％，4は19％以下。
(出所)　苅谷［1995］95頁。

1参照）。その前提として戦後の新制中学が職業科と普通科の区別を設けず，ひとつのタイプの学校としてスタートしたことが大きかった。基本的に同じ教育内容を受けたのちに進学する新制高等学校も，戦前の中学校，高等女学校，実業学校，師範学校といった複線タイプ，あるいはフランスのリセ，ドイツのギムナジウム，イギリスのグラマー・スクールやパブリック・スクールといった中等学校と比較すると，はるかにどの階層からも接近しやすい開放性を有した後期中等教育機関であった（以下，苅谷［1995］第3章）。

しかしその点を認めた上で，出身階層と高校進学の具体的関係に留意する必要がある。ある県の昭和20年代と40年代の比較調査である表6-24によると，この期間にどの階層でも非進学者の割合が減少したが，その中でも農林業出身者の非進学率の減少がめざましく，ブルーカラー出身者の低下は50％から38％にとどまった。またどの階層においても定時制進学者の比率が減少し，進学先が全日制高校に集中した。高校卒の資格を有する定時制卒業者が職員として処遇されることは少なく，それが定時制進学の後退を規定していたと考えられる。さらに職業科に進学する者がどの階層でも増加した。事務・専門・管理職などのホワイトカラーの親をもつ子供の場合，14ポイントの増加にとどまったが，農林漁業出身者では40ポイントの増加であり，この階層と職業科の親和性の高さがうかが

われる。普通科（とくに大学進学率の高い普通科）への進学チャンスは，ブルーカラーや農林漁業出身者よりもホワイトカラーや販売・サービス業などのグレーカラー出身者により開かれており，その傾向は昭和40年代に入っても変化がなかった。「かつて高校進学者と非進学者との間にみられた階層差は，高校進学率の上昇の過程で，今度は高校のタイプ間の差異に姿を変えていったのである」（苅谷［1995］97頁）。

大学進学率についてみると，高度成長期には男女ともに上昇するが，男女間の格差は解消しなかった。家計に余裕が出てきた親は世の中に出て働く男子をまず高等教育に送り出そうとした。1965年から75年の間に女子の高等教育進学率は11.4％から32.9％に21ポイントも増加するが，短大の寄与率が3分の2に達した。この時期，「男は大学，女は短大」といった「ジェンダー・トラック」が定着した。高等教育におけるもうひとつの「ジェンダー・トラック」が男女別の専攻の偏りであった。文学を中心とする人文系，薬学・家政学などを含んだ保健・家政系はもともと女子高等教育の主要部分であったが，高度成長期には教員養成課程（とくに幼稚園・小学校教員）という新たな「ジェンダー・トラック」が加わったのである（尾嶋・近藤［2000］）。

2　零細小売業の強靱性と流通構造の変容

▶ 零細小売業の強靱性とスーパーの台頭

従業者1～4人の零細小売業の商店数は1960年に116万店（全体に占める構成比は90.2％），66年に122万店（88.7％），72年に125万店（87.9％）と大きな変化はなく，家族経営の零細小売業の強靱性を物語っていた。一方，高度成長期の大規模小売業では巨大な変動が生じていた。1960年に年商100億円以上の小売企業は10社であったが，いずれも百貨店であった。この年ダイエーはまだ4店舗しかなかったが，1972年に93店舗を有したダイエーは三越を上回って売上高日本一の小売企業に急成長しており，西友ストア，ジャスコ，ニチイ，ユニーも売上高10位以内に入っていた（以下，大橋［1986］）。

▶ 流通構造の変容

1960年代には牛乳は牛乳販売店を中心にして売られており，早朝の宅配がそのほとんどであった。1971年に牛乳を宅配だけで購入している世帯は全体の63％を占めたが，75年には約1割に急減した。牛乳がスーパーで販売されるようになるのは紙パックという包装が可能になったためである。牛乳に限らず，スーパーの普及によっていろいろな商品はワンウエイの使い捨てパッケージとなった。

流通革新のあり方は，商品の生産体制，単価，性質によって大きく異なっていた。食料品，日用雑貨品，衣料品についてはチェーン・オペレーション展開するスーパーが大きく成長したが，多品種少量生産される商品の仕入れにおいて規模の経済を実現することは容易でなく，スーパーはダイエーに代表されるような生鮮食料品の安定供給機構の整備，PB 商品開発などによる後方統合を図った。また単価の高い耐久消費財については，資金力で優位に立つメーカーが系列の販売網を整備拡充した（石井［2011］）。

　1960 年代前半までの東京では各戸ごとに木製かコンクリート製のゴミ箱をもっており，清掃員がひとつひとつのゴミ箱を回ってゴミ収集していた。箱形の大八車による作業がゴミ収集トラックに代わり始めるのが 1957 年であり，61 年にゴミ容器（ポリバケツ）による定時収集作業が部分的に開始され，64 年に東京都の市街地全域で実施されるようになった。「夢の島」の造成が 57 年に始まり，67 年には満杯となったため，「第二夢の島」の埋め立てが開始された。第二は第一の倍近い面積があったにもかかわらず，73 年末に満杯となり，それ以後はさらに沖合の新埋め立て地と羽田沖に投棄先が移った。1971 年 9 月の美濃部亮吉東京都知事の「ゴミ戦争宣言」を機に，「夢の島」へのゴミ搬入の地元である江東区と，清掃工場の住宅地区内での新設に反対する杉並などの区との対立・論争が激化した。大量消費の最終的コストをどのような形で負担しあうのか，「ゴミ戦争」は大きな問題提起であった（定村［1985］）。

▶ 流通手段の変化

　流通手段にも大きな変化が生じた。1955 年に 818 億トンキロであった国内貨物輸送量は 70 年には 3608 億トンキロへと 4.4 倍の増加を示し，旅客輸送量も同期間に 1658 億人キロから 7107 億人キロへと 4.3 倍の伸びを記録した。貨物輸送の場合，1955 年の貨物輸送分担率は国鉄 52％，内航海運 36％，自動車（自家用）7％，自動車（営業用）5％ の順であったのが，75 年には内航海運 51％，自動車（営業用）19％，自動車（自家用）17％，国鉄 13％ に変化し，絶対量でみるとこの間に内航海運は 6.3 倍，自動車（営業用・自家用計）は 13.6 倍の伸びを示したのに対し，国鉄は 70 年代に入ると減少に転じた（野田・原田・青木・老川編［1986］第 8 章）。

　内航海運の発展を支えた港湾整備，コンテナの導入，新船の投入，陸運の中心となったトラック輸送のめざましい発展を支えた自動車工業の成長と高速道路の整備といったように，鉄鋼業・造船業・自動車工業・建設業などの発展が物流のあり方を大きく変えていったのである。1975 年 11 月 25 日の国労・動労のスト突入を皮切りに，公共企業体等労働組合協議会（公労協）は翌 26 日から 12 月 3

日までの 8 日間，三公社五現業[26]の労働者のスト権奪還を目指して「スト権スト」を展開した（兵藤［1997］第 7 章）。この間国鉄の列車は全面的にストップしたが，国民生活への影響は労使が想像していたよりは小さく，逆に全国物流に占める国鉄の地盤沈下を浮き彫りにする形となったが，その兆しは高度成長期にすでに芽生えていたのである。

3 過疎過密と「公害列島」

▶ 過疎過密の進展

　表 6-25 に示されているように 1955～65 年の 10 年間に東京，大阪，神奈川，愛知，埼玉，兵庫，千葉の 1 都 1 府 5 県合計人口が 935 万人の増加を示す一方，鹿児島県の 19 万人を筆頭に 26 県で人口減を記録した。1965～75 年には東京圏への人口集中傾向が加速され，同圏の全国人口に占める割合は 55 年に 17.1%，65 年に 21.2%，75 年に 24.2% に達した。

　1962 年 10 月に閣議決定された全国総合開発計画（全総）の目標は「地域間の均衡ある発展」であり，そのための開発方式として拠点開発方式が採用され，おもな具体的施策は新産業都市建設促進法（1962 年）および工業整備特別地域整備促進法（64 年）であった。「新産法を立法した時の行政の考え方は，太平洋ベルト地帯の工業地帯を整然とつくっていきたい」（下河辺［1994］78 頁）といったものであったが，激しい陳情もあって結局 15 カ所の新産業都市[27]と 6 カ所の工業整備特別地域が指定された。続く新全国総合開発計画（新全総，1969 年閣議決定）では新幹線，高速道路などのネットワークと大規模プロジェクト方式による過疎過密の解消が目指されることになり，大規模プロジェクトとして苫小牧東部地区，むつ小川原地区が取り上げられた。

　総理大臣に就任する前月の 1972 年 6 月に田中角栄『日本列島改造論』が刊行された。「人口の 32% が国土の 1% に住む」，「時速 9 キロの"くるま会"」，「過

---

[26] 三公社（公共企業体）は日本国有鉄道，日本電信電話公社，日本専売公社，五現業は郵政，国有林野，印刷，造幣，アルコール専売の各事業部門。

[27] 新産業都市に関しては，39 道県の 44 地区が名乗りを上げ，1963 年 7 月の決定まで激烈な陳情合戦が繰り広げられ，結局 13 地区が指定され，その後 2 地区が追加指定された。新産業都市を決定する経済企画庁側は，宮澤喜一長官，大来佐武郎総合開発局長，下河辺淳調査官といった布陣であった（小野［2004］第 4 章）。この時の状況を，宮澤喜一は「新産業都市の指定は，全国の大陳情合戦になりました。ただ，そう言ってはなんですが，あれだけ激しい合戦があって，スキャンダルが起こらなかったのは感心だと思います。（中略）いまから考えると，どういう採点をしたらいいんでしょうか。明らかに成功したと思われるところもあるし，どうも成功しなかったと思われるところもあるし，中道にしてやんだところもありますしね」と回顧した（御厨・中村編［2005］224 頁）。

表 6-25　都道府県別人口の推移

(単位：1,000 人)

	1955 ①	1965 ②	1975 ③	②−①	③−②		1955 ①	1965 ②	1975 ③	②−①	③−②
北海道	4,773	5,171	5,338	398	167	兵　庫	3,621	4,310	4,992	689	682
青　森	1,383	1,417	1,469	34	52	奈　良	777	826	1,077	49	251
岩　手	1,427	1,411	1,386	−16	−25	和歌山	1,007	1,027	1,072	20	45
宮　城	1,727	1,753	1,955	26	202	鳥　取	614	580	581	−34	1
秋　田	1,349	1,280	1,232	−69	−48	島　根	929	822	769	−107	−53
山　形	1,354	1,263	1,220	−91	−43	岡　山	1,690	1,645	1,814	−45	169
福　島	2,095	1,984	1,971	−111	−13	広　島	2,149	2,281	2,646	132	365
茨　城	2,064	2,056	2,342	−8	286	山　口	1,610	1,544	1,555	−66	11
栃　木	1,548	1,522	1,698	−26	176	徳　島	878	815	805	−63	−10
群　馬	1,614	1,606	1,756	−8	150	香　川	944	901	961	−43	60
埼　玉	2,263	3,015	4,821	752	1,806	愛　媛	1,541	1,446	1,465	−95	19
千　葉	2,205	2,702	4,149	497	1,447	高　知	883	813	808	−70	−5
東　京	8,037	10,869	11,674	2,832	805	福　岡	3,860	3,965	4,293	105	328
神奈川	2,919	4,431	6,398	1,512	1,967	佐　賀	974	872	838	−102	−34
新　潟	2,473	2,399	2,392	−74	−7	長　崎	1,748	1,641	1,572	−107	−69
富　山	1,021	1,025	1,071	4	46	熊　本	1,896	1,771	1,715	−125	−56
石　川	966	980	1,070	14	90	大　分	1,277	1,187	1,190	−90	3
福　井	754	751	774	−3	23	宮　崎	1,139	1,081	1,085	−58	4
山　梨	807	763	783	−44	20	鹿児島	2,044	1,854	1,724	−190	−130
長　野	2,021	1,958	2,018	−63	60	沖　縄	801	934	1,043	133	109
岐　阜	1,584	1,700	1,868	116	168	全　国	90,077	99,210	111,939	9,132	12,729
静　岡	2,650	2,913	3,309	263	396	東京圏	15,424	21,017	27,042	5,593	6,025
愛　知	3,769	4,799	5,924	1,030	1,125	中京圏	6,839	8,013	9,418	1,174	1,405
三　重	1,486	1,514	1,626	28	112	大阪圏	12,812	15,776	18,831	2,964	3,055
滋　賀	854	853	986	−1	133						
京　都	1,935	2,103	2,425	168	322						
大　阪	4,618	6,657	8,279	2,039	1,622						

(注)　1955 年, 65 年の全国は沖縄を含む。
(出所)　東洋経済新報社編［1991］第 1 巻, 33 頁。

疎と出かせぎでくずれる地域社会」,「女性だけの消防隊」といったように過疎過密問題を鋭く突いた本書はベストセラーとなったが,「列島の『総表日本化』＝『裏日本なき表日本化』」(古厩［1997］169 頁) を目指す列島改造論がもたらしたものは, 地価暴騰であった。「総表日本化」政策の具体化とは, 日本の北東・西南地帯に石油化学コンビナート, 原発, 火力発電, 石油備蓄基地などを建設し (苫小牧東, むつ小川原, 志布志湾など), 内陸部に産業拠点を形成することで工業再配置を図ることであった。電源立地と過疎問題は表裏の関係にあったのである (古厩［1997］)。

▶ 公害問題の深刻化

　公害の原点ともいうべき水俣病は有機水銀による中毒であった。1956 年 5 月に新日本窒素肥料 (65 年にチッソと改称) 水俣工場[28]付属病院長から水俣保健所

に対して、「原因不明の中枢神経疾患が多発している」との正式報告があった。この「正式発見」以前の1954年の漁獲高（水俣市漁協調）は50〜53年平均の4割減になっていた。この病気の原因究明に積極的に取り組んだ熊本大学医学部の水俣病医学研究班は59年に驚くべき水銀汚染の実態を発見し、チッソ水俣工場の排水の中に含まれる有機水銀がその原因であることを突き止める。しかし政府が水俣病を公害病として認定するのは1968年であり、病気の公式発表から12年の歳月が流れていた（原田［1972］）。

富山のイタイイタイ病、新潟水俣病、四日市ぜんそく、熊本水俣病の4大公害訴訟が開始されるのはすべて1960年代末であり、公害対策基本法の制定は67年8月、環境庁の発足は71年7月であった。

おわりに

総理府統計局『就業構造基本調査報告』（1971年調査）によると、配偶者の有業率と非農林業雇用者の親族世帯員有業率がともに35％以下の地域は東京、大阪、神奈川などであり、逆にともに50％以上の地域は福井、富山、新潟などであった（古厩［1997］）。後者の地域の配偶者や家族員の高い有業率は兼業農家の増加を反映するものであり、前者の東京圏や大阪圏は分厚いホワイトカラー層を中心に「専業主婦」の割合の高い地域であることを物語っていた。

しかし東京圏や大阪圏は同時に非農林業自営業主やその家族従業者が多数存在する中小零細企業が集積する地域でもあったことに留意する必要がある。第4節でみたように、高度成長後期に加速される大都市における小零細企業の増加は、雇用者賃金を大きく上回る業主所得に対する確信に支えられた労働者の新規開業、その業主を支える配偶者の労働によって可能となっていた。「大森では機械工業が圧倒的に多い。年令をみると、30才前後が最も多い。（中略）やはり1人前になるのに10年かかる。もちろん個人差はありますが、5年未満の経験では、とても成功できません。（中略）機械は現金で買わなければならないかというと、そうではない。現金で買わなければならないような人は成功しないですね。あちらこちらの工場を転々としている人はダメですが、5年ぐらい勤めていると勤務先の主人の保証で、頭金なしの12回月賦で買えるんですよ。（中略）機械工業の場合、50万円ないし100万円あれば独立できる。（中略）新規開業で失敗する例

---

28 水俣はチッソの城下町であった。1908年に日本カーバイド商会水俣工場が曾木電気（06年設立）より送電を受け、カーバイド製造を開始する。同年に曾木電気と日本カーバイドは合併して日本窒素肥料が発足した。以降の日窒と地域社会の関わりについては、岡本・松崎編［1989-1990］全5巻参照。

というのは，経験年数もさることながら，人物ですね。(中略)新規開業で成功の確率は，私の調べたところでは4割ですね」(1969年・国民金融公庫大森支店審査第一課長談)といった指摘にあるように(座談会［1970］80-81, 86頁)，設備工作機械の割賦販売，「坪借り」(工場アパート)といった制度・慣行にも支えられながら，20代の若い労働者は陸続として開業していった。上の指摘では「成功」の内容が不明であるが，もちろんすべての開業が好結果に結び付くわけではなく，再び労働者に回帰するケースも多々あったものと思われる。しかし農村から多数の若者を引き寄せた大都市の中小零細工場地帯では，労働者のキャリア・パスの中に独立開業が定置されていた。さらに工場地帯だけでなく，専業主婦の多い住宅地にも数多くの零細小売業者が展開していた。

　高度成長期には農業就業者数の減少に比べて農家戸数の減少はまだ緩やかであったが，そのずれを支えたのが，出稼ぎ，兼業などの農外所得と米価政策であった。前章でみたように戦時期にも戦後復興期にも小農経営は維持され，戦中・戦後の巨大な変化の基底には強靭な農家世帯があった。その農家世帯が徐々にではあるが絶対数で減少を続け，就業者数は劇的に減少した。本章冒頭の「はじめに」でみた「もはや何人も，そして何ものも，この地すべり的な移動を止めることは不可能であろう」という農業経済学者の予測は的確であった。農村を離れた若者は大都市の中小零細企業・商店で腕を磨き，新しい所帯をもち，その一部は夫婦で力を合わせながら自営業を展開した。日本経済のダイナミズムは法人企業における組織・技術革新だけでなく，こうした強靭な中小零細企業・商店の日々の営み，新しいコミュニティ形成の試みにも支えられていたのである。

第6章　参考文献

浅井良夫［1999-2000］「『経済自立5ヵ年計画』の成立⑴～⑸」『経済研究』(成城大学)第145, 146, 148-150号。
浅井良夫［2000］「『新長期経済計画』と高度成長初期の経済・産業政策」『研究報告』(成城大学経済研究所)第25号。
浅井良夫［2005］「現代資本主義と高度成長」歴史学研究会・日本史研究会編『日本史講座第10巻　戦後日本論』東京大学出版会。
浅井良夫［2008］「1950年代における経済自立と開発」『年報　日本現代史』第13号。
浅井良夫［2010］「高度成長と財政金融」石井寛治・原朗・武田晴人編『日本経済史5　高度成長期』東京大学出版会。
浅井良夫［2015］『IMF8条国移行——貿易・為替自由化の政治経済史』日本経済評論社。
浅沼萬里(菊谷達弥編)［1997］『日本の企業組織　革新的適応のメカニズム——長期取引関係の構造と機能』東洋経済新報社。
飯田経夫ほか［1976］『現代日本経済史——戦後30年の歩み　下』筑摩書房。
池田正孝［1976］「日立製作所を頂点とする下請機構とその外注管理政策の特質」中央大学経済研究所編『中小企業の階層構造——日立製作所下請企業構造の実態分析』中央大学出版部。

石井寛治［2015］『資本主義日本の歴史構造』東京大学出版会。
石井寛治・原朗・武田晴人編［2010］『日本経済史5　高度成長期』東京大学出版会。
石井晋［2011］「流通」武田晴人編『高度成長期の日本経済——高成長実現の条件は何か』有斐閣。
石弘光［2008］『現代税制改革史——終戦からバブル崩壊まで』東洋経済新報社。
石川経夫［1996］「所得と資産の分配」貝塚啓明・香西泰・野中郁次郎監修『日本経済事典』日本経済新聞社。
磯田光一［1983］『戦後史の空間』新潮社。
伊藤正直［2012］「国民所得倍増計画と財政・金融政策」原朗編『高度成長展開期の日本経済』日本経済評論社。
伊東光晴監修・エコノミスト編集部編［1977］『戦後産業史への証言　第1巻』毎日新聞社。
井上和衛［2003］『高度成長期以後の日本農業・農村　上』筑波書房。
猪木武徳［1989］「成長の軌跡(1)」安場保吉・猪木武徳編『日本経済史8　高度成長』岩波書店。
猪木武徳［1996］『学校と工場——日本の人的資源』読売新聞社。
猪木武徳［2000］『日本の近代7　経済成長の果実——1955〜1972』中央公論新社。
井堀利宏［2003］「財政」橘木俊詔編『戦後日本経済を検証する』東京大学出版会。
植田浩史［2004］『現代日本の中小企業』岩波書店。
植田浩史［2011］「中小企業」武田晴人編『高度成長期の日本経済——高成長実現の条件は何か』有斐閣。
氏原正治郎・高梨昌［1971］『日本労働市場分析　上』東京大学出版会。
梅崎修［2007］「工業高等専門学校」日本産業技術史学会編『日本産業技術史事典』思文閣出版。
梅村又次［1961］『賃金・雇用・農業』大明堂。
エコノミスト編集部編［1984］『証言・高度成長期の日本　上』毎日新聞社。
大蔵省編［1976］『財政金融統計月報』第290号。
大蔵省財政史室編［1992］『昭和財政史　昭和27〜48年度　第12巻』（伊藤正直・浅井良夫著）東洋経済新報社。
大蔵省財政史室編［1999］『昭和財政史　昭和27〜48年度　第11巻』（伊藤正直・安藤平・浅井良夫著）東洋経済新報社。
大橋正房［1986］「流通と宣伝」高度成長期を考える会編『高度成長と日本人——列島の営みと風景』日本エディタースクール出版部。
岡崎哲二［1992］「資本自由化以後の企業集団」法政大学産業情報センター・橋本寿朗・武田晴人編『日本経済の発展と企業集団』東京大学出版会。
岡崎哲二［1995］「戦後日本の金融システム——銀行・企業・政府」森川英正・米倉誠一郎編『日本経営史5　高度成長を超えて』岩波書店。
岡崎哲二［1996］「復興から高度成長へ」貝塚啓明・香西泰・野中郁次郎監修『日本経済事典』日本経済新聞社。
岡本達明・松崎次夫編［1989-1990］『聞書　水俣民衆史』全5巻、草風館。
尾嶋史章・近藤博之［2000］「教育達成のジェンダー構造」盛山和夫編『日本の階層システム4　ジェンダー・市場・家族』東京大学出版会。
尾高煌之助［1984］『労働市場分析——二重構造の日本的展開』岩波書店。
尾高煌之助［1993］『企業内教育の時代』岩波書店。
小野旭［1989］『日本的雇用慣行と労働市場』東洋経済新報社。
小野善邦［2004］『わが志は千里に在り　大来佐武郎評伝』日本経済新聞社。
小原明［2001］『松下電器の企業内教育——歴史と分析』文眞堂。
加瀬和俊［1997］『集団就職の時代——高度成長のにない手たち』青木書店。
加瀬和俊［2005］「農村と地域の変貌」歴史学研究会・日本史研究会編『日本史講座　第10巻』東京大学出版会。
金子文夫［2010］「資本輸出の展開——対アジア進出を中心に」原朗編『高度成長始動期の日本経済』

日本経済評論社。
加用信文監修［1977］『改訂日本農業基礎統計』農林統計協会。
苅谷剛彦［1991］『学校・職業・選抜の社会学——高卒就職の日本的メカニズム』東京大学出版会。
苅谷剛彦［1995］『大衆教育社会のゆくえ——学歴主義と平等神話の戦後史』中央公論社。
韓国史事典編纂会・金容権編［2002］『朝鮮韓国近現代史事典——1860-2001』日本評論社。
橘川武郎［1996］『日本の企業集団——財閥との連続と断絶』有斐閣。
橘川武郎［2012］『日本石油産業の競争力構築』名古屋大学出版会。
金容度［2011］「鉄鋼業——設備投資と企業間取引」武田晴人編『高度成長期の日本経済』有斐閣。
清成忠男［1970］『日本中小企業の構造変動』新評論。
工藤章［1990］「石油化学」米川伸一・下川浩一・山崎広明編『戦後日本経営史　第2巻』東洋経済新報社。
工藤信男［1979］『高齢化時代の退職金・年金制度——基本的問題と合理化の方向』日本経営者団体連盟。
倉部行雄［1958］「機械輸出の現況・対策・問題点」『通商産業研究』第6巻第8号。
栗田健［1994］『日本の労働社会』東京大学出版会。
黒木祥弘・本多佑三［2003］「金融——金融制度と金融政策」橘木俊詔編『戦後日本経済を検証する』東京大学出版会。
黒坂佳央・浜田宏一［1984］『マクロ経済学と日本経済』日本評論社。
黒瀬直宏［1997］『中小企業政策の総括と提言』同友館。
経済企画庁編［各年版］『国民経済白書』,『国民所得統計年報』。
経済企画庁編［1976］『現代日本経済の展開——経済企画庁30年史』大蔵省印刷局。
小池和男［1981］『中小企業の熟練——人材形成のしくみ』同文舘。
香西泰［1981］『高度成長の時代——現代日本経済史ノート』日本評論社。
香西泰［1989］「高度成長期の経済政策」安場保吉・猪木武徳編『日本経済史8　高度成長』岩波書店。
国民金融公庫調査部［1970］「小零細企業新規開業実態調査報告」『調査月報』（国民金融公庫）第108号。
小堀聡［2010］『日本のエネルギー革命——資源小国の近現代』名古屋大学出版会。
小堀聡［2011］「エネルギー供給体制と需要構造」武田晴人編『高度成長期の日本経済』有斐閣。
小宮隆太郎［1975］『現代日本経済研究』東京大学出版会。
小宮隆太郎・奥野正寛・鈴村興太郎編［1984］『日本の産業政策』東京大学出版会。
小森頼一［1992］『小森頼一氏ヒアリング記録』。
定村忠士［1985］「地域のなかで」高度成長期を考える会編『高度成長と日本人——家族の生活の物語』日本エディタースクール出版部。
座談会［1970］「小零細企業の新規開業」『調査月報』（国民金融公庫）第108号。
沢井実［2006］「高度成長期日本の研究開発体制」『経済志林』（法政大学）第73巻第4号。
沢井実［2007］「技術者教育」日本産業技術史学会編『日本産業技術史事典』思文閣出版。
沢井実［2012］『近代日本の研究開発体制』名古屋大学出版会。
沢井実［2013］『マザーマシンの夢——日本工作機械工業史』名古屋大学出版会。
志賀広［1986］『技術一代　六十年』日本社史出版。
篠原三代平［1961］『日本経済の成長と循環』創文社。
篠原三代平［1982］『経済大国の盛衰』東洋経済新報社。
島西智輝［2011］『日本石炭産業の戦後史——市場構造変化と企業行動』慶應義塾大学出版会。
下河辺淳［1994］『戦後国土計画への証言』日本経済評論社。
下谷政弘［1993］『日本の系列と企業グループ——その歴史と理論』有斐閣。
衆議院［1970］「衆議院商工委員会議録」第9号。
菅山真次［2011］『「就社」社会の誕生——ホワイトカラーからブルーカラーへ』名古屋大学出版会。

菅山真次・西村幸満［2000］「職業安定行政の展開と広域紹介」苅谷剛彦・菅山真次・石田浩『学校・職安と労働市場——戦後新規学卒市場の制度化過程』東京大学出版会。
杉山茂［1972］「庄内地方における一農家の生活構造——生活時間調査を手がかりに」『農業総合研究』第26巻第2号。
鈴木淑夫［1974］『現代日本金融論』東洋経済新報社。
鈴木良始［1994］『日本的生産システムと企業社会』北海道大学図書刊行会。
須田美矢子［2003］「貿易」橘木俊詔編『戦後日本経済を検証する』東京大学出版会。
関満博［1993］『フルセット型産業構造を超えて——東アジア新時代のなかの日本産業』中央公論社。
関満博・加藤秀雄［1990］『現代日本の中小機械工業——ナショナル・テクノポリスの形成』新評論。
戦後日本の食料・農業・農村編集委員会編［2004］『高度成長期Ⅲ——基本法農政下の食料・農業問題と農村社会の変貌』農林統計協会。
総務省統計局監修・日本統計協会編［2006］『新版　日本長期統計総覧　第1巻』日本統計協会。
曽根田郁夫［1985］『日本の企業年金』東洋経済新報社。
園田恭一［1985］「家族・地域社会の変化と福祉・医療——生活の視点を中心として」東京大学社会科学研究所編『福祉国家　第6巻』東京大学出版会。
祖父江利衛［2011］「造船業」武田晴人編『高度成長期の日本経済』有斐閣。
第一生命保険相互会社編［1982］『企業年金白書』社会保険広報社。
竹内淳彦［1978］『工業地域構造論』大明堂。
武田晴人［2008］『高度成長』岩波書店。
武田晴人編［2011］『高度成長期の日本経済——高成長実現の条件は何か』有斐閣。
橘木俊詔［2003］「家計」橘木俊詔編『戦後日本経済を検証する』東京大学出版会。
通商産業政策史編纂委員会編［1990］『通商産業政策史　第6巻』通商産業調査会。
鶴田俊正［1982］『戦後日本の産業政策』日本経済新聞社。
寺西重郎［2003］『日本の経済システム』岩波書店。
暉峻衆三編［1981］『日本農業史——資本主義の展開と農業問題』有斐閣。
東洋経済新報社編［1991］『完結　昭和国勢総覧　第1～3巻』東洋経済新報社。
内閣府編［2015］『少子化社会対策白書』平成27年版。
中岡哲郎［2002］「総論——戦後産業技術の形成過程」中岡哲郎編『戦後日本の技術形成——模倣か創造か』日本経済評論社。
中瀬哲史［2000］「高度成長期以降の東大阪地域の産業集積——東大阪市域を中心に」植田浩史編『産業集積と中小企業——東大阪地域の構造と課題』創風社。
中野聡［2002］「賠償と経済協力——日本・東南アジア関係の再形成」池端雪浦ほか編『岩波講座・第8巻　東南アジア史』岩波書店。
永野慎一郎・近藤正臣編［1999］『日本の戦後賠償——アジア経済協力の出発』勁草書房。
中村隆英［1978］『日本経済——その成長と構造』東京大学出版会。
中山伊知郎監修・エコノミスト編［1960］『日本経済の成長——高度成長を支えるもの』東京大学出版会。
中山茂［1995］「企業内研究開発活動の興隆——中央研究所ブーム」中山茂・後藤邦夫・吉岡斉編『［通史］日本の科学技術』第3巻，学陽書房。
並木正吉［1960］『農村は変わる』岩波書店。
日本銀行統計局編［各年版］『本邦経済統計』・『経済統計年報』。
日本経営史研究所編［1997］『東レ70年史——1926-1996』東レ株式会社。
野田一夫編［1969］『現代経営史』日本生産性本部。
野田正穂・原田勝正・青木栄一・老川慶喜編［1986］『日本の鉄道——成立と展開』日本経済評論社。
野村正實［2007］『日本的雇用慣行——全体像構築の試み』ミネルヴァ書房。
橋本寿朗［1995］『戦後の日本経済』岩波書店。
橋本寿朗［1996］「長期相対取引形成の歴史と論理」橋本寿朗編『日本企業システムの戦後史』東京

大学出版会。
橋本寿朗［2001］『戦後日本経済の成長構造——企業システムと産業政策の分析』有斐閣。
橋本寿朗・長谷川信・宮島英昭［2006］『新版　現代日本経済』有斐閣。
蓮見音彦［1973］「村落構造と農村の支配構造」蓮見音彦編『社会学講座 4　農村社会学』東京大学出版会。
馬場啓之助・唯是康彦編［1986］『日本農業読本』第 7 版，東洋経済新報社。
林健久・今井勝人編［1994］『日本財政要覧』第 4 版，東京大学出版会。
原朗編［2010］『高度成長始動期の日本経済』日本経済評論社。
原朗編［2012］『高度成長展開期の日本経済』日本経済評論社。
原田正純［1972］『水俣病』岩波書店。
韓載香［2011］「自動車」武田晴人編『高度成長期の日本経済』有斐閣。
兵藤釗［1997］『労働の戦後史　下』東京大学出版会。
平野創［2008］「石油化学工業における設備投資調整——エチレン年産 30 万トン基準の制定と運用」『経営史学』第 43 巻第 1 号。
廣田義人［2007］「戦後の大学院」日本産業技術史学会編『日本産業技術史事典』思文閣出版。
藤本隆宏［1997］『生産システムの進化論——トヨタ自動車にみる組織能力と創発プロセス』有斐閣。
古田和子［1997］「大阪財界の中国貿易論——50 年代初期」中村隆英・宮崎正康編『過渡期としての 1950 年代』東京大学出版会。
古厩忠夫［1997］『裏日本——近代日本を問いなおす』岩波書店。
星岳雄・A．カシャップ（鯉渕賢訳）［2006］『日本金融システム進化論』日本経済新聞社。
本田敬吉・秦忠夫編［1998］『柏木雄介の証言——戦後日本の国際金融史』有斐閣。
御厨貴・中村隆英編［2005］『聞き書　宮澤喜一回顧録』岩波書店。
宮崎義一［1966］『戦後日本の経済機構』新評論。
宮崎義一［1985］『日本経済の構造と行動——戦後四〇年の軌跡　上』筑摩書房。
宮本又郎［2008］『日本経済史』放送大学教育振興会。
三輪芳朗［1998］『政府の能力』有斐閣。
三和良一・原朗編［2007］『近現代日本経済史要覧』東京大学出版会。
村上泰亮［1992］『反古典の政治経済学——二十一世紀への序説　下』中央公論社。
室山義正［1992］『日米安保体制——ニクソン・ドクトリンから湾岸戦争後まで　下』有斐閣。
文部省大臣官房調査統計課編［1980］『文部統計要覧』昭和 55 年版，大蔵省印刷局。
安場保吉［1989］「歴史のなかの高度成長」安場保吉・猪木武徳編『日本経済史 8　高度成長』岩波書店。
安場保吉・猪木武徳編［1989］『日本経済史 8　高度成長』岩波書店。
山崎広明［1985］「日本における老齢年金制度の展開過程——厚生年金制度を中心として」東京大学社会科学研究所編『福祉国家　第 5 巻』東京大学出版会。
山崎充［1981］「工場団地の登場」中村秀一郎ほか『現代中小企業史』日本経済新聞社。
呂寅満［2011］「1960 年代前半の産業政策」武田晴人編『高度成長期の日本経済』有斐閣。
吉岡斉［1999］『原子力の社会史——その日本的展開』朝日新聞社。
吉川洋［1997］『高度成長——日本を変えた 6000 日』読売新聞社。
和田一雄［1988］『田植の技術史』ミネルヴァ書房。
渡辺幸男［1997］『日本機械工業の社会的分業構造——階層構造・産業集積からの下請制把握』有斐閣。

エピローグ

日本経済の課題

1 石油危機以後の日本経済の歩み

▶ 安定成長の持続とバブル経済

1970年代の2回の石油危機を乗り越えた日本経済は，高度成長期と比較して低下したとはいえ，80年代に入っても世界経済を牽引する安定成長を持続した。世界貿易に占める日本のシェアは1970～85年に輸入では6.4%から7.2%への拡大であったが，輸出では6.9%から10.1%に増大した。これは円レートの過小評価による面もあったが，基本的には日本の製造業，とくに機械工業の国際競争力の強化を反映したものであった（以下，橋本・長谷川・宮島［2006］，宮本［2008］，第15章）。

アメリカの対外不均衡の原因であるドル高の是正を目的として，1985年9月に主要先進諸国の間でプラザ合意が成立し，以後ドル安・円高が一挙に進展した。1986年の日本経済は「円高不況」に陥ったものの，公定歩合の度重なる引き下げ，公共事業支出の拡大，原油安によって景気は急速に回復し，同年秋から90年まで大型好況が続いた。しかし，1988年頃から景気は過熱気味となり，超低金利政策と積極的財政政策，日銀の為替介入の結果，マネーサプライの増加が著しかった。円高に規定されて卸売物価は低下し，消費者物価も落ち着いていたが，株価と地価は急騰した。この「バブル」の主役は1970年代以降の金融自由化によって資金調達が容易になった企業であり，保有資産の市場価値の膨張を背景に多くの企業が本業以外の「財テク」に走った。

▶ 1990年代の景気低迷と金融危機

しかし1989年5月の引き上げを皮切りに公定歩合は段階的に引き上げられ，

90年8月に6％になった。同年4月から金融機関に対して不動産融資の総量規制が実施された。これを契機に地価と株価は急速に下落し、逆資産効果が日本経済に甚大な影響を与えた。民間設備投資は1992～94年度と3年にわたってマイナスを記録した。

　一方、旧社会主義圏の市場経済圏への参入と冷戦体制の終焉、ニーズ（NIEs）、アセアン（ASEAN）などに代表されるアジア諸国の目覚ましい経済発展、中国における改革開放路線の定着と経済発展、インドの経済自由化路線への転換、IT革命の進展など、1990年代の世界経済は大きな構造転換を経験する。円高を背景に日本企業は海外直接投資を急拡大し、その結果アジア諸国からの安価な労働集約的商品が日本市場に流入し、それが国内の低物価とデフレ傾向を加速した。

　バブル崩壊後の日本経済を下支えしたのは相次ぐ財政出動であった。しかし国債依存度が上昇したため、1995年以降の景気回復を見定めて、96年1月に成立した橋本龍太郎内閣は財政再建に乗り出し、消費税を3％から5％に引き上げた。ところが1997年のアジア通貨金融危機、および北海道拓殖銀行と山一證券（97年）、日本長期信用銀行と日本債券信用銀行の破綻（98年）といった金融危機が続発したため、景況は一変して98年度には74年に次いで戦後2度目のマイナス成長を記録した。橋本内閣と小渕恵三内閣によって大規模な緊急経済対策が打ち出されたものの、その効果は小さかった。1990年代の長期不況の最大要因である金融機関の不良債権問題に解決の糸口が見出せなかったからである。

　こうした中で1998年6月に金融監督庁、同年12月に金融再生委員会が発足し、大蔵省から銀行検査業務が分離された。金融監督庁は大蔵省に存置されていた金融制度の企画立案に関わる業務を統合して2000年7月に金融庁に改組される。また1998年3月に21行の金融機関に対して公的資金1.8兆円、さらに99年3月に大手15行に総額7.5兆円の資本注入が行われた結果、不良債権問題は解決の方向へと向かった。

▶ 21世紀に入ってからの経済動向と原発事故

　1990年代の「失われた10年」が叫ばれる中、高度経済成長期に確立し、70, 80年代には日本製造業の国際競争力の源泉とみなされた「日本型経済システム」、「日本型雇用システム」に対する批判が相次ぎ、欧米の成功事例に依拠した市場主義に基づく「構造改革」が提唱された。2001年1月には中央省庁の再編が実施され、同年4月には「構造改革」を掲げる小泉純一郎内閣が誕生し、06年夏まで続く長期政権となった。

　実質GDP成長率（2000年基準）は2003～06年度に2％台を持続したものの、08年9月のリーマン・ショックの影響を受けて08, 09年度は大幅なマイナス成

長となり，11年3月11日に東日本大震災，その直後に福島第一原子力発電所事故が起こった。

▶ 長期的経済低迷の諸要因

以上のような 20 年近くにわたる日本経済のかつて経験したことのない長期低迷の原因についてさまざまな議論が交わされてきた。星・カシャップ［2013］は，①「追い付き型成長」の終焉，②高齢化の急速な進展，③生産性の低い内需向け非製造業の存在，④金融・財政政策の不適切な運営に注目する。④を除いていずれも高度成長のあとに到達した構造的要因である。一方，長引くデフレーションの原因として，吉川［2013］は激化する国際競争の中での大企業における雇用制度の変化と名目賃金の低下を指摘する。さらに福田［2015］は生産性の低迷，国際競争力の低下といった構造的問題（供給サイドの問題）と，不況による需要不足やマクロ政策の失敗に起因するデフレ・ギャップ（需要サイドの問題）を切り離して議論するのではなく，1990 年代における不良債権問題に対する対応の遅れが，2000 年代における生産性の伸び悩みやデフレ現象に繋がったという「失われた 20 年」の連続面に注目する。

▶ 非正規雇用の増加

たしかに 1990 年代のかつて経験したことのない経済の長期低迷に直面して，雇用のあり方は大きく変化した。1991 年以降離職率が緩やかに上昇して入職率を上回り，雇用の削減が進んだ。正規雇用である新規学卒採用が抑制されたため若年失業が増加し，15〜24 歳層の完全失業率は上昇を続け，2000 年以降は 10% を突破した。「経営上の都合」による会社都合離職率は 1990 年代を通じて高まり，2001 年には第 1 次石油危機後のピークを超えた。正規雇用が抑制される中でパートタイマー，派遣労働者，有期契約の労働者などの非正規雇用が増加したため，非正規雇用比率は 1990 年代半ばの約 20% から 2012 年の 35% にまで傾向的に上昇した。雇用者の 3 人に 1 人が非正規というのが現状である。厳選・抑制した正規雇用を維持しながら，企業は雇用調整の手段を多様化させつつ，長期不況を乗り切ろうとしたのである。こうした中で正規労働者の長期雇用傾向はさらに強まり，非正規雇用との違いがますます際立つようになった（以下，厚生労働省編［2006a］，［2012］）。

基幹労働力については基本的に長期雇用を維持しつつも，ホワイトカラー職種については業績・成果主義的賃金制度の導入に積極的な企業が増えていった。1990 年代半ばまでの賃金カーブのフラット化は，企業が 45 歳以下の年齢層で勤続に伴う賃金評価を切り下げた結果であったが，95 年から 2005 年にかけては 45 歳以下層での賃金カーブのそれまで以上のフラット化は生じておらず，45 歳以

表終-1　部門

	1970年 ①	1980年 ②	1990年 ③	2000年 ④	2010年 ⑤
総　数	52,593	55,811	61,682	62,978	59,611
第1次産業	10,146	6,102	4,391	3,173	2,382
農　業	9,400	5,475	3,919	2,852	2,136
林　業	206	165	108	67	69
漁　業	539	461	365	253	177
第2次産業	17,897	18,737	20,548	18,571	14,123
鉱　業	216	108	63	54	22
建設業	3,964	5,383	5,842	6,290	4,475
製造業	13,717	13,246	14,643	12,228	9,626
第3次産業	24,511	30,911	36,421	40,485	39,646
電気・ガス・熱供給・水道業	290	349	334	351	284
運輸・通信業	3,236	3,504	3,676	3,902	4,846
卸売・小売業, 飲食店	10,136	12,731	13,802	14,319	13,227
金融・保険業	1,129	1,577	1,969	1,758	1,513
不動産業	274	427	692	747	1,114
サービス業	7,703	10,298	13,887	17,264	16,646
公務（他に分類されないもの）	1,742	2,026	2,063	2,143	2,016
分類不能の産業	40	62	321	750	3,460

（注）　2010年の「運輸・通信業」は「情報通信業・運輸業・郵便業」，「卸売・小売業, 飲食店」は
（出所）　三和・原編［2007］7頁。2010年は総務省統計局HPより。

上層の賃金水準が抑制された。入職初期から管理職として処遇する40歳代半ばまでの期間について，労働者の勤続を重視し，勤続年数を賃金評価に反映させるという企業の従来のスタンスに大きな変化はなかったのである。

　長期不況に直面した日本企業は正社員の賃金低下を小幅なものにとどめたため，一方で大規模なリストラを生み出し，他方で正社員の新規採用を大幅に縮小した。そのために15～24歳層の完全失業率は2003年まで上昇を続けた。新規採用がなくなったわけではなく，採用は非正規労働に集中した。新規学卒者の就職難は学校教育自体にも甚大な影響を与えた。4年制大学は3学年秋からの就職活動の開始によって，実質的に「3年制大学」に変質した。

2　農業・中小企業の変貌と家族の姿

▶農業就業者の劇的な減少

　表終-1に示されているように，農業就業者数は1970年代に393万人，80年代に156万人，90年代に107万人，2000年代に72万人減少し，全産業に占める農業就業者数の構成比も1970年の17.9%から2010年には3.6%にまで後退した。

別就業者数

(単位：1,000人，%)

1970年	1980年	1990年	2000年	2010年	②−①	③−②	④−③	⑤−④
100.0	100.0	100.0	100.0	100.0	3,218	5,871	1,296	−3,367
19.3	10.9	7.1	5.0	4.0	−4,044	−1,711	−1,218	−791
17.9	9.8	6.4	4.5	3.6	−3,925	−1,556	−1,067	−716
0.4	0.3	0.2	0.1	0.1	−41	−57	−41	2
1.0	0.8	0.6	0.4	0.3	−78	−96	−112	−76
34.0	33.6	33.3	29.5	23.7	840	1,811	−1,977	−4,448
0.4	0.2	0.1	0.1	0.0	−108	−45	−9	−32
7.5	9.6	9.5	10.0	7.5	1,419	459	448	−1,815
26.1	23.7	23.7	19.4	16.1	−471	1,397	−2,415	−2,602
46.6	55.4	59.0	64.3	66.5	6,400	5,510	4,064	−839
0.6	0.6	0.5	0.6	0.5	59	−15	17	−67
6.2	6.3	6.0	6.2	8.1	268	172	226	944
19.3	22.8	22.4	22.7	22.2	2,595	1,071	517	−1,092
2.1	2.8	3.2	2.8	2.5	448	392	−211	−245
0.5	0.8	1.1	1.2	1.9	153	265	55	367
14.6	18.5	22.5	27.4	27.9	2,595	3,589	3,377	−618
3.3	3.6	3.3	3.4	3.4	284	37	80	−127
0.1	0.1	0.5	1.2	5.8	22	259	429	2,710

「卸売業・小売業，宿泊業・飲食サービス業」。

　また製造業就業者が1990年代に242万人，2000年代に260万人も減少した結果，製造業の構成比も90年の23.7％から2010年の16.1％に低下した。その結果，就業者数の増加はもっぱら第3次産業が担うこととなり，構成比も1970年の46.6％から2000年の64.3％にまで上昇した。第3次産業の中ではサービス業と「卸売・小売業，飲食店」が2大雇用部門であり，第2次産業の中では建設業が無視しえない割合を占めた。また2000年代には就業者総数が337万人も減少し，一方で「分類不能の産業」就業者が急増し，林業，運輸・通信業，不動産業を除くすべての部門において就業者数の減少をみた。

　農業就業者数が劇的に減少しただけでなく，高度成長期にはまだ緩やかだった農家戸数が1980年の466万戸から2010年には163万戸に激減し，その内訳は専業農家が62万戸から45万戸，第1種兼業農家が100万戸から23万戸，第2種兼業農家が304万戸から96万戸への減少であった（前掲表6-17および農林水産省統計部［2012］）。こうした農業の地滑り的後退の中で食料自給率（供給熱量ベースの総合食料自給率）は1965年度の73％から2005年度には40％にまで低下した。

▶ 新潟県松之山町の事例

ここで中山間地域農村の一例として1980年代半ばの新潟県東頸城郡松之山町（2005年に他町村と合併して十日町市となる）の事例を紹介してみたい。同町は日本有数の豪雪地帯であり、田は山間部の急傾斜地沿いに開かれたものが多く、米作反収も蒲原平野などの平場と比べると約半分といわれた。松之山町（1955年に松之山村と浦田村が合併して松之山村となり、58年の町制施行で松之山町となる）の人口は47年に1万2200余人であったが、65年に1万人の大台を割り、85年11月末には4558人であった。役場では1964年度から挙家離村統計を取りはじめ、71年度の挙家離村は62戸に達した。町の経営耕地面積は1960年に1500ヘクタール近かったのが、84年には785ヘクタールに減少した（以下、新潟日報報道部編［1985］）。

松之山町のある地区では1967年の34戸が、挙家離村の結果84年には8戸（23人）しか残っていなかった。村を出る人は「立家ふるまい」といって親類や世話になった隣組の人々を呼んで一夜の酒宴を催した。東京近辺に住むこの地区の出身者で会をつくると、その名簿は200人を超えた。挙家離村した人は都会でも村にいたときと同じように、老人であっても外に出て働いた。ガソリンスタンド店員、倉庫の夜警、病院の用務員、お寺の寺男、市役所の清掃車助手、植木職などであった。

秋の最後の供出日を終え、出稼ぎの男たちが出て行くと、8軒の女衆が集会所に集まって作況評定を続けた。離村者が残していった田があるため、8軒の家で耕作する田はよりどりみどりだった。ある農家では田植機を買ったが、湿田では根付けがうまくなく、結局農協に安く引き取ってもらった。耕耘機以外は、昔ながらの手植え、手刈りであり、米以外にこの地区に商品作物はなかった。地区には毎月、税金や部落費を集会所に持ち寄る日がある。集まった金は区長が役場へ運ぶが、固定資産税の口数は26、27軒に上ってしまう。村に残る人が村を出た親類や隣人の分を立て替え払いするためであった。

▶ 非農林業部門における自営業の地滑り的後退

非農林業部門における自営業主および家族従業者は1975年には637万人と343万人を数えたが、2010年には456万人と104万人に減少し、一方で雇用者数は3617万人から5416万人に増加した（前掲表6-23および総務省統計局編［2011］）。非第1次産業の自営業主の数は1983年をピークに減少を続けている。自営業主の雇用者に対する相対所得は長期的に低下を続け、このことが開業率の長期的低落と関連している可能性が高い（岡室［2014］）。

高度成長期以後の35年間において農業とともに自営業の地滑り的後退が生じ

ていたのである。高度成長期にみられた中小企業労働者の間における旺盛な独立開業の気運は低下し，製造業では開業率の水準が低下するだけでなく，1989～91年以降には廃業率が開業率を上回るようになった。サービス業では廃業率が開業率を上回るのは1996～99年と2001～04年の2期間のみであったが，90年代半ば以降になると廃業率は顕著に増加した。製造業の事業所（4人以上）数は1985年の約44万事業所から2010年の22万事業所に半減するが，従業者規模4～9人の零細事業所数が全体に占める割合は同期間に57.8％から44.6％に低下し，独立開業の気運の低下を反映していた（中小企業庁編［各年］）。

▶ 縮小する産業集積

中小零細企業誕生の孵卵器であった産業集積も大きな変貌を遂げた。いま2000年に製造品出荷額等1兆円以上だった36市・2区（千代田区，大田区）の実績を90年と比較すると，大田区では事業所が22％，従業者数が32％減少し，東大阪市の場合は事業所が18％，従業者数が24％減少した。この間に事業所が増加した市・区はひとつもなく，減少率が5％未満にとどまったのは相模原市（－0.4％），平塚市（－3.1％），小牧市（－2.8％）の3市にすぎなかった（植田［2004］）。

▶ 家族の変貌──「単独世帯」・高齢者世帯の増加

高度成長期以後の家族の変貌も著しい。世帯数は1980年で3534万世帯，90年で4027万世帯，2000年で4555万世帯，13年で5011万世帯と推移した。全世帯に占める核家族世帯の割合は1975年の58.7％が2013年には60.2％とそれほど大きな変化はないが，核家族世帯のうち「夫婦のみの世帯」は11.8％から23.2％に上昇し，「夫婦と未婚の子どものみの世帯」は42.7％から29.7％に低下した。一方，高齢者世帯（65歳以上の者のみで構成するか，またはこれに18歳未満の未婚の者が加わった世帯）数は75年の109万世帯が2013年には1161万世帯に急増した。また「三世代世帯」は75年の555万世帯（構成比では16.9％）が2013年には333万世帯（6.6％）に減少し，「単独世帯」は599万世帯（18.2％）から1329万世帯（26.5％）に増加した（厚生労働省編［2015］）。

こうした家族類型の変化に規定されて，1960年には4.54人だった平均世帯人員は2005年には2.55人にまで低下した。1980年頃からの世帯規模縮小の要因としては，単身化とくに高齢者を中心とする「単独世帯」や高齢の「夫婦のみの世帯」の増加を指摘できる。厚生労働省『平成16年国民生活基礎調査』によると，65歳以上高齢者は2559万人（うち80歳以上は552万人），そのうち「子と同居」が1157万人（326万人），「子と別居」が969万人（166万人），「子どもなし」が311万人（42万人），「子どもの有無不詳」が122万人（18万人）であった。「子と

別居」の場合でも「同一家屋及び同一敷地」・「同一家屋」・「同一敷地」が180万人（42万人），「近隣地域」・「同一市区町村」が417万人（70万人），「その他」が373万人（54万人）であった。80歳以上高齢者の「子と同居」する者の割合は60.2%であるが，一方で約100万人の80歳以上高齢者が「子と別居」（その他）および「子どもなし」であり，遠くで別居している親子がどのように支え合い，子供のいない高齢者を地域がいかにサポートしているかが留意されるべきであろう。また要介護者の介護を担当する介護者の続柄をみると，2000年調査では息子の嫁が28.2%，妻が22.3%，娘が19.3%，夫と息子がそれぞれ9.2%の順であり，介護に関して明確なジェンダー格差が確認できる。なお1970年には70歳以上の高齢者の死亡の場所は自宅が77.3%，病院が19.3%であったが，2004年には病院死亡が87.3%，自宅死亡が11.8%であった（三浦編［2007］）。

3 国家の役割と市民社会

▶ 社会保障制度の設計と実態

　介護を含めた福祉の提供に関して，家族類型の変化，世帯規模の縮小などに規定されて家族の役割が相対的に後退し，企業が提供する福利厚生制度の意義も低下する中で「国家」に対する期待は高まらざるをえなかった。表終-2にあるように「福祉元年」（1973年）直後の75年の日本は欧米各国と比較して租税負担率も社会保障負担率もともに低く，「福祉国家」とはいいがたかった。しかし1990年には英米の社会保障負担率と肩を並べるようになり，2004年度の日本の社会保障負担率は英米とヨーロッパ諸国の中間に位置した。一方，日本の租税負担率はスウェーデンの約半分，アメリカとほぼ同水準で推移した。

　第6章でみたように，1973年改正によって厚生年金の給付水準は男性の標準報酬月額（月収）の約6割を目途とすることとされ，過去の標準報酬を現在の価格に評価し直して計算する標準報酬の再評価制度（賃金スライド）が導入された。また年金額の実質的価値を維持し，公的年金制度に対する信頼性を確保するため，物価変動に応じて年金額を改定する物価スライド制も導入された。

　年金財政には生産活動に従事する現役世代が収入を失ったその時代の高齢世代を支えるという世代間扶養の考え方に立つ賦課方式と，1人の個人（ないし1つの世代）が老後のための金を自らが働いている若い段階において何らかの形で積み立てておく積立方式があるが，1973年改正は積立主義から賦課主義への移行を宣言した。しかしその直後に石油危機に襲われ，また予想を超えた少子高齢化の進展によって公的年金制度はたえず制度設計を問われることになった。1985年改正において，全国民共通の基礎年金の導入，将来に向けた給付水準の変更，サ

表終-2 国民負担率（対国民所得比）

(単位：%)

	租税負担			社会保障負担			合計		
	1975年	1990年	2004年	1975年	1990年	2004年	1975年	1990年	2004年
日　本	18.9	27.4	22.5	5.4	11.3	14.4	24.3	38.8	36.9
アメリカ	25.3	24.1	23.2	7.8	9.8	8.7	33.1	33.9	31.9
イギリス	36.0	41.4	37.1	9.9	10.1	10.5	45.9	51.5	47.5
フランス	28.4	33.0	36.8	21.5	28.1	24.2	49.9	61.1	61.0
(西) ドイツ	27.1	26.4	27.5	18.6	19.5	23.8	45.7	45.9	51.3
スウェーデン	45.2	57.5	49.9	13.0	22.1	20.2	58.2	79.6	70.2

(出所) (財)大蔵財務協会編 [2003] 308頁, 出井・参議院予算委員会調整室編 [2007] 180-181頁。

ラリーマンの妻（所得のない専業主婦等）の年金権確立などを内容とする改正が行われた。1989年の合計特殊出生率は1.57となり，66年（ひのえうま）の1.58を下回り，少子化の進行が広く認識されるようになった。将来現役世代が減少することに対応して，94年改正では厚生年金の定額部分，2000年改正では厚生年金の報酬比例部分の支給開始年齢の引き上げが決定された。厚生労働省編『国民生活基礎調査』(2005年度) によると，高齢者世帯1世帯当たり平均所得金額は296万円であったが，その内訳は公的年金・恩給が69.6%，稼働所得が20.4%，財産所得が4.5%，仕送り・その他の所得が4.2%であり，公的年金・恩給を受給している高齢者世帯の約6割が年金所得だけで生活していた。公的年金制度をどのような形で維持運営していくのか，「国家」の役割が問われている（厚生労働省編 [2006b]）。

▶ ナショナル・イノベーション・システムの強化と国家の役割

　1990年代後半になっても景気低迷が続き，製造業の空洞化が深刻化する中で，日本では欧米各国における産業競争力強化の動きに対する危機感が高まり，ナショナル・イノベーション・システムの強化・見直しを目指す科学技術政策が打ち出された。1995年11月に議員立法である科学技術基本法が成立し，96年6月から科学技術基本計画が開始され，同計画には5年間で17兆円の予算がついた。景気回復，雇用拡大の切り札として，科学技術に対する期待がますます高まった。2001年1月にはそれまでの科学技術会議（総理府）は総合科学技術会議（内閣府）となり，経済財政諮問会議と並ぶ存在となった。

　1970年代以降いくつかの産業領域で日本企業は世界のフロント・ラインの位置に立つようになった。1980年代には日本はアメリカから基礎技術のフリーライダーとして糾弾される場面もあったが，日本企業の強い国際競争力の基盤は，①機電複合領域の開発能力，②日本的生産システムの形成過程を通して蓄積され

たシステム化能力，③メーカーとサプライヤの共同開発などであり（液晶ディスプレイに関する日本企業の経験について，沼上 [1999] 参照），それらは戦後日本の産業技術の個性ともいうべきものであった（中岡 [2001]）。

しかし，一部の領域で先頭に立った現在，追いつくべきモデルは存在しない。「効率」の悪い，世界的連関の深い，創造的な研究開発活動を試行錯誤の中から前に進めるしかない。地球環境問題，原発事故を契機とする脱原発問題，高齢化社会の急速な進行，人口減少など日本はさまざまな課題に直面している。ナショナル・イノベーション・システムの設計に際して，改めて国家の役割が問われている。

▶「市民社会」のいま

家族と「国家」の間ではさまざまな組織，団体，地域社会が「市民社会」を形成する。内閣府『社会意識に関する世論調査』から，近所付き合いについて「よく付き合っている」と回答した者の割合を 1975 年と 2004 年で比較すると，町村部では 68% から 34%，大都市では 35% から 14% にそれぞれ低下し，自営業主と雇用者では前者は 68% から 33%，後者は 38% から 15% に低下した。一般には近所付き合いの程度が大きいと推測される町村部や自営業主でも地域社会の関係が希薄化していることをうかがわせる（厚生労働省編 [2006b]）。

地域社会における付き合いは，もちろん自治会や町内会のような公式組織に限定されない。1981 年以降になると新設分譲住宅に占めるマンションの割合が 50% を超えるようになり，80 年代の新設マンションの着工戸数は毎年 10 万戸を上回り，89 年度には約 19 万戸に達した（建設省編 [1987]，[1990]）。1991，92 年にはマンションの発売戸数が 10 万戸を割り込むものの，93 年以降は 10 万戸を一貫して上回るようになり，2005 年の全国着工ベースでは分譲住宅約 37 万戸のうち約 23 万戸がマンションであった（国土交通省編 [1995]，[2006]）。分譲住宅戸数に占めるマンションの割合は，全国で 62%，首都圏で 64%，近畿圏で 56%，中部圏で 55%，その他地域で 66% であった（国土交通省編 [2006]）。大都市圏・地方を問わず，マンションでの生活が地域社会の中で大きな存在感をもつようになったのである。

こうした生活基盤の大きな変化の中で新しい「共同性」，さまざまな共同性に立脚した市民社会形成のための努力が続けられている。本書でみてきたように，江戸時代における小農社会の成立以来，現在に至るまで，日本社会は個人と共同性の具体的なあり方についてさまざまな経験を重ねてきた。私たちにとってこの 400 年の経験はかけがえのない「資産」である。

表終-3 輸出入額・対外対内直接投資額の推移

(単位:100万ドル, %)

年		米国	EU25	中国	ASEAN4	NIEs3	インド	世界計
1990		91,121	59,627	19,251	22,241	47,096	1,711	287,839
		31.7	20.7	6.7	7.7	16.4	0.6	100.0
2005		136,002	86,826	116,024	53,673	111,260	3,524	594,887
		22.9	14.6	19.5	9.0	18.7	0.6	100.0
1990		52,842	38,159	14,239	24,469	23,661	2,075	235,334
		22.5	16.2	6.1	10.4	10.1	0.9	100.0
2005		65,447	58,753	110,010	58,745	46,206	3,194	515,194
		12.7	11.4	21.4	11.4	9.0	0.6	100.0
	日本	米国	EU25	中国	ASEAN4	NIEs3	インド	世界計
1990	48,024	30,982	121,238	3,278	294	8,328	6	229,630
	20.9	13.5	52.8	1.4	0.1	3.6	0.0	100.0
2005	45,781	−12,714	554,802	43,865	6,445	15,860	1,364	778,725
	5.9	−1.6	71.2	5.6	0.8	2.0	0.2	100.0
1990	1,753	48,422	90,499	6,762	6,828	7,664	237	201,614
	0.9	24.0	44.9	3.4	3.4	3.8	0.1	100.0
2005	2,775	99,443	421,899	108,304	14,047	28,906	6,598	916,277
	0.3	10.9	46.0	11.8	1.5	3.2	0.7	100.0

(注) 1) 上段の上は日本の当該国・地域への輸出額と構成比,下は日本の当該国・地域からの輸入額と構成比。
2) 下段の上は対世界対外直接投資額(フロー)と構成比,下は対世界対内直接投資額(フロー)と構成比。
3) ASEAN4はインドネシア,タイ,フィリピン,マレーシア。
4) NIEs3は台湾,韓国,シンガポール。

(出所) 経済産業省編 [2007] 299-302 頁。

4 アジアの中の日本経済,世界の中の日本経済

▶ 対外的経済関係の変化

1990年代以降の世界経済の構造変化は日本の対外経済関係にも大きな影響を与えた。表終-3に示されているように,日本経済が絶好調を誇っていた1990年の貿易相手先は輸出・輸入ともにアメリカが最大のシェアを占めた。しかし2005年になると輸出では依然としてアメリカが最大の相手先であるが,そのウェイトは大きく低下し,代わって中国がほぼアメリカと肩を並べる地位に上昇した。輸入では2002年以降中国がアメリカを抜いて最大の相手国に躍進しており,中国とアメリカの差は増大する一方である(経済産業省編 [2007])。中国経済の急拡大に伴って日中経済関係はますます深いものになりつつある。また構成比では低下したものの,EUと日本との貿易関係も拡大を続けた。

貿易関係の拡大と比較して,日本の対外直接投資は21世紀に入って回復の兆

表終-4　工作機械輸出額の地域別構成

(単位：100万円)

地域別	1990年		2010年	
	輸出額	構成比	輸出額	構成比
東アジア	89,123	19.6	316,729	52.0
韓　国	61,513	13.5	48,446	8.0
台　湾	18,148	4.0	26,218	4.3
中　国	5,376	1.2	217,326	35.7
東南アジア・その他アジア	52,392	11.5	114,248	18.8
タ　イ	19,313	4.2	44,752	7.4
シンガポール	11,582	2.5	6,299	1.0
中　東	2,149	0.5	1,200	0.2
ヨーロッパ	162,667	35.7	68,558	11.3
ドイツ	51,060	11.2	15,879	2.6
イギリス	18,015	4.0	3,284	0.5
EU（除くドイツ・イギリス）	65,072	14.3	37,850	6.2
ソ連（ロシア）	2,651	0.6	3,079	0.5
北　米	140,327	30.8	96,103	15.8
アメリカ	131,456	28.8	89,200	14.7
メキシコ	3,287	0.7	3,338	0.5
中南米	2,201	0.5	8,103	1.3
ブラジル	1,224	0.3	7,575	1.2
アフリカ	1,022	0.2	624	0.1
オセアニア	5,929	1.3	2,987	0.5
合　計	455,809	100.0	608,551	100.0

（出所）日本工作機械工業会［1991］90頁，沢井［2013］399頁。

しをみせているとはいえ，2005年でも1990年実績に達していない（表終-3参照）。対外直接投資で圧倒的存在感を示すのはEUであり，そのシェアはこの15年間でさらに上昇した。対内直接投資の動きをみると，日本はきわめて小さな存在であり，ここでもEUが大きなシェアを占め，さらに2005年では中国がアメリカを上回る外資を受け入れていることがわかる。

▶ **工作機械工業の事例**

　日本経済とアジア経済・世界経済の深まる関係を代表する一例として，典型的な資本財である「機械をつくる機械」工作機械をみておきたい（日本を含めた東アジア諸国の工作機械工業については，廣田［2011］参照）。高度成長期前半にはまだ日本製工作機械の技術的立ち後れが問題になっていたが，1970年代に進展したNC（数値制御）化をバネに，1982～2008年の27年間にわたって日本は世界最大の工作機械生産国の地位を維持した。生産のほぼ半額を輸出する工作機械工業である

が，輸出の地域別構成をみたのが表終-4である。1990年には北米市場とヨーロッパ市場で全体の65％を占めたが，2010年になると最大の輸出相手国は中国であり，東アジア・東南アジア市場の割合が7割を超えた。

かつて輸入工作機械が日本の工業化を支え，工作機械メーカーにキャッチアップの目標を提供したが，NC化の時代に入って日本製工作機械はアジアの工業化，世界の機械生産を支える大きな役割を果たしているのである。

▶ 金融機関の役割

工作機械工業などに代表される製造業の多くがアジア経済，世界経済の中で重要な地位を確立しているのに対し，1990年代を通して不良債権問題に呻吟した銀行業は，無担保コール翌日物金利を実質ゼロにする「ゼロ金利政策」（99年2月採用，2000年8月いったん中断，01年3月に再開，06年7月に解除），日銀が銀行保有の国債を購入する量的緩和政策（2001年3月採用，06年3月解除）に支えられて収益性を顕著に回復させた。金融機関はゼロ金利で家計から調達した預金を長期国債で運用すれば，金利上昇による損失を憂慮することなく1％を超える長短金利差を取得できた。そこから生じる莫大な収益が不良債権処理や合併費用に充当された。将来を考えれば量的緩和政策と裏腹の関係にある国債市場中心の資金循環から，付加価値を創出する産業部門に資金を投下する仕組みに転換していく必要がある。家計部門の貯蓄は，過去の損失の穴埋めにではなく，将来の価値を生み出す投資に向けられなければならない（齋藤［2005］）。

1990年代初頭まで維持された都市銀行13行体制は，段階的合併を経て，結局みずほ銀行（2002年），三井住友銀行（01年），りそな銀行（02年），東京三菱UFJ銀行（06年）の4大銀行体制に再編された。しかしメガバンクが誕生したとはいえ，連繋の度合いをますます深めるアジア経済，世界経済の動向に対応して，今後金融機関がいかなる独自の役割を果たしていくのか，なお明確な方向性はみえていない。

さらに第2次安倍内閣による「アベノミクス」の展開によって，日本国債の保有者内訳において日銀の占める割合は2010年の10％程度から14年末には25％にまで上昇した。「財政ファイナンス」的色彩を深める金融政策に過度に依存する体質からいかに脱却するのか，急速な少子高齢化が進む日本の課題は大きい（福田［2015］第8章）。

▶「創造的な仕事」の諸条件

「創造的な仕事」の条件として，中岡哲郎は「今までにない，また他に較べられるもののないものを作り出すということが第一であろう。その上に，その仕事が何らかの意味で人々の共有財産となるということが第二の条件だろう。（中略）

創造的な仕事をする人々，またそうした人々を多く生み出した国が敬意の対象となるのはこの後の方の条件によってであろう」と指摘し，戦後日本の経験は「後発国の経済発展に希望を与えたという点では創造性の第一の基準を満たしている。その経験を単に外に向かって自慢するのではなく，工業化をめざす発展途上国の共同財産としていく努力と活動が後に続けば，それは立派な創造的な仕事といえる」とした上で，第1の基準を満たす方向に進んでいるようにみえる1970年代以降の技術発展が第2の基準を満たすかどうかは，「世界が当面している不確実な未来の全問題に日本の社会がどうアプローチしていくかにかかっている」という（中岡［2002］32-33頁）。

脱原発，地球環境問題，少子高齢化社会の急速な進行，いずれもが「世界が当面している不確実な未来の全問題」そのものであり，私たちが全力で取り組むべき，取り組むに値する諸課題である。

戦後のアジアにおける「政治から経済」へ，「脱植民地化から開発へ」という巨大な変容の要因をアジアの戦後史それ自体が内包する力学に求めながらも，宮城大蔵はアジアを「非政治化」するという日本の試みは結果として相当程度に成功したとする。その上で宮城はアジア域内の長期的な民主化に資する協力と努力を積み重ねることが，日本のとるべき選択肢であると主張する（宮城［2008］）。

「基層」としての「小農社会」を基盤にして外からの衝撃を受け止め，「産業革命」の進展と「在来的発展」の達成を経済の基本骨格として定置し，さらに進んで日本は総力戦遂行を決断するまでの経済的実力を構築した。しかし戦前日本の経済的軌跡は中岡のいう第1の基準に近づいたかもしれないが，第2の基準からは大きく逸脱する惨禍を国の内外にもたらした。アジアからいったん強制的に退却させられた戦後日本はアメリカとの政治的経済的結び付きを強化する一方，戦後賠償をバネに中国抜きのアジアへの復帰，「入亜」を果たし，その後の日本の高度成長自体がアジアの「非政治化」に大きな影響を与え，ニーズ（NIEs），アセアン（ASEAN），市場経済圏復帰後の中国経済の急成長も日本との経済的交流なしにはありえなかった。

若い世代が「世界が当面している不確実な未来の全問題」に取り組むためには，取り組むための出会いの場が提供されなければならない。必要なのは経済的困難の矛盾を特定の世代に押し付けることではなく，参加・機会の平等を確保しつつ，担うに値する課題を新しい世代が見出すための試行錯誤を支援することであろう。創造性の第2の基準を満たすための途は，国内における世代間対立とナショナリズムの発揚ではなく，世代間・国家間の対話と交流の中からしか生まれないであろう。少子高齢化の進展が自動的に「高齢者（シルバー）民主主義」をもたらす

わけではない。若年層に対して多様な教育・訓練の機会を提供し，同時にいかなる内実の福祉プログラムを設計するのか，いま戦後日本の民主主義の力量が問われている。

▶ **資産としての歴史的経験と主体的選択**

「小農社会」，「都市小経営」，「中小零細企業」，「自営業」を貫通して，各時代が与える条件の下でさまざまな形態をとりつつも，「家族」，「生産」，「消費」，「戦略」が分かちがたく重なり合い，日本経済の類型的特質を形作ってきたことを，本書は跡づけてきたつもりである。農家戸数が激減し，製造業に占める自営業の比重が決定的に後退した現在，多くの人びとにとって家族と生産の直接的な結び付きを実感することは難しいかもしれない。しかし，「家族」，「生産」，「消費」，「戦略」の新しいあり方を模索する営みは，日々続いている。本書で私たちがみてきた400年を超える日本の経験は，人びとのこうした日々の営みを励まし，営みの多様性に対する寛容さを育んでくれるはずである。

近世以来のリテラシー向上のための不断の努力，明治期以降の近代教育システム構築に向けた重点的資源配分，中等・高等教育の進学率の上昇といった国民的規模での「教育」へのコミットメントは，周辺国としての自覚，キャッチアップに対する後発工業国の強い意欲，家族・個人レベルでの社会的階梯上昇への悲願の表れであり，日本経済史の基底には一貫して「教育」と「科学技術」が人間の可能性を拡大することへの信頼と楽観があった。しかし20世紀における経験を経た現在，「教育」と「科学技術」に対する信頼と楽観は大きく揺らいでいる。こうした中で自然との関わりの中で変化しうる存在としての人間の可能性と限界に向かい合う上で，日本の経験はかけがえのない道標となるに違いない。

「追いつき型成長」の終焉から「現代」が始まっている。しかし私たちがこれまでみてきたように「追いつき」のプロセスは多様であり，そこでのさまざまな主体的な試みは「資産」となり，戦後のアジア諸国にとって「希望」でもあった。「追いつき」の終焉がただちに「資産」の雲散霧消を意味するわけではなく，資産をどう活用するかは私たちの主体的な選択と継続的な努力に依存しているといえよう。

エピローグ 参考文献

出井信夫・参議院予算委員会調査室編［2007］『財政データブック——財政の現状と展望』平成19年度版，学陽書房。

植田浩史［2004］「産業集積の『縮小』と産業集積研究」植田浩史編『「縮小」時代の産業集積』創風社。

㈶大蔵財務協会編［2003］『財政データブック——財政の現状と展望』平成15年度版，大蔵財務協会。

岡室博之［2014］「中小企業経営者」宮本又郎・加護野忠男・企業家研究フォーラム編『企業家学のすすめ』有斐閣。
経済産業省編［2007］『通商白書』2007年版。
建設省編［1987］・［1990］『建設白書』昭和62年版，平成2年版，大蔵省印刷局。
厚生労働省編［2006a］・［2012］『労働経済白書』平成18年版，平成24年版。
厚生労働省編［2006b］・［2015］『厚生労働白書』平成18年版，平成27年版。
国土交通省編［1995］・［2006］『土地白書』平成7年版，同18年版。
齋藤誠［2005］「量的緩和の手仕舞いは難事」『週刊東洋経済』7月23日号。
沢井実［2013］『マザーマシンの夢——日本工作機械工業史』名古屋大学出版会。
総務省統計局編［2011］『労働力調査年報』平成22（2010）年版。
中小企業庁編［各年］『中小企業白書』各年版。
中岡哲郎［2001］「産業技術とその歴史」中岡哲郎・鈴木淳・堤一郎・宮地正人編『新体系日本史11 産業技術史』山川出版社。
中岡哲郎［2002］「総論——戦後産業技術の形成過程」中岡哲郎編『戦後日本の技術形成——模倣か創造か』日本経済評論社。
新潟日報報道部編［1985］『ムラは語る』岩波書店。
日本工作機械工業会編［1991］『工作機械統計要覧』平成2年版。
沼上幹［1999］『液晶ディスプレイの技術革新史——行為連鎖システムとしての技術』白桃書房。
農林水産省統計部［2012］『ポケット　農林水産統計』2011年版。
橋本寿朗・長谷川信・宮島英昭［2006］『現代日本経済』新版，有斐閣。
廣田義人［2011］『東アジア工作機械工業の技術形成』日本経済評論社。
福田慎一［2015］『「失われた20年」を超えて』NTT出版。
星岳雄・A. カシャップ［2013］『何が日本の経済成長を止めたのか——再生への処方箋』日本経済新聞出版社。
三浦文夫編［2007］『図説高齢者白書』2006年度版，全国社会福祉協議会。
宮城大蔵［2008］『「海洋国家」日本の戦後史』筑摩書房。
宮本又郎［2008］『日本経済史』㈶放送大学教育振興会。
三和良一・原朗編［2007］『近現代日本経済史要覧』東京大学出版会。
吉川洋［2013］『デフレーション——"日本の慢性病"の全貌を解明する』日本経済新聞出版社。

索　引

人名索引

● ア 行

浅沼萬里　399
足利義昭　4
足利義満　5
麻生太吉　156
雨宮敬次郎　178
新井白石　43, 56, 58
安良城盛昭　15
井植歳男　271
池田勇人　372, 379
石井寛治　368
石田三成　15
石橋湛山　300
板垣退助　109
伊藤忠兵衛　84
犬養毅　255, 291
井上馨　109, 199, 250
井上準之助　211, 254, 257, 291
井上伝　79
井上勝　192
井上好一　264
伊牟田敏充　178
岩倉具視　118, 119, 214
岩崎弥太郎　117, 170
ウェーバー（Weber, M.）　234
宇垣一成　299
江藤新平　109, 214
袁世凱　257
汪兆銘　348, 357
王　直　5
大川一司　100
大来佐武郎　429
大久保利通　119, 122, 170, 214
大隈重信　109, 122, 125, 210
大河内正敏　292
大塩平八郎　91
大島高任　153
大杉栄　276
岡崎哲二　410
荻原重秀　42, 43
織田信長　4, 6, 8, 34

● カ 行

貝島太助　156
鍵谷カナ　79
カシャップ（Kashyap, A. K.）　439
柏木雄介　372
柏原孫左衛門　84
片岡直温　280
金澤史男　227
神谷寿禎　7
河村瑞賢　36
神尾春央　57
神田孝平　112
菊池恭三　152, 178
岸信介　360
金玉均　214
クレーマー（Kramer, R. C.）　324
黒田清隆　214
小磯国昭　323
郷誠之助　257
香西泰　368
國分勘兵衛　48, 55, 80
五代友厚　118
後藤象二郎　116
後藤新平　193
小林吟右衛門　78, 84
小宮隆太郎　369
小宮山琢二　327

● サ 行

西郷隆盛　214
斎藤修　66
佐々成政　17
薩摩治兵衛　98, 169
ザビエル（Xavier, Francisco de）　5
品川弥二郎　194
渋沢栄一　118, 173, 257
渋谷善兵衛　153
下河辺淳　429
下村治　379
シャウプ（Shoup, C. S.）　339
蔣介石　360
勝田主計　257
末吉孫左衛門　31

杉村甚兵衛　98
鈴木文治　276
スミス（Smith, Th. C.）　66
角倉厳昭　31
角倉与一　31, 32
角倉了以　31, 32
関　一　295
関口八兵衛　233
園田理一　330

● タ 行

高橋是清　211, 255, 280, 291
高間伝兵衛　47
田口卯吉　119
武田信玄　17
橘木俊詔　418
田中角栄　429
田中長兵衛　153
田沼意次　60, 90
段祺瑞　257
団琢磨　257
茶屋四郎次郎　31, 32, 47
チャンドラー（Chandler, Jr., A. D.）　265
津田米次郎　161
鶴屋権右衛門　32
寺西重郎　291
東條由紀彦　185
東畑精一　414
徳川家斉　90
徳川家康　6, 40
徳川慶喜　110
徳川吉宗　43, 58
ドッジ（Dodge, J. M.）　313
豊川良平　257
豊田佐吉　161
トルーマン（Truman, H. S.）　316

● ナ 行

永井荷風　353
中岡哲郎　388, 449
中川清　190
中西僚太郎　190

453

中村哲　101
中村隆英　148
中山伊知郎　379
中山素平　382
並木正吉　367
西川俊作　100
西原亀三　257
野呂景義　153

● ハ 行
羽柴（豊臣）秀吉　4, 6, 12, 19
長谷川源六　276
服部之総　75, 76
馬場鍈一　338
浜口雄幸　291
浜口儀兵衛　80
速水融　18, 22, 66
原朗　368
原善三郎　97, 170
半田与三　32
半田与兵衛　32
バーンホーフェン（Bernhofen, D.）　100
土方苑子　230
福田慎一　439
船本弥七郎　31
ブラウン（Brown, J.）　100
ブリュナ（Brunat, P.）　155
古島敏雄　165
ペリー（Perry, M. C.）　94
ベル（Bell, A. G.）　197
星岳雄　439

星野長太郎　198
堀田善衛　358
ポートマン（Portman, A. L. C.）　115
堀越角次郎　98
堀越文右衛門　98

● マ 行
前島密　195
マーシャル（Marshall, A.）　162
益田孝　199
松居久左衛門　86
マッカーサー（MacArthur, D.）　310, 312, 315, 316, 335
松方正義　126, 207, 210, 214
松下幸之助　271, 327
松田周平　234
松平定信　60
松本重太郎　169
三浦銕太郎　300
三木武夫　372
三島清右衛門　7
三島通庸　229
三井高公　323
三井高利　48
三岡八郎（由利公正）　108
宮城大蔵　450
宮澤喜一　429
陸奥宗光　112
村井勲　328, 329
村上泰亮　383

茂木惣兵衛　97
モッセ（Mosse, A.）　135
森川英正　265

● ヤ 行
安場保吉　100
山県有朋　135, 227
山口権三郎　234
山下惣左衛門　32
山田又七　234
山田盛太郎　76
山辺丈夫　152, 178
山本達雄　211
結城豊太郎　338
吉川洋　439
淀屋辰五郎　49

● ラ 行
ラクスマン（Laksman, A.）　94
李鴻章　214
李参平　8
李承晩　362
レー（Lay, H. N.）　115

● ワ 行
若槻礼次郎　211, 259, 280
和田豊治　257
渡辺尚志　128
渡辺幸男　402

事項索引

● アルファベット
EEC（欧州経済共同体）　372
GATT加盟　371
GE　261
GHQ（連合国軍最高司令官総司令部）　310, 324, 342, 347, 350, 352, 353
IMF加盟　371
IMF8条国移行　371
JM商会　95, 98, 116, 156, 215
NC（数値制御）化　448
OECD（経済協力開発機構）　372, 405
――参加　372
OJT　396, 397
OPEC（石油輸出国機構）　376

P&O汽船　96, 195
PD（Procurement Demand）工場　316
RCA　347

● あ 行
藍方為替仕法　93
愛知電気鉄道　287
愛知時計電機　328, 329
アイヌ　64
「合ノ子船」　194
青バス（大阪乗合自動車）　295
赤子養育仕法　66
赤字国債　405
あかぢ貯蓄銀行　280
赤羽工作分局　116

秋田鉱山専門学校　350
悪性インフレ　358
上知令　91
上げ米　56
アジア交易圏論　213, 219
アジア通貨金融危機　438
アジア物産　99
足尾銅山　170, 190
宛米　128
アナ・ボル論争　276
安倍晋三内閣（第2次）　449
アベノミクス　449
アヘン戦争　94
尼崎製鋼争議　336
尼崎紡績　151, 152
「荒地起返並小児養育手当御貸付

金」 61
有毛検見法　57, 63
蟻地獄説　68
家　26, 180
家持下人　21
異系資本家　172
池貝鉄工所　275
池田＝ケネディ会談　372
いざなぎ景気　369, 384
いざり機　79
石井定七商店　278
石巻廻船　85
移植産業　150, 237
井関農機　413
伊勢暴動　113
一条鞭法　7
一分銀　106
一分判　40
1県1行主義　281
糸割符制度／糸割符仲間　7, 32, 34
委任統治領　295
伊万里焼　9
伊予絣　79
入会慣行　133
入会騒擾　133
入会地　27, 132
衣料統制令　50
岩倉鉄道学校　274
石見銀山（鉱山）　7, 8
印度綿花積取契約　195
院内鉱山　40
インパクト・ローン　379
インフレ利得　206, 355
ウェスティングハウス社　261, 377
請負制（個人請負・団体請負）　331
氏田（家）（摂津国西昆陽村）　81
打ちこわし　47, 107
内海船　85
売込商／問屋　97, 197, 198
運　上　34, 60
営業収益税　293
英国東洋銀行（オリエンタル・バンク）　116
江戸会所　93
江戸店持京商人　47
江戸積問屋　52
江戸十組問屋　52
江戸秤座　35

エネルギー革命　375
撰銭令　8, 41
エレクトロニクス（技術）　320, 347
エロア資金　312
円元パー　295
円高不況　437
円ベース投資　318
王子製紙　274, 275, 276, 296, 299, 324, 382
近江銀行　280
近江商人　64, 84
大内（氏）　5
大型工業技術研究開発制度（大プロ）　389
大型タンカー　376, 385
『大阪朝日新聞』　284
大阪工業専修学校　274
大阪商船会社　194
大阪市立都島工業学校　273
大阪谷町　266
大阪帝国大学工学部　273
大阪鉄工　154
大阪電気軌道　287
大阪府立産業能率研究所　330
大阪紡績（会社）　150, 152, 168, 173, 232, 264
大阪放送局　285
大阪砲兵工廠　190
『大阪毎日新聞』　284
大伝馬町組　85
大橋鉱山　153
岡田内閣　258
岡本家（摂津国武庫郡）　46
岡谷製糸会社（合資）　157
岡山紡績　232
奥金蔵金銀　59
御定高仕法　34
「御救」（扶助）　129
小田原急行鉄道　287
乙地域　357
「御手伝普請」　30, 36, 59, 62
小名木川綿布会社　159
小野組　170
小渕恵三内閣　438
親方請負制　155
「お雇い外国人」　121
オリエンタル銀行　96
「御益」（国益）　60

● か 行

買入札　160

海外荷為替制度　118, 126
外貨予算制度　371
開業率　443
開銀貸付予定先の「市中肩替り」措置　343
開銀融資　384
海軍技術研究所　263, 344
海軍軍政地区　357
海軍航空技術廠　263, 344
海軍航空廠　263
海軍工廠　154, 263
海軍燃料廠　344
外資審議会　317, 388
外資導入　377
外資法（外資に関する法律）　317, 347, 386, 388
会社経理統制令　309
会所官銭　130
改正工場法　259, 268
改正小学校令　229
階層別外注管理　400
海賊停止令　6
外為法（外国為替及び外国貿易管理法）　316, 408
華夷秩序　94
改鋳益　42, 58, 60, 90, 107
買積船　85
開明社　157
科学技術会議　389
科学技術基本法　445
科学技術審議会　344
科学技術振興費　389
科学技術新体制運動　344
科学技術庁　389
科学研究所（旧理化学研究所）　389
科学審議会　344
科学的管理法　260, 263, 264
価格等統制令　308
蠣崎（松前）（氏）　6
核家族　423, 443
学術研究会議　345
核燃料サイクル開発機構　389
学歴給与格差　331
掛　屋　49, 50, 62
加工組立型（諸）産業　320, 385
柏原家　50
化成肥料　412
下層社会　190, 270
過疎過密問題　430
家族企業　171, 172

索　引　455

華族資産　169
家族従業員　401
家族のライフサイクル　21
かたあらし（不耕作田）　19
片倉組　155
片倉製糸　264
刀狩令　4, 14
学校給食　353
ガット（GATT）加盟　359
活版工組合　189
家　電　386
鐘淵紡績　151
鐘紡（公大紗廠）　268
株式相互持合　325, 410, 411
株式担保貸付　176
家父長制的大経営　15
株仲間（組織）　60, 86
　──解散令　86
株主安定化　408, 410
株主の法人化　282
株主反革命　411
株主有限責任制　151
貨幣改鋳　39, 41, 43, 58, 90
貨幣高権　40
貨幣制度調査会　210
貨幣法　210
貨幣良鋳（政策）　43, 56, 58
釜石鉱山（鉄山）　153, 116
樺太移譲　220
樺太工業　296, 299
空米切手禁止令　62
ガリオア資金　312
刈分小作　166
カルテル　260
ガレオン貿易　7
川崎（兵庫）造船所　154, 269, 270
買　米　59
買米政策　47
為替割当　317
寛永期の飢饉　33, 38
官営事業　121
寛永通宝　40, 41
勧業貸し　108
環境庁　431
官業労働総同盟　277
官金抵当増額令　170
官金預金　175
勘合貿易　5
韓国併合　220
関西商工学校　274
関西電力　377

寛政改革　60, 68
関税改正　260
関税自主権　214
間接管理システム　158
間接管理体制　155
間接金融　282, 283, 341, 342
間接占領　311
官設鉄道　192, 193
　──敷設計画　230
貫高制　12
乾田馬耕　164
関東軍　292, 300
「関東地廻り経済圏」　56
勧農政策　118
官民協調方式　382
「官約移民」　224
官立7高工の新設　348
官僚政治　256
官　林　132
生糸改会社　105
生糸売込問屋（商）　104, 197
生糸繭茶共進会　118
棄捐令　62
機械工業振興事業団　383
機械工業の兵器工業化　319, 327, 348
機械制インド紡績業　215
器械製糸（技術／経営）　105, 155, 156
機械制精糖業　215, 217, 222
機械鉄鋼製品工業整備要綱　328
機械の大田　403
企画院　258, 308, 309
企画庁　308
生金巾　101
機関銀行　281
企業家的投資家　172, 232, 234
企業グループ（化）　310, 326, 411
「企業系列」整備　310
起業公債　125
企業合理化促進法　318
企業再建整備法　324
企業3原則（賃金3原則）　312
企業者型企業　265
企業集団　410
企業城下町型産業集積　266, 267
「企業整備」政策　310
企業内養成施設　395
企業年金　419

企業別組合　336, 397
企業勃興　146, 206, 231
起債会　408
紀州廻船　85
技術院　344, 346
技術温存　346
技術者　395
技術提携（契約）　387, 388, 347
技術導入　388
機情法（特定機械情報産業振興臨時措置法）　383
機振法（機械工業振興臨時措置法）　383, 384, 397
規制金利体系　409
貴族院　205
基礎年金　444
北支那開発株式会社　356
北前船　65
機電法（特定電子工業及び特定機械工業振興臨時措置法）　383
義務教育費国庫負担金　236
逆資産効果　438
キヤノン　346
救済融資　253
求人・求職連絡交換会（学卒LM）　394
救農土木事業　290
給与住宅　423
旧里帰農奨励令　60, 68
共栄会　400
恐慌（1890年）　201, 206
恐慌（1920年）　253, 270, 289
矯正会　189
「強制された輸入代替」　250
共同研究　345
京都帝大化学研究所　263
京秤座　35
協豊会　329
享保改革　43, 56
享保飢饉　66
共立自動車製作所　261
許可会社　308
挙家離村統計　442
魚　肥　64
居留地貿易　95, 98
起立工商会社　198
切米金　36
金貨（圏）　40
　──悪鋳　107
銀貨（圏）　40, 122
　──悪鋳　42

金解禁政策　254	車　糖　215	軽便鉄道法　193
緊急開拓事業実施要綱　352	久留米絣　79	系列企業　325
金銀比価　106	呉海軍工廠　190, 270, 293	系列金融　409
金銀複本位制　205	グレーカラー　427	系列診断　329
金銀分銅　39	黒　船　94	月給制　393
均衡成長　148, 149	鍬下年季　17	結婚出生率　65
銀行等資金運用令　309	郡区長村編制法　134	結　社　157
銀行内部監査制度　281	軍工業会　310	決戦兵器⑰　337
銀行法　281	郡視学　229	ケネディ・ラウンド　372
均衡予算原則　404	軍事／軍役　28, 207	兼営織布　159, 222
金　座　40	軍需局　258	限界経営規模論　90
銀　座　40	軍需工業動員法　258, 309	研究嘱託　344
金　札　108, 109	軍需融資指定金融機関制度	研究動員会議　346
――インフレーション　108	341, 342	研究隣組　345
銀紙格差　123	郡　中　134	兼業農家化　354
緊縮財政　211	――入用　131	現金・持ち帰り販売方式　286
近促法　→中小企業近代化促進法	――議定　131	現金安売無掛値　48
近代化促進診断　398	――惣代　131	原子力開発　389
近代製鉄　153	軍　票　357, 358	憲政会　293
金　肥　64, 289	軍民転換　307, 320, 346, 350,	建設国債　405
勤勉革命　22	361	検地帳　15
金本位制　122, 209, 210, 220,	軍用自動車補助法　258	兼任重役　178
222	経営協議会　334, 335	献納置局制度（電信）　197, 235
――ゲームのルール　211	経営者企業　265	健兵健民政策　332
――復帰　252	慶応義塾大学工学部　348	県民所得　226
銀本位制　126, 204, 205	京王電気軌道　287	小泉純一郎内閣　438
銀目廃止　109	軽機械　386	耕耘機　417
金融監督庁　438	軽機械振興法（軽機械の輸出の振	航海奨励法　153, 154
金融恐慌　254, 280	興に関する法律）　386	――改正　195
金融緊急措置令　312	京義線　221	公害対策基本法　431
金融効率化行政　409	経済安定9原則　313	郊外都市　287
金融再生委員会　438	経済開発（協力）借款　360,	公害病　431
金融正常化　343	374	江華島事件　214
金融制度調査会　281	経済企画庁　379	工業各種学校　274
金融庁　438	経済更生運動　290	工業学校　260, 264, 273
銀輸出禁止　34	経済財政諮問会議　445	――規程改正　273
金輸出再禁止　255	経済社会発展計画　381, 382	公共企業体等労働組合協議会（公
勤労新体制確立要綱　331	経済自立5ヵ年計画　379	労協）　428
勤労動員　333	経済新体制確立要綱　309	工業教育システム　361
金禄公債証書発行条例　111	経済民主化政策　311	工業組合法　260
草　肥　22	傾斜減税　318	工業研究機関　262
国役普請　59	傾斜生産方式　312	工業高校　350
熊谷家　14	京城工業学校　350	工業高等学校　350, 351
熊本大学医学部　431	京城工業専門学校　273	工業高等専門学校　395
組合村　134	京城鉱山専門学校　348	広業商会　198
組　屋　32	京城帝大理工学部　348	工業整備特別地域整備促進法
グラバー商会　97	京仁鉄道　221	429
倉敷紡績　232	京成電気軌道　287	工業専門学校（工専）　348
蔵　米　49	慶長金・銀　40, 43	攻玉社　274
蔵　元　49, 50	慶長通宝　40	後期倭寇　5
蔵屋敷　49	京阪電気鉄道　287	公金貸付（拝借金）　59
グルデン軍票　358	京釜鉄道（株式会社）　221, 223	航空宇宙開発　389

索引　457

航空学科　348
航空関連科学技術研究・教育禁止　350
郷倉　129
合計特殊出生率　421, 445
鉱工業技術研究組合法　389
鉱工業技術試験研究補助金　389
高校進学率　425
甲午農民戦争　220
工作機械工業　384, 448
工作機械市場　266
工作機械製造事業法　308
講座派主流　76
講座派他流　76
鉱山心得書　116
工　師　275
工手学校（工学院大学の前身）　274
甲種技術導入　386
豪　商　50
工場委員会制度　277
工場監督官　259
工場事業場管理令　309
工場事業場技能者養成令　330
工場団地　398
工場法　151
　──制定　258
公職追放令　324
甲申政変　214
厚生省　332, 333
公正取引委員会　382
厚生年金（基金）制度／調整年金　419, 420
厚生年金保険法　332
公設試験研究機関　263, 392
公設市場　286
公選府県議会　134
構造改革　438
高速道路建設　405
郷村貯穀政策　129
高炭価問題　375
甲地域　357, 358
高知商業銀行　280
耕地整理法改正　283
興中公司　356
皇朝銭　40
交通インフラ整備　230
交通電力動員計画　308
公的年金制度　444
高等科設置　230
高等工業学校　260, 271

高等工業教育（機関）　261, 347
坑内頭領　158
硬軟併存型の産業組織　411
鴻池家　50
豪　農　118, 128, 129, 130
　──在村型Ⅰ　128, 135
　──在村型Ⅱ　128
豪農民権　135
工部省　116, 119
小売企業　427
小売商業調整特別措置法（商調法：1959年）　398
高齢者世帯　443
港湾整備5カ年計画　406
五加村（長野県）　230
極印銀　40
国際収支の天井　377
国際石油資本（メジャーズ）　376
国際通貨基金（IMF）　359
国際復興開発銀行（世界銀行）　371
国際連盟　295
国際労働機関（ILO）　258, 276
国産会所　92
国産力織機　161
国　訴　83
石代納　57
石　高　13
石高貸し　108
石高制　5, 8, 12
国民皆年金　405
国民皆保険　405
国民金融公庫　398, 401, 425
国民健康保険組合　332
国民健康保険法　332
国民所得倍増計画　379
国立銀行　122
国立銀行券　123
国立銀行条例（改正）　122, 123
国立研究機関　392
ココム（対共産圏輸出統制委員会）　374
小作経営　90
小作契約　166
小作争議　259, 289
小作調停委員　259
小作地率　165
小作料減免　167
小作料統制令　352
小作料率　289
5.4運動　252

戸数割　232
護送船団方式　379, 409
5大銀行　281
国家総動員法　308
近衛文麿内閣　258, 309
小　判　40
呉服師　30, 32, 47
呉服所　30, 32, 47
「御普請」　59, 60
五分位階層別税引後所得分配　425
コーポレート・ガバナンス　326
駒場農学校　117
「ゴミ戦争」　428
米切手　49, 62
米騒動　251
御用金　59
御用商売　170, 199
コルニッシュポンプ　156
コルレス契約　174
婚姻出生率　66
混合組合　361
コンプラドール（買弁）　199

●さ　行
財界人　256
在外正貨　254
財界世話役　257
在華紡　268
財産乗換法　178
財政再建　438
財政投融資　398, 407
財政投融資計画　318
在村地主　289, 353
在地商人　89
財テク　437
在日朝鮮人数　224
在日米軍兵站部　315
財　閥　171
　──解体　311
　──型企業　265
在来産業　148, 149
在来的経済発展　144, 237
在来（産地）綿織物業　102, 159
裁量的財政政策　405
堺紡績　232
先染め　159
作あいの否定　15
座繰法　104
鎖　国　39

雑業化　190
佐々堤　17
札幌農学校　117
佐渡（相川）金山　19, 39
佐藤内閣　381
サプライヤ・システム　385, 400
サラリーマン農家　415
猿屋町会所　62
三貨制度　8, 41
産業革命　144, 237
産業組合法　176
産業構造の機械工業化／高度化　319, 320, 327, 348, 385, 386
産業合理化運動　260
産業合理化審議会　316
産業合理化政策　316
産業集積（産地）　231, 267, 402, 443
　──の類型　266
産業政策　383
産業報国運動　331
三金会　411
参勤交代　29
参宮急行電鉄　287
三公社五現業　429
参事会　226
三水会　411
三世代世帯　422, 443
産地型産業集積　266
産地形成　161
残柱式採炭方法　158
三等郵便局制度　235
桟留縞　55, 79
サンフランシスコ講和条約　359, 374
産別　→全日本産業別労働組合会議
産米増殖計画　298
三洋電機　271
山論　27
自営業（主）　401, 424, 432, 442, 451
自営業就業世帯　190
自営業就業率　2
市営事業　236
市営バス（「銀バス」）事業　295
ジェンダー格差　444
ジェンダー・トラック　427
地方知行制　14
直輸出　120, 198

時局匡救費　255
時局共同融資団　341
資金統制計画　308
資源局　258, 308
自小作　167
市 債　236
自作農創設維持補助金成規則　352
自作農的土地所有　353
資産格差　424
資産株　192
自社株（自己株）所有　325
自主調整論　382
市制（1889年）　135, 226
事前割当供出報奨制度　352
士 族　189
士族授産　111
下請管理　329
下請企業　310, 399
下請工業（協力工業）　327
下請工業助成計画要綱　293
下請工場　400
下請工場指定制度　328
下請生産　327, 329
下請代金支払遅延等防止法　398, 399
自脱型コンバイン　413
質地騒動　63
質流禁止令　63
市町村会　229
実業学校　188
実業学校令改正　273
実業補習学校　230
実質為替レート高　253
湿 田　17
指定金融機関制度　341
自動車産業／工業　368, 385
自動織機　259
品川工作分局　117
ジニ係数　313, 425
屎尿肥料　65
地主─小作関係　166, 167, 180
地主制　164, 166
篠原家　104
芝浦製作所　224, 261, 262, 274
ジープ供出　352
自普請　129
シベリア出兵　251
市法貨物商法　34
資本自由化　372, 378, 383
資本充実法（企業資本充実のための資産再評価等の特別措置

法）　318
島田組　170
島 津　6
島原の乱　32
市民社会　256, 446
ジーメンス　261
下総牧羊場　117
下関条約　220
シャウプ勧告　318, 340
社会事業費　295
社外船　194
社会大衆党　277
社会保障制度　332, 418
社 船　194
社 倉　129
社長会　325, 409, 411
ジャーディン・マセソン商会　→JM商会
シャーマン条例　206
上海事変　255
朱印状　13
朱印船制度　6
朱印船貿易家　31
就学率　230
衆議院議員選挙（第1回）　204, 234
従業員組合　334, 361
従業員持株制度　421
従業者雇入制限令　330
修好通商条約　214
十五銀行　280
「重商主義」　119
十条製紙　382, 419
集 積　225
　──の外部効果　162
重層的金融構造　278, 281
従属民　20, 21
住宅金融制度　421
住宅建設10ヵ年計画　423
集団就職列車　368
集中排除指定企業者　325
集排法（過度経済力集中排除法）　324
自由貿易　95
自由貿易原理　214
自由民権運動（史）　135, 229
宗門改帳　65, 66
重要産業団体令　310
重要産業統制団体協議会（重協）　310
重要産業統制法　260
重要事業場労務管理令　331

索　引　459

重要物産免税　318	醬油（醸造）　48, 237	新厚生年金保険法　419
重要輸出品工業組合法　260	常備制（定額日給制）　331	申告納税制度　339
熟　練　185, 186, 269, 396	上　洛　29	清国賠償金　208
──職工　55	秤量貨幣　40	壬午事件　126, 214
授権資本制　326	昭和維新　301	震災手形　280
守随家　35	昭和恐慌　260, 270	新産業都市　429
酒造　237	昭和製鋼所　300	新産業都市建設促進法　429
酒造税　126	昭和農業恐慌　290	新産別　→全国産業別労働組合連
出資者経営者　173	初期豪商　31, 32, 34	合会
出生コントロール　66	職業安定所　394	人事考課制度　336, 397
「準備金」　118, 126	職業科進学　426	壬申地券　112
城下町　19, 29, 47, 225	職業別労働組合　189	新制大学　350
──の人口動態　33	殖産協会　234	新全国総合開発計画（新全総）
蒸気船　193	殖産興業政策　115, 119	429
正金通用方案　125	職　長　274	新体制運動　309
商業会議所　257	植民地　213, 221, 295	人畜改帳　21
商業教育機関　199	職務給　397	新長期経済計画　386
商業的農業　288, 289	食糧管理法　351	新田開発　17, 56
条件交渉　388	食糧危機　352, 353	新特需　315
証券処理調整協議会　325	食料自給率　441	新二朱銀　107
証券民主化　325	食糧配給公団　352	新日本製鉄　382
商工会法　399	食糧メーデー　334	新日本窒素肥料（チッソ）　430
商工組合中央金庫　398	諸国山川掟　63	「人民常食調査」　191
商工省　260, 313	女中奉公　183	深夜業禁止　151, 258, 259
商工省絹業試験所　262	食管会計　406	信用収縮（クレジット・クラン
商工省東京工業試験所　262	『職工事情』　155, 183, 184, 185,	チ）　281
小生産者　104	186	進路指導　394
醸造業　55	職工農家　354	水利組合　417
『常総雑誌』　233	所得再配分機能　406	水利事業　417
商調法　→小売商業調整特別措置	所得税　339, 340	水利組織　27
法	所得倍増計画　395	助郷制　35
城東地域　162	所得分配の平等化　425, 425	鈴木商店　280
湘南会　328	白木屋　48	スト権スト　429
城南地域　162, 403	白子組　86	スペシャルポンプ　156
小日本主義　300	白木綿市場　102	住友家　170
承認図のサプライヤー　399	白木綿生産　79	住友（財閥）　321
小　農　23	人為的低金利政策　378	住友金属工業　262, 327
小農経営　15, 19, 24, 129, 238,	新円切り換え　312	住友鉱業　329
267, 307, 355, 361	進学率　392	住友合資会社　323
──の労働力配分　189	新貨条例　109, 121	住友私立職工養成所　274
小農社会　3, 446, 450, 451	審議会　256	住友戦時総力会議　323
日本型──　28	新技術開発事業団（科学技術振興	住友本社　323, 328
小農自立　15, 22	機構）　389	スワイア商会　215
小農保護　133	新京工業大学　348	正　貨　123
消費景気　316	新京枡　35	──準備／蓄積　200, 212,
商法改正（1950年）　326, 329	神　家　35	252
商法改正（1955年）　326	人　絹　253	──流出　209, 211
商法改正（1966年）　408	信玄堤　17	生活給　331, 334
常務会　329	深　耕　22	生産管理闘争　334, 335
定免制　62	新興コンツェルン　326	生産技術研究所　350
定免法　57	新興（集散地）問屋　78, 84, 85,	生産コントロール　336
上毛繭糸改良会社　198	98	生産者米価　406

460　索　引

生産力拡充計画　308
誠之社　234
「政商」的蓄積　170
青少年雇入制限令　330
税制改正　338, 340
製造業の空洞化　445
製造問屋型生産（機構／組織）
　　160, 267
生存水準賃金　179
西南戦争　123, 214
　──インフレ　124
政府紙幣　123
政友会　293
西洋型帆船（風帆船）　194
勢力圏　214, 221
世界大恐慌　254
関口家　233
関口大砲製作所　115
石油化学協調懇談会　388
石油化学工業　347
石油化学プラント設備調整
　　388
石油危機　437
石油業法　376
世銀借款　377
絶　家　28
摂津紡績　151, 152
設備近代化　384
銭　座　41
歐引検見法　57
ゼロ金利政策　449
繊維工業設備臨時措置法　397
銭　貨　41
「1940 年体制論」　311
専業主婦　431, 445
専業農家　415
戦後改革　307, 347, 362, 425
戦後教育改革　350
全国金融統制会　341
全国産業団体連合会（全産連）
　　257
全国産業別労働組合連合会（新産
　　別）　335
全国需給調整会議　394
全国総合開発計画（全総）　429
戦国大名　4
戦後賠償　450
戦後復興　307, 316
戦時金融金庫　342
戦時経済統制　308
戦時財政　337
戦時食糧統制政策　351

戦時動員　307
専属的下請関係　328
千町歩地主　165
銑鉄輸入関税　260
セントラル銀行　96
全日本海員組合　334
全日本産業別労働組合会議（産
　　別）　334
全日本労働組合会議（全労）
　　335
全日本労働総同盟（全総）　277
船舶改善助成施設　260
専門学校令改正　348
専門経営者　178, 265, 326
専門商社　200
全要素生産性指数　254
占領軍　308
占領政策　311
全労　→全日本労働組合会議
宗（氏）　6
創業者型経営者　271
総合科学技術会議　445
総合商社　198, 199
総合配給制度　352
増資等調整懇談会　408
繰糸約定違約賞罰金制度　264
宋　銭　8
造船業　170, 250, 385
造船奨励法　153
惣　村　26
総同盟　→日本労働組合総同盟
総評　→日本労働組合総評議会
惣無事　5, 6
総有制　177
総力戦　450
疎　開　355
族縁の共同体　21, 24
租借地　295
ソーシャルダンピング　371
租税特別措置　340
粗布（sheeting）　159
村落共同体　26

● た 行
第一勧業銀行　409
ダイエー　427
大大阪　283
対外直接投資　447
大学進学率　427
大学理工系定員　395
大学令　271, 273
対華 21 カ条要求　257

大企業労働者　270
耐久消費財需要　423
大区・小区制　133
大航海時代　5
太閤検地　12, 14, 15, 25
第十五国立銀行　169
大衆社会　286
大衆文化　284
大正バブル　252
退職一時金　419
退職金制度　331
退職年金制度　419
大　豆　222
大豆粕　221
大戦ブーム　251, 269
「大東亜共栄圏」　308, 357, 362
大同工専　348
大都市型産業集積　266, 403
台南高工　273
第 2 次農地改革　353
第 2 種兼業農家　415, 418, 441
大日本航空技術協会　345
大日本帝国憲法　204
大日本兵器　328
大日本紡績（大康紗廠）　268
台北帝大工学部　348
太平洋郵船　96, 117
大丸屋　48
大名貸し　91
大名財政　91, 93, 130
大冶鉱山　222, 223
貸与図のサプライヤー　399
台　湾　221
　──・朝鮮貿易　221
台湾銀行　174, 257, 280
台湾縦貫鉄道線　221
台湾総督府中央研究所　263
台湾鉄道　223
台湾電力　283
台湾米　298
田植機　413, 414
高島炭鉱　98, 116, 156, 170
高嶋屋　32
田方綿作　163
高橋財政　255
高　機　9, 54, 103
兌換銀行券条例　126
兌換紙幣　122
兌換制　204
拓務省　292
竹の子生活　369
たたら製鉄　153

立川銅山　34
田中義一内閣　254, 280, 293
田中製鉄所　153
種米貸　38
多摩陸軍技術研究所　344
樽廻船　52
単婚小家族　21
炭主油従政策　375
団体交渉権獲得運動　277
単独相続（慣行）　26, 179
担保品付手形割引制度　206
治安警察法　189, 259
地域経済　234
地域社会　130, 225, 231, 234
地域密着型金融機関　236
地縁　24, 26
地価算定　113
地価暴騰　430
筑豊　157
筑豊炭鉱　156
地券（交付／発行）　112, 131, 132
地租　114, 205, 293
地租改正（法）　112, 131
　──条例細目　113
秩父事件　133
秩禄処分　111
地方改良　235
地方還付税　293
地方工業化委員会　293
地方工業都市型集積　266
地方交付税制度　340
地方財政　227, 235
地方資産家　238
地方自治体　231
地方税　232
地方税規則　134
地方制度改革（1884年）　134
地方統治　226
地方分与税　339
地方紡績企業　236
「地方名望家」的投資行動　232
地方利益誘導　231
中央教育審議会答申　395
中央研究所　389
中央備蓄銀行　357
中共貿易拡大派　361
「中堅人物」　291
中研ブーム　389
中国人労働者　333
中国聯合準備銀行　357
中古品市場　266

中小企業カルテル　398
中小企業基本法　398, 406
中小企業近代化資金助成法　398
中小企業近代化促進法（近促法）　398
中小企業金融公庫　318, 383, 398
中小企業高度化資金制度　398
中小企業振興事業団　398
中小企業政策　397
中小企業庁診断　330
中小企業労働者　270, 401
中小経営　148, 161
中小商社　96
中等学校令　273, 350
中等教育　187
昼夜二交代制　151
帳合米取引（先物取引）　49
長期相対取引　400
長期経済計画　379
長期雇用　397
長期信用銀行　342
長期的取引関係　399
丁銀　40
丁吟　78, 84, 86, 98, 177
調査会　256, 260
長床犂　22
調整年金制度　419
朝鮮銀行　257, 280
朝鮮人労働者　333
朝鮮戦争　315, 329
朝鮮総督府中央試験所　263
朝鮮窒素肥料　299
朝鮮鉄道　298
朝鮮米　298
町村制　135, 226
町人請負新田　56
重複金融　198
直接管理体制　155
直接金融　283
直接（国）税　209, 340
直接選挙制　226
貯蓄銀行法　278
貯蓄奨励運動　337
直轄地（御料）　38, 39
直系家族　21, 23, 26, 182
儲備券　357
　──インフレ　358
縮緬　55
　──技法　9
賃織就業　182, 183

賃金カーブのフラット化　439
賃金スライド　444
賃金統制令　331
賃金の規模別格差　400
賃金臨時措置令　331
チンコム（対中国輸出統制委員会）　374
鎮南浦公立商工学校　350
賃挽　104
賃労働者　88
通産省　382, 388
使い捨てパッケージ　427
継立て　35
津藩　13
坪刈　167
積立方式　444
出会い貿易　6
定額小作料　166
低為替　210
定期昇給制　270, 331, 336
低金利政策　408
帝国議会　204
帝国主義　212
帝国郵船　96
定時制工業高校　396
定時制進学　426
通信省電気試験所　262, 347
ディスインフレ政策　313
低賃金ポケット　183
定率小作料　166
適格退職年金制度　420
適正技術　155, 158
手作経営（自作地経営）　82
鉄鋼業　385
鉄工組合　189
鉄道院　193
鉄道技術研究所（鉄研）　346
鉄道国有法　193
鉄道敷設権　115, 192
鉄道敷設法　230
鉄道大臣官房研究所　262
鉄砲製造技術　8
手永　130, 131
デフレ・スパイラル　126
寺内正毅内閣　250, 257
テレビジョン振興協会　347
電気事業再編成　335
電気の品川　403
電源立地　430
電産（日本電気産業労働組合）　335
　──型賃金　334

電信技術　196
電信線敷設権　116
電振法（電子工業振興臨時措置法）　383, 397
電信網　196
天皇赤子論　301
田畑永代売買解禁　131
電波兵器（レーダー）　310, 320, 346
天保改革　91
天保飢饉　129
伝馬役　35
電力外債　283
電力管理法　308
電話技術　197
問屋（制）　159, 197
　――家内工業経営　183
　――の内部矛盾　160
統一商標　157
東海道新幹線　405
等価交換方式　90, 107
等級選挙制　226
等級賃金制　157
『東京朝日新聞』　284
東京石川島造船所　190
東京瓦斯電気工業　275
東京工業大学（東工大）　273, 348
東京高等工芸学校　271
東京市電　287
東京芝浦電気　327, 334, 345
東京帝国大学（帝大）　350
　――航空研究所　263
　――第二工学部　348, 350
東京電気　262
東京電灯　283
『東京日日新聞』　284
東京放送局　285
東京砲兵工廠　189
杜　氏　89
投資家社会　176, 178
投資が投資をよぶ　423
陶磁器業　237
投資信託　408
堂島会所　49
同種同量交換の原則　105
統制会　310
藤堂家　13
東南アジア開発構想　359
東南アジア経済協力　360
道府県民税　341
東武鉄道　287

糖・米相克　298
東北帝大金属材料研究所　263
東洋汽船　195
東洋拓殖　300
東洋紡績（裕豊紡）　264, 268
東洋レーヨン　420
動力耕耘機　412
動力炉・核燃料開発事業団（動燃）　389
道路整備5カ年計画　405
徳川家　91
徳川幕府　6
特　需　315
特殊銀行　174
特振法（特定産業振興臨時措置法）　382
特設電話制度（電話）　197, 235
特別会計　130, 406
特別償却制度　384
独立開業　270, 401, 402, 432
所沢飛白同業組合　161
都市化　189, 284
都市間電車　287
都市計画法　283
都市財政　235
都市雑業層　190, 268
都市「小経営」　267, 402, 451
土砂留担当大名　63
斗　代　13
土地改良法　352
土地改良事業　412, 418
土地持ち労働者　415
独禁法（私的独占の禁止及び公正取引の確保に関する法律）　324
　――第1次改正　325
ドッジ不況　313, 315
ドッジ・ライン　312, 313, 335, 378
トップマネジメント　329
土木技術　17
土木工事　16, 37
土木費　227, 229
　――国庫補助金額　229
富岡製糸場　105, 117, 155
富沢町　53
『富之越後』　232
友子同盟　185
トヨタ自動車　316, 329, 400
トラクター　414
ドル買い　255

● な　行

内航海運　428
内国勧業博覧会（第1回）　118
内国税　112
内地雑居　223
内治優先論　119
内藤新宿試験場　117
内部循環的生産拡大　255
内務省勧業寮　117
内務省社会局　259
内務省土木試験所　262
中小坂鉱山（鉄山）　117
長崎会所　34
長崎国旗事件　375
長崎造船所　121
中支那軍票交換用物資配給組合（軍配組合）　357
中支那振興株式会社　356
中島飛行機　320
仲間取引　404
名古屋帝国大学理工学部　347
名古屋放送局　285
ナショナル・イノベーション・システム　389, 445
ナフサ　376
鍋島藩　8
納屋頭　158
納屋制度　158
名寄帳　15
南海鉄道　287
南発券　358
南方インフレ　358
南方開発金庫　358
南洋群島貨幣令　295
南洋興発株式会社　300
南洋庁官制　300
南鐐二朱銀　60
2.1 ゼネスト　335
荷受問屋　85
二木会　326
西　陣　9, 54, 87
西原借款　250, 257
西廻り航路　36
二重課税問題　327
二重経済モデル　148
二重構造（モデル）　148, 179
二重米価制　351
二十四組問屋　52
鯡　粕　64
日銀震災手形割引損失補償令　280
日銀適格担保制度　408

索　引　463

日銀取引先検査制度　282
日米安全保障条約　360
日米修好通商条約　94, 105
日米貿易経済合同委員会　372
日米和親条約　94
日満ブロック　356
日露戦争　220
　　——後の国債残高　211
　　——戦費　210
日華平和条約　374
日韓基本条約　374
日給月給制　393
日経連（日本経営者団体連盟）　336, 350
日光東照宮への社参　29
日産自動車　316
日産争議　336
日清修好条規　214
日清条約　221
日清戦後恐慌　201, 209
日清戦後経営　207, 208
日清戦争　220
日ソ国交回復交渉　374
日中経済関係　447
日中戦争　356
日中貿易　359
日中民間貿易協定　375
日朝修好条規　214
2.26事件　291
日本GM社　261
日本開発銀行　318, 383
日本化学紙料　299
日本学術振興会　345
日本型雇用（システム／制度）　336, 397
日本勧業銀行　174
日本銀行　173, 252
日本銀行券　204
日本銀行条例　126
日本経済連盟会（経連）　257
日本興業銀行　174, 257, 318, 342, 382
日本工業倶楽部　257
日本工作機械工業会　384
日本坑法　116
日本債券信用銀行　438
日本産業（日産）　326
日本産業労働倶楽部　277
「日本資本主義論争」　76, 89
日本住宅公団　423
日本製鋼所　224
日本精製糖　217

日本製鉄　261, 324
日本相互銀行　409
日本曹達（日曹）　326
日本大学工学部　273
日本炭鉱労働組合（炭労）　335
日本窒素肥料（日窒）　299, 326
日本長期信用銀行　318, 438
日本的サプライヤ・システム　399
日本鉄道　118
日本電気　224, 262
日本電気産業労働組合　→電産
日本発送電株式会社法　308
日本フォード　261
日本不動産銀行（日本債券信用銀行）　318
日本放送協会　285
日本郵船会社　194, 195
日本輸出入銀行　318
『日本列島改造論』　429
日本労働組合会議　277
日本労働組合総同盟（総同盟）　334
日本労働組合総評議会（総評）　335, 336
日本労働組合評議会　277
日本労働総同盟　276
乳幼児死亡率　65
「ニワトリからアヒルへ」　335
人別改帳　19, 20
年貢収取権　14
年貢賦課率　44, 46, 63
年貢免除特権　17
年功賃金　397
農会　291
農家所得　418
農家成員年間労働時間　416
農家世帯　179
　　——内家族労働配分　180
農家の労働力（供給／配分）　182, 183, 184
農業労働排出　185
農業機械化　412, 416
農業技術　412
農業基本法　406, 414
農業恐慌　290
農業経営　165, 289
農業構造改善事業　415
農業実行組合　291
農業生産力　44
農業の化学的制御　412
農工間価格の「シェーレ」　254

農工間の交易条件　254
農産加工肥料　64
農商務省　260
農村工業化論　292
農村雑業層　269
農地改革　311, 315
農地開発法　352
農地価格統制　352
農地調整法　352
農民層分解　90
農用トラクター　412
能率技師　260
農林漁業基本問題調査会　414
延払信用　198

● は　行
廃業率　443
拝借金　62
賠償（問題）　373
　　——支払い　360
　　——取り立て中止　311
賠償協定　374
賠償請求権　374
ハイドラフト機　259
廃藩置県　110
灰吹銀　40
灰吹法　7
葉書制度　196
白水会　326
幕藩財政　39
幕末インフレーション　108
幕末＝厳密な意味でのマニュファクチュア時代（幕末厳マニュ段階説）　75
橋野村鉱山　153
橋本龍太郎内閣　438
走り　19
長谷川家　50
8時間労働制　276
伴天連（宣教師）追放令　6
鳩崎学校　233
鳩山一郎内閣　423
羽二重　159
バブル　437
浜口雄幸内閣　254
破免　63
林内閣　258
払い下げ
　官営鉱山——　120
　官営工場——　120
　官業——　153
原敬内閣　271

張紙値段　57
パリ割引銀行　96
万歳事件　252
藩　札　42, 93
阪神電気鉄道　287
帆　船　194
藩専売制　43, 92, 93
バンドン会議　361
飯場制度　158
藩閥官僚　256
阪和電気鉄道　287
東インド会社（VOC）　6
東大阪市　404
東久邇宮稔彦内閣　333
東日本大震災　439
東廻り航路　36
引取商　97, 197
飛脚制度　195
備荒貯穀　129
菱垣廻船　52
尾州廻船　85
非正規雇用　439
日立精機　286
日立製作所　331, 400
備中鍬　22
非農業就業　67, 87, 183, 185
日野ディーゼル　316
日比谷焼打事件　190
非貿易財価格　253
非募債主義　211
紐付き取引　385
百姓成金　288
百貨店法　398
兵庫製作（造船）所　117
兵庫造船所　170
平　戸　5, 7
微粒子病　103
肥　料　52, 163
　　――購入費　164
　　――需要　83
肥料集約型農業発展　65
ビルマ賠償　373
広田弘毅内閣　292
封鎖の出資　172
封鎖的同族経営　177
深川工作分局　117
賦課方式　444
不換紙幣　122
復　員　355
複合大家族　16, 19, 20
「福祉家族」　419
福祉元年　405, 444

「福祉企業」　419
福祉国家　444
福島県会　229
福島第一原子力発電所事故　439
複数為替レート　312
複選制　226
複層的経済発展／産業発展　149, 162, 189, 191, 231, 235, 237, 238
福利厚生制度　444
福利厚生費　420
府県会　229
府県会規則　134
府県税戸数割　232
府県知事　226, 229
府県庁　226
府県農工銀行　174
富国強兵　115, 204
不在地主　353
負債整理事業　290
負債騒擾　133
富士自動車　316
富士電機　261
藤本ビルブローカー銀行　280
夫食米　38
藤原工業大学　348
夫　銭　31
武相困民党　133
二子縞　103
札　差　62
札遣い停止令　42
物価統制令　312
復金融資　312
復興金融金庫　312, 342
物資需給計画　313
物資動員計画　308
浮動の下請関係　328
不平等条約　214
夫役経営（労働力使役型経営）　16
富裕税　340
芙蓉会　411
部落責任供出制度　351
プラザ合意　437
不良債権問題　438
ブルーカラー　393, 426, 427
古河家　170
古河電工　261
古　着　53
ブルジョア的分解　82
古　手　53

ブレトンウッズ体制　377
プロト工業（化）　89, 159
プロレタリア化（無産化）　88
分散型生産組織　158, 161, 183, 198, 267
分散的株式投資　172
分地制限令　26
分離課税　340
米価維持政策　290
平衡交付金制度　340
米穀管理規則　351
米穀検査制度　289
米穀生産奨励金交付規則　351
米国戦略爆撃調査団　330
米穀搗精等制限令　351
米穀統制法　290
米穀配給統制法　351
米穀法　290
米食率　191
兵農分離　5, 13, 30
ペソ軍票　358
別子銅山　34, 170, 190
紅　忠　84
ベンガル大飢饉　358
辺区券　357
防衛費　406
貿　易　100
　　――の民間移管　359
貿易依存度　215
貿易・為替自由化計画大綱　371
貿易金融　96, 200
貿易公団　359
貿易自由化　316, 383
傍系親族　19
法人格　226
法人税　147, 339
紡績業　150, 152
　　機械制――　150
　　綿――　268
奉天工業大学　348
宝田石油会社　234
俸禄制　14
北越鉄道　234
捕鯨船　94
保護関税　153
保証準備発行屈伸制限制度　206
保証品付手形割引　206
補助金政策　154
戊申詔書　235
細川（氏）　5

索　引　465

北海道拓殖銀行　174, 438	三井（本社）　157, 321, 323	明治専門学校　271
北海道帝国大学　348	三井越後屋　48, 53	名望家　135, 234, 291
──工学部　273	三井銀行　173, 177, 280	──（型／的）資産家　234, 236
ポーツマス条約　220	三井組　173	
ポルトガル商人　5	三井家（越後屋）　84, 89, 177	──支配　234
ホワイトカラー　393, 427	三井鉱山　262	──的投資（家）　172, 176, 192
本国人主義　116	三井合名会社　177, 323	
香港上海銀行　96	三井合名樺太紙料会社（大泊工場）　299	名誉職自治制　135
本州製紙　382		明暦の大火　33
本田技研工業　382	三井物産　198, 224, 275, 276, 299, 323, 357	メインバンク・システム　409
本百姓　15, 23		メガバンク　449
ボンベイ航路　195	三井不動産　325	メキシコ・ドル　105
	三菱（会社／株式会社）　116, 117, 157, 170, 193, 321, 323	メリヤス産業　160
●ま　行		免　13
真壁一揆　113	三菱・川崎造船所争議　286	綿織物（業）　9, 54, 101
マーカンタイル銀行　96	三菱金曜会　326	綿糸商　198
マ　キ　24	三菱合資会社　323	綿縮緬　55
枡　座　35	三菱神戸造船所　270	綿糖共進会　118
増田ビルブローカー銀行　253	三菱地所　326	綿布輸出　220
松下電器（産業）　327, 396, 400	三菱社　323	模造銭　40
松下電器工学院　396	三菱重工業　324, 327	持株会社　178, 265, 283
松之山町　442	三菱商事　329, 357	持株会社整理委員会　324, 325
松浦（氏）　5	三菱造船所　270	木綿問屋　50
マディソン・プロジェクト　1	三菱電機　261, 329, 419	森（昭和電工）　326
マニュファクチュア　75	──神戸製作所　270	森村組　200
マニュファクチュア経営　87	三菱長崎造船所　154, 190	紋　織　55
マニュファクチュア論争　76	三菱本社　323	
豆板銀　40	密貿易　5	●や　行
万延小判　107	水俣病　430	屋敷地共住集団　20
万延二分判　109	南樺太　295	谷津田　16
満　洲　221	南満洲鉄道　→満鉄	八幡製鉄所（官営）　152, 208, 222, 261, 270
──貿易　221	箕面有馬電気軌道　287	
満洲化学工業　262	ミュール紡績機　152	八幡・富士製鉄合併構想　382
「満洲国」　296	冥加金　60	山一證券　438
満洲国北満学院　348	『民間省要』　24	山城検地　13
満洲国立哈爾濱工業大学　348	民間鉄道企業　192	山田羽書　42
満洲産業開発5カ年計画　355	民軍転換　307	闇取引　354
満洲事変　255, 277	民族紡績業　268	闇　米　353
満洲重工業開発（満業）　356	民同派（産別民主化同盟）　335	友愛会　276
満洲中央銀行　295	「民力休養期」　205	結城縞　55
満洲農業移民　292	無機肥料　289	有産者秩序　136, 225, 234
マンション　446	武蔵織物同業組合　161	郵便制度　195
慢性不況　212	無制限的労働供給　179	郵便貯金　408
マンチェスター学派　119	無年季質地請戻慣行　27	郵便取扱所　196
満　鉄　222, 223, 224, 262, 299	村入用　131	輸出雑貨　218
──付属地　295	村請制　25, 132	輸出入品等臨時措置法　308
三池炭鉱　156, 170, 336	村方騒動　25	輸入銭　40
三重紡績　151, 264	村切り　26	輸入綿糸　103
見返資金　342	村中入会　27	「夢の島」　428
見返品制度　206	村々入会　27	ユンカース　320
「見込み商売」　199	室町幕府　5	八日会　257
三田育種場　117, 118	明治維新　75, 76	養蚕業　163

養成工（制度） 330, 395
傭 船 36
陽和不動産（事件） 325, 326
余 業 88
横須賀海軍工廠 115, 190
横須賀製鉄所 115
横浜正金銀行 97, 118, 120, 200, 357
吉田茂内閣 360, 312
世直し一揆 107
呼び水効果 384
読売新聞社第1次争議 334

● ら 行
楽市・楽座 34
ラジオ放送 285
理化学興業（理研） 292, 326
力織機 253
陸軍科学研究所 263, 344
陸軍監督工場 309
陸軍管理工場 309
陸軍技術本部 344
陸軍軍需工業動員計画 258
陸軍軍政地区 357
陸軍航空技術研究所 344
陸軍航空本部 263
陸軍工廠 277
陸軍造兵廠 263
陸軍東京砲兵工廠 115
理研工業 293
理研コンツェルン 292
理研ピストンリング 292
利子生活者 →レンテ生活者
リスク・シェアリング 409, 410
「立身出世」 187, 230
リバース・エンジニアリング 261, 267, 389
リーマンショック 438

琉球王朝 6
流通革新 428
両替商 50
領国貨幣 40
領事裁判権 214
領主権 13, 14
領主財政 62
領主米 49
──輸送 35
両税移譲問題 293
量的緩和政策 449
旅客輸送量 428
旅順工科大学 273
リヨン絹織物業 103
リング紡績機 152
臨時軍事費特別会計（臨軍費） 203, 312, 337, 357, 358
臨時財政調査会 293
臨時資金調整法 308, 309
臨時戦時研究員設置制 346
臨時租税増徴法 323, 338
輪番制 336
零細小売業 427
冷戦体制 311
歴史人口学 28, 65, 68
レッド・パージ 335
聯銀券 357
連合国 310
連帯的強制 235
レンテ生活者（レントナー, 利子生活者） 234
レント 410
レントナー →レンテ生活者
レントナー的投資家 172, 176, 192
労資協調主義 277
労働委員会制度 277
労働改革 311
労働関係調整法 334

労働基準法 334, 395
労働組合 276
労働組合法 334
労働組合法案 259, 333
労働市場統制 333
労働市場の二重構造 269, 394, 401
労働者救済制度 190
労働者年金保険 332
労働省職業安定局 394
労働争議調停法 259
労働力化率 370
労働力需給調整方式 394
老 農 118
──技術 163
労務調整令 330
労務動員計画 308, 330
老齢福祉年金 405
六斎市 35
6分利付金札引換公債証書 122
ロシア革命 251
路面電車市営化 287

● わ 行
若槻礼次郎内閣 259, 280
倭 寇 5, 6, 8
ワシントン軍縮条約 253
ワシントン輸出入銀行借款 377
早稲田工手学校 274
早稲田大学理工学部 273
和 船 194
綿国訴 130
綿種の移植 9
綿問屋 50
ワンセット主義 411

索 引 467

♣著者紹介

沢井　実（さわい・みのる）
1953年生まれ。現在，南山大学経営学部教授
主要著作◎『日本鉄道車輌工業史』日本経済評論社，1998年。『近代大阪の工業教育』大阪大学出版会，2012年。『近代日本の研究開発体制』名古屋大学出版会，2012年（第56回日経・経済図書文化賞受賞，第7回企業家研究フォーラム賞受賞）。『近代大阪の産業発展：集積と多様性が育んだもの』有斐閣，2013年。『マザーマシンの夢：日本工作機械工業史』名古屋大学出版会，2013年。『日本の技能形成：製造現場の強さを生み出したもの』名古屋大学出版会，2016年ほか。

谷本　雅之（たにもと・まさゆき）
1959年生まれ。現在，東京大学大学院経済学研究科教授
主要著作◎『日本における在来的経済発展と織物業：市場形成と家族経済』名古屋大学出版会，1998年（第41回日経・経済図書文化賞受賞，平成11年度中小企業研究奨励賞本賞受賞）。*The Role of Tradition in Japan's Industrialization: Another Path to Industrialization*，（編著）Oxford University Press, 2006. 『豪農たちの近世・近代：19世紀南山城の社会と経済』（共編著）東京大学出版会，2018年。*Public Goods Provision in the Early Modern Economy: Comparative Perspecrives from Japan, China and Europe*（共編著）University of California Press, 2019 ほか。

日本経済史　近世から現代まで
The Economic History of Japan: From the Early Modern Era to the Present

2016年12月20日　初版第1刷発行
2021年 3月10日　初版第2刷発行

著　者　　沢　井　　　実
　　　　　谷　本　雅　之
発行者　　江　草　貞　治
発行所　　株式会社　有　斐　閣
　　　　　郵便番号 101-0051
　　　　　東京都千代田区神田神保町 2-17
　　　　　電話（03）3264-1315〔編集〕
　　　　　　　（03）3265-6811〔営業〕
　　　　　http://www.yuhikaku.co.jp/

印刷・株式会社理想社／製本・大口製本印刷株式会社
© 2016, SAWAI, Minoru and TANIMOTO, Masayuki. Printed in Japan
落丁・乱丁本はお取替えいたします。
★定価はカバーに表示してあります。
ISBN 978-4-641-16488-8

JCOPY　本書の無断複写（コピー）は，著作権法上での例外を除き，禁じられています。複写される場合は，そのつど事前に（一社）出版者著作権管理機構（電話03-5244-5088, FAX03-5244-5089, e-mail:info@jcopy.or.jp）の許諾を得てください。